何士驥文存

HESHIJI WENCUN

清华大学国学研究院 主编
方遥 麗壯城 编

江苏人民出版社

图书在版编目(CIP)数据

何士骥文存/清华大学国学研究院主编;方遥,麗壮城编. —南京:江苏人民出版社,2022.6

(清华国学书系)

ISBN 978-7-214-27157-0

Ⅰ.①何… Ⅱ.①清…②方…③麗… Ⅲ.①何士骥(1895-1984)—文集 Ⅳ.①C53

中国版本图书馆CIP数据核字(2022)第062272号

书　　名　何士骥文存
主　　编　清华大学国学研究院
编　　者　方　遥　麗壮城
责任编辑　张晓薇
助理编辑　陆诗濛
装帧设计　姜　嵩
责任监制　王　娟
出版发行　江苏人民出版社
地　　址　南京市湖南路1号A楼,邮编:210009
照　　排　江苏凤凰制版有限公司
印　　刷　江苏凤凰新华印务集团有限公司
开　　本　652毫米×960毫米　1/16
印　　张　55　插页4
字　　数　739千字
版　　次　2022年6月第1版
印　　次　2022年6月第1次印刷
标准书号　ISBN 978-7-214-27157-0
定　　价　198.00元

张骞墓墓门(清理前)

张骞墓墓门(清理后)

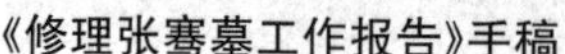

《修理张骞墓工作报告》手稿

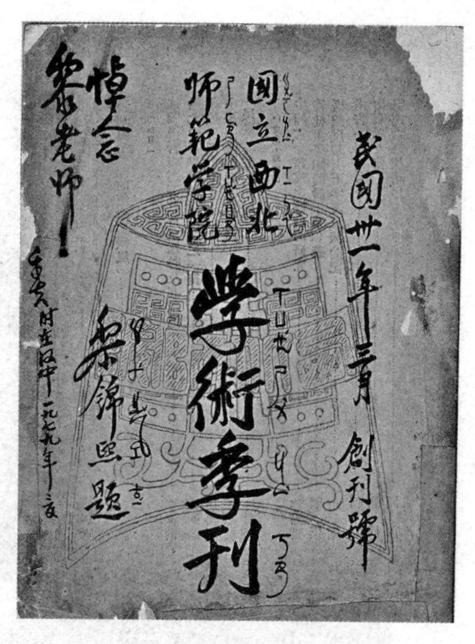

《国立西北师范学院学术季刊》
创刊号封面及何士骥题识

《图象到形声演进之概况》手稿

何士骥像

何士骥、王春书夫妇新婚留影

何士骥晚年

何士骥晚年

何士骥与三女何象

何士骥与四位女儿

何士骥与学校师生合影(前排中间持手杖者为何士骥)

宝鸡斗鸡台废堡内开工前留影(前排右一为徐炳昶,右二为何士骥)

陕西民政厅前院发掘现场(左起分别为梁午峰、张鹏一、寇遐)

陕西民政厅前院发掘现场

张骞墓前石兽

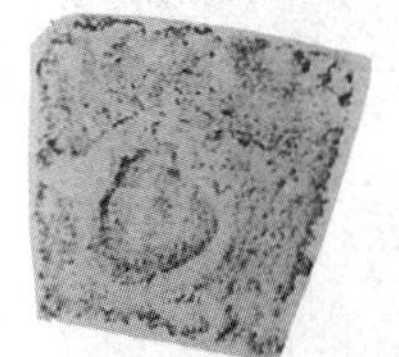

张骞墓出土博望侯陶印

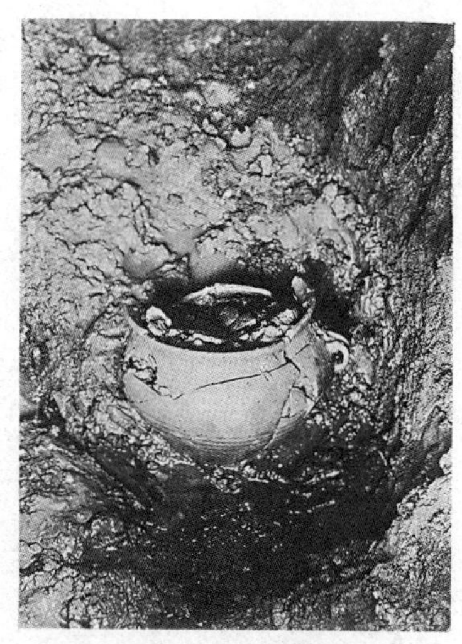

张骞墓出土陶罐

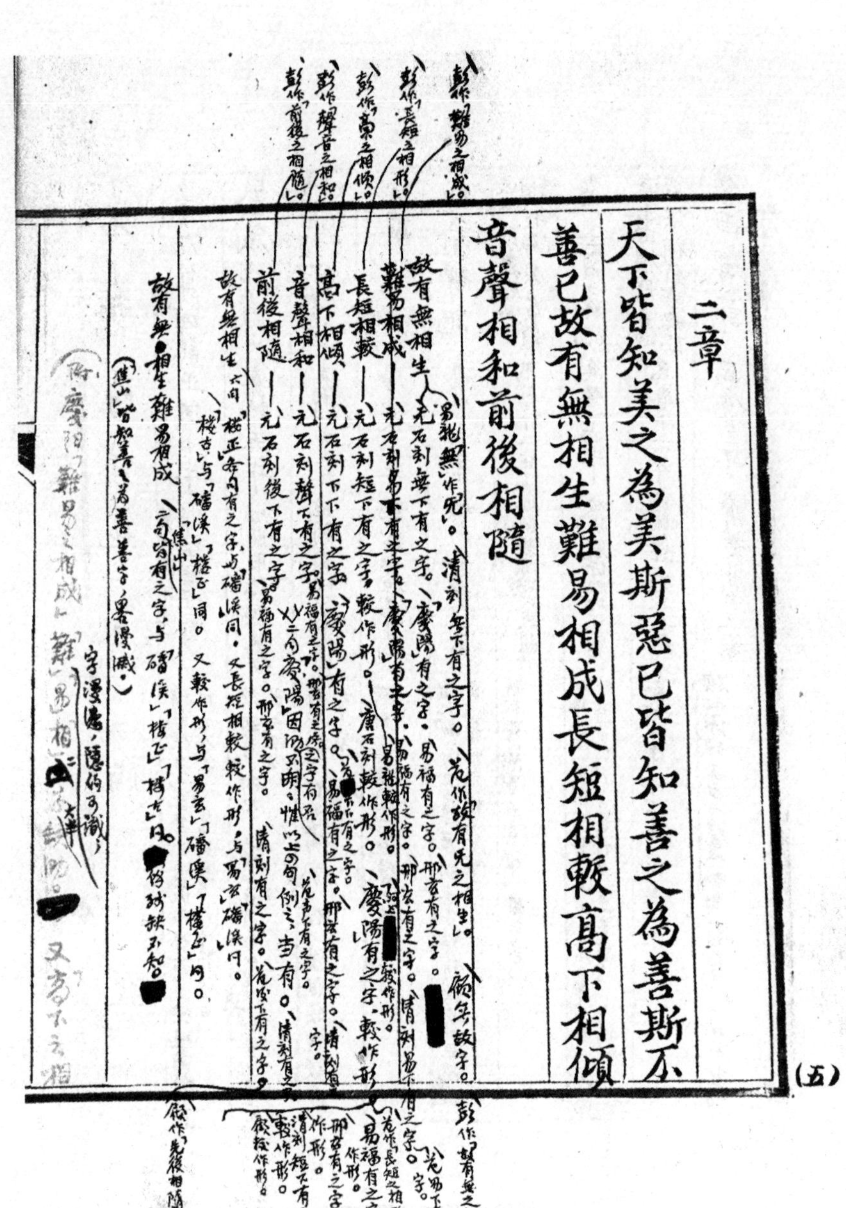

《古本〈道德经〉校刊》手稿

名稱	時代	地点	備攷
重修惠睿院碑記	正德十年	第一區（下同）邯留聯保寶山	碑記院自元至正、至明成化、弘治、正德歷[illegible]建修及住持僧募經營經过情形。
敬一箴有序	嘉靖五年	城關聯保城內文廟	碑額有「御製」二字。年月上似蓋有欽文之璽四字印。
漢留侯辟穀處碑記	嘉靖二十七年	城關聯保城大東關	碑無叙跋，除刊立石人姓名外，僅「漢留侯辟穀處」六正字。
子夏山人題詩碑[illegible]	隆慶二年	邯留聯保寶山	碑刻七言律詩一首。[illegible]艸書。
勅諭碑記	萬曆六年	城關聯保城內文廟	碑記「勅諭陝西按察副使李維楨往陝西巡視提督各府州縣儒學」事。
文林郎韓鵬過留侯辟穀處題詩碑記	萬曆十二年	城關聯保城大東關	碑刻韓鵬等五言一律。[illegible]正書。
重修文廟學碑記	萬曆十四年	城關聯保城內文廟	碑[illegible]為黄九成撰文。記文廟自明景泰元年以來後至萬曆時由禮門等先後修建等事。
進士由禮門再過留侯祠題詩碑記	萬曆十六年	城關聯保城大東關	碑刻七律詩一首。正書。
學田碑記	萬曆廿三年	城關聯保城內文廟	碑記購置學田人姓名、畝數、租穀、銀兩等事。

《城固县石刻目录》手稿

总　序

晚近以来，怀旧的心理在悄悄积聚，而有关民国史的各种著作，也渐次成为热门的读物。——此间很重要的一个原因，当然是在蓦然回望时发现：那尽管是个国步艰难的年代，却由于新旧、中西的激荡，也由于爱国、救世的热望，更由于文化传承的尚未中断，所以在文化上并不是空白，其创造的成果反而相当丰富，既涌现了制订规则的大师，也为后来的发展开辟了路径。

此外还应当看到，这种油然而生的怀旧情愫，又并非只意味着"向后看"。正如斯维特兰娜·博伊姆在《怀旧的未来》中所说："怀旧不永远是关于过去的；怀旧可能是回顾性的，但是也可能是前瞻性的。"——由此也就启发了我们：在中华文明正走向伟大复兴、正祈望再造辉煌的当下，这种对过往史料的重新整理，和对过往历程的从头叙述，都典型地展现了坚定向前的民族意志。

正是在这样的背景下，本院早期既昙花一现、又光华四射的历程，就越发引起了世人的瞩目。简直令人惊异的是，一个仅存在过四年的学府，竟能拥有像梁启超、王国维、陈寅恪、赵元任、李济、吴宓这样的导师，拥有像梁漱溟、林志钧、马衡、钢和泰及赵万里、浦江清、蒋善国这样的教师，乃至拥有像王力、姜亮夫、陆侃如、姚名达、谢国祯、吴其昌、高亨、刘盼遂、徐中舒这样的学生……而且，无论是遭逢外乱还是内耗，这个如流星般闪过的学府，以及它的一位导师为另一位导师所写的、如今已是斑驳残损的碑文内容——“独立之精神，自由之思想”，都在激励后学们去保持操守、护持文化和求索真理，就算不必把这一切全都看成神话，但它们至少也是不可多得的佳话吧？

可惜在相形之下，虽说是久负如此盛名，但外间对本院历史的了解，总体说来还是远远不够的，尤其对其各位导师、其他教师和众多弟子的总体成就，更是缺少全面深入的把握。缘此，本院自恢复的那一天起，便大规模地启动了“院史工程”，冀能在深入研究的基础上，最终以每人一卷的形式，和盘托出院友们的著作精选，以作为永久性的追思缅怀，同时也对本院早期的学术成就，进行一次总体性的壮观检阅。

就此的具体设想是，这样的一项“院史工程”，将会对如下四组接续的梯队，进行总览性的整理研究：其一，本院久负盛名的导师，他们无论道德还是文章，都将长久地垂范于学界；其二，曾以各种形式协助过上述导师、后来也卓然成家的早期教师，此一群体以往较少为外间所知；其三，数量更为庞大、很多都成为学界中坚的国学院弟子，他们更属于本院的骄傲；其四，等上述工作完成以后，如果我们行有余力，还将涉及某些曾经追随在梁、王、陈周围的广义上的学生，以及后来在清华完成教育、并为国学研究做出突出贡献的其他学者。

这就是本套“清华国学书系”的由来！尽管旷日持久、工程浩大、卷帙浩繁，但本院的老师和博士后们，却不敢有丝毫的懈怠，而如今分批编出的这些“文存”，以及印在其前的各篇专门导论，也都凝聚了他们的辛劳和心血。此外，本套丛书的编辑，也得到了多方的鼎力支持；而各位院友的亲朋、故旧和弟子，也都无私地提供了珍贵的素材，这让我们长久地铭感在心。

为了最终完成这项任务，我们还在不停地努力着。因为我们深知，只有把每位院友的学术成就，全都搜集整理出来献给公众，本院的早期风貌才会更加逼真地再现，而其间的很多已被遗忘的经验，也才有可能有助于我们乃至后人，去一步一步地重塑昔日之辉煌。在这个意义上，这套书不仅会有很高的学术史价值，也会是一块永久性的群英纪念碑。——形象一点地说，我们现在每完成了一本书，都是在为这块丰碑增添石材，而等全部的石块都叠立在一起，它们就会以一格格的浮雕形式，在美丽的清华园里，竖立起一堵厚重的"国学墙"，供同学们来此兴高采烈地指认：你看这是哪一位大师，那又是哪一位前贤……

我们还憧憬着：待到全部文稿杀青的时候，在这堵作为学术圣地的"国学墙"之前，历史的时间就会浓缩为文化的空间，而眼下正熙熙攘攘的学人们，心灵上也就多了一个安顿休憩之处。——当然也正因为那样，如此一个令人入定与出神的所在，也就必会是恢复不久的清华国学院的重新出发之处，是我们通过紧张而激越的思考，去再造"中国文化之现代形态"的地方。

清华大学国学研究院

2012年3月16日

凡　例

一、本《文存》所录文字尽量取自最初发表之刊物，并参考作者手稿校补，文末注明发表、转载、修订等情况。

二、本《文存》尽量保持原文格式，但为兼顾现代阅读习惯与格式规范，对部分行文格式略作调整。原文中尾注等注释一律改为脚注。

三、原文中因书写、排印错误等原因造成的讹字、脱字、衍字、倒文等，增字以[ ]表示，正字以〈 〉表示，并使用小一号字体以示区别，字迹漫漶但可大致确定者，则以意度之，均不出校记。对于时代因素或作者语言习惯造成的特殊用字，如"哪里"作"那里"等，皆保存原貌。

四、原文无标点或仅有简单句读者，一律改为新式标点。原文标点不当或与现代通行标点使用规范不符者，则对其做部分改动。

五、本《文存》采用简体横排形式，在个别特殊情况下，如无对应简体字或因原文所述内容要求须以其他字体形式出现者，为求表达忠实准确，仍沿用原字体。

目　录

金石学

文字学

历史考证

西北文化

杂论

附录一

附录二

导言　何士骥先生的生平与学术

何士骥(1895—1984),字乐夫,浙江诸暨人,考古学家、文字学家、历史学家。早年就读于浙江省立第一师范学校,曾任中学国文教员。1925年考取清华国学研究院第一届研究生,师从梁启超、王国维二先生。毕业后担任中法大学、北平师范大学、北平女子师范大学、北平大学等校讲师,并兼任北师大研究所编辑、国语大辞典编纂处特约编辑等职。抗日战争爆发后迁居西北,任北平研究院史学研究会助理员,在陕西考古会中从事考古工作,并历任西北联合大学讲师,陕西考古会代理工作主任,西北大学讲师,西北师范学院国文系教授、系主任,兼任兰州大学中文系、历史系教授。中华人民共和国成立后,又被任命为甘肃省文物管理委员会委员兼保管组组长、办公室主任,甘肃省博物馆馆长,同时担任甘肃省政协第一届委员、第三届常委,民盟宣传委员、文教委员,中国文字改革委员会委员等职,对我国西北地区的文化教育发展、历史研究、考古与博物馆工作做出了重要贡献。其主要论著有《部曲考》、《古本〈道德经〉校刊》、《南北响堂寺及其附近石刻目录》(与刘蕙孙合编)、《石刻〈唐太极宫暨府寺坊市残图〉〈大明宫残图〉〈兴庆宫图〉之研究》、《石刻唐兴庆大明太极三宫图考证》等。

一 何士骥生平事略

1895年11月17日(即清光绪二十一年农历十月一日),何士骥出生于浙江诸暨县北乡上山头村。何士骥幼年家贫,有志向学,其父何忠德靠给绍兴地主家佃种土地、打长工抚养其长大,并供其读书学习。故其14岁时方才进入私塾读书,且时断时续,不时仍须辍学回家务农放牛,以赚取学费,补贴家用。辛亥革命后,何士骥先后就读于本地养春初等小学和觉民高等小学,均以学习用功、成绩第一而跳级毕业,但因家贫无力进学,遂在本乡长澜镇达泉两等小学任教一年,寻又考入杭州的浙江省立第一师范学校免费学习,各门功课始终名列前茅。毕业后又无力上大学,通过经亨颐校长的介绍,进入浙江省教育会工作,担任文牍干事。1921年秋至上海,担任澄衷学校国文教员。因不喜上海的社会环境,又赴北京求学。到北京后,为了维持生活,经钱玄同介绍,进入孔德学校担任国文教员,同时在北京大学国文系旁听学习。

1925年,清华学校开始改制,在添设大学部的同时设立研究院,以与大学本科教育相衔接,“备清华大学或他校之毕业生,对特种问题为高深之研究;其研究由专家指导之”①。由于当时经费所限,经过多次讨论,校方决定研究院先设“国学门”一科,即后来一般所说的“清华国学研究院”或“清华国学院”。清华国学研究院以“研究高深学术,造成专门人才”为宗旨,研究内容主要为中国语言、历史、文学、哲学等,计划招收“国内外大学毕业生,或具有相当之程度者”,“各校教员,或学术机关服务人员,具有学识及经验者”,“各地自修之士,经史小学等具有根柢者”,其目的在于培养“以著述为毕生事业者”和“各种学校之国学教师”。国学院的制度略仿我国传统书院和英国大学制度,研究方法注重个人自修,教授专任指导,其分组不以学科而以教授个人为主;教授将其所担任指导之

---

①《清华大学之工作及组织纲要》,《清华大学筹备委员会报告草案》,《清华周刊》第332期,第33页。

学科范围公布，由各学员与教授自由谈话，就一己志向、兴趣与学力之所近，择定研究题目，随时接受教授指导，就此题切实研究；教授所担任指导之学科范围由其自定，同一科目可有数位教授并任指导，各为主张，学员须自由择定教授一位，专从请业，其因题目性质须同时兼受数位教授指导者亦可；教授于专从本人请业之学员，应订定时间，常与接谈，考询成绩，指示方法及应读书籍；除分组指导、专题研究外，教授均须为普通演讲，每星期至少一小时，所讲或为国学根柢之经史小学，或治学方法，或本人专门研究之心得；特别讲师须专就一定之学科范围演讲一次或多次；学员研究成绩经教授认为确有价值者，亦得由该教授介绍，向本组学员或公众为一次或数次演讲；教授、讲师之讲稿著作，及学员研究之成绩经教授认为确有价值者，得由研究院出版；教授、学员当随时切磋问难，砥砺观摩，俾养成敦厚善良之学风，而受浸润熏陶之效。① 这种组织制度与同时期其他大学的国学研究机构皆有所不同，在当时的中国“实属创举”。

其实，除了外在的具体制度外，清华国学研究院与其他国学研究院所的基本区别还在于其内在的办学旨趣与学术精神，而这种旨趣与精神可以用“融会中西”四个字来概括。诚如国学院主任吴宓在开学典礼中所言，“惟兹所谓国学者，乃指中国学术文化之全体而言，而研究之道，尤注重正确精密之方法，（即时人所谓科学方法）并取材于欧美学者研究东方语言及中国文化之成绩，此又本校研究院之异于国内之研究国学者也”，故所聘之教授、讲师，亦须“具有上言之三种资格，（一）通知中国学术文化之全体，（二）具正确精密之科学的治学方法，（三）稔悉欧美日本学者研究东方语言及中国文化之成绩，与学生以个人接触，亲近讲习之机会，期于短时间内，获益至多”。② 而校长曹云祥在致辞中亦云：“现在中国所谓新教育，大都抄袭欧美各国之教育，欲谋自动，必须本中国文化

---

① 参见《清华学校研究院章程》，《清华周刊》第339期，第52—55页。

② 吴宓：《清华开办研究院之旨趣及经过》，《清华周刊》第351期，第1—2页。

精神，悉心研究。所以本校同时组织研究院，研究中国高深之经史哲学。其研究之法，可以利用科学方法，并参加中国考据之法。”①

清华国学研究院第一届招生考试主要分三部分进行，第一部分为“普通国学”，注重普通学识，用问答题；第二部分为作论文一篇，限两小时完成；第三部分为专门科学，原定经学、中国史、小学、中国文学、中国哲学、外国语（英文、德文或法文）、自然科学（物理学、化学或生物学）、普通语言学八门，考生于其中任择三门作答，后为减轻难度，仅以经学、中国史和小学三门为范围。1925 年 5 月，国学研究院筹备处发布准考生通告，指定考试第三部分之专门科学的参考书，以便考生得有范围，可就此准备。其中，经学为王引之《经义述闻》，中国史为刘知几《史通》与章学诚《文史通义》，小学为段玉裁《说文解字注》。② 国学院同时规定，学员一经录取后，须按期到院，常川住宿，潜心研究，笃志学问；学员研究期限，以一年为率，但遇有研究题目较难、范围较广，而成绩较优者，经教授特别许可，得续行研究一年或二年；学员免交学费及住宿费，但每学期入学时应缴膳费约三十五元，预存赔偿费五元。③

何士骥得知清华设立国学研究院的消息后，随即报名投考，并提交了一些自己撰写的文章，遂被录取为国学院首届研究生。与其同时考取的还有刘盼遂、吴其昌、程憬、徐中舒、杨鸿烈、王庸、周传儒、杨筠如、方壮猷、高亨、杜钢百、姚名达等 32 人，实际报到者 29 人。

9 月初，何士骥来到清华园报到。9 月 8 日，国学研究院举行第一次教务会议，由主任吴宓主持，王国维、梁启超、赵元任、李济均到会参加。会上宣布了各教授指导研究的学科范围和普通演讲的讲题及时间。当时，国学院的教学方式主要分为普通演讲与专题研究两种。普通演讲为本院所有学生所必修，每人至少须选定四门，其题目由教授拟定，所讲范围较广，注重于国学上的基本知识。如王国维第一年讲授“古史新证”

① 曹云祥：《开学词》，《清华周刊》第 350 期，第 4 页。

②《新闻》，《清华周刊》第 347 期，第 29 页。

③ 参见《清华学校研究院章程》，《清华周刊》第 339 期，第 53—54 页。

“《说文》练习”“《尚书》”，梁启超讲授“中国通史”“读书法与读书示例”，赵元任讲授“方音学”“普通语言学”，李济讲授“人文学”。[①] 而专题研究则由学生就教授所指导之范围内，与教授商讨确定研究题目，作为本年内的专门研究。如王国维指导的学科范围为经学(《书》《诗》《礼》)、小学(训诂、古文字学、古韵)、上古史、中国文学，梁启超为诸子、中国佛学史、宋元明学术史、清代学术史、中国文学，赵元任为现代方言学、中国音韵学、普通语言学，陈寅恪为年历学(古代闰朔日月食之类)、古代碑志与外族有关系者之研究(如研究《唐蕃会盟碑》之藏文、《阙特勒碑》之突厥文部分，与中文比较之类)、摩尼教经典回纥译文之研究、佛教经典各种文字译本之比较研究(梵文、巴利文、藏文、回纥文及中央亚细亚诸文字译本，与中文译本比较研究)、蒙古满洲书籍及碑志与历史有关系者之研究，李济为中国人种考。[②] 根据规定，何士骥于 9 月 26 日前即选择梁启超为导师，并由梁启超择定《部曲考》作为其研究题目。

通过一年的努力学习与研究，何士骥于 1926 年 6 月顺利撰成毕业论文《部曲考》，获乙等第四名的成绩，并与其他 15 位成绩较优的同学一同获得每人 100 元的奖学金。随后，何士骥又申请留校继续研究，经教务会议审议决定，准许其及刘盼遂、周传儒、姚名达、吴其昌、赵邦彦、黄淬伯等人继续研究一年。新学年中，何士骥选择的专修科目为小学，专门研究题目为古文字学，故可推测其导师是王国维。

何、王二人既是浙江同乡，又有着相似的学术兴趣，故何士骥自入学起便与王国维往来频繁，关系密切，并成为其与外界的联络人之一。而二人之间的相识则源于马衡的推荐。何士骥是浙江诸暨人，马衡是浙江鄞县人，两人可算同乡。何士骥对古文字学颇感兴趣，在北大旁听时想必听过马衡所开的金石学课程。且何士骥曾在上海澄衷学校和北京孔德学校担任过教员，而这两所学校与马衡皆有渊源。上海澄衷学校原名

① 参见《清华周刊》第 351 期，第 33—34 页；《清华周刊》第 356 期，第 29 页。
② 参见《清华周刊》第 351 期，第 32—33 页。

澄衷蒙学堂，乃马衡的岳父、宁波籍上海富商叶澄衷于 1899 年捐置土地三十亩、白银十万两兴办的近代上海第一所私立新式学校。叶澄衷去世后，其子叶贻鉴、叶贻钊等人又陆续捐资白银二十万两用于学校的扩建。而北京孔德学校则是蔡元培、李石曾与马衡、沈尹默、马裕藻、钱玄同等北大同人于 1917 年创办的，马衡还长期担任学校的常务董事，负责筹划学校经费、制定办学方针等事。1925 年 8 月 11 日，清华国学院新生录取名单公布后，马衡曾致书王国维，言及："前日抵京，适贵校试案揭晓，前奉托之研究生何士骥，取在备取之列。何君求学情殷，如有可以设法之处，乞赐予成全。是所至祷。"①次日，王国维复信马衡，表示"何生列在备取，想正取诸人必有一二人不到者，开校未几，亮可即补"②。9 月 2 日，王国维又致函马衡，表示"何生事当留意"③。马衡则于 9 月 8 日回信道："昨何君士骥来言，研究生备取二名，已蒙一律收录，今晨将迁移入校。"④

1925 年 9 月，马衡自洛阳考察归来后，将新近所得汉魏石经残石拓本及卣文影印本一纸托何士骥转赠王国维研究。王国维收到后十分感激，去信说道："顷何生士骥到校，携来所赐汉魏石经残石拓本近七十种，百朋之锡，何以加之，敬谢敬谢。询之何生，知兄上月返京并未再赴洛阳，想发掘事尚未有成议。此次所得残石至六七十片之多，可谓大观，然非兄亲往，恐亦不能运至此也。"⑤据蒋复璁所闻，1927 年 6 月 1 日，清华国学院因暑假而举行师生叙别会，梁启超由城中赶来，在席间谈到时局消息不好，想回天津的家，当晚或许就要住进东交民巷，而何士骥亦带来北大沈兼士和马衡的口信，请王国维进城，住到他们家，由北大同人保护，并劝王国维最好将辫子剪去。于是国学院同学大多劝其进城暂避，

---

① 马奔腾辑注：《王国维未刊来往书信集》，清华大学出版社 2010 年版，第 161 页。

② 谢维扬、房鑫亮主编：《王国维全集》第 15 卷《致马衡》，浙江教育出版社、广东教育出版社 2010 年版，第 820 页。

③ 谢维扬、房鑫亮主编：《王国维全集》第 15 卷《致马衡》，第 821 页。

④ 马奔腾辑注：《王国维未刊来往书信集》，第 161—162 页。

⑤ 谢维扬、房鑫亮主编：《王国维全集》第 15 卷《致马衡》，第 821—822 页。

但王国维却说："我自有办法。"[①]不料次日，自沉昆明湖竟成了其解脱的办法。8月14日，王国维安葬于清华园东二里七间房之原，院中同学多因暑假回里，唯何士骥与姜亮夫、王力、毕相辉、戴家祥等数人前往送行。[②] 据何士骥子女回忆，其父迁居陕西时，每逢过年都会写一个"先师王静安先生之神位"的纸牌位，然后恭恭敬敬地上贡焚香祭拜，可见其对师恩感念之深。

自第二学年起，何士骥便一边在清华国学院继续从事研究，一边开始在北京各学校兼职授课。此后数年间，其曾担任中法大学服尔德学院国文系讲师，北平女子师范大学、北平大学女子文理学院文字学讲师及北平师范大学文学院讲师，并兼任北师大研究所编辑、国语大辞典编纂处特约编辑等职。这一时期，何士骥的学术兴趣主要集中在文字学与金石学上，并时常向钱玄同、黎锦熙请教学问。钱、黎二人亦对其颇为器重。钱玄同曾以焦循赠汪中之联"访古正摩周鼎去，嗜奇曾盗汉碑来"书赠何士骥，又为其写过"惯看模糊字，专攻穿凿文"之联。性喜诙谐的钱玄同看到何士骥工作认真刻苦，颇类当时的苏联工农，遂将其姓名与字用注音符号合拼在一起，戏呼之为"何斯基洛夫"或"何洛夫斯基"。何士骥对此亦感到十分合意，还特意刻了一方印，常常使用。后因张作霖政府在北京大肆搜捕有赤化思想倾向的人士，其在旁人的劝阻下才停止使用。到了新中国成立之后，何士骥又将这一名字恢复使用。

由于何士骥出生穷苦人家，故对当时北京政客、军阀横行无忌，穷人贫苦无依的社会现状十分不满，同情底层民众的悲惨境遇，有时也写一些《洋车夫的苦》之类的小文章发表在报纸上，以此批判社会的不公和罪恶。"九一八"事变之后，何士骥目睹日军的凶残与国土的沦丧，心中愤怒非常，一方面在报刊上发表文章，攻击国民政府的不抵抗政策和某些学者"等待三五十年再来抗日"的论调，另一方面参加北师大校长徐炳昶

① 参见蒋复璁《追念逝世五十年的王静安先生》，陈平原、王风编：《追忆王国维》，生活·读书·新知三联书店2009年版，第125页。

② 参见戴家祥《记王静安先生自沉事始末》，《国学月报》1927年第2卷第8、9、10号合刊。

及各大学教授组织的国防研究会，负责为东北义勇军募捐衣物、大刀等。其甚至一度参加抗日义勇军，要求亲自上阵，出关杀敌，后因身弱而未允。“一·二八”事变后，其又积极为蔡廷锴的十九路军进行募捐。

1933年《塘沽协定》签订后，何士骥对时局愈发感到愤慨和无望，觉得亡国无日，事无可为，决心不在这样的政府底下做事，甚至起了避世之念，遂将北平的所有工作辞去，搬到其夫人的家乡河南商丘杜门著述，一心做他的名山事业，写作《金文汇编》。当时，北平的师友亦曾来信劝慰，认为爱国日长，不在一时，更不必因此愤世嫉俗，使得何士骥的思想有了转变，决定出来工作，遂于当年冬天应北平研究院史学研究会考古组组长徐炳昶之邀赴陕西，担任北平研究院史学研究会助理员，并协助徐炳昶与陕西省政府合作组织陕西考古会。

此前，北平研究院为开发陕西历史文化资源、拓展学术研究空间，于1933年2月委派徐炳昶等人赴陕西进行实地调查，搜集周、秦两民族初期之历史材料，并筹设北平研究院史学研究会西北分会。在筹设过程中，鉴于陕西当地的具体情况，为顺利开展工作，徐炳昶决定援引中央研究院与山东、河南两省合组古迹研究会之成例，在契合对等的条件下与陕西省政府合组陕西考古会。11月，《国立北平研究院与陕西省政府合组陕西考古会办法》顺利通过，规定“本会工作暂分调查、发掘、研究三步，其科学的指导之责由国立北平研究院任之，其保护之责由陕西省政府任之；发掘所得古物均存置本会内，以便研究，惟因研究之方便，得由本会通过提出一部分在他处研究，但须于一定期内交还本会”①，会址定于西安粮道巷。次年2月，双方于陕西省政府会议室举行陕西考古会成立大会，北平研究院与陕西省政府各聘委员五人，并选举张鹏一为委员长，徐炳昶为工作主任，梁午峰为秘书。此后，何士骥便主要在陕西考古会中从事考古工作，随同徐炳昶等考古会同人调查西安、宝鸡各县和渭河南北两岸的古迹遗址，并参与陕西民政厅前院、宝鸡斗鸡台及秦雍城、

① 罗宏才：《陕西考古会史》，陕西师范大学出版社2014年版，第121—122页。

汉陈仓城等遗址、遗物的考古发掘工作。其中，尤以宝鸡斗鸡台遗址发掘的意义最为重大。其作为中国近代考古学初创时期最重要的发掘项目之一，不仅正式揭开了陕西乃至整个西北地区近代科学考古发掘的序幕，也奠定了我国考古类型学的基础，促成了日后考古学研究中区系类型学的发育与成熟。此外，1934 年 9 月，为了推进我国考古学的研究与发展，并协助学者出版刊行有关金石、考古的论文及著作，容庚、徐中舒、董作宾、邵子风等人于北平燕京大学发起成立考古学社（原名金石学会），“以我国古器物学之研究，纂集，及其重要材料之流通为主旨”①。何士骥亦随徐炳昶加入，成为考古学社的首期社员。

1936 年 7 月，北平研究院史学研究会改制为史学研究所，下设历史与考古二组，分别由顾颉刚和徐炳昶担任主任。“七七”事变后，全面抗战爆发，徐炳昶、顾颉刚等主要工作人员陆续离开北平，北平研究院亦辗转迁至昆明成立总办事处，人员与经费皆大幅缩减。史学研究所“经费定为每月八百元，考古、历史两组经费不分列，新聘韩儒林一人，旧职员留何士骥、吴世昌、许道龄、苏秉琦四人。至在滇参加工作者，为张维华、白寿彝、宓贤璋等。真是竭蹶万状矣”②。何士骥继续留守陕西考古会，专司保管北平研究院器物，并负责斗鸡台考古发掘报告的整理编写工作，后因日机轰炸而被迫终止。其间，他还与张鹏一等人为陕西考古会的经费筹措等问题而辛勤奔走，苦苦支撑。1937 年 6 月，何士骥鉴于西北多年无研究学术团体，考古调查及发掘所得缺乏深入研究，又与张鹏一、穆济波、梁午峰、寇遐、黄文弼等人发起成立西北史地学会，“以研究西北史地学术，发扬民族文化为旨趣”③，并担任学会秘书。

与此同时，为了躲避日寇，北平师范大学亦于 1937 年 9 月迁至西安，与北平大学、北洋工学院合组为西安临时大学。何士骥应邀回校任教，讲授文字学、金石学与考古学。次年春，西安临时大学迁往汉中城固

---

①《考古学社简章》，《考古社刊》第一期，1934 年 12 月出版。

② 顾颉刚：《顾颉刚日记》（第四卷），台湾联经出版事业公司 2007 年版，第 190 页。

③《本会记事》，《西北史地》1938 年第 1 卷第 1 期。

县，改名为西北联合大学，原北师大成为西北联大教育学院，同年8月又改称师范学院。重回讲台的何士骥对待教学十分认真，对学生也很关爱，不仅喜欢在课堂上讲述司马迁、郭子仪、寇准等陕西历史名人的杰出事迹，还常常带领学生走出课堂，到骊山秦始皇陵等学校周边的古迹遗址进行参观考察，搜集实物资料。据何士骥自述，他还曾因反对一位似乎是军人出身的体育教员处罚学生而与其争吵。另据学生回忆，虽然当时教师收入微薄，但何士骥仍不忘搜购各种流散在坊肆间的古物，如陶盆、陶罐、陶豆、陶甑及各种铜器残片。“当时我们同学都很奇怪地问他，‘你生活这样的困难，而满屋子都是这些东西，是否想发财去开古董铺?’他严肃地说：‘这些都是我们祖先留下的珍宝，应该好好的收藏，去研究它，钻研它，如果让它流散，太可惜了！假使说你们今后看到我以此去谋私利，可以敲碎我的脑袋。’”①因此，虽然有些同事笑他不识时务，但何士骥的课程总是受到同学们的欢迎，其为人也赢得了学生的尊重，被学生称为“像个教授先生”。当时，西北联大历史系考古委员会还委派何士骥与周国亭等人主持城固张骞墓等古迹的调查、发掘及修缮工作，并举办了张骞墓出土古物展览及张骞墓祭扫宣誓活动，一方面借此表彰乡贤，提倡民族气节，激发师生与民众的抗日爱国热情，另一方面也为学生提供了难得的考古实习机会。

1939年8月，西北联合大学各校分立，西北联大改为西北大学，原西北联大师范学院恢复独立建制，改称西北师范学院。1940年，何士骥曾回西安，经张鹏一等人推荐，担任陕西政治学院国文系教授，并兼任陕西考古会代理工作主任。1941年秋，其又应西北师范学院国文系主任黎锦熙之招，返回城固，担任西北师范学院国文系教授，在城固等地继续开展考古工作，后又兼任西北大学考古学讲师及考古室主任。他有时带学生出去找汉砖，有时组织开办文物展览会，把教学活动办得有声有色。这一时期，何士骥与冯国瑞、吴作人等人考察了天水麦积山石窟，其还对南

① 司绍晞：《钱玄同曾为考古学家何士骥题联》，《中州今古》1995年第6期。

郑龙岗寺遗址进行了最早的调查，从而填补了当时汉水流域石器时代考古发现的空白。何士骥本打算进一步溯汉水东进，考察各处古文化遗迹，旋因日机轰炸不止而不果行。新中国成立后，陕西省社会科学院考古研究所汉水队、陕西省考古研究所汉水考古队先后数次对龙岗寺遗址进行调查发掘，认定在龙岗寺西侧十多米外有一处旧石器时代遗址，屡有旧石器时代文化遗存和动物化石出土，与何士骥当年调查发现的位置基本相符。凡此种种，使得时任西北大学校长胡庶华、西北师范学院院长李蒸及西北大学著名教授许寿裳等人均对何士骥评价甚高，称赞其能热心教人、刻苦力学。与此同时，何士骥还与流寓陕南的宋联奎、马师儒、黄文弼、高元白等文化名流频繁往来，研讨金石，赋诗唱和。众人皆寄望于时局早定，以重启斗鸡台考古发掘诸事。

抗战期间，学校的教学环境十分简陋恶劣，还不断面临日军的侵扰和威胁，甚至要冒着生命的危险。据何士骥回忆，一次日机前来轰炸，他因为舍不得停止给学生批改文章，来不及逃跑，结果学校内落下九个炸弹，他的衣服都被弹片贯穿，所幸人没有大碍。当时，何士骥的生活也很清苦，由于物价上涨，货币贬值，加上家里的孩子多，曾一度自己养驴子磨面，然后拿麸子去跟别人换黑高粱面吃。旁人告诉他这是喂猪的，他却不以为意，还觉得吃起来挺好。有时也会遇到买了面不给钱的，他因为爱面子，也不敢去向人家要账。他又怕养驴给学生、同事看到惹人笑话，总是等到天黑的时候才把驴子赶到汉江边上去吃草。由此可见当时教授生活的窘迫与无奈。

可贵的是，尽管生活条件如此艰苦，但何士骥仍然坚持不事钻营，并在日常生活中保持着一种乐观幽默、自得其乐的生活态度，以至于同事们说他“真是一个‘何乐夫’”！据何士骥女儿回忆，其父亲十分疼爱子女，每次下课回来，刚进大门，大老远就可以听见他操着南方口音喊着：“心肝噢！宝贝噢！”这时孩子们便会一股脑儿地跑出去，拉的拉，抱的抱，把爸爸给拽回来。有时到了晚上，在小煤油灯下，何士骥会拿出一支筷子夹在手上，在墙上做手影给孩子们看，像老农夫锄地呀，长着两只长耳朵的大灰狼呀，等等。夜晚有星星时，何士骥也会带着孩子们看星星，一边指着天上的北斗七星或牵牛织女星，一边给孩子讲牛郎织女的故事。每逢八月十五中秋节，何士骥都会陪着孩子祭月亮。如果碰到阴天没有月亮，他就会用纸把墙上放油灯的小洞糊上，然后画上一轮大大的圆月，洞里放盏小灯，一个大月亮就出现了。这时，母亲总会给大家做点好吃的摆上，一家人就一起欢天喜地地祭月亮。何士骥自己也曾回忆过这样一个场景，有次他和女儿一起出去放驴，女儿看见城墙上一个一个的垛口，便对他说："爸爸！你看这个城墙年纪老了！"何士骥觉得很奇怪，问："你怎么知道呢？是考古了吗？"女儿回答道："爸爸看他们的牙齿都丢光了！"他当时觉得这句话很有意思，到日后每每回想起来，还活生生地如在目前一般。因此可以说，除了他所热爱的学术事业之外，正是家庭和亲人的温暖与陪伴，给了他在那个令人难以想象的艰难岁月中继续坚持与前行的动力和希望。

1940 年，西北师范学院奉命迁往甘肃兰州。为了减少损失，解决新校址房屋不足等问题，学校决定分批搬迁。从 1941 年起，老生在城固逐年毕业，新生皆在兰州招收。1943 年冬，在李蒸校长的动员下，何士骥随校迁往兰州十里店，并在甘肃学院史地系兼授考古学课程。那时，何士骥还是一如既往地利用节假日带领学生到黄河两岸兰州市郊各地去考察古迹古物，有时甚至自己出钱给学生做试掘实习。其先后在兰州十里店、崔家崖、孔家崖、达家庄、水挂庄、安宁堡、徐家湾、盐场堡、华林山、太平沟、西固城、西果园、曹家咀以及临洮辛店、寺洼山等地进行考古调查，获取了大量珍贵的第一手资料，并在此基础上提出了"中国文化起源于西北"的观点。1944 年至 1945 年，中研院史语所与中央博物院筹备处、中国地理研究所、北京大学文科研究所合组西北科学考察团赴西北考察，何士骥又陪同考察团团员夏鼐等人在兰州附近开展考古调查工作。

1946 年，北平师范学院在北平复校，西北师范学院大部分师生皆复员回迁。何士骥虽被邀返校，但其念及西北地区历史悠久、古迹众多，考古工作方兴未艾，故毅然决定留在西北继续进行考古工作，并接任西北师范学院国文系主任，还曾一度代理师院训导主任。1947 年 8 月，其在西北师范学院东北角发现了明万历十年(1582 年)的“深沟儿墩军碑”，上面详细记载了明代驻守在此烽燧上的军人及其妻子姓名、军械及日常用品的种类与数量，其详细程度至于碗筷，为研究兰州黄河两岸残存的古长城历史提供了重要的证据，也为学者深入探究明长城的防御体系，考证明代边防驻军的制度、装备等提供了宝贵的实物资料。此石碑至今仍保存在西北师范大学博物馆中。

中华人民共和国成立后，何士骥的工作重心逐渐转移到领导、组织西北地区文物古迹的调查、发掘、整理与保管方面。1950 年 3 月，何士骥辞去西北师范学院国文系主任之职，专任教授。1951 年 9 月加入中国民主同盟，任民盟西北师院分部负责人，后又任民盟宣传委员、文教委员。11 月，应组织安排，辞去西北师院教职，次年调任甘肃省文物管理委员会委员兼保管组组长、办公室主任。后又参与甘肃省博物馆的筹建工作，并于 1958 年担任甘肃省博物馆馆长。

这一时期，为配合全国铁路、公路等基本建设，何士骥拟订了《保护兰新、天成两路文物古迹的工作计划》等方案，组织训练并亲自带领甘肃省文物工作者赴各地开展古迹遗址的发掘保护工作，取得了较大的成绩，保护了甘肃出土的一批重点文物。如 1955 年底，何士骥主持了兰州上西园明代名臣彭泽墓的发掘清理工作，将彭泽夫妇、其弟彭冲夫妇及子媳墓群迁葬于华林山，并将出土墓志及附葬衣物、凤冠、玉带、织锦、铜镜、石砚、漆盒、饰品等文物入藏甘肃省博物馆。

在何士骥等人的领导与努力下，截至 1956 年上半年，甘肃省“总计清理发掘新石器时代与汉代人类居住遗址并手工业生产烧制陶器窑址等 33 处，新石器时代与周、汉、唐、宋、元、明各代墓葬 163 座，出土文物共计 12 500 余件，彩陶片 26 500 多片，其中如秦安县寺咀坪发现的新石器时代白灰面居住室，古浪黑松驿谷家坪滩新石器时代居住遗址中发现的灶台，兰州白道沟坪发现的新石器时代窑场，古浪黑松驿发现的汉代居住遗址等，均为研究我国原始社会与古代文化的新资料。又如兰州白道沟坪所发现的新石器时代屈肢葬墓群，兰新铁路沿线工地所发现的两汉、六朝、唐武曌等时代的砖室墓，以及陇西、秦安、天水所发现的宋代砖室墓，或为雕砖，或有彩画，技艺精致，题材繁复，都是研究祖国先人生活、生产、艺术等极丰富、极有价值的资料。这些遗址墓葬中出土文物有重要价值的，如兰州白道沟坪出土的大量彩陶器，河西走廊兰新铁路沿线出土的汉代各种铜器、铁器、绳纹陶器、绿釉陶器，以及古浪黑松驿陈家河台子出土有'大司农平斛建武十一年正月造'铭文的汉代铜斛，兰州出的东汉时骨尺、雕绘木马等等，数量很多”。同时，通过没收及接受捐赠等方式，甘肃省文物管理委员会同期亦收集到化石、骨石、金属、珠玉、陶器、瓷器、石刻造像、印章、钱币、书画等各类文物总计 27 415 件。①

1957 年，何士骥又拟订了《甘肃省考古学研究工作十二年规划草案》，提出“重点发展，相应兼顾”的原则，并根据全省已往及现有的考古发现资料，列出了“甘肃的细石器文化”“甘肃的新石器时代文化”“甘肃的彩陶研究”“甘肃汉唐时代的文化遗存”“甘肃的石窟研究”“宋明墓葬的研究”“甘肃地区革命文物的整理研究”七项研究题目，又针对日后尚须征集、搜罗的资料列出了“甘肃旧石器时代的文化遗存”“殷商周秦时代甘肃的文化遗存”“甘肃古代建筑的研究”“甘肃地区少数民族古代文物的研究”“甘肃的窑瓷研究”“各种考古资料的汇编”六项准备题目，作为专门研究与专题著述的题材，希望以此理清甘肃固有的历史面貌，及其在西北乃至整个中国历史文化上相关的一切重要问题。此外，他还为甘肃省的文化干部和工人群众授课，讲解、普及相关历史文物及考古知识，大力宣传保护文物的重要意义。

“文革”中，何士骥受到冲击，被打成“反动学术权威”，被迫停止工作，妻子又患病瘫痪在床，生活十分困苦。1969 年底，应政府备战疏散的要求，何士骥被批准赴山西长治农村投靠亲友。1971 年初，因生活条件太过艰难，加上其妻病重，又被子女接回陕西西安居住。1974 年初迁居

---

① 参见何士骥手稿。

汉中，此后主要与其三女何象一家一起生活。据何象女士回忆，何士骥晚年仍著述不辍，希望通过古文字的研究来考证、解释我国的历史状况与演进历程，借助文字学重构真实可信的文化史，进而探求中华民族的独特性与固有精神，使之发扬光大而贡献于世界。为此，他不分日夜地拼命写作，文章写在大大小小的各种纸张上，再一片一片地粘起来，形成一个长卷，有时考释一个字的稿子可以拉到几米长。一次，何象推着自行车去上班时，恰好听见屋里的父亲正向来访的医生要时间，希望能够再有五年的功夫来把书稿完成。可惜天不假年，何士骥最终还是未能完成他最后的著作，便于 1984 年与世长辞，仅留下一些断简残编，掩埋在历史的尘埃中，等待着后人继续他未竟的事业。

二　何士骥的学术研究及其贡献

1. 考古学

陕西为周秦汉唐故都所在，一砖一瓦，多资考证。况沧桑变迁，重大器物之盖藏于地者，偶有出土，非秘藏不宣，即盗运外售。历史失研究之资料，国际贻莫大之耻辱。①

因汉唐年代较近，故籍存留较多，吾人对于当时的文化，尚有相当的认识。至于周秦初期的文化，则异常茫昧。古人所传，虽未尽子虚，而亦未全可靠。何去何从，非求得地上地下之遗物遗迹以作证明，殊属漫无标准。近三十余年，当代学者对于殷墟史料的搜集和研究，已由断片的进于有系统的。对于商代后期文化的认识，已有长足的进步，而周秦初期的文化，尚委之于乡人及古董商人偶然的发现。吾人据经验之所知，乡民及古董商人因不明古物与古迹的性质，对于史料，残毁实多。河南洛阳附近古物古迹，几全被盗掘者

---

① 1934 年 2 月 15 日陕西考古会致陕西省政府公函，转引自罗宏才：《陕西考古会史》，陕西师范大学出版社 2014 年版，第 33 页。

毁坏净尽，是其明证。陕西前因交通不便，尚无大损毁。近潼关西安，不久通车，如不急为调查、搜集、研究，则吾人本国历史，将有无从补救的巨大损失。所以对于周秦两民族初期文化的探讨，实属今日学术界中急切万不容再缓的一件工作。①

以上既是北平研究院进军陕西的宣言，也是何士骥与西北考古的结缘。可以说，何士骥的考古事业是从陕西正式起步的，从此便与考古学结下了半生的不解之缘。如果说，来到西北，或许是由于命运的偶然，那么留在西北，则完全出自其内心对这片土地所承载的厚重文化的深切热爱。唯其如此，何士骥方能为西北地区的考古发掘与文物保护做出如此重要的贡献。下面简述其在西北地区主持或参与的具有开拓性和代表性的考古活动。

(1) 发掘陕西民政厅前院

1933 年 12 月，何士骥甫至陕西，便与徐炳昶、王忠义、张嘉懿等人在西安城内及附近杨家城等地开展考古调查，不仅发现了唐太和、大中、乾符年间经幢与明万历十九年(1591 年)焚帛炉等古物，还考察了汉唐故都的建筑遗迹。次年 1 月，何士骥又与徐炳昶、张嘉懿等人对咸阳、鄠县、长安三县的新石器时代遗址，以及秦咸阳故都、周丰镐故都遗址等地进行考古调查，收获颇丰。不仅对此前调查的丰镐遗址范围进行了扩大延伸，确定了斗门镇西南冯村及其北面大袁村一带的新石器时代以至周代遗址，采集了石器、瓦鬲残件、灰色及红色陶片等，而且基本查清了三桥镇一带秦阿房宫遗址的大致范围，对前人所谓阿房宫村南俗称“上天台”之地即是阿房宫址的说法有所修正，还发现了西安东北十余里陇海铁路沿线的米家崖遗址。②

同时，徐炳昶听闻 1922 年曾于前清西安旧藩库堂后土中发现唐颜

① 徐炳昶、常惠：《陕西调查古迹报告》，《国立北平研究院院务汇报》第 4 卷第 6 期，1933 年出版。

② 参见罗宏才《陕西考古会史》，第 125—126 页。

真卿所书《颜勤礼碑》，故多方打听颜碑出土的具体地点，并亲至其地考察。徐炳昶怀疑土中仍有其他珍贵文物埋藏，遂于陕西考古会成立后举行的第一次会议上提议，在颜碑的出土地点进行考古发掘，并获得通过。这是陕西考古会成立后实施的第一次发掘活动，也是陕西境内首次由中国人自己主持的科学发掘，因而在陕西考古史上具有重要的象征意义。由于徐炳昶临时因事返回北平，故委托何士骥主持办理此次发掘事宜。

关于《颜勤礼碑》的出土地点，当时人各异说，徐炳昶认为当在陕西民政厅二门内院或省政府马号二者之中。何士骥根据徐炳昶的意见，又采询景莘农、董少洲等当时留心颜碑出土事件之人，并参酌己意，遂决定首先发掘民政厅二院。发掘工作于2月21日开始动工，至3月19日完工，历时近一个月，共开掘11坑，不仅出土了唐大明、兴庆两宫图合刻之残碑一方，还出土了唐独孤氏墓志盖，唐代残碑头、碑座及带纹碑边，宋文与可画竹残石碑，以及历代钱币、瓷片、陶片等各类古物，皆陈列于陕西考古会内，以供参观、研究。发掘期间，何士骥还在西安城内留心探访，与西京筹委会调查员夏子欣于南门内之小湘子庙街道旁污泥中发现唐《太极宫图》与《寺府坊市图》合刻残碑，亦移至考古会内收藏。①

据何士骥考证，此次发掘出土的唐代三大内宫图应为宋代吕大防所刻，或因宋金交战及蒙古入侵先后被毁。石刻内容与历来书籍记载者皆有所不同，刻画精细，且标有“每六寸折地一里”之比例尺，故其碑虽残缺不完，但可与《唐六典》《长安志》《雍录》《两京城坊考》等传世文献参校互证，对于学者研究唐代宫城制度、建筑与地理位置仍不失为极有价值之史料。而陕西考古会能够在成立后的短短一段时间内即取得如此成绩，不仅平息了部分人的疑虑和非议，而且获得了相关机构、学者和军政官员的广泛好评，从而鼓舞了考古会同人的士气，推动了后续一系列考古研究和发掘活动的开展。

---

① 参见何士骥《唐大明兴庆及太极宫图残石发掘报告》，《国立北平研究院院务汇报》第5卷第4期，1934年出版。

(2) 发掘宝鸡斗鸡台遗址

论及陕西考古会史上历时最久、用力最多,亦最为著名的考古活动,则非宝鸡斗鸡台遗址发掘莫属。通过前期对宝鸡斗鸡台陈宝祠遗址和姜城堡东门外遗址等处的考古调查,徐炳昶已认定宝鸡附近为秦民族发祥之地,加之北平研究院最初拟定的考察"周民族与秦民族之初期文化"的研究目的,故甚早就决定将考古发掘的试办区设于宝鸡,作为陕西考古会的工作重点之一。在陕西考古会的成立大会上,众人进一步对发掘的地点、时间及应办手续等事项做了规定。会议议决发掘地点暂以宝鸡县斗鸡台一带为试验区,且在彼处设立办事处,发掘时间拟在春日解冻后开始,发掘之前由考古会先期请求陕西省政府转知当地民众切实配合。同年 4 月 11 日,考古会诸委员又依据考古会"办事细则第三章第十六条"规定,开会通过徐炳昶拟具的宝鸡斗鸡台发掘意见书,并一致决定将该意见书上报省政府,"查照令饬宝鸡县政府届时妥为保护,并晓谕该地人民,毋得留难,以利工作"。①

斗鸡台位于宝鸡县城东 15 里,其地为秦汉陈宝祠及陈仓城遗址。相关考古工作从 1934 年 4 月延续至 1937 年 6 月,期间进行了三次较大规模的发掘活动。何士骥作为核心成员,参与了前两次发掘,并担任斗鸡台发掘工作组秘书。

第一次发掘始于 4 月 26 日,结束于同年 6 月 21 日。其工作区域大致有二:一在斗鸡台陈宝祠后之土堡内外,即"废堡区",由何士骥等人监工;一在陈宝祠东之戴家沟以东,自坡缘向南、北、东三面延展试探,即"沟东区",由白万玉等人监工。两区东西相距约一公里。"废堡区"为汉魏以后历代民居遗址,共开二坑。甲坑内上层出土秦代以后各种陶器、陶片、铁器、矢镞、钱币等古物,下层发现一巨型砖井,或为汉代一蓄水池遗址。"沟东区"上层为新石器时代末期民居遗址,下层为各时代坟墓,共开四坑,出土各种陶器、陶片、铜戈、铜鼎、嵌金花漆器等古物,而以陶

① 参见罗宏才《陕西考古会史》,第 129、174—175 页。

鬲为最多。

第二次发掘紧承前期工作之余绪，时间自 1934 年 11 月 23 日至次年 5 月 7 日。但因开工较晚，又适逢年关，缺少工人，故分为两个阶段进行。第一阶段自 11 月 23 日至次年 1 月 25 日，第二阶段自 1935 年 2 月 21 日至 5 月 7 日。工作区域基本仍在“废堡区”和“沟东区”范围内，前者由何士骥、罗懋德、周蓎监工，后者由苏秉琦、白万玉、顾端甫监工，徐炳昶则在各处指导工作。

“废堡区”经发掘清理，发现堡内地面北高南低，所出器物以有关军事者为最多，且地下遍布圆柱形洞穴，大小不一，直径约二米左右，上已无盖，内有箭镞、磨刀石和各种陶器、陶片。唯离井越远，则洞穴密度越低。堡东门外偏北处亦发现城墙及壕沟遗址。按之地形地势与文献记载，考古组怀疑此处即为三国时期魏郝昭所守之陈仓城。

“沟东区”以墓葬为主，续开十坑，发掘成果更为丰硕。两次累计发掘面积近千平方米，发现墓葬 104 座，其中有殉葬品者 82 座，年代以三代至隋代为主。墓内人骨，头均向正北，唯有七八具方向为正东西，且均系屈肢葬。三代之墓皆有殉葬陶器，其中又以三足陶鬲为最多，且均有烟煤附着其上，应为墓主人生前所用之物，与汉以后之明器专为殉葬而特制者不同。除墓葬外，史前期之民居亦不少，至有史期则不多见。故苏秉琦判断“此区在石器时代为村落，其后则为一集中墓地。因材料的时代及内容，均互不相同，固便于分别处理”①。此外，在“沟东区”还发现类似石器时代的制陶工场遗址一处，以及类似石器时代的圆形竖穴人居遗址五处等文化遗存。前者面积约二亩余，规模甚大，保存尚好，上有炉灶、水槽、烤炉等物，为较重要之发现。②

利用第二次发掘的两阶段间隙，何士骥还曾两次到附近地区进行考

---

① 苏秉琦：《斗鸡台沟东区墓葬》，国立北平研究院史学研究所，1948 年出版，第 12 页。

② 以上有关宝鸡斗鸡台考古发掘的具体情形，可参见《史学研究会工作报告》，《国立北平研究院院务汇报》第 6 卷第 5 期，1935 年出版；苏秉琦《斗鸡台沟东区墓葬》，国立北平研究院史学研究所，1948 年出版；容媛《陕西考古会近况》，《燕京学报》第 17 期，1935 年出版。

古调查。1935 年 1 月 28 日至 2 月 1 日，他与龚元忠至凤翔县附近考察，发现凤翔城南南古城东之秦大郑宫遗址。2 月 7 日至 16 日，他又与龚元忠、王忠义至宝鸡县东之陈村镇、虢镇、阳平镇附近考察，发现虢镇南门外及阳平镇西北秦家沟之周代遗址，前者疑为小虢都城遗址，后者疑为秦国平阳封宫遗址；还发现了阳平镇北原下及东古城村之汉代遗址，以及虢镇东南磻溪宫之元代道德经幢等。

第二次发掘结束后，何士骥又于 5 月 8 日至 11 日与徐炳昶、苏秉琦同往大散关、诸葛山及鸡峰山等处调查。此后，他与龚元忠沿渭河北岸返回西安，途中亦调查了凤翔、岐山、扶风、武功各县，并在岐山县城西北周公庙附近发现新石器时代末期遗址。

通过对这两次发掘所得古物的初步整理，至 1936 年 9 月，“关于陶器、陶片、墓葬各部份已成之记录表为五百余份，照片七百余张，图片四百二十余种，由碎片黏成之陶器、骨器等一百余件”①。据此，北平研究院史学研究会考古组总结道：“本组数年来所工作之斗鸡台，自新石器时代以来，即有居民，直至隋朝陈仓县治移去以后，始渐稀少。曾在土中发现多量三代墓葬，所得殉葬陶器甚富。此等陶器不仅可为研究三代陶器本身之有力证据，即对于研究古代民族文化亦裨益匪浅。至此期以前，即为古人之居住遗址，仰韶期之陶片，尤为普遍。仰韶陶器层以下，又有一层花纹质地较粗，绝无彩色，形式较异之陶器及石器骨器之文化层，大约系真正之新石器时代，离新石器时代之末期已远。此时期尚为我国第一次发现，殊堪宝重。”②

1936 年 11 月 16 日，陕西考古会于西安召开第三届年会，决议次年春继续发掘斗鸡台遗址。不料西安事变猝然发生，斗鸡台第三次发掘延宕至 1937 年 4 月 25 日方才开始，于 6 月 23 日告一段落，但发掘工作尚未全部完成。其工作区域在戴家沟以西，位于此前的“废堡区”与“沟东

① 《史学研究会工作报告》，《国立北平研究院院务汇报》第 7 卷第 5 期，1936 年出版，第 79—80 页。

② 《史学研究会工作报告》，《国立北平研究院院务汇报》第 7 卷第 5 期，第 80 页。

区”之间，即“沟西区”。此处所出材料“与沟东者类似，亦分为早期的人居与晚期的墓葬”①。随着“七七”事变爆发，北平沦陷，北平研究院内迁，斗鸡台考古发掘工作亦被迫终止，原拟“在长安西境之周丰、镐二京作大规模之发掘，以为研究周民族文化之基本准备”②的后续计划也随之落空。但此次宝鸡斗鸡台发掘作为“中国考古学初步发展时期最重要的发掘项目之一”③的历史地位与深远影响，却足以彪炳中国考古学史册。

(3) 发掘、清理张骞墓

全面抗战爆发后，北平师范大学与北平大学、北洋工学院迁至西安，合组为西安临时大学，何士骥亦回校兼任教职。1938 年，西安临时大学复迁往汉中城固，改名为西北联合大学。1937 年底，陕西考古会为掌握陕南地区古迹古物分布资料，曾派遣孙文青等人赴城固调查、清理张骞墓前石刻，并做照相、绘图、椎拓等工作。1938 年 5 月，西北联大历史系成立考古委员会，拟对陕南各县古迹古物进行系统调查，“除为同人讲授时搜求实证史料，学生练习实地考古以外，并为提起一般民众对于乡土历史之注意”④。但因陕南范围过大，故准备先从城固当地着手。对此，何士骥认为，“城固之汉博望侯墓，实为一县古迹之冠。且博望一生之精神事业，虽已昭垂史册，中外共仰，（外人曾尊之为东方之哥仑布。）然在此抗建时期，尤宜力事表彰，以为增高民族意识，唤醒民族精神之提倡”⑤，遂将此意及其私人调查所得提议于考古委员会，并获得通过。

5 月 20 日，何士骥与西北联大校长李蒸、徐诵明，系主任许寿裳、黎锦熙，及教职员、学生等百数十人对张骞墓进行公开调查，并于墓地附近麦地及村旁采集到不少绳纹残砖、残瓦及花纹陶片等。通过仔细考察，何士骥等人判断张骞墓前石兽及所得古物皆为汉物无疑。因此，考古委员会决定，首先发掘墓前石兽，就原地筑台陈列，以资保护，然后修葺张

① 苏秉琦：《斗鸡台沟东区墓葬》，第 13 页。
②《史学研究会工作报告》，《国立北平研究院院务汇报》第 7 卷第 5 期，第 82 页。
③ 中国考古学会编：《中国考古学年鉴 1998》，文物出版社 2000 年版，第 267 页。
④⑤ 何士骥：《修理张骞墓工作报告》，《说文月刊》第 3 卷第 10 期，1943 年出版。

骞墓本身,勘探坟墓与石兽之间有无其他石刻,并委派何士骥和周国亭筹备、主持此项工作。

7 月 3 日,何士骥、周国亭率领学生、工人、县府人员、联保长等对张骞墓前石兽进行发掘。因石兽体积不大,入土不深,工作较为简单,原拟四至五日的工作在一日之内即告完成,并出土残砖、瓦片、陶片、瓷片等物。唯因新旧器物所出土层无深浅之别,证明其地层已经上下扰动,故失去考古学上之价值。

在发掘石兽过程中,何士骥听闻当地人言墓之东首曾被雨水冲出一洞,遂前往查看,果于荒草丛中发现此洞,洞内疑似墓门,“见有已露面之汉代花纹砖砌成之拱门门楣一部,砖约二十余,砖下即为一洞。细察洞周封土,至为虚松,有一推即倒之势”①。询诸当地联保长,亦云:“民国二十一年,确在此处经水冲出一洞,向内(即西)深至中尺八、九尺,则见砖壁整齐,分列三门,建筑宏大,后因小孩入内为土所掩,遂复封闭。”②为避免不肖之徒从此处妄自出入,对古墓擅加损毁,何士骥随即向考古委员会提议改变原定计划,对张骞墓进行保护性发掘。经学校呈报各级政府机关,并与县政府及张氏后人沟通协商,一致决定由西北联大承担张骞墓的发掘、清理与修葺之责,并由县政府及张氏后裔派员随同协助工作。

发掘工作从 8 月 24 日正式开始,至 8 月 31 日毕工,前后历时 8 日,出土“博望家造”字纹陶片一方,及带耳陶罐、陶片、瓦片、砖块、五铢钱、漆皮、朱红等古物。由于当时正值陕南多雨季节,发掘期间即遇阴雨连绵,给工作带来很大困难。至 31 日时,发掘工作不仅受连日大雨影响,且遇地下泉水涌出,墓中积水越来越多,加之预算经费告罄,发掘工作难以为继,故考古委员会不得不决定提前结束发掘,并鸠工培土,重加封植,倍行修葺。③ 1939 年 5 月,西北联大复于张骞墓前刻立《增修汉博望侯张公墓道碑记》,由吴世昌撰文,黎锦熙书丹,碑阴刻许寿裳书《汉书·

① 何士骥:《修理张骞墓工作报告》。

② 何士骥、周国亭:《发掘张骞墓前石刻报告书》,《西北联大校刊》1938 年第 1 期。

③ 参见何士骥《修理张骞墓工作报告》。一说发掘工作中止乃张氏后裔聚众反对所致。

张骞传》,以表彰张骞的历史功绩,激励流亡中的士人学子发扬民族气节,坚定抗战意志。

此次考古活动作为迄今为止对张骞墓进行的唯一一次有组织的科学发掘,虽未完成全部计划,仅实现对墓前石兽及墓道部分的发掘清理工作,但仍取得了不小的成绩。根据墓中出土器物、墓廓汉砖、墓前石兽及墓之方向,何士骥断定其为汉墓无疑,结合传世文献与地理位置,则其为张骞原墓的可能性极大。而墓中所出最为重要的"博望家造"字纹陶片,据何士骥研究考证,或为"玺印""封泥""印范或范母"及"陶器钤记"四者之一,但究为何物,终未能确定。

应该说,上述考古工作及后续研究成果为确定张骞墓的真实性提供了有力佐证,为保护和研究张骞墓提供了科学依据,也为弘扬民族精神、激发爱国热情、提升当地文化影响力和文物保护意识发挥了重要作用。张骞墓 1956 年被列为首批陕西省重点文物保护单位,2006 年又被国务院公布为第六批全国重点文物保护单位。2014 年,张骞墓作为中国与哈萨克斯坦、吉尔吉斯斯坦三国联合申遗项目"丝绸之路:长安—天山廊道路网"中的一处遗址点被列入《世界遗产名录》。在此过程中,当年由何士骥所主持的发掘活动及其出土文物,以及由此形成的一系列考古文献,皆发挥了不可或缺的关键证据作用。

2. 金石、文字学

何士骥的金石、文字学研究,以现在的学术眼光归纳,可大致分为"基础材料的整理""文字理论的解析""古文字形的考释"以及"石刻文本的校录"四类。是知其学术眼光扩及甲骨、金文、《说文》小篆、石刻文字(包括画像石)等方面,并且善于运用"二重证据法",以地下材料补证传统字书。

(1) 基础材料的整理

此部分内容主要见于《编纂〈金文汇编〉说明书》和《〈金文汇编器铭索引〉自叙》二文。1931 年 1 月至 5 月,钱玄同数次与何士骥讨论搜罗历代各家的金文图录、著述,陈诸说于一书,编纂《金文汇编》,以展现各家对“铜器定名”“器影拓片”以及“铭文考释”的是非优劣，作为金文研究的索引工具书。《编纂〈金文汇编〉说明书》一文除罗列宋、清至近代的62本金文图录，更提到“凡各家文集中，有考释彝器之材料者，或专释彝器文字者，皆宜采录”[①]，可见何士骥“上穷碧落下黄泉”的搜集精神。其次，《金文汇编》要求选取的材料皆须以剪贴方式处理，若否，则须精摹图版（由《图象到形声演进之概况》一文便可见何士骥描摹文字之功力），且务必注明出处（何书何卷何页），在在呈现其负责的引用态度。复次，对于器物之定名，则以王国维《宋代金文著录表》《国朝金文著录表》以及容庚《重编宋代金文著录表》三书为主，并将其余名称条列于下，亦颇为合理。

《金文汇编》的编纂，不仅凸显了何士骥对于整理金文材料的雄心，文中更提到《金文汇编》只是初步工作，纂成后还要透过此书考定铜器的名称、形制、真伪与年代，并扩及铭文中的人名、地名、方国名、历法的研究，重构两周册命、训诰、祭祀、征伐等相关之政治制度史与生活史，最终达到“改订经典之错误，考求古史之真相，辨证《说文》之臆说”[②]的目的。

《金文汇编》预计收录的书籍甚多，又逢战乱，过程多舛，几近停摆，《〈金文汇编器铭索引〉自叙》即略及此种窘况。文中提到《金文汇编》的编纂起自导师王国维的要求，“于金文一门，先生命余先读宋代诸家之书，然后迄于清代及近人之作”，因此“冀撰《金文集释》一书”。[③] 细查文稿，仅有《金文汇编》相关文章，并无《金文集释》，由此推测《金文汇编》或是在《金文集释》一书上扩展而来。且因王国维自沉，何士骥任职于北平师范大学，遂改由钱玄同、黎锦熙指导《金文汇编》的相关工作。唯其编纂方法仍维持王国维的“释古”风格，未受钱玄同“疑古”态度的影响。

如果说《编纂〈金文汇编〉说明书》是说明《金文汇编》的编纂旨趣、选用材料及编纂方式，属于初步的计划构想，那么《〈金文汇编器铭索引〉自叙》则可看作《金文汇编》的部分文章，虽为“自叙”，却也揭示了金石学从

①② 何士骥：《编纂〈金文汇编〉说明书》，手稿。

③ 何士骥：《〈金文汇编器铭索引〉自叙》，手稿。

宋、清两朝以至于近代的特色与发展。何士骥认为，宋人刘敞、欧阳修、杨南仲与吕大临等人首开收集钟鼎彝器之风，于是出现描摹器型、款识的图录与考证文字、器名的著作，“诠释虽未尽当，然借实物以考订文字及古史，夐非汉唐经生株守误本伪书及师说者所能及，厥功甚伟”①。其对宋人金石学的评价，着眼于“以实物为证”，这点与王国维所提倡的“二重证据法”宗旨相同，也与清华国学院的“释古”氛围颇有关联。

乾嘉以降，学者辈出，阮元、吴式芬、吴大澂、陈介祺等人在描摹款识及文字考订上后出转精；及至近代，罗振玉、王国维、钱玄同、马衡诸家对古文字、古史之考释审订，发明尤多。然而在学术研究发展勃兴的同时，何士骥认为：“诸家之书，往往一器而各书异名，一字而考释殊谊，又于铭识之摹写，款式既有变更，字形亦多歧异，翻检不便，学者苦之。”②一言以蔽之，就是基础材料的整理及工具书的不足与未规范化，不利于初窥金石学门径之人。这一状况与现今古文字学界颇为相同。地下材料甫一公布，各家说法便如雨后春笋般涌现，或见于报章期刊，或见于网络传媒，目不暇给。然诸说并陈，往往莫衷一是，且所用术语、词汇亦多不同，后学苦之。是以吾人能深刻了解何士骥当日编纂《金文汇编》之用心与急迫性，实有助于金石文字之学的开拓与发展。

《〈金文汇编器铭索引〉自叙》一文亦详述该书体例，然与《编纂〈金文汇编〉说明书》相较差异不大，属于更加完善的版本。除基本的“铭文字数”“时代先后”“存佚问题”外，亦涉及“铜器真伪”问题。何士骥合并王国维《宋代金文著录表》《国朝金文著录表》与容庚《重编宋代金文著录表》中的真伪表，并综合学界研究成果，将不少铜器审订为伪，不乏真知灼见。

何士骥虽对《金文汇编》寄予厚望，但相关文献、材料数量庞大，据其统计，所用宋、清两代及近代的图录书籍共 70 余种，涉及钟鼎彝器 5 323 件，相关字数 51 万左右，加之战火绵延，环境恶劣，以一人之力实难完

---

①② 何士骥：《〈金文汇编器铭索引〉自叙》。

成。然此二文却也向吾人展示了当时金石文字学基础材料整理与研究的艰难环境与可期前景，从中亦可见出作者的殷切寄盼。

（2）文字理论的解析

此部分内容主要包括《整理〈说文〉之计画书》《研究〈说文〉之意见》和《图象到形声演进之概况》三文。前二文虽然与基础材料整理有关，但牵涉到汉字构形理论的修订，所以仍归于此类；后文则是针对《说文解字》的“六书”之说，对传统文字学理论进行说明与补正。

《整理〈说文〉之计画书》与《研究〈说文〉之意见》二文，是何士骥有感于地下材料（如甲骨卜辞、钟鼎铭文）的层出叠见，以及文字理论的不断修正，故希望以《说文解字》这一经典字书为基础，修订其未尽之体例与谬误之说解。《计画书》一文刊布于 1931 年 7 月，《意见》一文则发表于 1944 年前后，两者虽皆以《说文解字》为研究主题，实则其中的着眼处已有所变化。

《计画书》试图从三方面对《说文解字》进行重整与修订：一是五百四十部首的排列顺序。《说文解字》围绕“始一终亥”的阴阳观念，定立五百四十部首的次序，并非完全以“据形系联”为规则，导致近三成的部首条目下，或仅有部首字，或仅收一二字。加之后代学者以己意改动顺序，渐失许慎原意，更增加了部首的辨析难度。所以何士骥认为应恢复《说文》原本，并彻底依照“据形系联”的规范，重新排列《说文》部首。

二是字头篆文的检讨与修正。汉字历经甲骨文、金文、战国文字而到秦汉篆隶，其间变化甚多，或受地域影响（如吴越的鸟虫书），或受书手影响（如字形的讹变与讹混，积非成是），更有受到社会、政治影响者（如秦始皇的“书同文”政策），使得小篆字形与甲骨文、金文、战国文字的形态有所不同，有时难以上下衔接。何士骥将其认为有误的篆文分为“同部重文”“异部重文”以及“同部中古语辞类之连写”三类，认为这三类篆文字头应当合并。此间涉及两种概念，可略作分疏。“重文”主要源于古文字“左右无别”的书写模式，如“彳”“亍”当为一字之不同方向，“止”“㐀”亦为一字之不同方向，按理不应区别为二字，更遑论个别立为部首。《说文》中诸如此类的字形甚多。然何士骥在区别此类字形时，有时更将字义孳乳而分化的字形也列为重文，如“月”“夕”与“史”“事”等，便混淆了左右无别与字义孳乳。“古语辞类之连写”略相当于合并联绵字，如“鹦”“鴟”与“苿”“苜”，何士骥认为应当合并为“鹦”“苿”二条目。这一做法主要是从语用角度所形成的判断，对于现今字典的使用者而言，或许是可行且合理的，但《说文》是字书，仍当以“字形”作为条目立定的规范，而不能单纯考虑使用上的便利。此外，何士骥认为，根据新出的地下材料可以“补篆”，即将不见于《说文》，却见于甲骨文、金文的古文字形补入；亦可以“正篆”，即以甲骨文、金文作为字形演变的根据，借此修正《说文》中的篆体字。

三是释文的纠谬与补充。此条与前述“正篆”看似有异，实则相同。在“正篆”部分，何士骥提到篆文的“天”“月”等字与甲骨文、金文不同（这是受到篆变的影响所致），应该要增加解释，以说明甲骨文、金文到篆文的演变过程。由字形而言，此为“正篆”的范畴，而由释文而言，则牵涉到此处所说的纠谬与补充，故可视作“字头篆文的检讨与修正”的进一步衍伸。有所不同的是，何士骥认为“古字义存于声，声显于形。独体既亦足用，孳乳实出后人”①，主张独体为先，合体为后，将古文字材料依据年代进行排列，更提出以声符的有无、先后来呈现文字的发展，如“旹从之得声，时从寺得声，则旹必古于时”②。不过，以声符作为文字起源先后之依据，似过于直接，不免忽略了文字的地域发展性，以及字形讹混所产生的影响。

《意见》一文的刊布时间晚于前述的《计画书》，主要揭示了今人所能继续发展的《说文》研究，既可从文字的本源与义指切入，亦可从文明、文化的角度诠释。就文字的本源、义指而言，《意见》一文所提与《计画书》并无不同，但较为简略，强调“证之甲骨、金石、陶器、货币、玺印文字，以

①② 何士骥：《整理〈说文〉之计画书》，1931 年自刊。

明文字之源流与变迁"[①]，并配合《诗》《书》典籍，以求造字之正例与变例。但就文明、文化之角度而言，则属何士骥的新意。如其提出："考之古代之史事与制度文物，以明某字发生时代之先民心理，与生活状况"，"旁求先民遗物之刻划、绘画、标识、符号，以究文字之初形与夫地方性、种族性、时间性，而求得其异同"。[②]如果说何士骥早期的文字学研究是以"解字"为主题，此时则可以看出其往文明、文化领域发展的企图。何士骥晚年所撰的《字说》诸文，便反映了此种学术眼光。

既然要从文字、文化两方面切入，形成新的《说文》研究，必然要面对《说文》的体例、收字乃至解字等问题。何士骥在此提出的几个方案，其实仍延续了《计画书》"修订部首排序""检讨字头篆文""修正解字释文"三个条目的思路，并无太多突破。

《意见》一文刊布时，为进一步阐述其观点，还附录《高元白〈我国文字形体的源流〉叙》作为补充。该文将文字学研究分为"狭义"与"广义"两种，即专就字形、字音、字义进行探讨的基础研究，以及在文字之上有关文化、文明的进阶研究。何士骥认为，若要进行广义的文字学研究，"其学必兼习夫历史、文化、考古、民族、社会、地理、生物各科之学，以明人类进化之原，与人事变迁之迹"[③]。此说颇有融合中西方学科，运用多种材料进行研究之意趣，当是受其师王国维之影响。从此观点出发，何士骥信心满满地指出，若以《说文解字》为基础，"略取郑樵《六书略》分类之方而加详改善，解散许书五百四十部，综合九千三百五十三文并《说文》以后之字，而详析为天文、地理、人事、动、植、矿等若干类，每类复案文字发生之先后，联系之而分别为若干期。再冠甲骨、金文、古陶文字于每类之首，以为我国初形文字之暂守最高标准，旁以征诸世界各国之原始文字以为比较之资。……然后逐字考求其形音义三者，而究其造因与变化"，则所成之著作"不仅广义与狭义兼有，实综合与分析并包"，非但

①② 何士骥：《研究〈说文〉之意见》，《党言》第2卷第3、4期。

③ 何士骥：《高元白〈文字形体的源流〉叙》，《党言》第2卷第3、4期。

不是咬文嚼字、枯燥无味的字典，“实我黄帝子孙五千年来之一部真实可信之文化史也”。①

何士骥虽对《说文解字》整体评价较高，然亦有不满之处。如认为许慎囿于时代限制，仅能掌握孔壁中书（古文）、《史籀篇》（籀文）和零星钟鼎铭文，所著《说文》不免有所疏漏。故言：“文字之遗漏，形体之讹误，说解之失当，证引之不确，往往随处皆是，稍检即得。而关于我国民族文化之所在，往往弃而不论，或竟臆度失实，足以贻误后之学者。”②一方面从引用材料之不足，说明许慎立论有误之原因；另一方面则从文化角度，认为《说文》本该成为蕴含深厚文化史意义的珍贵文献，可惜许慎对此未有充分意识，或说解有误。但他同时指出，“此亦时为之也”，许慎既以“修小学”为己任，则“与吾人之目的既殊，方法自亦不同，无足异焉”。③只不过今后的文字学研究更须突破《说文》的限制，在研究目的与方法两方面皆加以改进。

至于何士骥对以《说文解字》为代表的传统文字学理论提出的修正意见，则主要见于《图象到形声演进之概况》一文。何士骥认为，传统的文字学研究大抵依靠“六书”作为分析字形的依据，然而文字的发展与变化是一个长时期的过程，而“六书”则出于后人对当时可见的文字的归纳，未必完全合乎文字演变的实际情况，故其主张以新出材料对固有的文字理论进行修正，进而提出“象形字”“象征字”和“形声字”的三类划分。何士骥所论“象形字”与“象征字”，皆是由古文字形进行判断。前者指单纯的图画文字，即独体象形字；后者则指“错乱象形字原有之适当排列，或更施以省减作用，而仅取其足以代表原意之主要形象，堆砌于一起，以象征之手法表达其义”④，即合体象形字与会意字。不过依此论点，则同一文字，若偏旁无法拆分则为象形字，若可拆分则属象征字，故两者的差异主要在于偏旁的相对位置是否能够用于表意。如贮，若作[illegible]，属象形字；若作

① 何士骥：《高元白〈文字形体的源流〉叙》。

②③ 何士骥：《研究〈说文〉之意见》。

④ 何士骥：《图象到形声演进之概况》，手稿。

中[illegible],则属象征字。故同一个字,依据古文字形的不同,可能在归类上会有所分歧。

何士骥认为,形声字的出现,除了使图象文字渐趋简单化、规范化之外,更强化了声符与声化的功能和性质,故从图象到形声的演变过程中,出现了单纯借用象形字、象征字声音的假借字(即《概况》一文中的"同音相用字"),以及改换象征字形符的形声字(即会意兼声字或形声兼意字)。何士骥提出的这三类文字及其说解,大抵合乎文字演变的进程,亦可妥善对应至"六书",在当时属于相当创新的理论,若能配合甲骨文、金文进行更加详细的论述,理应具有良好的研究前景,只是不知为何埋没于手稿之中,令人惋惜。

值得注意的是,1935年唐兰于《古文字学导论》中批评传统"六书"说,并将文字分为"象形文字""象意文字"和"形声文字"三类,创立了"三书"说,作为替代"六书"的文字理论。此说与何士骥提出的"象形字""象征字" "形声字"分类之说,可谓颇为相近。

《概况》一文整理自何士骥手稿,吾人无从得知其撰作时间,亦无法得知其是否参考过唐兰的相关著作。(前文所述《计画书》与《意见》二文曾提及当时的古文字学者,如沈兼士、郭沫若、董作宾、容庚、商承祚、丁山、徐中舒、朱芳圃、卫聚贤、冯国瑞、高元白等,并未提及唐兰。)不过何士骥这一文字理论雏形最早见于1931年所作《整理〈说文〉之计画书》一文,即其在"语源"部分所云:"甲骨金石之字,恒为单体。至《说文》所收之字,则屡加以偏旁,多为形声字矣。"[①]所谓"单体""屡加偏旁"及"形声字",就是《概况》所云"象形字""象征字"和"形声字"的前身。吾人或可认为《概况》的内容,当是在《计画书》和《意见》撰成后,逐渐完善的文字理论。何士骥与唐兰在相近的时间,提出类似的文字理论,可谓闭门造车,出而合辙,亦反映出何士骥敏锐的文字学眼光。

---

① 何士骥:《整理〈说文〉之计画书》。

（3）古文字形的考释

此部分内容主要为何士骥早期的两篇文章《释齊⿱齊妻》《释[illegible]》，以及晚期的《字说六则》。前者关注的是字形本义与其孳乳字之关系，直指核心，篇幅极简；后者则强调阐发字形本义的文化根源，运用其擅长的"声训"方式，说解"同族字"，行文繁复。何士骥学术眼光的变化，可从这几篇文章中一探究竟。

《释齊⿱齊妻》一文，讨论《说文》中的"齐""⿱齊妻"二字。何士骥首先指出，金文中的"⿱齊鼎""齍""⿱齊⿱米皿"三字皆表示盛装于钟鼎彝器中的黍稷，因为鼎、皿属于同义换用，由此推出"齐"与"⿱齊妻"当属一字。其次引用王国维对石鼓文"我以⿰阝⿱齊妻于原"的解释，将"⿰阝⿱齊妻"读为"⿰阝⿱亝妻"，又以其为"隮"（即"跻"字），从而将齐、⿱齊妻、⿱亝妻三字等同起来。最后则根据《说文》的释义（"齐，禾麦吐穗上平也"，"⿱齊妻，等也"）及声韵（"妻""齐"叠韵而同部），认为齐、⿱齊妻义同且韵同。

何士骥认为，"⿱齊妻"字是在"齐"（"亝"或"亝"等）的古文字形上加注声符"妻"所形成的形声字。盖因"齐"字虽为象形字，但自有音读，后人不明所以，故添加声韵相近的"妻"字，而将此象形字的结构改为形声字。此说大抵可从。前文已提及何士骥的文字理论着眼于象形字演变为形声字之途径，该文的论述即建基于此。

不过，随着古文字学的发展，何士骥关于"齐"字的部分论述也存在可待商榷之处。例如，何士骥虽不同意许慎将"齐""⿱齊妻"分为二字的说法，但仍从《说文》以"齐"为"禾麦吐穗上平也"。然由"齐"字的古文字形"亝"或"亝"，其实看不出与禾麦的相似性。故何琳仪《战国古文字典》以为"象蒺藜多刺之形，荠之初文"①，季旭升则认为"甲骨文、金文从三'◇'，到底象什么，其实很难肯定。甲骨文、金文的禾麦，上部并不如此作"②。是知"齐"字到底是像平整、等齐的何物仍是未解之谜，不过这也并不影响此文的论述。

① 何琳仪：《战国古文字典》，中华书局1998年版，第1268页。

② 季旭升：《说文新证》，福建人民出版社2010年版，第581页。

《释身》一文，讨论“身”字的本义。何士骥将其分析为从“∈”从“千”，属于合体象形字，因而认为原有“从人，厂声”（许慎）与“从人，申省声”（段玉裁）的解释皆有问题。此文有关古文字形的使用较少，其论述主要建构在“身”与“千”的字形比对上。何士骥从“身”“千”二字出发，探究“身”字构形的思路是正确的，可惜未能更进一步论述“千”与“人”字的关系。孔广居《说文疑疑》认为“千当训从一人声”[①]，李孝定《甲骨文字集释》从之；于省吾《甲骨文字释林》将“千”理解为“附划因声指事字”，季旭升从之，认为甲骨文“千”字从“人”，“一”为区别符号，“千”字实假借“人”字。

综上所述，“身”字应视为在“人”字上增添指示符号，表示身体、躯干的意思，与“厷”字的构形原理相同。而何士骥的论述，其实亦不离前述“象形字到形声字的演进”，但忽略了两者在构成与形成脉络上皆有所不同。“身”是以“人”为主体的指示字，而“千”是以“人”为主体的假借字，由此导出“身”从“千”声的结论，十分可惜。

《字说六则》整理、收录了何士骥晚年的几篇论文，或说某字及其相关字形，如《说“诲”字（附说“辛”“辛”“啇”“言”各字之关系）》《说“睩”字》；或说某字与建筑之关系，如《说“辟雍”》《说“亚”字（兼说“阿”字）》；或说某字与实物之关系，如《说“贞”“鼎”（兼说“视”“申”“雷”诸字）》。何士骥由字形本身出发，以传统释字之方法，对《说文》的观点进行扬弃，并采集大量甲骨文、金文等古文字形作为立论依据，配合考古成果及文化传说，联系汉字与中国文化，将其价值由传统文字学提升到文化学、历史学等层面，形成有别于早期的文章风格。

相较于前述的释字文章，《字说六则》虽然开创有余，将其提出的“象形字到形声字之演进”，特别是叠加声符的概念，运用于多数字形的解释，形成类似“字族”的概念，并联系至考古成果与中国文化，确实将其师王国维提出的“二重证据法”发挥得淋漓尽致，但亦存在精细不足的问题。何士骥引用了许多古文字形，然绝大多数未注明出处，所临摹的字

---

① （清）孔广居：《说文疑疑》，中华书局1985年版，第239页。

形亦有相当程度的失真，且文章的论述方式与遣词用句皆带有较强的时代烙印，与当今的学术规范有一定距离，颇不利初学者阅读与效法。

（4）石刻文本的校录

此部分内容可分为两类，一是“文本的校刊与释读”，如《古本〈道德经〉校刊》《汉碑校读（五种）》；二是“石刻目录的集结”，如《南北响堂寺及其附近石刻目录》《城固县石刻目录》《石刻内容之研究》。

何士骥关于石刻文本校读的研究成果，当以《古本〈道德经〉校刊》一书最为重要。由手稿的笔迹、颜色可知，何士骥在该书刊布后，尚进行过数次修订，所以笔者在《文存》的编辑工作中，特别对其进行了长时间的校对和补释，也因此能感受到何士骥在当时动荡的社会环境与恶劣的研究条件下，对该书投注的深厚用心。故全书虽篇幅较长，仍完整收录，希望借此彰显其学术价值。

《古本〈道德经〉校刊》的撰作源于 1935 年 2 月的一次考古调查。当时正值斗鸡台第二次发掘间隙，何士骥乘暇至宝鸡附近调查古迹，于虢镇东南磻溪宫发现元大德三年（1299 年）所刻道德经幢。据《宝鸡县志》记载，磻溪宫相传为周姜子牙隐钓之地，至元为丘处机成道之所，故又名“长春成道宫”。道德经幢位于第四殿院中，色质光泽，制作精雅。幢共八棱，身高 4.6 米，棱宽 0.29 米，座半入土中，顶周四面造像，一像已毁面部。何士骥见之甚喜，遂命工拓归。同年 5 月，徐炳昶与苏秉琦等人赴盩厔调查时，复于楼观台发现元至元二十七年（1290 年）之古文《道德经碑》与无年月之楷书《道德经碑》，亦先后拓得之。

返回北平后，何士骥见所拓元道德经幢仅题“老子道德经”而不分篇章，知其与古本《道德经》相近，颇为珍贵，有足资考订者，遂又辗转搜得北平白云观（石系元书清刻）、河北易县及邢台、甘肃庆阳、江苏镇江、浙江杭州等地之同类石刻（唐宋两代所刻）拓本，并北平图书馆所藏之刻本、写本，共 19 种，均为之校勘一过，编为《古本〈道德经〉校刊》一书。是书以王弼《老子道德经注》（浙江重刻巾箱本）为底本，所校之本分石本、写本、刻本三类，校入时即依此排列，而每类之中又各以时代先后为序。

在校勘中，除各本用字与底本形义全异者加以校录之外，即在当时书刻者认为相同之字，而案诸字书，或为两字，或为别体，或竟为字书所无者，亦多加校录，颇称详慎。惜因战乱等原因，该书未能据唐写卷子残本及日本新出影印古写卷子本等进一步参互校核，但在当时已可谓是研究古本《道德经》较为完备的本子，贡献殊非浅鲜。

此外，《古本〈道德经〉校刊》的学术价值还在于何士骥亲身经历了磻溪宫元代道德经幢的发掘和采样工作，故十分注重碑刻文字的漫漶与残缺情况，并巨细靡遗地记录各本阙文之可能原因，或因碑刻残泐，或因字形漫漶，更以字形间距推断阙文之可能字数。这类残碑断简的处理方法虽非何士骥的创发，但从中亦可见出其严谨、细腻的治学态度。

《汉碑校读(五种)》一文亦撰于 1935 年，何士骥以邯郸遗老所赠五种汉碑拓本(《三公之碑》《祀三公山碑》《元氏封龙山之颂》《三公山神碑》《白石神君碑》)为底本，参以欧阳修《集古录》、赵明诚《金石录》、洪适《隶释》、王昶《金石粹编》、沈涛《常山贞石志》及《畿辅通志》《元氏县志》等文献，进行比对校释。由此可知，其取材对象并不限于一般的金石图录，还涉及地方志，凡有可参之处，几乎一无遗漏。其保存碑刻文献之意义，对后学研究帮助甚多。

关于“石刻目录的集结”，则以《南北响堂寺及其附近石刻目录》一书最为著名。自 20 世纪初以来，对中国境内遗存的石窟佛寺的调查研究便成为一个新的学术热点，其中尤以敦煌莫高窟、大同云冈石窟和洛阳龙门石窟最为世人所重视和称道。而位于河北磁县与河南武安县之间的南北响堂寺石窟，则因规模较小，起初尚不为学者所关注。南响堂寺在磁县城西北 50 里，北响堂寺在武安县城东南 60 余里，两寺皆在鼓山上，因山连跨两县，故寺有南北之称。据《高僧传》及《三宝感应录》等书记载，响堂寺始建于东魏之末。现存石窟 16 窟，摩崖造像 450 余龛，大小造像 4 000 余尊，还有大量刻经、题记、花纹及建筑雕刻等。其整体风格“上承云冈塔柱式石窟的风格，下开隋唐三壁三龛式石窟之先河，在中国石窟艺术发展史上为云冈石窟向龙门石窟过渡的一个不容忽视的重要阶段之标志”①，亦是研究我国佛教、雕刻、书法、建筑的一座艺术宝库。

1935年9月中旬，北平研究院史学研究会虑及“南北响堂寺佛窟、刻经，及其附近之先代碑刻，不为世人注意，多遭毁坏，于我国佛教、艺术史上之损失甚大”②，遂派遣龚元忠、马丰等人对南北响堂寺进行首次系统调查，并将寺内及其附近所有石刻全部照相、椎拓，历时两月余，共得碑碣、造像、题字300余种，纹饰50余种，刻经11种，经幢9种。其中，石刻时代最早者为北响堂寺北齐天统四年（568年）之《涅槃经》及武平三年（572年）之《唐邕写经记》。自此以后，历唐、宋、金、元、明、清各代，均有续凿、修补。“其雕刻制作之精，固可为我国北齐一派艺术之代表，即衣冠、人物、伎乐等刻划之工，亦可作研究我国北齐以来制度文物之考镜，与云冈、龙门之可以代表北魏艺术者，实有同一之价值。至其中刻经一项，为大规模刻经之最古者，足与后世木刻本相参证。”③

此次调查所得相关材料由何士骥与刘蕙孙共同编校考订，编为《南北响堂寺及其附近石刻目录》一书。全书所载分为“造像记及碑碣”“佛经”“经幢”三类，自南北朝起，至民国年间止，依照时代顺序排比，并注明石刻所在地点。若前人之著录、各家之考订、现在之状况等，均列入备考之中。其无年月可考者，或未记年月者，则依实物性质分为造像、刻像、背光、佛幔、佛龛、石桌、石香炉、石柱、门壁、石床、石座、残石刻及题记12类，再按地域分别排列，列于造像记及碑碣类之后。是书为研究南北响堂寺石窟的首部学术著作，且内容全为实地调查所得，条理简明清晰，考证颇为谨严，因而具有较高的学术价值，与仅据传闻及拓片著录者不可同日而语。

《城固县石刻目录》则以表格的形式统计城固留存的石刻情况，记录其名称、建造年月、放置地点及大概内容，纲举目张，清楚反映了该地区石刻文献的丰富性。以上两篇的性质与撰作方式，其实与上文提及的

---

① 陈瑞青：《燕赵文化史稿——魏晋北朝卷》，河北教育出版社2013年版，第231页。

②《史学研究会工作报告》，《国立北平研究院院务汇报》第7卷第5期，第80页。

③《南北响堂寺及其附近石刻目录》介绍，《图书季刊》第3卷第4期，1936年出版，第256页。

《金文汇编》或《金文汇编器名索引》相近，皆是文献材料的基础整理，不仅搜罗齐全，且能通过合理的分类来呈现文献的特色，从中可见何士骥对材料的掌握和理解均十分透彻。

《金文汇编》除整理钟鼎彝文外，还希望由此开展一系列古代文化研究。无独有偶，《石刻内容之研究》一文就是以《城固县石刻目录》为基础进行的城市文化与市民活动研究。其中提到"历代社会之组织，教育之设施，地方之建设，以及外籍教士传教之各种情形，碑文中亦多有之……观其碑文，即可知城固近数百年来社会状况之一班也"①。何士骥将其在城固县附近收集到的石刻文献，按内容分为政令（如禁赌、息讼等）、社会（如公议、集会、设集、立市、建坊等）、教育（如创建学校、兴办义学等）、建设（如修堰造桥、建筑庙宇等）等方面，并条列碑文，可惜未能进一步就其内容详细分析城固过去的生活样貌，可谓精细有余，而开拓不足。但此种以石刻文献为主题，跳脱传统的异文比对，提升到文化层面，还原庶民史与社会史的研究方式，仍显示出何士骥独特的学术眼光。

结　语

何士骥在《研究〈说文〉之意见》中自云："窃谓今后之治学问，皆当于纸上材料之外，一归诸器物之实证，即研究吾国文字之学亦然。"所谓"归诸器物之实证"，其实就是王国维"二重证据法"的要旨。而这种研究精神，可以说贯穿了何士骥各时期的学术作品。

毋庸讳言，何士骥的文章充满了清华国学院早年的"释古"氛围，颇有王国维的治学色彩。冯友兰曾将新旧中国的学术方法与态度分为三种："传统的说法是'信古'，反对传统的说法是'疑古'。我的说法，我自称为'释古'。"②而学贯古今、汇通中西的王国维正可作为释古派的早期代表。其受西方科学方法及实证精神的影响，提出"二重证据法"，主张以客

① 何士骥：《石刻内容之研究》，手稿。

② 冯友兰：《三松堂自序》，生活·读书·新知三联书店2009年版，第247页。

观材料落实“质疑文本”的主观性，以地下材料印证传世文献，“以实证史”，亦“以史证实”。何士骥曾亲炙王国维，对于此种治学方法与学术精神自然十分熟悉，且能运用纯熟。相较之下，何士骥虽也问学于钱玄同，但并未一味地疑古、反古，而是试图透过传世文献与出土材料的互相印证，从文字、训诂的角度切入中国古代的文明史，重新说明、建构古代的文化制度。

与一般独坐书斋、皓首穷经的学者不同，何士骥由于具备了考古工作的实际经验，所以更能领悟并发挥“二重证据法”的真谛。如果说，在清华国学院的求学经历，透过系统式、学院式的课程训练，培养了他对古文字学、文献学、历史学的专业理解；那么进入考古现场后，则使他真真切切地感受到文物、遗址对于周秦历史研究的必要性和迫切性，并真正实现了理论与实践相结合。是知何士骥的考古风格是以经籍文献为基础，既不盲目信从，亦不过度质疑，而是用认真严谨的态度，巨细靡遗地到访与检验，故所获甚丰。

遗憾的是，或许是时代动荡所致，何士骥的许多学术作品虽然具备独特的视角与启发性的观点，甚或是“孤明先发”，但大多只是点起火苗，抛出一个可能的学术进路，而未形成彻底的学理论述或完全的文献整理，便沉埋于手稿之中。到了晚年，更无心力完善《金文汇编》一类的大型工具书籍，只能就“二重证据法”进行汉字本义之溯源，以期阐扬中国文化。今天有此机缘，我们后人能够重新阅读到何士骥这些已刊、未刊的文稿、论著，亦可以说是一种幸运。若能从中得到一些启发，以继续其未竟的释古事业，建构中国古代文化史的完整形态，则庶几不辜负前辈学者之苦心。

考古学

唐大明兴庆及太极宫图残石发掘报告

民国二十三年二月，本院与陕西省政府合组之陕西考古会议决发掘《颜勤礼碑》下藏石，后工作主任徐旭生先生因事返平，遂嘱骥于寒假内抽暇办理此事。惟《颜勤礼碑》出土地点，迄今已人各异说，骥于徐先生指定地点（一、今陕西省政府马号，二、今陕西民政厅二门内院中）以外，又采询当时留心颜碑出土事件之诸先生，（如景莘农、董少洲先生等。）及参酌已意，遂决定先发掘民政厅二院，次发掘省政府马号。乃于二月二十一日开始动工，至三月十九日完工，迄今已逾两月，惟因事务稍繁，尚未作成报告。刻又来斗鸡台实行发掘古城工作，更未得暇。而院中屡函催促，遂于忙中抽暇述其概略，至详细情形，整个研究，尚须稍待也。

二月二十一日

是日为发掘第一天，上午八时半，请同事张孝侯先生、周隆季先生及工人等同至发掘地点，骥先将发掘地域用铁锨画出，遂请张先生为量定周围大小，并量定第一坑 4.00 M. 见方以为例，（如图。图列后。）而张先生遂回十里浦继续画图工作，骥乃与周先生、工人等开始实行发掘。工人三人，加周先生与余及勤务徐凤山，共为六人。发掘至深 0.30 M. 与 0.55 M. 时，所见多为瓦砾、砖块、宋元明清瓷片而已。至下午五时收工，深 1.00 M.，亦无特别器物发见。

二月二十二日

是日为发掘后之第二天，工人五名，八时起，继续发掘第一坑，深至1.35 M.时，出一兽角，又出铜钱五枚。(内有皇宋通宝钱。)深至1.50 M.时，发见唐开元钱、宋宣和钱数枚。至深1.95 M.时已见净黄土，遂止。(因此次发掘目的，在得《颜勤礼碑》下之藏石，故注重老坑，[即经人扰动者。]凡遇死土，[即净黄土，未经人扰动者。]若无特别发见时，即行停掘。)上午十时，开始发掘第二坑，(如图)至下午五时二十分收工，深1.10 M.。所得器物，惟瓦片砖块及新旧磁片而已。

二月二十三日

是日为发掘后之第三天，因雨停工。

二月二十四日

是日为发掘后之第四天，因雪停工。

二月二十五

是日为发掘后之第五天，阴晴，工人四名，八时起，继续工作第二坑。(今用四人，因觉三人太少，五人太多。惟四人一人在坑上翻土，三人在坑内交换起土与掘地，最为适宜，故以后多用四人。)在坑之东边与第八坑交界(如图)深1.32 M.处，得一苍绿色破宋磁瓶口颈，及宋宣和钱、金正隆钱等。余全日所得多为新旧磁片，及砖瓦片等。深至1.96 M.时，已见净黄土，遂止，时已下午四时二十分，遂改掘第三坑，至下午五时四十分收工，深0.25 M.。

二月二十六日

是日为发掘后之第六天，阴晴，工人四名，八时起，继续工作第三坑。在坑之南部画出一区以作试探，深至1.70 M.即见净黄土，既无特别器物发现，而地层亦未见近人扰动情形，遂改掘第四坑。第四坑掘至深0.27 M.时，已发见砖层，(砖纯素。)砖层北部，大致整齐，未见扰动痕迹，余遂拟全坑停堀，另开新坑。至十一时三十分，适友人董先生(少洲)来，乃复与商量颜碑出土确实地点。先生人极诚实，此次发掘开始，帮忙至多，乃谓余“是宜在路北而不宜在路南”！(所谓路者，即今民厅二院东厢房至民厅正屋间之便道也。如图。)余意此次目的只在发掘颜碑下之藏石,而先生又为当时留意颜碑出土之人,遂决从其言。至十二时,即发掘路北第五坑。(如图。五、六两坑为 5.00 M. 见方。)至下午五时三十分收工,深 0.55 M. 。所得惟枣树根两颗,及新旧碎磁片、砖瓦片而已。

二月二十七日

是日为发掘后之第七天,晴,工人四名,八时起,继续工作第五坑。至下午五时二十分收工,深 1.30 M. 。所得无特别器物,惟坑之北部略见灰土及垃圾而已。

二月二十八日

是日为发掘后之第八天,晴,工人四名,八时起,继续工作第五坑,至上午十一时,深 2.13 M. 已见净黄土,遂改掘第六坑,至下午五时收工,最深处深 0.62 M. 。

三月一日

是日为发掘后之第九天,晴,工人四名,八时起,继续工作第六坑,深至 1.70 M. 时已见净黄土,惟坑之南边尚多瓦砾砖块等,遂专挖南边一部,深至 2.15 M. 已见净黄土,遂止。(惟考第六坑地层,偏西多为死土,故由东向西分全坑为最深 2.09 M. ,深 1.50 M. ,次深 1.01 M. ,浅 0.50 M. 四层挖之。如图。)是日下午三时三十分,董先生(即少洲)复约省府同事宋张两先生同来,商看结果,谓“路(已见前)北既无所得,不如回掘路南为是”。而张先生又谓余前所停掘之第四坑,地位较为近似。余遂继掘第四坑未完部份,至下午五时收工,深 0.82 M. 。

三月二日

是日为发掘后之第十天,晴,工人四名,八时起,继续工作第四坑,惟向南边少砖层部份掘之。至上午十时二十分于南边下深 1.24 M. 处,得一残碑头,(案其制作,为唐代物。约居全碑头四分之一,图另详。凡以后所有器物图形及尺寸大小等,均另详之。)(标点:X=1.85 M. ,Y=0,Z=1.34 M. 。所量皆为器物中心点,以下仿此。)又偏南挖之,已出本坑范围以外,遂另开一坑为八坑也。(如图。第七坑完全未掘,如图。)至下午二时许，又得一残碑座，（标点：X＝1.60 M.，Y＝3.20 M.，Z＝1.66 M.。）至下午五时，又得一残碑头，（制作形状与上同，亦居全碑头四分之一。标点：X＝1.34 M.，Y＝2.32 M.，Z＝2.20 M.。）因时已晚，遂收工。是日第八坑所出器物复有宋元丰、元祐铜钱，及宋元明清磁片，（内有大明成化年制碗底一个。）及铁钉、碎铁器等。（是日非全坑平挖，故深度未量。）

三月三日

是日为发掘后之第十一天，晴，工人四名，八时起，继续工作第八坑，九时二十分，遂发现残碑一方，颜色青黑，背上面下，以手探之，知有刻纹，起视之，乃一唐代《兴庆宫图》《大明宫图》同刻一石之残碑也。（《大明宫图》在上，仅存南边一小部份；《兴庆宫图》在下，全。）遂请张孝侯先生为之照相，画图，余亦自摄一相。（照相等另详。至是碑旁之土层及碑之考证等，亦待另文述之。）碑高 0.78 M.，宽 0.655 M.，厚 0.27 M.。下午五时收工，将碑妥为掩护，惟坑之深度未量。（因可由张先生画图中知之。）

三月四日

是日为发掘后之第十二天，晴，工人四名，八时起，继续工作第八坑，复得一带花纹之残碑块，有"□学赵保和刻"字样。又于距《兴庆宫碑》东南 0.82 M.，深 2.82 M. 处得一带花纹之残碑边，（案花纹似亦为唐代物?）至下午五时半，又得一残碑座，（标点：X＝3.37 M.，Y＝1.25 M.，Z＝2.58 M.。）合之二日所得之残碑座，适相合，（惟中间尚缺一小部份。）知为一物之二体也。下午五时二十分收工，最深处 2.88 M.。

三月五日

是日为发掘后之第十三天，晴，工人四名，八时起，继续工作。惟为保留《兴庆宫碑》在坑内拓墨起见，故未起出。并为免除损伤及起土便利计，遂停是坑未完部份而改掘第九坑（坑东西宽 4.00 M.，南北长 5.00 M.）之南部。（因是坑之南地带，预计不再发掘，故由南而北挖之，工作上较为便利。如图。）惟是时欲得《大明宫图》全部之心颇切，且思唐有三大内，既得东内（大明宫）南内（兴庆宫）二图，理必有西内太极宫一图也。故于发掘之外，兼留心探访，至下午三时，遂与友人夏子欣先生发现《太极宫图暨寺府坊市图》（两图同刻一石）于省城南门内之小湘子庙街。（是石原在道旁污泥中，当发见后，有吕姓者，谓系伊家藏之物，后经考古会交涉，遂送会内陈列。体积极小，仅一残石。）至是吾民族极盛时代之唐代三大内宫制，遂与吾人于今日考究上以极大之便利云。下午五时三十分收工，深 1.60 M.。

三月六日

是日为发掘后之第十四天，晴，工人四名，八时起，继续工作第九坑。至上午十时许，于坑之东边下深至 2.40 M. 时，发现一砖坡，自北而南渐渐倾下，至坑之南边又复隆起。坡为二砖侧立砌成，（砖之尺寸另详。）全长 2.95 M.。坡东隔一泥道，宽 0.46 M.，方向顺坡南北，惟有一支道向西复折而南。（图另详。）遂发现全体平铺砖层，较砖坡为低。砖有纯素者，有带花纹、字纹者。其花纹为直条纹、方格纹、棱形格子纹、手印纹等，字纹为“天下太平”，及篆隶印章纹等。案其制作，皆为唐物。（砖层砖坡，及砖之花纹尺寸等图，另详。）至是坑全日所得，此外尚有残匋器、红瓦胎匋器片、宋磁，及骨头、木炭、僵石灰、铜钱、铁钱、骨簪（残）等。土层中亦有煤渣（红色）、石灰、炉灰等地层。当时观者，皆谓此坑为一墓子，余始亦疑之，及后清理既毕，乃知为一唐代之建筑地层也。至下午五时四十分收工，深 2.65 M.。是日上午友人陈子翼先生来，谈话间，复于坑之东边外，发现唐独孤氏墓志盖一方。后梁午峰先生来，复于院北空地（近东厢房阶下）发现石刻宋文与可画竹残石一方。

三月七日

是日为发掘后之第十五天，晴，工人四名，八时起，继续工作第九坑。深至 2.74 M. 时，已全在唐砖层下，近坑之南边，乃发见黑白、花各色之磁质圆片数十枚，（形之大小，似今之围棋，盖为小孩玩物。）又同时一地层中得唐开元钱二枚，余谓此等磁片盖即唐磁也。又于坑之南边下，深至 2.34 M. 时，出铁钱甚多，字及轮廓多朽〈朽〉腐不可辨，又有长圆形铁片等,亦不辨其为何物。余等搜掘之,始知钱之积聚点,分坑之东南角与西南角二处,中间略断,并非漫乱散弃者。(出钱处余摄有照相,将来与画图另详。)余初疑为唐钱,(因唐开元时亦有铁钱。)或宋钱不能决,及后得一宋绍圣铜钱于铁钱中及铁钱中文字之可辨者,(如熙宁、崇宁、大观等。)乃知为宋钱无疑也。其余所得,尚有帽花及骨器等。下午五时三十分收工,全坑深 2.76 M.。

(附)是坑得一大槐树根,其锯断面下留存之干部,高 0.15 M.,周 1.69 M.。其皮及根皆已朽腐,标点:X=1.1 M.,Y=2.38 M.,Z=0.77 M.。盖非近时物,且可证明是坑最近未经人扰动也。

三月八日

是日为发掘后之第十六天,晴,工人四名,八时起,继续工作第九坑,将坑外周围之积土完全翻去,坑边坑底全加以整理,至下午五时收工,出钱处,最深至 2.80 M.。所得器物,多为铁钱。

三月九日

是日为发掘后之第十七天,晴,工人四名,八时起,继续工作第九坑。将北边与第八坑之南边完全打通,时第九坑已全深至 2.93 M.,见净黄土,遂止。余与周先生清理两处铁钱,乃命工人将发掘以来各坑上之土堆及砖瓦片加以收拾。至下午五时收工。

三月十日

是日为发掘后之第十八天,因雨停工。

三月十一日

是日为发掘后之第十九天,阴晴,工人四名,八时起,继续工作第八坑之未完部份,至下午五时止。全坑深 2.74 M.,发见净黄土而止。是日《兴庆宫碑》已起至坑外。

三月十二日

是日为发掘后之第二十天,上午微雨,停工。正午十二时起,阴晴,工人四名,继续工作。惟时来参观者,多谓当时所见《颜勤礼碑》下之藏石，为一极大之残碑，碑字较颜碑稍小，其旁有碑头碑座等。与所发见之碑，完全不同。（即董少洲先生与宋先生亦早有此意。）又有年约四十许之刘姓拓字工人者，自谓彼乃为亲拓颜碑之一人，且见有六棱石柱（余疑即经幢？）及大石龟（疑即碑座？）乱石等，并指出颜碑之出土地点在第九坑之西面，言之至为确凿，余遂商之张委员长扶万先生、梁秘书午峰先生，乃于第九坑之西面再开一南北长 5.00 M.，东西宽 4.00 M.之第十坑以为最后之追掘。至下午五时四十分收工，深 0.25 M.。

三月十三日

是日为发掘后之第二十一天，晴，工人六名，八时起，继续工作第十坑，至下午五时三十分收工，深 0.62 M.。终日所得惟砖块瓦片及新旧磁片而已。

三月十四日

是日为发掘后之第二十二天，晴，工人四名，八时起，继续工作第十坑，至下午五时二十分收工，深 1.00 M.。是日于坑之东边发现极薄之灰土层，西边发现砖层。全日所得器物除砖瓦片磁片等外，别无他物。

三月十五日

是日为发掘后之第二十三天，晴，工人四名，八时起，继续工作第十坑。因西边已见砖层，为未经近人扰动之证，遂将东边尽去，与第九坑连通，虽发见素砖及沙石多块，然未见残碑一片。至下午五时三十分收工，深 1.54 M.。全日所得器物为宋烧墨油大小磁碗各一个，惟皆被工人掘出，故未悉位置如何。且大者已被工人掷破，至为遗憾！

三月十六日

是日为发掘后之第二十四天，晴，工人四名，八时起，继续工作第十坑，于南边深 2.20 M.时，出铁钱多枚，（是坑之南边与第九坑之南边，东西成一直线，如图。）形状颜色与第九坑所出全同，知亦为宋时物。及后得锈合一处之数铁钱判视之，果宋熙宁、崇宁、大观等铁钱也。及将积钱处周围清理一过，知其中心点适在南边中间，成一东西椭圆形之钱坑，（图另详。）最深处达 2.85 M.而钱始尽。总计九、十两坑所得铁钱，共为六洋蜡箱云。至下午三时,复于坑之东北角得一红瓦胎之小佛手,为六朝或唐代物。下午五时三十分收工,深度未量。

三月十七日

是日为发掘后之第二十五天,晴,工人四名,八时起,继续工作第十坑。因最深处至 2.95 M. 已见净黄土,遂命二工人至第四坑之东北角走道上,(走道即上所云之便道。)开一小坑为第十一坑,(如图)再作试掘,以明其是否动土或死土。及深至 0.50 M. 时,虽略见灰土及瓦砾,然再掘至深 1.02 M. 时,则已见砖层及净黄土而止。惟得一石制残石晷,案其制作,则为清代物。第十坑亦于是日完全竣工,(全坑深至 2.95 M. 。)卒不见残碑一片也。

三月十八日

是日为发掘后之第二十六天,晴,工人四名,八时起,即作填坑工作。至下午一时,复请张委员长扶万先生、寇委员胜浮先生、梁秘书午峰先生等到场参观,并于《兴庆宫碑》出土地点之旁余为摄一影以留纪念。至下午五时三十分收工。

三日十九日

是日为发掘后之第二十七天,晴,工人四名,八时起,继续各坑填平工作,至下[午]六时,始将各坑填毕,并将全院打扫一过,复于发掘地域之四角上各于深 0.20 M. 处,埋藏一大方砖,于《兴庆宫碑》出土地点深 0.30 M. 处亦埋藏一长方青石,以便后人之从事追考焉。

总　结

自二月二十一日始发掘,至三月十九日工作完毕,所有发见器物,现皆分别陈列考古会内,容再研究。至所费人工,除雨雪停工外,凡二十三日半,共计发掘工九十六工,每工工资洋五角,(饭食在内。)合计洋四十八元:惟因工人要求酒资,遂另酬二元,合给现洋五十元正。

附　记

骥此次承工作主任徐先生(旭生)之命,作此区区发掘工作,承同事张孝侯先生为画图照相,周隆季先生始终相助,特此志感! 又当发掘时承陕省当局邵主席(力子)、杨主任(虎城)及耿秘书长(寿伯)、胡(叔威)、赵(友琴)诸厅长,以至各科长、各主任、各友好,并全国经济委员会西北办事处刘主任(景山)及韩竹坪先生等,屡次参观指导,其提倡文化之热忱,尤可铭感,亦敬此志谢!

二十三年五月二十二日,雨中,写于宝鸡县斗鸡台陈宝祠考古会临时办公处

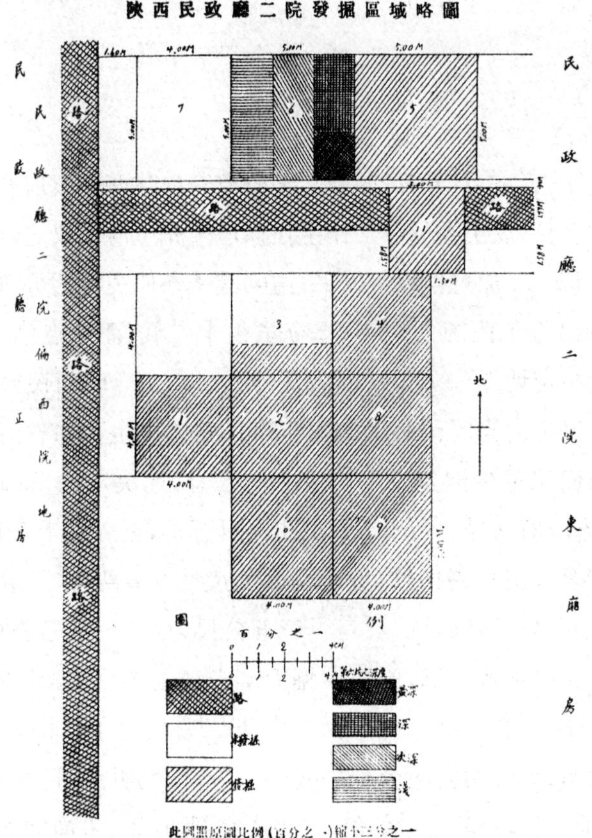

此圖照原圖比例(百分之一)縮小三分之一

(本文原载《国立北平研究院院务汇报》第5卷第4期。)

石刻《唐太极宫暨府寺坊市残图》《大明宫残图》《兴庆宫图》之研究

一、叙言

民国二十三年二月五日，国立北平研究院与陕西省政府合组陕西考古会第一次会议，议决委员兼工作主任徐旭生先生所提议之《颜勤礼碑》下藏石之发掘。后徐先生因事返平，遂嘱骥于寒假内抽暇办理此事。惟《颜勤礼碑》出土于民国十一年，迄今虽仅十二载，而地点已人各异说。骥于徐先生指定地点（一、今陕西省政府马号；二、今陕西民政厅二门内院中）以外，又采询当时留心颜碑出土事件之诸先生，（如省府秘书景莘农先生与第四课董少洲先生等。）及参酌己意，遂决定先发掘民政厅二院，次发掘省政府马号。乃于二月二十一日开工，至三月十九日竣工，共开四・〇〇公尺见方者四坑，五・〇〇公尺见方者两坑，长五・〇〇公尺，宽四・〇〇公尺者两坑，长三・三五公尺，宽三・〇〇公尺者一坑，发掘一部而又中止者一坑，原拟发掘而卒未动工者一坑，凡十一坑。发掘至三月三日上午于第八坑内深二・五二公尺之土层中，（此为最深处。）得唐大明、兴庆两宫图合刻之残碑一方。《大明宫图》在上，仅存南边丹凤、望仙、建福等门之一部份。《兴庆宫图》在下，幸尚完整无缺。碑高〇・七八公尺，宽〇・六五五公尺，厚〇・二七公尺。石色青黑。出土时，背上面下，平置土中，然亦稍形倾斜。至三月五日，因采询探访之故，复于省城南门内小湘子庙街，发现石刻《太极宫暨府寺坊市残图》(此用考古会委员长张扶万先生所定之名。张先生曾撰唐大明、兴庆两宫图残石跋文，及唐太极宫图残石跋文，俱登载于本院五卷四期《院务汇报》报告内。)于道旁之污泥中。体积甚小，字迹亦因行旅往来残踏之故，漫漶颇甚。当发见时，有吕姓者，谓系伊家世藏之物而误弃途中者。后经考古会交涉，遂允送赠考古会陈列研究。今兹三宫图残碑，与其他发掘所得古物，(详见本院五卷四期《院务汇报》报告书中。)皆陈列于陕西考古会内。惟省政府马号一处，卒因时间匆促，未及发掘焉。兹将太极、大明、兴庆三宫图石刻，与历来记载唐宫城制度之书籍，(此限于余所知者。)加以比较推考，略作研究云。

二、唐西京之沿革

唐之西京，今之长安，隋之新都也。(隋开皇二年筑。周汉虽都长安，但都城皆与隋唐略异。)初曰京城，天宝元年曰西京，至德二载曰中京，上元二年复曰西京，次年曰上都。《新唐书·地理志》云："上都初曰京城，天宝元年曰西京，至德二载曰中京，上元二年复曰西京，肃宗元年曰上都。"

兹姑就西京宫城与石刻有关之各问题讨究之如左：

三、西京宫城之略说(此宫城泛指京城宫殿而言，亦有专指太极宫言者。请读者随文定义可也。)

唐之都城，分三大内：太极宫曰西内，大明宫曰东内，兴庆宫曰南内。然大明宫亦有北内之称。《通鉴·肃宗纪》云："至德元载，……是日上移仗北内"，胡三省注云："唐都长安，以太极宫为西内，大明宫为东内，兴庆宫为南内。北内当在玄武门内，又以地望言之，则自兴庆宫移仗归大明宫，兴庆宫在南，大明宫在北，故亦谓大明宫为北内。"

太极宫本隋大兴宫，为唐高祖武德元年所改建。大明宫在太极宫之东北，唐太宗贞观九年已名大明，至高宗龙朔二年，始重建此宫。兴庆宫在都城之东南，唐玄宗开元二年始建宫，至十四年取永嘉、胜业两坊之半增广之以置朝。

兹附《雍录·五代都雍总图》《唐两京城坊考·西京外郭城图》二图，以明其位置如左：

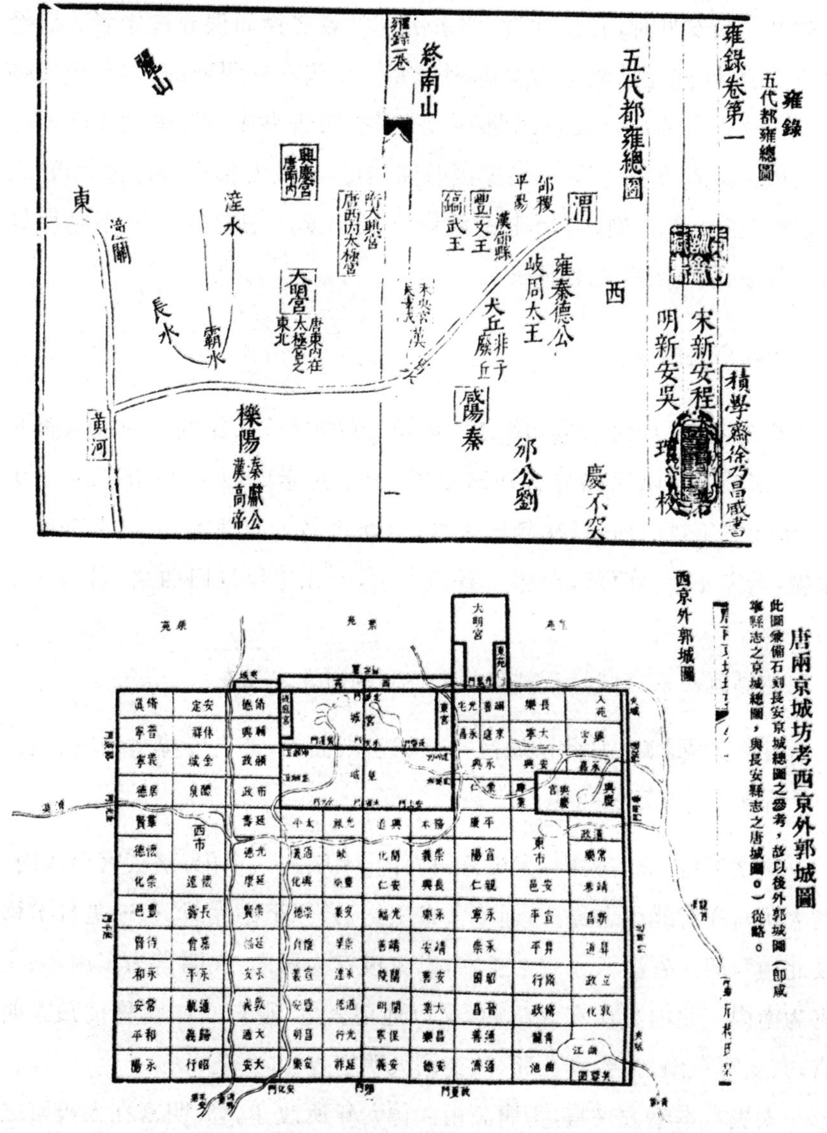

四、西京宫城图之种类

(1) 阁本《太极宫图》

阁本《大明宫图》

阁本《兴庆宫图》

右原图如何,今皆不见,疑与此次在陕西长安城内所发见之石刻图无大异同。

(2) 吕大防《长安图》(此为赵书原名。)

又　《太极宫图》(以下三者为骥据赵书文义定之。)

又　《大明宫图》

又　《兴庆宫图》

右见宋赵彦卫《云麓漫抄》,今图皆不见,但疑即此次在陕西长安城内所发见之石刻图。

(3)《唐长安京城图》

吕大防《唐长安京城图》

又　《唐太极宫图》

又　《唐大明宫图》

又　《唐兴庆宫图》

又　三宫合为一图

右见宋郑樵《通志·图谱略·记有》,今图皆不见,疑即同书《艺文略·都城宫苑》之《唐太极大明兴庆三宫图》一卷,《长安京城图》一卷也。至吕氏所作之图,疑即赵彦卫《云麓漫抄》所云之图。(《通志》于太极、大明、兴庆三宫分图,未明言为吕氏作,余疑即吕氏作者。)

(4) 程大昌据六典所为《大明宫图》

程大昌所录阁本《大明宫图》

又　　阁本《太极宫图》

又　　阁本《兴庆宫图》

右见宋程大昌《雍录》。

(5) 李好文《唐宫城坊市总图》(现存目而图不见。)

又　　《唐大明宫图》

又　　《唐宫图》(李又名《唐宫城图》,案即《太极宫图》。)

又　　《唐皇城图》(现存目而图不见。)

又　　《唐京城坊市图》(现存目而图不见。)

又　　《唐城市制度图》

右见元李好文(即河滨渔者)《长安志图》,今附于宋敏求《长安志》后。此图虽多据吕(大防)图碑本,但已为雷德元、完颜椿,及李氏改订校补之本,故不得全认为吕氏之旧。

(6)《永乐大典》所录阁本《太极宫图》

又　　　　　　　阁本《大明宫图》

右清徐松从《永乐大典》摹出,附于《元河南志》抄本之后,今原本存否不可知,缪荃孙有重抄本,今存北平图书馆。

《永乐大典》所录阁本《兴庆宫图》

右见《唐西京城坊考》卷一注。

(7) 徐松《西京外郭城图》

又 《西京宫城图》(案即《太极宫图》。)

又 《西京皇城图》

又 《西京大明宫图》

又 《西京兴庆宫图》

右见清徐松《两京城坊考》。

(8)《唐西内图》

《唐东内图》

《唐南内图》

右见清刘于义等修《陕西通志》。

(9)《唐西内图》

《唐东内图》(与《陕西通志》图同,从略。)

《唐南内图》(与《陕西通志》图同,从略。)

右见清毕沅《关中胜迹图志》。

(10) 董曾臣《唐城图》(案即《外郭城图》《京城总图》。)

又　《唐宫城图》(案即《太极宫图》。)

又　《唐皇城图》

右见清董曾臣《长安县志》。

(11) 陆耀遹、董祐诚《唐京城总图》

又　《唐西内太极宫图》

又　《唐东宫图》

又　《唐东内大明宫图》

又　《南内兴庆宫图》

又　《唐皇城图》

又　《唐皇城南朱雀街东诸坊图》

又　《唐皇城东诸坊图》

又　《唐皇城东南诸坊图》

右见清陆耀遹、董祐诚《咸宁县志》。案董祐诚即董曾臣。《咸宁县志》虽与其师陆氏同修,但陆氏未闻谙数理,故其图亦当与《长安县志》同出董氏一人之手。今分列于此,因二书略有不同也。

（12）石刻《太极宫暨府寺坊市残图》（此用张扶万先生所定之名，已见上述。）

石刻《大明宫残图》

石刻《兴庆宫图》

右大明、兴庆二宫图，同刻一石。民国二十三年三月三日在陕西长安民政厅二院内发掘所得。《太极宫残图》，三月五日在长安城南门内小湘子庙街所发见。（详已见前。）

凡与唐代西京宫城有关而较重要之图，已如上述，虽存否不一，而类别已可概知。然尤以诸书所载之《太极宫图》《大明宫图》《兴庆宫图》，为今日研究石刻图之重要材料也。案太极、大明二宫图，则右列诸书，皆已明载；惟《兴庆宫图》，独不见于元李好文《长安志图》，与徐星伯（松）所摹《永乐大典》阁本图（虽见于《城坊考》注中，但不见于正文）为可惜耳。

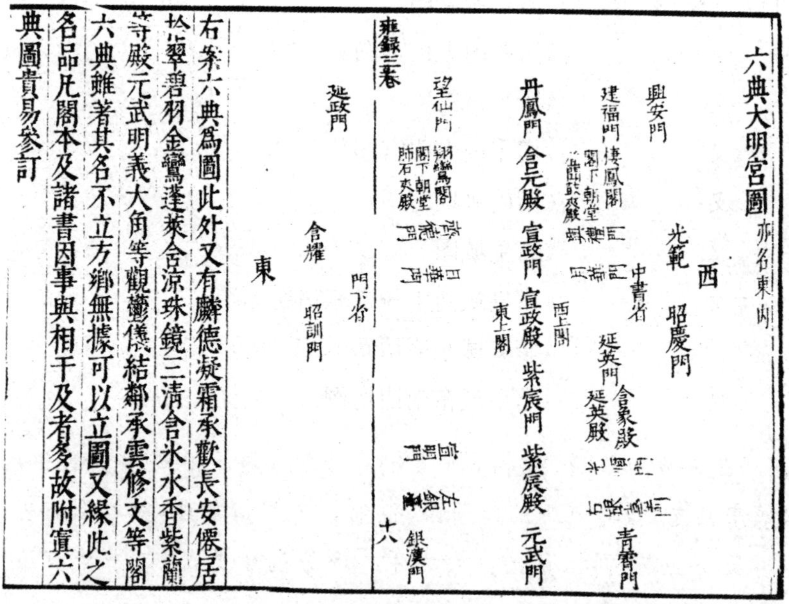

雍錄

六典大明宮圖

六典大明宮圖 亦名東內

西

興安門　光範　昭慶門

建福門　棲鳳閣　中書省　延英門　含象殿　延英殿　青霄門

丹鳳門　含元殿　宣政門　宣政殿　紫宸門　紫宸殿　元武門

西上閤　東上閤

望仙門　翔鸞閣　閣下朝堂　肺石　日華門　門下省　宣明門　左銀臺　銀漢門

延政門　含耀　昭訓門

東

雍錄三卷　十八

右案六典爲圖此外又有麟德凝霜承歡長安僊居拾翠碧羽金鑾蓬萊含涼珠鏡三清含氷水香紫蘭等殿元武明義大角等觀鬱儀結鄰承雲修文等閣六典雖著其名不立方鄉無據可以立圖又緣此之名品凡閣本及諸書因事與相干及者多故附寘六典圖貴易參訂

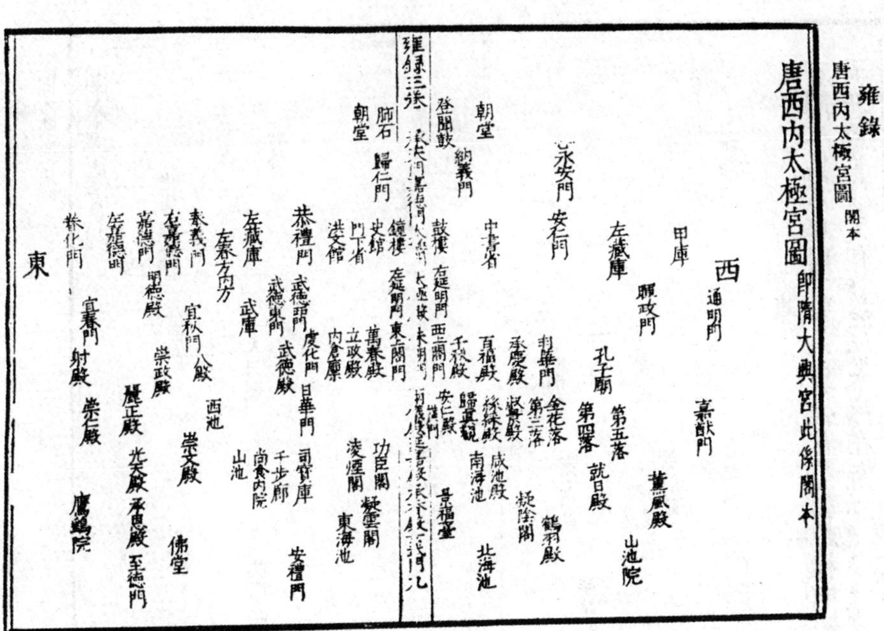

雍錄
唐西内太極宮圖 閣本

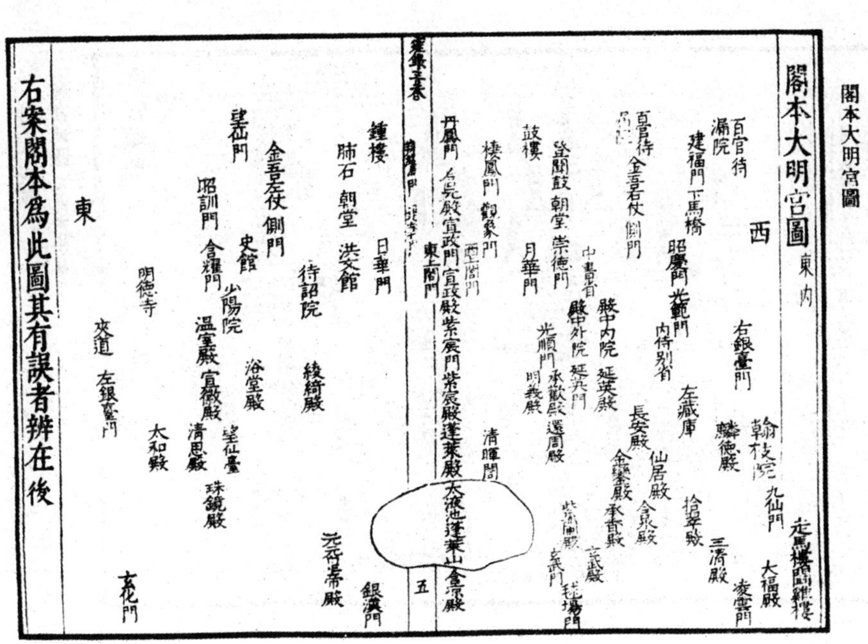

雍錄
閣本大明宮圖

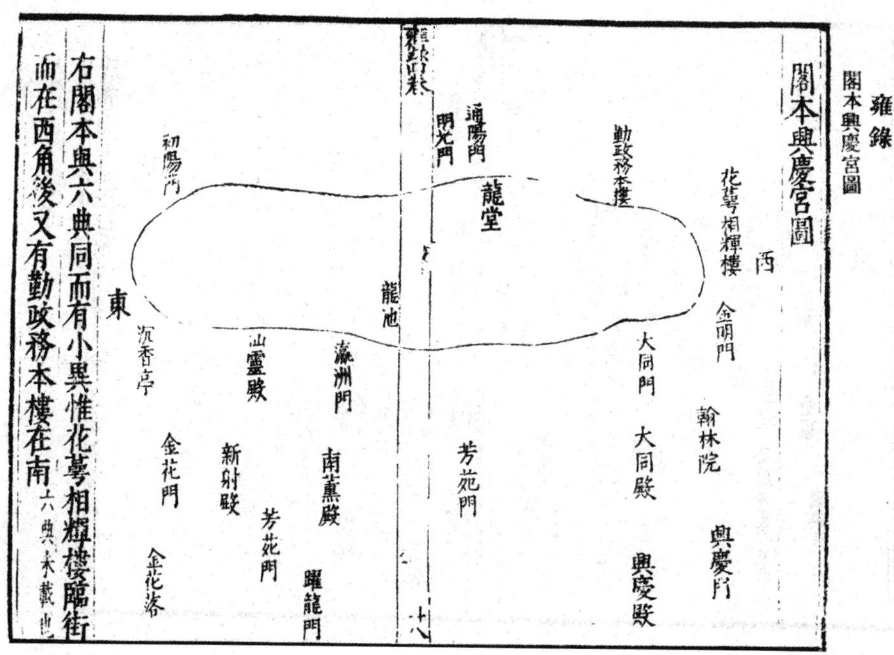

雍錄
閣本興慶宮圖

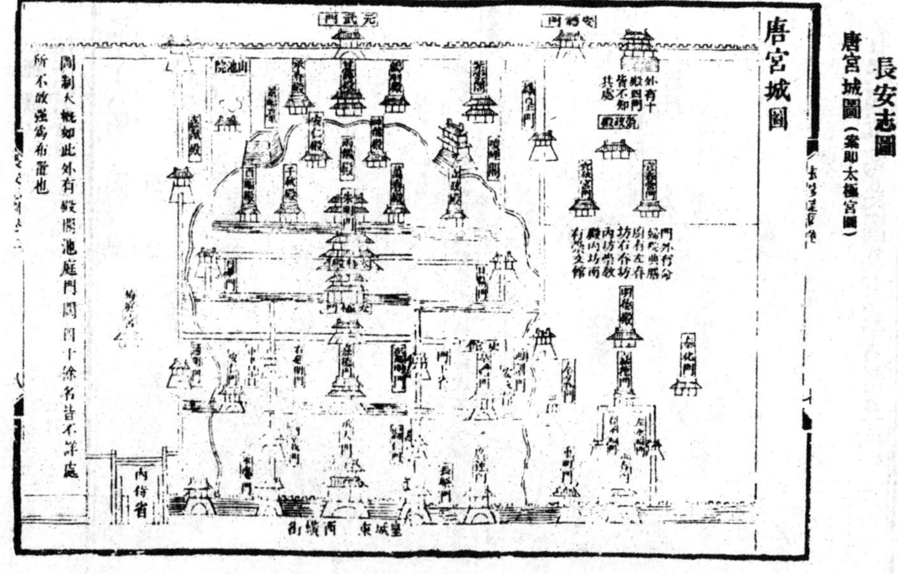

長安志圖
唐宮城圖（案即太極宮圖）

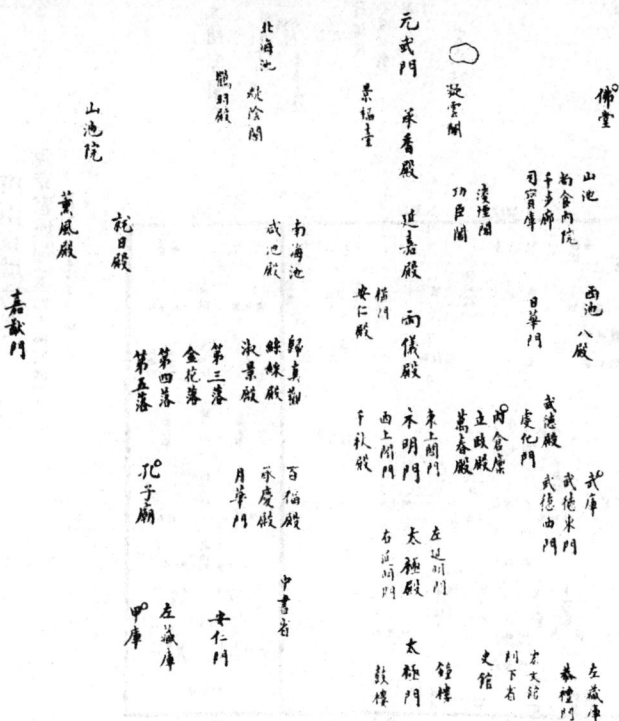

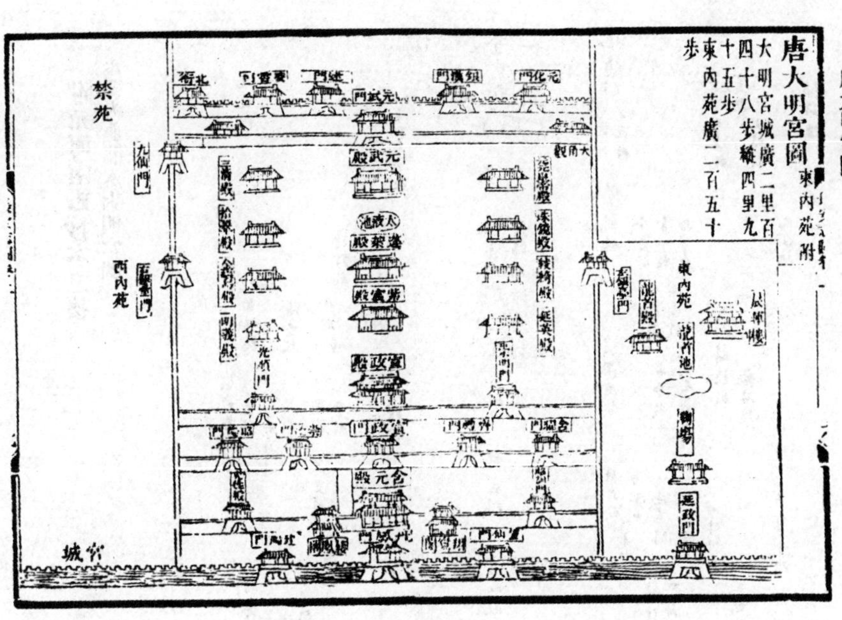

長安志圖

唐大明宮圖

附元河南志抄本之後

永樂大典閣本太極宮圖

永樂大典載閣本太極宮圖　南面門不載

佛堂　山池　尚食内院　千步廊　司寶庫　西池　八殿　日華門　武德殿　虔化門　武庫　武德東門　武德西門　左藏庫　恭禮門　弘文館　門下省　史館

内倉廪　立政殿　萬春殿　東上閤門　承明門　左延明門　太極殿　鐘樓　太極門

凝雲閣　功臣閣　凌煙閣　元武門　承香殿　延嘉殿　兩儀殿　西上閤門　右延明門　鼓樓

景福臺　横門　安仁殿　千秋殿

北海池　凝陰閣　鶴羽殿　南海池　咸池殿　歸真觀　綵絲殿　淑景殿　百福殿　承慶殿　月華門　中書省　安仁門

第三落　金花落　第四落　第五落　孔子廟　左藏庫　甲庫

山池院　薰風殿　就日殿　嘉猷門

附元河南志抄本之後

永樂大典閣本大明宮圖

閣本大明宮圖

唐兩京城坊考

西京宮城圖（案即太極宮圖）

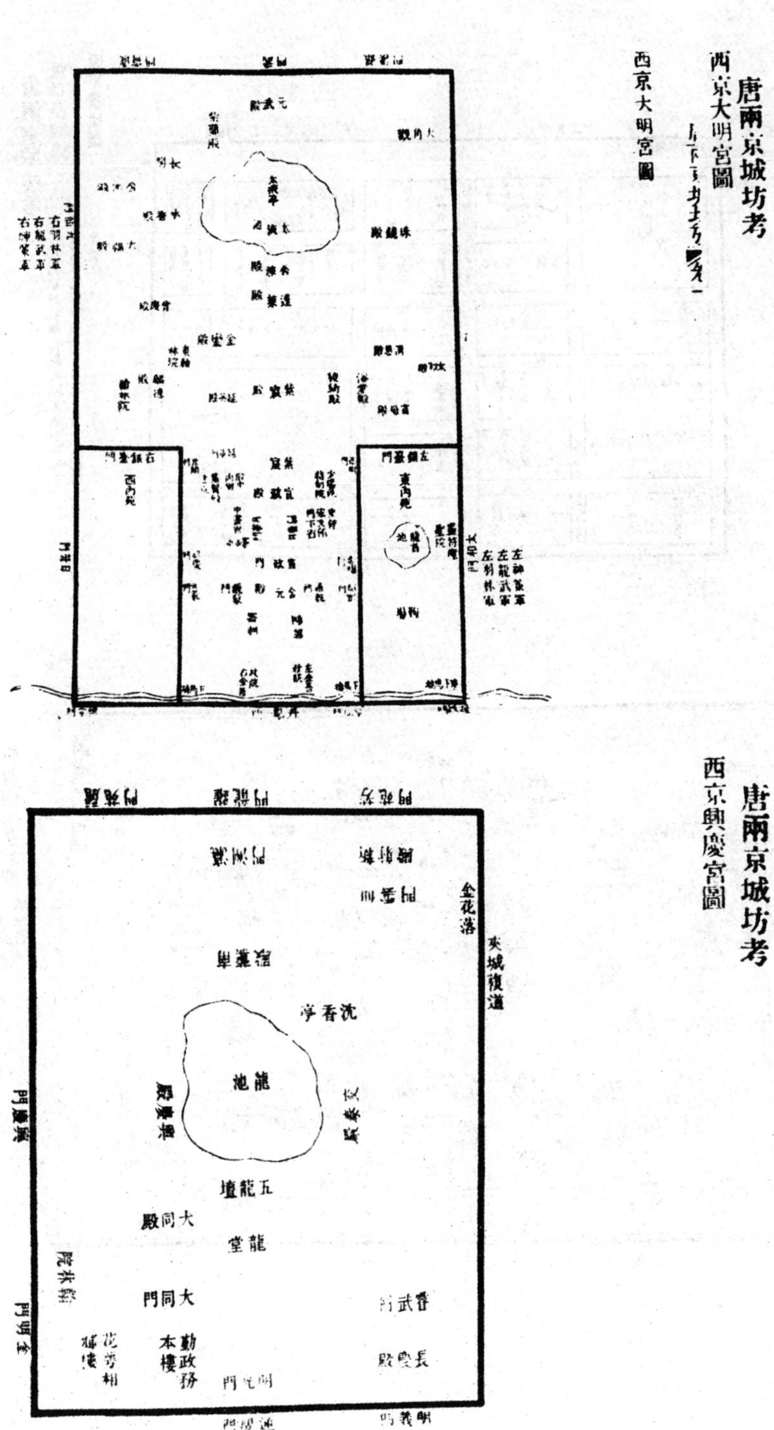
唐兩京城坊考
西京大明宮圖
西京大明宮圖
唐兩京城坊考
西京興慶宮圖
沈香亭
龍池
五龍壇
大同殿
龍堂
大同門
勤政務本樓
花萼相輝樓
長慶殿
金花落
夾城復道

唐兩京城坊考

西京皇城圖

此外凡西京皇城圖皆與此同，故不再列。長安咸寧二縣志與此有異處，皆加注用括弧表明之。

西京皇城圖

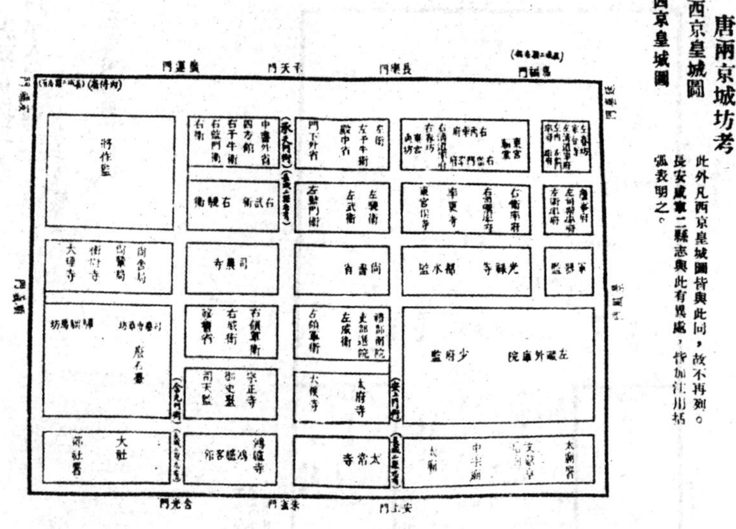

咸寧縣志

唐西内太極宫圖

長安縣志唐宫城圖，大體與此相同，故從省。

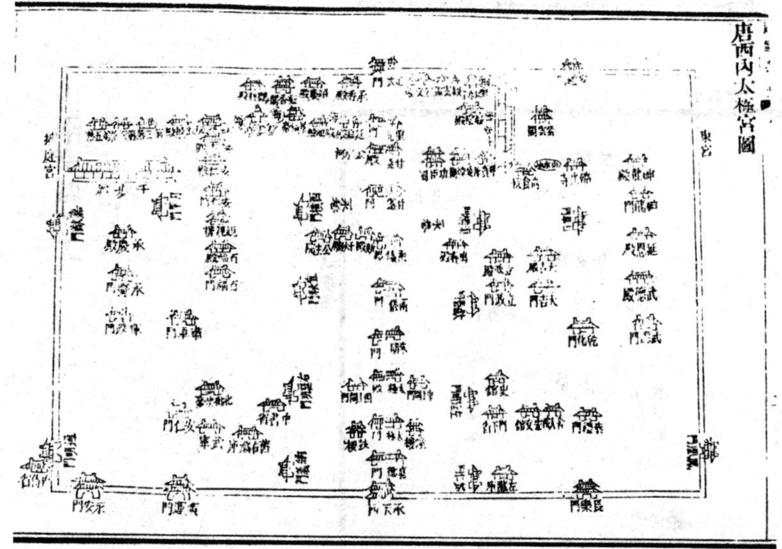

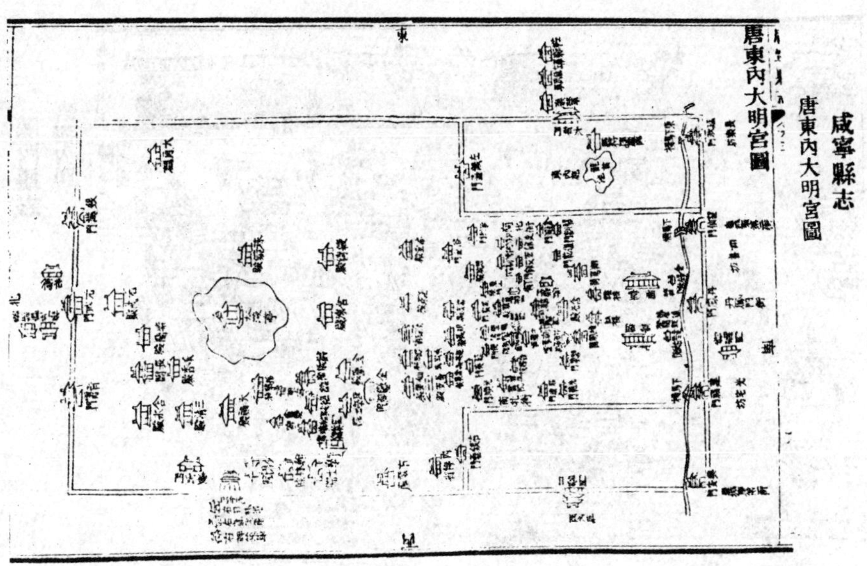

咸寧縣志
唐東內大明宮圖

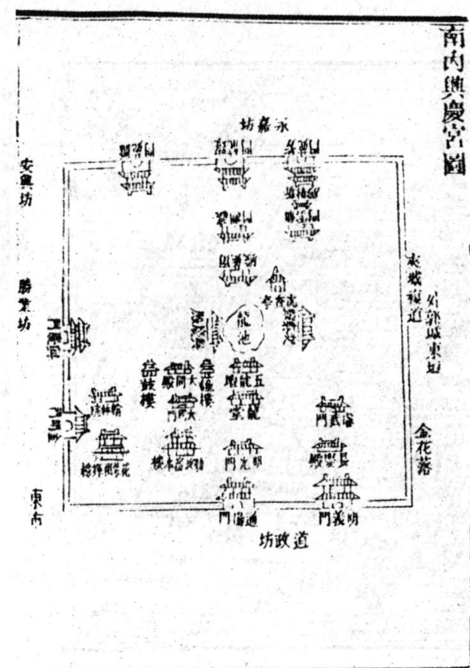

咸寧縣志
唐南內興慶宮圖

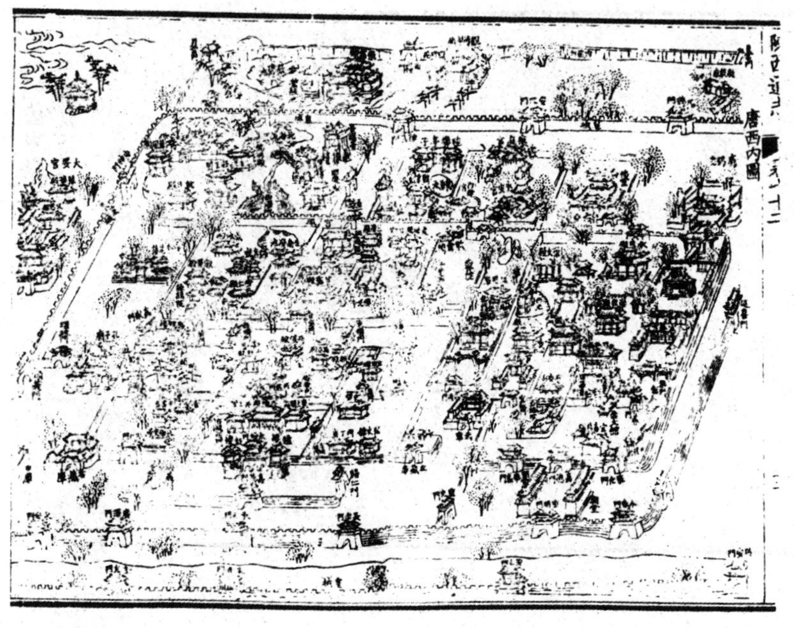

陝西通志
唐西內圖

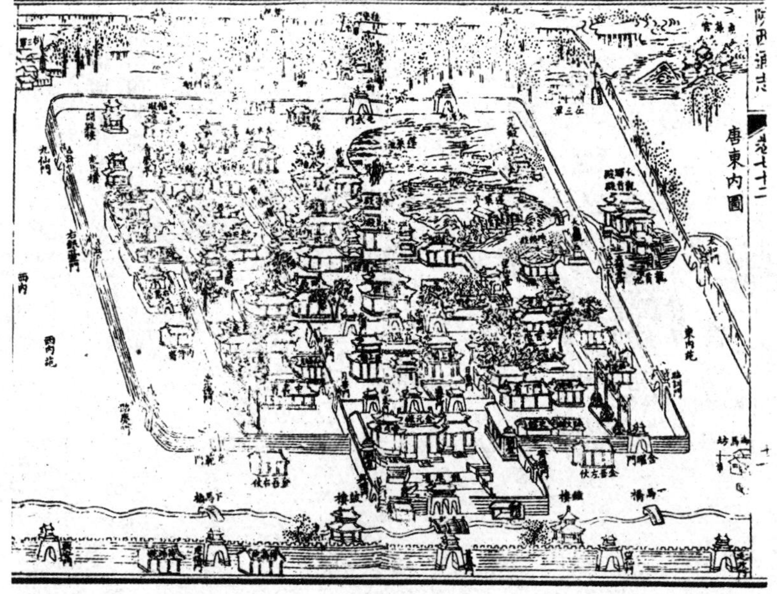

陝西通志
唐東內圖

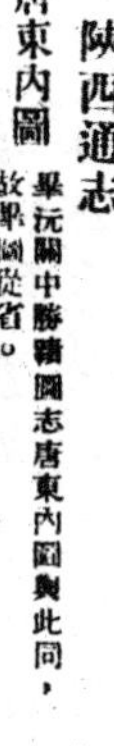
畢沅關中勝蹟圖志唐東內圖與此同，故畢圖從省。

陝西通志

唐南內圖

畢沅關中勝蹟圖志出南內圖與此不同者，惟明光門作光明門，此外全同，故舉圖從者。

唐南內圖

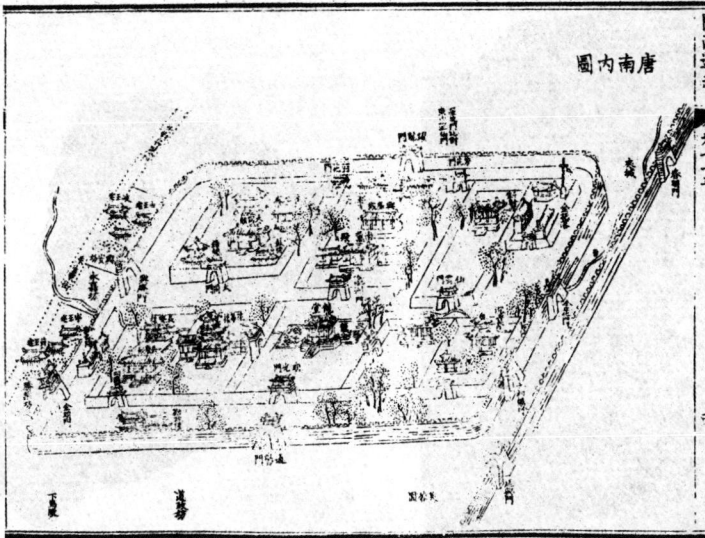

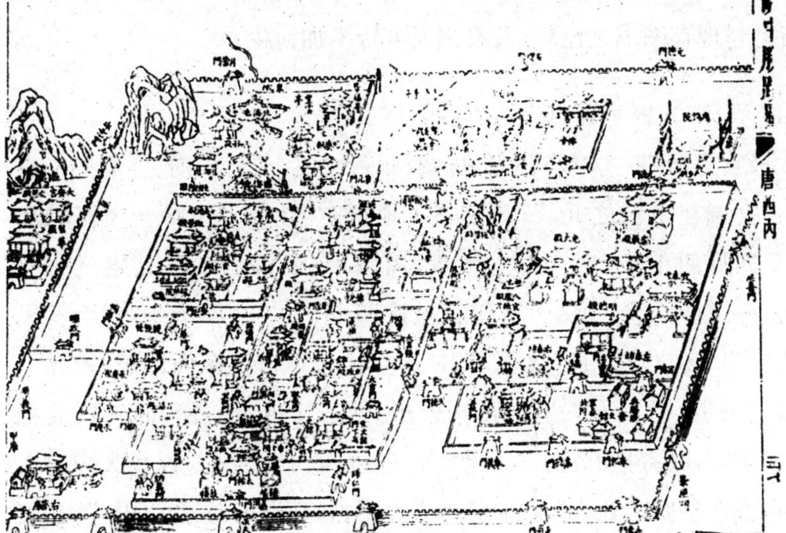

關中勝蹟圖志

唐西內圖

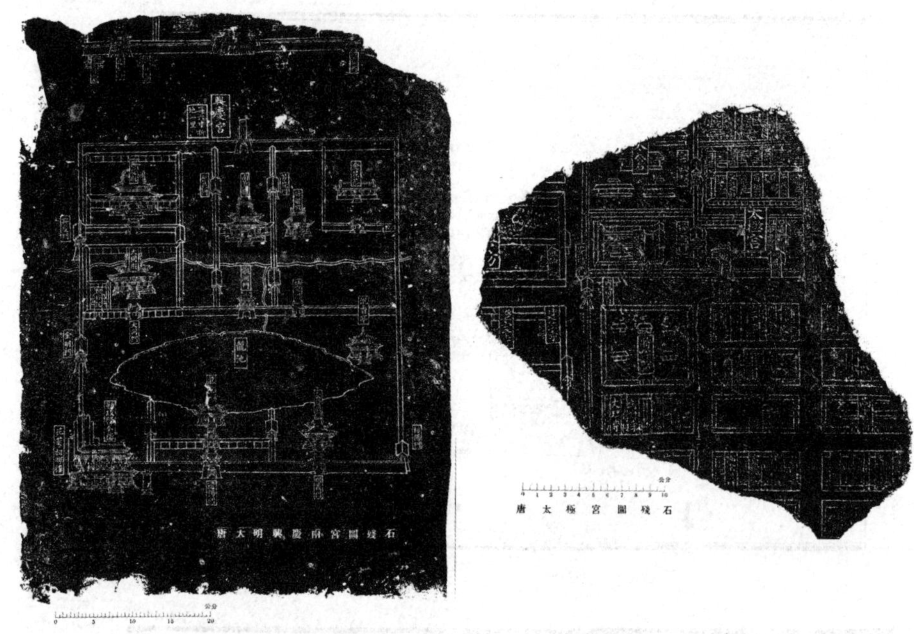

五、石刻与现存图书之比较(凡石刻无者皆不加讨论。)

(1) 石刻《太极宫暨府寺坊市残图》

太极宫之概略　太极宫一名宫城，亦名西内，又名大内。《六典》(卷七)云:“宫城在皇城之北。”《新唐书·地理志》注云:“皇城……宫城在北，长千四百四十步，广九百六十步，周四千八百六十步，其崇三丈有半。”《云麓漫抄》(卷二)云:“太极宫城广四里，纵二百四十步，周十三里一百八十步，高三丈五尺。”《长安志》(卷六)云:“宫城东西四里，南北二里二百七十步，周一十三里一百八十步，崇三丈五尺。南即皇城，北抵苑，东即东宫，西有掖庭宫。”《雍录》(卷三)云:“景云元年，以京大内为太极宫，宫城在皇城之北，后又即东北建大明宫，而此宫遂名西内。”《长安志图》(卷上)广袤与《长安志》同，惟云“掖庭宫广一里”而已。《唐两京城坊考》(卷一)亦与《长安志》同，惟“南北二里二百七十步”下注云:“按七十吕大临《长安图》作四十。”《咸宁县志》(卷三)注亦与《长安志》同。今案石刻《太极宫暨府寺坊市图》，因大部残缺，广袤尺寸，有否说明已不可知。而宫城(即太极宫,已见上)东北两方,亦因残缺而不悉其地址若何。至南即皇城,西有掖庭宫,则诸书与石刻全合。

(附)以下凡引书卷次相同者不再注。

承天门　永安门　广运门　《六典》云:"宫城……南面三门,中曰承天,东曰长乐,西曰永安。"又注云:"承天门之东曰长乐门,……承天门之西曰广运门、永安门。"《长安志》云:"西内,正殿南承天门,门东曰长乐门,次东曰广运门……承天门之西曰永安门。"《雍录》所录阁本《太极宫图》,承天门之东无长乐、广运两门,西则有永安门而无广运门。(惟永安门北移而与嘉德门、纳义门齐。)《永乐大典》阁本《太极宫图》,宫城南面三门皆不载。李好文《长安志图》,承天门之东亦为长乐门,又东为广运门,而西则有永庆门,而无永安门。《两京城坊考》云:"承天门东长乐门,……承天门西广运门;长乐门东永春门,广运门西永安门。"《陕西通志》及《关中胜迹图志》与此同。长安(《宫室志》在卷二十,图在卷三)、咸宁两县志则皆用《六典》注,谓承天门之东为长乐门,承天门之西为广运门,又西为永安门。今案石刻则宫城南面之正门为承天门,门东各门,则因残缺不见,而西边各门则有永安门而无广运门。

太极殿　朱明门　两仪殿　嘉德门　《六典》云:"宫城……南面三门,中曰承天,……其北曰太极门,其内曰太极殿,……次北曰朱明门,……又北曰两仪门,其内曰两仪殿,……"《长安志》云:"当承天门内,北曰太极门,其内正殿曰太极殿,……太极门外,承天门之内曰嘉德门,……太极殿北曰朱明门,……其内曰两仪殿,在太极殿后。……"《雍录》所录阁本《太极宫图》所载太极门外承天门内有嘉德门,与《六典》异,而与《长安志》同。至太极殿北有朱明门,则与《六典》《长安志》全同。而朱明门内为两仪殿则又与《六典》异,与《长安志》同。李好文《长安志图》与《长安志》同。《永乐大典》阁本《太极宫图》,太极门内为太极殿,又北为朱明门,又北为两仪殿。《两京城坊考》云:"太极殿……正门曰嘉德门,殿门曰太极门,……太极殿北曰朱明门,……朱明门北为两仪殿。……”长安、咸宁两县志，则皆参用《六典》《长安志》之说而损益为之。今案石刻则两仪殿以北，已残缺不见。自两仪殿以南至承天门，除太极门外，余皆与《长安志》、《雍录》阁本图、《长安志图》、《两京城坊考》《陕西通志》、长安咸宁两县志等同。又石刻有嘉德门与《六典》、《大典》阁本图异。《陕西通志》与《长安志》等同，《关中胜迹图志》则无朱明门也。

安仁门　《六典》“北曰两仪门，其内曰两仪殿”下注云：“承天门之西曰广运门、永安门，北入安仁门。”《长安志》“承天门之西曰永安门”下注云：“北入安仁门。”《雍录》所录阁本《太极宫图》与此同。李氏《长安志图》则承天门之西为永庆门，西北则为安仁门。《永乐大典》阁本《太极宫图》，南面虽不载三门，然西亦有安仁门。《两京城坊考》云：“太极殿……正门曰嘉德门……嘉德之两廊……西为纳义门，又西安仁门”，(注云：“安一作兴。”)则安仁门固亦在西。惟注云：“南直广运门”，则位置似不在永安门之正北也。长安、咸宁两县志则与《两京城坊考》注全同。《陕西通志》则在广运门之正北，《关中胜迹图志》则无。今案石刻则永安门之正北为安仁门。

通明门　嘉猷门　通明门《六典》不载。嘉猷门虽见于注，然不明位置若何。《长安志》云：“西面二门，南曰通明门，北曰嘉猷门。”《雍录》所录阁本图、李好文《长安志图》、《两京城坊考》、长安咸宁两县志，则皆与《长安志》同。而《大典》阁本图、《关中胜迹图志》、《陕西通志》，则仅一嘉猷门而无通明门也。今案石刻与《长安志》、《雍录》阁本图等同，与《大典》阁本图、《陕西通志》、《关中胜迹图志》异。

万春殿　千秋殿　《六典》云：“两仪殿之东曰万春殿，西曰千秋殿。”《长安志》云：“两仪殿在太极殿后，……其西万春殿、新殿、千秋殿。”《雍录》阁本《太极宫图》、《长安志图》、《大典》阁本《太极宫图》，位置则皆偏于南而近于朱明门之东西两旁也。《两京城坊考》无此。《长安县志》则注与《六典》合，而图则千秋殿乃位于两仪门之西。《陕西通志》《咸宁县志》则与《六典》合。《关中胜迹图志》则无。今案石刻，两仪殿之西有千秋殿而无万春殿，其东则因残缺而不得见。

百福殿　承庆殿　《六典》云："两仪殿之左曰献春门，右曰宜秋门。宜秋之右曰百福门，其内曰百福殿。百福殿之西曰承庆门，内曰承庆殿。"《长安志》云："两仪殿在太极殿后，……左有献春门，右有宜秋门、百福门，门内曰百福殿，……承庆门内曰立政殿。"（案毕沅云："承庆门内曰承庆殿"，是。）《雍录》阁本《太极宫图》，两仪殿之左无献春门，右亦无宜秋门，余皆略同于《六典》《长安志》所云。（然皆在朱明门之西而不在两仪殿之西。）《长安志图》，两仪殿之左右亦无献春、宜秋二门，惟有一百福殿在千秋殿之西。（亦即在朱明门之西。）《大典》阁本《太极宫图》，两仪殿之左右亦无献春、宜秋之门，惟有百福殿在千秋殿之西南，（亦即在朱明门之西南。）承庆殿在百福殿之西而已。《两京城坊考》云："……朱明门，门亦有东西上阁门，……阁门之东，……阁门之西曰千秋殿，又西曰百福殿，又西曰承庆殿。"（案其图与此略异。）是与《雍录》阁本图、《长安志图》、《大典》阁本图，大致相同也。至《陕西通志》、长安咸宁两县志，则全与《六典》《长安志》同。而《关中胜迹图志》略异。今案石刻两仪殿之东，已残缺不完，而西则为千秋殿，（案宜秋门即千秋殿之门。）又西为百福殿，又西为承庆殿。

安仁殿　《六典》云："两仪殿之北曰甘露门，其内曰甘露殿，左曰……右曰安仁门，其内曰安仁殿。"《长安志》云："右曰安仁门，内有安仁殿，在甘露殿西。"《雍录》阁本《太极宫图》，则安仁殿在两仪殿之西。《长安志图》则在甘极〈露〉、两仪二殿之间之西。《大典》阁本《太极宫图》，则在两仪殿之西。《两京城坊考》则云："甘露之左曰神龙殿，右曰安仁殿"，《陕西通志》《关中胜迹图志》、长安咸宁两县志与之同。今案石刻，两仪殿北之为何殿，虽因残缺不可得知，而安仁殿确在其西，而不在两仪殿之西，则甚明也。

月华门　月华门《六典》不载。《长安志》云："甘露门内曰甘露殿，在两仪殿之北。殿门外有东西永巷，东出……西出横门，又西有月华门。"《雍录》阁本《太极宫图》，在朱明门之西。（亦即承庆殿之西。）《长安志图》则月华门在太极殿之西,《大典》阁本《太极宫图》则在朱明门、太极殿之间之西,(亦即承庆殿之西。)《两京城坊考》《陕西通志》《关中胜迹图志》、长咸两县志则与《长安志》同。今案石刻则月华门在两仪殿之北之某殿或某门(因残缺不见)之西南。(亦即淑景殿之西南。)

右延明门　此门亦不见于《六典》。《长安志》云:“北曰太极门,其内正殿曰太极殿。……东廊有左延明门,西廊有右延明门。”《雍录》阁本《太极宫图》、《大典》阁本《太极宫图》、《两京城坊考》、《陕西通志》、《关中胜迹图志》、长咸两县志皆同。惟《长安志图》则右延明门在嘉德门之右。今案石刻则右延明门确在太极殿之西,是阁本图、《长安志》诸书皆同,惟《长安志图》独异耳。

纳义门　此门亦不见于《六典》。《长安志》云:“太极门外承天门之内曰嘉德门,东廊有归仁门,西廊有纳义门。”《雍录》阁本《太极宫图》同。《长安志图》则纳义门在承天门、嘉德门之间之西。《大典》阁本《太极宫图》则未载此门。《两京城坊考》云:“嘉德门之两廊,东为……西为纳义门。”《陕西通志》、《关中胜迹图志》、长咸两县志亦与此同。今案石刻,上列诸书,惟《长安志图》为不同而已。

中书省　《六典》不载。《长安志》云:“中书省左右延明门西南。……”(左字疑为在字之误?)《雍录》阁本《太极宫图》,中书省在右延明门之西南。《长安志图》,中书省在右延明门西。《大典》阁本《太极宫图》,中书省在右延明门之西南。《两京城坊考》中书省在右延明门之西。长咸两县志,亦在右延明门之西南。惟《关中胜迹图志》则在右延明门之西北。今案石刻中书省在右延明门之西而稍偏南。

淑景殿　《六典》不载。《长安志》云:“归真观在安仁殿后,观后有丝綵院,院西有淑景殿。”《雍录》阁本《太极宫图》,淑景殿在丝綵殿之西,亦即在安仁殿之西。《长安志图》不载。《大典》阁本《太极宫图》与《雍录》阁本图同,但位置实皆在安仁殿之西南。《两京城坊考》与《长安志》同,长咸两县志亦同。《陕西通志》《关中胜迹图志》,则皆在安仁殿之西而偏北。(至丝綵与綵丝当为名称之略异。)今案石刻虽不见丝綵院(或殿),而淑景殿总位于安仁殿之西,则《雍录》阁本图与之相合也。

咸池殿　《六典》不载。《长安志》云:“延嘉殿在甘露殿近北,殿南……殿西有咸池殿。”《雍录》阁本《太极宫图》,咸池殿在景福台西南,亦即在南海池之西。(南海池在延嘉殿之西。)《长安志图》不载。《大典》阁本《太极宫图》与《雍录》阁本图相合,惟距景福台更偏于西南也。《两京城坊考》、长咸两县志则与《长安志》全合。《陕西通志》与《关中胜迹图志》,与《雍录》阁本图合,惟无景福台也。今案石刻延嘉殿因残缺不知,而咸池殿之在景福台之西则甚明。

景福台　《六典》不载。《长安志》云:“延嘉西北,有景福台。”《雍录》阁本《太极宫图》虽与《长安志》所云同,但亦在安仁殿之北。《长安志图》景福台在安仁殿之西。《大典》阁本《太极宫图》与《长安志》、《雍录》阁本图、《两京城坊考》同。《陕西通志》《关中胜迹图志》,则在重元门之北。长咸两县志则延嘉殿在重元门之西,咸池殿在延嘉殿之西,景福台又在咸池殿之西。今案石刻景福台以东因残缺不知,只知在咸池殿之东,安仁殿之北而已。

山池院　《六典》与《长安志》不载。《雍录》阁本《太极宫图》、《长安志图》、《大典》阁本《太极宫图》,山池院皆在宫城之西北隅。《两京城坊考》云:“城之西北隅,有山池院”,但其《西京宫城图》不载。《陕西通志》亦在城之西北隅。《关中胜迹图志》则无。长咸两县志则图志皆未言及。今案石刻所存,则山池院(山字已灭,池字存半)固在宫城之西北隅,但未知石刻未毁时,位置是否即为西北耳。

(附)右为石刻所存宫城内之部份。

掖庭宫　《六典》不载。《长安志》云:“宫城……东即东宫,西有掖庭宫。”《雍录》阁本《太极宫图》、《大典》阁本《太极宫图》,皆不载掖庭宫。《长安志图》《两京城坊考》,宫城西亦为掖庭宫。(《长安志图》毕沅校刻本,掖误作梅。)《陕西通志》《关中胜迹图志》皆位于宫城之北。长咸两县志,则皆注其名而略其图。今案石刻掖庭宫在宫城之西。

（附）右为石刻所存掖庭宫之部份。

安福门　《六典》云："皇城在京城之中，（案皇城东西五里一百一十五步，南北三里一百四十步，周十七里一百五十步。而《新唐书·志》则云："皇城长一千九百一十五步，广一千二百步。"）西面二门，北曰安福，南曰顺义。"《云麓漫抄》亦云："东西各二门"，《长安志》（卷七）、《两京城坊考》、长咸两县志皆同。《陕西通志》《关中胜迹图志》则顺义门之北有安神门而无安福门。今案石刻仅存皇城西面偏北之安福一门，余皆已残缺无存。

内侍省　《六典》云："皇城在京城之中，……百僚廨署列乎其间，凡省六。"又注云："六省谓……内侍省。"惟不详其位置所在。《长安志》（卷七）云："掖庭西南，安福门内，大横街北，有内侍省。"《长安志图》、《两京城坊考》、长安咸宁两县志及石刻皆与此同。《陕西通志》《关中胜迹图志》则皆在掖庭宫内。

中书外省　四方馆　右千牛卫　右监门卫　右卫　以上虽间见于《六典》注中，然皆略而不详。（如名称既不全，位置亦不明，故以后述皇城中廨署之制，《六典》注语皆省略不复举。）《长安志》云："承天门街之西，宫城之南，第二横街之北，从东，第一中书外省，次西四方馆，次西右千牛卫，次西右监门卫，次西右卫，卫西含光门街，横街抵此而绝。"《两京城坊考》、长咸两县志之《皇城图》同。石刻亦同。

右武卫　右骁卫　将作监　《长安志》云："承天门街之西，第三横街之北，从东，第一右武卫，次西右骁卫，次西含光门街，街西将作监。"《两京城坊考》、长咸两县志之《皇城图》同。石刻亦同。

司农寺　尚舍局　尚辇局　卫尉寺　大理寺　《长安志》云："承天门街之西，第四横街之北，从东，第一司农寺，寺西含光门街，街西第一尚书局，（案尚书当为尚舍之误。《通鉴·玄宗纪》胡三省注，有尚舍、尚辇等六局。石刻与《两京城坊考》等亦作尚舍。当是。）次西尚辇局，次西卫尉寺，次西大理寺，寺西有南北街。"（原注云："街西即皇城西面顺义门之北。”)《两京城坊考》、长咸两县志之《皇城图》同。石刻亦同。

右领军卫　右威卫　秘书省　《长安志》云:“承天门街之西,第五横街之北,从东,第一右领军卫,次西右威卫,次西秘书省,省西含光门街,横街抵此而绝。”《两京城坊考》、长咸两县志之《皇城图》同,石刻亦同。至承天门街之西,第六横街之北,所有廨署,则因石刻已残,不可复考。

门下外省　《长安志》云:“承天门街之东,宫城之南,第二横街之北,从西,第一门下外省,次东殿中省。……”《两京城坊考》、长咸两县志之《皇城图》同,石刻亦同。惟石刻自门下外省以东,已残缺无存。

左监门卫　左武卫　《长安志》云:“承天门街之东,第三横街之北,从西,第一左监门卫,次东左武卫。……”《两京城坊考》、长咸两县志之《皇城图》同,石刻亦同。惟石刻自左武卫以东,已残缺不可复知。

尚书省　《长安志》云:“承天门街之东,宫城之南,第四横街之北,从西,第一尚书省。……”《两京城坊考》、长咸两县志之《皇城图》同,石刻亦同。惟石刻自尚书省以东,已残缺不可复知。

左领军卫　左威卫　吏部选院　《长安志》云:“承天门街之东,第五横街之北,从西,第一左领军卫,次东左威卫,次东吏部选院,次东……”《两京城坊考》、长咸两县志之《皇城图》同,石刻亦同。惟石刻自吏部选院以东,已残缺不可复知。

太仆寺　乘黄署　《长安志》云:“承天门街之东,第六横街之北,从西,第一太仆寺。”又注云:“寺西北隅,乘黄署。”今案石刻确有乘黄署,惟位置似在太仆寺之西。(太仆寺字已残缺不见。)而《两京城坊考》、长咸两县志,则皆无乘黄署之一名矣。

(附)右为石刻所存皇城内之廨署部份。又石刻各廨署之名,虽字迹漫漶颇甚,然谛审之,皆隐约可认,读者以石刻拓本,与记载诸书,互校之,可自明也。

太仓　石刻列太仓于掖庭宫之北,《六典》、《雍录》阁本《太极宫图》、《长安志》等皆无明确之记载。《长安志图》之《唐宫城图》,亦不载太仓。

盖太仓为国家储粟之所，面积甚大，如《新唐书·玄宗纪》开元二十一年出太仓粟二百万石以振灾黎，天宝十三年出太仓粟一百万石以济贫民，其储量之大可知。又为漕运便利之故，地位亦当远在禁苑北部与渭水相接，距宫城必远。今石刻图乃列之掖庭之北，甚非所宜。（又案吕图似将掖庭宫缩小，亦非所宜。）故李好文《长安志图》（卷中）曾驳之云："宫城西偏附城有小城垣，即掖庭宫也。今见其处，止可容置一宫，而图乃以太仓杂处其中，大非所宜。"故李氏于《唐宫城图》中去之，是也。然观《长安志图》之《汉故长安城图》，于霸城门（原注云："亦曰青门。"）东南面列有太仓，复以此图与《唐禁苑图》中之青门、重元门、元武门等彼此间之距离衡之，则太仓之位置实去掖庭之北不远。然则石刻之列太仓于掖庭之北，理由已可得而言：案《云麓漫抄》云："《长安图》，元丰三年五月五日……汲郡吕公大防命……吕大临检定，其法以隋都成〈城〉大明宫，并以二寸折一里，城外取容，不用折法，大率以旧图及韦述《西京记》为本，参以诸书及遗迹考定。……"今禁苑东距浐水，北枕渭，西包汉长安城，南接都城，东西二十七里，南北二十三里，（《旧唐书·地理志》作三十里。又《六典》注云："周一百二十里。"）若以二寸折一里绘之，则此图以全体言，面积甚大，刻石至难。故吕氏于城外古迹，不用折法，大率案旧记故实变通为之，其石刻太仓位置，或因汉太仓遗迹而错误欤？（至今石刻之为吕氏所作，则容后详之。又骥作此文既毕，曾求正于徐先生[旭生]，先生于不妥之处，多所指正，而尤以余论太仓之说为不然。谓掖庭宫北与太极宫之元武门齐，今吕氏所列太仓，按其位置，已在掖庭宫内，疑此必系另有一仓，吕氏误名为太仓者。骥谓先生之言当确，兹特记明于此，以待异日依据先生之言再为详考焉。）

（附）右为石刻所存之太仓部份。

河渠　《六典》于唐宫城（即太极宫）、皇城、京城（亦称外廓城），不记河渠。石刻太极宫西旁有一水，北流入宫，经通明门内，又北流经嘉猷门内，北流入山池院，再北，则石缺无考。案《长安志》（卷十二）云："清明渠东南自万年县流入，西北流，又屈而东北流，入京城。”毕沅校注云：“沅案《太平寰宇记》云：‘清明渠亦在大安坊，开皇初，引洸水西北流入城，经太社、(案或作大社。)尚食局、将作监、内侍省而入宫城’，即此。”《长安志》(卷十二)又云：“永安渠，隋文帝开皇三年开，在县南，引交水西北入城，经西市而入苑，洸水自南入焉。”(《长安县志》之宋敏求《志水道图》可参考。又《长安县志》之《水经注》水道图亦略同，可参考。)《云麓漫抄》云：“以渠道水入城者三：……二曰永安渠，导交水自大安坊西街入城，北流入苑注渭。三曰清明渠，导坑水自大安坊东街入城，由皇城入太极宫。”《长安志图》(卷上)云：“渠水……二曰永安渠，导交水自大安坊西街入城，北流入苑，注渭。三曰清明渠，导坑水自大安坊东街入城，由皇城入太极宫。”《两京城坊考》西京宫城、皇城二图，虽不具载，而《西京外郭城图》及卷四皆明言之。而长安、咸宁两县志亦言之綦详。今案石刻之渠当即清明渠，其流域方向，较各书皆为明悉，实可据也。

(附)右为石刻所存之河渠部份。

辅兴坊　金仙观　建法寺　澄空寺　《六典》注云：“今京城……名曰大兴城，东西十八里，一百一十五步；南北十五里，一百七十五步；墙高一丈八尺。皇城之南，东西十坊，南北九坊，皇城之东西各一十二坊，两市居四坊之地。凡一百一十坊。”《长安志》云：“外郭城(注云：‘隋曰大兴城，……唐曰长安城，亦曰京师城。’)东西一十八里一百一十五步，南北一十五里一百七十五步，周六十七里，其崇一丈八尺。……郭中南北十四街，东西十一街，其间列置诸坊。”《雍录》云：“京都四郭之内，纵横皆十坊，大率当为百坊，而亦有一面不啻十坊者，故《六典》曰一百一十坊也。”《长安志图》云：“坊市总一百一十区。”又引吕大防《长安图》云：“城图云：皇城之南三十六坊，……皇城左右共七十四坊，……市居二坊之地，……”《两京城坊考》云：“外郭城，隋曰大兴城，唐曰长安城，亦曰京师城。……郭中南北十四街，东西十一街，其间列置诸坊。”(注亦引吕大防图云。)长咸两县志之《唐城图》《唐京城总图》皆为一百一十坊。今石刻诸坊皆毁，所存者惟辅兴坊等残图而已。（辅兴坊三字，石刻仅存兴坊二半字。）《长安志》言各坊至为详悉，其言云：“朱雀街之第三街，即皇城西之第一街，街西从北第一修德坊，（案即贞安坊。）次南辅兴坊，东南隅金仙女冠观。（案注亦称金仙观。）……次南颁政坊，（案亦作攽政坊。）……街东之北建法尼寺，街北之东，证空尼寺。（案亦作真空寺。）……”今案石刻仅存辅兴坊、颁政坊（字缺不见）之残部，与金仙、（《通鉴·睿宗纪》胡三省注亦云，金仙观造于辅兴坊，与石刻合。）建法、证空（石刻作澄空）三者而已。其位置亦相同也。

（附）右为石刻所存外郭城内之部份。

总观右列石刻所存之宫城、皇城、外郭城（亦即京城）、掖庭宫、太仓、河渠各部份而言之，盖此为《唐京城总图》，亦即吕大防所刻之《唐长安京城图》也。（至此刻为吕氏作，说仍详后。）

(2) 石刻《大明宫残图》

大明宫之概略　大明宫即东内，曰永安宫，曰蓬莱宫，亦曰含元宫。《六典》云：“大明宫在禁苑之东南，西接宫城之东北隅。”《新唐书·地理志》注云：“大明宫在禁苑东南，西接宫城之东北隅，长千八百步，广千八十步。”《云麓漫抄》云：“唐大明宫城在苑内，广二千一百四十八步，纵四百九十五步。”《长安志》云：“东内大明宫，在禁苑之东南，南接京城之北面，西接宫城之东北隅。南北五里，东西三里。”（见卷六）《雍录》（卷三）云：“大明宫地本太极宫之后苑。”又云：“凡大明一宫，皆在太极宫之东北也。”《长安志图·唐大明宫图》附注云：“大明宫城广二里百四十八步，纵四里九十五步。”《两京城坊考》云：“大明宫在禁苑东，……南接都城之北，西接宫城之东北隅，亦曰东内。其城南北五里，东西三里。（注引吕大临图云：大明宫城广二里一百四十八步，纵四里九十五步。）”《咸宁县志》与《六典》《长安志》同。今案石刻《大明宫图》与《兴庆宫图》虽合刻一石，实为一独立之图，故不载其四址若何。且图已大半残缺，其广袤尺寸，有否说明，亦不可知，但其历略，则已由上述可知之矣。

丹凤门　望仙门　建福门　《六典》云："大明宫……南面五门，正南曰丹凤门，东曰望仙门，次曰延政门；西曰建福门，次曰兴安门。"《云麓漫抄》云："唐大明宫城，……东北各一门，南五门，西二门。"《长安志》云："南面五门，正南曰丹凤门，……丹凤东曰望仙门，次东曰延政门，丹凤门西曰建福门，……次西曰兴安门。"《雍录》阁本《大明宫图》仅载正南之丹凤门，与丹凤门东之望仙门，丹凤门西之建福门三门。《长安志图·唐大明宫图》载丹凤门与其东之望仙门、延政门，其西之建福门，共为四门。《永乐大典》阁本《大明宫图》，则南面门皆不载。《两京城坊考·西京大明宫图》与《咸宁县志·唐东内大明宫图》、《陕西通志》、《关中胜迹图志》之《唐东内图》，则皆载南面五门。今案石刻，则南面仅列三门，即正南为丹凤门，（字已残缺。）丹凤之东为望仙门，丹凤之西为建福门，与《雍录》阁本图同。然其所以省去延政、兴安二门者，盖以其一为东内苑之门，一为西内苑之门也。（案《六典》注："兴安门为旧京城入苑之北门，隋开皇三年开。"今李好文《长安志图》独不载此门，盖亦以此。）

百官待漏院　《唐六典》不载。《长安志》云："丹凤西曰建福门，门外有百官待漏院。"《雍录》阁本《大明宫图》同。《长安志图·大明宫图》、《大典》阁本《大明宫图》皆不载。《两京城坊考》云："丹凤门西建福门，门外有百官待漏院"，然其《西京大明宫图》则不载。（程鸿诏《城坊考校补记》云："百官早朝，必立马建福、望仙门外，……元和初，始置待漏院。"）《咸宁县志·东内大明宫图》，则建福门东南有待漏门而无待漏院。《陕西通志》《关中胜迹图志》与石刻，则建福门外皆有百官待漏院也。

下马桥　是桥《六典》不载。《长安志》于"丹凤门西曰建福门"下注云："望仙、建福二门，各有下马桥，跨东西龙首渠。"《雍录》阁本《大明宫图》于建福门北有下马桥，望仙门北则无；并亦无龙首渠也。《长安志图》、《大典》阁本《大明宫图》，则桥渠皆无。《两京城坊考·西京大明宫图》、《陕西通志》、《关中胜迹图志》《唐东内图》与《咸宁县志·东内大明宫图》，则桥渠皆有，（桥有二。）与《长安志》注全同。今案石刻建福门北确有一桥，（桥字已残缺半。）然已残缺不完，余皆毁损无可考矣。

翔鸾阁　栖凤阁或左右朝堂　《六典》云:“丹凤门内正殿曰含元殿。夹殿两阁,左曰翔鸾阁,右曰栖凤阁。”《长安志》云:“丹凤门内当中正殿曰含元殿,……殿东南有翔鸾阁,西南有栖凤阁。”《雍录》阁本《大明宫图》、《长安志图·大明宫图》,与《六典》《长安志》同。(惟《雍录》阁本图不曰阁而曰门。)《大典》阁本《大明宫图》不载。《两京城坊考》云:“丹凤门内正牙曰含元殿,……殿之前廊有翔鸾阁、栖凤阁,阁下即东西朝堂”,而其《西京大明宫图》则有左右朝堂而无两阁。至《咸宁县志》则含元殿之东南、西南二隅虽亦有翔鸾、栖凤两阁,但去丹凤门甚远,且于含元、丹凤之间,有形似大于含元、翔鸾、栖凤之左右朝堂也。(盖绘图时无比例之故。)《陕西通志·唐东内图》与《六典》《长安志》《雍录》等同。今案石刻于丹凤门内,东西确有两建筑,但以毁损过半,名称无存,无从与诸书校对其为何名矣。

(3) 石刻《兴庆宫图》

兴庆宫之概略　《六典》云:“兴庆宫在皇城之东南,东距外郭城东垣。”又注云:“开元初以为离宫,至十四年又取永嘉、胜业坊之半以置朝。自大明宫东夹罗城复道,经通化门,磴道潜通焉。”《旧唐书·玄宗纪》云:“玄宗,睿宗第三子,垂拱元年八月生于东都,大足元年从幸西京,赐宅于兴庆坊,中宗末年,王室多故,……上所居宅外有水池,浸溢顷余,望气者以为龙气。”又云:“开元十六年春正月,始听政于兴庆宫。”又云:“天宝十二年冬十月……雇京城丁户一万三千人,筑兴庆宫墙,起楼观。”《新唐书·地理志》云:“兴庆宫在皇城东南,距京城之东,开元初置,至十四年又增广之,谓之南内,二十年筑夹城,入芙蓉园。”《云麓漫抄》云:“高宗以隆庆坊为兴庆宫,附外郭为复道,自大明宫经通化门,蹬道潜通以达此宫,谓之夹城。又制永嘉坊西百步入宫外郭东南隅一坊,始建都城,以地高不便,隔在郭外为芙蓉园,引黄渠水注之,号曲江,明皇增筑兴庆宫夹城,直至芙蓉园。”《通鉴·玄宗纪》云:“开元二年……宋王成器等请献兴庆坊宅为离宫,甲寅制许之,始作兴庆宫。”《长安志》(卷九)云:“南内兴庆宫,距外郭城东垣。”又注云:“武后大足元年,睿宗在藩,赐为五王子宅,明皇始居之,宅临大池。……开元二年置宫,因本坊为名,四十年(案应作十四年)又取永嘉、胜业坊之半增广之,谓之南内,置朝堂。十六年正月以宫成,御朝。……二十年筑夹城入芙蓉园。自大明宫夹东罗城复道,经通化门观以达此宫,次经春明、延喜门,至曲江芙蓉园,而外人不之知也。"《雍录》(卷四)云:"大兴京城东南角有坊名隆庆,中有明皇为诸王时故宅。宅有井,井溢成池。……开元二年七月以宅为宫,既取隆庆坊名以为宫名,而帝之二名,其一为隆,故改隆为兴,是为兴庆宫也,其曰南内者,在太极宫东南也。……十六年始移仗于兴庆宫听政。……二十年筑夹城通芙蓉园。"《长安志图》(卷上)云:"元宗以隆庆坊为兴庆宫,附外郭为复道,自大明宫潜通此宫及曲江芙蓉园。"《两京城坊考》云:"兴庆宫在皇城之东外郭城之兴庆坊,是曰南内,距外郭东垣。"总上,兴庆宫之沿革及方位已明,惟广袤尺寸,则无有言之者。(余如《册府元龟》、韦述《两京记》、《唐会要》、《困学纪闻》、《玉海》等亦未言及尺寸。)今幸石刻有此例尺,庶可以补诸书之不及也。(石刻云:"每六寸折地一里。"又兴庆宫原由兴庆坊等增改而成,则其大小,亦可由坊之大小推得之。)

兴庆门　金明门　《六典》云:"宫之西曰兴庆门,……次南曰金明门。"《长安志》云:"宫之正门西向,曰兴庆门,……大同门西曰金明门。"《雍录》阁本《兴庆宫图》,西面亦兴庆、金明二门,惟皆南向。《两京城坊考》云:"宫之正门西向曰兴庆门,……兴庆门之南曰金明门",其《西京兴庆宫图》亦同,《咸宁县志》之《南内兴庆宫图》亦同。《陕西通志》《关中胜迹图志》《唐南内图》亦西面二门,并皆南向也。今案石刻宫西二门,北曰兴庆门,南曰通明门,门皆南向,诸书惟《六典》、(无"门西向"之语。)《雍录》阁本图为相同耳。

兴庆殿　《六典》云:"宫之西曰兴庆门,其内曰兴庆殿。"《长安志》云:"宫内正殿曰兴庆殿",注云:"在通阳门北。"《雍录》阁本《兴庆宫图》,兴庆殿南向,在兴庆门内,大同殿北。《两京城坊考》云:"宫之正门西向曰兴庆门,其内兴庆殿。"(《兴庆宫图》同。)《咸宁县志・南内兴庆宫图》与《两京城坊考》同。《陕西通志》《关中胜迹图志》,则兴庆殿在南薰殿之北。今案石刻兴庆殿南向，位于兴庆门内，大同殿之北。诸书惟《六典》、（不言西向。）《雍录》阁本图与之全同。

大同门　大同殿　《六典》云："……次南曰金明门，门内之北曰大同门，其内曰大同殿。"《长安志》云："勤政楼之北曰大同门，其内大同殿。"《雍录》阁本《兴庆宫图》与《六典》同。《两京城坊考》云："宫之西南隅曰花萼相辉楼，其东曰勤政务本楼，楼北大同殿"，又注云："殿前为大同门"，其《兴庆宫图》同。《咸宁县志·南内兴庆宫图》，与《长安志》《两京城坊考》同。《陕西通志·唐南内图》与《关中胜迹图志》同，而与诸书异。今案石刻，诸书惟《六典》、《雍录》阁本图最相合。

通阳门　明光门　龙堂　明义门　长庆殿　《六典》云："宫之南曰通阳门，北入曰明光门，其内曰龙堂。通阳之西曰花萼楼，楼西曰明义门，其内曰长庆殿。"《长安志》云："宫之正门西向曰兴庆门，南曰通阳门，……通阳门东曰明义门，门内曰长庆殿，……勤政楼东曰明光门，其内曰龙堂。"《雍录》阁本《兴庆宫图》，宫南为通阳门，门东为明光门，通阳之北为龙堂，位龙池内，而明义门与长庆殿不载。《两京城坊考》云："南面二门，西曰通阳门，东曰明义门，（注云：'《永乐大典》载阁本《兴庆宫图》作初阳门。'）通阳之内曰明光门，其内曰龙堂。（案图在龙池南之五龙坛之南。）……明义之内为长庆殿。"《陕西通志》《关中胜迹图志》《南内图》与《六典》略同，《咸宁县志·南内兴庆宫图》全与《两京城坊考》合。今案石刻，宫南为通阳门，北入为明光门，又北入为龙堂。（位在龙池边上。）通阳之东为明义门，门内为长庆殿。以上诸书与石刻相较，则《雍录》阁本图（以所载之龙堂与石刻为尤相合）与《长安志》《两京城坊考》《咸宁县志》等之记载为较相合，而《六典》所记之明义门、长庆殿为不同也。

窃谓花萼楼之西不应有明义门，门内不应有长庆殿。案《通鉴·玄宗纪》云："开元二年，……宋王成器等请献兴庆坊宅……始作兴庆宫，仍各赐成器等宅，环于宫侧，（胡三省注：'宁王歧王宅在安兴坊，薛王宅在胜业坊，二坊相连，皆在兴庆宫西。宁王即宋王也。'）又于宫西南置楼，题其西曰花萼相辉之楼，南曰勤政务本之楼，上或登楼，闻王奏乐，则召升楼同宴，或幸其所居，尽欢，赏赉优渥。”他如新旧《唐书》亦有相同之记载。即《六典》“通阳之西曰花萼楼”下亦注云：“楼西即宁王第，故取诗人棠棣之义以名楼焉。”《长安志》云：“宫之……西南隅曰勤政务本楼，其西榜曰花萼相辉楼。”《两京城坊考》亦云：“宫之西南隅曰花萼相辉楼。”夫既曰“花萼相辉”，又曰“登楼闻乐”，又曰“宫西南隅”，则诸王邸第必与花萼楼密接，决不容再有明义门、长庆殿间乎其间也。今石刻不误，诚可依据。

花萼相辉楼　勤政务本楼　《六典》不见勤政楼，惟云“通阳门之西曰花萼楼”而已。《长安志》云：“宫之……西南隅曰勤政务本楼，其西榜曰花萼相辉楼。”《雍录》阁本《兴庆宫图》，通阳门之西为勤政务本楼，楼西为花萼相辉楼。《两京城坊考》云：“宫之西南隅曰花萼相辉楼，其东曰勤政务本楼”，然其《兴庆宫图》则二楼皆位于明光门之西而不位于通阳门之西，《咸宁县志·兴庆宫图》亦然。《陕西通志》《关中胜迹图志》，则勤政楼位于通阳门之西，而花萼楼远在龙堂之东也。今案石刻，诸书惟《雍录》阁本图、《长安志》与之相合。

跃龙门　芳苑门　丽苑门　龙池（亦名兴庆池）　瀛州门　南熏殿　仙薰〈灵〉门　新射殿　《六典》云：“宫之北曰跃龙门，其内左曰芳苑门，右曰丽苑门，南走龙池曰瀛洲门，内曰南薰殿。瀛洲之左曰仙云门，北曰新射殿。”《长安志》云：“北曰跃龙门，……宫内正殿曰兴庆殿，其后曰文泰殿，（案《六典》注有交泰殿，惟不详位置。）前有瀛洲门，内有南薰殿，北有龙池，……跃龙门左有芳苑门，右有丽苑门，……瀛洲门左曰仙云门，北曰新射殿。”《雍录》阁本《兴庆宫图》与《六典》同，惟丽苑门亦作芳苑门，仙云门作仙灵殿而已。《两京城坊考》云：“其内兴庆殿，殿后为龙池。……北面二门，中曰跃龙门，其内瀛洲门、南薰殿。（注云：‘殿南即池。’）左曰丽苑门，右曰芳苑门。芳苑之内新射殿、仙云门。（注云：‘在瀛洲门东。’）”（又案《城坊考·兴庆宫图》，作四面放射式，位置颇多别异。）《咸宁县志》与《城坊考》同。《陕西通志》《关中胜迹图志》则新射殿在仙灵门之东北，与石刻略异，此外全同。余惟《六典》与《雍录》阁本图为相同也。（惟石刻仙灵门、丽苑门，《六典》作仙云门，《雍录》阁本图作仙灵殿、芳苑门而已。）

翰林院　《六典》不载。《长安志》云："大同门西曰金明门，内有翰林院。"《雍录》阁本《兴庆宫图》，翰林院在金明门之东北。《陕西通志》《关中胜迹图志》与《雍录》同。《两京城坊考》《咸宁县志》，亦相差极微也。今案石刻翰林院在金明门东北，与《雍录》阁本图最相同也。

金花落　《六典》不载。《长安志》云："宫内有……金花落"，注云："在宫之东。"《雍录》阁本《兴庆宫图》，金花落在宫之东北隅，《两京城坊考·西京兴庆宫图》、《陕西通志》、《关中胜迹图志》之《唐南内图》同。《咸宁县志》则据《长安志》注而移其位置于东南。今案石刻与《雍录》阁本图、《城坊考》、《陕西通志》、《关中胜迹图志》同，《长安志》《咸宁县志》异。

沉香亭　《六典》不载。《长安志》云："……北有龙池，池东有沉香亭。"《雍录》阁本《兴庆宫图》，沉香亭在龙池之东而稍偏北。《两京城坊考》云："池之西为文泰殿，殿西北为沉香亭，"（观《城坊考·兴庆宫图》，亦在龙池之东北。）《陕西通志》《关中胜迹图志》，亦在龙池之东。《咸宁县志》与《城坊考》同。今案石刻惟《雍录》阁本图与之合。

初阳门　《六典》与《长安志》不载。（《六典》惟注中有其名，然不详其他。）《雍录》阁本《兴庆宫图》，初阳门在宫之东而偏于南。《陕西通志》《关中胜迹图志》与此同。《两京城坊考》云："南面二门，……东曰明义门"，又注云："《永乐大典》载阁本《兴庆宫图》作初阳门"，然其《西京兴庆宫图》则不载。《咸宁县志》之《南内兴庆宫图》亦未列，其言云："案《六典》注南内有同光、承云、初阳……等门，因方位未详，故不入图。"今案石刻，与《雍录》阁本图、《陕西通志》、《关中胜迹图志》同。

河渠　《长安志》（卷九）云："宫内正殿曰兴庆殿，……北有龙池"，注云："在跃龙门南，本是平地，自垂拱初载后因雨水流潦成小池，后又引龙首渠支分溉之，日以滋广。"《云麓漫抄》云："以渠道水入城者三：一曰龙首渠，自城东南导浐至长乐坡洒〈釃〉为三〈二〉渠，一北流入苑，一经通化门兴庆宫，由皇城入太极宫……”《雍录·兴庆宫说》云：“宅有井，井溢成池。中宗时，数有云龙之祥，……后引龙首堰水注池，池面益广。”（案《雍录》阁本《兴庆宫图》不载此渠。）《长安志图》（卷上）云：“渠水一曰龙首渠，自城东南导浐至长乐坡，釃为二渠，一北流入苑，一经通化门兴庆宫由皇城入太极宫。”《两京城坊考·西京外郭城图》，亦载龙首渠，自城之东南北流，分一支入通化门，西南流入兴庆宫之兴庆池。（案《城坊考·兴庆宫图》亦不载此渠。）《陕西通志》《关中胜迹图志》《唐南内图》亦载此渠，《咸宁县志》之《南内图》则不载。今案石刻亦有一水，自东流入宫内，经仙灵门、瀛洲门北，分一支南流入龙池。其正流则向西穿大同殿之北而迳西出宫城。张扶万先生《唐大明兴庆两宫图残石跋》，以为即当时之龙首渠，是也。

六、刻石之人与刻石之理由

赵彦卫《云麓漫抄》云：“《长安图》，元丰三年五月五日龙图阁待制知永兴军府事汲郡吕公大防（案《宋史》本传，吕氏先世本汲郡人，自祖通后始家京兆蓝田）命户曹刘景阳按视，邠州观察推官吕大临检定，其法以隋都成〈城〉大明宫，并以二寸折一里，城外取容，不用折法，大率以旧图及韦述《西京记》为本，参以诸书及遗迹考定，太极、大明、兴庆三宫用折地法不能尽容诸殿，又为别图。……大抵唐多仍隋旧，故吕公爱其制度之密，而伤唐人冒袭史氏没其实，遂刻而为图，故志之。”程大昌《雍录》（卷一）《吕图阁图》云：“元丰三年吕大防知永兴军，检按长安都邑城市宫殿故基，立为之图，凡唐世邑屋宫苑，至此时已自不存，特其山水地望，悉是亲见。”李好文《长安志图》（卷上）云：“吕氏曰，隋氏设都虽不能尽循先王之法，然畦分棋布，闾巷皆中绳墨，坊有墉，墉有门，逋亡奸伪，无所容足，而朝廷宫寺门居市区不复相参，亦一代之精制也。唐人蒙之以为治，更数百年不能有改，其功亦岂小哉。……予因考证长安故图，（注云：‘观吕氏此言，是图之作，其来尚矣。’）爱其制度之密，而勇于敢为，且伤唐人冒疾史氏没其实，聊记于后。（案《通志·艺文略》吕有《长安京城图记》一卷。）元丰三年五月五日龙图阁待制知永兴军府事，汲郡吕大防题，京兆府户曹参军刘景阳按视，邠州观察推官吕大临检定，鄜州观察右使石苍舒书。"又载元至大壬子年中秋日谷口邳邦用（曾为京兆府学教授）跋语云："此图旧有碑刻在京兆府公署，兵后失之，有雷德元、完颜椿者，得碑本，命工锓梓，附于《长安志》后。"郑樵《通志》《图谱略》《艺文略》亦载有吕大防《唐长安京城图》，及唐太极、大明、兴庆三宫图。由上，可知吕氏对于《唐长安宫城图》，确有总图、别图之作。今案石刻《唐太极宫暨府寺坊市残图》，（用张扶万先生所定之名。）即为宫城、皇城、外郭城合刻之《唐长安京城总图》，而大明、兴庆两宫，虽同刻一石，实为三大内之别图也。（以此推之，窃谓尚有太极宫独立之一图？）如是，则今所得石刻之为吕氏作，大致已可无疑矣。今复申述其说于左：

案右所述，吕氏之作此图，为一根据旧有图记及参考实地古迹之精心著作，并非抄袭一家之说，人云亦云者。今以石刻校诸《六典》，及《雍录》所录阁本图、《大典》所录阁本图，固多所异同，是其明证也。至余谓石刻必为吕氏作，今复得至定不易之证据一，可为辅佐之证据三：案李好文《长安志图》云："图制有宋吕公大防所订，……观其布置，大段皆是，然……西偏附城有小城垣，即掖庭宫也。今见其处止可容一宫，而图乃以太仓杂处其中，大非所宜。又志亦不曾载。如此之类，必是碑本磨灭，后人不详，误附之者。"今案石刻太仓犹在，则李氏在元代所见之图，确即此图。推原刻石之始，非元则金，非金则宋。李氏为元人，观其所言，刻石当在元以前。若论金人，则历年至促，戎马倥匆，势必无暇为此。无已，则惟有宋人。然南宋偏安，中原已非所有，何能刻石长安。故此，是图之作，舍北宋人莫属矣。如此则与吕刻说正合。则吕公之刻此石，已成铁案，毫无疑议矣。此即余所谓至定不易之一证据也。又案《长安志图·城市制度》云："旧图（案指吕图言）全书坊市制度，今间小不能记，容别画一坊之制以见其余。"今案石刻《长安京城总图》，虽已残缺过半，而辅兴坊等坊市制度犹存，可知此石刻即为吕氏旧图。此即余所谓可为辅佐之证据一也。又案《云麓漫抄》云:“《长安图》,元丰三年……汲郡吕公大防命……城外取容,不用折法,大率以旧图及韦述《西京记》为本,参以诸书及遗迹考定”,今案石刻列城外之太仓于掖庭宫之北,其位置果不相宜。盖以不用折地法,而参以汉时太仓之古迹而为之者也。(已见上述。)此即余所谓可为辅佐之证据二也。又案吕氏碑刻,据邳氏所云:“原在旧京兆府公署,兵后失之。”今果得于昔之京兆府址,地点明确,先后无误。此即余所谓可为辅佐之证据三也。至观《宋史》吕大防及吕大钧、吕大临传,知吕氏兄弟皆为极忠实之礼学家,故言行动作,必多规则,宫室礼制,尤所注意。大防言宫禁,则举“唐入阁图”,言引渠,则用《考工》水地置泉法。至大钧尤喜讲井田兵制,悉撰为图籍,以见于用。而大临则撰《考古图》以见古代礼器之制。此皆吕氏兄弟行事切实,好为图谱,不事空疏之证,则其作唐宫室图刻之于石以垂永久,亦意中之事耳。

至吕氏所以刻石之故,则吕氏已自言之。(见上)又案《唐两京城坊考序》云:“昔宋皇祐中欲行入阁仪,而莫知故实,后仁宗得《唐长安图》,其仪始定。元丰时都官员外郎蒙安国,得《唐都省图》,献于朝,遂迁旧七寺监,如唐制。”盖唐宫省之图,在当时已珍重如是,而一般士夫,必有趋奉时好,竞为异说者,故吕氏感于事实,出而考证,并绘图刻石以成定本,此亦礼学家应有之事也。

然或谓此石刻图,固为吕氏一人作乎?余谓此问题,亦极易解答之。《太极宫暨府寺坊市图》石刻之为吕氏作,即由上述元李好文论太仓之说已可明之。至大明、兴庆两宫图石刻,则由坑内发掘所得之器物言之,明清瓷片,皆距地面极近,稍深则为宋元瓷片,及宋金铜钱等,(金钱出于第二坑与第八坑交界处。)再深则为唐代碑头等。今此石刻与唐宋器物同出,既非唐物,决为宋碑。(现已明定知非唐碑。)谓为金元,则事不可能,已如上述。若论明刻,则书无记载,世无传说。且入土在明,则按其地层、深度,亦决非近人所曾扰动。若入土在清,则于记载、传说、地层、深度,更无一事可通矣。故吾谓此必宋人作,且必为宋之吕大防作也。况

《云麓漫抄》及郑樵《通志》谓吕氏有总图、别图之作，吾前已言之乎。是则此问题已可解决矣。

七、石刻之摧毁与入土

观上所述，与《长安志图》邳邦用跋语，则是石刻于北宋，至元即不见也。今案李好文《长安志图》，尚载《唐大明宫图》《唐宫城图》(即《太极宫图》)《唐禁苑图》，而独无《兴庆宫图》，则《兴庆宫图》或当失之更早，盖当时因入土之故，即碑本亦不可得。今案其出土地点之地层、土色、深度，及相关之物，决非最近期间所曾扰动。而于坑之左右，深浅相近之地层中，与本坑中，除得唐碑头、碑座、碑边外，复得有宋元丰、元祐，金正隆等铜钱，及宋元磁片等。窃谓此碑之失，当在宋金用兵之际，殆被乱兵破毁而入土中。及后平定，所拓即少此图，迨元人入中原，则嫉恶汉族文化尤甚，并遗存土外之图刻而尽毁之，故《太极宫暨府寺坊市残图》(即《唐长安京城总图》)，卒发现于长安南门内之小湘子庙街而不在同一区域之今民政厅二院中也。

八、石刻之价值

石刻之历史变迁与其他图书记载之关系，已约略述之如右，其在学术上之价值，亦已可概见。兹复总合言之如左：

案有关图书，为唐人原著者，仅《唐六典》一书，阁本图当与唐人有渊源。次之即为吕氏图、《长安志》、《雍录》、《两京城坊考》诸书。(他如韦述《两京记》、《唐会要》、《册府元龟》、《困学纪闻》、《玉海》、《雍大记》、《雍胜记》、《西安府志》，及唐宋人之诗文小说、笔记等，皆可备参考之用。)今《六典》虽已经后人改窜，然大致则仍旧观，阁本图虽已不见原本，而《雍录》尚有传抄本，(案《大典》阁本图，错误较多，似为后人改本，颇不可信。)吕氏图，则今得石刻残图也。今以所得石刻与《六典》、《雍录》阁本图校，则符合者多。此即石刻之价值一也。太极宫之长乐(石刻不见)、永安二门，阁本图退而北移，此辗转传抄之误，而石刻得以正之，此石刻之价值二也。清明渠、龙首渠，来源甚久，关系于唐代宫城之形势建筑者至巨，而《六典》未记，阁图不载，其他诸书，或有或无，略而不详，今得石刻以明其故道，此石刻之价值三也。明义门、长庆殿之位置，《六典》误记，阁图不详，今得石刻而明定其是非，此石刻之价值四也。南薰殿在瀛洲门北，《六典》、阁图不误，而徐氏（松）误作，后人误传，今得石刻以为《六典》、阁图有力之证，此石刻之价值五也。金花落据今实地调查，则位置确在兴庆宫东北，阁本图及《城坊考》之《兴庆宫图》，皆明载无误，特以《长安志》注有“俗所传盖卫士所居”一语，（案此语不明根据所在。）遂致后人生疑，今得石刻，益可为阁本图、《城坊考》之证，此石刻之价值六也。南内位置，今经实地调查，在今东关外，其地可成为大池者，仅有关南门外坑家堡以西一带洼地，关墙以内，地址既高，瓦砾甚多，为宫殿遗址甚明。由此可知南内建筑，殿阁多在北方，其南仅为龙池之一片汪洋耳。今案石刻与阁本图，确与地势相合，而《六典》记载亦无多出入，益足以明《城坊考》诸书之非。此石刻之价值七也。龙池面积，《六典》虽无记载，而由阁本图观之，其势颇为浩大，今观《长安志》（卷九）注、《新旧唐书·睿宗玄宗纪》《通鉴·玄宗纪》，皆言当时池水甚盛。至宋庆历时《上巳修禊兴庆池题诗碑》，及碑侧金明昌时刘子颁题诗，（今碑在西安文庙中。）元宋褧诗注（见《城坊考》卷一页二十注引）等，则极言当时池中烟柳荷芡之胜，泛舟游咏之乐，可见此池旧址，直至元时尚在。今观诸东关外坑地，确非浅小，而石刻图，池址亦甚相合，由此而龙池之本迹得明。此石刻之价值八也。唐之三大内，太极、大明两宫大小，各书皆有记载，而兴庆一宫独无，今石刻有“每六寸折地一里”之记载，既可以见方法之善，（至实计确否，尚待详考。）亦足以补诸书之缺，此石刻之价值九也。又案兴庆当初虽为明皇旧邸，及建宫以后，移仗就朝，所谓“南面而王，北面而臣”，在专制典礼上，已成不可磨灭之定义，今徐氏（松）《两京城坊考·兴庆宫图》，以龙池为中心，宫室殿园，四面外向，实系错误。今得石刻与阁本图为之证明其非，（案《六典》不言方向，其载其他宫殿亦然。）此石刻之价值十也。虽然，吾亦非敢谓石刻全无不善也。盖考证之学，必重版本，今本不如古本，普通本不如善本；非古本善本之全无错误也，乃新本通俗本之错误必因转辗流传而渐多于古本善本也。今唐代宫城之图，原本阁本图既不可得，而吕氏图确较诸书为善，且又得其惟一之石刻也，则其价值自当为吾人所公认矣。

（附记）骥撰此文，曾承徐先生（旭生）、陈子翼先生多量之指教，并同学刘子植、王以中两先生尽量之商榷，敬此志谢。至文中疏漏错误之处，还请读者赐以教正，幸甚！

民国二十三年八月十八日，于国立北平研究院

（本文原载国立北平研究院史学研究会《考古专报》第1卷第1期。）

陕西考古会工作报告

骥与狮醒(龚元忠)兄于二月十七日返斗鸡台,白先生、苏先生亦皆回来,定于二十日照常开工。兹将骥等调查结果,约略述之。

一月二十八日到凤翔,天气很好。在凤翔调查地点及其情形如下:

(1) 二十八日　由宝鸡去八里洞一带,尚距凤翔八里许。所过两旁见汉墓三代墓颇多。汉墓道形式有⌂、□、▯等不同。三代墓与斗鸡台相似。途中见汉代匋、瓦片等颇多。过三良冢,冢上亦有绳纹瓦片,及方瓦水道、残片等。

(2) 二十九日　因访凤翔县长及该地士绅如李惺老先生等,又借阅府志、县志。(但两志皆甚难得,借得者亦仅限于古迹一部份。)又至东湖访苏东坡"梅菊老竹"石刻、张子横渠祠。县城内街上见有明天启牌楼、明嘉靖四棱石柱等。

(3) 三十日　至南古城。据该地土人刘姓者言,谓古城有二,一东一西,东为"大郑宫",西为"南古城"。亦有说两城即一城者。骥等往视,两城东西列,中夹一走道,(至凤翔城大道。)西城尚有堡子,居人甚多;东城则已全为种植地矣。狮醒照相后回城稍息,骥即周视一过,西城周围界限分明,东城有南边、西边。东北两边不明。是日见汉瓦片、匋器片(花边砖及瓦水道亦有)甚多。又至村中看土人所藏汉(?)匋器等。大略与斗鸡台所出者同。惟有瓦鬲形制特异,(一个破,一个只存两足,甚大,买回时,白先生亦谓从未见过。)骥等以数角钱购之。又一大瓦瓮,带釉,带印章纹,略带圆周点线纹,质甚坚致,以一元钱购得之。以上皆出南古城边外。(回纹砖等亦有。)骥等又于街上摊子中以一角钱购得一小瓦鬲,询之贾人谓出于南关外,其说可信。惟未见红匋片等。

(4) 三十一日　再赴南古城工作,(即上云西城。)骥为画一图。又将昨日所见(在南古城东边上)之圆瓦水道挖得其一部。又于大郑宫(即上云东城)西边上亦挖一长瓦器,(形长圆似水道。)因不便大挖,且一动即碎,故未挖得。狮醒因照相已完,遂返城内东湖工作,骥又将两城周围细视一过,凡不同而有研究价值者皆一一采取以便与他处比较。惟是日可注意者,即东城南边深沟中,发见平铺大方砖地层,可见者共七块,(尺寸已量,惟无花纹,又不能取出。)此沟俗谓之金银沟,询其神话,亦有夜见宝光等传说,与斗鸡台同。因天晚返城。

(5) 二月一日　天小雪,骥等再往大郑宫(即东城)。先出凤翔西门,访"西古城",相传谓亦一古城,(现有堡子。)然周视不见汉瓦、匋一片。遂向南行再往大郑宫(即上云东城),过河北屯、姚家小村等堡子外,采得汉(?)匋、瓦片等,(亦间有瓦鬲片等。)并于堡子外土坡上有汉墓道等数个。形式如□。及至南古城,狮醒因天雪将大郑宫砖层照相而返。骥遂与凤山在大郑宫(即上东城)南边沟中,砖层旁稍稍试挖,约两小时得有云母片甚多,(可谓极多。)小琉璃球、朱红、木炭等亦甚多。(又有竹炭、石灰等。)小琉璃球带花,窃疑与云母、朱红同为当时宫殿上饰物?(将来倘扩大挖之,一定很多。其他零碎器物,"残石环""似瓦鬲足"等亦有。小铜器及其他器物皆已取回保存。)后又至城东南隅橐泉宫秦穆公墓,亦采得绳纹瓦片等。

二日回斗鸡台。以上雇轿车而去,雇轿车而返。

* *

二月七日　六日天大风雪,七日仍大风雪,因在前与狮醒约定,无论如何,必走。骥意雪后一定能放晴也,遂雇牲口四个,骥骑老马,狮醒骑小驴，王忠义骑一驴，又一驴背行李。因小路难行，遂由底店镇大道而行。至陈村，时已下午五时。虽一路风雪不停，满身雪花，但看山玩景，趣味至佳！

二月八日　即冒雪出门调查，先至陈村西约三里之二古墓，（问之土人，为秦与否，不明。）周围调查，不见何物。惟在冢旁试挖，采得汉瓦片等，其他亦未曾见。墓土纯黄，且极虚松，土中亦不见任何匋瓦片等。冢之大小、高低、位置，已画图。狮醒因雪大回寓。骥遂与代八老再往西，见一“罗钵古寺”，有乾隆三十二年碑记。寺西坡下为宋家南村，寺南为一废堡，名宋家村堡。石堡外，亦采得汉瓦片等。宋家南村北端坡上有瓦砾坑，采得残绳纹筒瓦等。又在陈村北边土穴旁采得绳纹瓦片及回纹残砖等。陈村镇内有升平堡及金巩堡较大，闻郭坚据凤翔城时，中央官吏，曾在此办公云。其余各地，因雪厚尺余，原上坡地皆不能往，询之本地人亦谓无其他古迹可考云。

二月九日　由陈村至虢镇。在雪地中行，极游观之乐。至后，略事安顿，即访全县长所介绍之保卫团王队长及董辑五团长等。

二月十日　雪又大下不止。然仍骑牲口出门，访董辑五团长所介绍之该地绅士刘翰卿老先生。下午二时，访城隍庙，或谓其址即虢宫故址。又谓有刻字柱础石及古碑，骥细访不得，只见有康熙四十二年碑一方而已。（余皆新。）庙儿甚壮伟，地址亦广大。

二月十一日　晨起访常宁宫，天晴雪融，道颇凝滑，宫内有天圣五年重修至德常宁宋碑一方，碑头已失，正面龟裂颇甚，因天冷有风，骥与王忠义勉强拓一纸，揭下时亦多破碎。（碑高、宽、厚等皆量。）

又有至元六年帖、大蒙古中统五年长春真人题虚亭词（《水龙吟》）两石刻，又有明万历九年、六年两碑记，是等石皆完好，前两石刻尤其清光可鉴。中间正殿梁铭有“大清康熙……修……”等字样，惟不甚清楚。宫中院地，及阶前、墙上，随处可得红匋片及瓦鬲片等。（有蓝匋，及刻纹红匋片等。）惟绳纹瓦片等未见。至下午二时狮醒兄因照相完毕回寓。骥遂与工人向宫之东墙外访之，距宫约里许，一地忽陷落成一大坑。（土人谓雨水冲陷。）惟不甚深，骥下视之，见周围古墓甚多，骨架重叠不一，又得一残匋环，及红匋器片甚多。（多不胜取，采取代表而已，其各种样式与斗鸡台亦同。）骥询之土人，谓曾出红匋罐、红匋盘，及灰色瓦罐等。又闻红者皆被团丁取去。至骥所见者仅一灰色瓦罐而已。（）因价昂未购得。此地向南坡下，亦有红匋片等，但不如上述之多。碑记谓此为秦宣太后所筑宫室之故址。然欲觅一秦代石刻及其他，则细查无有。至古虢城，本地人谓即今虢镇最大之堡子，名西堡者。（因有东、南、西、北四堡。）有乾隆时“西虢遗封”牌楼。然不见有较古遗物也。

二月十二日　赴虢镇东南六七里之渭河南之磻溪宫。（亦即长春宫、成道宫。）宫在山四面环绕中，风景至佳。内有大德年间老子《道德经》经幢一个，顶有四面遗像，经文皆完好无缺，至为可宝。又有元碑两方，字极清楚。碑阴有螺形动物化石。又有明碑两方，较小，嵌墙上。又有明正统十二年大铁钟一口，文云“记重五千斤，铁四千五百斤，铜五百斤”云。至下午三时，狮醒回镇，骥与代八老至秦穆公女及箫史所居之凤女台，台在宫之左边原上，俗名凤凰台，上至顶，仅见一大土台子，（如殆垣然。）不见丝毫古匋、瓦片等而返。（经幢等最好春暖时重去捶拓。）红匋片等，在磻溪宫墙外间有数片，至宫之北边山坡上颇不少。

二月十三日　出虢镇北门，至福锡沟、太子沟。于太子沟跟前，间有红匋片及绳纹瓦片，但甚少。又至太子沟顶上，旁有一关帝庙，庙内陈列一方形琉璃香炉，带座子，（颇华丽。）为万历十九年物。又有一灰色瓦罐。（）土人谓皆出土于太子沟中。下午一时许，狮醒回镇工作，骥与代八老等至距太子沟六七里之老王沟，自沟顶而下，不见丝毫古匋、瓦片等。至沟跟一堡子旁，始采得红匋器片（多带刻纹等）及绳纹瓦片等而返。

二月十四日　晨起，整备赴阳平镇行装。骥又至西关（骥等寓西关大车店中）之石佛寺，佛全身为白玉，但年久香烟熏黑，座子上有字否亦不易辨。佛像甚好。又有石刻卧兽一，身上凿一圆孔，弃置院中，不知何用，亦不详时代。又有铁钟一，弘治八年铸。回后遂向阳平镇出发，至下午二时到达。宿镇东大车店内，又访全县长介绍之保卫团李队长及保长等。

二月十五日　访镇西北四五里之秦家沟。由沟起，直向东延坡而行，红匋片（蓝匋亦有）及汉瓦片、匋片等甚多，又有瓦鬲足等。至牛王村后面，红匋瓦等更多。骥访之土人，购得黄红色小瓦罐一个。（土人谓不知何用，余皆毁去。）至下午三时，狮醒回寓休息，骥与代八老及李队长所派团丁一名，再向东延山坡而行，觅得一红瓦罐，（但不甚细致。）似今之花盆然。但口边极光滑，而底较小。此器在高坡上，上距地面 2.70 M.，下距地面 3.80 M.，八老悬崖而上挖之。但口边一部份已被土人挖毁。在牛王村偏东，见一很大汉瓦片、匋片土坑，（土人谓之瓦碴坑子堆。）汉匋、瓦片之多，他处尚未见过。询之土人，皆谓不明昔系何地。曾出瓦灶、瓦碗、瓦瓮、瓦壶（即匋钫）等以相售，因不甚特别，又携带不便，遂却不受。又采得瓦鬲足三个，一个平常。其他二个，一形扁，一三角形，足底皆平，亦尚未见。又有残蓝瓦头、回纹砖残块、残花边砖等。（与斗鸡台同。）骥等至阳平镇正北而下回寓所。

二月十六日　至阳平镇东二十五里之古城，（骥初疑为平阳封宫，然在岐山境，故非是。）狮醒因骑驴不便远行，骥遂请其至阳平镇东十里之惠王坟（?）（土人说不明，或魏王坟?）及大帐寺工作。骥遂骑马与代八老、团丁一人往访，至则见一堡子，形式颇老。骥于堡子前即采得汉瓦片及匋片等。询之土人，谓南隔渭河若长堤一段者为五丈原，北边高原上有圆形高土邱，中有深洞者为司马懿之插旂洞，俗名司马洞。又闻有诸葛庙、葫驴〈芦〉峪等等。骥恐时晚，不及一一往访。土人见骥拾匋片，遂取一瓦罐相售，（　）索价五元，骥以一角钱还之，未购成而返，为汉器物，殆无疑。回时延原下而西，过蔡家坡等地，采有红匋片等。约未出岐山境（不知）见一原，坡上皆大石，有石洞，有大小石像六七处，（一洞一处。）惜未见有碑碣记载，不知何时物。再西行，至惠王坟（?）。坟在一山谷中，四面环绕。南面一走道。形势至佳，倘有风水，必是福地。坟大如土山，广约数亩，（狮醒谓有数十亩，未是。）坟上除荒草外，无他物，旁亦无碑碣等。惟北边原上有穴室六七所，现仅一二所有人住，为看管是坟者。询之此坟地点，谓在张家窑下，至时代、史迹，谓皆不明。又谓此系凤翔属。在凤翔之西南角，阳平镇之东北角。观此坟工程浩大，形势极佳，决非邱墟。坟旁麦地上，及新墓地上，红匋片之多，（有红而圆之匋器足，及带刻纹之小红匋器足。）亦为他处所鲜见。骥当初疑为秦武公墓，然既在凤翔，则与志书不合，恐亦非是。回时，至阳平镇附近，访大帐寺，寺已废，现修者均非原址。至志书所谓"满盖琉璃瓦，室宇宏丽"，已成过去之文。至阳平镇东，（与骥等寓店斜对面。）又访钟楼寺，内有宋太平兴国五年碑，惟字已剥落殆尽，且绳裂至甚。其字之可识者尚有首行"……上柱国紫金鱼袋李……"，末有"……国十（?）年……"等字，其中可识者不多，但笔画遒劲，古雅可爱。据道光三十年碑记，谓尚有一行数字可认云。幸碑嵌土墙中，想尚可垂久也。又有万历十九年铸铁钟一口，寺内外遍觅不见古砖、瓦、匋片等。余又至镇内一走，采得绳纹瓦片等数片。又于镇东门外，见卧地一小碑，为康熙己丑年物。余皆未及访。

二月十七日　回斗鸡台。天朗气清，惠风和畅，一路春光，不同去时风雪也。

此次凡所见寺庙，皆有椽头盘子、画壁，精工特异。秦代文物，（如平阳封宫等。）实未易得，不知何故？抑所见红匋片及绳纹瓦片内亦有秦物在也？皆待将来详考。骥尤注意于黑石头等，希望发见石鼓残片，然亦未得。又骥虽不会骑马，然此次试验结果，能骑马实于考古上有极大方便。驴子较差。又白先生、苏先生谓调查结果，以石鼓山为最好，姜城堡次之，三交城不过风景而已。又此地保卫团闻由县长接收，南山、吴山等处颇有剿匪消息。骥等已将一切采集品包好，准备装箱。一面继续开工，再观动静，诸容再陈。

何士骥上。二十四年二月十八日。

（本文原载《国立北平研究院院务汇报》第6卷第1期。）

发掘张骞墓前石刻报告书[①]

本校历史系考古委员会(委员为许季茀、李季谷、陆咏沂、黄仲良、何乐夫、周国亭六先生)以汉博望侯张骞为中国历史上不可多得之民族英雄,实有表彰之必要,乃决定将其墓冢加以整理。惟以各种关系,全部计划,未能实行,暂定第一步办法为清理墓前已露面之二石刻,并作为学生考古学一科之实习。惟此次工作简单,问题不多,兹将其经过情形,述之如次:

一、调查

二十七年五月二十日,本校同人,曾作一度调查。同往者有校长徐轼游、李云亭,主任许季茀、黎劭西,教职员李季谷、陆咏沂、许重远、谢渭川、何日章、黄仲良、唐节轩、佟伯润诸先生,及士骥、国亭,并男女学生等数十人。自上午八时由城固城内出发,至八时半到达,当由黄仲良先生摄影多张,复由士骥于墓之周近麦地内,及村旁,采得绳纹残砖、残瓦、花纹匋片等。

惟于墓上及墓跟,未有获得。墓南约一百六十公尺之处,即为二石

① 编者按:本文由何士骥与周国亭合撰。

刻所在之地。时麦秋未届，二石刻在麦丛中，东西相对，隐约可见。其在东面者，颈部（头已毁）之最高点露出地面约四公寸，尾部之最高点露出地面约五公寸余。在西面者，情形略同。因系地面调查，故未有动掘等事，于石刻周围，亦未有匋瓦片等之采获。至十二时而返。

二、发掘

自调查以后，石刻全部，虽尚未见，但由已见部份之作风观之，似为汉物无疑。复由所得之匋瓦片、砖块等证之，其时代为汉，更属明确。遂由本会同人商定发掘办法。复由士骥雇定工人杨法娃为工头，言明每日工资国币六角，于六月十八日率赴该地重行视察，估计一切。惟据本地人云，“石虎（县志亦用此名）入地数丈，前曾经人挖掘，未得成功”。且颇多神话，谓“愈掘则入地愈深。每当夏季大雨，水涨石高，永远能保持其露面数寸之状态”云。因此，吾人虽不信其神话，但颇以其深度若干之说为然。故预计每日用工人五名，约四五日可以完工。遂派定学生每日四人实习。（上午二人，下午二人。）诸事筹备就绪，即于七月三日（星期日）开工。出席者为士骥、国亭，（余诸先生因事未能出席。）及学生张循祖、杨贻。率同校工一名，工人五名，县府所派保安队三名前往。当即会同该地联保主任、保甲长等，于上午八时开始发掘。因此时麦地已成水田，石刻露水面更少。士骥、国亭先令工人将二石刻之周围各筑东西长三公尺，南北宽二公尺之长方堰，以排去蓄水，坑之大小，即依此而定。复名东面石刻所在之坑为东坑，西面石刻所在之坑为西坑。惟泥水甚大，工作颇为不便。兹将工作记录述之如下：

坑名：东坑、西坑。

坑之面积：东坑东西长三公尺，南北宽二公尺。西坑同。

坑位地点：城固县西，饶家莹，张骞墓前。

发掘日期：二十七年，七月，三日。

指导人：何士骥、周国亭。

练习生：张循祖、杨贻。

工作时间:上午八时—十一时半。下午一时—六时。

工人:上午杨法娃等五名。下午增加工人二名,共七名。

协助人:县政府派保安队陈思礼等三名,联保主任朱秀峰(严维馨代表),保长饶胜五,甲长饶文明。

石刻之各种情形:

(一)二石刻之概况:在东面之石刻,较在西面者为大。均作兽状。(疑与河南南阳汉宗资墓前天禄、辟邪二石刻相类?详俟再考。)蹲伏地上,头毁,足残,尾缺,表面全部多剥蚀,未见花纹与刻字。(两兽腹下亦加详查,东面者曾经翻动,西面者未动。)惟肋骨每兽左右各七,隐然可见。颜色青黑,制作古朴,状极生动。于考古学上、艺术上,确为极有价值之作品。

(二)二石刻与坟墓之距离:约一六二·四〇公尺。(因石刻与坟墓相距之间,尽为水田,量法不甚准确,故为约数。)

(三)二石刻之方向:在东面者,尾东头西;在西面者,尾西头东,故两兽相对。

(四)二石刻相对之距离:一四·四〇公尺。

(五)二石刻露出地面或水面之距离:在东面者,颈部露出水面〇·一七公尺,尾部露出水面〇·一二公尺。在西面者,颈部露出水面〇·一五公尺,尾部露出水面〇·〇二公尺。

(六)二石刻之尺寸:

在东面者:全身长(颈部、臀部在内)一·七五公尺。

自前残足着地部份量至颈顶,(因颈部后仰,适在前背与前足之上部。)高〇·八五公尺。自后残足着地部份量至背顶,高〇·六五公尺。

腰身高,因自前至后渐高,成一斜线,故未量。

腰周(最小部份)一·〇三五公尺。

腹周一·五四公尺。

颈周一·五五公尺。(最大部份愈向上愈小。)

颈高(现存部份)〇·三七公尺。

前背宽〇·五五公尺。

后背宽〇·六〇公尺。

胸部宽〇·五六公尺。

臀部宽,因向后渐尖,未量。

足部均残,未量。

尾部仅存一沟,长〇·四六公尺,宽〇·〇六公尺。

前两腿间距离〇·一五公尺。

后两腿间距离〇·〇四公尺。

在西面者:全身长(量法同上)一·五五公尺。

自前残足着地部份量至颈顶,(情形同上。)高〇·八四公尺。自后残足着地部份量至背顶,高〇·六四公尺。

腰身高,未量。(情形同上。)

腰周(量法同上)一·二〇公尺。

腹周一·四八公尺。

颈周一·五二公尺。(情形同上。)

颈高(情形同上)〇·二六公尺。

前背宽〇·五〇公尺。

后背宽〇·五八公尺。

胸部宽〇·四八公尺。

臀部宽,未量。(情形同上。)

足部均残,未量。

尾部仅存一沟,长〇·五六公尺,宽〇·一五公尺。(因臀部残缺,较东面者为甚。)

前两腿间之距离,与后两腿间之距离,未量。(因仅查视腹部之有无花纹与文字,而未翻动之故。)

东西两坑现实之长宽与深度:

两坑原定长各三公尺,宽各二公尺。但因水田之故,土质虚松,坑边屡次坍塌,几经修补,已成为不甚正确之长方坑。现实尺寸,东坑为东西长三·一五公尺，南北宽二·二〇公尺。深自〇·五八公尺一〇·六八公尺。

东西两坑内之地层：

两坑地层，大致相同，各可分为地面土（或名耕种土）（最上层）、青灰色土（次层）、褐色土（微黄）（最下层）三层。（以下简称“最上层”“次层”“最下层”。）但因久经水湿及屡被扰动之故，层次虽有，似非原有状态，故不能作为确实之标准。兹据各边现实层次之较清楚者，述之如次：

东坑：东边，最上层厚〇·二八公尺，次层厚〇·一〇八公尺，最下层厚〇·二三公尺。（现在坑底止此。因吾人目的仅在发掘石刻，故以下停掘。余同此。）

南边，最上层厚同上，次层厚〇·二〇公尺，最下层厚〇·二〇七公尺。

西边，最上层厚同上，次层厚〇·一〇公尺，最下层厚〇·〇二〇公尺。

北边，最上层厚同上，次层厚〇·一〇公尺，最下层厚〇·三〇公尺。

（附）西南角与西北角，均为地面土与青灰色土混杂之土，层次不甚明晰。

西坑：东边，最上层厚同上，次层厚〇·一五公尺，最下层厚〇·一四公尺。

南边，最上层厚同上，次层厚〇·一三公尺，最下层厚〇·一九公尺。

西边，最上层厚同上，次层厚〇·一八公尺，最下层厚〇·一六公尺。

北边，全为地面土与青灰色土混杂之土，层次不明。

（附）东北角情形与北边同。

（以上地层，本应制纵切面图，因两坑土层，曾经扰动，故从略。）

东西两坑出土之其他器物：

东西两坑，因石刻入土不深，故由出土之其他器物观之，可知其为已经扰乱之土。考其原因，盖一因耕种之故，二因水冲之故，三因曾经他人挖掘之故。兹由器物出土之情形与深度之关系言之，即可明白。如东坑共出碎砖一四块，最大者，长一公寸，宽八公分，厚四五公厘。最小者，长二五公厘，宽厚同为一五公厘。内仅一块隐约有绳纹。二块为灰黄色，余均为灰色，但均无纹。瓦片共一〇片，最大者，长七公分，宽五公分，厚一五公厘。最小者，长三公分，宽一五公厘，厚一公分。内仅一片为灰黄色，余均为灰色，但均无纹。匋片仅一片，长二公分，宽一五公厘，厚五公厘，为灰色，无纹。蓝花白地新瓷片二小片，缸瓷片二小片，缸瓷鋬一小件，亦均为新品，无纹。余尚有天然石一小块。以上器物，各土层中均有，即为上下扰动之证。尤显明者，即为自地面深至〇·三六公尺时，出上述之绳纹残砖一块，及深至坑底时，复出上述之新瓷片一，新缸瓷片二也。此种情形，最足为地层扰动之证。他如所出砖瓦、匋片，十之七八，均为磨光而无锋棱，亦为上下翻动过多之证，决非器物埋藏地下所有之原状也。

西坑所出器物，碎砖共一五块，最大者，长七公分，宽四五公厘，厚四公分。最小者，长二五公厘，宽一六公厘，厚一三公厘。内仅一块为绳纹。一块为灰黄色，余为灰色，但均无纹。碎瓦共二四片，最大者，长四三公厘，宽四公分，厚一五公厘。最小者，长二五公厘，宽一二公厘，厚七公厘。内一片为灰黄色，余为灰色，除略见工作纹外，均素无纹。匋片素而红色者二小片，（当为晚期物。）素而灰色者二小片，（内一片为匋器口边之一部。）缸瓷素而新者一片。至上各物，所出土层，仍无深浅之别。如上述之绳纹残砖，竟与新缸瓷片同出于石兽下之土层是也。（即现在之坑底。）而各物之久经翻弄而无锋棱，亦与东坑之情形同。是西坑亦为屡经动扰之一坑，与东坑器物同失其在考古学上之价值矣。

兹尚有声明者一事：即此次工作日期，因不知石刻深浅，故原定四日至五日。乃发掘结果，入地甚浅，（见上）遂以一日完之。次日上午，则仅补照工作照相三张。共用工资、膳食，及一切杂费国币□正。（照相费在外。另有详账。）

附带报告及提议

清毕沅著《关中金石记》，有功于金石之学甚钜。然其纰缪，亦往往而是。兹姑不论。即其于关中历代帝王、名人墓前所立之碑记，据士骥等历年调查之结果，知毕氏亦多依据方志、传闻之说，并无考古学上科学之根据也。如张骞墓，即其一例。据毕氏所修墓龛所立墓碑视之，则墓门当为坐北向南。盖自乾隆丙申（即乾隆四十一年，公元一七七六年），迄今一百六十余年之间，已无人疑之者。实不知其墓门之确在东而不在南也。现墓门之隐约可见者，仅其门楣弧形之一部，侧立砖共二十余，内有二砖虽残，已可确知其为汉代之绳纹砖。余因埋没土中，未有动视，不敢全定。骥等既得此种发现，即询诸联保长等，谓“民国二十一年，确在此处经水冲出一洞，向内（即西）深至中尺八、九尺，则见砖壁整齐，分列三门，建筑宏大，后因小孩入内为土所掩，遂复封闭”。又云：“有风水先生者，谓此墓墓门，确应向东。”则毕氏此举之疏忽，可想见矣。虽然，墓门事小，方向亦无足轻重，吾人所欲急知者，即在此墓之本人究竟如何，时代如何，建筑如何，墓中所有之各种史料如何？倘能揭开各个墓门，作全部之清理，（以不动原物，仅加扫除为原则。）使国内外人士，既便于礼瞻，复于博望侯正史传外添设一遗物陈列馆，则观感亲切，必更易动人。于今日一致唤醒民族意识，对外实行抗战之际，必有极大之裨益，不仅为正史列传中增加一部份新注脚已也。或谓此事体大，不易办到，则能将现在墓门新封之土除去，入内一观，明其大略，亦较模糊影响称之曰张骞墓者，为益多多矣。至进行程序，可请校方先向城固县府商议，然后征取张骞后人同意。至实际工作办法，当再另议。敬请本会委员及许主任裁酌为幸！

二七，七，一二，于陕西城固县西北联合大学

（本文原载《西北联大校刊》1938 年第 1 期。）

修理张骞墓工作报告

民国二十七年五月，国立西北联合大学历史系成立考古委员会，(委员为许季茀、黎劭西、陆咏沂、李季谷、黄仲良诸先生及骥等。)预定计画，拟将陕南各县古迹古物，作一有系统之考查，除为同人讲授时搜求实证史料，学生练习实地考古以外，并为提起一般民众对于乡土历史之注意。但以陕南范围过大，拟先从城固着手。而骥又谓城固之汉博望侯墓，实为一县古迹之冠。且博望一生之精神事业，虽已昭垂史册，中外共仰，(外人曾尊之为东方之哥仑布。)然在此抗建时间〈期〉，尤宜力事表彰，以为增高民族意识，唤醒民族精神之提倡。爰将此意及私人调查所得，提议于考古委员会，得予通过。遂于五月二十一日复作一盛大之公开调查，同往者，有本校常委李云亭(蒸)、徐轼游(诵明)，胡春藻(庶华)、李耕砚(书田)先生因事未往，历史系主任许季茀，国文系主任黎劭西，教职员陆咏沂、李季谷、许重远、谢渭川、殷伯西、黄仲良、何日章、康绍言、唐节轩、汪如川、佟伯润、周节常、易静正、何乐夫诸先生及男女学生等百数十人。当日调查完毕，即由黄仲良先生摄影多张，(原附照片，现略去。)复由骥于墓之周近麦地及村旁(如下李何村、饶家营、季家营等)采得绳纹残砖、瓦，及花纹陶片等颇多。并将墓前石兽，细加考察而返。返校后即由考古会议决表彰办法：第一步，发掘墓前石兽，就原地筑台陈列以资保护;第二步再修葺博望墓之本身,并派骥与周节常先生从事筹备,并设计工作。即于七月三日,由骥与周节常先生率领学生、工人、县府人员、联保长等实行第一步工作计划。顾以石兽体积不大,(原有北平研究院史学研究所职员钟德昌君所摄照片,现略去。大小尺寸详后。)入土不深,工作简单,一日而毕。然当骥等之发掘石兽时,闻诸土人云,墓之东首,曾有雨水冲出之一洞,骥于工作完毕后,即前往察看,确于丛草堆积中,见有已露面之汉代花纹砖砌成之拱门门楣一部,砖约二十余,砖下即为一洞。细察洞周封土,至为虚松,有一推即倒之势。窃意若遇不肖之徒,妄自出入,擅加损毁,则甚违吾人所以保护名墓,与尊敬先代民族英雄之本旨。即于回校后向考古会提出报告。又经会中允可,派骥等为筹备员,又首先陈明政府机关,并通知县政府及张氏后人,会同商议保护及修理办法,(会址在西北联大。)一致议决由联大担任清理修葺之责,并由县府及张氏后裔派员随同协助工作。遂于八月二十四日,复由骥与许季茀、李季谷诸委员率领学生、(鲍廷忱、马寿山、杜光简、阎应清、姚玉栋、李天祐、张循祖、杨诒、陈瑜熙、郭锦蕙、黄学钟、张家鳞、董安康、朱子芳……等二十余人。)工人等前往墓地,继续进行第二步工作。当时颇能引起一般社会对于乡贤之注意,故前往参观者,千百成群,络绎不绝于途。至八时四十分,由张氏后裔及校方考古委员会公祭完毕,即行开始工作,至八月三十一日工毕。中间虽经大雨连绵,未敢停顿,凡经八日,始完任务。当时负监察之责者,为县政府及张氏后裔,并校方许季茀、李季谷诸先生。负指导之责者,为特聘之国立北平研究院史学研究所所长兼陕西考古会工作主任徐旭生(炳昶)先生。负事务之责者,为周节常先生。负工作之责者,则为骥与历史系诸同学也。

兹复将前后两次工作实情,并所得器物,分别述之于后:

(甲)墓前石兽之发掘

关于墓前石兽发掘之报告,已详见《西北联大校刊》第一期,(民国二十七年八月十五日出版。)本已无容赘述。但此系修葺张骞墓计画中之一部,为使读者明了工作经过之先后联系起见,故特再为节述如左:

一、石兽原状

石兽二尊,原埋淹于墓南约一六〇公尺之水田中,东西相对,距离为一四·四〇公尺。水盛时,则淹没不见;水退,则隐约可望其露土之脊背。其在东面者,露出地面最高点之颈部(头已毁)约四公寸,尾部约五公寸。在西面者,情形略同。(本有石兽原状照片,因当时校刊编者以铸版困难抽去,现闻已遗失云。)

石兽石色青黑,质甚虚松,似为片岩石,然恐与没水日久亦有关系。土人承志书之旧,均名为石虎,亦有名为织机石者。且有"愈掘愈深,永远不能清底;及每当夏季大雨,水涨石高,始终能保持其露面数寸之状态"之神话云。

二、发掘情形

当发掘时,地为水田。骥与周节常先生及学生、工人等,先将二石兽之周围,各筑东西长三公尺,南北宽二公尺之两长方坑,并作堰以排去蓄水。后发掘坑之大小,即依此而定。复名东面石兽所在之坑为东坑,西面石兽所在之坑为西坑。上午用工人五名,下午用工人七名,一日而毕。石兽在东面者较西面者为大。二兽蹲伏地上。颈、足、尾均毁。表面全部亦呈剥蚀,未见有雕刻与字纹。惟每兽胁骨左右各七,隐约可见,尚存人工制作之痕迹也。(原有照片,现略去。)

在东坑之石兽全身长(颈部臀部在内)为一·七五公尺,前身最高为〇·八五公尺,(即自地面量至颈部最高点。)后身最高为〇·六五公尺。(即自地面量至脊背最高点。)在西坑者,全身长为一·五五公尺,(量法同上。)前身最高为〇·八四公尺,后身最高为〇·六四公尺。(量法亦同上。)

东西两坑之地层，大致相同。视其土色之上下杂揉，瓷片之上下均有，(详后)实为已经扰动之土。惟勉强分析，各可分为最上为地面土，(或耕种土。土色灰褐。)次为青灰色土，最下为黄褐色土三层。东坑最上层厚约〇·二八公尺，次层厚约〇·一四八公尺，最下层厚约〇·二五公尺。西坑最上层厚同上，次层厚约〇·一五公尺，最下层厚约〇·二四公尺。

三、所得器物

两坑目的，原为清理石兽，故深度东坑至〇·六七八公尺，西坑至〇·六七公尺，各将石兽全部清出而止。并未作其他探掘。故所得附带器物甚少。东坑共出碎砖十四块，两块为灰红色，余均为灰色。最大者长一公寸，宽八公分，厚四十五公厘。最小者长二十五公厘，宽厚同为十五公厘。内仅一块有绳纹，为汉代物。(图略)瓦片共十片，一片为灰黄色，余均为灰色。最大者长七公分，宽五公分，厚十五公厘。最小者长三公分，宽十五公厘，厚一公分。均素无纹，似非汉物。陶片仅一片，灰色无纹，长二公分，宽十五公厘，厚五公厘，为汉代物。缸片二小片，缸鋬一件，蓝花白地瓷片二小片，均为近代物。余尚有砂石一块，为天然而无人工痕迹。

西坑所出器物，碎砖共十五块，一块为灰黄色，余为灰色。最大者长七公分，宽四十五公厘，厚四公分。最小者长二十五公厘，宽十六公厘，厚十三公厘。内仅二块有绳纹，为汉代物。碎瓦共二十四片，一片为灰黄色，余均为灰色。最大者长四十三公厘，宽四公分，厚十五公厘。最小者长二十五公厘，宽十二公厘，厚七公厘。内仅一片有绳纹，为汉代物。余均素无纹，非汉代物。陶片红素者二小片，为晚期物。灰素者二小片，(内一片为口边。)为汉代物。缸片一片，为近时物。兹将两坑附带出土之器物，及土层、深度等，列表于左以便参考：

东坑表一

坑名	深度（公尺）	土层	器物名						备注
			砖	瓦	陶	缸	瓷	石	
东坑	0.12	地面土	3	1					瓦灰黄色
	0.28	同上	2	2			1		砖灰红色
	0.36	青灰色土	1	3					砖有绳纹
	0.428	同上	3	2					
	0.534	黄褐色土	4		1	1			缸为缸鋬
	0.678	同上	1	2		2	1	1	缸2为缸片。瓷1为蓝花白地。

西坑表二

坑名	深度（公尺）	土层	器物名				备注
			砖	瓦	陶	缸	
西坑	0.10	地面土	2	5			瓦内1有绳纹
	0.28	同上	3	7	1		陶片红素
	0.31	青灰色土	5		1		陶片红素
	0.43	同上	1	6			砖灰黄色
	0.52	黄褐色土	3	4	2		陶灰素，内1为口边。
	0.67	同上	1	2		1	砖为绳纹

四、结论

此次清理石兽，共掘两坑。视其地层，上下杂揉，实经扰动，惟勉强分之，可分三层，已如上述。且因地为水田，土质泥泞，更难分别。复由所出器物证之，其扰动现象，尤为明显。如东坑自地面深至〇·三六公尺时，曾出绳纹残砖一块，（适在第二层青灰色土层内。见上表一。）及深至〇·六七八公尺时，复出新瓷片一，新缸片二。（即坑底，在最下黄褐色土层内。见上表一。）又如西坑于坑底深〇·六七公尺时，绳纹残砖复与新缸片同出。(见上表二。)此皆最明确之证据也。至观所有陶、瓦、砖等残件,均多磨泐而无锋棱,亦为上下层次翻动之一证。至考其所以扰动之原因,盖有三端:一因农人耕作之故;二因河水冲刷之故;三因后人屡次挖掘之故。此虽于考古学层位学上稍损其价值,然与石兽之本身无甚关系也。石兽虽已残损,然大体完整,观其制作古朴,线条雄劲,状态生动,诚不失为西汉作风,与茂陵霍骠姚墓前诸石刻,足相媲美。为我国考古学上、艺术史上极有价值之作品。较之南阳东汉宗资墓前之天禄、辟邪诸刻,虽云体态相似,而时代价值,究有先后之不同矣。

(乙) 墓门内积土之清理

一、清理前墓外之状况

博望侯墓,在城固县城西四公里之饶家营(营或作茔),为一覆锅形之土包。跟周为六四公尺,顶高(垂直)为二·七一公尺。墓周台地,为一东西二〇·五公尺,南北二二公尺之不规则长方形。墓周共植柏树十,冬青树一。柏树之最大者,在向南墓门之西侧,(毕沅修建,墓门向南。由清理结果,知为向东。)周大一·一九公尺。墓门外砌一砖龛,为清乾隆时毕沅所建,有毕沅立之"汉博望侯张公骞墓"隶书碑,及光绪五年立之《汉博望侯墓碑记》等。(照片略去。)墓周树木,盖即乾光两朝所植也。(案陕西各县名墓,据骥历年调查所知,无不有毕氏官巡抚时所立之碑。)台地以外,均为耕地,再外,则为村落。惟墓之西北角,尚有近人小墓数区,地势较低。当骥等发现墓洞时,(见前)即疑其为真正之墓门,(向东)毕氏所立,(向南)盖沿袭旧习之误也。

二、清理墓门之经过

当洞之未清理时,其开口处,上下高仅〇·三四公尺,南北宽仅〇·六三公尺。(照片略去。)惟为一砖砌拱门,则形迹甚明。而向内探望,其积土之高下，砖壁之花纹，亦已隐约可见。至八月二十四日正式清理稍时，洞门之缺口，即全部呈露，而成为上下高一·一七五公尺，南北宽一·五〇公尺之形状。（照片略去。）八月二十六日清至洞口以下，及全部墓门封砖毕露时，（假定将墓门封砖全部拆去，使墓门成一门匡，如□形。）则成为上下高二·九六公尺，南北宽一·五〇公尺（如量今之门限然）之状况。案封门砖之未毁部份，分为内外两层，（内即西，外即东。）内层为蓝色砖，共叠三十五列。外层上四列为蓝色；自五列至十一列，共七列为红色；自十二列至最下一列共二十四列为蓝色，共亦为三十五列。两层砖均为绳纹及几何纹边之花纹砖。每砖长为〇·三九公尺，宽为〇·一九公尺，厚为〇·〇五四或〇·〇五一公尺。是日为瞻礼者出入方便起见，将封门砖折〈拆〉去十二列时，则已能见第二道墓门之上部。（照片略去。）至八月三十一日清理墓内积土完工时，则其第二道墓门，亦已大部呈露矣。（因墓底并未完全清出。照片略去。）

当二十四日清理墓门之初，即于墓门外开一南北二·二五公尺，（即依据封门砖层之南北宽度二·二五公尺为坑之西边。）东西二·三〇公尺之方形坑，（但以后因每日大雨，尺寸略有变动。）欲以一探墓门之深度。是日至晚，深度为〇·五八公尺，土色多为灰褐及青灰色土。所得器物，有残陶片、砖块，及石子等。（详后。且以后所得器物，均可参看后列各说明表。）

八月二十五日，继续工作，至晚深度为一·一三公尺，（仍自地面计算。下同。）土色为青灰色土（即青泥）及红褐土。所得器物，有清嘉庆钱，及陶、瓦片等。

八月二十六日，继续工作，至晚深度为一·七八五公尺，土色为红褐土及青灰色土。未有器物发见。而墓门封砖，则已清至底层矣。故墓门外清理工作，至是即告结果。兹附墓门高宽尺寸，封门砖高度，（原形当与墓门同高。）及墓外发掘坑边地层厚薄图以资参考：①

① 编者按：以下三图据作者手稿补入。

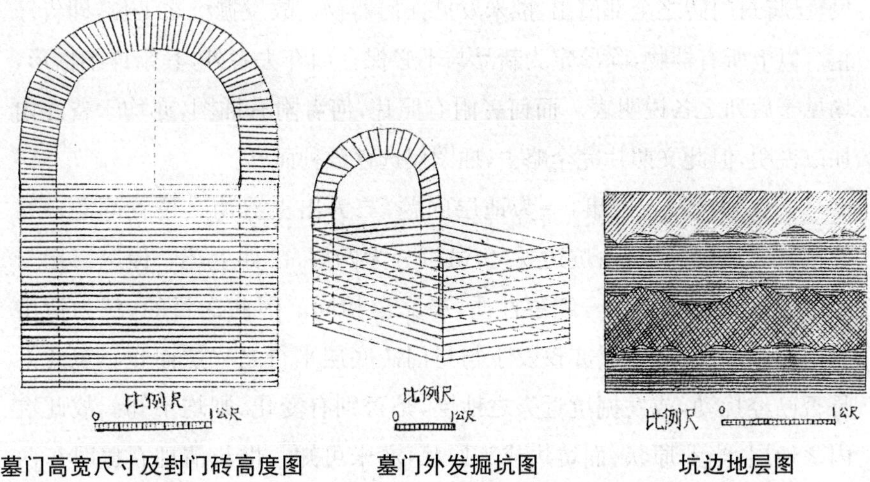

墓门高宽尺寸及封门砖高度图　　墓门外发掘坑图　　坑边地层图

三、墓门外发掘坑内所出器物之详情

墓门外之发掘坑，为清理墓门之预备，并非正式之目的。然所出之器物，与发现之状况，(如地层，与新旧器物出土之深浅等。)亦可与墓内情形，作一约略之比较，因发掘所止之坑底，并未及于生黄土，而仅至于文化层中之封门砖底而止，故未可据为绝对正确之标准也。工作之第一日(即廿四日)，全日深[○]・五八公尺，所出残砖三百二十一块，(内有墓门上倒塌者。)内红色而素面者，(以后全称红素。陶、瓦同。)二十三块；灰色而绳纹者，(以后全称灰绳。红色者称红绳。陶、瓦亦同。)二十五块；余均为灰色而素面者。(以后全称灰素。陶、瓦亦同。)残瓦八百五十六片，内红素者六十七片，余均为灰素。瓷片四十片，缸片三十八片，陶片一百三十五片，有灰素、红素者；有灰色而带旋纹、压纹者。(以后凡非绳纹者，均简称灰纹，或红纹。砖、瓦同。)石子五块，内一块似经火，但均为天然石。二十五日至晚深至一・一三公尺，(仍自地面计算。下同。)所出残砖八十八块，(内仍有墓门上倒塌者。)内灰绳者四十六块，红素者三十块。瓦片七十八片，内一片为灰绳，余均为灰素。瓷片八片。缸片二片。陶片三十二片，灰素者为多，灰纹者亦有。清嘉庆铜钱一枚。至二十六日晚，深至一・七八五公尺，已将封门砖之全部清出，惟未发见任何器物。故发掘坑之工作，即告停止。以上所有器物，除鉴定为新品与不必保存而弃去者外，其余详细情形，均见于后列之各说明表。而何者附有照片，何者附有插图，亦均于备注内加以说明，但此文照片完全略去，插图仅选存数种而已。

兹犹须论及者二事：一为地层问题，二为出土器物之位置问题。案发掘坑之地层问题，由坑边观之，虽可分为四层，已如上述。但第二层与第四层，均为青灰色土，细察性质，亦完全相同。因此次目的，仅为清出封门砖之底层，故地层亦仅及于与封门砖底层平行之一层而止。至此下是否已经扰动，或发掘坑近旁之地层，是否别有变化，则均不知。故此坑内之地层，当非原状；而坑边或为原状，亦未可知。惟与清理石兽时东西两坑之地层，则颇相同也。又以器物之位置而论，当发掘时，见新旧之陶、瓦、砖片，上下杂揉，毫无层次。而最显明者，即为地面所有之新瓷、缸片，至坑底将清出时尚有，且出一清嘉庆铜钱也。（因在一·一三公尺以下未见器物，故如此云。）

四、清理墓门内积土工作之初步

八月二十六日晚，清理封门砖工作全部完竣，（见上）即于二十七日上午，将墓门外所得器物，略加整理，并逐一登记保存。下午稍事休息，即于二时三十分开始墓内工作。墓内湿气熏蒸，空气郁闷，光线黑暗。砖廓上水珠点滴欲堕，尘网上下连系如悬綵，积土均呈凹凸不平之状。其在第一道门之积土（即在东首者）较在第二道门之积土（即在西首者）为高，故成一微作倾斜之凹凸长方面。（积土在第一道门首者，去墓顶距离为〇·五一公尺，在第二道门首者，去墓顶为一·〇二公尺。）土色为灰褐色，土质为胶泥，及少数之黄沙土，与青泥土。是日将全部扫除清理完毕，时已下午五时，停工。兹将长方形面绘略图附后（至积土凹凸不平之状，与斜坡形，本可参看后列器物出土深浅比较图。现略去）：①

① 编者按：下图据作者手稿补入。

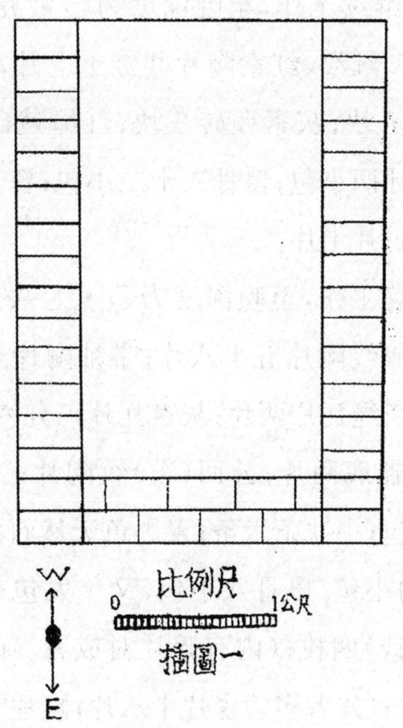

插圖一

五、清理积土之详情与所出之器物

八月二十七日，开始清理墓内积土工作，情形已如上述。惟是日全为清理土面工作，曾将凹凸不平之处，稍加划平，使略成平面。(惟无深度可量。)兹将所得器物，再为记述如下：红绳残砖六十二块，灰绳残砖八十一块，盖均由墓门所倒入者。又有新瓷片两片，天然石一大块，(圆形，与河滩中之天然石相同。)细砂石十余块而已。因时代清楚，无关研究，且在土面，故均未保存。

八月二十八日，继续工作，至晚深度为〇・三〇公尺。(自积土面计算。即以积土距墓顶〇・五一公尺之处为标准点往下计。下同。)土色同上。所出器物：灰绳残砖七十块；灰素残瓦一〇六片；红素瓦片十六片；灰纹、灰素陶片十一片；兽牙一小包；(残整均有。)兽骨四小包；螺壳两小包；红黑色漆皮末四小块；朱砂末两小块；带铁锈土两小块；天然石两块；瓷片四十片；(内一片为宋瓷。)缸片七片；汉代五铢钱三枚。

八月二十九日，继续工作，至晚深度为〇·五二公尺。土色同上。所出器物：灰纹、灰素、红纹、红素陶片共二十七片；带釉陶片八片；灰素瓦片九片；灰绳残砖五块；灰素残砖三块；红绳残砖两块；天然石两块；（内一似经人工?）兽牙两小包；兽骨二十二小包；瓷片三十片；（内一粗瓷底片，疑宋元时物?）缸片十片。

八月三十日，继续工作，至晚深度为〇·七八公尺。土色同上。所出器物：灰素、红素、灰纹陶片五十八片；带釉陶片五片；（内有不甚明确者。）红素瓦片两片；灰绳瓦片两片；灰素瓦片三九六片；灰素残砖一三四块；黑色带朱红残陶器底两片；云回（雷）纹陶片一片；似封泥字纹陶一块；土带朱红十二小包；小铁条六条；青黑色天然石两块；（内一色质与墓前石兽相似。）兽牙两小包；兽骨八小包，又一大包；汉代五铢钱二枚，剪边五铢钱（即小五铢钱）四枚；（内有碎片对成者。）碎铜片七小片；（内有流金者。）螺壳一小包；（残者多。）瓷片十八片；缸片十九片。

八月三十一日，继续工作，至晚深度为一·一九公尺。土色同上。所出器物：灰素、红素、灰纹陶片二十九片；带釉陶片三片；灰绳、素灰残砖三十九块；灰素、灰绳残瓦十二片；漆皮末带土一小包；朱红带土一小包；铁钉二枚；（内一较完整。）铁勒一件；（马口所衔?）汉代五铢钱二枚，剪边五铢钱三枚；带耳残陶罐一个；天然石两块；似经人工石一块；黑瓷片一片；白瓷片两片。工作至是，因连日大雨，参观者渐见稀少，对于博望葬仪，亦已大体明白；且墓底忽遇一泉，吾人工作，均须赤足裸臂，至为不便；又预算经费，亦已用罄，继续为难，故遂告停工。实则积土并未清至墓底也。

以上工作经过，大致如此。至所有器物，除明确为新品而无保存价值者外，均详载于后列之各说明表内。

六、关于比较重要器物之讨论

关于墓中比较重要之器物，本拟作一较详之研究。但因平日课忙，未克动笔，现又应卫先生之急催，惟有选择一、二而讨论之如左：

（一）字纹陶片

是物为一灰色陶片，大约二十四公厘见方，厚约四公厘。正面有阳文“博望侯造”四字，（疑为“博望侯造［或铭］”四字。案“铭”字徐铉新附。）出土后，洗刷过力，致稍损蚀。字体在篆隶之间，（篆多隶少。）背面为平面，惟显有一不规则圆形之小凹凸面，似原有附着物（如鼻纽之类）而脱落者。其名称、功用，迄不敢定。兹据骥推测所及，约分四说，述之于左，以供讨论。

（1）似玺印说　《说文》土部：“玺，王者印也；所以主土。从土，尔声。箍〈籀〉文从玉。”案今传世古铜印，玺字多从金作鉨。盖用金制则字从金，用玉制则字从玉，用土制则字从土。故许君列入土部，极是。惟许君谓“所以主土”，则盖依汉制推测而误。窃谓今之铜铁用器，多由古之木器、石器、土器（即陶器）而来，则玺印之最早制作，当亦用土（或陶）为之。且玺印之作，在当初亦不过为人类于其私有物上作记号之用，并不如后世之隆重可贵，如英人伊文斯于克雷特地方发现公元前二二〇〇年至一五〇〇年之古物中，多各种花纹或文字画之石印或泥印，即其一例。若必谓玺为王者之印，不可用以推想臣下（如博望侯之类）之印，是乃后人之见，而非所以语于造玺时之初谊也。或又谓时迄西汉，不宜再作泥印，余则谓“古之佩章，罢免迁死，皆上印绶，得以印绶葬者极稀。土中所得，多是殁于行阵者”。（用宋沈括《梦溪笔谈》语。）博望病休，盖亦还上印绶，（参看后结论。）死而人为土（陶）器以殉葬，不知土铸正合于古之制作也。且古者官印多阴文，私印多阳文，大小当今尺七分余见方，（即古之方寸。）今验之是器，亦却相合。然骥所疑者，器文末字不明，而文又为正文，若按印于楮帛之上，则成反文，似不甚合理耳。岂殉葬之品，本为明器，所以“神明之”也，未可以与生人实用之物并论欤？（骥三十三年赴兰，见嘉兴沈次量氏藏有陶质穿带印拓片一方，大小与张墓所出字纹陶片相片〈同〉，正面为“天帝使者”正文四篆字，背面为压胜花纹，释者以为王莽自用之物。莽以土德王，故用陶土造印以为佩带之用云。此说虽未敢定，然视其字体似为汉物，则汉时似确有以陶土制印者。则张墓之出此或亦可信为博望殉葬之品欤?)①

(2) 似封泥说　封检之制,后世久废,王静安先生《简牍检署考》云:“古之简牍,上必施检,然后约之以绳,填之以泥,按之以印。其或盛于囊者,则更约绳封泥于囊外,其制盖如今之火漆印,故可封物也。”今传世之封泥,汉魏为多,凡一切粘土均可用。形为方形或不规则圆形之土块,面有印文,背有版痕及绳迹。且官号地名,见于封泥者较印章为多。盖传世印章,半皆军中之官,而封泥则中外官职皆有之。今验诸是器,亦适相合。惟封泥背有绳迹,而此则无;封泥为泥,(但较普通之泥为坚实。)而此则为陶为不合耳。(顾泥土与陶,亦火力高低之不同耳。)

(3) 似印范或范母说　冶铸器物必有范,玺印亦然。(军中印,应急需,有刻字者。)范有铜,有铁,有沙土,有滑,(曾见箭簇之范,亦有滑石制者。)范母则多以铜或土为之。土范母为铜、铁、石诸范之所自出。范成,而母无所用之。今验诸是器,确为土质,为阳文,为正文,不知是否为范或范母之一部耳?(若果如是说,则完整之原形当不如是。)

(4) 似陶器钤记说　案以上三说,均疑莫能定,故复推测而为是说。盖博望殉葬之物,不止一器,欲以表异于众,故特为制泥印若干以嵌置于各器之上,或仅粘附于土器之上,并土器而烧成陶质耳。(案器之背面有不正圆之凹凸面,[已见上述。]颇似为粘附他器之遗迹,此特器破而脱落者耳。)然亦未有确证,仍不敢定也。

(二) 五铢钱及小五铢钱

《汉书·武帝记〈纪〉》:“元狩五年,春三月,行五铢钱,罢半两钱。”《食货志》:“自元狩五年,三官初铸五铢钱。”《张汤传》:“汤迁御史大夫,会浑邪等降,山东流徙,皆仰给县官,汤承上指,请造白金及五铢钱,笼天下盐铁。”盖五铢实始于汉武。惟《高后纪》:“六年六月行五分钱。”应劭曰“所谓荚钱者”,又即以为五铢。虽所言似为钱之重量,而非钱之名称,窃疑当时荚钱(即榆荚钱),或已有五铢名称之可能,当即今所见之小五铢也。

---

① 编者按:此括号内文字据作者手稿补入。

又观《汉书·食货志》《高后纪》《文帝纪》《武帝纪》所载，及注家所释，并顾烜《钱谱》、封演《钱谱》、董逌《钱谱》等（吴文炳等《钱币图说》引）所云，自秦并天下，迄汉兴以来，迄于武帝之世，有十二铢钱、八铢钱、五分钱（即应劭所谓荚钱五铢）、三铢钱、一铢半钱、四铢钱等等。轻重不等，大小不一，最大者如今传世之秦半两，最小者如今传世之汉榆荚半两钱。除武帝时之正规五铢能确定形制外，大都均以半两名之，（谓铢，特以明其重量。）而无言及小五铢者。窃观今传世之小半两（形小如榆荚）固多，而小五铢（形小亦如榆荚）亦屡见不鲜。安知秦汉之际固不造此物耶？即谓五铢必起于汉武，窃亦疑既造大五铢，即可造小五铢，（或地方官府及民间盗铸。）一如汉初之铸大半两，（但小于秦半两。）即可铸小半两（小如榆荚）也。昔洪遵《泉志》以为“班马二史，皆云荚钱，不载钱文”，实可为汉初荚钱不能绝对无五铢之一证。今观博望墓中所出，大小五铢均有，（小五铢俗名剪边五铢，谓汉武用兵需财，故剪取其边以铸钱云。）大者，字文、缘廓、铜质，均极精整，决非后世之钱可比。惟小者则质薄，字渤，锈蚀颇甚，且缠有铜条，似已废去不用，作为殉葬品上之饰物矣。

至其他比较重要之器物如漆皮、朱红、（据《书史·诸子》所载，我国用漆及硃[朱]红，始于虞夏，迄周而盛行。证诸实物，商周确有。嗣后历代用之不衰。至汉乃有撒朱红于墓堂，以为逢吉避凶之用者。）云回（雷）纹陶、（商周铜器，多仿陶器，但周以后陶器又多仿铜器，故此等花纹，即与铜器相同。）带釉陶、（在新石器时代末期[约当唐虞时]已有红陶、彩陶，至铜器时代之商，又有白陶，至铜器时代之周，则已知涂搀和颜色之松脂，至周末则更知涂白铅粉和颜色而入火再烧。以后即有各种之带釉陶，而至于瓷。张墓所出，有绿釉、褐色釉、银釉各陶。）旋纹陶、（似细轮纹。）压纹陶、（似凹凸沟纹。）压纹及模印纹陶、（在内面，有凹凸纹及模印花纹。）划纹陶、（如梳齿形，又加轮旋陶。）带耳陶罐、（原形有两耳，因残，只存一耳，亦有划纹，及轮旋纹。色灰。[微黄褐]厚约五公厘左右之大小。案陶器在新石器时代为手制，至铜器时代已兼用轮制，如周之陶正，用陶钧[陶家名转者为钧]以制器,即是。以后即盛行。如张墓所出,均系轮制,但仍有用手之处。)带朱画陶碗底、(仅存二小片对成。画已不明。案《韩非子·十过篇》云:"禹作祭器,墨染其外,朱画其内。"今观张墓所得,及其他汉墓所出,知汉世犹盛行。)流金铜片、(当为殉葬品上之饰物。错金流银,嵌镶之术,世多谓起于夏,实当通行于周,及周以后。)铁钉、(汉之棺木,不尽用铁钉,亦兼用竹木,为笋。)铁勒(已残,仅存两节,锈不可开,约略可辨。似为马口所衔,俗名马嚼子者。可为有马类动物殉葬之一证。)等等,均为汉墓中所常有,亦为吾人发掘时所常见,故不一一详述矣。惟墓中骨类颇多,似当时确有马类殉葬之动物也。(因未鉴定,故不敢知。)

七、结论

余于结论,复分三点述之:

(一)是否汉墓之一问题也:案墓中所有器物,除墓洞(见上)所落入者外,均为汉物,而墓廓全部汉砖,尤为明显。又墓前石兽,独见于是墓,及李固墓,(城固有李固墓二:一在城北原公村,伪;一在城西三十余里南郑属之长柳村,可信。与《后汉书》李固本传"汉中南郑人""檖敛归葬"之说,及《水经注》、宋碑[在墓前]、《关中胜迹图志》见《汉中府志》等所记,均合。)墓之方向西东,(毕沅修建为南北向,误。)亦与乐浪汉墓,及城固汉王城下之汉墓,(为驻军筑路所发见。)各地发见之汉墓方向相同,(但亦有少数南北向者。)故知为汉墓无疑。

(二)是否张骞墓之一问题也:汉墓时代,已如上述,可以无疑。惟是否为张骞墓之一问题,因仅有"博望"字样之一陶印(?)而无绝对明确记载之器物,故颇属可疑。然张骞为汉中人,《史》《汉》皆有明文。而《史记·大宛传》索隐,且谓"陈寿《益部耆旧传》云,汉中成固人"也,则骞实有死葬城固之可能。或谓骞既封侯博望,则死以葬博望为是。(案博望今河南南阳县东北六十里地。)窃谓是亦未可定也。案《史记·大宛传》《汉书·张骞李广利传》,均云:"元朔六年,封骞为博望侯",而《张李传》

又云:“后二年,(即元狩二年)骞为卫尉,与李广俱出右北平击匈奴,匈奴围李将军军,失亡多,而骞后期当斩,赎为庶人。”(故余上谓骞死时,当还博望印绶。)如是,知骞为博望侯之时仅三年。其后又奉命使乌孙,(元狩四年)元鼎二年还朝,拜为大行,三年卒。由是,知骞失侯后,再未至博望也,安有死而反葬博望之理?况博望固未必为地名乎?且城固城西三十余里文川河南有古城者,(或名胡城,与《水经注》同。《水经注》又名文川为门川,为门水,谓经胡城之北,与今地亦合。)《读史方舆纪要》谓即张骞与胡妻并堂邑父(《大宛传》《张骞李广利传》均载“骞胡妻及堂邑父俱亡归汉”事)所居之胡城,而《汉中府志》《城固县志》,亦作此同样之记载。今按城址为二一九公尺,方之台地,(地之下层,尚有汉以前之瓦鬲足,及灰红、绳纹含砂砾之陶片等。)确似一古公侯将相之住宅也。又其后裔所住之村,原名北崖村,或北阳村,今改名为博望乡,或“北崖”“北阳”之名,即由当初“博望”之名转音而来乎?则骞之生居是地,死葬是地,而是墓之为博望侯墓,固其宜矣。然纸上之材料,必待地下实物之明证;况墓土之并未完全清出乎?是尚有待于他日重行表彰之时矣!

(三)是否已经扰动之一问题也:《南史·齐宗室传》,载魏兴太守萧敳曾开氏墓,得有银镂铜镜方尺;又清袁子才之《子不语》,亦载有盗入张骞墓,见朱漆棺等之说。(此系亡友薛伯安先生语余。)今证之此次清理之结果,知自墓内积土面至清理停工之日止,新旧之陶瓦片,上下杂陈。而尤显著者,即新瓷片、新缸片之无日不发见也。(参看上文。)可确知此墓动掘之非一次矣。今者,由联大诸常委,(见前)重加封固,倍行修葺;丰碑巍峨,(碑为黎劭西、许季茀两先生所书。)马鬣高耸,益足以瞻英风于无穷矣!

(附注)此作原有照片图表多种,一因印刷困难,二因老同学卫先生之定期交卷,无暇编整。至修饰字句,详细研究,更谈不到,请读者谅之!又得师院、西大两校同学李根固、牛振业、封中定、白日续、鲍廷忱诸君之协助,敬志此致谢。

三十一年十一月三日于城固

再:各种器物说明表凡十四页,本已附列于后,再三思之,恐仍不能排印,故最后付邮时,又抽去之,以待异日也。

十一月四日再记

(本文原载《说文月刊》第3卷第10期。)

西北考古记略[1]

民国二十七年春，骥与国立北平研究院史学研究所一部份同人，随西安临时大学，由西安同迁城固，遂在西北联合大学（临时大学改称联合大学）兼课，以陕南古迹有关历史文化至钜，乃与许季茀、李季谷、陆咏沂、黄仲良诸先生，商请常委李云亭、徐轼游、李耕砚、胡春藻诸先生，组织西大考古学会，委员为黎劭西、许季茀、李季谷、陆懋德、黄仲良，及骥诸人。后复成立考古室。骥以担任考古学功课关系，对于工作方面，遂多负其责。常利用假日，率领学生作公私费之课外实习，但所得仍属枝节问题。其中稍较具体者，为许（季茀）、李（季谷）、陆（咏沂）三先生任史系主任时之修理张骞墓，调查武侯墓，清理汉王城古墓三事而已。兹将所有经过工作情形，分城固、南郑、褒城、沔、洋五县，略述如左：

城固县萧何墓、樊哙墓、李固墓、杨从仪墓之调查：萧樊两墓本不可信，（《史记》太史公谓，适丰沛，问其遗老，观故萧、曹、樊哙、滕公之冢。）地面亦无何等古物之发见。李墓有二：在原公村者，伪；在长柳村者，可信。（墓址与《水经注》所云合。）墓前有宋乾道（南宋孝宗）年间立“汉忠

---

① 编者按：本文原稿于篇首标有：“调查时间：民国廿七年夏—卅一年夏。（缺卅年一年）调查地点：城固、南郑、褒城、沔、洋各县之一部。调查费：除张骞墓、汉王城汉墓由学校出外，余均由私人自备。”

臣太尉李公神道碑”。又有石兽二,制作与张骞墓前者同。又发见汉代之砖瓦匋片等颇多。杨为宋吴玠、吴璘部下抗金名将,墓在杨填堰开国侯祠后院。墓前有宋乾道五年墓志铭,作碑碣状,碑阴刻有宋主诏谕,尚可辨认,为历来著家所未录。(杨公抗金功烈甚伟,《宋史》不载,仅附见于《宋高宗本纪》《张浚传》《金史》及墓志铭等。骥曾有专文论之,载二十八年《西北论衡》。)

张骞墓之调查与整理(张骞为汉中人,《史》《汉》均有记载。《大宛传》索隐谓城固人):墓前有埋没土中之石兽二,现已清出,建筑砖台,展列墓前,墓身作覆瓦形,全为几何纹砖所砌成。方向东西,西门为侧门。但全部未清出。墓道内发见“博望□造”篆文陶印,及陶罐、带釉匋片、绳纹瓦片、五铢钱、铁钉、铜饰物、朱红土、漆皮、兽骨、螺壳等。墓已修葺,倍加封固,较前益为壮观。

汉王城(用县志名)下汉墓之清理:墓为驻军筑路时所掘出。建筑形式,与张骞墓相似。墓内发见博山炉盖一,上有云山、珍禽、异兽,状极生动,色为银绿釉。铜盘一,有游丝草花纹。又有五铢钱、带银釉蛟首匋勺、带绿釉兽首衔环残匋钟、残铁剑头、绳纹匋片,及朱色绘纹匋片等。在清理前被乡民窃去者,有带釉匋灶、匋仓,及灰绳纹匋罐等。

各地古砖之调查:多数为汉砖:字纹者,有篆书之“元凤(西汉昭帝)三年十月十日孟氏造”砖,“君贤宜□”砖,“子孙烦殖”砖,“大吉”砖,“五铢”钱模砖,“大泉五十”钱模砖。花纹以几何纹为最多;又有服牛乘马、倒立人、射猎、亭长、武士、朱雀、楼树、兽面、鱼虾、鸟、茏〈龙〉、虎、龟、凤、猴、鸡、马、牛、麟、蛇各种花纹砖。汉以后者,字纹有“建元(秦符坚)十□”砖,“元康(西晋惠帝)八年七月十一日造”砖,“元嘉(刘宋文帝)三十年八月七日□造”砖,“成化(明宪宗)二十年八月□”砖,及其他各种图案纹样砖。总计骥及冒兴汉、刘朴、赵擎寰、徐褐夫、杜学知诸氏所藏所拓,花纹已多至四百余种,(但多数为大同小异之几何纹。)拟将来合出一城固砖录云。

唐仙观遗址之调查:观内现有《唐仙人公房碑》,记王莽居摄二年公房升仙事。立碑年月日虽不明，观其文字制作，当系东汉时物，为陕南碑记之最古者。观外地面有汉代匋砖瓦片等甚多，以近湑水河岸一带为尤甚。

霸王寨汉王城之调查：案诸史籍，汉王、霸王，未有建都城固之事，故名称未必确是。但两址隔汉水南北对峙，其形势足以控制汉江上游通道，为古时用兵之地无疑。而遗址中各有汉砖、匋瓦片、残瓦当等之发见。据民间所云，往时尚有铜箭镞之犁获，而贾晰光氏且谓霸王寨有石斧之发见也。（骥于汉王城亦发见小形石器，但用途不明。）

胡城遗址之调查：胡城又名古城。县志及《史记·大宛传》《汉书·张骞传》，均载有"张骞与胡妻及堂邑父返汉"之事实。而《水经注》《读史方舆纪要》《汉中府志》等，亦有胡城及胡城为张骞返汉后所居之记载。但确否待证。而以所出器物观之，上层有汉砖瓦匋片等，下层有瓦鬲足、瓦鬲片、含石英砂砾之粗绳纹灰红匋片等，似尚在汉以前。面积东西南北各长二百十九公尺，确似一古贵族之住宅。今年春假，余复率西大史系学生朱端伦、刘磊、阎蕙涵、王瑞明、朱洪涛、李廷举、唐承庆等，西北师院国文系史地系学生曹述敬、古德敷、李式岳、陈鸿秋、李武身、王维民、赵汇泽等作私费之调查，曾于城外发见汉墓两区，已被文川河所冲毁，砖砌拱门已大半呈露。砖纹均为绳纹及几何纹。又发见残破之灰色兽首衔环汉匋钟一，及汉匋片、朱红土等。惜未完全清理，恐尚有可参考之史料存焉。

各地造像经幢之调查：在元〈原〉公寺者，有北周建德（武帝）二年之石造像一，及无字之石造像三。或谓碑阴有字，现因树立壁间，故未及见，视其作风，当为同时之物。又有唐乾符（僖宗）六年经幢一，余于瓦砾堆中寻得之。（仍存寺内。）在青龙寺者，有石造像二，有铭文者，已被土人易去，现存者伪。又有古刻青龙寺图碑一。在宝山、斗山者，有明代铜造像多尊，内尚有弘治（明孝宗）时铭文者。

庆山赤土坡之调查：庆山上相传有烽堠古基，现已不见。山西南有赤土坡，地当湑水谷口，形势极为险要。据志，谓系诸葛武侯驻兵拒魏之处。现山石上尚发见古时椽眼多处，惟是否确系武侯遗迹，则未敢定。

各大水堰之调查：城固最大水堰为五门堰，始建于元县令蒲庸，重修于明县令郝晟、乔起凤，清县令毛际可等，灌溉全县水田。其次为杨填堰，为宋杨从仪去安康郡侯职后所建，灌溉城洋两县水田。（有清吴荣光等碑记可以参考。）再次为高堰、百丈堰、上官堰，水利较小。城洋地称富庶，赖此诸堰之力为多。碑记数十种，完存无缺，可资研究水利者之参考。然各堰实与汉山河堰有渊原之关系也。（可参看褒城宋摩崖《汉中新修堰记》等文。）

其他各种古物之调查：城固各地明代之建物尚有〈多〉，如石坊文庙（一部）等是。而明代碑刻尤多，其中以无年月之《西人传教碑》，（记法兰西人方神父自明崇祯庚午来华传教事。现城固各县信奉天主教者甚多。）尤可宝贵。壁画明以前，或明代者，未见。书籍字画，元明者，藏家尚有。古窑发见一处，在汉王城莲花池旁，遗物有汉砖瓦片等。钱范、（大泉五十）五铢钱、大泉五十、货布、宋钱、（以修路某军队所发见者为最多，数量为一大甕，甕口尚盖一花纹之铜镜。钱文有宋太祖时之“圣宋元宝”，仁宗时之“皇宋通宝”，及“天圣”“庆历”“熙宁”“宣和”等等。无南迁以后者。）石斧、石凿等，亦时有发见。类似仰韶期之绳纹红匋片，及汉以前之云雷纹匋片，虽有，极少。山叶虫化石，铺路之水层岩石板中，随在皆有，均出于褒城之梁山。南宋开禧元年之铁法轮一，在宝山寺中，上有年月及第几世祖至第几世祖之铭志。

南郑县城郊及小南海石灰岩洞之调查：南郑城郊亦有汉代匋片及石器等之发见。城南七十里有小南海，其石灰岩洞有二，颇大。上洞现已筑室数十间以备香客之居住。下洞大而且深，寺僧谓可通至四川。光线沉黑，水势甚巨，燃灯而进，可数里，不敢复入。惟未见有化石类之古物发见。

南郑龙岗寺史前遗址之调查：民国三十二年三月，教部令师院派员赴城、洋诸县辅导各中学，余亦为被派辅导国文之一人。至三月廿九日，因黄花岗烈士纪念日，汉中各校停课，余遂赴南郑西关外十二里之龙岗寺作考古之调查。同行者有邹豹君、李玉涵两先生，及学生丁峥嵘君一人。及至，地处汉、濂两水之间，灰土遍地，一望而知为古人居住之遗址也。石器之多，俯拾即是。仰韶匋片，到处可见。石器制作之法，约可分为三期：第一为打制石器，第二为琢磨石器，第三为磨光石器。余深喜第一种石器时代之早，有旧石器同期可能。至晚亦当为真正新石器时代之物也。在华西各地虽已略有发见，而在汉水流域如此大量发见实为第一次也。（据石璋如先生来信所云。）及五月初旬，陆懋德先生率学生作春假旅行，亦往观之，亦深信有旧石器之可能云。至于匋片，则红灰色粗绳纹匋片外，有细泥质之红匋片，简单黑彩之红匋片，深黑色之薄匋片等。化石则有蚌类化石，土人称之为龙鳞云。而据后日王德基先生之调查，则尚有冰川遗迹之发见。据黄仲良、殷伯西两先生之继续调查，亦谓发见价值极大，并嘱余为西大史学系学生作一发掘之实习。余以来兰，故未举行。至龙岗之西数里，即连接褒城之梁山山脉，而梁山固为出大量古生代之化石者：如寒武纪之三叶虫，奥陶纪之石燕、直角石，志留纪之笔石，二叠纪之长刺贝等甚多。则龙岗寺之有旧石器时代人类遗址之发见，非全无可能也。①

青石关青狮之调查：关去小南海约六七里，去四川约四十里。关址已废。相传谓有宋代之青石狮二，现仅见不明形状之一青石而已。而土人尚有香烛之供奉焉。视关之形势，当为先时由汉中入川要口之一。

褒城县石门、鸡头关、褒河沿岸之调查：石门诸刻全在，无须多述。鸡头关在最高峰，势极险峻，古栈道之遗址尚存。褒河沿岸，有宋乾道二年摩崖之《山河堰记》。又有小形之灰土堆数处，内有汉代之匋瓦、砖片等。

沔县定军山武侯墓、武侯祠各地之调查：诸葛武侯墓有二：一在定军山山麓，（与亮本传遗命死葬定军山之说合。）有明代万历年间碑记。墓龛系砖石砌成，建筑古拙，当为真墓。一在院落，上建茅亭，当为后起之

① 编者按：本段文字据作者手稿整理补入。

土堆而非墓冢。山之附近，昔日农人耕种，时有铜蒺藜、铜箭镞之发见。(余与陆咏沂先生亦有购得。)武侯祠有武侯塑像，为清代物。有章武(蜀汉昭烈帝)二年之石琴，系一伪品。又有唐贞元(德宗)十一年碑记，碑头系元时所加。武侯读书台，已无古迹可寻。惟汉代之砖匋瓦片等，各地均有。

沔惠渠附近之调查：渠旁有被工人掘出之汉墓数处，汉砖堆积甚多。砖纹与城固发见者略同，惟作车轮状之模印纹，较为别致。又见有"建初(东汉章帝)四年造"字纹砖，及字纹匋片、饕餮纹匋片、云雷纹匋片、圆凹底绳纹匋罐、铜镜、残铜洗等。而"五[illegible]"(或"[illegible]五")篆文之残铜器一小件，(形似五铢钱。)最为少见。马超墓上，亦见有汉砖、瓦片等之堆积也。

洋县城附近之调查：开明寺在县城南门内，据明弘治年间碑记，谓自唐宋以来，迭有修建，今寺已废弃。有塔一座，作风与长安城南小雁塔颇相似。然屡经修筑，痕迹显然。仰望塔龛内所有佛像，有铜，有石，有泥，多为后代增补。塔旁土坑内，汉唐宋元明匋瓦砖瓷片等，约略可见。据段子美氏所知，尚有宋庆元(南宋宁宗)六年铁鼎，现已移置东岳庙化迷亭前云。造纸坊相传为汉蔡伦造纸处，实不足信。地面亦未有何种古物发见。城内外所见汉砖，花纹较异者，有鱼纹上加以"五十"二字者，又有模印"□中部曲□"字纹者。县署二堂壁上，有卧碑三：一为唐韩幹所画马，二为唐戴嵩所画牛，神情至为生动。惟是否真迹或重刻尚待考。至题辞则因前时县令恶上峰索取之烦，已尽行铲削，现仅存韩幹二字而已。余尚有宋皇祐(仁宗)四年，及伪苏东坡题诗卧碑数方。(苏碑真者，闻已被清时县令窃去。)今岁五月间，在开明寺附近，复发见宋墓一，由西大史系学生刘磊、李延举、阎蕙涵等自费前往调查，明确无误，略得宋瓷片、残匋器片等数件。

谢村镇智果寺一带之调查：谢村镇一带，由土人所藏石器观之，分量颇多，而形制亦颇不一。冒兴汉、赵擎寰两先生各购一件，余亦于坡地上拾得一器。但土人均名为雷楔，谓用此可以辟邪，故价值颇昂。智果寺闻有宋明藏经，但未获见，现已设有保管委员会保存。明代铜像，则有嘉靖(明世宗)年间铭志者,亦有无铭志者。多为坐像,约六七尊。作风与宝山、斗山者相同。至汉代之砖匋瓦片,自城固以至洋县五十里内,一路均有发见。

总上所述,调查之处,就陕南全区而论,尚属极小部份,而材料采集,亦有得有不得焉。然工作经过,前后断续,时阅数载,亦可见经济、时间、人事,各种困难之多。现余拟于课暇与学生共同编整之,作成一比较详明而有统系之报告也。至于此后室外工作之进行,因学校当局赖校长(琏)、杜代院长(光埙)、王代院长(文华)及丁主任(山)等,提倡学术,均非常热诚,将来定有更大之发展也。时三十一年夏。

(本文原题《国立西北大学考古工作概况》,后改题《西北考古记略》,发表于《读书通讯》1942 年第 52 期;又题《陕南考古记》,发表于《西北文化》1945 年第 14 期,文字略有小异。)

长安城外鱼化寨新石器时代之遗址

鱼化寨新石器时代遗址，在长安城外西南约十二里。断面灰土极大，在数百步外，即可望见之。遗址所占地面，略作不规则之台地长方形，东西宽约194.00公尺，南北长约81.50公尺。如插图叁即为遗址东边由南而北，复由北而东经土人挖取灰土后所成之折尺形断面也。灰土之已暴露于外者，厚约1.90公尺。除最上层厚约0.65公尺之耕种土以下，均为极纯粹之灰白土与灰黑土。（插图叁，又图版1、2）

余赴彼处调查时，当廿六年八月中旬，遗址上高粱半熟，采取遗物，颇感困难，故均由断陂下地面，及断陂灰层中取得之。

在耕种土层中，有似墓穴者一二，略见汉代绳纹陶瓦片，及绳纹砖、方格纹砖等。除此以下，则全为石器时代之遗物矣。吾人近年在陕西各县及其他各地调查，史前遗址，尚未见有较此更大或更纯粹者，实堪欣慰。本拟商请理事长张扶万先生作一小规模之发掘，详细考察，以报告于学术界。只因国难日趋严重，有此心无此力矣！

案我国民族来原，迄今尚分东来与西来两说，然此问题过大，兹暂不论。即以黄河流域与长江流域，渭水流域与汉水流域相比，据年来国内外考古学者与吾人调查所得之结果，则我民族繁殖于黄河流域之早于长江流域，渭水流域之早于汉水流域，似已无大问题矣。

鱼化寨之遗址，居渭河之南，丰水之东，皂河、潏水（《水经注》作泬水）之西；龙首原、少陵原、神禾原、毕原、细柳原、高阳原诸高地之间。（兹节绘《长安县志·山川图》［插图壹］以资参考。）背山临水，于先民生活居处，最为适宜。且去遗址之西北不远，即为后代周民族繁盛发旺之丰镐两京。更足见此区域为先民生养繁殖之要地也。（凡史前遗址，大都背山临水，即迄今亦然。）张扶万先生谓余曰："《书》云'丰水攸同'，《诗》云'丰水东注'，若从胡渭《禹贡锥指》之说，则丰泾大川，所有丰西之涝，丰东之镐、潏、灞、浐，禹时悉合丰以入渭，故丰得成其大。今得此伟大之先民遗址，或与丰水不无关系。"骥谓先生之说诚然。今案此遗址，北距渭河尚远，以董曾臣所修之《长安县志》宋敏求《志水道图》证之，（插图贰）窃疑宋图之所谓漕渠，（案图中起于丰水入渭处。东会浐灞合渭而注于河。）即《禹贡锥指》之所谓"引丰水为漕渠"，亦即最初丰水之故道也。（按丰水之改道，当始于汉鸿嘉中王商穿长安城引内丰水注第中。［见《汉书·王莽传》］其后历代建都，穿凿相承，遂相沿而成今状，由南而北，直入于渭矣。惟《长安县志》之宋《志水道图》，虽名漕渠却东合灞浐，会渭而注于河，实得丰水故道之遗迹。）如此，与《禹贡》"丰水攸同"，《诗》"丰水东注"之说正合。其遗址当时盖滨于丰水北岸，（见宋图）较诸利用渭水更为方便。且余因此益足以明遗址之时代矣。《诗》云："丰水东注，维禹之绩"，疏云："昔尧时洪水，而丰水亦泛滥为害，禹治之使入渭，东注于河，禹之功也。"《禹贡》"丰水攸同"，亦以丰水会集众流，同注于河，归功于禹。（《禹贡》当为后人作。至禹之确有其人，证之铜器秦公敦之"鼏宅禹賚，［案賚即迹字。］齐侯镈钟之"虩虩成唐，［案成唐即成汤。］处禹之堵"，［案堵即都字，或绪字。］与经史子集之屡载禹事，已毫无问题。）则遗址之左右，沿丰渭两河一带，在夏时及夏以前，必焉居民众多，部族繁荣，不然，丰水汛滥，于人无害，禹何必治之，《书》《诗》何必大叙而特叙也。今案诸遗址所出器物红色细素陶片之多，当为新石器时代中期以后之物，即考古学者所通称为仰韶期者也。案仰韶期之说，瑞典人安特生(Andersson)氏谓在公元前三千年，约当黄帝以前；阿尔纳(Arne)(亦瑞典人)氏谓在二千年至二千五百年前，约当黄帝、少昊、颛顼之世；国人李济之谓在一千八百年前，约当殷商以前；徐中舒谓在二千二百年至一千八百年前，约当虞夏时代；董彦堂谓约当二千年以前，即夏朝中叶以前。今以鱼化寨遗址所出之器物，证诸《诗》《书》所记夏禹之事，时代可谓悉合。世多疑考古之学，同于猜谜，今有此发现，得知吾人今日治学之由纸上材料与地下史实之二重证据立足者，非同空言泛泛也。以下分别叙述所采得之陶片、石器、骨器、角器、蚌器等。

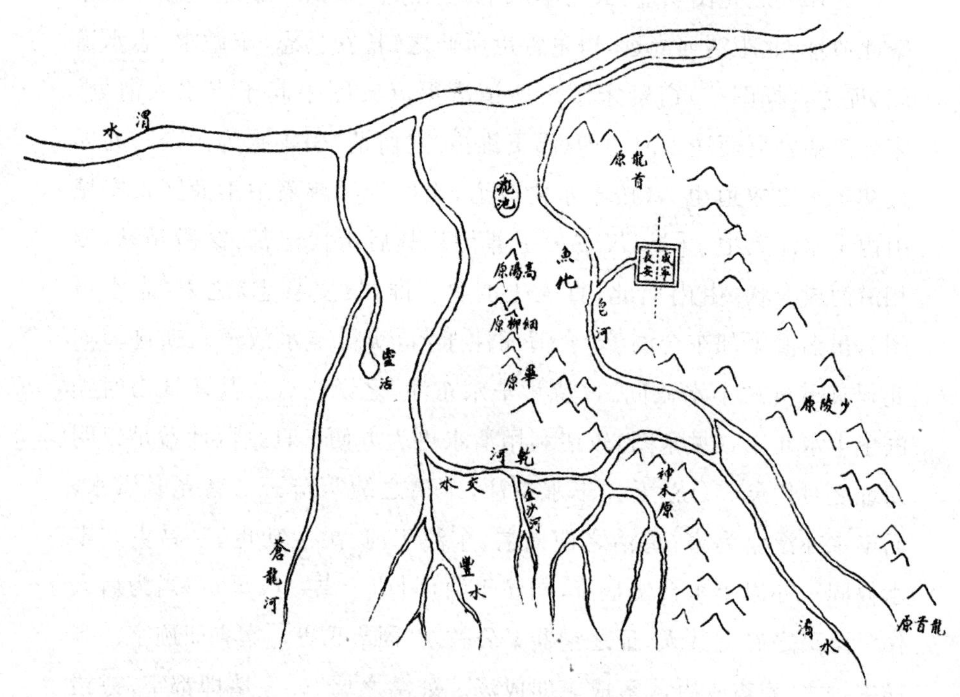

插图壹 节绘《长安县志·山川图》

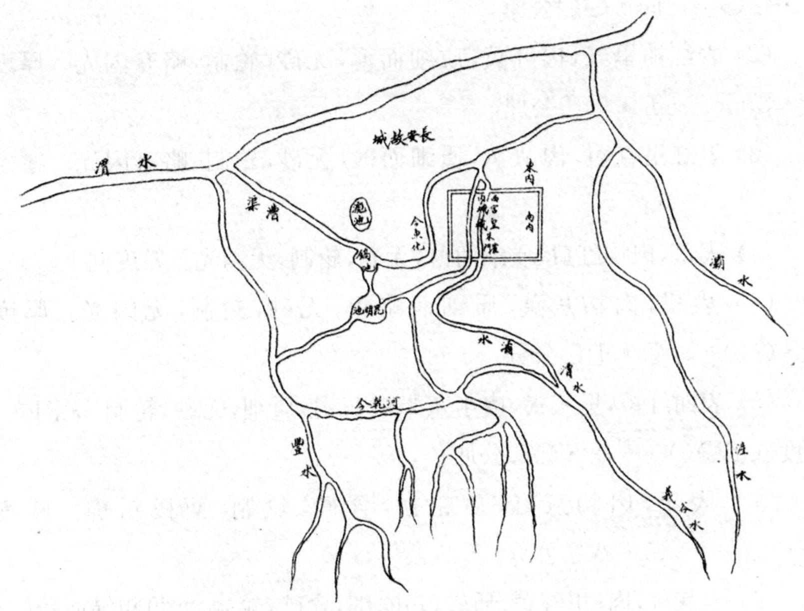

插图贰 节绘董修《长安县志》宋敏求《志水道图》

插图叁 西安鱼化寨新石器时代遗址之断陂灰层图
(以下插图均由陆式薰先生绘制)

鱼化寨之陶片,依色质之不同,约可分为下列之两大类:

(一) 红色陶片

甲、素面　表面有全部磨光者,有粗略磨光者,有曾磨光因剥蚀而似未磨光者。磨光之法,视其隐约可见与口缘平行之细痕,盖以磨具紧压陶器之面,由陶器在轮上之旋转而发生摩擦。但因质料极细,故表面最平滑之陶片,类多发生闪光。此类陶片,与仰韶红陶相似。即在陕西西自宝鸡起,沿渭水两岸东行,亦所在多有。

此类陶片之采自鱼化寨者,由其色质言之,复可分为下列九种:

(1) 表里肉均红,质细而薄,无砂,轮制,略有闪光。厚度九·〇〇——四·〇〇公厘。

(2) 表红褐里红,肉红黄,质细而薄,无砂,轮制,略有闪光。厚度八·〇〇——五·〇〇公厘。

(3) 表红里红黄,肉灰黄,质细而薄,无砂,轮制,略有闪光。厚度同上。

(4) 表里,肉均红黄,质细而薄,无砂,轮制,无闪光。厚度同上。

(5) 表里,肉均灰黄,质细而略粗,无砂,轮制,无闪光。厚度一·〇〇——〇·七〇公分。

(6) 表面红黄,里灰褐,肉半灰半微灰褐,质细,无砂,轮制,无闪光。厚度八·〇〇——三·〇〇公厘。

(7) 表里,肉均灰红,质粗松,含砂,轮制,面极粗糙。厚度一·三〇——〇·八〇公分。

(8) 表灰红,肉、里红黄,质较(7)略细,含砂,轮制,面虽粗糙而较(7)略细。厚度一·一〇——〇·五〇公分。

(9) 表灰黄,肉、里红,质细而略含细砂,轮制,面不光滑。厚度一·〇〇——〇·六〇公厘。

乙、彩纹　鱼化寨红陶表面施以彩色而成文饰者,据此次采集所得,仅有三种,质料均极细致:

(1) 黑色彩纹(图版3、4、5)是纹盖经涂抹黑色彩釉加以烘烧而成。地位近器之口缘,围绕口缘而成宽狭不同之带状纹。宽度三·七〇——一·四〇公分。

(2) 红色彩纹(图版6、7、8)情状与上同。维为深红之彩色,似非烘烧时火候不同所致。宽度六·〇〇——五·〇〇公分。

(3) 白色彩纹(图版9)情状亦与上同。维为灰白之彩色,惜仅一残片,其宽度不知。

丙、绳纹　纹分粗细两种。在此次采集中,数量最多。质料多粗松而含砂,细致者少。(图版10、11)

丁、旋纹　纹成凹凸平行之线状或带状,围绕器身,及口边。其制

法,盖用坚锐之工具,紧压陶器之面,借陶器在轮上旋转之力而成。质料在粗细之间,无砂。(图版 12)

戊、刻纹　质料在粗细之间,无砂。刻纹式样可分两种:

(1) 在已磨光之陶器面上,用尖锐之器,任意画成不规则之方格纹者。(图版 13)

(2) 在范制之陶器面上,用尖锐之器,任意画成不规则之多数平行线,因而与陶器面上之原有范纹(如绳纹等)交互错综而成网状纹者。(图版 14)

己、印纹　此次采集所得,仅方格纹一片。线为凸纹,方格内均成洼下之方空。盖其印模上为刻成凹线凸方块而在未干之陶器面上印压而成。质料亦细,惟间有极细之砂砾。(图版 15)

庚、指头纹　仅得一残片,在略经磨光之未干陶器面上,用指头案捺而成凸凹相间之纹。今虽未得整器,以平日经验推之,当多在口边相近之处,每器不过彼此对称之四节,或二节而已。质料极细,无砂。(图版 16)

辛、黏条纹　在略经磨光而未干之陶器表面,用泥捏成之长土条缠黏贴于其上,成为若干平行围绕于器外之浮凸纹。此浮凸纹大都匾平。复于文上,用绳纹状之印模,捶击或印压而成文饰美观。又有将此黏贴器上之土条缠,以手指捏成凸起之棱而撇扭之使成粗绳状,复于此绳上用细绳纹状之印模压印之而成文饰美观者。然此等土条缠围绕于器身,于器之坚固,亦可增强也。质料粗松,所含砂砾,大而且多。(图版 17、44,又插图伍:8)

(二) 灰色陶片

甲、素面　此类陶片之质料、硬度、制法,与上所述(一)类之红陶相似,特此为灰色而已。惟据此次采集所得,种类不如(一)类之多,约可分下列五种述之:

(1) 表、里、肉全灰,(里稍淡)质细而薄,无砂,轮制,无闪光。厚度六·〇〇——五·〇〇公厘。

(2) 表、里均灰黑,肉灰,质细,无砂,轮制,无闪光。厚度八・〇〇——六・〇〇公厘。

(3) 表、里、肉均棕灰,质细而薄,无砂,轮制,无闪光。(仅一片)厚度六・〇〇公厘。

(4) 表、里、肉均灰,略带青绿色。质细,略含细砂,轮制,无闪光。(仅一片)厚度八・〇〇公厘。

(5) 表、里均灰黑,肉灰,质细,无砂,轮制,内外均有闪光,宛若黑陶。厚度八・〇〇——五・〇〇公厘。

乙、绳纹　纹有粗细四种:

(1) 最粗　表、里、肉均灰,质细,含砂,范制。厚度七・〇〇公厘。(图版18)

(2) 次粗　情状同上。厚度同上。(图版19)

(3) 再次粗　表、里灰,肉红棕,质较细,无砂,轮制。厚度八・〇〇公厘。(图版20)

(4) 最细　表深灰,肉、里浅灰。余同上。厚度四・〇〇公厘。(图版21)

丙、旋文　情状与上述红陶片同。厚度七・〇〇公厘。(图版22)

总括以上所述,仅就采集所得之陶片言之,有下列四种特点:

(1) 质料有细、粗、粗细之间、砂四种。

(2) 颜色(以外表为主)有红、灰、灰红、灰黄、黑、黄六种。

(3) 制作以轮制、范制为多。间有手制。

(4) 文饰有彩色、绳纹、旋纹、刻纹、印纹、指捺纹、黏条纹七种。以绳状纹为最多。

至于陶器之形制,因仅采得粗、红、砂之残陶器一件,(图版44,又插图伍:8)完整之器,未能采得。询诸村人,虽谓出土之红瓦罐甚多,但欲购买一器,屡求不得。兹仅将所见之各种口边与底片之式样,图列于下。并附质料、颜色、制作、纹饰、半径长度表,以当说明。口边之式样有下列之三十四种:

插图肆	质	色	制	纹	半径长度(公分)	形制
1	砂	灰红	轮	绳	5.50	外折唇侈口
2	砂	灰红	轮	绳	7.20	同上
3	砂	灰红	轮	素	10.00	同上
4	细	红	轮	素	3.70	内弯唇直口
5	砂	红	范	绳	16.70	外折唇弇口
6	砂	红	范	黏条	20.40	内弯唇弇口
7	细	灰	轮	素	27.25	外折唇弇口
8	细	灰	轮	素	24.40	外弯唇敞口
9	细	红	轮	素	19.30	外折唇侈口
10	细	红	轮	黑彩	21.00	外弯唇弇口
11	细	灰红	轮	素	21.20	外弯唇侈口
12	细	灰	轮	素	21.60	外卷唇侈口
13	细	黑	轮	素	26.20	外弯唇直口
14	细	灰	轮	素	27.70	外卷唇直口
15	砂	红	范	旋	27.60	外弯唇弇口
16	砂	灰黄	范	绳	5.60	外折唇侈口
17	砂	炭黄	轮	素	12.10	同上
18	砂	灰黄	范	绳	15.60	外弯唇弇口
19	砂	红	范	绳	18.95	外折唇侈口
20	砂	红	轮	旋	13.30	同上
21	细	红	轮	素	11.90	外卷唇直口
22	砂	灰红	轮	素	16.50	外折唇弇口
23	细	红	轮	旋	20.20	外弯唇弇口
24	砂	灰黄	轮	素	10.80	直唇敞口
25	粗	灰黄	范	绳	15.40	内弯唇敞口
26	砂	灰红	范	绳	16.60	内弯唇弇口
27	粗	灰	轮	旋	25.00	直唇侈口

插图肆	质	色	制	纹	半径长度(公分)	形制
28	砂	灰	范	绳	29.40	直唇直口
29	细	红	轮	素	9.00	直唇弇口
30	细	红	轮	红彩	11.10	同上
31	粗细间	灰黄	轮	旋	12.20	同上
32	同上	灰黄	轮	旋	17.30	同上
33	细	红	轮	黑彩	17.30	同上
34	细	红	轮	红彩	20.90	同上

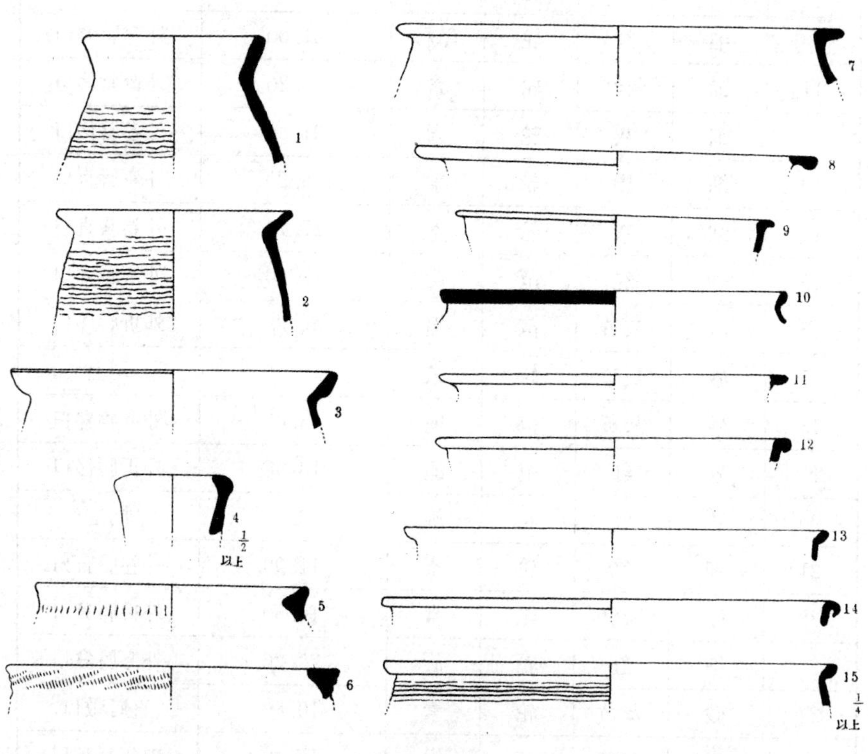

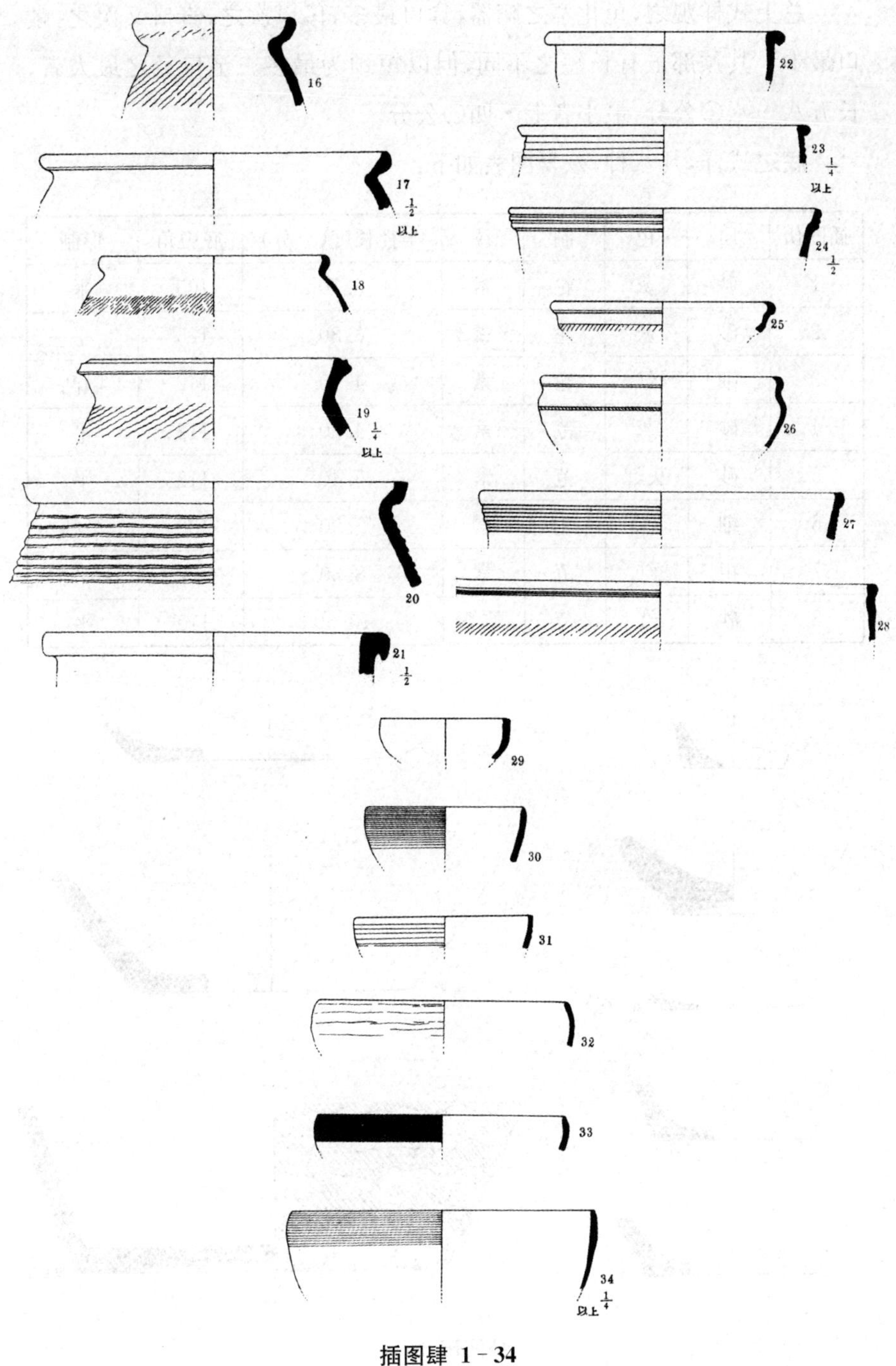
16
17
1/2
以上
18
19
1/4
以上
20
21
1/2
22
23
1/4
以上
24
1/2
25
26
27
28
29
30
31
32
33
34
以上 1/4

插图肆 1－34

总上式样观之,鱼化寨之陶器,弇口最多,侈口次之,直口又次之,敞口最少。其颈部虽有长短之不同,但以短颈为最多。至口径之最大者,长五八・八〇公分;最小者七・四〇公分。

底之式样,凡八种,兹复图表如下:

插图伍	质	色	制	纹	半径长度(公分)	底腹角	形制
1	砂	灰	轮	素	3.70	105°	平
2	砂	灰	轮	素	3.80	125°	平
3	细	红	轮	素	4.10	142°	微凸
4	砂	灰	范	素	4.90	112°	平
5	砂	灰红	范	素	5.40	118°	平
6	细	红	轮	素	7.90	136°	微凸
7	粗	红	范	素	8.30	127°	平
8	砂	红	范	黏条	10.50	110°	平

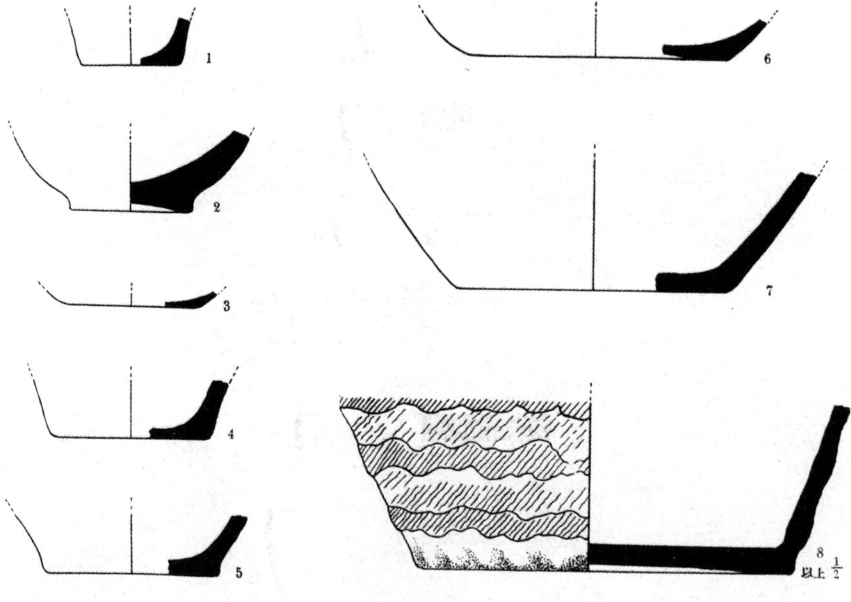

插图伍 1-8

由上列图表,可知鱼化寨所出之陶器,仅有平底与微凸底两种。(但另得一耳,似为平日所见红尖底罐之物,盖亦有尖底者。详下。)底面不见任何纹样,全系素面,或因年久剥落不见之故。

底经〈径〉最大者,长二一・〇〇公分;最小者,长七・四〇公分。

底腹角最大者,约一四二度;最小者约一〇五度。

除以上所述之外,复得与纺轮类似之红色圆陶片七,(质细无砂,与仰韶陶片同,如图版41、42。)灰色圆陶片一,(质粗含砂。)但均无孔。视其边缘,均由捶击而成,未经磨光手续。又有红色小方陶片一,(质细,略含细砂,如图版43。)边缘稍光,似曾经打磨者。又得陶器足一,(图版40,又插图陆:1)色红,质粗,含砂,作圆锥状,中实。又得陶器耳一,(图版39,又插图陆:2)色红,质细,无砂,试与陕西考古会陈列室之尖底红陶罐之耳比之,正相吻合,可知为竖鼻,设置于器身之上,用以穿绳或握持者。

石器

石器共得八件:

石凿　石凿共三器,其一颇精致,尚完整,为西京筹备委员会所采得。其二已残。如图版23、24、25,并插图陆:6、7。

石斧　石斧仅一器,已残,视其形制颇大,惟不知其原形如何。如图版26,并插图陆:3。

石磋　石磋共二器,亦已残。于其断面以放大镜察之,质颇松,又似陶制者。如图版27、28,并插图陆:4、5。

石刀　仅一器,亦已残,存半孔。当为双孔或单孔石刀之残部。用作切、割、刮、削之工具者。如图版29,并插图陆:8。

圆石片　仅一器,略成椭圆形,两面及边均磨光,厚约三・〇〇公厘。如图版30,并插图陆:9。

角器

角器仅鹿角制之一件,长约一二・〇〇公分。成圆锥状,似作钻孔之用。因经久用之故,圆润光滑异常。(图版36,插图陆:10)

骨器

采得兽骨共十八件,但均为小形。其有人工刀切痕者,共十器,然九器未成，仅可谓之骨料；（如图版 31 至 34）其一器似为制骨镞而未成者，然器形已清楚可辨。长七·〇〇公分。如图版 35，并插图陆：11。至其余诸兽骨，多有火烧痕，但无刻纹等。

蚌器

蚌器之完整者，未见，仅残片二。如图版 37、38，并插图陆：12、13。

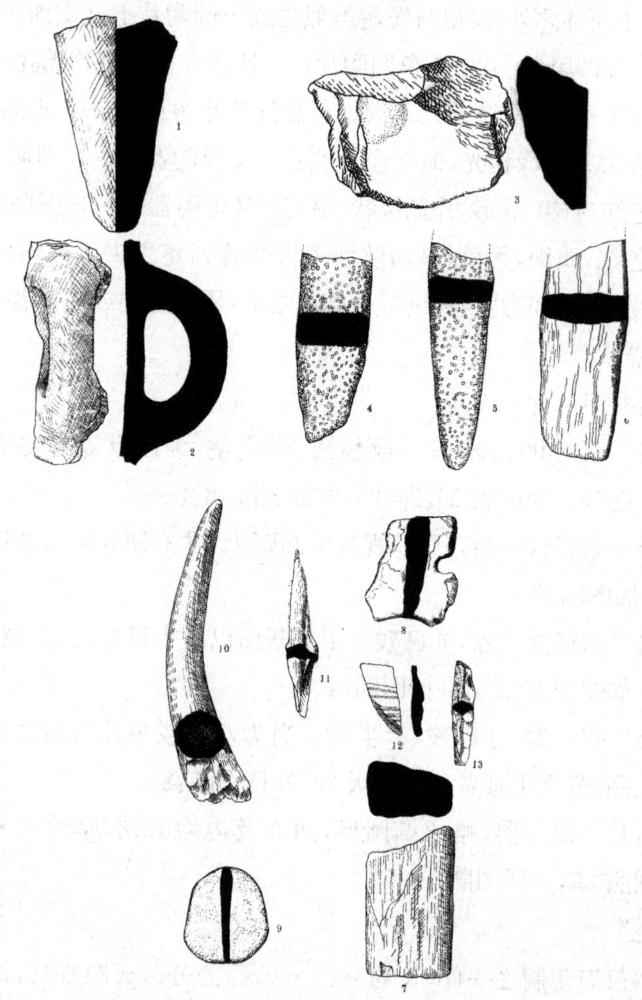

插图陆

（本文原载《西北史地季刊》第 1 卷第 1 期。）

十里店新发现的屈肢葬与交肢葬

自从人类知道用埋葬方法来掩埋死人以后，其放置尸体的姿式，大约可分为直肢葬、屈肢葬与交肢葬三种。（据现在已发现者而言。）直肢葬虽然还可以分作仰身直肢与俯身直肢，但在古今墓里较为普遍，（尤其是仰身直肢。）兹不赘述。次之则为屈肢葬，再次则为交肢葬；而交肢葬且为吾人最新之发现，为一极可宝贵之创获，极有价值之史料。兹为分别研讨如下：

欧洲在上古石器时代、中古石器时代，以至新石器时代，已有屈肢的葬法。以后到了欧洲的青铜器时代，如瑞典、丹麦、德国、西班牙、葡萄牙、英国与中欧，也有这样的葬法。其他如非洲、亚洲、北美洲各地，也曾经在古代盛行过。甚至非洲的 Hottentot 部族与 Bantu 部族，亚洲的安南、日本，美洲的某些埃斯克摩部族与某些红印度部族，及澳洲各地，到现在仍然继存着这种风气。这样看来，屈肢葬是[有]很悠久的时代性与很普遍的地方性的。现在就中国本地来看，也已发现不少，比较著名的，如河南安阳县的大司空村，河南辉县的琉璃阁，山西〈东〉历城县的城子崖，甘肃宁定县半山区的边家沟，镇番县的沙井村，接近我们国家北部的亚洲俄罗斯的南部，也有不少的发现，这些屈肢葬的通行区域，实在可以说是很大，而数量也可以说是很多了。惟交肢葬则在各地尚未见过。我们十里店这次的发现,可以说是第一次的新发现,实在是一种文化史上、宗教史上很有研究价值的珍异史料。

屈肢葬的姿式有几种?大约可分为"上下肢均屈"与"仅屈下肢"的两种。上下肢均屈的,即两下肢并向右侧或左侧屈着;上肢则右肢向上屈举着,左肢则伸直而置手于骨盆上或其近旁,曾见于上述的大司空村、城子崖、边家沟各地。仅屈下肢的,即两下肢并向右侧或有〈左〉侧屈着,两上肢则均伸直而交会两手于骨盆上,曾见于上述的大司空村、琉璃阁、城子崖、沙井村各地。今十里店所发现的两种葬式,我们姑且以甲乙两墓之名称代之,则乙墓为上下肢均屈的葬式,而甲墓则为完全未曾见过的上下肢均交的葬式。

乙墓(见图)发现于十里店油矿局西约半公里的山沟西侧,(为一黄河冲积扇上的第三层台地,高出河面约四十五公尺。)原为山水所冲出,已露一殉葬陶罐之半而被同学康秉衡、陈必忠、漆树藩、侯畿、史琮、张清海等所发现。墓底大致平面,圹的四壁不甚规则,高约〇·六〇公尺,宽约一·二〇公尺,长约一·四〇公尺。惟因圹底的土质土色与填入的完全一样,(为风与水冲积成的净黄土。)故两相黏合,几乎已经不能分开,且无棺木白灰物的痕迹,殆为当初随便掘一土圹而埋入者。由其土圹的长度看来,也可知道不能容纳人之全身而为一屈肢之葬。(因足后尚置有殉葬之大陶罐。)头顶向北,偏东十五度;面向右;上身向左〈右〉侧仄着,而略近仰身平放;两上肢均向右向上屈举着,而左手则置于肋骨及胸骨之上,右手则置于地上;两下肢亦则均向右侧屈着,其姿式几与两上肢之屈势相似,两股骨几与两上肢之尺骨桡骨之屈势相平行;惟两股骨与瘠〈脊〉柱骨所成之屈度甚大,右〈左〉股骨已压于骨盆与瘠〈脊〉柱骨之上,而两股骨与两胫骨两腓骨的屈度亦甚大,所成之内角约在三十二度左右。虽与上述各地之屈肢葬式略有不同,然其为一屈肢葬则甚明。殉葬物品,则有灰黑色粗质含沙之小陶罐侧置于枕骨之旁;红色细质黑彩腹带两耳之陶罐正置于左肩之后上方;灰黑色粗质含沙口边附带两耳,各耳从口边连接肩部,肩周黏有指捺上条纹之陶罐正置于足跟之下方。(器残,仅存口与肩部,视其形状颇大。)

甲墓(见图)发现于十里店西北师院大礼堂左侧的台地上。(亦为黄土冲积扇上的第三层台地,高度约同上。)圹口距地面约二・三公尺,圹底留成平面,内外土质土色与乙墓情形相同。圹之四壁,已甚难辨,故高度不明,宽趵一・三六公尺,长约二・五〇公尺,亦无棺木白灰物之遗迹。殆亦为随便掘一土圹而埋入者。头顶正向东南,足部正向西北;面稍向右;上身仰身平放;两上肢均伸展,而至尺骨桡骨部分则交会于脊柱之上,两手骨则成交叉状而分置于骨盆之上;(左前臂骨在右前臂骨之上。)两下肢亦伸展,至胫骨腓骨部分而成交会,两足骨亦如手骨而成交叉之状。(左小腿骨在右小腿骨之上。)殉葬物品,自左足端至右足端联列共四器:①②为红色光素细泥薄肉颈部附带两耳之陶器,③为灰黑色粗泥含砂肩部附有一耳口边带有交叉刻纹之陶罐,(残)④与③相似,惟颈周为黏有指捺土〈上〉条纹之陶罐。左上肢骨之旁联列共二器:①红色粗泥带绳纹之小陶罐,(形似铜器之觯,当为觯之前身。)②为灰黑色粗泥含砂之陶碗。头部上方自右面至左面联列共五器:①为红色粗泥绘彩带一残耳之陶罐,②为灰黄色细泥绘彩带两耳两瘤耳之陶罐,③④为红黄色细泥绘彩(极精美)各带两耳之陶罐,⑤为大形红色粗泥无砂而器身绘有环绕黑带纹之陶罐。再此人牙齿之形状,亦甚为特别,与乙墓中人颇不相同。乙墓中人之牙齿与今人相差不多,而此人则上下门齿均成为磨平之柱状,(与辽宁砂锅屯洞穴层的老人牙齿相似,盖因当时食物含砂过多所致。)又上下门齿与门齿并大齿之间,距离自二公厘至八公厘,九公厘至十一公厘之宽,似为寻常所少见者。

兹复为讨论此种葬仪之时代、来源与意义于后:

屈肢葬葬仪之时代,据安特生氏(《甘肃考古记》)谓边家沟之葬仪为甘肃彩陶的仰韶期,时代在公元前三千二百年至二千九百年之间;吴金鼎氏(《中国史前陶器》)谓与河南后冈之第三期(即小屯文化期)陶器同时;高去寻氏(《黄河下游的屈肢葬问题》)谓最少要比战国时代早六七百年。高氏又推定大司空村、琉璃阁、成〈城〉子崖、沙井村各墓的屈肢葬,均

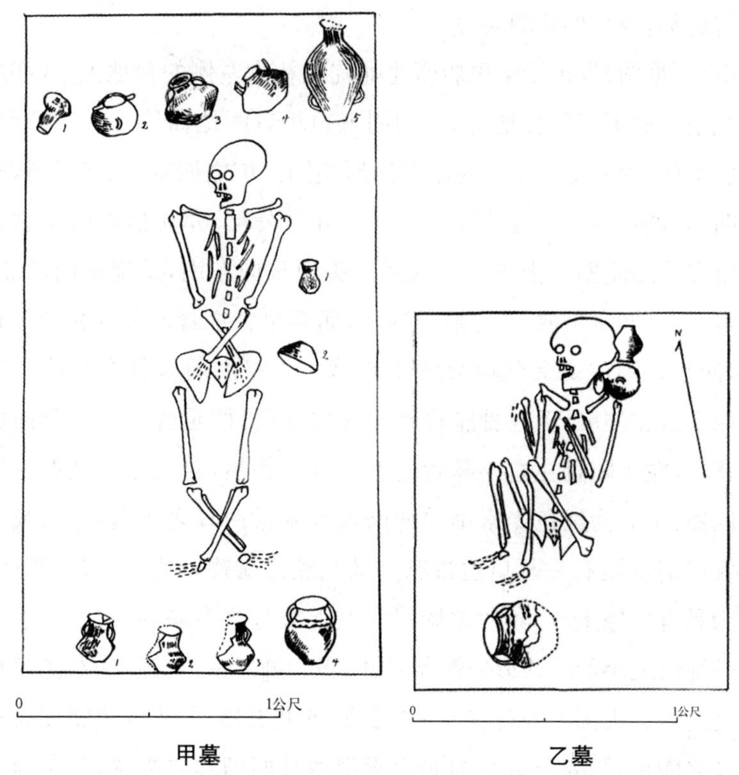

甲墓　　乙墓

为春秋至战国时代的葬仪。吾亦以此说为可信。今案各墓之殉葬物品，为陶器、骨器、铜器、(如带钩、戈、矢、剑、鼎、铜杆头饰、鑑等。)车马饰物、(如辖、镳、辔、勒等。)玉器、(如佩玉、玉璧等。)棺木、白灰物等等，虽亦偶有不见殉葬器物与棺木者，盖为平民墓葬之故。是则此等墓葬之时代，最早恐在殷周以至春秋战国时间。至沙井葬地所出之陶器，既带有外来之风气，(安氏以为在苏萨之后。)又有松绿石饰珠，及小件铜器、带翼铜镞等等，则更可见时代之晚，无怪安氏后来重订其时代为公元前六百年(案即东周定王之时)至一百年(案即西汉武帝之时)之间也。惟边家沟之屈肢葬古墓，殉葬物品为石斧与彩色陶器，绝无铜器一类之物，与十里店之甲乙两墓极为相似。又边家沟殉葬器物之陈列情式，为围绕于尸体之四周，与十里店甲墓亦极相合。(见图)虽十里店之甲、乙两墓无石斧之发现，而十里店经吾人五六年来之详细考查，本少石器之发现，(仅一石斧一石线板而已。）则此二墓当不能因无石器而推断其年代之较晚。且观其彩绘亦确与甘肃彩陶的仰韶期者相同，则吾以为此二墓与墓内的主人翁，非仰韶时代之人、物，亦必为西周初年之人、物也。而甲墓之交肢葬，视其骨骸、头骨与牙齿之情状，或尚较乙墓为稍早。（裴文中、黄文弼两先生亦如此说。）

屈肢葬来源之一问题，据吾国年来考古学界之调查，黄河下游如鲁（城子崖）豫（仰韶村）各省，自新石器时代末期以至春秋以前，均为直肢葬而无屈肢葬之发现，按诸史籍则自春秋以后黄河流域华北各地，均有异族等（戎、狄、羌、苗等）之侵入与居往记载。再观诸器物的作风，亦可看出受有司克泰西北〈伯〉利亚文化的影响，（如沙井村等。）则春秋以后的屈肢葬，或以受有外来文化的影响，很有可能。（高去寻氏对于此说，亦多所证明。）至甘肃西北各省，本来地处边塞，历代多以荒服视之，则在古代葬仪之受有外来影响，更觉可信。至交肢葬不仅在其他各省尚未发现，而在甘肃亦尚为首见，则将来当有更多之发现，以为其更有力之证明也。（如十里店所发现之彩陶及墓葬，土人均谓为西番之遗留，亦可为外来色彩旁证之一。）

至此种葬仪之意义，究竟何在？虽为吾人所欲急知之一重要问题，但再三思之，实未能得其结论。窃思人类最早之时，必不知有埋葬之法。至有埋葬，乃为后来人文进化之事。诚如孟子所谓："盖上世尝有不葬其亲者，其亲死，则举而委之于壑，他日过之，狐狸食之，蝇蚋姑嘬之，盖归反虆梩而掩之……"者是。至于人尸之放入圹中，亦必以挺直之姿势为最早，盖人之既死，除伛偻痉挛有特别病故者外，其身手四肢，必僵硬挺直，俗语称人死为"两脚笔直"，殆真为写死人之实状者。故吾以为直肢葬当为人类最原始之葬仪，亦自然之姿势使然。吾人今日从考古上发掘之经验言之，亦确知自新石器时代末期以至现在，为一脉相承的仰身直肢葬仪，而屈肢葬仪则为至战国时代始发生者。（已见上）至交肢葬之姿式，虽较直肢葬为人为，但较屈肢葬为自然，或即为直肢葬与屈肢葬中间之一种过渡葬仪欤？若然，则今日得此以补直肢葬与屈肢葬中间之缺，诚不可谓非极有价值之新发现也。至于世人所推测之屈肢葬理由有"返回胎儿之原状""捆住死人之安坐""表示要生之姿态""合乎睡眠之休息""节省埋葬之地方",以及其他种种宗教上之说法,窃思交肢葬殆即"捆缚死人""表示安坐",与含有若干宗教上之意义者也,若谓此外而尚有其他独特之含义,则其价值尚且更大,吾深望考古学界之同志有所研究之而教益之,幸甚!

再:乔敬众、戴鸿杰两先生,为协助画图及清理一切,敬谢。

(本文发表于《西北论坛》第1卷第7期。)

十里店新发见之明代墩军碑

余于民国三十二年由城固来十里店，沿黄河北岸西行有土墙，春季随校旅行安宁堡，同人同学谓余曰："此古长城也。"余察其形制而答为明物。然未及细考，急欲得《皋兰县志》一查而未果。及夏间访友人唐节轩先生于城内，以志之古迹部份相赠，余展卷，即见有"长城在黄河南岸，明万历元年补修；旧边城在黄河北岸，建筑年月无考；新边城在皋兰县北，明万历二十七年筑"。余始信余说之不甚诬也。余尝以为今日十里店沿河西行之土墙，及断续相望之废堡残墩，即志所载之旧边城也。其建筑基层，间或有在明以前者，而大致均为明物。县志又载"旧边城东起盐场堡，西止沙冈墩，共长五千六百二十丈"。沙冈墩，余尚未往，未知其审。而志则引明三边总制杨一清诗，(见《县志・古迹志》)以为边城时代之证明。余以为此诗一可为边城筑于一清或明以前之证，一可为边城筑于一清同时之证。案一清为明孝宗弘治间人。今安宁堡东门外关王庙内有明世宗嘉靖三十九年立之《关王神庙碑》，其言云："先是河北农家，常被虏患，少傅邃庵杨公为总制时，建议于朝，以河北临河要害，建置二堡：东曰盐场，西即安宁，戍以重兵，严以烽燧，由是虏患稍熄，人得耕牧。明弘治乙丑。(案即孝宗弘治十八年，公元一五〇五年。)"夫杨氏既筑二堡以驻重兵，则其外围筑边墙、墩、台以资守望可知。又今十里店东口有一堡，视其规模制作，余亦疑为明代物。案志有“大岔口堡，正统十年，（案即明英宗正统十年，公元一四四五年。）守备李进以兰州卫地接瓦剌、赤金、哈密，恐被侵略，完要塞以守边。正统十二年，复筑哨马营堡，以绝贼寇往来之通道。此营堡以里数计之，当即今之费家营及十里店堡”之记载，足为吾说之佐证矣。

余存此观念已久，虽间复考其建筑，稽诸史籍，略可自信其不诬，然总以未得实物文字之记载为憾。故每于授课之余，闲步之际，往来城侧，未尝不特别注意。月前有土人挖窑于边城之下，余亦再三往视，并询其有无古物发见，而卒无所得。此次全国动员，驻军于校址（西北师院）北首之墩上筑防御工事，余以其范围较大，或有珍贵史料获得之希望，乃时命国文系工友往探，一日归报，果出一石也。余急往视，则见刻文清楚，题额略蚀而字迹可辨，不胜欣幸之至！遂商得同意，舁回本院史地系保存，以资研究。碑长〇·六四公尺，宽〇·五一公尺，厚〇·一〇公尺。似一卧碑形制。（又附出一砖，长〇·三九公尺，宽〇·二〇五公尺，厚〇·〇七公尺。虽无文字，确为明砖。）其文曰：

墩军伍名口

丁杲妻王氏　丁海妻刘氏

李良妻陶氏　刘通妻董氏

深　马名妻石氏

火器

沟　钩头炮一个　线枪一杆

火药火线全

儿　器械

军每名弓一张刀一把箭三十枝

墩　黄旗一面　梆铃各一付

软梯一架　柴堆伍座

烟皂伍座　擂石二十堆

家具

锅伍口 缸伍只 碗十个

箸十双 鸡犬狼粪全

万历十年二月 日 立

今得此，确可为吾说作铁证矣。多年宿愿，一旦获酬，快何如之！兹复参稽史志碑碣所记，而为之疏释诠征如左：

一、明代边防与甘肃之关系

明虽灭元，而元之部族，遁据漠北，自号鞑靼，联络西北各族，屡谋兴复。永乐迁都北平，三面近塞，（东、西、北）正统以后，敌患日多，故终明之世，边防甚重。东起鸭绿，西抵嘉峪，分地守御，绵亘万里。辽东、宣府、大同、蓟州、偏头、延绥、宁夏、甘肃、固原，并设九镇，而综以延绥、宁夏、甘肃，号为三边。复以险分内外，设内边外边之制；冲有缓急，立极冲次冲之防。可谓营堡墩台，星罗棋布，峻垣深濠，烽堠森严矣。隘口通车者，以百户守之；通樵牧者，以甲士十人守之。烟墩务筑高厚，贮粮常逾五月。柴薪药弩，积备必丰。墩旁凿井，视若重门，以蔽蕴藏。平时则遣游击哨马，以探瞭焚荒；秋冬则诏诸王公侯，以阅边巡塞。故御暴之旨，在有明一代，常凛凛也！即以甘肃一省之自明以来之地名称卫、镇、营、堡、屯、墩、台者考之，亦足以见当时守备之严密，与在军事上关系之重要矣。

今按此碑所刻，额曰“深沟儿墩”，题曰“墩军伍名口”，又以位于十里店堡与盐场、安宁两大堡间边墙之旁，则其占有军事上之一重要据点甚明。况与此墩大小相若，东西连列者，不一其数，是由墩之重要，更足以证明甘肃全省在西北边防上地位之当冲矣。

二、明代东北一带之边堡建筑与甘肃现存者之比较

明代边防，殆以卫、堡、墩、台、边墙为其主要建筑。往往沿河越山，

利用天然形势，加人工而成之。据《辽海丛书·全辽志·边防志》所记：每卫必设堡与边墙若干，堡之周侧，高处率以屯兵，低处多用按伏。并择要建置墩台若干，（按二者大致同用。）以为据高临下，戍守瞭望之所。建筑多以土与砖石为之。边墙名类较多，有劈山墙、石墙、山险墙、土墙、柞木墙、木板墙、砖墙、石垛墙之别。今以见于甘肃者言之，（如十里店沿河西行所见之边墙、堡墩是。）堡多杂以砖石，而墩、台、边墙多为土筑；（似亦有土砖并用，而今被拆毁者。）且亦沿河越山，似无大异。推之甘肃全省，当亦如之。至此等建筑程序之演进，《辽志·边防志》以为"边墙之初筑也，仅利用山脉，堆砌石垒，利用河川，立木作栅，或堆土为堑。后于最重要处，始立烽燧、台城、屯、堡。其后乃改筑土墙，最后又更砌砖墙"云云。不悉甘肃各地，亦如是否？吾将于十里店东西一带，再作详细之考查也。

三、明代兰州卫在西北边防上之重要性

甘肃全省为我国历史上各民族之接触地，故成为政治军事之摩擦面，而在明代则为最西之一镇，（其重要已见上述。）尤以兰州为其最大核心。盖不仅为今日交通上之枢纽，国防上之咽喉而已。然欲防卫兰州，必先防卫兰州西北之外线，此古今之所同，而明代君臣尤深知之。按明洪武中《河桥记》云："兰州城北近河，河故有津，控扼冲要，洪武五年宋国公冯胜，奉命西征，造浮桥以济师。又三年卫国公邓愈帅师定地，置西凉、西宁、庄浪诸卫，乃造桥以通往来，以制西域，以伸威千里，名曰镇远。"又正统十一年《金城关记》及张维氏后按云："关为隋置，宋明以来，屡加修葺，尤以正统间边患日急，瓦剌潜蓄窥边异志，陈镒巡抚边卫，以兰州通连外境，为西陲重镇，是关复为西州要塞，遂请于朝，重加修拓，以壮威远夷，而屏藩中国。"又成化二十年《城新城记》云："皇明太平日久，边备渐弛，北虏乃深入寇吾兰。兰之西七十里有积积滩者，环山滨河，河冻时，贼往来之要地也。于斯筑城，屯兵于内，（案此为新城，盖对《方舆纪要》所云兰西四十里之西古城言之。）则进可以遏贼来，退可以截贼去。

自今以后,吾兰有备,贼必不敢逾河为寇矣。”弘治十二年《修西古城记》云:“兰州治西五十里许,有古城焉,郡志以为汉故允吾,周环三里有奇,废为古迹久矣。弘治戊午秋,始修之以遏虏冲,至癸亥而工毕,乃分兵守御之以为常。”又《兰州卫重修水利记》叙成化、弘治、正德间事云:“吾兰古金城郡,密迩北塞,城郊内外,军民屋庐,不下万余区,北逼黄河,岸峻。吾兰素业耕牧,而土地莫善于河北,所谓金城沃壤千里者,在是。顾以数年边备弛而虏侵扰,耒耜不敢越河梁。倘后来讲求余公之议以成之,吾兰之利,不尤大欤!”又嘉靖十六年《重修金城关记》云:“金城当两河重险,自汉以来重之。盖譬之人身,三韩五郡,则匈奴左右臂,而辽与金城,咽喉也。扼咽喉以断其臂,至便计也。本朝开基,四郡仍汉唐之旧,而斥地则自关以北,尚数百里,曾逾定火城见陇畔遗迹与由凉庄径抵宁夏,故道犹存。正嘉以来,守臣不戒,浸湮损没,遂使松山前后,莽为虏穴,胡儿往往立黄河饮马,甚谓当闯夺河桥,大肆恐喝,则此关为尤重矣。岁乙未,予备兵于此,与参戎阎君登九龙台之巅,周环四顾,见洪波西来,层峦北峙,居然天堑,独金城关,路才一线,西达四郡,而关门颓矮,仅数木覆其上,宜虏之易视也。遂谋所以设险者。……甃台构基,直接河流,门上为注孔防火,山城为炮眼防攻,上为楼三楹,拟下石矢,可百步,人不能近,盖屹然足守,不独雄壮可观已矣。……诹日偕计部周昆明氏落成之,会金米兔等数十夷来求款呼赏,其上谓曰:‘若能逾此望河桥乎?’各夷咋舌不敢应。计部乃酌而谓曰:‘是真重险矣!’”

由上区区所记,不仅知兰州为西北边防上之重镇,亦足以知兰州以西,由盐场堡而安宁堡,而西新城、西古城,以迄于西宁、嘉峪之为一重要防线矣。今深沟儿墩既占防线上之一点,又北凭边城,东西各临深沟,(详后)据高陵下,用以驻军,不其宜欤!

四、明万历十年前后之西北边患与边防

明代西北两方边患,自英宗正统十四年瓦剌之变(即英宗北虏事)以后,虽略告平静,而小举入寇,仍所不免。观碑碣史志所记,可以明之:

嘉靖三十九年《创建关王神庙碑》(已前见)盛成教授考之云:"弘治为明孝宗年号,乙丑为十八年,是时套虏乜先已死,小王子立,屡犯甘肃,孝宗以提学副使杨一清亲莅河西,留心边政,复以一清总制三边。十八年于临河要害,建筑盐场、安宁二堡。武宗正德十六年,小王子虽内犯至庄浪,卒不得逞。"又碑文云:"嘉靖壬寅,寇南犯我西鄙,屠掠而去。其始自李成、黑石等沟隘口破垣突入,兹堡实邻其旁,虏去虏来,若障蔽然。"万历二十七年《景泰三眼井堡碑记》云:"三眼井堡在州北五百里,(案张维氏《陇右金石录》谓实三百九十里。)与红水、芦塘等堡,棋布星列,皆新复地也。爰自我太祖驱逐残元,再造寰区,此地已入版图,迨后正统己巳之变,(案即正统十四年。)沦入于异域,百五十年,索罕、定火诸城,遗址尚存,而大小松山,莽为虏薮矣。虏恃地利,东寇延绥宁夏,南犯固宁兰州,西侵武威张掖,往往饮马黄河,边民竦息,沿边疆吏,莫敢谁何,未闻有窥穹庐一矢相加者。今天子(案即神宗,年号万历)圣武天授,御极之初,虏即款贡,二十余年,乃复寒盟。天子震怒,益饬武备,专任督抚大臣,严励各边将士,直捣巢穴,一时斩馘招降,以数万计,松山毡幕为之一空。时大司马田公抚治甘凉,慨然兴恢复之计,区画已定,图上方略,天子可其奏,于是划界筑边,工役大起,予(案即兵备荆州俊)方承乏臬宪,备兵金城,同靖虏兵,督率陇上郡吏材官,运储捍御,各尽乃职。凡筑边自乌兰哈思吉至大靖泗水堡,延袤四百里,建堡十有二,而三眼井其一也。分属兰州卫,移军守之。得百户苗[守]荣领其事,居三年虏无入寇之警,而有招降获马之绩。……"

至《明史》所载,西北西南部族之入贡、入寇,事迹更为明悉:按自嘉靖隆庆之间,大敌如俺答已与内地通贡,封顺义王,其子孙袭封者累世,得稍获安息。迨万历之季,西部遂不竞,而土蛮部落虎墩兔、炒花、宰赛、煖兔辈,东西煽动,将士疲于奔命,未尝得安枕卧也。兹复就万历朝西北与西南之边族贡寇与防御情形述之:万历即位(案即穆宗隆庆六年)之十月,即遣侍郎王遴、吴百朋、汪道昆等分阅边防。元年遣将讨平四川都掌蛮。三年吐鲁番等入贡。四年乌斯藏、吐鲁番、天方、撒马儿罕、鲁迷、哈密入贡。六年乌斯藏入贡。七年复遣使分阅边防,乌斯藏入贡。八年讨平广西八寨贼。九年土蛮犯锦州、辽阳、广宁、义州,西北波动,遣将御却之。复敕边臣备警,而安南、吐鲁番、天方、撒马儿罕、鲁迷、哈密、乌斯藏入贡。十年二月顺义王俺答卒,四月宁夏土军马景杀参将许汝继,遣巡抚都御史晋应槐等讨平之。而哈密、乌斯藏入贡。十一年复敕外臣严边备,俺答子乞庆哈袭封顺义王,缅甸寇永昌。十二年遣刘綎讨平陇川贼,安南、乌斯藏入贡。十三年四川建武所兵变,伏诛,松茂番作乱,吐鲁番、乌斯藏入贡。十四年四川松茂番平,吐鲁番入贡。十五年乞庆哈子撦力克袭封顺义王,哈密、乌斯藏入贡。十六年四川建昌番作乱,甘肃兵变,青海部长他不囊犯西宁,杀副将李魁。乌斯藏入贡。诏敕定边臣考绩法。十七年云南永昌兵乱,讨平之。安南、乌斯藏入贡。十八年六月青海部长火落赤犯旧洮州,副总兵李联芳败没。七月再犯河州,临洮总兵官刘承嗣败绩。遂召阁臣议边事,命举将材,兵部尚书郑雒经略陕西四镇及山西宣大边务。复遣廷臣九人阅边。安南入贡。十九年总兵官败火落赤余众于莽剌川。四川四哨番作乱,渐讨平之。河套部敌犯榆林,延绥总兵官杜桐击败之。二十年春宁夏致仕副总兵哱拜杀巡抚都御史党馨、副使石继芳据城反,后会师讨平之。六月贼诱河套部入犯,招天下督抚举将材讨平之。暹罗、吐鲁番入贡。二十一年乌斯藏入贡。二十二年春,各省盗贼四起,七月河套部长卜失兔犯延绥,击败之。乌斯藏入贡。二十三年青海部长永邰〈邵〉卜犯甘肃,参将达云击败之。二十四年火落赤犯洮河,河套部敌犯甘肃、宁夏。虽先后击败之,然直至四十八年秋神宗之崩,寇乱遍地,西北尤紧,史不一书,姑不具举。

总观上述,北与西北、西、西南诸边,各族治乱,时生联系,而万历十年以后,西北益甚,尤为显著。国家诏敕屡下,亦多以西北为对象。今碑刻虽云万历十年二月,与史书似不全符。但迹象所在,综其前后,当时君臣,亦未必不明。所谓势有必至,理有固然;祸之作不作于作之日,乱之起不起于起之日也;则兰州卫西路防线之宜注重,镇堡墩台之宜加筑,深沟儿墩之宜驻军,亦自在当时君臣计划之中也。况欲刻之石以垂永久,则其于后患方殷，防难将来之用心，亦可以了如指掌矣。观神宗即位之初，即知令饬全国边防，宜其遐迩不遗，细大不捐，虽"沟儿"小墩，亦知重视如此。诚不愧为明主之作风也。

五、明代军火之概述

古所谓炮，皆以机发石。元初得西域炮，攻金蔡州城，始用火。然造法不传，后亦罕用。自明成祖平交阯，得神机枪炮法，特置神机营肄习制用，大利于守，小利于战，随宜而用，为行军要器。永乐十年以后，于重要山顶隘口，多架炮以御敌。宣宗宣德五年，以利器不可示人，神铳国家所重，在边墩堡所，量给以壮军威而已。英宗正统末年，边备日亟，始造两头铜铳。景宗景泰天顺之间，复铸九龙筒及其他诸器，颁发各边。自后尤以世宗嘉靖八年诏造之佛郎机炮，（谓之大将军。）万历中之神异火器、红夷巨炮，（天启中锡号大将军，崇祯时大学士徐光启请令西洋人制造，发各镇备用。）最称利器。总有明一代，军械火器，名目繁夥：如神机炮、襄阳炮、盏口炮、碗口炮、旋风炮、流星炮、虎尾炮、石榴炮、龙虎炮、毒火飞炮、连珠佛郎机炮、信炮、神炮、炮里炮、十眼铜炮、三出连珠炮、百出先锋炮、铁棒雷飞炮、火兽布地雷炮、碗口铜铁铳、手把铜铁铳、神铳、斩马铳、一窝蜂神机箭铳、上〈大〉中小佛郎机铜铳、佛郎机铁铳、木厢铜铳、筋缴桦皮铁铳、无敌手铳、鸟嘴铳、七眼铜铳、千里铳、四眼铁枪、各号双头铁枪、夹把铁手枪、快枪，以及火车、火伞、九龙筒之属，凡数十种。而以武宗正德、世宗嘉靖间铸造最多。其[他]诸器如刀牌、弓箭、枪弩、狼筅、蒺藜、甲胄、战袄、针工、鞍辔、盔甲等类，无不设有专局以资制造，可谓备矣。又洪武六年曾令六部朝臣议定军士教练之律："骑卒必善驰射枪刀，步兵必善弓弩枪"云云。其他诸器用法，亦各经规定，盖当时军士均优用之。

今碑刻有钩头炮、线枪、火药、火线、刀仗、弓箭之发给，既可以征《明史・兵志》诸篇之为实录，亦可以知当时国家军械之充备，颁用之普遍，与边备之认真矣。

六、明代军制中之旗

按《明史·兵志》“以五十人为总旗，十人为小旗”，但无颜色之规定。今碑刻为黄旗一面，而又题曰“墩军伍名口”，似与官制所定稍异，然与妻室五名合计，则诚为十名也。

七、明代随军之眷属问题

明代军士携眷问题，于史未见详载。惟洪武二十七年，有“念京城卫士劳苦，令家有婚丧疾病产子诸不得已事，得自言情”，及“军士战斗伤残，难备行伍，可于宫墙外造舍以居之，昼则治生，夜则巡警”之命令。然此为特别优待京师卫士之办法，而非所以论于一般也。今此碑亦列有妻室五名，岂神宗效法先王，念军士在外，久役劳苦，而亦开此宽典欤？或谓此碑仅刻妻姓而无子女，似仿汉代营妓之制，既以慰军士之苦，亦以安军士之心而坚其戍守之志；且所以符于十人一旗之律，与得夫马夫人、沈夫人等同样相助之力欤？

八、明代军队之给养问题

明代军队之给养，史亦未见每旗每人详细分配之记载。惟《兵志·边防志》武安侯郑亨充总兵官时，有敕书：“各处烟墩，贮五月粮”云云，则军粮似亦由公家规定者。但碑刻于家具器物，小至碗筷鸡犬狼粪甚全，而未及此，不知何故？岂亦如后世任军士向民间自由筹饷欤？抑亦屯垦自给欤？若果为各军自由筹饷，则诚一大失民心之举也！不仅不足以卫民，实足以害民，不足以保国，实足以亡国也。

九、附考

甲、梆铃：梆为木制，铃为金属，或击，或振，均所以鸣声示警，号召军士者。

乙、柴堆：柴薪本以供炊爨，此碑既云五座，数量甚多，当为燔柴举火，既以侦察敌人所在，亦以警告敌人来袭，殆与上述郑亨敕士兵"高筑烟墩，积聚柴薪药弩"者，意相同也。

丙、软梯：以为爬城之用。

丁、烟皂：烟皂当即烟灶之俗写。本为炊物之所，今尚有写作烟灶者。但碑列此于器械之内，则当为举燃烽烟，以告敌警之用。（与上柴堆不同者，彼疑为夜间用之，此当为日中用之。）案《汉书》各列传及今考查古长城遗址，与新疆各地，（亦见斯坦因《西域考古记》。）尚多汉代烟灶之记载与发现，是其证明。又碑刻家具内之鸡犬狼粪，疑即为此项之燃料。惟又列入家具内，则似兼炊爨、取暖、烽烟数种用之。（今民间犹有用兽畜之粪以为炊物及暖炕者。）

戊、檑石：檑或作礌，堆积城头，自上下击以御敌者。上述《金城关记》所谓"上为楼三楹，拟下石矢，可百步，人不能近"，即言礌石之用也。

己、深沟儿墩：此盖因墩旁深沟得名。今考实地形势，东临山水沟，俗名狼沟，（或可强名为时令河。）每当大雨，山洪下注，流入黄河，其势甚激。吾人赴校，往往为其所阻。西临洼池，今虽无水流痕迹，然视其斜势，直达黄河，且较东面者为宽，在往时或亦有名"深沟"之可能也。余曾闻诸土人，谓四、五十年前，果为山洪入河之通道；且至今尚有"深沟"之名云。惟按现沟距墩面之深度，似因数百年之冲积而日减，而墩之高度，亦因数百年之剥蚀（如风、水与后人开掘等）而渐低，非复明代之旧观矣。（万历十年迄今为三百六十五年。）

庚、墩：墩之造谊，本为平地高出之土堆。古字只作敦。后因用以驻兵，与屯字音义相通，遂有书"墩堡"为"屯堡"与"屯保"者。惟据碑刻器械中有软梯一事，此器似可对敌己两用。是墩在当年，上或有砖建之城墙也。今于墩之近旁，尚有明砖发现，亦其一证，盖因后人拆作他用耳。

辛、兵眷之住所：此事虽未见碑刻明文，然余以为居住墩内，实多不便。今考墩之西侧，尚有台地一方，与军墩界址连接。近因学校常打土坯，陆续发现明砖建筑残余遗址数处，或即为当时住眷之所欤？

壬、军械家具，刻石垂远，义见上述。然亦足证当时军律严明，移交瓜代，按石查缴，纤毫不得有误之意。

予撰此文既毕，自觉遗误多有，请读者指教！惟谓此碑价值，除关于明代西北边防、军事诸问题外，所记纤详，为历来所少见，诚足以补《明史》之不足也。尚望世人不以通常断碑残碣视之。幸甚。

（本文据作者手稿整理。）

兰州新石器时代的文化遗存

一、总说

甘肃是彩陶最丰富的产地。据过去调查所知，首先为洮河流域、大夏河流域的洮沙、临洮、宁定（现广通自治县）、临夏各地；次之为渭河上游、西汉水流域的天水、甘谷、武山、陇西、成县、礼县、西和以及祖厉河流域、泾河上游、白亭河流域的各地。兰州处在以上各流域的中心，而黄河又恰好东西贯穿其间，南北山脉围绕，成一极大的河谷平原。沿河两岸山坡地带，统是发育极佳的肥沃黄土台地，下自 5—10 米的河滩冲积面起，有高出河面 20—30 米的第一台地，第二第三台地高 40—80 米左右，这地区是极适宜于人类活动的。故新石器时代的人类，就在这儿居住着。

总括我们调查、探掘所知，兰州新石器时代的文物群中，绝对无任何一件铜器的发现。无论各地都以陶器、陶片为多。至比较集中的地点，在黄河北岸为十里店、徐家湾、大沙沟坪、穆柯寨、盐场堡、（此地内有另一徐家坪和刘家坪。）白道沟坪、咸水沟、马家铺；在黄河南岸为西古城、土门墩、蒋家坪、彭家坪、牟家坪、西果园、青岗叉、（上二地现行政区属皋兰县。）龚家湾、颜家坪、梁家庄、兰工坪、骆驼巷、牟家湾、华林坪、满城、四墩坪、中山林、雁儿湾等共 26 处。(图一)其中尤以白道沟坪、雁儿湾、西果园、华林坪为古代人类活动最繁荣的场所,故所出彩陶等物亦最为丰富。而牟家湾所出,已有汉式陶器(灰黑色绳纹陶等),时代似已稍晚,故不在此文论列。至其他各地,虽亦有零星文物、黑灰土等的发现,但是否有主要遗址的存在,尚有待于将来进一步的勘查和探掘。兹将比较完整而具有重要性的遗址、灰坑、制陶工场、墓葬,分别说明如下:

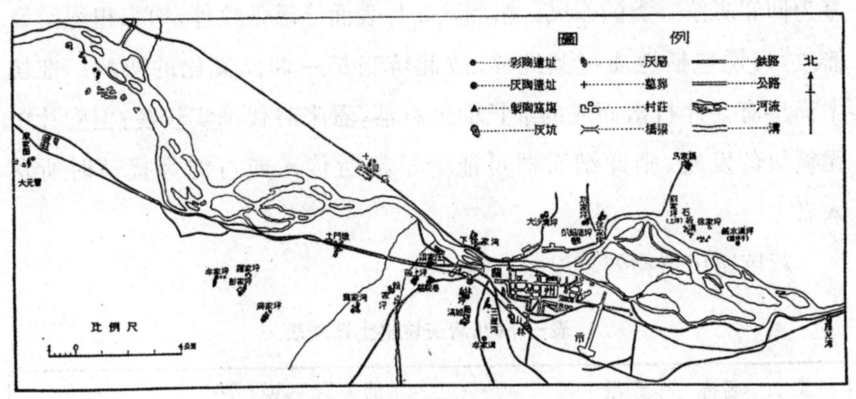

图一　兰州附近的新石器时代遗址分布图
(兰工坪误为兰上坪)

二、雁儿湾的仰韶灰坑

此坑为铁路工人挖方所发现。坑址在兰州城正东的黄河南岸、距城约 10 公里的桑园子乡的雁儿湾台地上。坑边紧临黄河,全部遗址,可能已有部分早被河水所冲毁。台地高出河面约 80 米以上,坑址在第二台地到第三台地之间。

坑作不规则的椭圆形,北部较大,南部较小,入口似向西面。坑的口径最大处为 2.90,最小处 1.60 米。坑底最深处成圆形的窖,底径 0.90,距坑面深 1.90 米。坑边虽为黄土,似有一部份非原状而为耕种时挖掘所破毁者。故黄土内亦偶有零星杂入的灰土。坑面为耕种土。坑内土层高低不平,所出器物杂乱,层次不明。坑内积土全为灰土及木炭末、黄土块。余均系细泥彩陶片、粗泥砂陶片和陶环、陶刀、骨锥、骨针、骨珠、石环、石器、碎石片、兽骨等。坑底发现红烧土，既不多，也不很规则。（似为炊燃地点。）坑内深浅不同的底层面上，有大小不等的圆形或椭圆的柱穴直洞，但无朽木痕迹在内，只满填灰土及碎陶片等。

根据此坑情况，似废弃后即被遗物堆积而且经早期打破扰动过的。出土器物多盆缸之类，陶片在11560余件之中，细腻陶完全为手制磨光，再加绘黑彩烧成，且多为平行黑条纹，表里口缘均有；即有其他纹饰，亦多为仰韶彩绘一类的作风。粗陶除5片表面绘黑条纹外，均为粗绳纹及篮纹，可说包括性质极其纯粹，故此坑当是一仰韶文化的灰坑。惟坑中尚出有5片打击而成的细长的细石器，看来时代确实较晚；但陶片中无篦纹的发现，则此细石器可能为早期所传入或可能为扰动时所落入者。

灰坑所出器物列表说明。（表一）

表一 雁儿湾灰坑出土器物表

种类	名称	数量	器物说明
石器类	石器	1	圆形，已残，打击而成，质白色，有孔似椎类工具。
	石器	1	腰圆形，完整，两端微凸，光滑，腰部打击而成，质白，似为磨擦工具。
	石球	2	圆形，天然卵石略加打击而成。
	石锛	1	长方形，一端残缺，一端侧刃，质灰绿色。
	石刀	2	长方形，一件完整，一长边为刃，两侧有缺口，一件残，磨光，有两孔。
	石环	7	圆形，均为残段，断面作长方形、三角形。
	细石器	6	片状，为小石片打制，有绿、黄、紫、白四色。
	石片	44	为制石器所打的碎片。
骨器类	骨锥	6	三件完整，一件经火烧成黑色。
	骨针	3	二根有尖，一根缺尖，针眼残毁，最长的65厘米。
	骨珠	2	完整，中有圆孔，饰物类用品。
	骨戒指	4	均残断，断面作扁圆形。

种类	名称	数量	器物说明
骨类	兽骨	68	有羊角、羊骨、猪骨等。
陶器陶片类	陶器	1	长圆形,一端成断面,一端有扁嘴状沟痕。
	陶器	4	小陶杯1,小陶盘1,小陶缸2。
	陶刀	1	长方形,绘平行黑条纹的橙色陶片制成,一长边有刃,两侧边各有缺口。
	陶环	81	有灰、灰黑、红黄各色,红黄者加彩绘,断面作长方形、方形、椭圆形。
	彩陶片	7224	黑彩无陶衣。
	夹沙粗红陶片	3710	内含沙粒甚多,均为粗绳纹及篮纹,偶有附加堆纹的。
	红素陶片	623	色灰黄、红、黄,细薄,光面,一片为带孔陶甑底。
	夹沙粗彩陶片	5	有黑彩条纹。

三、白道沟坪的窑场和墓葬

白道沟坪是一个黄土台地,距兰州城东黄河北岸约11公里,高出河面约60余米的几个小坪组成的。北边靠山,南边紧临黄河,河沿以下,尚有高出河面约10米左右的平地,现为农耕场所,河水暴涨时即可淹没。再下即为河流中的大小不等的沙滩,可以清楚地看到为白道沟坪侵蚀而成的弧形河湾。现在因河岸底部已露出有黄土砂岩及砾岩,形势已较固定。这里是一个地理条件非常优越并适宜于人群活动的地方和葬地。

现在坪上有从北面山地因山洪冲下黄河形成的石板沟(在西)、打狼沟(在中)、深沟子(在东)三道水沟,划分成东面圆坪子(即咸水沟坪),中间徐家坪,西边刘家坪(即上坪)三个高耸河沿的台地。经过我们调查是丰美的新石器时代的文化遗存地区。现在把他们分别说在下面:

(一)白道沟坪的制陶窑场

白道沟坪经我会调查发掘的结果,知道墓葬集中在刘家坪,遗址、窑场集中在徐家坪。在刘家坪我们曾作过面积达 120 平方米的探方，仅找出扁圆形短鬲足一个、(高 5 厘米，内实，外绳纹。)彩陶片 3 片，且无灰层的痕迹，因未作全面的翻掘，不敢决定完全如此；但不如徐家坪的遗址集中，是很显明的。由是可以推断出那时的人类，已知道生居与死埋的地方是分开的。也可以知道作为这两处分界线的石板沟的造成，是远在人类居住以前。(当然有陆续的变动。)

现在再说那时人类活动最繁荣的徐家坪，他的代表性的遗存，就是制造陶器的窑业生产工场。

1. 陶窑的形制和窑场

窑场的遗址在徐家坪偏东靠近打狼沟、偏南靠近黄河岸的地方。清理了 12 个窑。每个窑距地面的深度，最深的是 45—50，最浅的是 30 厘米左右。窑的上面是多年掩盖上去的黄褐色的熟土，内含有陶片之类。窑的底部都是生黄土。窑的高低，最高的不过 80，最低的也有 70 余厘米，看起来几乎成了一个平面的样子。窑的位置有四个在窑场的北边，有五个在窑场的中间，有两个在窑场的南面，另有单独的一个在窑场的东面。前面的三区几乎成了三个组的南北联列的形式；每一组之间，都有一个灰土坑，坑内乱堆着经火烧过的红黄色土、青灰色土、(质甚硬。)木炭末、植物灰、炭油子、破陶片等，犹如现在的垃圾坑一样，(陶片彩陶最多，红灰素陶次之，夹砂粗陶最少。质料、彩绘、色地、制法，完全与地面采集和墓中所出的相同，有许多有火烧的烟痕，有几片且烧成和炭油子一样。)不像是有人住过的。这些杂乱的东西，完全与窑内所出的相同，大概就是当年烧制陶器的窑工掷进去的。每个窑都是从地面挖下一坑，利用生黄土层而挖制成的。窑上身都是方形，最大的长宽各是 1，次之各是 0.88 米，还有更小点的。底部都作锅底形，底面有沉积坚实的白灰土层。因为窑内久经火烧的原故，窑边成了红烧土及青灰色土，质硬，而与地中生黄土略呈分离的现象。他们的结构，都开着一个火门，四面的边缘上，都有高出 15—20 厘米的土壁，用以防止陶器的下堕。窑上部都开着 9 个直孔，(孔的形状，有椭圆的、扁圆的，孔径 25，最小是 10 厘米左右。)用以通火烧陶器。孔的底部接着燃烧的一面,都横搁着五、六块陶片,似乎是当作炉齿一类以便当〈挡〉住燃料中杂物的上飞而损害了陶器用的。窑的总数据被破坏或早在地下被压而倒塌的遗迹看来,为数很多,决不止像我们所清理的 12 个而已。其中惟第七号窑最为完整。窑内共出细泥彩陶片 39 块,细泥红素陶片 33 块,红色火烧土、白色灰烬土、木炭末、植物灰等均有。灰坑内共出细泥深橙色陶片 355 块,细泥红素陶片 288 块,夹砂粗红陶片 15 块,夹砂粗灰陶片 4 块,残石片 6 块,其它均是火烧土、炭末等。

再在窑场里还发现一个底小、口大、周壁外凸成弧形的小圆坑,口径 0.58,深 0.44,腹径 0.60,底径 0.20 米。里面周围有红胶泥断续附着其上,坑口地平面上周围也发现许多红胶泥块和夹砂红泥块及圆棒状的红胶泥小土条。此坑可能为当时塑造陶器的地方。

2. 窑内及其附近出土的器物

总计我们清理的 12 个窑内所出的陶片,为数有 5447 块。其中细泥彩陶片为 3390 块,细泥红素陶片为 1445 块,夹砂粗红陶片为 229 块,夹砂粗灰陶片为 83 片,以彩陶片占半数以上。在其附近,也有石器出土。在一灰坑内发现陶刀 1 件。又一灰坑内发现一个两头作锯齿状中间有两孔一长边磨刃的长方形石刀。其中最值得我们注意的,就是画陶器上花纹用的两个工具:一个是研磨颜料用的石盘,一个是调配紫红颜色用的高边分格的陶碟,两器都是出土在窑的旁边,在他们上面,还留着很鲜艳的颜色。可惜不是我们自己清理所得。至于窑场及其附近所出的陶片,总计为 2916 块,仍以彩陶占过半数,而红素陶次之。

3. 陶窑的时代

由窑的现存部分窑台、窑壁、通火孔、烧火门、燃烧坑五部看来,与过去山西万泉、陕西宝鸡、河南等处所发现的古代窑灶颇为相似。现在我们再从窑内、窑旁、窑间灰坑以及其周围一带出土的器物来看,无论是彩陶、红灰素陶、夹砂粗陶、打击石器、磨光石器,都是新石器时代的东西,故可断定它是新石器时代的遗物。

（二）白道沟坪的墓葬

1. 墓葬的形制

墓葬的数量和遗迹，因已被挖土方所破毁，我们无从知悉，仅收集到153个陶器。我们自己清理发掘的墓葬共有24座，均在刘家坪，有11座是比较完整的。墓坑是打在熟土层之中或生黄土层之上，故边缘有明显和不明显的分别。大致是长1—2米以上，宽70—90厘米以上，坑边不很整齐。东西向的为长方形坑。坑底距地表深度是1米左右的居多，（唯15号墓较深。）尸骨多数是盖着厚约10厘米左右的树枝，虽成朽末，却痕迹清楚。一般骨架多成为粉末，仅可辨其痕迹，多数是头部向东，单身侧卧的屈肢葬，面部是完全向北的。殉葬的陶器，每墓有从2个到10个，多少的不同。其放置的位置，多数是在面向的一边，有从头侧一直陈列到足侧的，有仅在头侧的，有在头足两侧的。有些陶器内还有谷灰和骨骸的遗存。如19号墓的头侧还殉葬着265颗小骨珠，12号墓的头骨上还发现一个石质的小饰物。现在举15号墓为例，作为研究此群墓葬的代表。

15号墓（图二，中间一墓），是距地面深1.10米以下发现的。是一个土坑墓，墓口上盖着树枝的朽木土层，墓底距地面深是2.13米，墓口略大于墓底，内葬侧身屈肢头东面北的男性一人。全部殉葬品在面侧到足侧，有陶器10个：3个为彩绘陶罐（1、6、9），2个为细泥红陶钵（3、10），1个为细泥红陶罐（2），1个为夹砂粗红陶钵（5），3个为夹砂粗红陶罐（4、7、8）。陶罐内尚有存谷灰、骨骸遗物的。又在此骨架的两侧，有距面侧80和距背侧20厘米分头西足东的两个墓葬：其中13号墓的骨架仅存残末的痕迹，殉葬的陶器，有双耳细泥红陶罐2（1、6）、彩陶壶1（2）、双耳细泥红陶杯1个（4）、单把手细泥红陶罐1（5）、细泥红陶盂1（7）、单把手夹砂粗红陶罐1（3）。1个摆在头部，6个摆在足部。14号墓骨架尚存大半，殉葬的陶器，有彩陶豆1（1）、双耳彩陶罐3（2、5、7）、双耳彩陶盂（釜）1（4）、夹砂粗红陶罐1（3）、单把手夹砂粗红陶罐1（6）。5个摆在头部，2个摆在足部。（参看图二）此三墓是相当靠近，和其他各墓之间的情形不同。

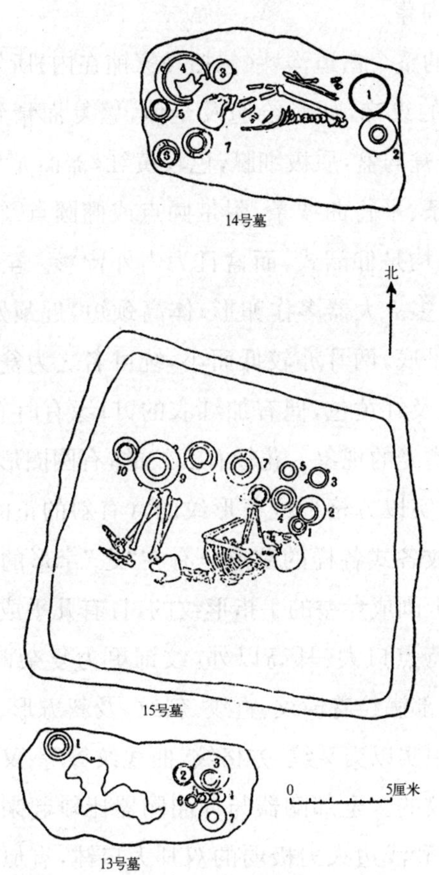

图二　白道沟坪新石器时代墓 13—15 葬位置图

2. 随葬器物

随葬的物品,多为陶器。在白道沟坪清理发掘并零星收集所得,共计有351件。据我们初步的看法,似同为白道沟坪墓葬所出,也同为白道沟坪窑场所制造。且多数是那时人类生前所用过的,或也有部分是烧成未用而即用以殉葬。

据我们现有的整个白道沟坪(包括马家铺在内)所发现的陶器看来,可以说同于仰韶的纹饰,如彩绘遍及全体,繁复而精致的较少,仅有1罐、1盆、1瓮。而瓮与盆,质极细腻,色较黄红,器面尤为光泽,其纹色均为纯黑的平行线条、平行曲线条、附带圆点或椭圆点及螺旋纹等。无轮制的痕迹,器形也均是仰韶式,而盆且为内外皆彩。至于马厂式的器形和纹饰,则为数最多。大器多作卵形,体高颈短,近颈处隆起,腹部以下渐渐缩小成小圆平底,两耳亦较低而小,统可名之为瓮。纹色不论器之大小,多作灰黄色及红黄色,偶有加红衣的,口缘有时有轮制的痕迹,器的外部多有刮削磨光的现象。花较有云纹的,有圆圈形中实以"之"字形纹的,有圆圈形中实以方格形或菱形纹的,(有斜的正的,在方格中又加以粗笔界线而画成各式各样的纹形。)有在"之"字形的转角处及它的起笔或收笔的头尾上画成参差的手指形纹的,且有几乎成为人形或动物形的。小罐除它的特点口大、耳高以外,纹饰更为复杂,腹外满被各种花纹,而在近口的全部满绘着横纹、直纹、斜纹,及斜方形、圆形、斜圆形、椭圆形、三角形,而中实以交叉纹、方格纹、曲线纹等等;又有在口外仅作大形弧线纹及单线纹的。全部陶器与仰韶陶器比较起来,时代似乎稍晚。其他的器形,有粗砂浅边火力极弱的双耳大口钵,有似小圆粗陶罐加高其足部而成带两耳的圈足豆形器,有圈足的碗与豆,有小圆罐形的带耳杯,有双大耳杯。其他的纹饰,有篦纹,有多道的横行波纹,有多道的直行波纹,有粗泥砂陶器的腹、肩、耳、颈各部上附加的凹凸土条纹,有粗泥砂陶器外表及口缘用石器刻划锥刺的点线纹或锯齿形纹。

(三)白道沟坪零星出土的器物

在白道沟坪沿铁路线东西约3公里余的范围内,(即包括刘家坪、徐家坪、圆坪子三个小坪。)都有彩陶片、泥质红素陶片和带有点线纹、刻划纹,附加土条纹或素面无纹等等的夹砂粗红陶片的发现,其中以彩绘陶片居大半数。此外并在徐家坪获得陶土制成带彩绘的陶纺轮1个,又在徐家坪和他其〈其他〉两坪获得打击石器和磨光或部分磨光的石器:石刀、石斧、石锛、石凿等共16件,最大的长至29厘米。又在徐家坪、圆坪子各发现墓葬1座,内各出彩绘陶罐、红素陶罐、夹砂粗红陶罐等4个。又在白道沟坪北6公里的马家铺发现双大耳齐家式的细泥红光面、黄光面的陶杯2个,无耳细泥红光面高腹陶杯1个。又收集零星发现的彩陶器29个,红素陶器22个,夹砂粗红陶器18个,共计69个。虽详情不明,可能全从墓葬出土的。至于距白道沟坪北约30余公里之蔡家河,尚有多数彩陶器出土,仍当与兰州白道沟坪新石器时代的文化有相当的关系。

参加整理者:张学正、朱耀山、吴柏年、陈贤儒、杨重海

执笔者:何乐夫

(本文原载《考古学报》1957年第1期。)

敦煌千佛洞

一九五〇年八月，赵处长望云、张副处长明坦，代表中央文物局、西北文化部文物处，赴敦煌接管千佛洞艺术研究所（接管后，改名文物研究所），并致慰劳之意。余奉甘肃省人民政府文教厅之命，前往协助，遂获参观此千数百年来劳动群众所创造之艺术宝库。回校后，因教学、学习各种工作紧张，除业务方面写就报告，送致文教厅外，对于考古方面，直至十二月寒假中始克写就。至于顺道访见之酒泉东关外汉墓、山丹四坝滩之史前遗址等，则因时间限制，迄今仍未写出，诚感抱歉！兹将拙稿清录一过，除向文所热心指示，与校内外惠借参考资料之诸同志敬致感谢外，并向文史界诸同志请求批评！惟为谋节省字句起见而用文言写作，尚乞原谅！

一九五一，八，十一记

一、千佛洞之位置

千佛洞在今敦煌县城东南四十华里鸣沙山（即沙角山或神沙山）之东麓，自南至北，长约三里。洞前为一小河，唐代名曰宕泉，今名曰大泉，盖以“宕”“大”义通，且亦音近转变之故。是水从南山流出，向北经过千佛洞前，逐渐没入沙漠之中。（今此河朝晚天凉，水量较大；中午天热，则水没沙漠而流量较小。）隔此小河，则与成为一带青灰色，东西走向之三危山，遥相对峙。（相传谓即舜窜三苗于三危之三危。）

二、千佛洞之名〈命〉名

千佛洞者，乃世俗名之，言有佛洞千数，非谓有千佛之洞也。原名莫高窟，但已不知所在。（据唐武周圣历元年《重修莫高窟碑记》）洞在佛寺之旁，寺今分上、中、下三处，实则相连，旧名三界寺。（据石室遗书所署）其后县志及世人所称，复有千佛岩、雷音寺之名，且洞与寺多混合称之而不别也。

三、千佛洞之历史

千佛洞之创建，在中国各大佛窟中为最早。据现存洞内之唐武周圣历元年（公元六九八年）《重修莫高窟碑记》云："……莫高窟者，厥前秦建元二年有沙门乐僔，戒行清虚，执心恬静，尝杖锡林野，行至此山，忽见金光，状有千佛，乃造一龛；次有法良禅师，从东届此，又于僔师窟侧，重即营建，伽蓝之起，滥觞于二僧……"可为明证。自此以后，经北魏、西魏、隋、唐、五代、宋、西夏、元、清，以迄今日，绵历一千五百余年，迭有兴造，计唐代二百〇六洞，五代三十一洞，魏代二十二洞，隋代九十洞，宋代一百〇三洞，西夏三洞，元代八洞，合其他年代者，是知其明确之开凿年代，始于前秦建元二年，即东晋废帝（海西公）太和元年，亦即公元三六六年。在中国诸大石窟中，无有古于此者，亦无有大于此者。兹将国内各大佛寺等为列表以资比较如下：

开始建造年代 洞窟名	中国纪年	公元
敦煌千佛洞	东晋废帝太和元年，即前秦苻坚建元二年	三六六
凉州石窟（大佛寺）	北凉王沮渠蒙逊。当东晋安帝隆安元年	三九七

<table>
<tr><th colspan="2">开始建造年代
洞窟名</th><th>中国纪年</th><th>公元</th></tr>
<tr><td colspan="2">大同云岗石窟</td><td>北魏文成帝兴安元年以后，至和平年间</td><td>四五三——四六六之间</td></tr>
<tr><td colspan="2">洛阳龙门石窟</td><td>元魏孝文帝太和二十一年</td><td>四九七</td></tr>
<tr><td colspan="2">巩县石窟</td><td>元魏宣武帝景明年间</td><td>五〇〇——五〇三之间</td></tr>
<tr><td colspan="2">邠县石佛寺</td><td>元魏时</td><td>?</td></tr>
<tr><td colspan="2">天水麦积山石窟</td><td>西魏文帝大统元年以前</td><td>五三五以前</td></tr>
<tr><td colspan="2">太原天龙山石窟</td><td>北齐文宣帝天宝二年</td><td>五五一</td></tr>
<tr><td colspan="2">河北大房山石经洞</td><td>北齐</td><td>五五〇以后</td></tr>
<tr><td colspan="2">磁县武安县南北响堂寺</td><td>同上年以后至温公天统四年之间</td><td>五五〇——五六八之间</td></tr>
<tr><td rowspan="2">大足石窟</td><td>北山</td><td>唐昭宗乾宁二年</td><td>八九五</td></tr>
<tr><td>宝顶山</td><td>南宋（疑高宗绍兴十六年前后?）</td><td>一一四六前后</td></tr>
<tr><td colspan="2">备注</td><td colspan="2">(1)邠县石佛寺，据一九四五年发现之造像石刻如此。但无明确年代。
(2)大足北山石刻据吴显齐报告，谓止于绍兴十六年，又谓宝顶山石佛系南宋人所刻，故余疑宝顶山始造年代在绍兴十六年前后，即两区相接而成者也。</td></tr>
</table>

(附)一、千佛洞历朝修建时期表

(附)二、千佛洞具有兴建或重修年代题记洞窟表

注：表用艺所原表。惟数字因油印不清，或原有错误，第二表公元多错误，兹改正。

(一) 千佛洞历朝修建时期表

朝代	修建期
魏窟	三六六——五八〇
隋窟	五八一——六一七
唐窟	六一八——九〇六
初唐窟	六一八——七一二

朝代	修建期
盛唐窟	七一三——七六五
中唐窟	七六六——八二〇
晚唐窟	八二一——九〇〇
五代窟	九〇七——九五五
宋及西夏窟	九六〇——一二七六
元窟	一二七七——一三六七
清窟	一三六八——一九一一

(二) 千佛洞具有兴建或重修年代题记洞窟表

朝代	窟号处	年号	公元	建修
西魏	285(C83)	大统五年	539 AD	兴建
隋	302(C94)	开皇四年	584 AD	兴建
隋	305(C96)	开皇五年	585 AD	兴建
初唐	220(C276)	贞观十六年	642 AD	兴建
初唐	432(C215)	贞观二十二年	648 AD	兴建
初唐	335(C137)	垂拱二年	686 AD	兴建
初唐	123(C26)	万岁三年	697 AD	兴建
盛唐	103(C284)	天宝七年	748 AD	兴建
中唐	360(C168)	上元二年	761 AD	兴建
中唐	148(C1—)	大历十一年	776 AD	兴建
晚唐	193(C283)	咸通八年	867 AD	兴建
晚唐	256(C285)	咸通十三年	872 AD	兴建
晚唐	193(C286)	天复三年	903 AD	兴建
五代	84(C61)	后梁贞明五年	919 AD	兴建
五代	387(C187)	后唐清泰元年	934 AD	重修
五代	412(C203)	后晋天福元年	936 AD	重修
五代	124(C25)	后周广顺三年	953 AD	重修

朝代	窟号处	年号	公元	建修
宋	427(C212)	乾德八年(即开宝三年)	970 AD	重修
宋	431(C214)	太平兴国五年	980 AD	重修
宋	444(C224)	开宝九年	976 AD	重修

四、千佛洞壁画塑像特别发展之原因

太古时代,本无所谓鸣沙山,盖后因祁连山上之冰河下流,逐渐溶解,其小石砾遂堆积而成此山。此种山岩,在地质学上称之为玉门系的砾岩(时代第四纪),其中无数之小石砾,全赖极少量之石炭质粘住,凝结力不大,故质地至松,不任雕刻。迄今以手扳之,或以杖击之,犹见其纷纷落下,即其明证。千佛洞即就此种砾岩凿成,事实上自不能如云岗、龙门之可由巨石雕刻而造佛像,遂不得不用绘画、塑像以替代之。此种天然条件之限制,实即壁画、塑像特别发展之主要原因也。

五、敦煌千佛洞所以成为东方佛教艺术重点之原因

敦煌置郡,在汉武帝元鼎六年(公元前一百十一年)。其前当春秋时,为允姓之戎所居,与华戎所支之都会。(见《汉书·地理志》敦煌郡条下注颜师古说,与《后汉书·郡国志》注引《耆旧记》说。)嗣后由敦煌往西,经过新疆,即可直达北印度而为东西交通之枢纽,故向达先生云:“汉至北周,(公元前二世纪至公元后六世纪)俱出敦煌至楼兰(即罗布淖尔),然后一道向西北经高昌(案即吐鲁番),沿天山南麓西行。北周至唐,(六世纪至以后)另辟伊吾(今哈密)路,大约在今安哈公路稍偏西,仍沿天山南麓西行。”窃谓北周至唐,虽另辟伊吾新路,而出敦煌之旧道,仍可继续通行。因此官商行旅,东西往来,以敦煌为必经之地,一般迷信,遂向莫高窟求神拜佛,建造洞窟,献写经卷,而香火日盛。及至晚唐、五代之际,则因张义潮、曹义金两家,相继称雄于瓜沙两州,(敦煌即瓜州,故至今出瓜甚美。然亦名沙州。)政治中心,富力集中,提倡迷信,以便统

治，而一般被欺之愚夫愚妇，更继续开造。直至宋元，相沿成风，有增无已，而鸣沙山崖，遂凿成密如蜂窠之千佛洞。且因此一面接受西来佛化，一面接受东方固有文化，一面又宣传至于东方各地。其时多有外国名师、画工、画匠，与中国原有作风合流而成一种技术特高之新兴佛教艺术，于是千佛洞遂成为举世稀有之胜地，是即敦煌所以发生千佛洞，与所以成为东方佛教艺术集中点之主要原因也。亦可谓之以迷信始，而以迷信终焉。然其内容固不可以盲然以“迷信”二字概括之。

六、受千佛洞影响之附近佛窟寺

佛教之石窟寺制度，起源于印度，由印度传至西域，故在库车与吐鲁番等处，均有规模伟大之创建。其后又由西域传入中国，因河西一带，为中西交通之要道，敦煌一地，又为中西通道之咽喉，（见裴矩《西域图记序》）故遂以敦煌为佛窟寺发展之首区，而受其影响者，则远至凉州之石窟寺，与大同之云岗，洛阳之龙门诸窟；而其较近者，则有敦煌党河口之西千佛洞，安西之万佛峡，玉门昌马之东千佛洞，与赤金之红山寺，酒泉之文殊山，张掖之马蹄寺等等。虽规模大小，作风演变，略有不同，而其渊源流派，固可探求而得其所自也。

七、千佛洞之隐埋与再发现

宋初西夏崛起，赵元昊于宋仁宗景祐二年（公元一〇三五）攻取瓜、沙、肃三州，战争祸起，千佛洞寺僧星散，盛景衰落，但至元末止，仍有增修，如元至正八年（公元一三四八）《莫高窟造像碑记》，至正十一年（公元一三五一）《重修皇庆寺碑记》，均有明文。又如洞窟绘画：三十三洞、（依张大千编号，因较通用。下同。）六七洞、九九洞、一九五洞、二〇一洞、二〇七洞、二〇八洞、二六四洞、二七〇洞、二九八洞等，均有西夏修绘遗迹；四五洞、一八五洞，及其他千手千眼观音、水月观音、文殊赴会、普贤赴会、飞天、供养人、藻井、佛光等，均有元代绘画可证。但已在衰落隐匿时代，故不甚著名。至明代初年放弃嘉峪关以西之地，千佛洞遂完全荒芜,阒无人知,而为隐埋之时期矣。直至清康熙平定准噶尔,敦煌始同中原版图。嘉庆时徐松谪官伊犁,著《西域水道记》,虽曾提及千佛洞之名,但仍无佛画塑像之记载。光绪五年(一八七九)匈牙利地质学家洛克齐(Loczy)考察地质经此,见敦煌绘艺之绝世,返欧后,遂盛加赞扬,誉为东方佛教艺术之宝库。至二十五年(公元一八九九)五月,石室壁坏,藏经(见后)发见,偶有一二流传,仍不为国人所注意。至三十三年(公元一九〇七),英人斯坦因、法人伯希和先后至敦煌,不仅将藏经幡画盗劫捆载而去,伯希和且将壁画摄影印成《千佛洞图录》六大册以行于世,于是中国知识分子始大为震惊,而敦煌之名,乃噪遍全世界矣。自后前往参观研究者,陆续有人。至民国三十三年(公元一九四四)反动政府伪教育部收千佛洞为国有,并设立敦煌艺术研究所以管理之,迄今年(一九五〇)八月,中华人民共和国中央文物局、西北文化部派员接管后,改名为敦煌文物研究所以主持研究保管之事,而千数百年来劳动人民所创造之稀世宝库,遂复归还于人民大众之手矣。

八、洞窟之建凿形式

佛窟之建凿形式,各地不同。千佛洞现存洞窟,若不计绘画之有无而总合计之,则约逾五百余洞。若以原有绘画、塑像,今已不见,或仅留残余部份者合并计之,则仅存四六六洞。其中尤以魏唐(五代在内)二代为最要。以洞之大小言之,约可分为大、中、小三种。骥以时间限制,亦未能全部参观,今只就其凿建形式分别最显明者言之,盖以魏唐两代为甚;但仍有其统一共同之点,即内部多为方形或矩形是也。魏洞之凿建及其内部之布置形式:魏洞形式,佛坛多建于洞之中央,成方柱形,周围可行人,上接洞顶,四面开龛,龛内置塑像,壁画则满布四壁;洞之前部则另凿廊厦,饰以斗栱及图案装饰,洞顶则绘连续天花。唐洞之凿建及其内部之布置形式:唐洞形式,佛坛多凿于后壁,另成小洞,洞内置塑像,洞顶成方锥形,中凿藻井,满饰天花,壁画亦满布四壁。因此唐洞皆中间空旷无物,成一虚室,可任人回旋行走。

九、千佛洞之窟檐

千佛山上现仍为一片戈壁，故每遇西北风起，向东南吹时，流沙自上直下，或打击洞面，或淹没洞口，而最下层洞窟之深埋沙内，即以此故。然推想往昔，必有所以掩护之物。今观八十八、一百三十一洞洞前之有横廊，二百十二、二百十七、二百二十四、二百二十八、二百三十三、二百四十五、二百九十、三百〇五各洞之有窟檐与廊屋楼阁遗迹，更足以证明洞窟之前，昔时多有木构建筑。此等建筑，大抵由岩石上打洞（今尚留有此等穴孔）支立木架，再在木架上加建廊屋等等。虽为取得各洞之联系与便于香客佛徒之往来巡礼瞻仰，但其上面之檐盖，即可以使山上之沙顺檐而下，不致侵入洞内，以免损毁。又观《大唐陇西李府君修功德碑记》所云："尔其檐飞鹰翅，……云雾生于户牖，……波映重阁，……层轩九空，……横敞危楼，……"《唐宗子陇西李氏再修功德记》所云："雕檐化出，……悬阁重轩，……"等等，更可证明此种窟檐建筑为数之不少。（今之九层楼之原建筑，当亦在内。）今则此等建筑几已尽毁，清末王道士圆箓，遂设法凿穿各洞壁使通往来以代之，不仅与阻挡流沙掩护洞窟无关，且使壁画遭受无限之浩劫云。

十、千佛洞壁画之作风与布局及其内容

千佛洞壁画之作风格局与内容，虽有与其他石刻相似之处，但其绘画技术之精巧，题材内容之复杂，结构布置之新异，实非任何佛窟所能比拟。余于佛教艺术，虽少深究，然亦愿就其大概，述之如左：

佛教来自印度，故其绘画、塑像等艺术作风，自不能例外。按印度佛教艺术作风最显著之特征，即为犍陀罗作风。"犍陀罗"本为梵语，其义为"香"，以其地传入印度佛教甚早，故即以名其国，故或有译为"香遍国"者。今阿富汗之喀布尔、堪达哈尔以东，及印度之西北边省，均其故地。兹不细述。此种作风即印度希腊风，或希腊佛教风的犍陀罗式。亦即远承希腊罗马，近接波斯印度之一种混合艺术风格也。自从公元二三世纪

后，因佛徒之东渐，以及官商行旅之往来，此种作风，遂传入新疆天山南北路之各佛教国，再向东来，即结集于首当其冲之敦煌鸣沙山而成为千佛洞，惟至此已曾受中国化之一次冲洗矣。兹足为最显著之代表者，实惟北魏西魏诸洞。无论壁画、塑像，所有形体均长身细腰，至衣服之紧贴肉体，衣折之非常显明，与体格之浑朴坚实，线条之消瘦锐利，正如新从水中跃出之人无异，吾人以北齐曹仲达"曹衣出水"之画法形容之，实可谓恰当而无误。又以绘画之色彩而论，多用石青、石绿与朱红色(今多变赭黑色)，热烈活泼，浓重丰丽，予人以凹凸光感显现之印象，吾人以梁张僧繇之"凹凸画法"代表之，亦可谓恰当而无误。至描写时之用笔(盖为木笔、苇笔，与唐以后之用毛笔不同)流利雄健，简率挺拔，几与铁线钢丝相同，吾人以唐尉迟乙僧"小者如屈铁盘丝，大者洒落有气概"之语表达之，亦可谓恰当而无误。是皆兼有希腊、罗马之特质，与波斯、印度之专长者也。故虽已受中国化之冲洗，而仍未脱西方作风之精神与面貌，可谓犍陀罗作风，在中国当以千佛洞之遗存为典型矣。然魏画作风，犹有一特别之点：即以故事画为中心。而在一故事画之中，往往人与房屋，山林与野兽，比例非常不称。虽带有原始稚朴拙劣之气，然正可以表示其不受拘束而犷肆生动、随意发挥、自由活泼之力量也。

隋代作风，上承两魏，下启初唐，既非前期之雄健遒劲，亦非后期之端丽工整，而渐入于单纯、阴沉、平直之图案化，而呈一种淡彩薄装之表现。故其用色，多大片平涂，仍以红、绿、青三色为主，骤视之，虽令人起呆板平淡之感，然亦用技纯熟而高雅，仍含有充分明快秀逸之气，而无颓废庸俗之意也。

唐代作风，改两魏雄肆而为工整，变隋代板滞而为生动，极富于浓艳繁缛之装饰意味。用笔力求精致细腻，着色务期富丽纤美，无论神佛、人物、形体均凝厚而端重，姿态则柔婉绰约、丰肥润泽而活泼，可谓竭线条美之能事。盛唐、中唐之花纹，则多如《大智禅师碑》之花边，丰盈繁复，错综变化，难以言喻。至一切所画之颜色，多以深厚之石红、石绿与紫褐色为主，而线条则常为凸起而敷以金色者，可谓金碧辉煌已极！(塑像衣饰,亦间有用此等色条者。)故其所表示之衣纹折叠,更觉其明显光彩,与生人无异。晚唐之塑像、壁画,视其色调则多用绿、淡绿,及土红,而少用深厚之朱红。衣纹装饰,亦多用较简单之梅花纹样,但其妩媚艳丽,则并未逊于盛唐、中唐过多也。

五代作风,仍承唐旧,塑像绘画,均多精品。惟用笔已由纤细圆劲而成兰叶式之线条矣。(盖用毛笔之故。)以时论,虽已届唐代结局,以塑绘论,则仍不失为唐代高度艺术之一环也。

宋代承五季之后,佛教塑绘之精彩时期已过,与前代竟判若两世。虽画笔尚称纯熟,但时暴衰退之状。惟某洞之天王塑像,则筋肉骨骼之弛张得实,犹如被解判之一生人,可谓佳极。其他则大都塑法较差。故所表现均多粗疏刻板,无生发力量。所绘经变内容,有时且至不可辨识。所用颜色,则多为淡红、淡绿,如佛像常以赭色勾线,衣饰常涂以蓝黑色,背底则涂石绿,使全部成为一片灰绿萧索冷静之气象。回观前代,诚有于斯不足观也之感。

西夏作风,虽较宋代更为简朴粗率,但有时结构亦颇变化。且设色尚多热烈,不同宋代之喜用粉绿色,或灰绿色,而成冷静消沉之色调也。

元代族尚简质,性近豪迈,影响及于艺术。故虽少秀丽生发之气,而用色之多新鲜,似有足多者。然宋、元、西夏,毕竟为表现同一衰退时期之迹象;惟其各能代表其时代特征之一价值,则仍不可掩没或忽略之。

至于壁画全体之结构与布置方法,余则几乎完全外行,现姑将此次所亲见与参考他书所得者约略言之:

两魏画面格局,大约每洞四壁以佛传与《本生经》故事画居中央,间亦有在洞顶藻井之四面者。四壁上部则多画贤劫千佛图;又最上部则多画飞天,或伎乐菩萨。至故事画之下部,则多画供养人像;供养人下部,则画金刚像以为最下层之奠基。洞顶饰以图案,佛龛奥壁内外,则绘以佛弟子、菩萨、天王、飞天等像。

隋代大致均承两魏之旧。惟将上述之故事画缩小而画于窟顶之人字坡上,或藻井之四面;四壁中部则有时代以贤劫千佛,或说法图而已。

稍后则佛龛奥壁内外约略加绘普贤供养品，与极简单之维摩诘变相等。

唐代则大有改变：以前佛传及《本生经》故事图所占有之主位，均被各种经变图所代替，而各菩萨之单身像，亦逐渐出现。又在初唐洞窟之左右前三壁，尤以经变中之西方净土变相图为最多而最伟大。然小型龛壁内，仍有画作故事画者。盛唐相沿无甚变化，仅将各净土变相图稍形缩小，而周围画以各该经之故事画；与藻井四面多加画贤劫千佛，是其不同之点。中唐经变图之种类与画法更加增多，仍以西方净土变与东方药师图遥相对画为主体，且同时观音菩萨像与地藏王菩萨像，亦常有单身像之画出。晚唐则每洞除两壁左右画文殊、普贤像外，其余全画经变图，甚至小洞壁面及藻井四面亦然。故事图则多画于四壁下部，或佛龛奥壁，故范畴较前更形缩小矣。

五代至宋初，画格与晚唐不同，而最显著者，为藻井中央多有画盘龙图案者，大型洞洞顶四角则多有画四天王相者。而犹有一特点，则为晚唐以前以北面为尊位，晚唐则南北尊卑不定，五代以后，则以南面为尊位，可由各经变图中之主人与客体之地位辨别之。至于其他排列方式，仍与晚唐无甚差异。

有宋一代，洞顶天花、藻井与佛龛，及所有壁面所绘者，往往为植物图案画，或画成排列之佛像与从上至下一列列之小千佛像，而其形式则均成为图案化矣。经变图如西方净土、东方药师净土之下层，则多绘伎乐、舞女，或药师佛所持药钵、十二药叉大将等，然为数甚少。

元代画局，布置简率，虽密宗曼荼罗画，工作尚称不恶；鸟兽动物画，亦尚称生动活泼，然总现衰退现象，兹不多述。

若再就千佛洞全部壁画所包含之内容言之：则诚丰富已极，可谓世鲜其匹。上文所述，已约略及之。兹复总核其概要，约可分为神佛画与人物画之两大类：所谓神佛画，即佛传画，《佛本生经》故事画，菩萨及其他故事画，经变画及其最常见之西方净土变、东方药师净土变等之画有天神、菩萨、佛像，以及单画之飞天、天王、力士、观音、地藏王等图像者皆是。人物画则复可分为人类与物类两种：人类如供养人、伎乐队、仪仗队、舞女、僧尼、射猎人、执役人、劳动人民等图画皆是。物类则如藻井图案、天花图案、龛楣图案、花边图案、佛光图案、背光(神光)图案、莲座图案、动物图案、植物图案、动物画、植物画,以及乐器、服饰、器皿、幡幢、帷幕、山水、舟帆、车轿、兵器、祠庙、屋宇、宫阙、城堞、楼台、亭阁、池沼建筑物等图画皆是。其他如有关政治、经济、历史性之文字题记,虽为书而非画,然亦为包含壁画中极有价值之史料;而人物画之由面相而可辨出其为印欧人种型,而非亚洲人种型者,(如八十三号洞)则且与人类学有关,亦不可谓非壁画题材中突出之新收获。若将以上各画分门别类而研究之,则除可成为佛教史、佛教艺术史(可包括雕塑方面)、绘画史、考古学史外,且可作为人物志、舆服志、社会史、风俗史、建筑史、音乐史、图案学、动物学、植物学、种族学、政治经济学、古器物学、心理学、宗教哲学、佛教文化史、物质文明发展史各部门之重要参考材料也。然为研究劳动群众之生产过程与生活样式、生存条件,及劳动群众本身之历史计,则余以为此中最重要者,莫如魏代之采果人,隋代之伐木、狩猎、捕鱼、耕作、屠畜、取水、习射、武士战斗、修塔、渡船、扫除、游泳,唐代之雨中耕作、收获、挤牛乳、抬轿、纤夫引舟,五代之马厩养马,宋初之农民耕种、收割、扬场、挤乳、推磨、担物诸图也。

十一、千佛洞壁画与塑像之代表作品

千佛洞壁画、塑像以艺术而论,除宋、元、西夏、清代以外,可谓无一不精。即以宋、元、西夏而言,若以置诸敦煌以外之内地各寺,当亦为群众所赞叹不置,所谓精粗美恶,亦不过比较言之。兹依据时代,略举其代表作品如左:

魏代以二一三、二四八、八三三洞为最精。前二洞之画“释迦佛与魔王斗法”图,用粗线条描写其各种之动作,姿态飞跃生动而有力,设色明显合度而刺目,绝无任何一笔一划可以指斥其松懈者。其二一三洞“佛舍身饲虎”故事图,尤为国画中所罕见。当佛脱去衣服,待虎来吃之时,周围众多弟子,无不人人神色惊怖,四体抖擞,其中一二像尤能绘出其呼天抢地、悲痛欲绝之状，可谓形容尽致，传神深刻之至。而色调紧凑，与凹凸光暗立体型之表现，及用笔蓄势之磅礴奔放，粗犷豪健，虽在千百年减退后之今日观之，犹令人感受无限强烈之刺激也。吾见常所长书鸿曾以油画材料临摹其一部分，骤视之，完全与现代中西画派之作品无异，则原画有声有色之活力，更可想见矣。且二洞之塑像，虽偶有破坏，然亦极雕塑之能事。而二一三洞佛传图下之供养人像，数多以万计，亦为壁画中不可多得之精作。至八三洞壁画除题材极为繁复外，其佛舍身故事图与其余巨幅故事画，亦均能结构谨整。背景山树，用笔亦伶俐活泼。洞顶之天花藻井装饰，既饰以荷花图案与佛本生故事，又将天神、恶魔、奇禽、怪兽、异草、灵虫绘成极巧样之图案形式，围绕其四周，飞舞生动，几至不可方物，此均魏画中有数之珍品也。他如八四洞、一九七洞、二〇〇洞、二〇七洞、二〇九洞、二一一洞、二一二洞、二四〇洞、二四三洞、二五〇洞所绘之天花、藻井、佛光、壁画，及所有塑像，或作风新异，或结构紧凑，或色彩明快，或线条有力，或塑术精良，或体态优美而完好如新，均魏画像中之佳者。至二〇七洞塑像之精工，二一二洞塑像之多且完好，尤为全体魏洞之冠。

唐洞壁画塑像，当以第三洞、十二洞、十四洞、三十六洞、四十洞、一二六洞、二二二洞、二二三洞、二六〇洞、二七三洞、二七五洞、二九二洞、三〇〇洞、三〇一洞、三〇二洞、三〇三洞等为代表。其佛画尤以一二六、二九二两洞之净土变图为最精美。常书鸿先生云："二九二北壁为西方净土变，释迦如来居中，周围诸菩萨像，下方伎乐供养，及宝池往生灵魂，上方楼台亭树〈榭〉，全画构图紧凑，用色典雅。菩萨像圆润丰厚，带有肉感的线条，其纯化精美的程度，可以拿欧洲文艺复兴期的意大利画家文西，或十九世纪法国画家恩格儿的作品来比拟。至于楼台结构的严整细密，远近法的入情入理，真是得未曾有。其他宝池中水纹的荡漾，楼台屋顶微光的映辉，加上远远配置在亭角间的佛光神影，俨然已写出西方极乐世界的真迹。一二六窟北壁的净土变，色彩富丽，布局高贵宽敞，上部晴空蔚蓝之天体中，天人、供宝、乐器、花卉随着云彩飞坠而下，一如流星。中部世尊说法，诸菩萨环坐听道，左右的楼台亭榭，下方宝池中桥影波光互相映辉，再下乐神、舞伎余音缭绕，这种入情入理的表现效果，已把净土意境充分透露。壁前静观，诚令人有出世之感。”余深知常先生如此云云，并非赞扬佛教，提倡迷信，而实欲按实写出佛教艺术之美而已。则此种唐画历史价值之高，自可想见。至人物故事画，则当以三〇〇洞《张义潮夫妇出行图》为最杰出之作。（有“宋国河内夫人出行图”题记。）此画从头至尾，仿佛一绵延里许之长卷，全部仪仗，鞍马频烦，冠盖如云，人物簇聚，但布置调和已极，其紧凑生动之结构，完全用自由活泼之笔尖来描写，自始至终，无一笔疏忽，不仅精于技术，且亦了于世情掌故，故能绘声绘色，使绘画之全部理想，与当时统治阶级，劳役人工之事实，完全相符合，诚可谓登峰超极之作，与一幅逼真逼肖表达封建社会之写生图也。四十洞之出巡图，虽结构与之相同，但稍逊之。其他各洞之壁画，无论神佛画与人物画，精美者尚多，而所有塑像，除后代增补者外，亦大都精巧美丽，生动有神，不可尽述。惟十四洞之大卧佛，二十洞、四十四洞之大坐佛，则亦唐塑中之特有者。

五代当以六十洞、七十五洞、一五五洞、三〇五洞为最佳。惜塑像多已残毁，惟壁画则尚有完好如新、精巧别致者。尤以七十五洞为最优：其佛传本生图、经变图、五台山全景图，轻快秀逸，犹存有唐代之作风也。

宋代当以七十五洞之曹延禄家属供养人像（四十二洞同有此画），一一六洞之千钵千臂文殊像、千手观音像为代表。其他若一七九洞之佛说法图及菩萨像，第四洞之藻井飞仙画，及各唐洞洞口与壁画下端所加绘之菩萨像、供养人像等，亦尚为较佳之作品。塑像则举第四洞前左首小龛内之塑像，与上述之天王塑像似可为例。

西夏当以六十七洞唐画改修之大型壁画为代表，设色较为热烈，结构亦较有变化。他如二〇一洞之奇特服饰之供养人，（近乎西夏作风。）二六四洞之佛说法图与菩萨像，二七〇洞之小佛像，二九八洞之经变图，及洞顶藻井、天花之动植物装饰图案，亦尚有可观之价值。

元代壁画，无足多述。除一八五洞之系唐宋画改绘之一部分外，其他各洞所见,如观音、水月观音、千手千眼观音、文殊赴会、普贤赴会等图像,尚属可人。

清代壁画,更无足取。惟二九九洞有清代重修之菩萨像,虽无艺术价值,但较其他各洞所见,略为雅洁,亦可备民间作风、民间塑艺之一格耳。

(附)千佛洞往往有后人塑建之道教各像及牛头马面等像,则因洞前三界寺,本为佛寺,至元以后为道士所居之故。然其中或亦有较古者,则当与李唐之尊奉老聃道家有关。

十二、千佛洞之木构建筑

中国古代建筑之术,以书本而论,则有北宋元符三年(公元一一〇〇年)李诫所著之《营造法式》可资参考。至《阿房宫赋》等所云,则仅能使吾人对当时宫殿之庄严伟丽起一种想像而已。故在今日而欲知古建筑之实况,则唯有求诸实物以为凭。山西五台山佛光寺为唐宣宗大中十一年(公元八五七年)所建筑,在中国现存古建筑中当以此为最早。次之即为敦煌千佛洞矣。惜以年代久远,诸就毁灭,兹可见者,惟有五种:一为晚唐或五代时者,仅存木架,已暴露于空中。二为北宋太祖乾德八年(实即太祖开宝三年,公元九七〇年)者,三为同上开宝九年(实即太宗太平兴国元年,公元九七六年)者,四为太宗太平兴国五年(公元九八〇年)者,五疑为太平兴国年间者。除开宝九年之建筑今已加以修理外,余皆暴露空间,或部份暴露空间,势非毁坏不可,急宜加意爱护以资保存。

十三、千佛洞之碑碣

千佛洞自开凿至于今日,已历一千五百八十五年之久,其间碑记石刻,势必甚多。但迄今遗存者,仅十余种,殆以地处边陲,缺乏保护,致遭损毁之故。兹依时代分别其名称,以为研究史迹之参考。且由其中之断碑残碣观之,亦可知其被毁之不少矣。据余所知者:有经幢残石、夔龙纹残石,为北魏时代之物;武周圣历元年《重修莫高窟佛龛碑》《僧洪辩受牒碑》《陇西李府君修功德碑记》《唐宗子陇西李氏再修功德记》《都督杨公纪德颂》《索□碑》，为唐代之物；《重修皇庆寺碑》《莫高窟造像碑》，为元代之物；《重修千佛洞三层楼功德碑记》，为清代光绪末年之物，且为木刻；《敦煌千佛洞千相塔记》，为清代宣统二年之物；《王道士墓志》，为民国二十年之物。内除索杨两碑，固残缺过甚，不明其与千佛洞之关系外，其他所记均为直接关系千佛洞历史沿革之重要材料者。至所用文字，除婆罗谜文外，仅元顺帝至正八年之莫高窟一石，已刻有汉文、西夏文、梵文、藏文、回纥文、八思巴蒙古字等六种字体，与居庸关城门洞所刻之字体大致相同。亦可见当时中国对各族文化交融之广，与吸收能力之盛也。

十四、千佛洞之花纹砖

千佛洞之花纹砖遗存尚多，迄今犹随地可见。盖当时即用以配合各石室、寺宇、壁画、造像、天花、佛座之建筑纹饰而作为铺陈之需者。形多正方，长宽约各二公寸六公分，花纹以莲花纹样为主之图案为最多，时代均为唐代或六朝，与陕西各地所见者略同。至陈列室内尚有飞鸟、龙、凤、骆驼各种花纹之砖，乃系艺所采集与发掘所得，非千佛洞中原有之物。但以技术高妙而论，当以一劳动者手牵骆驼迈步前进之花纹砖，姿态最为生动。时代疑在唐前，或为六朝之物？

十五、千佛洞之藏经与画轴

千佛洞之著名，虽起于公元一八七九年匈牙利人洛克济之发现壁画，然为世界各国所注目，而特尊名为敦煌学，则实由于公元一八九九年王道士圆箓之发现石室内六朝唐人所书之经典与卷轴始也。此石室即在于第一五一洞之内，今名为藏经洞以纪念之。此种经卷所包内容之富，与方面之广，可谓空前。兹不克分别列举其名，仅归纳为从前发现与最近土地庙发现两大部份而略述之如次：

（甲）从前一八九九年所发见者：此次发现总数，多至三万余卷，而以写录佛教经典为最多，约居全数百分之九十以上。次如道教经典、摩尼教经典、景教经典、儒家经典、诸子书籍、音韵书籍、文字书籍、文学书籍（如通俗文学、通俗小说、唱词等）、史学书籍，以及非专著之写卷本，如短文、诗词、信札、账簿、户籍、契约、醮词、祭文、祝词之类，与图画、图案画、幢幡、画像，及各种古梵文、古波斯文、突厥、回纥诸国文字所书之文书，虽为数不多，而种类亦甚可观。欲知其详，可看时人所著诸书。但多流落国内外公私人之手，欲睹全貌，恐甚不易矣。

（乙）最近一九四四年所发现者：此次所发现者，均出于文物研究所后园，土地庙神像之腹内。庙与神均系清末中寺之主持王喇嘛所建塑，后因改筑职员宿舍而发现。现均保藏于文物研究所内。惜多残缺不全。最长者亦不过一丈而已。兹将各卷目详列于后。其有年号月日及书写人名者，则注出之。间亦略取所内说明而附注之。

《弥勒经》。北魏兴安三年五月十日，谭胜写。（案此经今年检查时，史苇湘同志在卷首第二行末，见有“告疏”二字，遂共商改名为“告疏”。）

《涅槃无名论》（反面写《维摩诘经》）。六朝，释僧笔〈肇〉作。

《涅槃经》。六朝。

《涅槃经》。六朝。

《涅槃经第六》。六朝。

《涅槃经第十四》。六朝。

《涅槃经》。六朝。

《涅槃经》。同上。

《涅槃经》。同上。

《涅槃经》。同上。

《涅槃经》。同上。

《涅槃经》。同上。

《般涅槃经第三》。六朝。

《涅槃经》碎片。六朝。

《涅槃经》碎片。六朝。

《大涅槃经第二十》。六朝。

《大涅槃经第三十八》。六朝。

《佛说灌顶章句拔除过罪生死得度经》。北魏太和十一年五月十五日。

《佛说灌顶章句拔除过罪生死得度经》。六朝。

《佛说祝毒经》。六朝。

《佛说阿难律经》。六朝。

《佛说悔过经》。六朝。

《佛喂饿虎经》。六朝。

《佛说沙弥所应奉行诫》。六朝。

《佛经偈语》。六朝。

《法华经》。六朝。

《法华经》。六朝。

《法华经》。六朝。

《法华经》。六朝。

《法华经》。六朝。

《金光明经》。六朝。

《金光明经第二》。六朝。

《报恩经》。六朝。

《佛本生经》。六朝。

《本生经》。六朝。

《中论经第一》。六朝。

《摩呵般若波罗密照明品第十》。六朝。

《摩呵般若波罗密远离品第十八》。六朝。

《优婆塞贰杂品第十九》。六朝。

《优婆塞贰杂品第十九》。六朝。

《自在王菩萨经上卷》。六朝。

《药王菩萨经》。六朝。

《药王菩萨本事品第二十》。六朝。

《药师本愿经》。六朝。

《贤愚经出家功德品》。六朝。

《观佛合品》。六朝。

《陀罗尼》? 六朝。

《陀罗尼》? 六朝。

《普门道品》。六朝。

经残片。六朝。

经注? 六朝。

《比丘羯磨》。六朝。

名未详。六朝。

名未详。六朝。

名未详。六朝。

名未详。六朝。

名未详。六朝。

名未详。六朝。

名未详。六朝。

名未详。六朝。

名未详。六朝。

残片。六朝。

残片。六朝。

职官花名册。六朝。

记帐单。六朝。

记帐单。六朝。

《诗经》。六朝。

《孝经》。北魏和平二年十一月六日,唐丰国写。

十六、研究所内各陈列室中之古物

陈列室中之古物，因较零碎，不克详记。兹述其大略如下：

（一）花纹砖陈列室：千佛洞唐砖之多，已略见上述。当吾人一进艺所大门，即见满地皆是，余甚为惊喜，乃谓诸同志曰："吾人已进入艺术之宫了！"即指地上砖告之，诸同志皆俯视叹绝！及参观陈列室，则所收集皆唐与六朝砖花纹中最精采之代表品也。惜限于时间，余未能一一统计其花纹类型。室内尚有上述之莫高窟造像、婆罗谜文、夔龙纹诸石刻，及宋代粗绢本白描菩萨像（装悬木框内）、唐泥塑天王像等。又悬陈常夫人李承仙同志所绘魏代壁画，酷肖原物，余初见之，疑为从洞壁取得者。

（二）绘画及古物陈列室：新建较大之陈列所一，内分六室，有五室已陈列，计临摹魏隋以前之画一室，唐代之画一室，各时代之图案画一室，各时代之杂画共二室。旧式陈列室一，内仍悬置绘画。陈列古物之较重要者，则有元代之公主足，唐代之张君义大将手，（闻发见时，手旁有告身或传记，当时被人窃去。所内系接收他人所发掘者，故未亲见。）肉色均深褐而干枯，似经药剂涂制而获保存者。其他尚有"日利"二字砖，似为汉物，又有残经片等，似为六朝及唐宋时物。其余琐小之物，尚有多种，兹不克尽记。

（附注）绘画有临摹画、复元画二种。

十七、结语

余记叙敦煌千佛洞之状况既毕，自思不免近乎芜杂，然所以必作如此较详之介绍者，意欲借余参观所得与时人所记荟而理之以作一全面性之报告耳，非好为佛教迷信作宣传也。深知挂一漏万，错误綦多，惟原物俱在，可为实地证验；专家学者，研讨殊深，垂而教之，则更获攻错之益，是则余之初旨与深愿也。

夫佛教自入中国以来，为封建统治阶级所利用以展施其愚民政策以遂其统治之毒计者，已数千年，其遗害可谓滋甚！即以释迦自命之“舍身救世”“舍己救人”而论，亦不过徒托空想，为一种唯心之愿望，于今何取？自不容吾人生于今日而再有此种之表彰与宣扬也。但就艺术一方面言，则固为先民费尽脑力体力种种劳动所得，自有其极大之历史价值（此即所谓劳动创造价值）在，亦未容吾人之忽视之也。况其中所保存之历代生人画像，与舆服、典章、器皿、用具、建筑等等之实际材料，以及匠人、画师、劳苦工农所显示之工作过程、生活形态、生产方式、生产工具、生存条件等等，亦无一不反映出政治经济、文化水平之各面。（唐元两朝最为显著。）甚而外国部族之风俗制度、生活样式，亦可据此而悉其大概，是诚为了解先人之社会劳动所反映之最好资料矣。且不仅此也：洞窟繁多，画工浩大，技术成就之高超，智慧运用之精密，非具有集体主义之创作精神不为功，此又其特点之可注意者一；五百余洞（现四百六十余洞）之场面伟大，内容丰富复杂，自始至终，丝毫不乱，一笔不苟，非有认真严肃之工作态度之素养不及此，此又其特点之可注意者二；画中乡村生活之描写，（赶脚、抬轿、牵船、驮物、狩猎、捕鱼、伐木、采果、播种、收割、扬场、推磨、挤乳、饲畜等等。）经中变文之或说或唱，开后世民间艺术、人民文学之创局，此又其特点之可注意者三；千佛洞僻处西陲，为中国文化之前卫，为东西文化交流结合、冲刷洗炼之第一站，实于新旧思想作风演变之过程中，起有剧烈之斗争作用与带头作用，与其他各地之徒尚佛事者迥乎不同，此又其特点之可注意者四。总之：由千佛洞之整个文化艺术而言，实为一中西文化溶合后由劳动工人阶级所产生之伟大新兴艺术，确保自己优点，不为外族所化，吸收外来文化为自己文化，扬弃自己缺点，学习他人所长，足见吾祖国劳动人民之具有自尊心、自爱心、坚持性、进步性、积极性、革命性、斗争性、创造力、融合力之种种优良品质，是有其一贯之历史基础者也。诚如毛主席所云：“中国人民是伟大的、勇敢的、勤劳的。”当今日热烈发扬国际主义与新爱国主义之顷，得此历史宝库，将予吾全国人民大众之精神上以何等强烈之感应乎！

虽然，吾人研究史料之目的，犹须努力揭发其不断在发展中之社会过程，而尤须了解此种过程之动力，自过去以至现在，自现在以至将来，实有其永远前进不停、推陈出新之积极性与革命性者。若仅视此种史料之为死物，而徒作欣赏赞美之消极旁观态度为已足，是诚未能掌握史料全面性之运用与深刻了解史料好坏之处理方法者也。故余于叙述此稀世瓌宝之千佛洞之余，就拙见所及，为提出意见（亦可谓之余之愿望）数则，（一部份与赵望云、张明坦两处长同意。）以供大众之讨论，即希于欣赏赞美以外，如何应用到现在，如何与实际相结合，以从劳动群众得来之实物，仍归还于劳动群众，使劳动群众实得其用！

（1）图案花纹（如藻井、天花、边饰、花纹砖等），为千佛洞最精致最美丽之一部，可如何应用到现在一切之织物上与一切之装饰品上？

（2）鲜艳夺目之彩色之配调和谐，与保持长久，可如何应用到现在之染色法上？

（3）各图色光之强大吸引力，与热烈刺激性，可如何应用到现在之剧场布景上与一切宣传上？

（4）灰泥工程之坚致平实，耐久不脱，可如何应用到现在之建筑上？

（5）石室及木构设计之美观与巩固，亦可如何应用到现在之建筑上？

（6）图画中关于工农劳动各方面者，可如何应用到现在之生产建设上？

（7）大部画面所充满之清快活泼、雄健挺秀之美感，与笔底蕴蓄不尽之生发力，可如何应用到现在之民间艺术与大众美术上？

其次尚有附带之意见三则：

（1）千佛洞内六朝、唐、五代之花纹砖，散见于水沟、粪厕、台阶、墙壁、院地者甚多，（已见上述）将来文物研究所，可选集其重复者以赠送各地之学校、图书馆、研究所、陈列馆、科学馆等以为研究参考之用。（此意余已向常书鸿所长提及。）

（2）千佛洞各壁，有白俄流亡分子，中国反动时代残余军人，历代商旅、游人、香客之题记甚多，或系帐目，或系男女情话，或系歌谣，或系打油诗词，或系骚兴文墨，均可按时分类录存，以为苏联十月革命，及中国解放胜利以后，政治思想、社会制度、经济文艺革新前后比较研究之参考资料，亦甚有其革命之意义存也。（此意余亦与文物研究所史苇湘同志等提及。）

（3）自文物研究所成立以来，千佛洞之保护修理，有增无已，诚可庆幸！惟限于经费，日暴风打，形将毁灭者（如古代木构之露空，与洞窟之有裂罅者最甚）亦未始无之。又文所同志，在常所长八、九年领导之下，成绩卓著，然仍望常所长能集中各方人才，请求相当经费，广事研究，速予全部或择要之修理，以久其传，以宏其效用尤幸！

（本文据作者手稿整理。）

今后之考古学

真理无穷，人生有涯，以眇小有涯之人类，追求宇宙无穷之真理，虽间有若干精确智识之获得，而其所受之辛苦艰难，自可不言而知。然聪明有为之士，决不以此种困难而阻碍其前进而甘心自封于区区已得之智识而止。故常以极丰富之想像，构成其极伟大美妙之假定，处处找寻其真实可信之材料，以客观的态度处置一切。前瞻后顾，东比西较，综合分析，以求得新发明而扩大其未来智识之领域；或求出其结果，以补充、改正其已得智识之部份；并于其所假定之问题，亦得证明确切而无疑。此现今科学家之所以为“怀疑的”与“实证的”也。宇宙间之真理无穷，科学家之怀疑与实证亦无尽时。

然一般畏难苟安之人，或鉴于前人已成工作之伟大，遂震眩而不敢自主，竟丧失其前进、改正、批判之勇气，而成为宗教式之赞美、崇拜，阻止其宇宙间全面真理之研究，而专力于前人著述之故纸堆中，而不知对于故纸材料之应加以怀疑、抉择，用历史家公平正当之眼光以定其应得之价值，则又为人类智识进步之障魔，与科学家之罪人矣。

吾人生当今日，虽不敢以科学家自名，然自今日以至今后无论对于任何学问之研究，脑经中决不应有“畏难”与“满足”等观念。惟有时时具备远大之目的，多方之假定，丰富之理想，浓厚之兴趣，敏锐之眼光，深刻之怀疑，勇猛之精神，冷静之态度，坚忍之意志，谨严之方法，高超之技术，置身于宇宙万物之间，萦心于真理真智之所在，以求得实证之效果，与优越之收获，使人类对于整个宇宙之智识大系，无分未知与已知，人为与自然，传说与记载，实物与理论，日趋进步，日晋完美。斯吾人今日及今后应有之职责，亦所以远胜于前人也。

夫研究全体之智识既如是，研究个别之科学亦何独不然。考古学者，本为历史学之一门，而其所包函之范围，有时实且过之。盖历史多偏重于人事之变迁，与事变之沿革，而考古则在未有人类以前，及人类以外之天文、地理、动、植、矿各门，凡存留于地上地下之遗物遗迹均包括之。惟历史之目的为求真，而考古则为求真之惟一法门，故谓考古为历史科学之一门也可〈可也〉。

至历史之有较善之著作，在欧洲则纪元前第五、六世纪之希腊已有。至真能超出古人之范围而成为实证之科学，则实受第十九世纪中叶黑格尔、孔德两派哲学之影响。前者以历史为绝对理性之发展，后者以历史为社会科学所必不可缺之根基，于是历史科学之地位突然增高，而研究历史之人亦骤然增多。一方对于史料之本身，(如传说等亦在内。)亦知加以极缜密之探讨，而不敢以轻信。一方对于史料之来源，亦知尽量扩大以至于一切有文字之著录以外，或发掘，或整理，或取诸世上遗留之浅化民族之文化以为旁证与比较。于是人人对于历史之智识，不仅限于人类数千年有文字之著录，而在有人类及人类以前数十万年之经过，亦知广搜博证，考察其变化，寻求其因果，而历史乃开辟一新局面，而成为一种崭新独立之科学。吾国文字著录之历史发展时期，与希腊亦大致相似。而人间、地上、地下所遗留之文字与非文字之史料之丰富，实可谓全世界难有其比。然历来史家之著作，大都千篇累牍，抄袭雷同，几全成虚文。而尤大之缺点，则为人人以主观为出发点，故中国纸外之材料，既不为人所重，而纸上之材料，亦极少一部真实可信之著作也。直至清代末年之孙诒让、罗振玉、王国维，民国五、六年之梁启超、胡适、李济诸先生，先后盛倡以科学方法整理国故之说，于是史学之面目一新，而对于史料本身及来源,均一致主张缜密□别、评判、发掘、考查、整理,不再蹈前人墨守书本、迷信旧说以为史家之责任已尽,而始使中国之历史崛然新兴,同列于世界独立科学之林,则实由于清末以来诸先生提倡考古,运用考古方法以为改造史学运动之基础故也。

今则全国学者已公认考古功绩之不虚,对于史学全体之推进,亦已确实走入实证之阶段。吾人而不欲使此新兴生命之前程遭遇挫折或夭亡,则惟有如骥以上所述,一秉科学家研究一切科学之精神方法,并力以赴之而已。上承中外学者既启之风,继开后人研求无穷之门,使昔日改造史学之运动,今日成为事实;今日已走入实证阶段之史学,益臻于完美。不仅地位提高,得同列于世界历史科学之林,而国人此后亦能确得一部科学的中国大历史以为民族走向光明路上之向导,是则今日及今后考古学界责无旁贷之使命也。

虽然,以今日科学家怀疑实证之精神方法,而整理中国历史,使成为一部科学的中国大历史,固为吾人从事考古学者责无旁贷之使命,然此犹限于国别之见,拘于一隅之论。若以全世界人类文化而论,则吾人今后之考古工作,当有更重于此者。吾中国为世界一大古国,历史之悠久,文化之发达,世界罕有其匹。“成为东方文化中心”之评论,学者早无异议。然此伟大之文化,固何自来乎?谓发生于本土乎?谓来自外方乎?是诚一大问题也。世之讨论此问题者,已不乏人:如主巴比仑说或旧西来说者,有法人拍克伯里(T. de Lacouperie)等,谓中国之文化,系由巴比仑传来,黄帝即为巴比仑巴克族之酋长,率其族东徙而至中国云。主埃及说者,有德人契且(A. Kircher)等,谓中国文字与埃及同,可证中国人出自埃及;又法人余厄(Huet)德几尼(de Guignes)等,亦谓中国文化出自埃及云。主印度说者,有法人戈比脑(A. de Gobineau)等,谓中国人之祖盘古氏,原系印度族人,由印度而来。此说虽指民族,然民族既由印度来,则其文化亦自由印度来矣。主印度支那说者,有德人维格耳(P. Wieger)等,谓中国人出自缅甸,先入华南,后至中原云。主中亚细亚说者,有英人保尔(Ball)美人攀柏尔(R. Pumpelly)等,谓人类应发生于中亚细亚，后乃分二支东西迁移，一支入巴比仑，一支入中国云。主新疆说者，有德人李希霍芬(Richthofen)等，谓中国人出自中国土耳其斯坦即新疆，即由于阗东来云。主甘肃说者，有日人鸟居龙藏等，谓甘肃古有一族，尊上帝而敬祖宗，即为汉人之祖，后乃向东迁移云。主土耳其族说者，有瑞典人珂罗屈伦(Karlgren)等，谓新石器时代河南之文化，受西方影响甚大，如彩色陶器乃为在甘肃之土耳其族所传授云。主蒙古说者，有美人安得鲁(R. C. Andrew)及奥斯朋(N. F. Osborn)等，探险蒙古，谓蒙古或为人类发生地云。主新西来说者，有瑞典人安特生(C. G. Anderson)及奥人师丹斯基(O. Zdansky)等，自民国十年以来，发见河南渑池县之仰韶村，辽宁锦西县之沙锅屯，及甘肃之贵德县、导河县、宁定县等处，皆有新石器时代以至铜器时代之遗址，以其遗物甚类于中亚细亚安诺(Anau)地方之古迹所发见者，因推论中国文化由西方或即巴比仑传来云。主本土说者，有法人罗苏弥(L. Rossomy)英人洛斯(G. Ross)等，皆谓中国民族即发生于本地。而英人罗素(Russel)及韦尔斯(H. G. Wells)等，亦谓中国文化系独立发展者。近复有世界文化移动，分为南北中三线，而中国文化属于中线者。

然案以上诸说，旧巴比仑说，早失学者信仰；埃及说近于荒诞；印度说出于种族偏见；印度支那说、中亚细亚说、新疆说、甘肃说、土耳其说、蒙古说等均近于理论及推想，而无确实可信之证据。惟新西来说据陶器之制作、色彩，及形式而立论，方法较为精密，或有一部份可信。而中线移动说，大致无异于文化西来说。然均不如土著说之为有力也。吾国近年来华西华北各地，史前遗址，日有发见。铜器新石器时代之遗址尤多，而旧石器时代之遗址亦颇不少。(如甘肃庆阳，河套南鄂尔多斯，陕西榆林，热河朝阳、赤峰等地是。)甚至世界极古之人类遗骸即周口店之北京猿人，亦于一九二二年发见。(北京猿人，当居世界最早之爪哇直立猿人之次。直立猿人距今约四十七万五千年。北京猿人，距今约四十万年。或谓百万年，似未可信。)今复以发见旧石器各地点观之，则周口店似适居中心。则中国文化之发生于本土，与发生于本土之北京周口店，似极可信。然此说之完全成立,尚待多方之求证。倘此说而果证实,则北平研究院、中央研究院与其他学术机关各地之发掘,必可由点的文化,连成线的文化;由线的文化,连成面的文化。复推而至于世界文化与中国文化相互之关系亦可求而得。其功绩之伟大,岂仅一部科学的国别史已耶?虽曰比美于哥伦布之发见新大陆,亦不为过也。是则吾人身任考古事业者,今日今后之使命,宁有更大于此者乎?吾愿吾同志之速兴而共勉之也!

一九四〇,于陕南城固

(本文原载《读书通讯》1940年第7期。)

金石学

古本《道德經》校刊[①]

序言

本院考古組於民國二十三年十一月，在陝西寶雞縣鬥雞台作第二期之發掘。至二十四年一月中，因天寒地凍，工人忙於過廢曆年，遂奉徐主任旭生先生之命，分組出外調查。驥與龔元忠先生担任鳳翔、寶雞兩縣。二月十二日，余等調查至寶雞縣城東南五十餘里之磻溪宮，宮相傳爲周呂尚隱釣之地，至元爲丘長春成道之所，故又名"長春成道宮"。（見《寶雞縣志》）至第四殿院中，發見元大德三年之道德經幢，幢共八棱，身高四·六公尺，棱寬○·二九公尺。座半入土中，頂周四面造像，像一已毀面部。全幢色質光澤，制作精雅。余甚喜之，歸而請命於徐先生爲命工

① 编者按：本文之校勘，以1936年國立北平研究院出版原書爲主，何氏手稿爲輔，並酌情增補原書無而手稿有者。如何氏手稿詳載部分石刻文字之保存情況，（某字漫漶、某字缺泐云者。）因其記錄方式與手稿其他部分有所不同，或為作者日後所補。由於此類描述有益於石刻文字之研究，故據手稿增補。而原書部分文字訛誤，也據手稿校正。凡編者增補處，一律加注"编者按"說明。由於原書留白較多，此次配合《文存》重新校正，同義字句多予合併，以節省版面空間。又本文涉及各本《道德經》之異體字，爲方便研究者使用，今皆以繁體字處理，避免混淆。

拓歸。時因發掘工忙,行篋無書,無可校閱。及五月返平,出視拓本,見其僅題"老子道德經"而不分篇章,知其與《道德經》古本相近。昔宋晁說之(政和時人)熊克(乾道時人)得王弼《道德經》,以其題曰道德經,不析乎道德而上下之,喜其近古,至爲繕藏鏤版以行。今得是刻雖後於彼,要亦足貴焉。及後讀至"夫隹兵者不祥之器"一句,徐先生笑謂余曰:"昔王伯申精研訓詁,釋此'惟'字,('隹'即古'惟'字。王氏釋'夫佳兵者'爲'夫隹兵者'。見《讀書雜志》。)翻覆至二三百言而不能盡,今得此,不其爲王氏得一有力之證據乎?"余亦笑曰:"設王氏而在,得見此刻,則其快慰爲可知也!"

自後轉輾搜集,遂得河北易縣、邢台,北平白雲觀,江蘇焦山,浙江杭州,甘肅慶陽,陝西盩厔各地同類之石刻,並北平圖書館所藏之寫本、木本,凡十九種,均爲之逐漸校釋一過。惜以能力所限,遺珍尚多。蓋我國歷代之於道教,奉行頗力,唐宋元三朝,以帝王之尊,出而提倡,崇尚之風,尤稱極盛,建觀立石,幾於無地無之。如歐趙所錄之懷州、明州刻本(見歐陽修《集古錄跋尾》卷六、卷十,及趙明誠《金石錄》卷六,皆爲唐玄宗注)及《中州金石目錄》之河南鹿邑篆書刻本(《中州金石目錄》卷一云:"《金壺記》周瀨鄉石室中有老子篆書《道德經》,後蔡邕以隸字證之。佚。")雖已久佚,而甘肅慶陽之宋太平興國刻本,亦屢訪不得,即北平圖書館所藏之唐寫卷子殘本,亦因國難而南遷焉。其他公私所藏,及散在各地之斷篇殘碣之見於箸錄與未見於箸錄者,又何可勝計。是則今日之所校,亦僅"豹窺一斑"而已矣。(案六朝唐人之寫卷,以羅振玉《道德經考異》校錄爲最多,日人狩野直喜遊英倫時,聞亦有校錄。至宋元之木本,則以畢沅《老子考異》校錄爲最備。讀者可自取閱之。)至諸本之優劣,古今之異同,刊版之系統,故俟夫專篇論之。

再:徐先生(旭生)之對於日常研究上之教導,馬(叔平)徐(森玉)顧(頡剛)謝(剛主)李(印唐)葉(品三)諸先生之對於搜集材料時之指助,均敬此志謝。

二五,八,一於國立北平研究院

校刊例言

一、是編以王弼《老子道德經注》(浙江重刻巾箱本)爲底本。①

二、是編所校之本,分石本、寫本、木本三類。校入時即依此排列。而每類之中又以時代先後爲序。(至河上公注列於王弼注後,因王本較爲可信也。)

三、凡底本經文,一依原有形式,頂格書寫;有問題之文句,單獨標出,低一格書寫;各本校入之文句,低兩格書寫,以清眉目。

四、凡各本與底本相同者,校而不録。凡石本中之殘缺不明者,(或一句,或數句。)皆從闕。

五、凡從石本校入之文句,字有缺泐者,本可全以□代之;然因各本句讀之字數往往多寡不同,畫□爲難,故有時依底本補成完句,然仍於句下加以說明。

六、凡校勘分章時,皆附録於各章之末。至"某本止某某句爲一章"下接"某本同上"云者,僅同其章,至句中字之異同不論也。

七、石本分章,除"杭州"有章名外,餘皆以空一格爲標識。經文之無注解者,則在經文之末;有注解者,則在注解之末。其諸本空格而某本不空格,或諸本不空格而某本空格,不明其意義者,皆加注於其下。

八、凡各本用字之與底本形義全異者,自在校録之中。即在當時書刻者認爲相同之字,而案諸字書(如《說文》等)或爲兩字,或爲別體,或竟爲字書所無者,余亦多加校録。惟相差極微者,則從略。

例如:

"不貴難得之貨"之"貴",諸本有作"貴"者;

"緜緜若存"之"緜",諸本有作"綿"者;

"功遂身退"之"退",諸本有作"退"者;

"古之善爲士者"之"善",諸本有作"譱"者;

---

① 編者按:關於所用底本,作者於手稿中有言:"余所用底本爲晉王弼注本,係'浙江重刻巾箱本武英殿聚珍版叢書'本。(光緒元年湖北崇文書局及光緒元年浙江書局從明華亭張之象本録出,據《永樂大典》所載本校刻者也。余復將兩本對校,並重録一本,知確無舛異云。)"

“善人之資”之“資”，諸本有作“𧵍”者；

“侯王無以貴高將恐蹶”之“蹶”，諸本有作“蹷”者；

“使民心不亂”之“亂”，諸本有作“乱”者；

“道沖而用之”之“沖”，諸本有作“冲”者；

“以萬物爲芻狗”之“芻”“狗”，諸本有作“蒭”“䒂”“猗”者；

“能嬰兒乎”之“嬰”，諸本有作“孆”者；

“五音令人耳聾”之“聾”，諸本有作“聑”者；

“其上不皦”之“皦”，諸本有作“曒”者；

“無物之象”之“象”，諸本有作“𤉢”者；

“以御今之有”之“以”，諸本有作“㠯”者；

“猶兮若畏四鄰”之“鄰”，諸本有作“隣”者；

“守靜篤”之“篤”，諸本有作“蔦”者；

凡此之類，在今雖爲同字，然“貴”“緜”“退”“譱”“資”“蹷”“亂”“沖”“芻”“狗”“嬰”“聾”“皦”“象”“㠯”“鄰”“篤”皆見於字書，合於六書，而“貴”“綿”“退”“善”“𧵍”“蹶”“乱”“冲”“蒭”“䒂”“猗”“孆”“聑”“曒”“𤉢”“以”“隣”“蔦”均爲異體，或爲後起，以形式論之，究有不同也。

又如：

“強其骨”之“強”，諸本有作“彊”者；

“無名天地之始”之“無”，諸本有作“无”“旡”者；

“其猶橐籥乎”之“籥”，諸本有作“龠”者；

“夫唯弗居”之“唯”，諸本有作“惟”者；

“敦兮其若樸”之“樸”，諸本有作“朴”者；

“混兮其若濁”之“混”，諸本有作“渾”者；

“大道廢有仁義”之“廢”，諸本有作“癈”者；

“奈何萬乘之主”之“奈”，諸本有作“柰”者；

“善之與惡”之“與”，諸本有作“与”者；

凡此之類，今雖各字互相通假，然究其本誼，則各爲一字，不相蒙混。上述兩例之字，本編中校錄尚多，茲特舉此以示其餘。

各本《道德經》簡稱表①

版本	簡稱	備註
易縣龍興觀景龍二年本	易龍	
易縣玄宗邸注本	易玄	
邢台玄宗御注本	邢玄	
鎮江焦山本	焦山	僅存殘石一段，字最少。
易縣龍興觀景福二年本	易福	
甘肅慶陽本	慶陽	
杭州宋高宗御書《道德經》	杭州	依余所用王弼注本之章次，惟六十二、六十三、六十四、六十五、六十六諸章畧可辨識外，餘皆漫滅。末有清阮元題識。
樓觀台古文本	樓古	
磻溪宫本	磻溪	
清咸豐北京白雲觀刻元延祐三年趙孟頫書《老子道德經》	趙	
樓觀台正書本	樓正	清王言著《金石萃編補畧》，名《終南山老子道德經》。
老子道德經義疏	羅卷	羅振玉《古籍叢殘》影印唐寫卷子殘本，羅氏定爲唐高宗時寫本。因文内治字皆缺末筆。
老子河上公注	柰卷	日本柰良聖語藏舊鈔老子殘本影印本，存卷三、四。

① 編者按：原書所引各本《道德經》僅書簡稱，未詳註版本，今據手稿本增補，列爲表格，以便檢閲。另有所謂簡稱“唐石拓”者，為原書所無，皆據手稿本增補。然手稿中亦未言明其版本，僅知為唐玄宗御註本，且相關條目疑係作者日後增補而成，僅書文字缺泐情況，未書異文。據此，並參考其在文本中出現情況，“唐石拓”疑與“易玄”（作者手稿稱“唐石刻”）關係密切，或即為“易玄”。然無確實證據，亦不敢定。

版本	簡稱	備註
王弼《老子道德經注》	集唐	《古佚叢書》集唐字本。
河上公老子章句	河上	涵芬樓借常熟瞿氏鐵琴銅劍樓藏朱刊本影印。
顧歡《道德真經注疏》(道藏本)	顧	民國十三年上海涵芬樓影印。
范應元《老子道德經古本集註》	范	《續古佚叢書》影宋刊本,涵芬樓借江安傅氏雙鑑樓藏宋刊本影印。
彭耜《道德真經集註》(道藏本)	彭	民國十三年上海涵芬樓影印。

老子道德經上篇

《易龍》作"老子道經一卷"。

《易玄》作"老子道經卷上"。

《邢玄》作"老子道經上"。

《焦山》因殘缺不知。

《易福》碑額作"老子道德之經"。

《慶陽》作"老子道經卷上"。

《杭州》因磨滅不明。

《樓古》作"古老子"。

《磻溪》作"老子道德經"。

《趙》作"老子"。

《樓正》作"道德經上"。

《羅卷》因殘缺不知。

《柰卷》因殘缺不知。

《集唐》作"老子道德經上篇"。

《河上》作"老子道經"。

"河上公章句第一"。

《顧》作"道德真經注疏卷之一"。

《范》作"老子道德經古本集註上"。

《彭》作"道德真經集註卷之一"。

【一章】

道可道非常道名可名非常名

道可道

《顧》無此句,僅有注云:"經術政教之道也。"想係脱誤所致。

無名天地之始有名萬物之母

無名天地之始

《易龍》作“无名天地始”。

《易玄》作“無名天地始”。

《顧》作“无名天地之始”。

《范》同上。

有名萬物之母

《易龍》作“有名万物母”。

《易玄》同上。

《范》作“有名万物之母”。

《慶陽》“母”字泐。①

故常無欲以觀其妙

故常無欲

《易龍》作“常无欲”。

《易玄》作“常無欲”。

《邢玄》《易福》《慶陽》《樓古》《磻溪》《趙》《樓正》《顧》《彭》同上。

《范》作“故常无欲”。

以觀其妙

《易龙》作“觀其妙”。

《易玄》同上。

《易龙》“其”字大半泐。②

常有欲以觀其徼

常有欲③

《慶陽》“欲”字缺泐。

以觀其徼

《易龍》作“觀其徼”。

《易玄》同上。

①②③ 編者按:此條據手稿本增補。

《樓古》作“以觀其趣”。[1]

《慶陽》“觀”“徼”二字缺泐。[2]

此兩者同出而異名同謂之元元之又元衆妙之門

同謂之元

《易龍》作“同謂之玄”。（案凡“元”字，余所用石本、寫本、木本皆作玄。此作“元”，乃清世避諱之故。以後不再舉。）

《慶陽》自“此”字以下至“斯惡已”“惡”字止，皆缺泐。[3]

【附】

《易龍》止“衆妙之門”句爲一章。

《易玄》《邢玄》《易福》《樓古》《趙》《樓正》《集唐》同上。

《河上》同上。名“體道第一”。

《范》同上。名“道可道章第一”。

《彭》同上。名“道可道章第一”。

《焦山》至此分章否，因殘缺不明。（案《焦山》由文字之存留部份觀之，有“章句第幾”之分，[如王弼注本下篇，在焦山石刻有“河上公章三”等字是。]而不分章。[如王弼注本之第十、第十二、第十三各章章末，《焦山》均存字句而不分章等是。]以後全同，不再舉。）

《慶陽》至此分章否，因缺泐不明。

《杭州》同上。

《磻溪》不分章。（以後全同，不再舉。）

《顧》同上。（以後全同，不再舉。）

《羅卷》因殘缺不明。

《柰卷》同上。

---

①②③ 編者按：此條據手稿本增補。

【二章】

天下皆知美之爲美斯惡已皆知善之爲善斯不善已故有無相生難易相成長短相較高下相傾音聲相和前後相隨

天下皆知美之爲美斯惡已[1]

《范》作"天下皆知美之爲美斯惡已"。

《易龍》"下皆"二字大半泐,"惡已"二字全泐。

皆知善之爲善

《范》作"天下皆知善之爲善"。

《易龍》"皆"字稍泐,"知善"二字隱約可辨。[2]

《焦山》"善"字畧漫滅。[3]

故有無相生

《易龍》作"故有无相生"。

《邢玄》作"故有無之相生"。

《焦山》《易福》《慶陽》《樓古》《磻溪》《趙》《樓正》《彭》同上。

《顧》作"有無相生"。

《范》作"故有无之相生"。

難易相成

《邢玄》作"難易之相成"。

《焦山》《易福》《慶陽》《樓古》《磻溪》《趙》《樓正》《范》《彭》同上。

《慶陽》"難"字漫漶,隱約可識;"易""相"二字大半缺泐。[4]

長短相較

《易龍》作"長短相形"。

《易玄》《河上》《顧》同上。

《邢玄》作"長短之相形"。

《易福》《慶陽》《樓古》《磻溪》《趙》《樓正》《范》《彭》同上。

---

①②③④ 編者按:此條據手稿本增補。

高下相傾

《邢玄》作"高下之相傾"。

《易福》《慶陽》《樓古》《磻溪》《趙》《樓正》《范》《彭》同上。

《慶陽》"高"字全泐,"之相傾"三字漫漶,但隱約可辨。[①]

音聲相和

《邢玄》作"音聲之相和"。

《易福》《樓古》《磻溪》《趙》《樓正》《范》《彭》同上。

《慶陽》此句因泐不明,然以上四句例之,當亦作"音聲之相和"。

前後相隨

《邢玄》作"前後之相隨"。

《易福》《樓古》《磻溪》《趙》《樓正》《范》《彭》同上。

《慶陽》此句因泐不明,然以"故有無之相生","難易之相成","長短之相形","高下之相傾"四句例之,當亦作"前後之相隨"。

《顧》作"先後之相隨"。

是以聖人處無爲之事

是以聖人處無爲之事

《易龍》作"是以聖人處无爲之事"。

《范》同上。

《顧》作"是以聖人治處無爲之事"。

《易龍》"處无"二字稍泐。[②]

行不言之教萬物作焉而不辭生而不有爲而不恃

行不言之教[③]

《易龍》"教"字半泐。

萬物作焉而不辭

《易龍》作"萬物作而不辭"。

《易玄》《邢玄》《易福》《樓古》《磻溪》《趙》《樓正》《彭》同上。

---

①②③ 編者按:此條據手稿本增補。

《慶陽》因缺泐不明。

《范》作"萬物作焉而不爲始"。

功成而弗居

功成而弗居

《易龍》作"功成不居"。

《易玄》《邢玄》《易福》《慶陽》《樓古》《磻溪》《趙》《樓正》《彭》同上。

《顧》作"功成弗居"。

《范》作"功成而不處"。

《慶陽》"居"字小半泐。①

夫唯弗居是以不去

夫唯弗居

《易龍》作"夫唯不居"。

《易玄》《邢玄》《慶陽》《樓古》《趙》《樓正》《顧》同上。

《磻溪》作"夫惟不居"。

《彭》同上。

《河上》作"夫惟弗居"。

《范》作"夫惟不處"。

《易龍》"居"字半泐。②

《易福》因漫漶,作"弗"抑作"不",不知。③

是以不去④

《易龍》"是以"二字半泐。

《慶陽》"以"字缺泐。

【附】

《易龍》止"是以不去"句爲一章。

《易玄》《邢玄》《易福》《慶陽》《樓古》《趙》《樓正》《集唐》同上。

---

①②③④ 編者按:此條據手稿本增補。

《河上》同上。名“養身第二”。

《范》同上。名“天下皆知章第二”。

《彭》同上。名“天下皆知章第二”。

《杭州》至此分章否,因磨滅不明。

《羅卷》至此分章否,因殘缺不明。

《柰卷》同上。

【三章】

不尚賢使民不爭不貴難得之貨使民不爲盜不見可欲使民心不亂

不尚賢

《易龍》作“不上賢”。

使民不爭

《邢玄》作“使巪不爭”。(以後民均作巪,不再舉。)

《易福》《集唐》同上。(案《易福》《集唐》,巪字仍有少數作“民”者,不再舉。)

不貴難得之貨

《邢玄》作“不賫難得之貨”。

《樓正》同上。

《慶陽》自“不”字起,至下文“強其骨”“其”字止,皆缺泐。[1]

使民不爲盜

《易龍》作“使民不盜”。

《易玄》同上。

《焦山》“爲”字畧漫滅。[2]

不見可欲

《顧》作“不見可慾”。

---

①② 編者按:此條據手稿本增補。

使民心不亂

《易龍》作“使心不亂”。

《易玄》《邢玄》《易福》《磻溪》《趙》《樓正》《河上》《顧》《彭》同上。

《焦山》作“使心不乱”。

是以聖人之治虛其心實其腹

是以聖人之治

《易龍》作“聖人治”。

《易玄》作“是以聖人治”。

《河上》《顧》同上。

《邢玄》作“是以聖人之**治**”。(以後治均作**治**,不再舉。)

《趙》作“是以聖人之治也”。

《范》同上。

虛其心實其腹①

《邢玄》作“虗其心實其腹”。

《易福》《趙》同上。

《焦山》“心實”二字皆大半缺泐。

弱其志強其骨

強其骨

《樓正》作“彊其骨”。

《易龍》上“其”字漫漶頗甚。②

常使民無知無欲

常使民無知無欲

《易龍》作“常使民无知无欲”。

《范》同上。

《易玄》作“常使人無知無欲”。

《邢玄》作“常使民無知無”。(案注有句末“欲”字。)

---

①② 編者按:此條據手稿本增補。

《顧》作“常使心無知無慾”。

使夫智者不敢爲也

使夫智者不敢爲也

《易龍》作“使知者不敢爲”。

《顧》同上。

《易玄》作“使夫知者不敢爲”。

《易福》同上。

《邢玄》作“使夫知者不爲也”。(案注有“敢”字。)

《慶陽》作“使夫知者不敢爲也”。

《磻溪》《趙》《樓正》《河上》《范》《彭》同上。

《慶陽》“爲”字半泐,“也”字全泐。①

爲無爲則無不治

爲無爲

《易龍》無此句。

《范》作“爲无爲”。

則無不治

《易龍》作“則无不治”。

《邢玄》作“則無不治矣”。

《慶陽》《磻溪》《趙》《樓正》《彭》同上。

《樓古》作“則無不爲矣”。

《范》作“則无不爲矣”。

《慶陽》此句各字皆稍泐,“無”字更甚。②

【附】

《易龍》止“則无不治”句爲一章。

《易玄》《邢玄》《慶陽》《樓古》《趙》《樓正》《集唐》同上。

《河上》同上。名“安民第三”。

---

①② 編者按:此條據手稿本增補。

《范》同上。名"不尚賢章第三"。

《彭》同上。名"不尚賢章第三"。

《易福》至此不分章。

《杭州》至此分章否,因磨滅不明。

《羅卷》至此分章否,因殘缺不明。

《柰卷》同上。

【四章】

道沖而用之或不盈淵兮似萬物之宗挫其銳解其紛和其光同其塵湛兮似或存吾不知誰之子象帝之先

道沖而用之

《易龍》作"道冲而用之"。

《邢玄》《河上》同上。

《樓古》作"道盅而用之"。

《慶陽》"沖"字漫漶難認。又自"之"字起,至"湛兮似或存""或"字止,皆缺泐,"存"字稍泐。[1]

或不盈

《易龍》作"又不盈"。

《范》同上。

《易福》作"又('又'似作'久')則不盈"。

《樓古》作"或似不盈"。

《磻溪》《樓正》同上。

淵兮似萬物之宗

《易龍》作"深乎萬物宗"。

《易玄》作"渋似萬物宗"。(亦有渋仍作淵者。)

《邢玄》作"渋兮似萬物之宗"。(以後全作渋。)

① 编者按:此條據手稿本增補。

《趙》作“淵乎似萬物之宗”。

《河上》《顧》同上。

《范》作“淵兮似万物之宗”。

《彭》作“淵兮似萬物宗”。

解其紛

《易龍》作“解其忿”。

《易玄》《顧》同上。

湛兮似或存

《易龍》作“湛常存”。

《易玄》同上。

《趙》作“湛兮似若存”。

《河上》同上。

《樓正》作“湛兮佀或存”。

吾不知誰之子

《易龍》作“吾不知誰子”。

《易玄》《邢玄》《樓古》《樓正》同上。

《易福》作“吾不知其誰之子”。

《慶陽》《磻溪》《趙》《范》同上。

《慶陽》“吾不”二字隱約可識，“知”字漫滅難辨。①

【附】

《易龍》至“象帝之先”句不分章。

《易福》同上。

《邢玄》似止“象帝之先”句分章，然因缺泐不敢定。

《杭州》至此分章否，因磨滅不明。

《易玄》止“象帝之先”句爲一章。

《慶陽》《樓古》《趙》《樓正》《集唐》同上。

① 編者按：此條據手稿本增補。

《河上》同上。名“無源第四”。

《范》同上。名“道沖章第四”。

《彭》同上。名“道沖章第四”。

《羅卷》至此分章否，因殘缺不明。

《柰卷》同上。

又彭自四章以下爲“道德真經集註卷之二”。

【五章】

天地不仁以萬物爲芻狗

天地不仁①

《慶陽》“仁”字半泐。

以萬物爲芻狗

《易龍》作“以萬物爲莒猗”。

《焦山》同上。

《易福》作“以萬物爲蒭狗”。

《趙》作“以萬物爲蒭狗”。

《范》作“以万物爲芻狗”。

《慶陽》“萬”字全泐，“狗”字稍泐。②

聖人不仁以百姓爲芻狗

聖人不仁③

《易龍》“不”字缺泐。

《慶陽》“不”字缺泐。

以百姓爲芻狗

《易龍》作“以百姓爲莒猗”。

《焦山》同上。

《易福》作“以百姓爲蒭狗”。

---

①②③ 編者按：此條據手稿本增補。

《趙》作“以百姓爲蒭狗”。

《慶陽》“百姓爲芻”四字，小半缺泐。[1]

天地之閒其猶橐籥乎虛而不屈動而愈出

其猶橐籥乎

《易龍》作“其猶橐蘥”。

《易玄》作“其猶橐籥”。

《趙》作“其猶橐蘥乎”。

《慶陽》“天地之”三字隱約可辨，“閒”字全泐，“其”字半泐。自“猶”字起，至下文“不如守中”“中”字止，皆缺泐。[2]

虛而不屈[3]

《趙》作“虗而不屈”。

動而愈出

《易龍》作“動而俞出”。

《范》同上。

《邢玄》作“動而逾出”。

多言數窮不如守中

【附】

《易龍》至“不如守中”句不分章。

《易玄》《易福》同上。

《邢玄》止“不如守中”句爲一章。

《樓古》《趙》《樓正》《集唐》同上。

《河上》同上。名“虛用第五”。

《范》同上。名“天地不仁章第五”。

《彭》同上。名“天地章第五”。

《慶陽》至此分章否，因缺泐不明。

《杭州》同上。

---

①②③ 編者按：此條據手稿本增補。

《羅卷》至此分章否，因殘缺不明。

《柰卷》同上。

【六章】

谷神不死是謂元牝元牝之門是謂天地根緜緜若存用之不勤

谷神不死是謂元牝①

《慶陽》"神""不"二字稍泐，"死"字全泐，"謂玄牝"三字半泐。

元牝之門

《易龍》作"玄牝門"。

《易玄》《邢玄》同上。

是謂天地根

《易龍》作"天地根"。

《易玄》同上。

《易福》作"是謂天地之根"。

緜緜若存

《易龍》作"綿綿若存"。

《磻溪》《河上》《顧》《范》《彭》同上。

《邢玄》作"綿緜若存"。

《易福》作"綿綿兮若存"。

用之不勤

《樓古》作"用之不懃"。

《慶陽》"勤"字大半泐。②

【附】

《易龍》止"用之不勤"句爲一章。

《易玄》同上。（惟在"是謂玄牝"句末亦空一格，不知何故？）

《邢玄》同上。（案《邢玄》只在"用之不勤"句末分章。）

---

①② 編者按：此條據手稿本增補。

《易福》《慶陽》《樓古》《趙》《樓正》《集唐》同上。

《河上》同上。名“成象第六”。

《范》同上。名“谷神不死章第六”。

《彭》同上。名“谷神章第六”。

《杭州》至此分章否，因磨滅不明。

《羅卷》至此分章否，因殘缺不明。

《柰卷》同上。

【七章】

天長地久天地所以能長且久者以其不自生

天地所以能長且久者

《易龍》作“天地所以能長久者”。

《易玄》同上。

《邢玄》作“天地所能長且久者”。

以其不自生[①]

《慶陽》此句各字皆稍泐。

故能長生是以聖人後其身而身先外其身而身存非以其無私耶故能成其私

故能長生

《易龍》作“故能長久”。

《易龍》“故”字全泐，“久”字半泐。[②]

《慶陽》“故能長生”句隱約可辨。以下至“外其身而身存”“而”字止，皆缺泐無存。[③]

是以聖人[④]

《易龍》“是以”二字半泐，“聖人”二字全泐。

《焦山》“聖”字缺泐存半。

非以其無私耶

①②③④ 編者按：此條據手稿本增補。

《易龍》作“以其无私”。

《易玄》作“非以其無私”。

《易福》同上。

《焦山》作“非以其無私邪”。

《慶陽》《樓古》《磻溪》《樓正》《集唐》《河上》同上。

《范》作“非以其无私邪”。

《慶陽》“非”字漫滅,“以”字隱約可識。①

《焦山》“邪”字缺泐存半。②

【附】

《易龍》止“故能成其私”句爲一章。

《邢玄》《慶陽》《樓古》《趙》《樓正》《集唐》同上。

《河上》同上。名“韜光第七”。

《范》同上。名“天長地久章第七”。

《彭》同上。名“天長地久章第七”。

《易玄》至“故能成其私”句不分章。

《易福》同上。

《杭州》至此分章否,因磨滅不明。

《羅卷》至此分章否,因殘缺不明。

《柰卷》同上。

【八章】

上善若水水善利萬物而不爭處衆人之所惡

上善若水③

《唐石拓》“水”字缺泐。

水善利萬物而不爭

《易龍》作“水善利萬物又不爭”。

---

①②③ 編者按:此條據手稿本增補。

《易玄》《邢玄》《慶陽》《樓古》《磻溪》《樓正》同上。

《范》作“水善利万物而不爭”。

處衆人之所惡

《范》作“居衆人之所惡”。

《彭》作“處衆人所惡”。

《易龍》“之”字缺泐。[①]

《慶陽》“人”字半泐。[②]

故幾於道

故幾於道[③]

《慶陽》“幾”“道”二字稍泐。

居善地心善淵與善仁言善信正善治事善能動善時夫唯不爭故無尤

居善地心善淵[④]

《慶陽》此句隱約可辨。

與善仁

《易龍》作“與善人”。

《慶陽》同上。(惟“人”字隱約可辨。)

《趙》同上。(《趙》不漫漶。)

《慶陽》自“與”字起，至“故無尤”“故”字止，缺泐。[⑤]

正善治

《易龍》作“政善治”。

《易玄》《邢玄》《易福》《磻溪》《趙》《樓正》《顧》《范》《彭》同上。

夫唯不爭

《磻溪》作“夫惟不爭”。

《趙》《顧》《范》《彭》同上。

故無尤

《易龍》作“故无尤”。(惟“无”字略漫漶。)

---

①②③④⑤ 編者按:此條據手稿本增補。

《易福》同上。(案《易福》不泐。)

《趙》作“故無尤矣”。

《顧》《彭》同上。

《范》作“故无尤”。

《慶陽》“尤”字隱約可辨。①

【附】

《易龍》止“故无尤”句爲一章。

《易玄》《邢玄》《慶陽》《樓古》《集唐》同上。

《河上》同上。名“易性第八”。

《范》同上。名“上善若水章第八”。

《彭》同上。名“上善若水章第八”。

《易福》至此不分章。

《杭州》至此分章否,因磨滅不明。

《趙》因此句適滿此行之末格,致無空地,故是否至此分章,不明。

《樓正》同上。

《羅卷》至此分章否,因殘缺不明。

《柰卷》同上。

【九章】

持而盈之不如其已

持而盈之②

《慶陽》“持而盈“三字隱約可辨。

不如其已

《易龍》作“不若其以”。

《唐石拓》“已”字缺泐。③

①②③ 編者按:此條據手稿本增補。

揣而梲之不可長保

揣而梲之

《易龍》作“揣而銳之”。

《易玄》《邢玄》《易福》《慶陽》《磻溪》《樓正》《河上》《顧》《范》《彭》同上。

《樓古》作“敯而銳之”。

《趙》作“揣而銳”。

金玉滿堂莫之能守

金玉滿堂

《范》作“金玉滿室”。

《易龍》“堂”字漫漶過半。①

富貴而驕自遺其咎

富貴而驕

《易玄》作“富貴而憍”。

《邢玄》《慶陽》同上。

《樓古》作“富貴而憍”。

《樓正》作“富貴而憍”。

自遺其咎②

《樓正》作“自遺其咎”。

《慶陽》“自”字全泐，“遺其咎”三字稍泐。

功遂身退天之道

功遂身退

《易龍》作“功成名遂身退”。

《易福》《慶陽》《樓古》《磻溪》《趙》《河上》《顧》《范》《彭》同上。

《易玄》作“功成名遂身退”。

《邢玄》同上。（案“遂”字雖全泐，然由注中可知之。）

---

①② 編者按：此條據手稿本增補。

《樓正》同上。(案《樓正》不泐。)

《焦山》"功"字畧漫滅。[1]

《慶陽》"遂"字半泐。"身退天之道"諸字缺泐難辨,惟承上文細審之,隱約可識。[2]

天之道

《易福》作"天之道也"。

【附】

《易龍》止"天之道"句爲一章。

《易玄》《邢玄》《易福》《慶陽》《樓古》《趙》《樓正》《集唐》同上。

《河上》同上。名"運夷第九"。

《范》同上。名"持而盈之章第九"。

《彭》同上。名"持而盈之章第九"。

《杭州》至此分章否,因磨滅不明。

《羅卷》至此分章否,因殘缺不明。

《柰卷》同上。

又《彭》自九章以下爲"道德真經集註卷之三"。

【十章】

載營魄抱一能無離乎

載營魄抱一

《樓古》作"載營魄袌一"。

《磻溪》作"載盈魄抱一"。

《慶陽》自"載"字起,至下文"能嬰兒乎""兒"字止,皆缺泐。[3]

能無離乎

《易龍》作"能无離"。

《易玄》作"能無離"。(案注似仍有"乎"字。)

---

①②③ 編者按:此條據手稿本增補。

《河上》同上。(《河上》注亦無"乎"字。)

《范》作"能无離乎"。

專氣致柔能嬰兒乎

專氣致柔

《范》作"專炁致柔"。

能嬰兒乎

《易龍》作"能嬰兒"。

《易玄》同上。

《易福》作"能如孾兒乎"。

《樓古》作"能如嬰兒乎"。

《磻溪》《趙》《樓正》《顧》《范》《彭》同上。

《河上》作"能孾兒"。

滌除元覽能無疵乎

滌除元覽①

《慶陽》"滌除" 二字缺泐。"玄"字雖漫漶,隱約可識。

能無疵乎

《易龍》作"能无疵"。

《河上》作"能無疵"。

《范》作"能无疵乎"。

《唐石拓》四字皆缺泐。②

愛民治國能無知乎

愛民治國

《易龍》作"愛人治國"。

能無知乎

《易龍》作"能无爲"。

《易玄》作"能無爲"。

---

①② 編者按:此條據手稿本增補。

《邢玄》作“能無爲乎”。

《慶陽》《樓古》《磻溪》《趙》《樓正》《顧》《彭》同上。

《河上》作“能無知”。

《范》作“能无以知乎”。

天門開闔能無雌乎

能無雌乎

《易龍》作“能爲雌”。

《易玄》同上。

《邢玄》作“能爲雌乎”。

《磻溪》《樓正》《集唐》《范》《彭》同上。

《易福》同上。(惟“爲”字稍漫滅。)

《慶陽》同上。(惟“爲”字稍泐。)

《顧》同上。(案《顧》“天門開闔能爲雌乎”二句,在“明白四達能無知乎”二句之後。)

《河上》作“能無雌”。

《慶陽》“乎”字稍泐。①

明白四達能無爲乎

能無爲乎

《易龍》作“能无知”。

《易玄》作“能無知”。(案注有“乎”字。)

《河上》同上。(案《河上》注無“乎”字。)

《邢玄》作“能無知乎”。

《慶陽》《樓古》《磻溪》《趙》《樓正》《顧》《彭》同上。

《易福》作“能无知乎”。

《范》作“能无以爲乎”。

---

① 編者按:此條據手稿本增補。

生之畜之

生之畜之[①]

《慶陽》“生”字缺泐,“畜”字半泐。

生而不有爲而不恃長而不宰是謂元德

爲而不恃長而不宰是謂元德[②]

《焦山》“長”字僅存下半,“是謂”二字全泐,“玄”字僅存下半極小部份。

《慶陽》自“爲”字起,至下文“當其無有”“其”字止,缺泐。

【附】

《易龍》止“是謂玄德”句爲一章。

《易玄》《邢玄》《易福》《樓古》《集唐》同上。

《河上》同上。名“能爲第十”。

《范》同上。名“載營魄章第十”。

《彭》同上。名“載營魄章第十”。

《慶陽》至此分章否,因缺泐不明。

《杭州》同上。

《趙》因此句適滿此行之末格,致無空地,故是否至此分章,不明。

《樓正》同上。

《羅卷》至此分章否,因殘缺不明。

《柰卷》同上。

《焦山》不分章。[③]

【十一章】

三十輻共一轂當其無有車之用

三十輻共一轂

《焦山》作“卅輻共一𨏥”。

---

①②③ 編者按:此條據手稿本增補。

《唐石拓》“三”字上似尚有一字,惟已泐,何字不知。“三十輻共”四字稍泐,餘全泐。①

當其無有車之用

《易龍》作“當其无有車之用”。

《范》同上。

《慶陽》“有”字半泐,“車”字缺泐,“之”字稍泐。②

《唐石拓》“當其無有”四字全泐。③

埏埴以爲器當其無有器之用鑿戶牖以爲室當其無有室之用故有之以爲利無之以爲用

埏埴以爲器

《易玄》作“挻埴以爲器”。

《邢玄》《樓古》《范》同上。

《磻溪》作“埏填以爲器”。(惟“填”字有剷鑿痕跡。)

當其無有器之用

《易龍》作“當其无有器之用”。

《范》同上。

《易龍》“无有”二字稍泐。④

鑿戶牖以爲室⑤

《易龍》“牖”字漫漶頗甚,“室”字缺泐過甚,幾不可辨。

《慶陽》“牖”字缺泐過半。

當其無有室之用

《易龍》作“當其无有室之用”。

《范》同上。

《易龍》“當其无”三字均缺泐過甚,幾不可辨。⑥

《慶陽》“無有室之”四字皆缺泐過半。⑦

①②③④⑤⑥⑦ 编者按:此條據手稿本增補。

故有之以爲利

《易龍》作“有之以爲利”。

《慶陽》“故有之以爲利”二句，字或缺泐，惟連累讀之，勉強可辨。[①]

無之以爲用

《易龍》作“无之以爲用”。

《范》同上。

【附】

《易龍》止“當其无有室之用”句爲一章。

《易玄》至“當其無有室之用”句，及“無之以爲用”句，均不分章。

《邢玄》至“當其無有室之用”句不分章。至“無之以爲用”句分章否，因漫滅不明。

《易福》止“無之以爲用”句爲一章。

《慶陽》《樓古》《趙》《樓正》《集唐》同上。

《河上》同上。名“無用第十一”。

《范》同上。名“三十輻章第十一”。

《彭》同上。名“三十輻章第十一”。

《杭州》因磨滅不明。

《羅卷》因殘缺不明。

《柰卷》同上。

【十二章】

五色令人目盲五音令人耳聾五味令人口爽馳騁畋獵令人心發狂

五色令人目盲[②]

《慶陽》自“五色令人目盲”句起，至“馳騁”“騁”字止，除“五色令人”“令人”二字尚可辨識外，餘皆缺泐。

---

①② 編者按：此條據手稿本增補。

《唐石拓》“人目盲”三字稍泐。

五音令人耳聾

《易龍》作“五音令人耳聕”。

《趙》《樓正》《范》《彭》同上。

《唐石拓》“五”字稍泐，“令人耳聾”四字全泐。①

五味令人口爽②

《易龍》作“五味令人口爽”。

《河上》《顧》《范》《彭》《集唐》同上。

《邢玄》作“五味令人口爽”。

《易福》《趙》同上。

《唐石拓》此句全泐。

馳騁畋獵

《易龍》作“馳騁田獵”。

《易玄》《邢玄》《易福》《慶陽》《樓古》《磻溪》《趙》《樓正》《河上》《顧》《范》《彭》同上。

《慶陽》“獵”字隱約可辨。③

令人心發狂④

《趙》作“令人心發狂”。

《慶陽》“令”字已泐，“人”字隱約可辨。

難得之貨令人行妨

令人行妨⑤

《慶陽》“人”字半泐。

是以聖人爲腹不爲目故去彼取此

是以聖人爲腹不爲目故去彼取此⑥

《焦山》“是”字僅存下半極小部份，“腹不”二字皆缺泐存半。

《慶陽》“彼取”二字缺泐。

①②③④⑤⑥ 編者按：此條據手稿本增補。

【附】

《易龍》止“故去彼取此”句爲一章。

《易玄》《慶陽》《樓古》《趙》《樓正》《集唐》同上。

《河上》同上。名“檢欲第十二”。

《范》同上。名“五色章第十二”。

《彭》同上。名“五色章第十二”。

《易福》至此不分章。

《邢玄》因缺泐不明。

《杭州》同上。

《羅卷》因殘缺不明。

《柰卷》同上。

又《顧》自王弼注本十二章起（顧不分章，即自“五色令人目盲”句以下）爲“道德真經注疏卷之二”。

【十三章】

寵辱若驚貴大患若身何謂寵辱若驚寵爲下得之若驚失之若驚是謂寵辱若驚

寵辱若驚[①]

《易龍》“驚”字大半漫滅。

《慶陽》“寵辱若驚”句惟“寵辱”二字隱約可辨。

貴大患若身

《樓正》作“賷大患若身”。

《易龍》“貴大患”三字大半漫滅。[②]

何謂寵辱若驚

《易龍》作“何謂寵辱”。

《易玄》《易福》《樓古》《磻溪》《樓正》《河上》《顧》《范》《彭》同上。

《趙》作“何謂辱”。

①② 編者按：此條據手稿本增補。

《慶陽》自“謂”字起，至下文“何謂貴大患若身”“謂”字止，全缺泐。[①]

寵爲下

《易龍》作“辱爲下”。

《河上》同上。

《易福》作“寵爲上辱爲下。”

《唐石拓》“爲下”二字缺泐。[②]

得之若驚[③]

《唐石拓》“得”字缺泐。

何謂貴大患若身

何謂貴大患若身

《樓正》作“何謂賁大患若身”。

吾所以有大患者爲吾有身

吾所以有大患者

《易龍》作“吾所以有大患”。

《顧》同上。

《樓正》作“吾所㠯有大患者”。

《慶陽》“吾”字半泐。[④]

爲吾有身

《易龍》作“爲我有身”。

及吾無身

及吾無身

《易龍》作“及我无身”。

《易福》作“及吾无身”。

《范》作“苟吾無身”。

①②③④ 編者按：此條據手稿本增補。

《樓正》作“及吾橆身”。①

吾有何患故貴以身爲天下若可寄天下

吾有何患

《易福》作“吾有何患乎”。

《慶陽》“何”字半泐。②

故貴以身爲天下

《易龍》作“故貴身於天下”。

《易福》作“故貴以身爲天下者”。

《河上》《顧》《范》同上。

《樓正》作“故賫以身爲天下”。

《慶陽》“以身爲天下”五字隱約可辨。③

若可寄天下

《易龍》作“若可託天下”。

《易福》作“則可以寄於天下”。

《焦山》作“若可寄天下矣”。（案《焦山》“天”字以上缺泐。）

《河上》作“則可寄於天下”。

《顧》作“若可寄於天下矣”。

《范》作“則可以託天下矣”。

《慶陽》“若可寄”三字隱約可辨。自“寄”字起，至下文“名曰希”“希”字止，皆缺泐。④

愛以身爲天下若可託天下

愛以身爲天下

《易龍》作“愛以身爲天下者”。

《河上》《顧》《范》同上。

《易福》作“愛身以爲天下者”。

《焦山》同上。

---

①②③④ 編者按：此條據手稿本增補。

《唐石拓》"下"字缺泐。[①]

若可託天下

《易龍》作"若可寄天下"。

《易福》作"乃可以託於天下"。

《焦山》《河上》同上。

《顧》作"乃可託於天下矣"。

《范》作"則可以寄天下矣"。

《易龍》" 寄天下"三字稍泐。[②]

《唐石拓》此句全泐。[③]

【附】

《易龍》止"若可託天下"句爲一章。

《易玄》《樓古》《趙》《樓正》《集唐》同上。

《河上》同上。名"猒恥第十三"。

《范》同上。名"寵辱章第十三"。

《彭》同上。名"寵辱章第十三"。

《邢玄》至此分章否,因缺泐不明。

《慶陽》《杭州》同上。

《易福》至此不分章。

《羅卷》因殘缺不明。

《柰卷》同上。

又《彭》自十三章以下爲"道德真經集註卷之四"。

【十四章】

視之不見名曰夷聽之不聞名曰希摶之不得名曰微此三者不可致詰故混而爲一

視之不見名曰夷

①②③ 編者按:此條據手稿本增補。

《范》作“視之不見名曰幾”。

搏之不得名曰微[①]

《慶陽》“搏”“之”“得”三字大半缺泐。

故混而爲一

《慶陽》作“故復混而爲一。”

《磻溪》同上。

《慶陽》“爲”字大半泐。[②]

其上不皦其下不昧繩繩不可名復歸於無物是謂無狀之狀無物之象

其上不皦

《易龍》作“其上不皦”。

《磻溪》同上。

《慶陽》“皦”字隱約可辨。[③]

《唐石拓》此句全泐。[④]

其下不昧

《易龍》作“在下不昧”。

《唐石拓》此句全泐。[⑤]

繩繩不可名

《易福》作“繩繩兮不可名”。

《趙》《范》《彭》同上。

《慶陽》“繩繩”“名”三字隱約可辨。[⑥]

復歸於無物

《易龍》作“復歸於无物”。

《易福》《范》同上。

《磻溪》作“復帰於無物”。

《樓正》同上。

①②③④⑤⑥ 編者按：此條據手稿本增補。

《慶陽》自“復”字起，至下文“隨之不見其後”“見”字止，皆缺泐。[①]

是謂無狀之狀

《易龍》作“是謂无狀之狀”。

《范》同上。

無物之象

《易龍》作“无物之象”。

《易福》《范》同上。

《邢玄》作“無物之爲”。

是謂惚恍

是謂惚恍

《易龍》作“是謂忽恍”。

《易玄》《易福》《趙》《河上》同上。

《邢玄》作“是謂忽怳”。

《范》作“是謂芴芒”。

《彭》作“是謂恍惚。”

迎之不見其首隨之不見其後執古之道以御今之有

迎之不見其首

《易龍》作“迎不見其首”。

《易玄》《邢玄》同上。

《焦山》“迎之不見其首”句，在“隨之不見其後”句之下。

《易福》同上。句亦在“隨之不見其後”句之下。

《磻溪》作“迎之不見其首”。[②]

《焦山》同上。[③]

隨之不見其後

《易龍》作“隨不見其後”。

①②③ 編者按：此條據手稿本增補。

《易玄》《邢玄》同上。

《易龍》“不見”二字大半泐。[①]

《焦山》“見”字僅存下半極小部份。[②]

以御今之有

《易龍》作“以語今之有”。

《樓正》作“㠯御今之有”。

能知古始是謂道紀

能知古始

《易龍》作“以知古始”。

《焦山》《易福》《河上》同上。

《慶陽》“知”字半泐。[③]

是謂道紀

《易龍》作“是謂道己”。

《顧》作“是謂道紀也”。

【附】

《易龍》止“是謂道己”句爲一章。

《易福》《慶陽》《樓古》《趙》《樓正》《集唐》同上。

《河上》同上。名“贊玄第十四”。

《范》同上。名“視之不見章第十四”。

《彭》同上。名“視之不見章第十四”。

《易玄》至此分章否,因缺泐不明。

《邢玄》《杭州》同上。

《羅卷》因殘缺不明。

《柰卷》同上。

---

①②③ 編者按:此條據手稿本增補。

【十五章】

古之善爲士者微妙元通深不可識夫唯不可識故強爲之容豫焉若冬涉川

古之善爲士者

《樓古》作“古之善爲道者”。

《樓正》作“古之𧭉爲士者”。

《慶陽》“爲”“者”二字半泐。①

《唐石拓》此句全泐。②

微妙元通③

《慶陽》“微妙玄通”四字稍漫漶。

《唐石拓》“微妙玄”三字缺泐。

深不可識

《范》作“深不可測”。

《慶陽》“深不”二字半泐,“可”字大半泐。④

夫唯不可識

《磻溪》作“夫惟不可識”。

《趙》《彭》同上。

《范》作“夫惟不可測”。

《慶陽》“夫”“可識”三字幾全泐。⑤

故強爲之容

《樓正》作“故彊爲之容”。

《慶陽》自“故”字起,至下文“若冰之將釋”“釋”字止,全缺泐。⑥

豫焉若冬涉川

《易龍》作“豫若冬涉川”。

《易玄》《邢玄》《樓古》《磻溪》《樓正》《顧》同上。

《易福》作“豫兮若冬涉川”。(案“豫”字已泐。)

---

①②③④⑤⑥ 編者按:此條據手稿本增補。

《趙》同上。(案《趙》不渺。)

《集唐》《范》《彭》同上。

《河上》作"與兮若冬涉川"。

猶兮若畏四鄰

猶兮若畏四鄰

《易龍》作"猶若畏四隣"。

《邢玄》《顧》同上。

《易玄》作"猶若畏四鄰"。

《樓古》《磻溪》《樓正》同上。

《易福》作"猶兮若畏四隣"。

《河上》同上。

儼兮其若容渙兮若冰之將釋敦兮其若樸曠兮其若谷混兮其若濁

儼兮其若容

《易龍》作"儼若客"。

《易玄》《邢玄》《磻溪》《樓正》《顧》同上。

《易福》作"儼兮其若客"。

《趙》《集唐》《河上》同上。

《樓古》作"儼若容"。

《彭》同上。

渙兮若冰之將釋

《易龍》作"渙若冰將釋"。

《易玄》《邢玄》《樓古》《磻溪》《樓正》《顧》《彭》同上。

《趙》作"渙兮若冰將釋"。

敦兮其若樸

《易龍》作"敦若朴"。

《顧》同上。

《易玄》作"敦若樸"。

《易福》作"敦兮其若樸"。

《趙》同上。

《河上》作"敦兮其若朴"。

《范》同上。

曠兮其若谷

《易龍》作"曠若谷"。（案《易龍》此句在"混若濁"句之下。）

《易玄》同上。（案句之位置不變。）

《顧》同上。

《易福》"曠兮其若谷"句，在"混兮其若濁"句之下。

混兮其若濁

《易龍》作"混若濁"。

《易玄》作"渾若濁"。

《邢玄》作"渾兮其若濁"。

《慶陽》《磻溪》《趙》《樓正》《河上》《范》《彭》同上。

《顧》作"渾兮若濁"。

《慶陽》"兮"字半泐。[①]

孰能濁以靜之徐清孰能安以久動之徐生

孰能濁以靜之徐清

《易龍》作"熟能濁以靜之徐清"。

《焦山》作"孰能濁以靜動之以徐生"。

《顧》作"濁以靜之徐清"。

《范》作"孰能濁以靖之而徐清"。

《慶陽》"濁"字稍泐。[②]

《唐石拓》"能濁以靜之徐清"七字缺泐。[③]

孰能安以久動之徐生

《易龍》作"安以動之徐生"。

《焦山》作"孰能安以久動之以徐生"。（案《焦山》"徐生"二字

①②③ 編者按：此條據手稿本增補。

已泐。）

《易福》作“孰安以久動之徐生”。

《樓古》作“孰能安以動之徐生”。

《趙》《彭》同上。

《顧》作“安以久動之徐生”。

《范》作“動之而徐生”。

《慶陽》“安”“動”“之”“生”四字皆稍泐。[①]

《唐石拓》“孰能”二字缺泐。[②]

保此道者不欲盈

保此道者不欲盈[③]

《慶陽》“此道者不”四字稍有缺泐，“欲”字大半缺泐。自“盈”字起，至下文“吾以觀其復”“以”字止，全缺泐。

夫唯不盈故能蔽不新成

夫唯不盈

《磻溪》作“夫惟不盈”。

《趙》《范》《彭》同上。

故能蔽不新成

《易龍》作“能弊復成”。

《易玄》作“故能弊不新成”。

《邢玄》《易福》《樓古》《磻溪》《趙》《樓正》《顧》同上。

《范》作“故能敝不新成”。

《彭》同上。

《邢玄》“弊”字稍漫滅。[④]

【附】

《易龍》止“能弊復成”（即王弼注本之“故能蔽不新成”）句爲一章。

《邢玄》《易福》《樓古》《趙》《樓正》《集唐》同上。

---

①②③④ 編者按：此條據手稿本增補。

《河上》同上。名“顯德第十五”。

《范》同上。名“古之善爲士章第十五”。

《彭》同上。名“古之善爲士章第十五”。

《易玄》至此分不章。

《慶陽》至此分章否,因缺泐不明。

《杭州》同上。

《羅卷》因殘缺不明。

《柰卷》同上。

【十六章】

致虛極守靜篤

致虛極

《易福》作“至虛極”。

《河上》同上。

《易玄》作“致虗極”。①

《邢玄》《趙》同上。②

守靜篤

《易龍》作“守靜蔦”。

《易福》《趙》同上。

萬物並作

萬物並作

《易福》作“万物並作”。

《范》同上。

《集唐》作“萬物竝作”。

吾以觀復

吾以觀復

①② 編者按:此條據手稿本增補。

《易龍》作“吾以觀其復”。

《易玄》《邢玄》《易福》《慶陽》《樓古》《磻溪》《趙》《樓正》《河上》《顧》《范》《彭》同上。

夫物芸芸各復歸其根

夫物芸芸

《易龍》作“夫物云云”。

《范》作“凡物䉙䉙”。

《唐石拓》此二句全泐。①

各復歸其根

《易龍》作“各歸其根”。

《趙》《顧》《范》《彭》同上。

《邢玄》作“各帰其根”。

《磻溪》作“各復帰其根”。

歸根曰靜是謂復命復命曰常

歸根曰靜

《磻溪》作“帰根曰靜”。

《樓正》同上。

《慶陽》“根”字稍泐。②

是謂復命

《易龍》作“靜曰復命”。

《易玄》《邢玄》《慶陽》《樓古》《磻溪》《趙》《樓正》《范》《彭》同上。

復命曰常③

《慶陽》“命”字泐，餘三字稍泐。

知常曰明不知常妄作凶

知常曰明

《彭》作“知常明”。

---

①②③ 編者按：此條據手稿本增補。

不知常妄作凶

《易龍》作"不知常忘作凶"。

《慶陽》同上。(案"忘"字稍泐,不敢全定。)

《河上》作"不知常萎作凶"。

《焦山》"妄"字缺泐,僅存下半。①

《慶陽》"不"字大半泐,餘各字稍泐。②

知常容

知常容

《焦山》作"知常曰容"。

《焦山》"知"字畧漫滅。③

《慶陽》自"知"字起,至下文"太上下知有之""有"字止,皆缺泐。④

容乃公

容乃公

《易龍》作"容能公"。

公乃王

公乃王

《易龍》作"公能王"。

《易龍》"王"字稍泐。⑤

王乃天

王乃天

《易龍》作"王能天"。

天乃道

天乃道

《易龍》作"天能道"。

道乃久

道乃久

---

①②③④⑤ 編者按:此條據手稿本增補。

《易龍》作"道能久"。

沒身不殆

沒身不殆

《邢玄》作"歿身不殆"。

《范》同上。

《唐石拓》"不殆"二字缺泐。①

【附】

《易龍》止"沒身不殆"句爲一章。

《邢玄》《樓古》《趙》《樓正》《集唐》同上。

《河上》同上。名"歸根第十六"。

《范》同上。名"致虛極章第十六"。

《彭》同上。名"致虛極章第十六"。

《易玄》至此分章否,因缺泐不明。

《慶陽》《杭州》同上。

《易福》至此不分章。

《羅卷》因殘缺不明。

《柰卷》同上。

【十七章】

太上下知有之

太上下知有之②

《唐石拓》此句全泐。

其次親而譽之

其次親而譽之

《易龍》作"其次親之豫之"。

《易玄》作"其次親之譽之"。

---

①② 編者按:此條據手稿本增補。

《邢玄》《易福》《慶陽》《樓古》《磻溪》《趙》《樓正》《河上》《顧》《范》《彭》同上。

《慶陽》"其"字稍泐,"次"字大半泐。①

其次畏之

其次侮之

其次侮之

《易龍》作"侮之"。

《易玄》《邢玄》《慶陽》《樓古》《磻溪》《樓正》《范》《彭》同上。

《趙》作"侮之"。

信不足焉有不信焉

信不足焉

《易龍》作"信不足"。

《易玄》《邢玄》《慶陽》《樓古》《磻溪》《樓正》《顧》同上。

《趙》作"故信不足焉"。

《范》《彭》同上。

有不信焉

《易龍》作"有不信"。

《易玄》《邢玄》《易福》《慶陽》《樓古》《磻溪》《趙》《樓正》《顧》《彭》同上。

《河上》無"有不信焉"句。

《慶陽》"有不"二字稍泐,"信"字大半泐。②

悠兮其貴言功成事遂百姓皆謂我自然

悠兮其貴言

《易龍》作"由其貴言"。

《易玄》作"猶其貴言"。

《邢玄》《磻溪》《樓正》《顧》同上。

①② 編者按:此條據手稿本增補。

《慶陽》同上。(案《慶陽》"猶"字稍泐。)

《易福》作"猶兮其貴言"。

《趙》《河上》《彭》同上。

《樓古》作"猶兮其貴言哉"。

《范》同上。

功成事遂

《易龍》作"成功事遂"。

《易福》作"成功遂事"。

《慶陽》"功"字半泐,"成"字全泐。①

百姓皆謂我自然

《易龍》作"百姓謂我自然"。

《易玄》《邢玄》《慶陽》《樓古》《磻溪》《樓正》《顧》同上。

《范》作"百姓皆曰我自然"。

《彭》同上。

《邢玄》"自"字全泐,然由注中可知之。②

《慶陽》"百"字半泐,"姓"字全泐,"我自然"三字漫漶難辨。又自"然"字起,至下文"國家昏亂有忠臣""臣"字止,全缺泐。③

【附】

《易龍》止"百姓謂我自然"句爲一章。

《易玄》《邢玄》《易福》《樓古》《趙》《樓正》《集唐》同上。

《河上》同上。名"淳風第十七"。

《范》同上。名"太上章第十七"。

《彭》同上。名"太上章第十七"。

《慶陽》至此分章否,因缺泐不明。

《杭州》同上。

《羅卷》因殘缺不明。

---

①②③ 編者按:此條據手稿本增補。

《柰卷》同上。

又《河上》自十七章以下爲"河上公章句第二"。

《彭》自十七章以下爲"道德真經集註卷之五"。

【十八章】

大道廢有仁義

大道廢

《易龍》作"大道癈"。

《趙》同上。

《焦山》作"大道癈焉"。

《焦山》"大"字僅存下半。①

有仁義

《易龍》作"有人義"。

《范》作"有仁義焉"。

《易龍》"有"字半泐。②

慧智出有大僞

慧智出

《易龍》作"智慧出"。(案《易龍》"慧"又似作"惠",因稍泐,不敢全定。)

《邢玄》作"智慧出"。

《樓古》《磻溪》《樓正》《集唐》《顧》《彭》同上。

《焦山》作"知惠出焉"。

《易福》作"智惠出"。

《趙》《河上》同上。

《范》作"知惠出"。

①② 編者按:此條據手稿本增補。

《易龍》“智”字稍泐。[①]

《唐石拓》此二句全泐。[②]

有大僞[③]

《焦山》“大”字缺泐存半。

六親不和有孝慈國家昏亂有忠臣

六親不和有孝慈

《焦山》作“六親不和焉有孝慈”。(案《焦山》“慈”字泐。)

《范》作“六親不和有孝慈焉”。

《樓正》作“六親不和有孶慈”。[④]

《集唐》作“六親不和有季慈”。[⑤]

國家昏亂有忠臣

《趙》作“國家昬亂有忠臣”。

《樓正》《河上》同上。

《范》作“國家昏亂有貞臣焉”。

【附】

《易龍》止“有忠臣”句爲一章。

《易玄》《邢玄》《樓古》《趙》《樓正》《集唐》同上。

《河上》同上。名“俗薄第十八”。

《范》同上。名“大道廢章第十八”。

《彭》同上。名“大道廢章第十八”。

《易福》至此不分章。

《慶陽》至此分章否,因缺泐不明。

《杭州》同上。

《羅卷》因殘缺不明。

《柰卷》同上。

---

①②③④⑤ 編者按:此條據手稿本增補。

【十九章】

絕聖棄智民利百倍絕仁棄義民復孝慈絕巧棄利盜賊無有此三者以爲文不足故令有所屬見素抱樸少私寡欲

絕聖棄智

《易玄》作"絕聖棄知"。

《范》作"絕聖弃知"。

《樓正》作"絕䎽棄智"。①

《慶陽》"絕聖棄智"四字稍漫滅。②

絕仁棄義

《易龍》作"絕民棄義"。

《范》作"絕仁弃義"。

民復孝慈③

《樓正》作"民復孝慈"。

《集唐》作"民復孝慈"。

《慶陽》"民復"二字稍漫滅。

絕巧棄利

《范》作"絕巧弃利"。

《樓正》作"絕丂棄利"。④

《慶陽》"絕巧棄利"四字稍漫滅。⑤

盜賊無有

《易龍》作"盜賊无有"。

《易福》《范》同上。

此三者以爲文不足

《易龍》作"此三者文爲不足"。

《易福》同上。

---

①②③④⑤ 編者按:此條據手稿本增補。

《范》作“三者以爲文不足也”。

《慶陽》“爲文不足”四字稍漫滅。[①]

《唐石拓》“足”字缺泐。[②]

故令有所屬[③]

《慶陽》“故”字大半漫滅，“令”“屬”二字全漫滅。

《唐石拓》此句全泐。

見素抱樸

《易龍》作“見素抱朴”。

《河上》《顧》《范》同上。

《易玄》作“見素抱撲”。

《趙》作“見素抱樸”。

《慶陽》自“見”字起，至下文“相去幾何”“去”字止，惟“阿”字略可辨認外，皆已缺泐。[④]

少私寡欲

《磻溪》作“少思寡欲”。

【附】

《易龍》止“少私寡欲”句爲一章。

《易玄》《邢玄》《樓古》《趙》《樓正》《集唐》同上。

《河上》同上。名“還淳第十九”。

《范》同上。名“絕聖弃知章第十九”。

《彭》同上。名“絕聖棄智章第十九”。

《易福》至此不分章。

《慶陽》至此分章否，因缺泐不明。

《杭州》同上。

《羅卷》因殘缺不明。

《柰卷》同上。

---

①②③④ 編者按：此條據手稿本增補。

【二十章】

絕學無憂唯之與阿相去幾何善之與惡相去若何人之所畏不可不畏

絕學無憂

《易龍》作“絕學无憂”。

《易福》《范》同上。

《易龍》“憂”字稍泐。①

唯之與阿②

《易龍》“之與阿”三字稍泐。

相去幾何③

《易龍》“相”字稍泐。

《焦山》“何”字缺泐存半。

《慶陽》“幾”字半泐,“何”字稍泐。

善之與惡

《焦山》作“善之与恶”。

《樓正》作“譱之與惡”。

《慶陽》“善”“與”二字隱約可辨,“惡”字稍泐,“之”字全泐。④

相去若何

《易龍》作“相去何若”。

《易玄》《邢玄》《焦山》《易福》《慶陽》《樓古》《磻溪》《趙》《樓正》《河上》《顧》《范》《彭》同上。

荒兮其未央哉

荒兮其未央哉

《易龍》作“忙□其未央”。(案“忙”下空格,似非泐字,亦非分章,不知何故?)

《易玄》作“荒其未央”。

---

①②③④ 編者按:此條據手稿本增補。

《慶陽》“兮”字大半泐。[1]

衆人熙熙如享太牢如春登臺

衆人熙熙[2]

《易龍》作“衆人熈熈”。

《邢玄》《易福》《磻溪》《趙》《河上》《顧》《范》《彭》同上。

《集唐》作“衆人煕煕”。

《慶陽》“衆”字半泐。

如享太牢

《易龍》作“若享太窂”。

《邢玄》作“如亨太窂”。

《慶陽》“享太牢”三字漫漶頗甚。[3]

如春登臺

《易龍》作“若春登臺”。

《趙》作“如登春臺”。

《范》同上。

《慶陽》“如春登” 三字漫漶頗甚，“臺”字稍泐。[4]

我獨泊兮其未兆如嬰兒之未孩

我獨泊兮其未兆

《易龍》作“我□未兆”。

《邢玄》作“我獨怕兮其未兆”。

《易福》《樓古》《磻溪》《樓正》《河上》《范》《彭》同上。

《慶陽》同上。（案《慶陽》“怕”字稍泐，不敢全定。）

《顧》作“我獨怕兮未兆”。

《慶陽》“獨”字全泐，“怕兮其”三字半泐。[5]

《唐石拓》此句全泐。[6]

---

①②③④⑤⑥ 編者按：此條據手稿本增補。

如嬰兒之未孩

《易龍》作“若嬰兒未孩”。

《邢玄》作“如㼆兒之未孩”。

《河上》同上。

《易福》作“如嬰兒之未咳”。

《范》同上。

《趙》作“若嬰兒之未孩”。

《顧》《彭》同上。

《慶陽》“之”字畧可辨識,餘自“嬰”字起,至下文“我愚人之心也哉”“愚”字止,皆缺泐。[①]

《唐石拓》“如”字缺泐。[②]

儽儽兮若無所歸

儽儽兮若無所歸

《易龍》作“乘乘无所歸”。

《易玄》作“乘乘無所歸”。

《邢玄》作“乘乘兮若無所歸”。

《磻溪》同上。

《樓古》作“乘乘兮若無所歸”。

《趙》《樓正》《河上》《彭》同上。

《易福》作“乘乘兮其若无所歸”。

《顧》作“魁無所歸”。

《范》作“儽儽兮其若不足似無所歸”。

衆人皆有餘而我獨若遺

而我獨若遺

《易龍》作“我獨若遺”。

《易玄》《趙》《顧》《彭》同上。

①② 編者按:此條據手稿本增補。

《樓正》作“而我獨若遺”。①

我愚人之心也哉

我愚人之心也哉

《易龍》作“我愚人之心”。

《易玄》《顧》同上。

《易福》作“我愚人心也哉”。

《范》作“我獨愚人之心也哉”。

《易龍》“愚”字稍泐。②

沌沌兮

沌沌兮

《易龍》作“純□純”。(案《易龍》兩純字間缺泐一字,是否係跳書或其他,不明。)

《易玄》作“純純”。

《邢玄》《慶陽》《磻溪》《樓正》同上。

《樓古》作“純純兮”。

《顧》《彭》同上。

俗人昭昭

俗人昭昭

《范》作“俗人皆昭昭”。

《易龍》“人”字半泐。③

我獨昏昏俗人察察

我獨昏昏

《易龍》作“我獨若昏”。

《易玄》《慶陽》《樓古》《磻溪》《集唐》《顧》《范》《彭》同上。

《易福》作“我獨如昏”。

《趙》作“我獨若昬”。

①②③ 編者按:此條據手稿本增補。

《樓正》《河上》同上。

俗人察察

《范》作“俗人皆察察”。

我獨悶悶澹兮其若海

我獨悶悶

《范》作“我獨若閔閔”。

《慶陽》下“悶”字稍泐。①

澹兮其若海

《易龍》作“淡若海”。

《易玄》作“忽若晦”。

《磻溪》《樓正》同上。

《慶陽》同上。(案《慶陽》“忽”字稍泐。)

《焦山》作“忽兮其若海”。

《易福》同上。

《邢玄》作“忽若海”。(案《邢玄》“海”字稍泐。)

《顧》同上。(案《顧》全。)

《河上》作“忽兮若海”。

《范》作“澹兮若海”。

飂兮若無止

飂兮若無止

《易龍》作“漂无所止”。(案《易龍》“所”字半泐。)

《易玄》作“寂兮似無所止”。

《慶陽》《磻溪》《樓正》同上。

《焦山》作“漻兮若無所止”。

《易福》作“漂兮若无所止”。

《樓古》作“飂兮似無所止”。

---

① 編者按:此條據手稿本增補。

《趙》《彭》同上。

《河上》作“漂兮若無所止”。

《顧》作“飄若無所止”。

《范》作“飄兮似无所止”。

《慶陽》“寂兮似無所止”各字均稍泐。①

衆人皆有以

衆人皆有以

《易龍》作“衆人皆有已”。

《慶陽》“皆”“以”二字漫滅不明,餘皆稍泐。又自“以”字起,至下文“惟道是從”“是”字止,皆缺泐。②

而我獨頑似鄙

而我獨頑似鄙

《易龍》作“我獨頑似鄙”。

《樓古》《磻溪》《趙》《樓正》《顧》《范》同上。

《邢玄》同上。(案《邢玄》此句稍泐,不敢全定。)

《彭》作“我獨頑且鄙”。

《唐石拓》此句全泐。③

我獨異於人而貴食母

我獨異於人④

《唐石拓》五字皆稍泐。

而貴食母

《易玄》作“而貴求食於母”。

《邢玄》《磻溪》《趙》《范》同上。

《樓正》作“而賮求食於母”。

《彭》作“而貴求食于母”。

---

①②③④ 編者按:此條據手稿本增補。

【附】

《易龍》止“而貴食母”句爲一章。

《易玄》《邢玄》《樓古》《趙》《樓正》《集唐》同上。

《河上》同上。名“異俗第二十”。

《范》同上。名“絕學无憂章第二十”。

《彭》同上。名“絕學無憂章第二十”。

《易福》至此不分章。

《慶陽》至此分章否,因缺泐不明。

《杭州》同上。

《羅卷》因殘缺不明。

《柰卷》同上。

【二十一章】

孔德之容惟道是從

孔德之容

《易龍》作“孔得之容”。(案《易龍》“得”字稍泐。)

惟道是從

《易龍》作“唯道是從”。

《易玄》《邢玄》《易福》《磻溪》《樓正》《河上》《顧》《范》同上。

《易龍》“從”字稍泐。①

《慶陽》“從”字稍泐。②

道之爲物惟恍惟惚

道之爲物

《邢玄》作“道之於物”。

《易龍》“道之”二字大半泐。③

①②③ 編者按:此條據手稿本增補。

惟恍惟惚

《易龍》作“唯恍唯忽”。

《易玄》同上。

《慶陽》作“唯怳唯惚”。

《趙》作“惟恍惟忽”。

《樓正》作“唯恍唯惚”。

《河上》作“唯怳唯忽”。

《顧》作“惟怳惟惚”。

《范》作“惟芒惟芴”。

《慶陽》“爲”字大半泐。①

惚兮恍兮其中有象恍兮惚兮其中有物

惚兮恍兮其中有象

《易龍》作“忽恍中有象”。

《易玄》作“忽兮恍其中有𤉢”。

《慶陽》作“惚兮怳其中有象”。

《樓古》《磻溪》《樓正》同上。

《趙》作“忽兮恍其中有象”。

《河上》作“忽兮怳兮其中有像”。

《顧》作“惚怳中有象”。

《范》作“芴兮芒兮中有象兮”。

《彭》作“惚兮恍兮中有象兮”。

恍兮惚兮其中有物

《易龍》作“恍忽中有物”。

《易玄》作“恍兮忽其中有物”。（案《易玄》“忽”字以下缺泐。）

《趙》同上。（案《趙》不泐。）

《慶陽》作“怳兮惚其中有物”。

① 編者按：此條據手稿本增補。

《樓古》《磻溪》《樓正》同上。

《河上》作“怳兮忽兮其中有物”。

《顧》作“怳惚中有物”。

《范》作“芒兮芴兮中有物兮”。

《彭》作“恍兮惚兮中有物兮”。

《慶陽》“怳”字稍泐,“惚”字大半泐,“有”字半泐。①

《唐石拓》“兮其中有物”五字缺泐。②

窈兮冥兮其中有精

窈兮冥兮其中有精

《易龍》作“窈冥中有精”。

《顧》同上。

《慶陽》作“窈兮冥其中有精”。

《樓古》同上。

《磻溪》作“杳兮冥其中有精”。

《樓正》同上。

《范》作“幽兮冥兮中有精兮”。

《彭》作“窈兮冥兮中有精兮”。

《慶陽》“其”字稍泐,“精”字幾全泐。③

《唐石拓》此句全泐。④

其精甚真其中有信

其精甚真其中有信⑤

《慶陽》“真”“有”二字稍泐,“信”字漫漶幾不明。

《唐石拓》“其精甚”三字缺泐。

自古及今其名不去

自古及今

《范》作“自今及古”。

①②③④⑤ 編者按:此條據手稿本增補。

《慶陽》“古”字缺泐存半，餘僅隱約可辨。[①]

其名不去[②]

《焦山》“不”字稍泐。

《慶陽》此句全泐。

以閲衆甫

以閲衆甫[③]

《慶陽》此句全泐。

吾何以知衆甫之狀哉以此

吾何以知衆甫之狀哉

《易龍》作“吾何以知衆甫之然”。

《易玄》作“吾何以知衆甫之然哉”。

《邢玄》《樓古》《磻溪》《趙》《樓正》《河上》《顧》《彭》同上。

《焦山》作“吾何以知衆甫然哉”。（案《焦山》“哉”字泐。）

《易福》同上。（案《易福》不泐。）

《范》作“吾奚以知衆甫之然哉”。

《慶陽》此二句全泐。[④]

【附】

《易龍》止“以此”句爲一章。

《邢玄》《易福》《樓古》《趙》《樓正》《集唐》同上。

《河上》同上。名“虚心第二十一”。

《范》同上。名“孔德之容章第二十一”。

《彭》同上。名“孔德之容章第二十一”。

《易玄》至此不分章。

《慶陽》至此分章否，因缺泐不知。

《杭州》同上。

---

①②③④ 編者按：此條據手稿本增補。

《羅卷》因殘缺不明。

《柰卷》同上。

又《顧》自王注本二十一章以下爲"道德真經注疏卷之三"。

【二十二章】

曲則全

枉則直

枉則直

《易龍》作"枉則正"。

《范》同上。

《慶陽》"則"字隱約可辨。①

窪則盈

敝則新

敝則新

《易龍》作"弊則新"。(案《易龍》"弊"字頗漫漶。)

《易玄》同上。(案《易玄》不泐。)

《邢玄》同上。(案《邢玄》"弊"字雖大半泐,然仍可辨。)

《易福》同上。(案《易福》不泐。)

《慶陽》同上。(案《慶陽》"弊" 作"獘"。)

《樓古》《磻溪》《趙》《樓正》《河上》《顧》《彭》同上。

《慶陽》三字均稍泐。②

少則得多則惑

少則得③

《慶陽》"少"字大半缺泐。

多則惑

《易龍》作"多則或"。

①②③ 編者按:此條據手稿本增補。

《慶陽》“多”字大半缺泐，“則”字稍泐。①

《唐石拓》此句全泐。②

是以聖人抱一爲天下式

是以聖人抱一爲天下式③

《慶陽)“是”“式”二字稍泐，“爲”字全泐。

《唐石拓》此句全泐。

不自見故明不自是故彰不自伐故有功不自矜故長夫唯不爭故天下莫能與之爭古之所謂曲則全者豈虛言哉誠全而歸之

不自見故明④

《唐石拓》“不自見故”四字缺泐。

不自是故彰不自伐故有功⑤

《慶陽》“彰”字稍泐。“不自伐故有功”“不自”二字隱約可辨，“有功”二字全漫滅。故自“有功”“有”字起，至“古之所謂曲則全者”“古”字止，皆缺泐。

夫唯不爭

《磻溪》作“夫惟不爭”。

《趙》《范》《彭》同上。

古之所謂曲則全者

《易龍》作“古之所謂曲則全”。

《唐石拓》“古”字缺泐。⑥

豈虛言哉

《易龍》作“豈虛語”。

《易玄》作“豈虗言哉”。⑦

《邢玄》《易福》《趙》同上。⑧

《焦山》“言”字存下半極小部份。⑨

---

①②③④⑤⑥⑦⑧⑨ 編者按：此條據手稿本增補。

誠全而歸之

《易龍》作“故成全而歸之”。

《邢玄》作“誠全而帰之”。(案《邢玄》“之”上諸字大半缺泐。)

《磻溪》同上。(案《磻溪》不泐。)

《趙》作“故誠全而歸之”。

《顧》同上。

【附】

《易龍》止“故成全而歸之”句爲一章。

《易玄》《邢玄》《易福》《慶陽》《樓古》《趙》《樓正》《集唐》同上。

《河上》同上。名“益謙第二十二”。

《范》同上。名“曲則全章第二十二”。

《彭》同上。名“曲則全章第二十二”。

《杭州》因磨滅不明。

《羅卷》因殘缺不明。

《柰卷》同上。

又《彭》自二十二章以下爲“道德真經集註卷之六”。

【二十三章】

希言自然

希言自然①

《樓正》作“希言自然”。

《慶陽》“言”“然”二字稍泐。

故飄風不終朝驟雨不終日孰爲此者天地天地尚不能久而況於人乎

故飄風不終朝

《易龍》作“飄風不終朝”。

《易玄》《邢玄》《焦山》《易福》《慶陽》《樓古》《磻溪》《趙》《樓正》

① 編者按:此條據手稿本增補。

《集唐》《河上》《顧》同上。

《范》作“故飄風不崇朝”。

《唐石拓》“不終朝”三字缺泐。[1]

驟雨不終日

《范》作“暴雨不崇日”。

《慶陽》“驟”字漫漶難識。[2]

《唐石拓》此句全泐。[3]

孰爲此者天地

《易龍》作“熟爲此天地”。

《易玄》作“孰爲此天地”。

《顧》作“孰爲此者天地也”。

天地尚不能久

《易龍》作“天地上不能久”。

《慶陽》“天”字泐。[4]

而況於人乎

《易龍》作“而況於人”。

《慶陽》“況於人乎”四字漫漶,幾不可辨。[5]

故從事於道者道者同於道

故從事於道者

《易龍》作“故從事而道者”。惟下尚有“道德之”一句。

《易福》作“故從事於道”。

《慶陽》此二句全泐。[6]

道者同於道

《顧》此句下尚有“道得之” 一句。

德者同於德

德者同於德

---

①②③④⑤⑥ 編者按:此條據手稿本增補。

《易龍》無此句。

《顧》作“同於德者德亦得之”。

《慶陽》“於”字大半缺泐。[①]

失者同於失

失者同於失

《易龍》無此句。

《慶陽》“失”字缺泐。[②]

同於道者道亦樂得之同於德者德亦樂得之同於失者失亦樂得之

同於道者道亦樂得之

《易龍》無此二句。

《易玄》作“同於道者道亦得之”。

《邢玄》《慶陽》《樓古》《磻溪》《趙》《樓正》《范》《彭》同上。

《慶陽》“亦得”二字稍漫漶。[③]

同於德者德亦樂得之

《易龍》作“同於德者德德之”。

《易玄》作“同於德者德亦得之”。

《邢玄》《慶陽》《樓古》《磻溪》《趙》《樓正》《范》《彭》同上。

同於失者失亦樂得之

《易龍》作“同於失者道失之”。

《易玄》作“同於失者失亦得之”。

《邢玄》《慶陽》《樓古》《磻溪》《趙》《樓正》《范》《彭》同上。

《河上》作“同於失者失亦樂失之”。

《顧》同上。

信不足焉有不信焉

信不足焉

《易龍》作“信不足”。

①②③ 編者按：此條據手稿本增補。

《邢玄》《慶陽》《樓古》《磻溪》《樓正》《顧》《范》《彭》同上。

《唐石拓》此二句全泐。[①]

有不信焉

《易龍》作"有不信"。

《邢玄》《易福》《慶陽》《樓古》《磻溪》《樓正》《顧》《范》《彭》同上。

《焦山》"有"字存大半。[②]

《慶陽》"有"字大半缺泐,"不信"二字稍泐。[③]

【附】

《易龍》止"有不信"句爲一章。

《邢玄》《慶陽》《樓古》《樓正》《集唐》同上。

《河上》同上。名"虛無第二十三"。

《范》同上。名"希言自然章第二十三"。

《彭》同上。名"希言自然章第二十三"。

《易玄》至此不分章。

《易福》同上。

《杭州》因磨滅不明。

《羅卷》因殘缺不明。

《柰卷》同上。

《趙》"有不信焉"句,適滿此行之末格,故無空地,是否至此分章,不明。

【二十四章】

企者不立

企者不立

《易龍》作"企者不久"。

《易玄》作"跂者不立"。

---

①②③ 編者按:此條據手稿本增補。

《邢玄》《慶陽》《磻溪》《趙》《樓正》《河上》《顧》《范》《彭》同上。

《焦山》同上。惟此句上有“喘者不久”一句。

《易福》亦作“跂者不立”。惟此句在“跨者不行”句之下。

《慶陽》“者不立”三字缺泐難辨。①

跨者不行自見者不明自是者不彰自伐者無功自矜者不長其在道也曰餘食贅行

跨者不行

《易龍》作“夸者不行”。（案《易龍》“夸”又似作“李”，漫漶不甚明。）

《慶陽》“跨”字缺泐。②

自見者不明

《易龍》作“自見不明”。

《慶陽》“自”“不”二字皆缺泐。③

自是者不彰

《易龍》作“自是不彰”。

《易玄》同上。

《慶陽》此句隱約難辨。④

自伐者無功

《易龍》作“自伐无功”。

《易玄》作“自伐無功”。

《范》作“自伐者无功”。

《慶陽》此句只一“功”字較爲可識，餘皆隱約難辨。⑤

自矜者不長

《易龍》作“自矜不長”。

《易玄》同上。

《慶陽》“矜”字隱約可辨，餘雖稍泐，皆明晰可辨。⑥

①②③④⑤⑥ 編者按：此條據手稿本增補。

其在道也

《易龍》作“其在道”。

《易玄》作“其於道也”。

《慶陽》《樓古》《磻溪》《趙》《樓正》《河上》《范》同上。

《易福》作“於其道也”。

《顧》作“其於道”。

曰餘食贅行

《易玄》作“日餘食贅行”。

《易福》《慶陽》同上。

物或惡之故有道者不處

物或惡之

《易龍》作“物或有惡之”。

故有道者不處

《易龍》作“故有道不處”。

《趙》作“故有道者不處也”。

《河上》《彭》同上。

【附】

《易龍》止“故有道不處”句爲一章。

《易玄》《邢玄》《慶陽》《樓古》《趙》《樓正》《集唐》同上。

《河上》同上。名“苦恩第二十四”。

《范》同上。名“跂者不立章第二十四”。

《彭》同上。名“跂者不立章第二十四”。

《易福》至此不分章。

《杭州》因磨滅不明。

《羅卷》因殘缺不明。

《柰卷》同上。

【二十五章】

有物混成先天地生

有物混成[①]

《慶陽》"混"字稍泐。

寂兮寥兮獨立不改

寂兮寥兮

《易龍》作"寂漠"。

《范》作"宗兮寞兮"。

《慶陽》"寂"字稍泐。[②]

《唐石拓》此句全泐。[③]

獨立不改

《易玄》作"獨立而不改"。

《邢玄》《易福》《慶陽》《樓古》《磻溪》《趙》《樓正》《河上》《范》《彭》同上。

《慶陽》"獨""而""不"三字稍泐,"改"字大半缺泐。[④]

《唐石拓》"獨立"二字缺泐。[⑤]

周行而不殆可以爲天下母

周行而不殆

《易龍》作"周行不殆"。

《邢玄》《顧》同上。

《慶陽》"周""不"二字缺泐,"而""殆"二字稍泐。[⑥]

可以爲天下母

《范》作"可以爲天地母"。

《慶陽》"可"字稍泐。自"以"字起,至下文"強爲之名""名"字止,大都缺泐;惟"吾不知其名""吾"字隱約可辨,"強爲之名"

①②③④⑤⑥ 編者按:此條據手稿本增補。

“名”字尚存下半而已。[①]

《唐石拓》“母”字半泐。[②]

吾不知其名

字之曰道

字之曰道

《樓古》作“強字之曰道”。

《范》作“故強字之曰道”。

強爲之名曰大

強爲之名曰大

《易龍》作“吾強爲之名曰大”。(案《易龍》“大”字漫漶不甚明。)

《樓正》作“疆〈彊〉爲之名曰大”。

《焦山》“爲”字畧漫滅。[③]

大曰逝

逝曰遠遠曰反

遠曰反

《易龍》作“遠曰返”。

《易玄》《磻溪》《趙》《樓正》《河上》《顧》同上。

故道大天大地大王亦大

故道大

《易龍》作“道大”。

《唐石拓》“道”字缺泐。[④]

王亦大

《易龍》作“王大”。

《范》作“人亦大”。

《慶陽》“王亦”二字稍泐。[⑤]

---

①②③④⑤ 編者按:此條據手稿本增補。

域中有四大

域中有四大[①]

《慶陽》"四"字稍泐。

而王居其一焉

而王居其一焉

《易龍》作"而王處一"。

《范》作"而人居其一焉"。

《彭》作"而王處一焉"。

《慶陽》"居""焉"二字稍泐。[②]

《唐石拓》此句全泐。[③]

人法地地法天天法道道法自然

地法天天法道道法自然[④]

《慶陽》"地法天,天法道""地""道"二字隱約可辨;"天法道""法"字完整未缺,餘皆缺泐難識。又"道法自然""道"字缺泐,"法"字隱約可辨。自"自"字起,至下文"終日行不離輜重""日"字止,皆缺泐。

【附】

《邢玄》止"道法自然"句爲一章。

《易福》《樓古》《趙》《樓正》《集唐》同上。

《河上》同上。名"象元第二十五"。

《范》同上。名"有物混成章第二十五"。

《彭》同上。名"有物混成章第二十五"。

《易龍》至此不分章。

《易玄》同上。

《慶陽》至此分章否,因缺泐不知。

《杭州》同上。

---

①②③④ 編者按:此條據手稿本增補。

《羅卷》因殘缺不明。

《柰卷》同上。

【二十六章】

重爲輕根靜爲躁君

靜爲躁君①

《唐石拓》"躁君"二字微泐。

【附】

《易龍》止"靜爲躁君"句爲一章。

是以聖人終日行不離輜重

是以聖人終日行不離輜重

《易龍》作"是以君子終日行不離輜重"。

《樓古》《磻溪》《趙》《樓正》《范》《彭》同上。

《易玄》作"是以君子終日行不離輜重"。

《慶陽》"行"字稍泐。②

雖有榮觀燕處超然

燕處超然

《范》"宴處超然"。

《慶陽》"然"字稍泐。③

奈何萬乘之主而以身輕天下輕則失本躁則失君

奈何萬乘之主

《易龍》作"如何萬乘之主"。

《彭》同上。

《河上》作"柰何萬乘之主"。

《顧》同上。

《范》作"如之何万乘之主"。

---

①②③ 編者按：此條據手稿本增補。

而以身輕天下

《易龍》作“以身輕天下”。

《易福》作“而以身輕於天下”。

《慶陽》“以身”二字稍泐。①

輕則失本

《易龍》作“輕則失臣”。

《易玄》《刑玄》《易福》《慶陽》《樓古》《磻溪》《趙》《樓正》《河上》《顧》《彭》同上。

《焦山》同上。（案《焦山》惟“臣”字可辨，餘均泐。）

《慶陽》“則”字半泐。②

【附】

《易龍》止“躁則失君”句爲一章。

《易玄》《邢玄》《易福》《慶陽》《樓古》《趙》《樓正》《集唐》同上。

《河上》同上。名“重德第二十六”。

《范》同上。名“重爲輕根章第二十六”。

《彭》同上。名“重爲輕根章第二十六”。

《杭州》因磨滅不明。

《羅卷》因殘缺不明。

《柰卷》同上。

又《彭》自二十六章以下爲“道德真經集註卷之七”。

【二十七章】

善行無轍迹

善行無轍迹

《易龍》作“善行无轍迹”。（案《易龍》“轍”字漫漶不明。）

《焦山》作“善行者無轍跡”。

①② 編者按：此條據手稿本增補。

《易福》作“善行者无蹤跡”。

《范》作“善行者无轍跡”。

《慶陽》“迹”字漫滅，餘各字均稍泐。①

善言無瑕讁

善言無瑕讁

《易龍》作“善言无瘕讁”。

《焦山》作“善言者無瑕讁”。

《易福》作“善言者无瑕讁”。（案《易福》“讁”字稍泐，是否“讁”或“謫”不甚明。）

《磻溪》作“善言無瑕謫”。

《趙》《樓正》《顧》《彭》同上。

《范》作“善言者无瑕謫”。

《慶陽》“言”“無”二字較可辨，“瑕”字缺半，“善”“讁”二字皆缺泐。故自“讁”字起，至下文“善結無繩約”“約”字止，大都缺泐。惟“結”“無”二字尚隱約可辨。②

善數不用籌策

善數不用籌策

《易龍》作“善計不用籌筞”。

《易玄》作“善計不用籌筭”。

《邢玄》《樓古》《磻溪》《樓正》《顧》《彭》同上。

《焦山》作“善計者不用籌策”。（案《焦山》“者”字以下缺泐。）

《易福》作“善計者不用□□”。

《趙》作“善計不用籌策”。

《河上》同上。

《集唐》作“善數不用籌筞”。

《范》作“善數者无籌策”。

---

①② 編者按：此條據手稿本增補。

善閉無關楗而不可開善結無繩約而不可解

善閉無關楗而不可開

《易龍》作“善閇无開鍵不可開”。(案《易龍》“鍵”字頗漫漶。)

《易玄》作“善閇無關揵而不可開”。

《易福》作“善閉者無關楗而不可開”。

《趙》作“善閇無關楗而不可開”。

《河上》作“善閉無關揵而不可開”。

《顧》作“善閉無關楗不可開”。

《范》作“善閉者无關楗”。(案《范》無“而不可開”四字。)

張華亭本作“善閉無關鍵而不可開”。①

善結無繩約而不可解

《易龍》作“善結无繩約不可解”。

《易福》作“善結者無繩約而不可解”。

《顧》作“善結無繩約不可以解”。

《范》作“善結者无繩約”。(案《范》無“而不可解”四字。)

是以聖人常善救人故無棄人

故無棄人

《易龍》作“而无棄人”。

《顧》作“而無棄人”。

《范》作“故人无棄人”。

《慶陽》“故”字稍泐。②

《唐石拓》此句大半缺泐。③

常善救物故無棄物是謂襲明故善人者不善人之師

常善救物④

《唐石拓》“常”字半泐。

---

①②③④ 編者按:此條據手稿本增補。

故棄〈無〉棄物

《易龍》作“而无棄物”。

《范》作“故物无棄物”。

《慶陽》“無”“物”二字稍泐。①

是謂襲明

《易龍》作“是謂𧞣明”。

《磻溪》《趙》同上。

《樓正》作“是謂𧚸明”。

《慶陽》“是”“明”二字稍泐。②

《唐石拓》“襲明”二字半泐。③

故善人者

《易龍》作“善人”。

《顧》同上。

《易玄》作“故善人”。

《邢玄》《慶陽》《磻溪》《樓古》《趙》《樓正》《范》《彭》同上。

不善人之師

《邢玄》作“不善之師”。

《慶陽》“不”“之”二字缺泐，餘三字均稍泐。④

不善人者善人之資

不善人者

《易龍》作“不善人”。

《易玄》《邢玄》《慶陽》《樓古》《磻溪》《趙》《樓正》《范》《彭》同上。

《慶陽》“善人”二字缺泐頗甚，“不”字稍泐。⑤

善人之資

《樓正》作“善人之䝨”。

《慶陽》“人”字全泐，“善”“之”二字隱約可識，“資”字漫漶幾不

①②③④⑤ 編者按：此條據手稿本增補。

能辨。[①]

不貴其師不愛其資雖智大迷

不貴其師不愛其資

《樓正》作“不賫其師不愛其欳”。

《慶陽》“不貴其師”惟“其”字隱約可辨，“不愛其資”惟“愛其”二字隱約可辨。餘自“不貴”“不”字起，至“迷”字止，皆缺泐。[②]

雖智大迷

《易龍》作“雖知大迷”。

《易玄》《磻溪》《樓正》《顧》《范》同上。

《慶陽》同上。（案《慶陽》“知”字雖漫漶，仍隱約可辨。）

《唐石拓》“大”字半泐。[③]

是謂要妙

是謂要妙

《易龍》作“此謂要妙”。（案《易龍》“要”字漫漶頗甚。）

《磻溪》作“是爲要妙”。

《慶陽》此句全泐。[④]

【附】

《易龍》止“此謂要妙”句爲一章。

《易玄》《邢玄》《易福》《樓古》《趙》《樓正》《集唐》同上。

《河上》同上。名“巧運第二十七”。

《范》同上。名“善行章第二十七”。

《彭》同上。名“善行章第二十七”。

《慶陽》至此分章否，因缺泐不知。

《杭州》同上。

《羅卷》因殘缺不明。

《柰卷》同上。

---

①②③④ 編者按：此條據手稿本增補。

【二十八章】

知其雄守其雌爲天下谿爲天下谿常德不離復歸於嬰兒

爲天下谿

《易龍》作“爲天下蹊”。

《易福》作“爲天下溪”。

爲天下谿常德不離

《易龍》作“爲天下蹊常得不離”。

《易福》作“爲天下溪常德不離”。

《顧》作“常德不離”。無“爲天下谿”句。

《唐石拓》“谿常德”三字缺泐。①

復歸於嬰兒

《易玄》作“復皈於嬰兒”。

《磻溪》同上。

《趙》作“復歸於娶兒”。

《河上》作“復歸於孾兒”。

《慶陽》“歸於嬰”三字半泐。②

知其白守其黑爲天下式

知其白守其黑③

《慶陽》“白”“黑”二字半泐。

爲天下式常德不忒

爲天下式

《易龍》“爲天下式”僅一句。

常德不忒

《易龍》作“常得不忒”。

①②③ 編者按：此條據手稿本增補。

《慶陽》"常"字大半泐,餘三字稍泐。①

復歸於無極

復歸於無極

《易龍》作"復歸於无極"。

《范》同上。

《磻溪》作"復帰於無極"。

《慶陽》"極"字缺泐,餘四字雖泐,尚可辨識。②

知其榮守其辱爲天下谷爲天下谷常德乃足復歸於樸

知其榮守其辱③

《慶陽》"知"字泐,"其榮"二字隱約似之,"守其辱"三字全泐。

爲天下谷

《集唐》"爲天下谷"僅一句。

《慶陽》"爲"字漫滅頗甚,餘三字隱約可辨。④

爲天下谷常德乃足

《易龍》作"爲天下谷常得乃足"。

《慶陽》惟"爲""乃"二字稍可辨識,餘皆缺泐。⑤

《唐石拓》"谷"字微泐。⑥

復歸於樸

《易龍》作"復歸於朴"。

《易福》《河上》《顧》《范》同上。

《易玄》作"復帰於撲"。

《邢玄》作"復帰於樸"。

《磻溪》同上。

《趙》作"復歸於檏"。

《慶陽》"歸"字漫滅,餘三字隱約可辨。⑦

---

①②③④⑤⑥⑦ 編者按:此條據手稿本增補。

樸散則爲器聖人用之則爲官長

樸散則爲器

《易龍》作“朴散爲器”。

《顧》同上。

《易玄》作“撲散則爲器”。

《樓正》作“樸散則爲器”。

《河上》作“朴散則爲器”。

《范》同上。

《易福》作“□散則爲器”。(案《易福》“散”上作“樸”,或作“朴”,或作“樸”,因漫漶不甚明。)

《慶陽》“則”字半泐,“爲”字稍泐。①

聖人用之則爲官長

《易龍》作“聖人用爲官長”。

故大制不割

故大制不割

《易龍》作“是以大制无割”。

《顧》作“故大制無割”。

《范》作“故大制无割”。

【附】

《慶陽》止“故大制不割”句爲一章。

《樓古》《趙》《樓正》《集唐》同上。

《河上》同上。名“反朴第二十八”。

《范》同上。名“知其雄章第二十八”。

《彭》同上。名“知其雄章第二十八”。

《邢玄》似亦止“故大制不割”句分章。然因漫漶不敢全定。

《易龍》至此不分章。

---

① 編者按:此條據手稿本增補。

《易玄》《易福》同上。

《杭州》因磨滅不明。

《羅卷》因殘缺不明。

《柰卷》同上。

【二十九章】

將欲取天下而爲之吾見其不得已天下神器不可爲也爲者敗之執者失之

將欲取天下而爲之

《趙》作“將欲取天下而爲之者”。

《范》《彭》同上。

《慶陽》“爲之”二字稍泐。①

吾見其不得已②

《慶陽》“其”“得”“已”三字大半缺泐，“不”字稍泐。

天下神器不可爲也

《易龍》作“天下神器不可爲”。

《易福》同上。

《范》作“夫天下神器不可爲也”。

《慶陽》“器”字已泐，“不”字隱約可辨，“可爲也”三字全泐。③

爲者敗之執者失之④

《慶陽》此句全泐。

《唐石拓》“執者失”三字半泐。

故物或行或隨或歔或吹或強或羸或挫或隳是以聖人去甚去奢去泰

故物或行或隨

《易龍》作“夫物或行或隨”。

《慶陽》“故物”二字至“或吹”“或”字止，皆缺泐。⑤

或歔或吹

---

①②③④⑤ 編者按：此條據手稿本增補。

《易龍》作“或嘘或吹”。

《趙》《顧》《彭》同上。

《易玄》作“或呴或吹”。

《邢玄》《樓正》《河上》同上。

《易福》作“或煦或吹”。

《樓古》作“或敏〈欨〉或吹”。

《磻溪》作“或煦或吹”。

《范》作“或噤或吹”。

或強或羸

《易龍》作“或強或羸”。

《樓正》作“或彊或羸”。

《范》作“或彊或剉”。

《慶陽》“羸”字漫滅過半。①

或挫或隳

《易龍》作“或接或隳”。

《易玄》作“或載或隳”。

《易福》《慶陽》《樓古》《磻溪》《趙》《樓正》《河上》《顧》《彭》同上。

《邢玄》作“或載或隳”

《范》作“或培或墮”。

《慶陽》“隳”字漫滅過半。②

【附】

《易玄》止“是以聖人去甚去奢去泰”句爲一章。

《邢玄》《慶陽》《樓古》《趙》《樓正》《集唐》同上。

《河上》同上。名“無爲第二十九”。

《范》同上。名“將欲章第二十九”。

《彭》同上。名“將欲章第二十九”。

---

①② 編者按:此條據手稿本增補。

《易龍》至此不分章。

《易福》同上。

《杭州》因磨滅不明。

《羅卷》因殘缺不明。

《柰卷》同上。

【三十章】

以道佐人主者不以兵強天下

以道佐人主者

《易龍》作"以道作人主者"。

《易福》作"以道佐人主"。

不以兵強天下

《易福》作"不以兵強於天下"。

《顧》同上。

《樓正》作"不以兵彊天下"。

其事好還

其事好還

《易玄》作"其事"。無"好還"二字。然案注則有。

《慶陽》"事"字缺泐。①

師之所處荊棘生焉大軍之後必有凶年

師之所處②

《慶陽》自"處"字起,至下文"不敢以取強""強"字止,大都缺泐。惟"荊棘""焉""軍之後""必"等字,及"故善者果而已"六字,"不敢以取強""不"字等隱約可辨其一小部份。

荊棘生焉

《易龍》作"荊棘生"。

①② 編者按:此條據手稿本增補。

《顧》同上。

《趙》作“荊棘生焉”。

《焦山》“棘”字僅存下半極小部份。[①]

大軍之後必有凶年

《易龍》無此二句。

《焦山》作“大軍之後必有荒年”。

《易福》作“大軍之後必有凶秊”。

《樓正》作“大軍之後必有凶季”。

善有果而已不敢以取強

善有果而已

《易龍》作“故善者果而已”。

《易玄》《易福》《慶陽》《樓古》《磻溪》《趙》《樓正》《范》同上。

《焦山》作“善者果而已”。

《集唐》《河上》《顧》同上。

《彭》作“故善者果而已矣”。

《焦山》“已”字僅存極小部份。[②]

不敢以取強

《易龍》作“不以取強”。

《趙》作“不敢以取強焉”。

《樓正》作“不敢以取彊”。

《彭》同上。

《易福》似亦同上。惟“焉”字漫漶不敢全定。

《焦山》“不”字僅存極小部份。[③]

果而勿矜果而勿伐果而勿驕

果而勿矜

《彭》作“杲而勿矜”。(案《彭》注“杲”仍作“果”。)

---

①②③ 編者按:此條據手稿本增補。

《慶陽》"果"字半泐。①

果而勿驕

《易龍》此句在"果而勿矜"句之上。

《易玄》作"果而勿憍"。

《慶陽》《樓古》《樓正》《范》同上。

果而不得已果而勿強

果而不得已

《易龍》作"果而不得以"。

果而勿強

《易龍》作"是果而勿強"。

《易玄》《邢玄》《慶陽》《磻溪》《顧》同上。

《樓古》作"是果而勿彊"。

《樓正》同上。

《范》作"是謂果而勿彊"。

物壯則老是謂不道不道早已

物壯則老

《易龍》作"物牡則老"。

是謂不道

《易龍》作"謂之非道"。

《彭》作"是謂非道"。

不道早已

《易龍》作"非道早已"。

《彭》同上。

《慶陽》"早"字半泐。②

《唐石拓》"道"字缺泐。③

---

①②③ 編者按:此條據手稿本增補。

【附】

《易龍》止"非道早已"句爲一章。

《邢玄》《易福》《慶陽》《樓古》《趙》《樓正》《集唐》同上。

《河上》同上。名"儉武第三十"。

《范》同上。名"以道佐人主章第三十"。

《彭》同上。名"以道佐人主章第三十"。

《易玄》至此不分章。

《杭州》因磨滅不明。

《羅卷》因殘缺不明。

《柰卷》同上。

又《彭》自三十章以下爲"道德真經集註卷之八"。

【三十一章】

夫佳兵者不祥之器物或惡之故有道者不處君子居則貴左用兵則貴右兵者不祥之器非君子之器不得已而用之恬淡爲上勝而不美而美之者是樂殺人夫樂殺人者則不可以得志於天下矣吉事尚左凶事尚右偏將軍居左上將軍居右言以喪禮處之殺人之衆以哀悲泣之戰勝以喪禮處之

夫佳兵者

《易龍》作"夫佳兵者"。惟"佳"字稍泐。

《易福》同上。惟"佳"字亦稍泐。

《慶陽》同上。惟"佳"字亦大半漫漶。

《樓古》作"夫嘉兵者"。

《磻溪》作"夫佳兵者"。

《河上》作"夫佳兵"。

不祥之器①

《慶陽》惟"不"字隱約可辨,餘泐。

① 編者按:此條據手稿本增補。

物或惡之

《易福》似作“物有惡之”。惟“有”字漫漶頗甚,不敢全定。

《慶陽》惟“物”字隱約可辨,餘泐。①

故有道者不處

《易龍》作“故有道不處”。

《顧》作“故有道者不居”。

《慶陽》此句全泐。②

君子居則貴左

《樓古》作“是以君子居則貴左”。

《范》《彭》同上。

《樓正》作“君子居則賫左”。

《慶陽》惟“子”“左”二字隱約可辨,餘泐。③

用兵則貴右

《樓正》作“用兵則賫右”。

《慶陽》惟“右”字可辨,餘泐。④

兵者不祥之器⑤

《慶陽》此句隱約可辨。

非君子之器⑥

《慶陽》“非”字漫滅,“君”字稍泐。自“子”字起,至“而美之者”“之”字止,皆完整可識。⑦

不得已而用之

《焦山》“而用之”三字皆缺泐過半。

《唐石拓》“得”“之”二字缺泐。

恬淡爲上

《易龍》作“恬惔爲上”。

《慶陽》《樓正》《河上》《顧》同上。

---

①②③④⑤⑥⑦ 編者按:此條據手稿本增補。

《唐石拓》"爲"字缺泐。[1]

勝而不美而美之者

《易龍》作"故不美若美之"。

《顧》作"勝而不美若美之者"。

《范》作"故不美也若美之必樂之樂之者"。

《彭》作"故不美也若美必樂之樂之者"。

是樂殺人

《易龍》作"是樂煞人"。

《焦山》同上。

《易福》作"是樂煞人也"。

《范》作"是樂殺人也"。

《彭》同上。

《慶陽》除"人"字外,均稍有漫滅。[2]

夫樂殺人者

《易龍》作"夫樂煞者"。

《易福》作"夫樂煞人者"。

《彭》作"樂殺人者"。

《慶陽》惟"樂""者"二字可識,餘皆漫滅。[3]

則不可以得志於天下矣

《易龍》作"不可得意於天下"。

《易玄》作"不可得志於天下"。

《樓古》《磻溪》《樓正》《顧》同上。

《慶陽》作"不可得志於天下"。(案《慶陽》除知無"則"字外,只"不可"二字可識,餘均磨滅。)

《趙》作"不可得志於天下矣"。

《彭》同上。

---

①②③ 編者按:此條據手稿本增補。

《范》作“不可以得志於天下矣”。

《慶陽》自此以下至“以喪禮處之”“以”字止，皆缺泐無存。①

吉事尚左

《易龍》作“故吉事尚左”。

《顧》《范》同上。

《易福》作“吉事上左”。

凶事尚右

《易福》作“凶事上右”。

偏將軍居左上將軍居右

《易龍》作“是以偏將軍居左上將軍居右”。

《易玄》作“偏將軍處左上將軍處右”。

《邢玄》《磻溪》《樓正》《顧》同上。

《易福》作“將軍處左上將軍處右”。

《樓古》作“是以偏將軍處左上將軍處右”。

《趙》《范》《彭》同上。

言以喪禮處之

《易龍》無此句。

《易玄》作“言以喪禮處之”。

《樓古》作“則以喪禮處之”。

《趙》作“言居上勢則以喪禮處之”。

《范》作“言居上勢則以喪禮處之”。

《彭》同上。

《慶陽》自“喪”字起，至本章末，除“喪禮處”三字稍泐外，皆完整可辨。②

殺人之衆

《易龍》作“煞人衆多”。

---

①② 編者按：此條據手稿本增補。

《易福》同上。

《易玄》作“殺人衆多”。

《慶陽》《樓古》《磻溪》《趙》《樓正》《顧》《范》《彭》同上。

以哀悲泣之

《易龍》作“以悲哀泣之”。

《易玄》《易福》《慶陽》《樓古》《磻溪》《樓正》《河上》《顧》《彭》同上。

《趙》作“則以悲哀泣之”。

《范》同上。

戰勝以喪禮處之

《易龍》作“戰勝以哀禮處之”。

《易玄》作“戰勝以[illegible]禮處之”。

《易福》作“戰勝則以[illegible]禮處之”。

《慶陽》作“戰勝則以喪禮處之”。

《樓古》《磻溪》《樓正》《顧》同上。

《趙》作“戰勝則以[illegible]禮處之”。

《范》作“戰勝者則以喪禮處之”。

【附】

《慶陽》止“戰勝則以喪禮處之”句爲一章。

《樓古》《樓正》《集唐》同上。

《河上》同上。名“偃武第三十一”。

《范》同上。名“夫佳兵章第三十一”。

《彭》同上。名“夫佳兵章第三十一”。

《易龍》至此不分章。

《易玄》《易福》《趙》同上。

《邢玄》至此分章否,因缺泐不明。

《杭州》同上。

《羅卷》因殘缺不明。

《柰卷》同上。

【三十二章】

道常無名樸雖小天下莫能臣也侯王若能守之萬物將自賓

道常無名

《易龍》作"道常无名"。

《易福》《范》同上。

樸雖小

《易龍》作"朴雖小"。

《易福》《河上》《顧》同上。

《易玄》作"撲雖小"。

《趙》作"樸雖小"。

《易玄》"撲"上似尚有字,惟已泐,不可知。[①]

《慶陽》自"樸"字起,至下文"莫之令而自均""均"字止,皆缺泐。[②]

天下莫能臣也

《易龍》作"天下不敢臣"。

《易玄》《樓古》《磻溪》《樓正》《河上》同上。

《易福》作"天下莫敢臣"。

《趙》作"天下莫能臣"。

《范》《彭》同上。

《顧》作"天下不敢巨"。(案注疏"巨"仍作"臣"。)

侯王若能守之

《易龍》作"王侯若能守"。

《易玄》作"侯王若能守"。

《邢玄》《樓古》《磻溪》《趙》《樓正》《顧》《彭》同上。

---

①② 編者按:此條據手稿本增補。

《范》作“王侯若能守之”。

萬物將自賓

《范》作“万物將自賔”。

天地相合以降甘露民莫之令而自均

民莫之令而自均

《易龍》作“人莫之令而自均”。

《易玄》《邢玄》《樓古》《磻溪》《趙》《樓正》《范》《彭》同上。

《焦山》作“民莫之令而自均焉”。

《易福》同上。

始制有名名亦既有夫亦將知止知止可以不殆

始制有名①

《慶陽》“始”字半泐。

夫亦將知止

《易龍》作“天將知止”。

《焦山》作“天亦將知止”。(案《焦山》僅存“天”字。)②

《河上》同上。(《河上》全。)③

《顧》同上。

《易福》作“天亦將知之”。

知止可以不殆

《易龍》作“知止不殆”。

《易玄》作“知止所以不殆”。

《慶陽》《樓古》《磻溪》《趙》《樓正》《集唐》《顧》《范》《彭》同上。

《易福》作“知之所以不殆”。

《河上》同上。

---

① 編者按:此條據手稿本增補。

② 編者按:手稿又云:《焦山》“夫”字畧漫滅。

③ 编者按:此條手稿本作“天亦將知之”。經核對《河上公老子章句》原文,以手稿本為是。

譬道之在天下猶川谷之於江海

譬道之在天下

《易龍》作“譬道在天下”。

《易玄》《磻溪》同上。

猶川谷之於江海

《易龍》作“猶川谷與江海”。

《易玄》作“猶川谷之與江海”。

《易福》《慶陽》《樓正》《河上》《顧》同上。

《樓古》作“如川谷之與江海”。

《磻溪》作“由川谷之與江海”。

《趙》作“猶川谷之於江海也”。

《范》作“猶川谷之與江海也”。

《彭》作“由川谷之與江海也”。

《慶陽》“猶川”“海”三字半泐。①

【附】

《慶陽》止“猶川谷之與江海”句爲一章。

《樓古》《趙》《樓正》《集唐》同上。

《河上》同上。名“聖德第三十二”。

《范》同上。名“道常无名章第三十二”。

《彭》同上。名“道常無名章第三十二”。

《易龍》至此不分章。

《易玄》《易福》同上。

《邢玄》至此分章否，因缺泐不明。

《杭州》同上。

《羅卷》因殘缺不明。

《柰卷》同上。

---

① 編者按：此條據手稿本增補。

【三十三章】

知人者智自知者明

知人者智

《范》作"知人者知也"。

《慶陽》"人者"二字隱約可識其小部份,自"智"字起,至下文"強行者有志""志"字止,皆缺泐。①

自知者明

《范》作"自知者明也"。

勝人者有力自勝者強

勝人者有力

《易龍》作"勝人有力"。

《范》作"勝人者有力也"。

自勝者強

《范》作"自勝者強也"。

《唐石拓》"強"字稍泐。②

知足者富

知足者富

《范》作"知足者富也"。

《唐石拓》"富"字缺泐。③

強行者有志

強行者有志

《易龍》作"強行有志"。

《范》作"強行者有志也"。

不失其所者久

不失其所者久

---

①②③ 編者按:此條據手稿本增補。

《邢玄》作“不失其所其久”。

《趙》作“不失其所久”。

《范》作“不失其所者久也”。

《慶陽》“失其”二字漫漶頗甚，然隱約可辨。①

死而不亡者壽

死而不亡者壽

《易福》作“死而不妄者壽”。

《范》作“死而不亡者壽也”。

《慶陽》“不”“壽”二字稍泐；“亡者”二字漫漶頗甚，然隱約可辨。②

【附】

《易龍》止“死而不亡者壽”句爲一章。

《易福》《慶陽》《樓古》《趙》《樓正》《集唐》同上。

《河上》同上。名“辯德第三十三”。

《范》同上。名“知人者知章第三十三”。

《彭》同上。名“知人者智章第三十三”。

《易玄》至此不分章。

《邢玄》似至此分章，然因缺泐不敢全定。

《杭州》因磨滅不明。

《羅卷》因殘缺不明。

《柰卷》同上。

【三十四章】

大道氾兮其可左右

大道氾兮

《易龍》作“大道氾”。

《易玄》作“大道汎”。

---

①② 編者按：此條據手稿本增補。

《慶陽》作“大道汎兮”。

《磻溪》《趙》《樓正》《顧》《彭》同上。

《范》作“大道氾氾兮”。①

《慶陽》自“大”字起，至“左”字止，半泐。②

萬物恃之而生而不辭功成不名有衣養萬物而不爲主常無欲可名於小

萬物恃之而生

《易龍》作“萬物恃之以生”。

《易玄》《慶陽》《樓古》《磻溪》《趙》《樓正》《顧》《彭》同上。

《易福》作“万物恃之而生”。

《范》作“万物恃之以生”。

《慶陽》“萬物恃”三字較清晰，以下至“愛養萬物”“愛”字止，皆半泐，惟“辭”“名有”“愛”四字漫漶較甚，然尚可辨識。③

功成不名有

《易龍》作“成功不名有”。

《顧》同上。

《焦山》作“功成而不名有”。

《易福》同上。

《趙》作“功成不居”。

《彭》同上。

衣養萬物而不爲主

《易龍》作“愛養萬物不爲主”。

《易玄》作“愛養萬物而不爲主”。

《焦山》《樓古》《磻溪》《樓正》《河上》同上。

《慶陽》同上。（案《慶陽》“愛”字雖稍泐，然仍可識。）

《易福》作“愛養万物而不爲主”。

---

① 編者按：范應元《老子道德經古本集註》“氾氾”作“汜汜”。

②③ 編者按：此條據手稿本增補。

《趙》作“衣被萬物而不爲主”。

《彭》同上。

《顧》作“衣被萬物不爲主”。

《范》作“衣被万物而不爲主”。

《焦山》“養”“不”二字稍泐,“萬物而”三字全泐。[①]

《慶陽》自“愛養萬物”“愛”字起,至“可名於小”“小”字止,除“養”“物”二字隱約可辨外,皆漫滅。[②]

常無欲可名於小

《易龍》無此二句。

《易福》作“常無欲可名於小矣”。

《趙》作“故常無欲可名於小矣”。

《彭》同上。

《顧》作“可名於小”。無“常無欲”三字。

《范》作“故常无欲可名爲小矣”。

萬物歸焉而不爲主可名爲大

萬物歸焉而不爲主

《易龍》無此二句。

《易玄》作“萬物歸之不爲主”。

《樓正》同上。

《磻溪》作“萬物皈之不爲主”。

《趙》作“萬物歸焉而不知主”。

《彭》同上。

《顧》作“萬物歸焉不爲主”。

《范》作“万物歸之而不知主”。

《慶陽》自“萬”字起,至“大”字止,皆漫滅。[③]

---

①②③ 編者按:此條據手稿本增補。

《唐石拓》"歸"字缺泐。[1]

可名爲大

《易龍》作"可名於大"。

《易玄》《樓古》《磻溪》《樓正》同上。

《易福》作"故可名爲大矣"。

《趙》作"可名於大矣"。又此句下尚有"是以聖人能成其大也"一句。

《顧》作"可名爲大矣"。

《范》同上。

《彭》作"可名於大矣"。

以其終不自爲大故能成其大

以其終不自爲大

《易龍》作"是以聖人終不爲大"。

《邢玄》《易福》《樓古》《磻溪》《樓正》《河上》《顧》《彭》同上。

《易玄》同上。(案《易玄》"以"字缺泐,"聖人終不爲"五字大半缺泐。)

《慶陽》同上。(案《慶陽》"是""聖"二字漫滅頗甚。)

《趙》作"以其不自大"。

《范》作"是以聖人以其終不自爲大"。

《慶陽》"終不為"三字畧有缺泐。[2]

故能成其大[3]

《慶陽》"其"字畧有缺泐。

《唐石拓》"其大"二字缺泐,但由玄宗注可以知之。

【附】

《易玄》止"故能成其大"句爲一章。

《邢玄》《易福》《慶陽》《樓古》《樓正》《集唐》同上。

---

①②③ 編者按:此條據手稿本增補。

《河上》同上。名“任成第三十四”。

《范》同上。名“大道汜汜兮章第三十四”。[1]

《彭》同上。名“大道汎兮章第三十四”。

《易龍》至此不分章。

《杭州》因磨滅不明。

《羅卷》因殘缺不明。

《柰卷》同上。

《趙》“故能成其大”句，適滿此行之末格，致無空地，故是否至此分章，不明。

又《彭》自三十四章以下爲“道德真經集註卷之九”。

【三十五章】

執大象天下往

執大象

《易玄》作“執大爲”。

《范》作“執大象者”。

往而不害安平太

往而不害[2]

《慶陽》“害”字稍泐。

安平太

《易玄》作“安平泰”。

《邢玄》《慶陽》《磻溪》《樓正》《趙》《顧》《范》《彭》同上。

樂與餌過客止道之出口淡乎其無味視之不足見聽之不足聞用之不足既

過客止[3]

《慶陽》自“客”字起，至“淡乎其無味”“無”字止，均畧有缺泐。

---

① 編者按：范應元《老子道德經古本集註》“汜汜”作“氾氾”。

②③ 編者按：此條據手稿本增補。

道之出口淡乎其無味

《易龍》作“道出言淡无味”。

《易福》作“道之出口淡兮其无味”。

《樓古》作“道之出口虚乎其無味”。

《顧》作“道出言淡乎無味”。

《范》作“道之出言淡兮其无味”。

《彭》作“道之出言淡乎其無味”。

《慶陽》自“味”字起,至“不足既”“既”字止,皆漫滅。①

視之不足見

《易龍》作“視不足見”。

聽之不足聞

《易龍》作“聽不足聞”。

用之不足既

《易龍》作“用不可既”。

《易玄》作“用之不可”。(案《易玄》正文“可”下無“既”字,但注中仍有。)

《易福》作“用之不可既”。

《樓古》《磻溪》《趙》《樓正》《集唐》《河上》《顧》《范》《彭》同上。

【附】

《易玄》止“用之不可(既)”句爲一章。

《邢玄》《易福》《樓古》《趙》《樓正》《集唐》同上。

《河上》同上。名“仁德第三十五”。

《范》同上。名“執大象章第三十五”。

《彭》同上。名“執大象章第三十五”。

《易龍》至此不分章。

《慶陽》至此分章否,因缺泐不明。

---

① 編者按:此條據手稿本增補。

《杭州》同上。

《羅卷》因殘缺不明。

《柰卷》同上。

【三十六章】

將欲歙之必固張之將欲弱之必固強之將欲廢之必固興之將欲奪之必固與之是謂微明

將欲歙之

《易龍》作"將欲翕之"。

《顧》《范》同上。

《易福》同上。(案《易福》"翕"字稍漫漶。)

《河上》作"將欲噏之"。

《慶陽》"將欲歙之必"五字,惟"必"字畧存筆跡,餘皆漫滅。①

《唐石拓》"歙之"二字缺泐。②

必固張之

《易龍》作"必故張之"。

《唐石拓》此句全泐。③

將欲弱之

《河上》作"將使弱之"。

《焦山》"將"字缺泐,僅存下半,"弱"字缺泐存半,"之"字存小半。④

《唐石拓》此句全泐。⑤

必固強之

《易龍》作"必故強之"。

《樓正》作"必固彊之"。

---

①②③④⑤ 編者按:此條據手稿本增補。

《焦山》"固"字缺泐存半,"之"字存大半。①

《唐石拓》"必固"二字缺泐。②

將欲廢之

《易龍》作"將欲癈之"。

《焦山》《趙》同上。

《慶陽》"將"字大半泐。③

《焦山》"將"字缺泐,僅存下半。④

將欲奪之

《范》作"將欲取之"。

《彭》同上。

必固與之是謂微明⑤

《慶陽》"固""微"二字半泐。

柔弱勝剛強魚不可脫於淵國之利器不可以示人

柔弱勝剛強

《易龍》作"柔勝剄弱勝強"。

《樓正》作"柔弱勝剛彊"。

《范》作"柔之勝剛弱之勝強"。

《彭》同上。

魚不可脫於淵

《易玄》作"魚不可脫於淵"。

《范》作"魚不可倪於淵"。

《慶陽》自"不"字起,至"人"字止,皆漫滅。⑥

國之利器不可以示人

《易龍》作"國有利器不可示人"。

《顧》作"國之利器不可示人"。

《范》作"邦之利器不可以示人"。

---

①②③④⑤⑥ 編者按:此條據手稿本增補。

【附】

《易龍》止"不可示人"句爲一章。(案《易龍》"人"下空格似較小。)

《樓古》《趙》《樓正》同上。

《河上》同上。名"微明第三十六"。

《范》同上。名"將欲翕之章第三十六"。

《彭》同上。名"將欲歙之章第三十六"。

《易玄》至此不分章。

《邢玄》《易福》《趙》同上。

《慶陽》至此分章否,因缺泐不明。

《杭州》同上。

《羅卷》因殘缺不明。

《柰卷》同上。

【三十七章】

道常無爲

道常無爲

《易龍》作"道常无爲"。

《易福》《顧》《范》同上。

《慶陽》四字皆漫滅。[①]

而無不爲

而無不爲

《易龍》作"而无不爲"。

《易福》《顧》《范》同上。

《慶陽》四字皆漫滅。[②]

《唐石拓》"不"字半泐。[③]

---

①②③ 編者按:此條據手稿本增補。

侯王若能守之萬物將自化化而欲作吾將鎮之以無名之樸

侯王若能守之

《易龍》作“侯王若能守”。

《易玄》《邢玄》《慶陽》《樓古》《磻溪》《趙》《樓正》《河上》《顧》《彭》同上。

《易福》作“侯王而能守之”。

《范》作“王侯若能守之”。

《慶陽》“侯”“能”二字漫滅過半,“王”“若”二字稍泐。①

萬物將自化

《范》作“万物將自化”。

《慶陽》“將”字半泐,“自”字稍泐。②

化而欲作③

《慶陽》“欲”字缺泐難辨。

吾將鎮之以無名之樸

《易龍》作“吾將鎮之以无名之朴”。

《顧》同上。

《趙》作“吾將鎮之以無名之樸”。

《河上》作“吾將鎮之以無名之朴”。

《范》作“吾將鎮之以无名之樸”。

《彭》作“吾將鎮以無名之樸”。

無名之樸夫亦將無欲

無名之樸

《易龍》作“无名之朴”。

《顧》同上。

《易玄》作“無名之樸〈撲〉”。

《趙》作“無名之樸”。

---

①②③ 編者按:此條據手稿本增補。

《河上》作“無名之朴”。

《范》作“无名之樸”。

夫亦將無欲

《易龍》作“亦將不欲”。

《易玄》《易福》《慶陽》《樓古》《磻溪》《趙》《樓正》《河上》《顧》《彭》同上。

《范》作“夫亦將不欲”。

不欲以靜天下將自定

不欲以靜①

《慶陽》“靜”字稍泐。

天下將自定

《易龍》作“天下將自正”。

《易玄》《易福》《樓古》《磻溪》《趙》《樓正》《顧》《范》《彭》同上。

《慶陽》“下”字稍泐。“自”下作何字,因缺泐不明。②

【附】

《易龍》止“天下將自正”句爲一章。

《易玄》《易福》《樓古》《趙》《樓正》同上。

《邢玄》同上。(案《邢玄》“天下將自正”句雖已缺泐,然爲其卷上之最末章無疑。)

《焦山》同上。(案《焦山》此句缺泐。惟有“□子德經　河上公章三”等字,足證其止此句分章。)(又案“□子德經　河上公章三”等字,當屬下文。)

《慶陽》同上。又另行有“道經卷上”等字。

《柰卷》同上。又有“河上公章句第三”等字。(案《柰卷》此等字當屬下文。然因此可知《柰卷》止“天下將自正”句分章。)

---

① 編者按:此條據手稿本增補。

② 編者按:此條據手稿本修改。

《集唐》同上。又另行有“老子道德經上篇終”等字。

《河上》同上。名“爲政第三十七”。又另行有“河上公老子道經卷上”等字。

《范》同上。名“道常无爲章第三十七”。又另行有“老子道德經古本集註上”等字。

《彭》同上。名“道常無爲章第三十七”。

《杭州》因磨滅不明。

《羅卷》因殘缺不明。

又《顧》自王注本三十七章以下爲“道德真經注疏卷之四”。

又《磻溪》全不分章，惟至“天下將自正”句下空一格，似作爲上下分卷之意。

老子道德經下篇

《易龍》作“老子德經”。

《易玄》作“老子德經卷下”。

《邢玄》作“老子德經下”。

《焦山》作“□子德經　河上公章三”。（案魏錫曾《績語堂碑錄》，此所題之“□子德經”，即王弼注本之“老子道德經下篇”之意。）

《易福》無任何字樣。

《慶陽》作“老子德經卷下”。

《杭州》因磨滅不明。

《樓古》無任何字樣。

《磻溪》不分篇章，然於“上德不德”句上空一格，似作為上下兩卷之別。

《趙》無任何字樣。

《樓正》作“道德經下”。

《羅卷》因殘缺不知。

《柰卷》作“河上公章句第三”。

《集唐》作“老子道德經下篇”。

《河上》作“老子德經下”。

“河上公章句第三”。

《顧》此仍連上為“道德真經注疏卷之四”。

《范》作“老子道德經古本集註下”。

《彭》作“道德真經集注卷之十”。

【三十八章】

上德不德是以有德下德不失德是以無德上德無爲而無以爲下德爲之而有以爲上仁爲之而無以爲上義爲之而有以爲上禮爲之而莫之應則攘臂

而扔之故失道而後德失德而後仁失仁而後義失義而後禮夫禮者忠信之薄而亂之首前識者道之華而愚之始是以大丈夫處其厚不居其薄處其實不居其華故去彼取此

上德不德是以有德下德不失德是以無德[①]

《慶陽》"上"字漫漶,略存筆跡。"是以無德""以"字稍泐。

上德無爲而無以爲下德爲之而有以爲

《易龍》同。惟"下德爲之而有以爲"句,"德"下似空一格,蓋因石原缺泐而跳越書刻所致。非分章也。

《易福》作"上德无爲而无以爲下德爲之而有以爲"。

《樓古》作"上德無爲而無不爲下德爲之而無以爲"。

《范》作"上德无爲而无不爲下德爲之而无以爲"。

《慶陽》"下德爲之而有以爲""而"字稍泐。[②]

上仁爲之而無以爲

《易龍》此句"之""而"二字間空一格,蓋因石原缺泐而跳越書刻所致。

《易福》作"上仁爲之而无以爲"。

《范》同上。

《慶陽》"之"字漫滅。[③]

上義爲之而有以爲[④]

《慶陽》下"爲"字漫滅,"爲之而有以"五字稍有缺泐。

上禮爲之而莫之應

《易福》作"上礼爲之而莫之應"。

《慶陽》此句各字皆有缺泐,"應"字更甚。[⑤]

則攘臂而扔之

《易龍》作"則攘臂而仍之"。

《易玄》《邢玄》《易福》《慶陽》《磻溪》《趙》《樓正》《柰卷》《河上》

---

①②③④⑤ 編者按:此條據手稿本增補。

《顧》《彭》同上。

《慶陽》"攘""之"二字漫滅，"臂而仍"三字皆稍泐。自此以下，至"失德而後仁""後"字止，皆漫滅。"仁"字尚隱約可辨。①

故失道而後德

《易玄》此句"失"下空一格，蓋因石原缺泐而跳越書刻所致。

失義而後禮

《易福》作"失義而後礼"。

夫禮者忠信之薄

《易福》作"夫礼者忠信之薄"。

而亂之首

《焦山》作"而乱之首也"。（案《焦山》"首"字以下缺泐。）②

《易福》作"而亂之首也"。

《樓古》《趙》《柰卷》《范》《彭》同上。

前識者道之華③

《慶陽》"識""道"二字稍泐。

而愚之始

《樓古》作"而愚之始也"。

《趙》《柰卷》《范》《彭》同上。

《慶陽》"愚"字大半泐。④

是以大丈夫處其厚不居其薄處其實不居其華

《易龍》作"是以大丈夫處其厚不處其薄居其實不居其華"。

《易玄》《慶陽》《樓古》《磻溪》《趙》《樓正》《彭》同上。

《顧》作"是以大丈夫處其厚不處其薄處其實不處其華"。

《范》同上。

《慶陽》"居其實不居其華"除上"其"字及"不"字完整外，"實"字

---

①③④ 編者按：此條據手稿本增補。

② 編者按：此條手稿云《焦山》"首"下有"也"字，但稍漫滅。

大半泐，餘皆稍泐。[1]

故去彼取此

《趙》作“故去取彼此”。

《慶陽》“故”字稍泐。[2]

【附】

《易龍》止“故去彼取此”句爲一章。

《易玄》《慶陽》《樓古》《趙》《樓正》《集唐》同上。

《柰卷》同上。名“論德第三十”。（案《柰卷》次一章爲“法本第三十九”，則此章當爲“第三十八”，今作“第三十”，蓋因殘缺所致。）

《河上》同上。名“論德第三十八”。

《范》同上。名“上德不德章第三十八”。

《彭》同上。名“上德不德章第三十八”。

《邢玄》至此分章否，因缺泐不明。

《杭州》同上。

《易福》至此不分章。

《羅卷》因殘缺不明。

【三十九章】

昔之得一者

昔之得一者[3]

《慶陽》“之”“一”二字大半泐，“得”字半泐，“者”字全泐。

天得一以清地得一以寧神得一以靈谷得一以盈萬物得一以生侯王得一以爲天下貞其致之

天得一以清[4]

《慶陽》“天”字隱約存筆跡。自“得”字起，至“神得一”“神”字止，全泐。

---

①②③④ 編者按：此條據手稿本增補。

萬物得一以生

《易龍》作"万物得一以生"。

《易福》《范》同上。

侯王得一以爲天下貞

《易龍》作"侯王得一以爲天下正"。

《慶陽》《樓古》《磻溪》《樓正》《顧》同上。

《易福》作"侯王得一爲天下正"。

《柰卷》作"王侯得一以爲天下正"。

《范》同上。

《河上》作"侯王得一以天下爲正"。

《慶陽》"天"字半泐。①

其致之

《樓古》作"其致之一也"。

《趙》《范》《彭》同上。

天無以清將恐裂

天無以清將恐裂

《易玄》此句"無"字下空一格。似係石原泐而跳越書刻所致。

《易福》作"天无以清將恐裂"。

《范》同上。

《焦山》"將""裂"二字隱約可辨,"恐"字漫滅。②

《慶陽》"以"字半泐。③

地無以寧將恐發神無以靈將恐歇谷無以盈將恐竭萬物無以生將恐滅侯王無以貴高將恐蹶故貴以賤爲本高以下爲基是以侯王自謂孤寡不穀此非以賤爲本耶非乎故致數輿無輿不欲琭琭如玉珞珞如石

地無以寧將恐發

《易龍》作"地無以寧將恐蔹"。

---

①②③ 編者按:此條據手稿本增補。

《趙》同上。

《易福》作“地无以寧將恐發”。

《范》同上。

《慶陽》“將恐發”三字半泐。[①]

神無以靈將恐歇

《易福》作“神无以靈將恐歇”。

《范》同上。

《慶陽》“以”字稍泐，“靈”字大半泐。[②]

《唐石拓》“無”字缺泐。[③]

谷無以盈將恐竭

《易福》作“谷无以盈將恐竭”。

《范》同上。

《慶陽》除“谷”字外，“無”“恐”“竭”三字稍泐，“以盈將”三字漫漶難辨。[④]

萬物無以生將恐滅

《易龍》作“万物無以生將恐滅”。（案《易龍》“万”字稍泐。）

《易福》作“万物无以生將恐滅”。

《范》同上。

《慶陽》“物無”二字隱約可辨。自“以”字起，至“故貴以賤爲本”“故”字止，皆缺泐。[⑤]

侯王無以貴高將恐蹶

《易龍》作“侯王無以貴高將恐蹷”。

《磻溪》《河上》《顧》同上。

《易福》作“侯王无以貴高將恐蹷”。

《樓古》作“侯王無以貞而貴高將恐蹶”。

《趙》作“侯王無以爲貞而貴高將恐蹶”。

---

①②③④⑤ 編者按：此條據手稿本增補。

《樓正》作“侯王無以賫高將恐蹷”。

《柰卷》作“王侯無以貴高將恐蹷”。

《范》作“王侯無以爲貞將恐蹷”。

《彭》作“侯王無以爲貞而貴高將恐蹷”。

故貴以賤爲本

《易福》作“故貴必以賤爲本”。

《柰卷》《顧》同上。

高以下爲基

《易玄》作“高以下爲朞”。

《易福》作“高必以下爲基”。

《柰卷》《河上》《顧》同上。

《慶陽》“爲”字稍泐。①

是以侯王自謂孤寡不穀

《易龍》作“是以侯王自謂孤寡不轂”。

《河上》《顧》同上。

《易玄》此句“寡”下“不”上空二格，似有字而泐。或即原石缺泐，而跳越書刻所致。

《易福》作“是以侯王自日(案當爲曰字)孤寡不轂”。

《趙》作“是以侯王自稱孤寡不穀”。

《彭》同上。

《柰卷》作“是以王侯自稱孤寡不轂”。

《范》作“是以王侯自稱孤寡不穀”。

此非以賤爲本耶非乎

《易龍》作“此其以賤爲本耶非”。

《易玄》作“此其以賤爲本邪非乎”。(案《易玄》“本”字雖漫漶，然仍可辨。)

---

① 編者按：此條據手稿本增補。

《邢玄》同上。(案《邢玄》不泐。)

《慶陽》《樓古》《磻溪》《樓正》《彭》同上。

《易福》作"此其以賤爲本悲乎"。

《趙》作"此其以賤爲本耶非乎"。

《集唐》作"此非以賤爲本邪非乎"。

《顧》作"此其以賤爲本也非乎"。

《范》作"是其以賤爲本也非歟"。

《慶陽》"乎"字稍泐。①

《唐石拓》"本"字缺泐。②

故致數輿無輿

《易龍》作"故致數車無車"。

《河上》《顧》同上。

《易玄》作"故致數與無輿"。(案《易玄》注文,"數與""與"字仍作"輿"。)

《易福》作"故致數車无車"。

《柰卷》同上。

《趙》作"故致數譽無譽"。

《彭》同上。

《范》作"故致數譽无譽"。

明華亭《張本》作"故致數譽無譽"。③

不欲琭琭如玉

《易福》作"不欲淥淥如玉"。

《范》作"不欲琭琭若玉"。

珞珞如石

《易龍》作"落落如石"。

《易玄》《邢玄》《慶陽》《磻溪》《趙》《樓正》《柰卷》《河上》《顧》

①②③ 編者按:此條據手稿本增補。

《彭》同上。

《易福》作“硌硌如石”。

《范》作“落落若石”。

《慶陽》“石”字稍泐。[①]

【附】

《易玄》止“落落如石”句爲一章。

《慶陽》《樓古》《趙》《樓正》《集唐》同上。

《柰卷》同上。名“法本第三十九”。

《河上》同上。名“法本第三十九”。

《范》同上。名“昔之得一章第三十九”。

《彭》同上。名“昔之得一章第三十九”。

《易龍》至此不分章。

《易福》同上。

《邢玄》至此分章否,因缺泐不明。

《杭州》同上。

《羅卷》因殘缺不明。

【四十章】

反者道之動

反者道之動[②]

《焦山》全句字幾不可辨。

《慶陽》“反”“道之”三字半泐,“者”“動”二字稍泐。

弱者道之用

弱者道之用[③]

《焦山》“道之”二字隱約可辨。

《慶陽》此句每字皆稍泐。

①②③ 編者按:此條據手稿本增補。

天下萬物生於有有生於無

天下萬物生於有

《易龍》作“天下万物生於有”。

《焦山》《易福》同上。

《易玄》作“天下之物生於有”。

《邢玄》《樓古》《磻溪》《趙》《樓正》《范》《彭》同上。

《焦山》“物”字隱約可辨。①

《慶陽》惟“於有”二字隱約存筆跡。②

有生於無

《易福》作“有生於无”。

《范》同上。

《慶陽》此句全泐。③

【附】

《易龍》止“有生於無”句爲一章。

《邢玄》《易福》《樓古》《趙》《樓正》《集唐》同上。

《柰卷》同上。名“去用第四十”。

《河上》同上。名“去用第四十”。

《范》同上。名“反者道之動章第四十”。

《彭》同上。名“反者道之動章第四十”。

《易玄》至此不分章。

《慶陽》至此分章否,因缺泐不明。

《杭州》同上。

《羅卷》因殘缺不明。

【四十一章】

上士聞道勤而行之

勤而行之

---

①②③ 編者按:此條據手稿本增補。

《易玄》作“勤而行”。

《范》作“懃而行之”。

《慶陽》自“上”字至“勤”字皆缺泐，“行”字稍漫漶。①

中士聞道若存若亡下士聞道大笑之不笑不足以爲道故建言有之

中士聞道

《易玄》“中”字上有空格，似有字而泐，或即上句“勤而行之”之“之”字也。

下士聞道大笑之

《易龍》作“下士聞道大眹〈咲〉之”。

《趙》同上。

《易玄》作“下士聞道大咲之”。

《范》作“下士聞道而大笑之”。

《唐石拓》“道”字缺泐。②

故建言有之

《易玄》作“建言有之”。

《邢玄》《易福》《慶陽》《樓古》《磻溪》《樓正》同上。

《顧》作“是以建言有之”。

《范》作“故建言有之曰”。

明道若昧

進道若退

進道若退

《易玄》作“進道若迡”。

《樓正》同上。

《趙》此句在“夷道若纇”句之下。

《彭》同上。

①② 編者按：此條據手稿本增補。

夷道若纇

夷道若纇

《易龍》作"夷道若類"。

《易福》《柰卷》《河上》《顧》同上。

《慶陽》"若"字稍泐。①

上德若谷

上德若谷②

《慶陽》"上""若""谷"三字半泐。

大白若辱

大白若辱

《范》作"大白若黬"。

《慶陽》"若辱"二字半泐。③

廣德若不足

廣德若不足④

《慶陽》"廣德""不"三字大半漫滅,"若""足"二字稍泐。

建德若偷

建德若偷

《樓古》作"建德若輸"。

《范》同上。

《柰卷》作"建德若揄"。

《焦山》"偷"字隱約可辨。⑤

《慶陽》"建德"二字雖泐可辨,"若偷"二字全泐。⑥

質真若渝

質真若渝

《柰卷》作"質眞若渝"。

①②③④⑤⑥ 編者按:此條據手稿本增補。

大方無隅

大方無隅

《易福》作“大方无隅”。

《范》同上。

《慶陽》此句全泐。①

大器晚成

大器晚成②

《焦山》“器”字僅存極小部份。

《慶陽》此句全泐。

大音希聲

大音希聲

《柰卷》作“大音希声”。

《樓正》作“大音莃聲”。③

《慶陽》“聲”字稍泐，餘全泐。④

大象無形

大象無形

《易福》作“大象无形”。

《范》同上。

道隱無名夫唯道善貸且成

道隱無名

《易福》作“道隱无名”。

《范》同上。

夫唯道

《趙》作“夫惟道”。

《范》《彭》同上。

---

①②③④ 編者按：此條據手稿本增補。

《樓正》“道”字泐。[1]

善貸且成

《易龍》作“善貸且善”。

《樓正》作“譱貸且成”。

《范》作“善貸且善成”。

【附】

《易龍》止“善貸且善”(王弼注本作“善待且成”)句爲一章。

《邢玄》《易福》《慶陽》《樓古》《趙》《樓正》《集唐》同上。

《柰卷》同上。名“同異第四十一”。

《河上》同上。名“同異第四十一”。

《范》同上。名“上士聞道章第四十一”。

《彭》同上。名“上士聞道章第四十一”。

《易玄》至此不分章。

《杭州》因磨滅不明。

《羅卷》因殘缺不明。

又《彭》自四十一章以下爲“道德真經集註卷之十一”。

【四十二章】

道生一一生二二生三三生萬物萬物負陰而抱陽沖氣以爲和人之所惡唯孤寡不穀而王公以爲稱故物或損之而益或益之而損

三生萬物

《易龍》作“三生万物”。

《易福》《范》同上。

萬物負陰而抱陽

《易龍》作“万物負陰而抱陽”。

《易福》《范》同上。

① 編者按:此條據手稿本增補。

冲氣以爲和

《易福》作“冲氣以爲和”。

《河上》同上。

《樓古》作“盅氣以爲和”。

《范》同上。

《慶陽》“以”“和”二字畧漫漶。[①]

人之所惡[②]

《慶陽》“所”字大半泐,“之”“惡”二字稍泐。

唯孤寡不穀

《易龍》作“唯孤寡不轂”。

《易福》《柰卷》《河上》同上。

《范》作“惟孤寡不穀”。

《慶陽》此句五字均稍泐。[③]

而王公以爲稱

《易玄》作“而公王以爲稱”。(案《易玄》注文“公王”仍作“王公”。)

《范》作“而王侯以自謂也”。

《慶陽》“公”“稱”二字全泐,“王”“以爲”三字均稍泐。[④]

故物或損之而益[⑤]

《慶陽》此句全泐。

或益之而損

《易玄》作“益之而損”。

《樓古》《磻溪》《樓正》《顧》《彭》同上。

《慶陽》“益之”二字隱約可辨,“而”字畧存筆跡。[⑥]

人之所教我亦教之

人之所教

①②③④⑤⑥ 編者按:此條據手稿本增補。

《范》作“人之所以教我”。

《焦山》“人”字缺泐存半。[①]

我亦教之

《易玄》作“亦我義教之”。

《邢玄》《樓古》《磻溪》《趙》《樓正》《彭》同上。

《顧》作“我亦義教之”。

《范》作“而亦我之所以教人”。

《慶陽》自“人”字起，至下文“吾將以爲教父”“父”字止，惟“吾將以爲教”五字隱約可識，“父”字半泐，餘皆缺泐。[②]

强梁者不得其死吾將以爲教父

强梁者

《樓正》作“彊梁者”。

不得其死[③]

《焦山》“死”字漫滅難辨。

吾將以爲教父

《范》作“吾將以爲學父”。

【附】

《易龍》止“吾將以爲教父”句爲一章。

《易玄》《易福》《慶陽》《樓古》《趙》《樓正》《集唐》同上。

《柰卷》同上。名“道化第四十二”。

《河上》同上。名“道化第四十二”。

《范》同上。名“道生一章第四十二”。

《彭》同上。名“道生一章第四十二”。

《邢玄》至此分章否，因缺泐不明。

《杭州》因磨滅不明。

《羅卷》因殘缺不明。

---

①②③ 編者按：此條據手稿本增補。

【四十三章】

天下之至柔馳騁天下之至堅

馳騁天下之至堅

《范》作"馳騁於天下之至堅"。

《慶陽》"之"字大半泐,"下""至堅"三字稍泐。①

無有入無間吾是以知無爲之有益

無有入無間

《易龍》作"無有入於無間"。

《慶陽》《樓古》《磻溪》《趙》《樓正》《柰卷》《彭》同上。

《易福》作"无有入於无閒"。

《顧》作"无有入无閒"。

《范》作"出於无有入於无閒"。

《慶陽》"於"字稍泐。②

吾是以知無爲之有益

《易龍》作"是以知無爲有益"。

《易玄》作"吾是以知無爲之有益益"。(案《易玄》注文僅一"益"字。)

《易福》作"吾是以知无爲之有益"。

《范》同上。

《顧》作"吾是以知无爲有益"。

《彭》作"是以知無爲之有益也"。

《慶陽》"以知無爲之有益"七字皆半泐。③

不言之教無爲之益天下希及之

不言之教④

《慶陽》四字均稍泐。

①②③④ 編者按:此條據手稿本增補。

無爲之益

《易福》作“无爲之益”。

《顧》《范》同上。

《慶陽》“無爲之益天下希及之”二句,惟“天下”“之”三字較可識外,餘皆漫漶過半。①

天下希及之

《彭》作“天下希及之矣”。

《樓正》作“天下希及之”。②

【附】

《易龍》止“天下希及之”句爲一章。

《易玄》《慶陽》《樓古》《趙》《樓正》《集唐》同上。

《柰卷》同上。名“徧用第四十三”。

《河上》同上。名“徧用第四十三”。

《范》同上。名“天下之至柔章第四十三”。

《彭》同上。名“天下之至柔章第四十三”。

《邢玄》似至此分章,惟因空格太小,且稍磨滅,故不敢定。

《易福》至此不分章。

《杭州》因磨滅不明。

《羅卷》因殘缺不明。

【四十四章】

名與身孰親

名與身孰親

《易龍》作“名與身熟親”。

《慶陽》“名”字隱約可辨,餘皆泐。③

---

①②③ 編者按:此條據手稿本增補。

身與貨孰多

身與貨孰多

《易龍》作“身與貨熟多”。

《慶陽》“與貨”二字隱約可辨,“多”字隱約存筆跡。①

得與亡孰病

得與亡孰病

《易龍》作“得與亡熟病”。(案《易龍》“熟”字稍泐。)

《慶陽》此句全泐。②

是故甚愛必大費多藏必厚亡

是故甚愛必大費

《易福》作“甚愛必大費”。

《柰卷》《河上》《顧》同上。

《慶陽》此二句惟“是故甚”三字及“必”字隱約存筆跡,餘皆泐。③

《唐石拓》“是”字稍泐。④

多藏必厚亡

《易龍》作“多蔵必厚亡”。

《易玄》《易福》《趙》《柰卷》同上。

知足不辱知止不殆可以長久

知足不辱知止不殆可以長久⑤

《焦山》“止”“久”二字漫滅難辨。

《慶陽》“不辱”二字隱約可辨,“知止不殆”“知”字缺泐。

【附】

《易龍》止“可以長久”句爲一章。

《易玄》《慶陽》《樓古》《趙》《樓正》《集唐》同上。

《柰卷》同上。名“立戒第四十四”。

①②③④⑤ 編者按:此條據手稿本增補。

《河上》同上。名“立戒第四十四”。

《范》同上。名“名與身孰親章第四十四”。

《彭》同上。名“名與身章第四十四”。

《邢玄》至此分章否,因缺泐不知。

《杭州》同上。

《易福》至此不分章。

《羅卷》因殘缺不明。

【四十五章】

大成若缺其用不弊

大或〈成〉若缺

《易龍》作“大成若䦆”。

《河上》同上。

《慶陽》此二句除“其用”二字外,皆缺泐存半。①

其用不弊

《趙》作“其用不敝”。

《彭》同上。

大盈若沖其用不窮

大盈若沖

《易龍》作“大盈若冲”。

《邢玄》《易福》《河上》《柰卷》同上。

《樓古》作“大盈若盅”。

《范》作“大滿若盅”。

《慶陽》“若”字稍泐。②

其用不窮③

《慶陽》“其用”二字缺泐難辨,“不”字稍泐。

①②③ 編者按:此條據手稿本增補。

大直若屈

大直若屈

《范》作"大直若詘"。

《慶陽》"直若屈"三字缺泐難辨。①

大巧若拙

大巧若拙②

《樓正》作"大丂若拙"。

《慶陽》除"若"字可識外,皆缺泐難辨。

大辯若訥

大辯若訥

《樓正》作"大辨若訥"。

《慶陽》"辯"字缺泐,餘三字半泐。③

躁勝寒靜勝熱清靜爲天下正

躁勝寒④

《慶陽》"躁勝寒"三句,惟"寒"字可識,兩"勝"字及"天"字隱約可識外,餘皆漫滅。

靜勝熱⑤

《柰卷》作"靜勝埶"。

清靜爲天下正

《易龍》作"清靜以爲天下正"。

《邢玄》《易福》《顧》同上。

《磻溪》作"清淨爲天下正"。

《范》作"知清靜以爲天下正"。

【附】

《易龍》止"清靜以爲天下正"句爲一章。

《易玄》《邢玄》《樓古》《趙》《集唐》同上。

---

①②③④⑤ 編者按:此條據手稿本增補。

《柰卷》同上。名“洪德第四十五”。

《河上》同上。名“洪德第四十五”。

《范》同上。名“大成若缺章第四十五”。

《彭》同上。名“大成若缺章第四十五”。

《易福》至此不分章。

《慶陽》至此分章否,因缺泐不知。

《杭州》同上。

《樓正》“清靜爲天下正”句適滿此行之末格,致無空地,故是否至此分章,不明。

《羅卷》因殘缺不明。

又《顧》自王注本之四十五章以下爲“道德真經注疏卷之五”。

《彭》自四十五章以下爲“道德真經集註卷之十二”。

【四十六章】

天下有道郤走馬以糞

郤走馬以糞

《易龍》作“却走馬以糞”。

《易玄》《邢玄》《磻溪》《趙》《柰卷》《河上》《顧》《范》同上。

《易福》作“却走馬以糞”。

《慶陽》此二句惟“以”字隱約可辨,餘皆泐。①

天下無道戎馬生於郊

天下無道

《易福》作“天下无道”。

《范》同上。

《慶陽》此二句惟“天下無道”四字及“馬”“郊”二字隱約可辨。②

戎馬生於郊

《柰卷》作“戎馬生於郊”。

---

①② 編者按:此條據手稿本增補。

禍莫大于不知足咎莫大於欲得故知足之足常足矣

禍莫大於不知足

《易龍》此句上有“罪莫大於可欲”一句。

《磻溪》《趙》《柰卷》《河上》《顧》《范》《彭》同上。

《易玄》同上。(案“欲”字大半缺泐。)①

《焦山》同上。(案僅存一“欲”字可辨。)

《易福》同上。(案《易福》“禍莫大於不知足”“禍”字作“禍”。“罪莫大於可欲”句爲完句。)

《慶陽》同上。(案“禍”不作“禍”。“罪”字稍泐。)②

《樓古》《樓正》同上。(案“罪”字作“辠”。)

咎莫大於欲得

《顧》作“咎莫甚於欲得”。

《范》作“咎莫憯於欲得”。

《慶陽》“莫大於”三字大半泐,“咎”“欲”二字半泐。③

故知足之足常足矣

《易龍》作“故知足之足常足”。

《河上》同上。

《慶陽》下“足”字半泐,“常足矣”三字全泐。④

【附】

《易龍》止“故知足之足常足”句爲一章。

《易玄》《慶陽》《樓古》《趙》《樓正》《集唐》同上。

《邢玄》同上。(案《邢玄》雖頗漫漶,然仍可辨。)

《柰卷》同上。名“儉欲第四十六”。

《河上》同上。名“儉欲第四十六”。

《范》同上。名“天下有道章第四十六”。

---

①② 編者按:此條據手稿本修改。

③④ 編者按:此條據手稿本增補。

《彭》同上。名"天下有道章第四十六"。

《易福》至此不分章。

《杭州》因磨滅不明。

《羅卷》因殘缺不明。

【四十七章】

不出戶知天下不闚牖見天道

不出戶①

《慶陽》此四句惟"出""下"二字較完整，餘皆稍泐。

知天下

《易福》作"以知天下"。

《柰卷》同上。

《范》作"可以知天下"。

不闚牖

《易龍》作"不窺牖"。

《易玄》《邢玄》《慶陽》《樓古》《磻溪》《趙》《樓正》《河上》《顧》《彭》同上。

見天道

《易福》作"以見天道"。

《柰卷》《顧》同上。

《范》作"可以見天道"。

《唐石拓》"見天"二字半泐。②

其出彌遠其知彌少

其出彌遠

《易龍》作"其出弥遠"。

《易福》《趙》同上。

---

①② 編者按：此條據手稿本增補。

《慶陽》“彌”字缺泐難辨，餘均稍泐。[①]

其知彌少

《易龍》作“其知弥近”。

《易福》作“其知弥少”。

《趙》同上。

《范》作“其知彌尟”。

《慶陽》“其”“少”二字缺泐難辨，餘均稍泐。[②]

是以聖人不行而知不見而名

是以聖人不行而知不見而名[③]

《慶陽》此二句全泐。

《唐石拓》“不見而名”“不”字缺泐。

不爲而成

不爲而成

《趙》作“無爲而成”。

《河上》同上。

《慶陽》此句惟“成”字隱約可識，餘均泐。[④]

《唐石拓》“成”字微泐。[⑤]

【附】

《慶陽》止“不爲而成”句爲一章。

《樓古》《趙》《樓正》《集唐》同上。

《柰卷》同上。名“鑒遠第四十七”。

《河上》同上。名“鑒遠第四十七”。

《范》同上。名“不出戶章第四十七”。

《彭》同上。名“不出戶章第四十七”。

《易龍》至此不分章。

《易玄》《易福》同上。

---

①②③④⑤ 編者按：此條據手稿本增補。

《邢玄》至此分章否，因缺泐不明。

《杭州》同上。

《羅卷》因殘缺不明。

【四十八章】

爲學日益

爲學日益

《范》作“爲學者日益”。

《慶陽》此句只“爲”字存半。①

爲道日損

爲道日損

《范》作“爲道者日損”。

《慶陽》“爲”字漫滅，“道日”二字稍漫漶。②

損之又損以至於無爲無爲而無不爲

損之又損

《易龍》作“損之又損之”。

《易玄》《易福》《慶陽》《樓古》《磻溪》《顧》《范》同上。

以至於無爲

《易福》作“以至於无爲”。

《顧》《范》同上。

無爲而無不爲

《易龍》作“無爲無不爲”。

《易福》作“无爲而无不爲”。

《磻溪》作“無爲而无不爲”。

《趙》作“無爲而無不爲矣”。

《顧》作“无爲而无不爲也”。

---

①② 編者按：此條據手稿本增補。

《范》作"无爲則无不爲"。

《彭》作"而無不爲矣"。

取天下常以無事

取天下常以無事

《易福》作"取天下常以无事"。

《樓古》作"故取天下常以無事"。

《趙》作"故取天下者常以無事"。

《彭》同上。

《范》作"將取於天下者常以无事"。

《焦山》"常"字缺泐難辨。①

《慶陽》"無"字全泐,"常""事"二字半泐。②

及其有事

及其有事③

《慶陽》"及""事"二字泐存極小部份,"其""有"二字全泐。

不足以取天下

不足以取天下④

《慶陽》"不"字大半泐,餘皆半泐。

【附】

《易龍》止"不足以取天下"句爲一章。

《易玄》《邢玄》《易福》《慶陽》《樓古》《趙》《集唐》同上。

《柰卷》同上。名"忘知第四十八"。

《河上》同上。名"忘知第四十八"。

《范》同上。名"爲學日益章第四十八"。

《彭》同上。名"爲學日益章第四十八"。

《樓正》"不足以取天下"句,適滿此行之末格,致無空地,故是否至此分章,不明。

---

①②③④ 編者按:此條據手稿本增補。

《杭州》因磨滅不明。

《羅卷》因殘缺不明。

【四十九章】

聖人無常心以百姓心爲心

聖人無常心

《易龍》作“聖人無心”。

《顧》同上。

《易福》作“聖人无常心”。

《范》同上。

《慶陽》“聖”字全泐，“心”字半泐，“無常”二字稍泐。[①]

《唐石拓》此句大半缺泐。[②]

以百姓心爲心

《范》作“以百姓之心爲心”。

《慶陽》“以”字尚完整，餘五字“百”字大半泐，“姓”字全泐，“心爲”二字隱約可辨，末“心”字全泐。[③]

《唐石拓》“以百姓心”四字大半缺泐。[④]

善者吾善之不善者吾亦善之

善者吾善之不善者吾亦善之[⑤]

《慶陽》自首“善”字至末“之”字皆泐。

《唐石拓》“亦”字泐。

德善

德善

《易龍》作“得善”。

《易玄》作“德善者”。

《趙》作“德善矣”。

---

①②③④⑤ 編者按：此條據手稿本增補。

《柰卷》《顧》《范》《彭》同上。

《慶陽》此二字全泐。

信者吾信之不信者吾亦信之德信聖人在天下歙歙爲天下渾其心

信者吾信之

《易玄》作“吾信之”。(案《易玄》無“信者”二字。)

《慶陽》惟“之”字隱約畧存筆跡,餘皆泐。①

不信者吾亦信之②

《慶陽》“不”“吾”二字漫滅,“者”字隱約畧存筆跡,餘雖漫漶,然均可辨識。

《唐石拓》“者”字半泐,“吾亦信之”四字全泐。

德信

《易龍》作“得信”。

《趙》作“德信矣”。

《柰卷》《顧》《范》《彭》同上。

《唐石拓》“德”字全泐。③

聖人在天下歙歙爲天下渾其心

《易龍》作“聖人在天下怵怵爲天下渾其心”。

《易福》《柰卷》《河上》《顧》同上。

《易玄》作“聖人在天下惵惵爲天下渾其心”。

《慶陽》《磻溪》《樓正》同上。

《樓古》作“聖人在天下喋喋爲天下渾其心”。

《趙》作“聖人之在天下惵惵爲天下渾其心”。

《范》作“聖人之在天下歙歙焉爲天下渾心焉”。

《彭》作“聖人之在天下惵惵爲天下渾心”。

聖人皆孩之

聖人皆孩之

①②③ 編者按:此條據手稿本增補。

《易龍》此句上有“百姓皆注其耳目”一句。

《易玄》《邢玄》《易福》《慶陽》《樓古》《磻溪》《趙》《樓正》《柰卷》《集唐》《河上》《顧》《彭》同上。

《范》同上。(案“孩”字作“咳”。)①

《慶陽》“百姓皆注其耳目”“百”“皆”“其耳目”五字,及“聖人皆孩之”“皆”字,均半泐。②

【附】

《易龍》止“聖人皆孩之”句爲一章。

《易玄》《易福》《慶陽》《樓古》《趙》《樓正》《集唐》同上。

《柰卷》同上。名“任德第四十九”。

《河上》同上。名“任德第四十九”。

《范》同上。名“聖人无常心章第四十九”。

《彭》同上。名“聖人無常心章第四十九”。

《邢玄》至此分章否,因漫滅不明。

《杭州》同上。

《羅卷》因殘缺不明。

【五十章】

出生入死

出生入死③

《慶陽》“出”字缺泐,畧存筆跡,“生”“死”二字半泐,“入”字稍泐。

生之徒十有三死之徒十有三人之生動之死地亦十有三夫何故以其生生之厚蓋聞善攝生者陸行不遇兕虎入軍不被甲兵兕無所投其角虎無所措其爪兵無所容其刃夫何故以其無死也

生之徒十有三死之徒十有三④

---

① 編者按:此條據手稿本修改。

②③④ 編者按:此條據手稿本增補。

《慶陽》自“生之徒”“生”字起，至“攝生者”“生”字止，間有數字隱約可辨，餘皆缺泐，惟畧存點畫而已。

《唐石拓》此句全泐。

人之生動之死地

《易福》作“人之生動皆之死地”。

《柰卷》同上。

《范》作“民之生生而動之死地”。

《彭》作“民之生動之死地”。

《唐石拓》“人之”二字缺泐。①

亦十有三

《易龍》作“十有三”。

《易玄》《邢玄》《易福》《磻溪》《樓正》《柰卷》《河上》同上。

《慶陽》似亦同上。惟漫滅頗甚。

夫何故

《柰卷》作“夫何故哉”。（本節下句同。）

《范》作“夫何哉”。（本節下句同。）

《唐石拓》“夫”字缺泐。②

以其生生之厚

《易福》作“以其生生之厚也”。

《范》同上。

蓋聞善攝生者③

《慶陽》自“者”字起，至“不遇兕虎”“遇”字止，均隱約可辨。

《唐石拓》“蓋聞”二字缺泐。

陸行不遇兕虎

《易龍》作“陸行不遇兕虒”。④

《趙》作“陸行不遇𠒂虒”。

①②③④ 編者按：此條據手稿本增補。

入軍不被甲兵

《趙》作"入軍不避甲兵"。

《河上》同上。

兕無所投其角

《易福》作"兕无所投其角"。

《磻溪》《范》同上。

《河上》作"兕無投其角"。

《樓古》"所"字大半缺泐。①

虎無所措其爪

《易龍》作"虒無所揩(又似作'楷')其爪"。

《易福》作"虎无所措其爪"。

《磻溪》《柰卷》同上。

《河上》作"虎無所措爪"。

《范》作"虎无所錯其爪"。

《趙》作"虒無所措其爪"。②

《慶陽》"其"字缺泐,"虎""所"二字稍泐。③

兵無所容其刃

《易福》作"兵无所容其刃"。

《范》同上。

《慶陽》"刃"字缺泐,餘均稍泐。④

夫何故⑤

《慶陽》"夫何故以其無死地""夫"字存半,餘皆隱約畧存筆跡。

以其無死也

《易龍》作"以其無死地"。

《邢玄》《樓古》《趙》《樓正》《柰卷》《集唐》《河上》《顧》《彭》同上。

《焦山》同上。(案《焦山》僅存"死地"二字。)

①②③④⑤ 編者按:此條據手稿本增補。

《易玄》似亦同上。惟因“地”字半泐,不敢全定。

《易福》作“以其无死地”。

《范》同上。

《慶陽》似作“以其無死地”。然因“地”字缺泐過甚,不敢全定。

【附】

《易龍》止“以其無死地”句爲一章。

《邢玄》《樓古》《樓正》《集唐》同上。

《柰卷》同上。名“貴生第五十”。

《河上》同上。名“貴生第五十”。

《范》同上。名“出生入死章第五十”。

《彭》同上。名“出生入死章第五十”。

《易玄》因“以其無死地”句末殘缺,故分章否,不知。

《易福》至此不分章。

《趙》同上。

《慶陽》至此分章否,因缺泐不知。

《杭州》同上。

《羅卷》因殘缺不明。

【五十一章】

道生之德畜之物形之勢成之

道生之①

《慶陽》此四句惟“道生之”“生”字,“物形之”“之”字隱約可辨,餘皆漫滅。

《唐石拓》此四句全泐。

德畜之

《焦山》作“德蓄之”。

---

① 編者按:此條據手稿本增補。

《焦山》"德"字漫漶難辨。①

是以萬物莫不尊道而貴德

是以萬物莫不尊道而貴德

《易龍》作"是以万物莫不尊道而貴德"。

《范》同上。

《易玄》作"是以聖人莫不尊道而貴德"。

《易福》作"是以萬物莫不尊道貴德"。

《樓正》作"是以萬物莫不尊道而貴德"。

《焦山》"以"字僅存極小部份。②

《慶陽》自"是"字至"德"字,惟"莫不"二字隱約可識外,餘皆缺泐。③

道之尊德之貴夫莫之命而常自然

道之尊

《顧》作"道尊"。

《慶陽》自"道"字至"然"字皆漫滅難辨。④

《唐石拓》"道"字半泐,"之"字全泐。⑤

德之貴

《樓正》作"德之貴"。

《顧》作"德貴"。

夫莫之命而常自然

《易玄》作"夫莫之爵而常自然"。

《樓古》《磻溪》《趙》《樓正》《顧》《范》同上。

《易福》作"夫莫大之命而常自然"。

《彭》作"莫之爵而常自然"。

《唐石拓》"常自然"三字全泐。⑥

---

①②③④⑤⑥ 編者按:此條據手稿本增補。

故道生之德畜之長之育之亭之毒之養之覆之

德畜之

《易玄》作"畜之"。

《慶陽》《樓古》《磻溪》《趙》《樓正》《顧》《彭》同上。

《范》作"蓄之"。

亭之毒之

《易龍》作"成之熟之"。

《易玄》《易福》《慶陽》《趙》《樓正》《柰卷》《顧》《彭》同上。

《樓古》作"成之孰之"。

《磻溪》《河上》同上。

養之覆之

《范》作"蓋之覆之"。

生而不有爲而不恃

生而不有爲而不恃①

《慶陽》上"而不"二字大半缺泐,"爲"字半泐,"而不恃"三字大半缺泐。

長不而〈而不〉宰是謂元德

長而不宰是謂元德②

《慶陽》"長"字隱約可識。自"而不宰""而"字起,至下文"閉其門""閉"字止,皆缺泐;惟"其門"二字隱約可辨。

【附】

《易龍》止"是謂玄德"句爲一章。

《易玄》《樓古》《趙》《樓正》《集唐》同上。

《柰卷》同上。名"養德第五十一"。

《河上》同上。名"養德第五十一"。

《范》同上。名"道生之章第五十一"。

①② 編者按:此條據手稿本增補。

《彭》同上。名“道生之章第五十一”。

《邢玄》至此分章否,因缺泐不明。

《慶陽》《杭州》同上。

《易福》至此不分章。

《羅卷》因殘缺不明。

【五十二章】

天下有始以爲天下母既得其母以知其子既知其子復守其母沒身不殆

既得其母以知其子

《易龍》作“既知其母又知其子”。

《顧》同上。

《易福》作“既知其母以知其子”。

《焦山》似同上。(案《焦山》作“□知其母以知其子”。)①

《柰卷》作“既知其母復知其子”。

《河上》同上。

《唐石拓》“既得其母”至“沒身”十八字缺泐。②

復守其母

《易福》作“復知其母”。

《焦山》“守”字隱約可辨。③

沒身不殆

《邢玄》作“歿身不殆”。

《柰卷》《范》同上。

塞其兌閉其門

塞其兌

① 编者按:手稿又曰《焦山》“得”“母”二字漫滅難辨。

②③ 编者按:此條據手稿本增補。

《易福》作"塞其銳"。

閉其門

《易龍》作"閈其門"。

《易福》《河上》同上。

《趙》作"閈其門"。

終身不勤

終身不勤①

《唐石拓》"終身"二字缺泐。

開其兑濟其事終身不救

開其兑

《易福》作"開其銳"。

《唐石拓》"開"字缺泐。②

濟其事③

《慶陽》"其事"二字稍泐。又自"終身不救"句起,惟"終"字隱約可認外,至下文"服文綵""綵"字止,皆缺泐。

見小曰明守柔曰強

見小曰明

《易福》作"見小日明"。

守柔曰強

《易福》作"守柔日強"。

《柰卷》《河上》同上。

《樓正》作"守柔曰彊"。

用其光

復歸其明

復歸其明

《樓古》作"復歸於明"。

①②③ 編者按:此條據手稿本增補。

《磻溪》作“復歸其明”。

無遺身殃是爲習常

無遺身殃

《易福》作“无遺身殃”。

《范》同上。

是爲習常

《易龍》作“是謂習常”。

《易福》《柰卷》《河上》《顧》同上。

《易玄》作“是謂襲常”。（案《易玄》“常”字已泐。）

《邢玄》同上。（案《邢玄》全。）

《樓古》《趙》《樓正》《范》《彭》同上。

《磻溪》作“是爲袭常”。

《唐石拓》“常”字泐。[1]

【附】

《邢玄》止“是謂襲常”句爲一章。

《易福》《樓古》《趙》《樓正》《集唐》同上。

《柰卷》同上。名“歸元第五十二”。

《河上》同上。名“歸元第五十二”。

《范》同上。名“天下有始章第五十二”。

《彭》同上。名“天下有始章第五十二”。

《易龍》至此不分章。

《易玄》至此分章否，因缺泐不明。

《慶陽》《杭州》同上。

《羅卷》因殘缺不明。

又《彭》自五十二章以下爲“道德真經集註卷之十三”。

---

① 編者按：此條據手稿本增補。

【五十三章】

使我介然有知行於大道唯施是畏

使我介然有知[①]

《易龍》作"使我𠃓然有知"。

《邢玄》《趙》同上。

《唐石拓》此二句全泐。

大道甚夷而民好徑

大道甚夷

《范》作"大道甚侇〈徳〉"。

而民好徑

《易龍》作"而人好俓"。

《易玄》作"民其好俓"。

《樓古》作"民甚好徑"。

《磻溪》《樓正》《范》同上。

朝甚除

朝甚除[②]

《唐石拓》三字皆半泐。

田甚蕪倉甚虚

田甚蕪倉甚虚[③]

《易福》作"田甚蕪倉甚虗"。

《趙》同上。

《焦山》"虚"字漫漶難識。

《唐石拓》此句全泐。

服文綵帶利劍厭飲食財貨有餘是謂盜夸非道也哉

服文綵

①②③ 編者按:此條據手稿本增補。

《易玄》作“服文彩”。（案《易玄》“彩”字稍泐。）

《趙》同上。（案《趙》不泐。）

《顧》同上。

《磻溪》作“服文采”。

《樓正》《范》《彭》同上。

《焦山》“服”“綵”“利”“厭”等字皆漫漶難識。①

《唐石拓》“服”字缺泐。②

帶利劍

《焦山》作“帶利劒”。

《易福》《慶陽》《磻溪》《趙》《樓正》《柰卷》《集唐》《河上》《顧》《范》《彭》同上。

《慶陽》“帶利”二字隱約可辨，“劒”字大半泐。③

厭飲食

《易玄》作“猒飲食”。

《樓正》《范》同上。

《慶陽》“食”字半泐。④

財貨有餘

《趙》作“資財有餘”。

《彭》同上。

《顧》作“資貨有餘”。

《范》作“貨財有餘”。

《慶陽》“有”字稍泐，“餘”字大半泐。⑤

是謂盜夸

《易龍》作“是謂盜夸”。

《易玄》《趙》同上。

《磻溪》作“是謂盜誇”。

---

①②③④⑤ 編者按：此條據手稿本增補。

《樓正》《彭》同上。

《集唐》作"是謂夸盜"。

《范》作"是謂盜夸"。

《慶陽》"是謂盜"三字皆半泐,"夸"字全泐。[①]

非道也哉

《河上》作"非道哉"。

《慶陽》四字全泐。[②]

【附】

《易龍》止"非道也哉"句爲一章。

《邢玄》《易福》《樓古》《趙》《樓正》《集唐》同上。

《柰卷》同上。名"益證第五十三"。

《河上》同上。名"益證第五十三"。

《范》同上。名"使我介然章第五十三"。

《彭》同上。名"使我介然章第五十三"。

《易玄》至此不分章。

《慶陽》分章否,因缺泐不明。

《杭州》同上。

《羅卷》因殘缺不明。

【五十四章】

善建者不拔

善建者不拔

《顧》作"善建不拔"。

《慶陽》此句全泐。[③]

善抱者不脫

善抱者不脫

---

①②③ 編者按:此條據手稿本增補。

《范》作“善抱者不拕”。

《慶陽》此句全泐。①

子孫以祭祀不輟

子孫以祭祀不輟

《易龍》作“子孫祭祀不輟”。

《易玄》《樓古》《磻溪》《趙》《樓正》《河上》《顧》《范》同上。

《慶陽》此句全泐。②

《唐石拓》“孫以祭祀不輟”六字半泐。③

修之於身其德乃真修之於家其德乃餘

修之於身

《易龍》作“脩之身”。

《趙》《范》同上。

《易福》作“脩於身”。

《樓古》作“修之身”。

《磻溪》《樓正》《彭》同上。

《慶陽》此四句全泐。④

其德乃真

《易玄》作“其德乃眞”。

修之於家

《易龍》作“脩之家”。

《磻溪》《趙》《范》同上。

《易福》作“脩於家”。

《易玄》作“修之家”。

《樓古》《樓正》《彭》同上。

其德乃餘

《易龍》作“其德有餘”。

---

①②③④ 編者按：此條據手稿本增補。

《易福》《柰卷》《河上》同上。

《易玄》作“其德能有餘”。

修之於鄉其德乃長修之於國其德乃豐修之於天下其德乃普故以身觀身以家觀家以鄉觀鄉以國觀國

修之於鄉

《易龍》作“脩之鄉”。

《趙》《范》同上。

《易玄》作“修之鄉”。

《樓古》《樓正》《彭》同上。

《易福》作“脩於鄉”。

《樓正》“之”字泐。①

《慶陽》自“修”字起，至“故以身”“故”字止，皆缺泐。②

《唐石拓》“之”“鄉”二字半泐，“於”字全泐。③

其德乃长④

《唐石拓》“其”字半泐，餘全泐。

修之於國

《易龍》作“脩之於國”。

《易福》作“脩於國”。

《趙》作“脩之國”。

《樓古》作“修之國”。

《樓正》《彭》同上。

《范》作“脩之邦”。

《唐石拓》此句全泐。⑤

其德乃豐

《易龍》作“其德乃豊”。

《易福》《柰卷》《顧》同上。

①②③④⑤ 编者按：此條據手稿本增補。

《唐石拓》此句全泐。[1]

修之於天下

《易龍》作"脩之於天下"。

《易玄》作"修之天下"。

《樓古》《樓正》《顧》《彭》同上。

《易福》作"脩於天下"。

《趙》作"脩之天下"。

《范》同上。

以身觀身[2]

《焦山》"觀身"二字漫漶難辨。

《慶陽》"以身"二字隱約存筆跡,"觀"字隱約可辨。

以家觀家[3]

《焦山》四字皆漫漶難辨。

以鄉觀鄉[4]

《慶陽》此句隱約可辨。

以國觀國

《范》作"以邦觀邦"。

《焦山》"以"字缺泐。[5]

《慶陽》惟"以"字隱約可辨,餘皆缺泐。[6]

以天下觀天下

以天下觀天下[7]

《焦山》下"天"字隱約可識。

《慶陽》此句惟末"下"字存,餘均泐。

吾何以知天下然哉以此

吾何以知天下然哉

《易龍》作"吾何以知天下之然"。

---

①②③④⑤⑥⑦ 編者按:此條據手稿本增補。

《易玄》同上。

《易福》作"吾何以知天下之然哉"。

《樓古》《磻溪》《趙》《樓正》《柰卷》《顧》《彭》同上。

《河上》作"何以知天下之然哉"。

《范》作"吾奚以知天下之然哉"。

《慶陽》自"吾"字起,至"此"字止,全泐。①

【附】

《易龍》止"以此"句爲一章。

《易福》《樓古》《趙》《樓正》《集唐》同上。

《柰卷》同上。名"修觀第五十四"。

《河上》同上。名"修觀第五十四"。

《范》同上。名"善建者不拔章第五十四"。

《彭》同上。名"善建者不拔章第五十四"。

《易玄》至此分章否,因缺泐不知。

《邢玄》《慶陽》《杭州》同上。

《羅卷》因殘缺不明。

【五十五章】

含德之厚比於赤子蜂蠆虺蛇不螫猛獸不據攫鳥不搏

含德之厚

《范》作"含德之厚者"。

《慶陽》自"含"字起,至"搏"字止,皆泐。②

《唐石拓》此句全泐。③

比於赤子

《范》作"比於赤子也"。

①②③ 編者按:此條據手稿本增補。

《唐石拓》此句全泐。①

蜂蠆虺蛇不螫

《易龍》作“毒虿不螫”。

《易福》同上。

《易玄》作“毒蟲不螫”。

《樓古》《磻溪》《趙》《樓正》《柰卷》《河上》《顧》《彭》同上。

《范》作“毒蟲虺蛇不螫”。

猛獸不據

《范》無“不據”二字,與下句合作“猛獸攫鳥不搏”。

攫鳥不搏

《易龍》作“玃鳥不搏”。

《易玄》作“檴鳥不搏”。

《柰卷》作“玃鳥不搏”。

《河上》同上。

骨弱筋柔而握固

骨弱筋柔而握固

《易龍》作“骨弱葤柔而握固”。

《易福》同上。

《易玄》作“骨弱簕柔而握固”。

《趙》《河上》同上。

《慶陽》此句全泐。②

《唐石拓》“而握”二字半泐,“固”字全缺。③

未知牝牡之合而全作

未知牝牡之合④

《慶陽》此二句全泐。

《唐石拓》此二句全泐。

①②③④ 編者按:此條據手稿本增補。

而全作

《易龍》作“而□作”。

《邢玄》作“而峻作”。

《易福》《磻溪》《趙》《樓正》《柰卷》《河上》《顧》《范》[①]《彭》同上。

《樓古》作“而屡作”。

精之至也終日號而不嗄

精之至也

《易龍》作“精之至”。

《邢玄》《慶陽》《樓古》《磻溪》《樓正》《顧》同上。

《易福》作“精之志也”。

《慶陽》“精”字已漫滅,“之至”二字隱約可辨。[②]

《唐石拓》此句全泐。[③]

終日號而不嗄

《樓古》作“終日號而嗌不嗄”。

《磻溪》《趙》《范》《彭》同上。

《柰卷》作“終日號而不啞”。

《河上》同上。

《慶陽》“終”字稍泐。[④]

《唐石拓》“終日”二字缺泐。[⑤]

和之至也知和曰常

和之至也

《易龍》作“和之至”。

《易玄》《邢玄》《慶陽》《樓古》《磻溪》《樓正》《顧》同上。

《慶陽》“和”字半泐,“之至”二字稍泐。[⑥]

知和曰常[⑦]

---

① 編者按:范應元《老子道德經古本集註》此句作“而朘作”。

②③④⑤⑥⑦ 編者按:此條據手稿本增補。

《慶陽》“和”字漫漶過半，餘三字亦稍泐。

知常曰明

知常曰明

《易福》作“知常日明”。

《柰卷》同上。

《慶陽》“知常曰”三字隱約可辨，“明”字全泐。①

益生曰祥

益生曰祥

《易福》作“益生日祥”。

《柰卷》《河上》同上。

《慶陽》“益”字隱約可辨，餘全泐。②

心使氣曰強

心使氣曰強

《易福》作“心使氣日強”。

《柰卷》《河上》同上。

《樓正》作“心使氣曰彊”。

《慶陽》惟“氣”字可識，餘皆泐。③

物壯則老謂之不道不道早已

物壯則老

《河上》作“物壯將老”。

《焦山》“謂之不道”句以上，除殘缺以外，皆隱約難辨。④

《慶陽》自“物”字至“已”字皆缺泐。⑤

謂之不道

《易玄》作“是謂不道”。

《樓古》《磻溪》《趙》《樓正》《范》《彭》同上。

《顧》作“謂之非道”。

不道早已

---

①②③④⑤ 編者按：此條據手稿本增補。

《顧》作“非道早已”。

【附】

《易龍》止“不道早已”句爲一章。

《易福》《樓古》《趙》《樓正》《集唐》同上。

《柰卷》同上。名“玄符第五十五”。

《河上》同上。名“玄符第五十五”。

《范》同上。名“含德之厚章第五十五”。

《彭》同上。名“含德之厚章第五十五”。

《易玄》至此分章否,因缺泐不明。

《邢玄》《慶陽》《杭州》同上。

《羅卷》因殘缺不明。

【五十六章】

知者不言

知者不言

《范》作“知者不言也”。

《慶陽》此句泐。①

《唐石拓》“知”字半泐。②

言者不知

言者不知

《范》作“言者不知也”。

《慶陽》此句泐。③

塞其兑閉其門挫其鋭

塞其兑④

《易龍》作“塞其兊”。

《易玄》《易福》《磻溪》《趙》《柰卷》《集唐》《河上》《顧》《范》《彭》同上。

---

①②③④ 編者按:此條據手稿本增補。

《慶陽》此三句全泐。

閉其門

《易龍》作"閈其門"。

《易玄》《易福》同上。

解其分

解其分

《易龍》作"解其忿"。

《易福》《樓古》同上。

《邢玄》作"解其紛"。

《磻溪》《趙》《樓正》《柰卷》《河上》《顧》《范》《彭》同上。

《慶陽》此句全泐。[①]

《唐石拓》"其"字半泐,"分"字全泐。[②]

和其光

和其光[③]

《慶陽》此句全泐。

《唐石拓》"和"字缺泐。

同其塵

同其塵[④]

《慶陽》此句全泐。

《唐石拓》"其塵"二字缺泐。

是謂元同故不可得而親不可得而疎

是謂元同[⑤]

《慶陽》自"是"字至"不可得而親""可"字止,皆缺泐。惟"不可得""得"字半存。

《唐石拓》此句全泐。

故不可得而親

①②③④⑤ 編者按:此條據手稿本增補。

《易福》作“故不可得親”。

《趙》作“不可得而親”。

《范》《彭》同上。

不可得而疎

《易福》作“亦不可得疏”。

《柰卷》作“亦不可得而疎”。

《河上》《范》同上。[①]

《集唐》作“不可得而疏”。

《顧》作“故不可得而疎”。

《慶陽》“可”字大半泐。[②]

不可得而利不可得而害

不可得而利

《易福》作“不可得利”。

《慶陽》“可”“而利”三字稍泐。[③]

《唐石拓》“不”字缺泐。[④]

不可得而害

《易龍》作“亦不可得而害”。

《柰卷》《河上》《顧》《范》同上。

《易福》作“亦不可得害”。

《慶陽》“害”字缺泐,“可得而”三字稍泐。[⑤]

不可得而貴不可得而賤

不可得而貴

《易福》作“不可得貴”。

《趙》無此句。

《樓正》作“不可得而貴”。

---

① 編者按:《河上公老子章句》、范應元《老子道德經古本集註》“疎”皆作“踈”。

②③④⑤ 編者按:此條據手稿本增補。

《慶陽》“不可”二字隱約畧存筆跡，餘至“賤”字止皆泐。[①]

不可得而賤

《易龍》作“亦不可得而賤”。

《柰卷》《河上》《顧》《范》同上。

《易福》作“亦不可得賤”。

故爲天下貴

故爲天下貴

《樓正》作“故爲天下貴”。

《慶陽》此句缺泐。[②]

【附】

《易龍》止“故爲天下貴”句爲一章。

《易玄》《樓古》《趙》《樓正》《集唐》同上。

《柰卷》同上。名“玄德第五十六”。

《河上》同上。名“玄德第五十六”。

《范》同上。名“知者不言章第五十六”。

《彭》同上。名“知者不言章第五十六”。

《邢玄》至此分章否，因缺泐不明。

《慶陽》《杭州》同上。

《易福》至此不分章。

《羅卷》因殘缺不明。

又《顧》自王弼注本五十六章以下爲“道德真經注疏卷之六”。

【五十七章】

以正治國以奇用兵以無事取天下

以正治國

《易玄》作“以政治國”。

---

①② 編者按：此條據手稿本增補。

《邢玄》《磻溪》同上。

《柰卷》作“以正之國”。

《顧》作“以正理國”。

《慶陽》此三句全泐。[①]

以奇用兵

《易玄》作“以其用兵”。（案《易玄》注文“其”仍作“奇”。）

《唐石拓》“用”字稍泐。[②]

以無事取天下

《易福》作“以无事取天下”。

《范》同上。

《唐石拓》“取”字稍泐。[③]

吾何以知其然哉以此天下多忌諱而民彌貧民多利器國家滋昏

吾何以知其然哉

《易龍》作“吾何以知其然”。

《易玄》《焦山》《易福》同上。

《磻溪》作“吾何以知天下其然哉”。

《樓正》《顧》同上。

《范》作“吾奚以知天下其然哉”。

《焦山》六字皆隱約可識。[④]

《慶陽》自“吾”字起，至“國家滋昏”“昏”字止，惟“國家”“昏”三字隱約存其一部份外，餘皆缺泐。[⑤]

以此

《樓古》無此二字。

《彭》同上。

天下多忌諱

《樓古》作“夫天下多忌諱”。

①②③④⑤ 編者按：此條據手稿本增補。

《范》《彭》同上。

《唐石拓》"天"字半泐,"下多"二字全泐。①

而民彌貧

《易龍》作"而人弥貧"。

《焦山》作"而民弥貧"。

《易福》《趙》同上。

民多利器

《易龍》作"人多利器"。

《磻溪》《樓正》《彭》同上。

《唐石拓》此句全泐。②

國家滋昏

《易福》作"國家滋昬"。

《趙》《樓正》《柰卷》《集唐》《河上》《顧》《彭》同上。

《范》作"而國家滋昏"。

《唐石拓》此句全泐。③

人多伎巧奇物滋起

人多伎巧

《易玄》作"人多技巧"。

《樓正》同上。

《范》作"民多智惠"。

《慶陽》"多""巧"二字稍泐。④

奇物滋起

《范》作"而衺事滋起"。

《慶陽》"物"字稍泐。⑤

法令滋彰盜賊多有

法令滋彰

①②③④⑤ 編者按:此條據手稿本增補。

《易龍》作“法物滋彰”。

《易福》《柰卷》《河上》同上。

《樓正》作“法令滋章”。

《范》同上。

《慶陽》“滋”字缺泐過半,“法令”二字稍泐。[1]

盜賊多有

《范》作“而盜賊多有”。

《慶陽》“有”字稍泐。[2]

故聖人云我無爲而民自化我好靜而民自正我無事而民自富我無欲而民自樸

我無爲而民自化

《易龍》作“我無爲人自化”。

《易福》作“我无爲而民自化”。

《磻溪》《范》同上。

我好靜而民自正

《易龍》作“我好靜人自正”。

《易玄》此句在“我無事而民自富”之下。

《邢玄》《磻溪》《樓正》《顧》同上。

我無事而民自富

《易龍》作“我無事人自富”。

《磻溪》作“我无事而民自富”。

《范》同上。

我無欲而民自樸

《易龍》作“我無欲人自朴”。

《易玄》作“我無欲而民自撲”。

《易福》作“我无欲而民目〈自〉朴”。

《范》同上。

---

①② 編者按:此條據手稿本增補。

《趙》作“我無欲而民自樸”。又此下尚有“我無情而民自清”句。

《柰卷》作“我無欲而民自朴”。

《河上》《顧》同上。

【附】

《易龍》止“我無欲人自朴”(即王弼注本之“我無欲而民自樸”)句爲一章。

《樓古》《集唐》同上。

《柰卷》同上。名“淳風第五十七”。

《河上》同上。名“淳風第五十七”。

《范》同上。名“以正治國章第五十七”。

《彭》同上。名“以正治國章第五十七”。

《易玄》至此不分章。

《易福》同上。

《邢玄》至此分章否,因缺泐不明。

《慶陽》《杭州》同上。

《趙》至“而民自清”句爲一章。

《樓正》“而民自樸”句適滿此行之末格,因無空地,分章否,不明。

《羅卷》因殘缺不明。

又《彭》自五十七章以下爲“道德真經集註卷之十四”。

【五十八章】

其政悶悶其民湻湻

其政悶悶

《范》作“其政閔閔”。

《柰卷》作“其政闷闷”。[①]

《慶陽》此二句全泐。[②]

其民湻湻

---

①② 編者按:此條據手稿本增補。

《易龍》作"其人醇醇"。

《易福》作"其民醇醇"。

《柰卷》《河上》《顧》同上。

《易玄》作"其民淳淳"。

《趙》《樓正》《彭》同上。

《集唐》作"其民淳淳"。

《范》作"其民偆偆"。

其政察察其民缺缺

其政察察

《范》作"其政詧詧"。

《柰卷》作"其政察く"。[①]

《慶陽》此二句全泐。[②]

《唐石拓》"政察"二字半泐。[③]

其民缺缺

《易龍》作"其人䍊䍊"。

《易福》作"其民䍊䍊"。

《河上》同上。

禍兮福之所倚福兮禍之所伏孰知其極其無正

禍兮福之所倚

《易龍》作"禍福之所倚"。

《易福》作"禍兮福所倚"。

《樓古》《磻溪》《趙》《樓正》《范》《彭》同上。

《焦山》自"兮福之"三字至"耶"字止，字多缺泐漫漶，確有存者亦隱約難辨。[④]

《唐石拓》"福之所倚"四字缺泐。[⑤]

福兮禍之所伏

---

①②③④⑤ 編者按：此條據手稿本增補。

《易龍》作“福禍之所伏”。

《易福》作“福兮禍所伏”。

《樓古》《磻溪》《趙》《樓正》《范》《彭》同上。

《易玄》同上。惟僅存半泐之“禍所伏”三字。

《慶陽》作“□□福所伏”。

《唐石拓》除“禍”“所伏”三字半泐外，餘全泐。[①]

孰知其極

《易龍》作“熟知其極”。

《易福》作“孰知其極”。[②]

《慶陽》“其”字半泐。[③]

《唐石拓》此句全泐。[④]

其無正

《易玄》作“其無正邪”。

《邢玄》《慶陽》《磻溪》《趙》《樓正》《彭》同上。

《焦山》作“其無正耶”。（案《焦山》“其無”二字缺泐不明。）

《樓古》作“其无正邪”。

《范》同上。

《易福》作“其无正”。

正復爲奇

正復爲奇

《易龍》作“政復爲奇”。

《慶陽》此句隱約可辨。[⑤]

善復爲妖

善復爲妖

《易玄》作“善復爲**祅**”。

《邢玄》作“善復爲袄”。（案《邢玄》“袄”字稍泐，又似作“**祅**”。）

---

①②③④⑤ 編者按：此條據手稿本增補。

《顧》同上。(案《顧》全。)

《彭》同上。

《易福》作"善復爲詼"。

《趙》作"善復爲娱"。

《河上》作"善復爲訞"。

《范》作"善復爲祅"。

《慶陽》"善復"二字隱約存筆跡,餘二字泐。故自"爲"字起,至下文"重積德則無不克""積"字止,皆缺泐③。

人之迷其日固久

人之迷

《易玄》作"民之迷"。

《樓古》《磻溪》《趙》《樓正》《顧》《范》同上。

《彭》作"民之迷也"。

其日固久

《易玄》作"其曰固久"。(案《易玄》注"曰"仍作"日"。)

《趙》作"其曰固已久矣"。

《范》作"其日固已久矣"。

《彭》同上。

是以聖人方而不割

廉而不劌

廉而不劌

《易龍》作"廉而不害"。

《易福》《柰卷》《河上》《顧》同上。

《易玄》作"廉而不穢"。

《磻溪》《樓正》同上。

直而不肆

直而不肆[1]

① 編者按:此條據手稿本增補。

《柰卷》作"亶而不肆"。

光而不燿

光而不燿

《易龍》作"光而不曜"。

《易福》《柰卷》《河上》同上。

《易玄》作"光而不耀"。

《磻溪》《趙》《樓正》《顧》《彭》同上。

【附】

《易龍》止"光而不曜"句爲一章。

《易福》《樓古》《樓正》《集唐》同上。

《柰卷》同上。名"順化第五十八"。

《河上》同上。名"順化第五十八"。

《范》同上。名"其政閔閔章第五十八"。

《彭》同上。名"其政悶悶章第五十八"。

《易玄》至此分章否,因缺泐不明。

《邢玄》《慶陽》《杭州》同上。

《趙》"光而不耀"句適滿此行之末格,因無空地,分章否,不明。

《羅卷》因殘缺不明。

【五十九章】

治人事天莫若嗇

治人事天

《邢玄》作"治民事天"。

《唐石拓》"事天"二字半泐,餘全泐。①

莫若嗇

《趙》作"莫如嗇"。

---

① 編者按:此條據手稿本增補。

《顧》《彭》同上。

《唐石拓》"莫"字半泐,餘全泐。[①]

夫唯嗇是謂早服

夫唯嗇是謂早服

《趙》作"夫是謂早復"。

《顧》作"夫唯嗇是以早服"。

《范》同上。(案《范》"唯"作"惟"。)

《彭》作"夫惟嗇是以早復"。

《唐石拓》"服"字全泐。[②]

早服謂之重積德

早服謂之重積德

《趙》作"早復謂之重積德"。

《彭》同上。

《唐石拓》"謂之"二字半泐。[③]

重積德則無不克無不克則莫知其極

則無不克

《易龍》作"則無不剋"。

《柰卷》《河上》同上。

《易福》作"則无不剋"。

《范》作"則无不克"。

《慶陽》"不克"二字稍泐。[④]

無不克

《易龍》作"無不剋"。

《柰卷》《河上》同上。

《易福》作"无不剋"。

《范》作"无不克"。

①②③④ 編者按:此條據手稿本增補。

《慶陽》“無”字稍泐。[①]

《唐石拓》此句全泐。[②]

則莫知其極[③]

《慶陽》“極”字稍泐。

《唐石拓》“則”字缺泐。

莫知其極可以有國

莫知其極[④]

《易福》作“莫知其㮨”。

《焦山》惟“其”“有國”數字隱約可辨。

《慶陽》自“莫”字起，至下文“非其神不傷”“傷”字止，皆缺泐。

可以有國

《范》作“則可以有國”。

有國之母可以長久

有國之母

《趙》作“之母”，無“有國”二字。（案此當係誤脱所致。）

是謂深根固柢長生久視之道

是謂深根固柢

《易龍》作“是謂深根固蔕”。

《邢玄》《易福》《樓古》《磻溪》《趙》《樓正》《柰卷》《河上》《顧》同上。

《易玄》作“是謂深根故蔕”。

【附】

《易龍》止“長生久視之道”句爲一章。

《易玄》《易福》《樓古》《趙》《樓正》《集唐》同上。

《柰卷》同上。名“守道第五十九”。

《河上》同上。名“守道第五十九”。

---

①②③④ 編者按：此條據手稿本增補。

《范》同上。名“治人事天章第五十九”。

《彭》同上。名“治人事天章第五十九”。

《邢玄》至此分章否，因缺泐不明。

《慶陽》《杭州》同上。

《羅卷》因殘缺不明。

【六十章】

治大國若烹小鮮

治大國

《范》作“治大國者”。

若烹小鮮

《易龍》作“若亨小鮮”。

《易玄》作“若享小鮮”。

《羅卷》作“若亨小腥”。

《范》作“若亨小鱗”。

以道莅天下其鬼不神

以道莅天下

《易福》作“以道莅天下者”。

《柰卷》《彭》同上。

《趙》作“以道蒞天下者”。

《顧》作“以道蒞天下”。

非其鬼不神其神不傷人

其神不傷人

《易玄》作“其神不傷民”。

《磻溪》《樓正》《范》《彭》同上。

《樓古》作“其神亦不傷民”。

非其神不傷人聖人亦不傷人

非其神不傷人

《易玄》作“非其神不傷民”。

《慶陽》《樓古》《磻溪》《樓正》《范》《彭》同上。

《趙》無“非其神不傷人”一句。

聖人亦不傷人

《易玄》作“聖人亦不傷民”。

《慶陽》《樓古》《磻溪》《范》《彭》同上。

《樓正》作“聖人亦不傷民”。①

《羅卷》作“聖人之不傷人”。惟“之”字稍泐。

《河上》作“聖人亦不傷”。

夫兩不相傷故德交歸焉

夫兩不相傷

《范》作“兩不相傷”。

故德交歸焉

《易龍》作“故得交歸”。

《易玄》作“故德交歸焉”。

《邢玄》《磻溪》《樓正》同上。

《羅卷》作“故德交歸”。

《顧》同上。

《范》作“則德交歸焉”。

《柰卷》作“故德夾歸焉”。②

《慶陽》“交”字大半泐，“德”“焉”二字稍泐。③

【附】

《易玄》止“故德交歸焉”句爲一章。

《邢玄》《易福》《慶陽》《樓古》《趙》《樓正》《集唐》同上。

《羅卷》同上。名“治大國章”。

---

① 編者按：此條據手稿本修改。

②③ 編者按：此條據手稿本增補。

《柰卷》同上。名“居位第六十”。

《河上》同上。名“居位第六十”。

《范》同上。名“治大國章第六十”。

《彭》同上。名“治大國章第六十”。

《易龍》至此不分章。

《杭州》因磨滅不明。

又《柰卷》自六十章以下爲“河上公章句第四”。

《河上》自六十章以下爲“河上公章句第四”。

【六十一章】

大國者下流

大國者下流

《易福》作“大國下流”。

《范》作“大國者天下之下流”。

《慶陽》惟“大國”二字隱約可辨。自“者”字起，至下文“大國不過欲兼畜人”“大”字止，皆缺泐。①

天下之交

天下之交

《羅卷》作“天下之郊”。

《范》作“天下之所交也”。

《柰卷》作“天下之夾”。②

天下之牝

天下之牝

《易玄》作“天下之交”。

《趙》同上。

《樓古》作“天下之交牝”。

①② 編者按：此條據手稿本增補。

《磻溪》《樓正》《顧》同上。

《羅卷》作"天下之郊"。

《范》作"天下之牲"。

牝常以靜勝牡以靜爲下

牝常以靜勝牡

《易龍》作"牡常以靜勝牝"。

《羅卷》作"牝常以彰勝牡"。

《顧》作"牝常以靜故勝牡"。

以靜爲下

《羅卷》無此句。

《范》作"以其靜故爲下也"。

故大國以下小國

則取小國

小國以下大國則取大國

則取大國

《易玄》作"則聚大國"。

《羅卷》《顧》同上。

故或下以取或下而取

故或下以取

《羅卷》作"故或下而取"。

《顧》同上。

或下而取

《易龍》作"或下如取"。

《易福》同上。

《易玄》作"或下而聚"。

《羅卷》《顧》同上。

大國不過欲兼畜人小國不過欲入事人夫兩者各得其所欲大者宜爲下

大國不過欲兼畜人

《羅卷》作“夫大國不過欲兼畜人”。

《顧》同上。

《唐石拓》“大國”二字微泐。①

小國不過欲入事人②

《慶陽》“事人”二字大半泐。

夫兩者各得其所欲

《易龍》作“此兩者各得其所欲”。

《邢玄》作“兩者各得其所欲”。

《慶陽》《樓古》《磻溪》《趙》《樓正》《范》《彭》同上。

《易福》作“各得其所欲”。無“夫兩者”三字。

《柰卷》同上。

《慶陽》“所”字大半泐，“兩”“其”二字稍泐。③

《唐石拓》“夫兩”二字缺泐。④

大者宜爲下

《易玄》作“故大者宜爲下”。

《邢玄》《樓古》《磻溪》《趙》《樓正》《羅卷》《顧》《彭》同上。

《范》作“故大國者宜為下”。

《慶陽》此句全泐。自此以下，至下文“雖有拱璧”“有”字止，皆缺泐。⑤

【附】

《易福》止“大者宜爲下”句爲一章。

《樓古》《趙》《樓正》《集唐》同上。

《羅卷》同上。名“大國章”。

《柰卷》同上。名“謙德第六十一”。

《河上》同上。名“謙德第六十一”。

《范》同上。名“大國者天下之下流章第六十一”。

《彭》同上。名“大國者下流章第六十一”。

---

①②③④⑤ 編者按：此條據手稿本增補。

《易龍》至此不分章。

《易玄》同上。

《邢玄》至此分章否,因缺泐不明。

《杭州》《慶陽》同上。

【六十二章】

道者萬物之奥

道者萬物之奥

《易龍》作“道者万物之奥”。

《羅卷》《范》同上。

《彭》作“道者萬物之奥也”。

善人之寶

善人之寶

《柰卷》作“善人之寶也”。

《范》作“善人之所寶”。

不善人之所保

不善人之所保

《易龍》作“不善人之所不保”。

《羅卷》作“不善人所不保”。

《唐石拓》“所保”二字缺泐。[1]

美言可以市尊行可以加人

美言可以市

《磻溪》作“美言可以示”。

《范》作“美言可以於市”。

尊行可以加人

《范》作“尊行可以加於人”。

---

① 編者按:此條據手稿本增補。

《彭》同上。

人之不善何棄之有

人之不善[①]

《唐石拓》"不"字缺泐。

何棄之有

《易龍》作"何弃之有"。

《柰卷》《范》同上。

《羅卷》作"奚棄之有"。

《顧》同上。

故立天子置三公

雖有拱璧以先駟馬不如坐進此道

雖有拱璧

《范》作"雖有珙璧"。

《慶陽》"拱"字漫漶頗甚,"璧"字亦稍漫漶。

《唐石拓》"拱"字稍泐。[②]

以先駟馬[③]

《慶陽》"駟"字大半泐,"馬"字稍泐。

不如坐進此道[④]

《唐石拓》"坐進此道"四字全泐。

古之所以貴此道者何不曰以求得有罪以免耶故爲天下貴

古之所以貴此道者何

《樓古》作"古之所以貴此道者"。無"何"字。

《趙》作"古之所以貴此道者何也"。

《彭》同上。

《樓正》作"古之所以賫此道者何"。[⑤]

《慶陽》"所"字缺泐不明,"貴"字及"道者何"三字皆半泐。[⑥]

①②③④⑤⑥ 編者按:此條據手稿本增補。

不曰以求得有罪以免耶

《易龍》作“不曰求以得有罪以勉”。

《羅卷》同上。

《易玄》作“不日求以得有罪以免邪”。

《磻溪》同上。

《易福》作“不日以求得有罪以免耶”。

《柰卷》《河上》同上。

《樓古》作“不曰求以得有辠不免邪”。

《趙》作“不曰求以得有罪以免耶”。

《彭》同上。

《樓正》作“不日求以得有辠以免邪”。

《集唐》作“不曰以求得有罪以免邪”。

《顧》作“不日求以得有罪以免耶”。

《范》作“不曰求以得有罪以免邪”。

《慶陽》“不”字半泐。自“曰”字起，至“故爲天下貴”“貴”字止，皆缺泐。①

故為天下貴②

《樓正》作“故為天下貴”。

【附】

《樓古》止“故爲天下貴”句爲一章。

《趙》《集唐》同上。

《杭州》同上。名“道者萬物章”。

《羅卷》同上。名“道者章”。

《柰卷》同上。名“爲道第六十二”。

《河上》同上。名“爲道第六十二”。

《范》同上。名“道者万物之奥章第六十二”。

---

①② 編者按：此條據手稿本增補。

《彭》同上。名“道者萬物之奥章第六十二”。

《易龍》至此不分章。

《易玄》《易福》同上。

《邢玄》至此分章否,因缺泐不明。

《慶陽》同上。

《樓正》“故爲天下貴”句適滿此行之末格,因無空地,故至此分章否,不明。

又《彭》自六十二章以下爲“道德真經集註卷之十五”。

【六十三章】

爲無爲事無事味無味

爲無爲

《易福》作“爲无爲”。

《杭州》《樓古》《范》同上。

《慶陽》此三句全泐。①

《唐石拓》末“爲”字半泐。②

事無事

《易福》作“事无事”。

《杭州》《樓古》《范》同上。

《唐石拓》“事無”二字全泐。③

味無味

《易福》作“味无味”。

《杭州》《樓古》《范》同上。

《唐石拓》末“味”字全泐。④

大小多少報怨以德

大小多少報怨以德⑤

①②③④⑤ 編者按:此條據手稿本增補。

《慶陽》此句全泐。

《唐石拓》"大小多少報怨"六字缺泐。

圖難於其易爲大於其細天下難事必作於易天下大事必作於細是以聖人終不爲大故能成其大夫輕諾必寡信多易必多難是以聖人猶難之

圖難於其易

《易龍》作"啚難於易"。

《羅卷》《顧》同上。

《易玄》作"啚難於其易"。(案《易玄》"啚"字上似有字而泐。)

《邢玄》同上。(案《邢玄》無泐處。)

《易福》《柰卷》同上。

《范》作"圖難乎於其易"。

《慶陽》自"圖"字起,至"天下大事""大"字止,皆缺泐。①

爲大於其細

《易龍》作"爲大於細"。

《羅卷》《顧》同上。

《樓古》作"爲大於其紗"。

《范》作"爲大乎於其細"。

《唐石拓》"大"字缺泐。②

天下難事

《趙》作"天下之難事"。

《范》《彭》同上。

天下大事

《趙》作"天下之大事"。

《范》《彭》同上。

《羅卷》作"大事"。無"天下"二字。

必作於細

《樓古》作"必作於紗"。

---

①② 編者按:此條據手稿本增補。

《羅卷》作“必作於小”。

《唐石拓》“於細”二字缺泐。[1]

是以聖人[2]

《唐石拓》“是以”二字缺泐。

夫輕諾必寡信

《柰卷》作“夫輕諾必寘信”。

《范》作“夫輕諾者必寡信”。

《慶陽》“輕”“必”二字半泐，“寡”字全泐，“信”字隱約可識。自此以下，至下文“合抱之木”“木”字止，皆缺泐。[3]

多易必多難

《趙》作“多易多難”。

《范》作“多易者必多難”。

是以聖人猶難之

《易玄》作“是以聖人由難之”。

《磻溪》《趙》《彭》同上。

故終無難矣

故終無難矣

《易龍》作“故終無難”。

《易玄》《樓古》《磻溪》《樓正》《羅卷》《柰卷》《河上》《顧》同上。

《易福》作“故終无難”。

《范》同上。

【附】

《易龍》止“故終無難”句爲一章。

《樓古》《趙》《樓正》《集唐》同上。

《杭州》同上。名“爲无爲章”。

《羅卷》同上。名“爲無爲章”。

---

①②③ 編者按：此條據手稿本增補。

《河上》同上。名“恩始第六十三”。

《范》同上。名“爲无爲章第六十三”。

《彭》同上。名“爲無爲章第六十三”。

《柰卷》同上。(案《柰卷》自此章起,僅於每章末空一行以與他章分别,無復“某章”及“第某某”等字樣矣。)

《易玄》至此不分章。

《易福》同上。

《邢玄》至此分章否,因缺泐不明。

《慶陽》同上。

【六十四章】

其安易持其未兆巳〈易〉謀

其安易持其未兆易謀①

《唐石拓》“易持其未兆易”首“易”字半泐,餘全泐。

其脆易泮其微巳〈易〉散

其脆易泮

《易龍》作“其脆易破”。

《易玄》《邢玄》《易福》《磻溪》《樓正》《羅卷》《柰卷》《河上》《顧》同上。

《范》作“其胞易判”。

其微易散②

《樓正》作“其微易撒”。

爲之於未有

爲之於未有

《范》作“爲之乎其未有”。

---

①② 編者按:此條據手稿本增補。

治之於未亂

治之於未亂

《易龍》作"治之於未乱"。

《羅卷》《柰卷》同上。

《范》作"治之乎其未亂"。

合抱之木生於毫末九層之臺起於累土千里之行始於足下爲者敗之執者失之

生於毫末

《慶陽》作"生於豪末"。

《樓古》《羅卷》《柰卷》《范》同上。

《易龍》似亦同上。惟因"豪"字缺泐不甚明。

《杭州》似亦同上。惟"豪"字半泐不敢全定。

《慶陽》"生"字稍泐。①

《唐石拓》"於毫末"三字缺泐。②

九層之臺

《羅卷》作"九重之臺"。

《范》作"九成之臺"。

《唐石拓》"九層之"三字缺泐。③

起於累土

《趙》作"起於絫土"。

千里之行

《羅卷》作"而百刃之高"。

始於足下

《羅卷》作"起於足下"。

《慶陽》"始"字稍泐。④

《唐石拓》"始於"二字稍泐。⑤

---

①②③④⑤ 編者按:此條據手稿本增補。

爲者敗之①

《慶陽》“爲者”“之”三字雖漫漶尚可辨，“敗”字全泐。自此以下，直至下文“不貴難得之貨”“貨”字止，皆缺泐。

執者失之②

《唐石拓》“之”字缺泐。

是以聖人無爲故無敗無執故無失民之從事常於幾成而敗之

是以聖人無爲故無敗

《易福》作“聖人无爲故无敗”。

《柰卷》作“聖人无爲故無敗”。

《河上》作“聖人無爲故無敗”。

《范》作“是以聖人无爲故无敗”。

無執故無失

《易福》作“聖人无執故无失”。

《柰卷》作“聖人无執故無失”。

《河上》作“无執故無失”。

《范》作“无執故无失”。

民之從事

《彭》作“故民之從事”。

常於幾成而敗之

《范》作“常於其幾成而敗之”。

《唐石拓》“之”字半泐，“於幾成而敗”五字全泐。③

慎終如始則無敗事是以聖人欲不欲不貴難得之貨

則無敗事

《易福》作“則无敗事”。

《范》同上。

《杭州》作“則無敗事矣”。

---

①②③ 編者按：此條據手稿本增補。

《趙》《彭》同上。

不貴難得之貨

《樓正》作"不賫難得之貨"。

學不學復衆人之所過

復衆人之所過

《易玄》作"復衆民之所過"。

《羅卷》作"備衆人之所過"。

《彭》作"以復衆人之所過"。

《慶陽》首"學"字隱約可辨,次"學"字亦稍泐,"所"字半泐。①

以輔萬物之自然而不敢爲

以輔萬物之自然而不敢爲

《易龍》作"以輔万物之自然而不敢爲"。

《焦山》同上。(案《焦山》惟"以輔万物"四字隱約可辨。)

《羅卷》同上。(案《羅卷》全。)

《易福》作"以輔万物之自然而不敢爲焉"。

《柰卷》作"以輔萬物之自然而不敢爲焉"。

《范》作"以輔万物之自然而不敢爲也"。

《慶陽》"爲"字稍泐。②

《唐石拓》"自然而不敢爲"六字缺泐。③

【附】

《易玄》止"而不敢爲"句爲一章。

《易福》《慶陽》《樓古》《趙》《樓正》《柰卷》《集唐》同上。

《杭州》同上。名"其安易持章"。(案《杭州》"其安易持章"五字,惟"其"字完整,餘四字漫漶難識。)

《羅卷》同上。名"其安章"。

《河上》同上。名"守微第六十四"。

①②③ 編者按:此條據手稿本增補。

《范》同上。名“其安易持章第六十四”。

《彭》同上。名“其安易持章第六十四”。

《易龍》至此不分章。

《邢玄》至此分章否,因缺泐不明。

【六十五章】

古之善爲道者非以明民將以愚之

古之善為道者[①]

《慶陽》此三句缺泐。

非以明民

《易龍》作“非以明人”。

將以愚之

《羅卷》作“將以愚民”。

《顧》作“將欲愚之”。

民之難治以其智多

民之難治[②]

《慶陽》此二句缺泐。

以其智多

《易龍》作“以其多智”。

《羅卷》同上。

《易福》作“以其知多”。

《范》作“以其知多也”。

故以智治國國之賊

故以智治國國之賊

《易龍》作“以智治國國之賊”。

《易福》《河上》同上。

①② 編者按:此條據手稿本增補。

《磻溪》作"是故以智治國國之賊"。

《柰卷》作"以知治く國く之賊"。

《范》作"故以知治國國之賊"。

《慶陽》此句缺泐。[①]

《唐石拓》"賊"字缺泐。[②]

不以智治國國之福知此兩者亦稽式常知稽式是謂元德元德深矣遠矣

不以智治國國之福

《羅卷》作"不以智治國國之德"。

《柰卷》作"不以知く治国く之福"。

《范》作"不以知治國國之福"。

《慶陽》自"不"字起,至"是謂玄德""玄"字止,皆缺泐。[③]

知此兩者

《樓古》作"此兩者"。

亦稽式

《易龍》作"亦揩式"。

《易玄》《易福》《羅卷》同上。

《磻溪》作"亦楷式"。

《趙》《樓正》《柰卷》《河上》《顧》《彭》同上。

《范》作"亦稽式也"。

《唐石拓》"稽"字半泐。[④]

常知稽式

《易龍》作"常知揩式"。

《易玄》《易福》《磻溪》《羅卷》同上。

《樓古》作"能知稽式"。

《趙》作"能知楷式"。

《柰卷》作"常知楷式"。

---

①②③④ 編者按:此條據手稿本增補。

《河上》《顧》《彭》同上。

《范》作“知此稽式”。

元德深矣遠矣

《易龍》作“玄德深遠”。

《羅卷》《顧》同上。

《唐石拓》“矣遠矣”三字稍泐。①

與物反矣

與物反矣

《易龍》作“與物反”。

《顧》同上。

《易福》作“与物反矣”。

《羅卷》作“与物反”。

《唐石拓》“與物反”三字缺泐。②

然後乃至大順

然後乃至大順

《易福》作“乃至大順”。

《柰卷》同上。

《河上》作“乃至於大順”。

《范》作“乃復至於大順”。

【附】

《易龍》止“然後乃至大順”句爲一章。

《易玄》《邢玄》《易福》《慶陽》《樓古》《趙》《樓正》《柰卷》《集唐》同上。

《羅卷》同上。名“古之章”。

《河上》同上。名“淳德第六十五”。

《范》同上。名“古之善爲道章第六十五”。

《彭》同上。名“古之善爲道章第六十五”。

---

①② 編者按:此條據手稿本增補。

《杭州》至此分章否,因磨滅不明。

又《顧》自王弼注本六十五章以下爲"道德真經注疏卷之七"。

【六十六章】

江海所以能爲百谷王者以其善下之故能爲百谷王是以欲上民必以言下之欲先民必以身後之是以聖人處上而民不重處前而民不害是以天下樂推而不厭以其不爭故天下莫能與之爭

江海所以能爲百谷王者

《易龍》作"江海所以能爲百谷王"。

《慶陽》"以能爲百谷王者"諸字均稍泐。[①]

以其善下之

《趙》作"以其善下之也"。

《樓正》作"以其譱下之"。

《柰卷》作"以其善下之故"。

《慶陽》"善下"二字漫滅,餘隱約可辨。[②]

故能爲百谷王

《易福》作"能爲百谷王"。

《慶陽》惟"故"字隱約似之。自"能"字起,至"處前而民不害""不"字止,皆漫滅,而"害"字隱約可辨。[③]

是以欲上民必以言下之欲先民必以身後之是以聖人處上而民不重處前而民不害

《易龍》作"是以聖人欲上人必以言下之欲先人必以身後之是以聖人處上而人不重處前而人不害"。

《易玄》作"是以聖人欲上人以其言下之□□□□□身後之是以處上而人不重處前而人不害"。

《易福》作"是以聖人欲上民必以言下之欲先民必以身後之是以

①②③ 編者按:此條據手稿本增補。

聖人處上而民不重處前而民不害”。

《河上》同上。

《杭州》作“□□□□□□人以其言下之欲□□□其身□□”。

（案餘均漫滅不明字數。）

《樓古》作“是以聖人欲上人以其言下之欲先人以其身後之是以聖人處上而人不重處前而人不害”。

《彭》同上。

《磻溪》作“是以聖人欲上人以其言下之欲先人以其身後之是以處上而人不重處前而人不害”。

《樓正》同上。

《趙》作“是以聖人欲上人以其言下之欲先人以其身下之是以聖人處上而人不重處前而人不害”。

《羅卷》作“是以聖人言欲上人以其言下之欲先民以其身後之是以處上而民不重處前而民不害”。

《柰卷》作“是以聖人欲上人必以言下之欲先民必以身後之是以聖人處上而民不重處前而民不害”。

《顧》作“是以聖人欲上民以其言下之欲先民以其身後之是以聖人處上而民不重處前而民不害”。

《范》作“是以聖人欲上民必以其言下之欲先民必以其身後之是以聖人處之上而民弗重處之前而民弗害”。

《唐石拓》“欲先民必以”五字缺泐。又“是以聖人處上”句，“以”字全泐，“處”字半泐。①

是以天下樂推而不厭

《易玄》作“是以天下樂推而不猒”。

《樓正》《顧》《范》同上。

《唐石拓》“是”字全泐。②

---

①② 編者按：此條據手稿本增補。

以其不爭

《羅卷》作“以其無爭”。

《范》作“不以其爭”。

故天下莫能與之爭

《易玄》作“故天下與能與□□”。

《羅卷》作“故天下莫能与之爭”。

《慶陽》“之爭”二字稍泐。[①]

《唐石拓》“之爭”二字缺泐。[②]

【附】

《易龍》止“故天下莫能與之爭”句爲一章。

《易玄》《邢玄》《慶陽》《樓古》《趙》《樓正》《柰卷》《集唐》同上。

《羅卷》同上。名“江海章”。

《河上》同上。名“後巳〈己〉第六十六”。

《范》同上。名“江海爲百谷王章第六十六”。

《彭》同上。名“江海爲百谷王章第六十六”。

《易福》至此不分章。

《杭州》至此分章否,因缺泐不明。

【六十七章】

天下皆謂我道大似不肖夫唯大故似不肖若肖久矣其細也夫

天下皆謂我道大似不肖

《易龍》作“天下皆謂我大不肖”。

《易玄》作“天下皆謂我大似不肖”。(案《易玄》注文“我”下仍有“道”字。)

《易福》作“天下皆謂我大似不肖”。

《河上》同上。

---

①② 編者按:此條據手稿本增補。

《羅卷》作“天下皆謂我大似不嗳”。

《柰卷》作“天下皆謂我大似傾不肖”。

《范》作“天下皆謂吾大似不肖”。

《慶陽》“大似不肖”四字缺泐頗甚，然尚能辨。①

夫唯大故似不肖

《易龍》作“夫唯大故不肖”。

《趙》作“夫惟大故似不肖”。

《范》《彭》同上。

《羅卷》作“夫惟大故不嗳”。

《柰卷》作“大故似不肖”。

《慶陽》“肖”字漫滅，餘皆隱約可辨。故自“肖”字起，至下文“慈故能勇”“能”字止，皆漫滅。②

若肖久矣其細也夫

《易龍》作“若肖久矣其細”。

《河上》同上。

《易福》作“若肖久矣其細夫”。

《樓古》作“若肖久矣其紗也夫”。

《趙》作“若肖久矣其細矣夫”。

《羅卷》作“若嗳救其小”。

《柰卷》作“若肖久矣久其細也”。

【附】

《易龍》止“若肖久矣其細”句下空一格，似至此分章。

我有三寶持而保之一曰慈二曰儉三曰不敢爲天下先慈故能勇

我有三寶

《柰卷》作“夫我有三寶”。

---

①② 編者按：此條據手稿本增補。

《河上》同上。①

持而保之

《易龍》作“持而寶之”。

《河上》《范》同上。

《易玄》作“保而持之”。

《樓古》《磻溪》《趙》《樓正》同上。

《羅卷》作“寶而持之”。

《顧》《彭》同上。

一曰慈②

《易福》作“一日慈”。

《柰卷》似作“一日慈”。

《唐石拓》此句全泐。

二曰儉

《羅卷》無此句。

《易福》作“二日儉”。③

《柰卷》似作“二日儉”。④

《唐石拓》此句全泐。⑤

三曰不敢爲天下先

《羅卷》作“三曰不爲天下先”。

《易福》作“三日不敢爲天下先”。⑥

《柰卷》似作“三日不敢爲天下先”。⑦

《唐石拓》“敢”字缺小半，“三曰不”三字全缺泐。⑧

慈故能勇

《易龍》作“夫慈故能勇”。

《易玄》《樓古》《趙》《樓正》《羅卷》《范》《彭》同上。

《顧》作“夫慈故勇”。

①②③④⑤⑥⑦⑧ 編者按：此條據手稿本增補。

儉故能廣

不敢爲天下先故能成器長

不敢爲天下先

《羅卷》無此句。

故能成器長

《羅卷》無此句。

《范》作“故能爲成器長”。

今舍慈且勇

今舍慈且勇

《易龍》作“今捨其慈且勇”。

《樓古》《磻溪》《趙》《樓正》《羅卷》《顧》《彭》同上。

《易玄》同上。(案《易玄》“勇”字已泐。)

《慶陽》同上。(案《慶陽》惟“慈”字半泐。)

《邢玄》作“今捨慈且勇”。

《河上》同上。

《范》作“今舍其慈且勇”。

《唐石拓》“勇”字缺泐。①

舍儉且廣舍後且先死矣夫慈以戰則勝

舍儉且廣

《易龍》作“捨儉且廣”。

《慶陽》作“捨其儉且廣”。

《樓古》《磻溪》《趙》《樓正》《羅卷》《顧》《彭》同上。

《范》作“舍其儉且廣”。

《唐石拓》此句全泐。②

舍後且先

《易龍》作“捨後且先”。

---

①② 編者按:此條據手稿本增補。

《易玄》作“捨其後先”。（案《易玄》注文作“捨後且先”。）

《慶陽》作“捨其後且先”。（案《慶陽》惟“其”字大半泐。）①

《樓古》《磻溪》《趙》《樓正》《羅卷》《顧》《彭》同上。

《范》作“舍其後且先”。

死矣

《易玄》作“且死矣”。

《范》作“是謂入死門”。

《慶陽》“矣”字大半泐。②

夫慈以戰則勝

《羅卷》作“夫慈以陳則勝”。惟“陳”字旁又添注“陣”字。

《范》作“夫慈以陳則正”。

《慶陽》“慈”“戰”二字隱約可辨，“以”“則”“勝”三字漫滅。故自“勝”字起，至下文“善用人者”“用”字止，皆漫滅。③

以守則固天將救之以慈衛之

天將救之以慈衛之

《易福》作“天將救之以善以慈衛之”。

【附】

《易玄》止“以慈衛之”句爲一章。

《樓古》《趙》《樓正》《柰卷》《集唐》同上。

《羅卷》同上。名“天下章”。

《河上》同上。名“三寶第六十七”。

《范》同上。名“天下皆謂章第六十七”。

《彭》同上。名“天下皆謂章第六十七”。

《易龍》至此不分章。

《易福》同上。

---

① 編者按：此條據手稿本修改。

②③ 編者按：此條據手稿本增補。

《邢玄》至此分章否，因缺泐不明。

《慶陽》《杭州》同上。

又《彭》自六十七章以下爲“道德真經集註卷之十六”。

【六十八章】

善爲士者不武

善爲士者不武

《易龍》作“古之善爲士者不武”。

《羅卷》《顧》《范》同上。

《唐石拓》此句全泐。[①]

善戰者不怒

善戰者不怒

《磻溪》作“善戰者不恕”。

《羅卷》作“善戰不怒”。

《唐石拓》“善”字缺泐。[②]

【附】

《易玄》“善戰者不怒”句下空一格，是否分章，或係石原缺泐跳書所致，不明。

善勝敵者不與

善勝敵者不與

《易龍》作“善勝敵者不爭”。

《易玄》《邢玄》《樓古》《磻溪》《趙》《樓正》《顧》《范》《彭》同上。

《羅卷》作“善勝敵不爭”。

《河上》作“善勝戰者不與”。

善用人者爲之下是謂不爭之德是謂用人之力

善用人者爲之下

《易龍》作“善用仁者爲下”。

---

①② 編者按：此條據手稿本增補。

《邢玄》作“善用人者爲下”。

《易福》《趙》《河上》《顧》同上。

《羅卷》作“善用人爲下”。

《柰卷》作“善用人者爲之下”。①

是謂不爭之德

《顧》作“是以不爭之德”。

是謂用人之力②

《易龍》作“是以用人之力”。

是謂配天古之極

是謂配天

《顧》作“是爲配天”。

古之極

《易福》作“古之極也”。

《磻溪》《柰卷》《顧》《范》同上。

《唐石拓》“之極”二字缺泐。③

【附】

《易龍》止“古之極”句爲一章。

《易福》《慶陽》《樓古》《趙》《樓正》《柰卷》《集唐》同上。

《羅卷》同上。名“古之章”。

《河上》同上。名“配天第六十八”。

《范》同上。名“古之善爲士者不武章第六十八”。

《彭》同上。名“善爲士章第六十八”。

《邢玄》至此分章否,因缺泐不明。

《杭州》同上。

《易玄》至此不分章。

---

①②③ 編者按:此條據手稿本增補。

【六十九章】

用兵有言吾不敢爲主而爲客不敢進寸而退尺是謂行無行

用兵有言

《范》作“用兵者有言曰”。

不敢爲主而爲客①

《慶陽》“爲客”二字稍泐。

不敢進寸而退尺②

《易玄》作“不敢進寸而退尺”。

《樓正》同上。

《慶陽》“不敢進寸”四字隱約可辨。自“而退尺”“而”字起,至下文“抗兵相加”“抗”字止,皆泐。

是謂行無行

《易龍》作“是謂行无行”。

《易福》《范》同上。

攘無臂扔無敵

攘無臂

《易龍》作“攘无辟”。

《易福》《范》同上。

扔無敵

《易龍》作“仍无敵”。

《易福》同上。

《邢玄》作“仍無敵”。

《磻溪》《趙》《樓正》《柰卷》《河上》《彭》同上。

《羅[卷]》同上。惟此句在“執無兵”句之下。

《顧》同上。此句亦在“執無兵”句之下。

---

①② 編者按:此條據手稿本增補。

《范》作"扔无敵"。

《柰卷》作"仍無敵"。②

《唐石拓》"扔無敵"三字缺泐。③

執無兵禍莫大於輕敵輕敵幾喪吾寶

執無兵

《易龍》作"執无兵"。

《易福》《范》同上。

《唐石拓》"執無兵"三字缺泐。①

禍莫大於輕敵

《羅卷》作"禍莫大於侮敵"。

《樓正》作"旣莫大於輕敵"。②

輕敵幾喪吾寶

《易龍》作"輕敵幾𠷎吾寶"。

《易福》同上。

《易玄》作"輕敵幾𠷎吾寶"。

《樓古》作"輕敵則幾喪吾寶"。

《磻溪》《樓正》同上。

《趙》作"輕敵者幾𠷎吾寶"。

《羅卷》作"侮敵則幾亡吾寶"。

《柰卷》作"輕敵幾亡吾寶"。

《顧》作"輕敵則幾亡吾寶"。

《范》同上。

故抗兵相加哀者勝矣

故抗兵相加

《趙》作"故抗兵加"。

《羅卷》作"故旡兵相加"。

---

①② 編者按:此條據手稿本增補。

哀者勝矣

《易龍》作“則哀者勝”。

《羅卷》同上。

《顧》作“則哀者勝矣”。

《范》《彭》同上。

【附】

《易龍》止“則哀者勝”句爲一章。

《慶陽》《樓古》《趙》《樓正》《柰卷》《集唐》同上。

《羅卷》同上。名“用兵章”。

《河上》同上。名“玄用第六十九”。

《范》同上。名“用兵者有言章第六十九”。

《彭》同上。名“用兵有言章第六十九”。

《易玄》至此不分章。

《易福》同上。

《邢玄》至此分章否,因缺泐不明。

《杭州》同上。

【七十章】

吾言甚易知甚易行天下莫能知莫能行

天下莫能知

《范》作“而人莫之能知”。

莫能行

《范》作“莫之能行”。

言有宗事有君

事有君

《范》作“事有主”。

夫唯無知是以不我知

夫唯無知

《易龍》作“夫唯无知”。

《易福》同上。

《磻溪》作“夫惟無知”。

《趙》《彭》同上。

《范》作“夫惟无知”。

是以不我知

《趙》作“是以不我知也”。

《羅卷》作“是以不吾知”。

《范》作“是以不吾知也”。

《彭》同上。

《慶陽》“不”字隱約可辨。自“我”字起,至下文“聖人不病”“聖”字止,皆泐。①

知我者希則我者貴

知我者希則我者貴

《易玄》此二句作“知我者貴”一句。(案《易玄》注文仍作“知我者希則我者貴”二句。)

知我者希

《彭》作“知我者稀”。

《樓正》作“知我者希”。②

則我者貴

《易福》作“明我者貴”。

《趙》作“則我貴矣”。

《柰卷》《范》《彭》同上。

《樓正》作“則我者貴”。③

是以聖人被褐懷玉

是以聖人被褐懷玉

①②③ 編者按:此條據手稿本增補。

《羅卷》作“是以聖人披褐懷玉”。

《范》作“是以聖人披褐而懷玉”。

【附】

《易龍》止“是以聖人被褐懷玉”句爲一章。

《易福》《樓古》《趙》《樓正》《柰卷》《集唐》同上。

《羅卷》同上。名“吾言章”。

《河上》同上。名“知難第七十”。

《范》同上。名“吾言甚易知章第七十”。

《彭》同上。名“吾言甚易知章第七十”。

《易玄》至此分章否,因缺泐不明。

《邢玄》《慶陽》《杭州》同上。

【七十一章】

知不知上不知知病

知不知上

《范》作“知不知尚矣”。

《彭》同上。

《唐石拓》“知不知上不知知”七字缺泐,惟末“知”字尚存小半。①

不知知病

《范》作“不知知病矣”。

《彭》同上。

夫唯病病是以不病聖人不病以其病病是以不病

夫唯病病是以不病

《易龍》無此二句。

《羅卷》同上。

《易玄》作“夫惟病是以不病”。

---

① 編者按:此條據手稿本增補。

《磻溪》作“夫惟病病是以不病”。

《趙》《范》《彭》同上。

聖人不病

《易龍》作“是以聖人不病”。

《羅卷》《顧》同上。

《范》作“聖人之不病”。

《彭》同上。

《慶陽》“人”字半泐。①

以其病病是以不病

《范》作“以其病病是以不吾病”。

《慶陽》末“病”字半泐。②

【附】

《易龍》止“是以不病”句(即最末一句)爲一章。

《易玄》《慶陽》《樓古》《趙》《樓正》《柰卷》《集唐》同上。

《羅卷》同上。名“知不知章”。

《河上》同上。名“知病第七十一”。

《范》同上。名“知不知章第七十一”。

《彭》同上。名“知不知章第七十一”。

《邢玄》至此分章否,因缺泐不明。

《杭州》同上。

《易福》至此不分章。

【七十二章】

民不畏威則大威至無狎其所居無厭其所生

民不畏威

《易玄》作“人不畏威”。

---

①② 編者按:此條據手稿本增補。

《羅卷》作“不畏威民不畏威”。

則大威至

《易龍》作“大威至”。

《焦山》作“則大威至矣”。(案《焦山》僅一“矣”字可辨。)

《范》作“則大威至矣”。

《彭》同上。

《易福》作“大威至矣”。

《柰卷》《河上》同上。

《趙》作“而大威至矣”。

無狎其所居

《易龍》作“无狹其所居”。

《易福》同上。

《易玄》作“無狹其所居”。

《邢玄》《慶陽》《樓古》《磻溪》《趙》《樓正》《羅卷》《柰卷》《河上》《顧》《彭》同上。

《焦山》同上。(案《焦山》僅存“無狹”二字。)

《范》作“无狎其所居”。

無厭其所生

《易龍》作“无厭其所生”。

《易福》同上。

《易玄》作“無猒其所生”。

《邢玄》《樓正》《顧》同上。

《范》作“无猒其所生”。

夫唯不厭

夫唯不厭

《易玄》作“夫唯不猒”。

《樓正》同上。(案《樓正》惟“猒”作“猒”。)

《顧》同上。

《趙》作“夫惟不厭”。

《彭》同上。

《范》作“夫惟无猒”。

《慶陽》“夫”“厭”二字稍泐。①

是以不厭

是以不厭

《易玄》作“是以不猒”。

《樓正》《顧》同上。

《范》作“是以无猒”。

《慶陽》“厭”字隱約可辨。②

是以聖人自知不自見

是以聖人自知不自見

《羅卷》作“故聖人自知不自見”。

《范》作“是以聖人自知而不自見”。

《慶陽》自“是”字起，至下文“或利或害”“害”字止，除“害”字隱約可辨外，餘皆缺泐。③

自愛不自貴

自愛不自貴

《樓正》作“自愛不自賚”。

《范》作“自愛而不自貴”。

故去彼取此

故去彼取此

《易玄》“去”上一字已泐，是否“故”字不知。

《唐石拓》“取此”二字缺泐。④

【附】

《易龍》止“故去彼取此”句爲一章。

①②③④ 編者按：此條據手稿本增補。

《易福》《樓古》《趙》《樓正》《柰卷》《集唐》同上。

《羅卷》同上。名“民不畏威章”。

《河上》同上。名“愛己第七十二”。

《范》同上。名“民不畏威章第七十二”。

《彭》同上。名“民不畏威章第七十二”。

《易玄》至此分章否,因缺泐不明。

《邢玄》《慶陽》《杭州》同上。

又《顧》自王弼注本七十二章以下爲“道德真經注疏卷之八”。

【七十三章】

勇於敢則殺

勇於敢則殺

《易福》作“勇於敢則煞”。

《羅卷》同上。

《唐石拓》此句全泐。①

勇於不敢則活

此兩者或利或害

此兩者

《易龍》作“知此兩者”。

《易玄》《樓古》《磻溪》《樓正》《柰卷》同上。

《易福》作“常知此兩者”。

天之所惡孰知其故是以聖人猶難之

孰知其故

《易龍》作“熟知其故”。

《羅卷》同上。

是以聖人猶難之

① 編者按:此條據手稿本增補。

《易龍》無此句。

《羅卷》同上。

《柰卷》作"是以聖人猶以難之"。

天之道不爭而善勝

天之道不爭而善勝

《易福》作"天道不爭而善勝"。

《柰卷》同上。

《慶陽》"爭而善勝"四字稍漫漶。[1]

不言而善應

不言而善應[2]

《慶陽》"言而善應"四字均稍泐。

《唐石拓》"應"字缺泐。

不召而自來

不召而自來[3]

《慶陽》"不""自"二字稍泐。

繟然而善謀

繟然而善謀

《易龍》"然"上空一格,是否"繟"字不明。

《羅卷》作"不言而善謀"。

《柰卷》作"繟然善謀"。

《范》作"默然而善謀"。

《彭》作"坦然而善謀"。

《慶陽》"繟然而"三字隱約可辨,惟"而"字較清晰。"善謀"二字已泐。[4]

天網恢恢疏而不失

天網恢恢

---

①②③④ 編者按:此條據手稿本增補。

《易龍》作“天網恢恢”。

《易玄》《易福》《趙》《羅卷》《柰卷》同上。

疏而不失

《易龍》作“疎而不漏”。

《易玄》作“疎而不失”。

《磻溪》《趙》《樓正》《河上》《顧》《彭》同上。

《焦山》同上。（案《焦山》“疎”字上半已泐。）

《慶陽》“天”字隱約可辨。自“網”字至“失”字，皆泐。①

【附】

《易龍》止“疎而不漏”句爲一章。

《邢玄》《樓古》《趙》《樓正》《柰卷》《集唐》同上。

《羅卷》同上。名“勇於章”。

《河上》同上。名“任爲第七十三”。

《范》同上。名“勇於敢章第七十三”。

《彭》同上。名“勇於敢則殺章第七十三”。

《易玄》至此分章否，因缺泐不明。

《慶陽》《杭州》同上。

《易福》至此不分章。

又《彭》自七十三章以下爲“道德真經集註卷之十七”。

【七十四章】

民不畏死奈何以死懼之若使民常畏死而爲奇者吾得執而殺之孰敢

民不畏死

《邢玄》作“人常不畏死”。

《樓古》作“民常不畏死”。

《磻溪》《趙》《樓正》《顧》《范》《彭》同上。

---

① 編者按：此條據手稿本增補。

《慶陽》自"民"字起,至"而爲奇者""者"字止,皆泐。①

《唐石拓》此句全泐。②

奈何以死懼之

《范》作"如之何其以死懼之"。

《河上》作"柰何以死懼之"。③

《顧》《彭》同上。④

《焦山》"乃〈奈〉""死懼之"等字皆缺泐不全。⑤

《唐石拓》"奈何以"三字缺泐。⑥

若使民常畏死

《易龍》作"若使常畏死"。

《易玄》作"若使人常畏死"。

《樓古》《磻溪》《柰卷》同上。

《羅卷》作"若使常不畏死"。

《范》作"若使民而畏死"。

《焦山》"若"字缺泐不全,"使""常"二字半泐。⑦

吾得執而殺之孰敢

《易龍》作"吾執得而煞之熟敢"。

《羅卷》同上。

《易福》作"吾得執而煞之孰敢矣"。

《柰卷》作"吾得執而殺之孰敢矣"。

《顧》同上。

《彭》作"吾豈執而殺之孰敢"。

《慶陽》"敢"字漫滅,"孰"字半泐,"殺之"二字隱約可辨。⑧

常有司殺者殺夫代司殺者殺是謂代大匠斲夫代大匠斲者希有不傷其手矣

常有司殺者殺

①②③④⑤⑥⑦⑧ 編者按:此條據手稿本增補。

《易龍》作“常有司煞者煞”。

《羅卷》同上。

《易福》作“常有司煞者”。

《柰卷》作“常有司殺者”。

《河上》同上。

《慶陽》“常有”二字漫滅。①

夫代司殺者殺

《易龍》作“夫代司煞者”。

《易福》《羅卷》同上。

《易玄》作“夫代司殺者”。

《慶陽》《柰卷》《河上》《顧》同上。

《趙》作“而代司殺者殺”。

《彭》同上。

《范》作“代司殺者殺”。

《慶陽》“夫”字半泐。②

是謂代大匠斲

《易龍》作“是謂代大匠斱”。

《易福》《柰卷》同上。

《易玄》作“是謂代匠斲”。（案《易玄》注文“匠”上仍有“大”字。）

《樓古》作“是代大匠斱”。

《羅卷》同上。

《顧》作“是謂代大匠斵”。

《范》作“是代大匠斵”。

《彭》同上。

夫代大匠斲者

《易龍》作“夫代大匠斱”。

---

①② 編者按：此條據手稿本增補。

《樓古》《羅卷》同上。

《易玄》作“代大匠斲”。

《慶陽》作“夫代大匠斲”。

《磻溪》《趙》《樓正》同上。

《柰卷》作“夫代大匠斵者”。

《顧》作“夫代大匠斵”。

《彭》同上。

《范》作“夫代大匠斵者”。

希有不傷其手矣

《易龍》作“希有不傷其手”。

《羅卷》作“希不傷其手”。

《柰卷》作“希有不復傷其手矣”。

《河上》作“希有不傷手矣”。

《顧》作“希有不傷其手乎”。

《樓正》作“希有不傷其手矣”。①

《慶陽》“希”字半泐。②

【附】

《易龍》止“希有不傷其手”句爲一章。

《易玄》《邢玄》《慶陽》《樓古》《趙》《樓正》《柰卷》《集唐》同上。

《羅卷》同上。名“民之死章”。

《河上》同上。名“制惑第七十四”。

《范》同上。名“民常不畏死章第七十四”。

《彭》同上。名“民常不畏章第七十四”。

《易福》至此不分章。

《杭州》至此分章否,因缺泐不明。

---

①② 編者按:此條據手稿本增補。

【七十五章】

民之饑以其上食稅之多是以饑民之難治以其上之有爲是以難治民之輕死以其求生之厚是以輕死夫唯無以生爲者是賢於貴生

民之饑

《易龍》作“民之飢”。

《易福》《慶陽》《趙》《樓正》《柰卷》《河上》《顧》同上。

《易玄》作“人之飢”。

《邢玄》《羅卷》同上。

《范》作“民之飢者”。

以其上食稅之多

《易福》作“以上食稅之多”。

《范》作“以其上食稅之多也”。

《彭》同上。

《慶陽》“以”“食”二字缺泐,“之多”二字稍泐。①

是以饑

《易龍》作“是以飢”。

《易玄》《邢玄》《易福》《慶陽》《趙》《樓正》《羅卷》《柰卷》《河上》《顧》《范》同上。

《慶陽》“是”“以”二字稍泐,“飢”字大半泐。②

民之難治

《邢玄》作“人之難治”。

《羅卷》作“百姓之難治”。

《范》作“民之難治者”。

《慶陽》自“民”字起,至“以其求生之厚”“生”字止,皆漫滅。③

《唐石拓》此句全泐。④

①②③④ 編者按:此條據手稿本增補。

以其上之有爲

《易龍》作"以其上有爲"。

《羅卷》《顧》同上。

《范》作"以其上之有爲也"。

《彭》同上。

《唐石拓》此句全泐。①

是以難治②

《唐石拓》"是"字半泐。

民之輕死

《易龍》作"人之輕死"。

《易玄》《邢玄》《易福》《樓古》《磻溪》《羅卷》《柰卷》《顧》《彭》同上。

《范》作"民之輕死者"。

以其求生之厚

《易龍》作"以其生生之厚"。

《羅卷》同上。

《樓古》作"以其生求之厚"。

《趙》作"以其上求生之厚"。

《柰卷》作"以其求生之厚也"。

《范》作"以其生生之厚也"。

《彭》同上。

是以輕死

《羅卷》無此句 。

《慶陽》"輕"字大半泐,"死"字半泐。③

夫唯無以生爲者

《易龍》作"夫唯无以生爲者"。

①②③ 編者按:此條據手稿本增補。

《易福》同上。

《邢玄》作“夫唯無以生爲生者”。

《羅卷》同上。

《焦山》作“夫維無以生爲者”。（案《焦山》“夫”字已泐。）

《趙》作“夫惟無以生爲者”。

《范》作“夫惟无以爲生者”。

《彭》作“唯無以生爲者”。

《慶陽》“唯”“無”二字畧漫滅。①

是賢於貴生

《易福》作“是賢於貴生也”。

《柰卷》《范》《彭》同上。

《樓正》作“是賢於賫生”。

《慶陽》“賢”字畧漫滅。②

《唐石拓》“生”字缺泐。③

【附】

《易玄》止“是賢於貴生”句爲一章。

《慶陽》《樓古》《趙》《樓正》《柰卷》《集唐》同上。

《羅卷》同上。名“人飢章”。

《河上》同上。名“貪損第七十五”。

《范》同上。名“民之飢章第七十五”。

《彭》同上。名“民之饑章第七十五”。

《易龍》至此不分章。

《易福》同上。

《邢玄》似至此分章，惟因漫漶頗甚，不敢定。

《杭州》至此分章否，因缺泐不明。

---

①②③ 編者按：此條據手稿本增補。

【七十六章】

人之生也柔弱其死也堅強萬物草木之生也柔脆其死也枯槁故堅強者死之徒柔弱者生之徒是以兵強則不勝

人之生也

《易龍》作“人生之”。

《慶陽》作“民之生也”。（案《慶陽》“民”字漫漶過甚，不敢全定。）

《樓古》同上。（案《樓古》不磨滅。）

《磻溪》《樓正》同上。

《羅卷》作“人之生”。

其死也堅強

《易龍》作“其死堅強”。

《樓正》作“其死也堅彊”。

《柰卷》同上。

《羅卷》作“其死剛強”。

《范》作“其死也剛強”。

萬物草木之生也

《易龍》作“万物草木生之”。

《羅卷》同上。

《易玄》作“萬物草木生也”。

《慶陽》《磻溪》《樓正》同上。

《易福》作“万物草木之生也”。

《范》同上。

《樓古》作“草木之生也”。

《趙》《彭》同上。

柔脆①

---

① 編者按：此條據手稿本增補。

《范》作“柔脆”。

其死也枯槁

《易龍》作“其死枯槁”。

《羅卷》同上。

《慶陽》“槁”字署泐。①

故堅強者

《顧》作“夫堅強者”。

《范》作“故剛彊者”。

《慶陽》此句各字均稍泐，而“強者”二字漫漶更甚。②

死之徒

《彭》作“死之徒也”。

《慶陽》此句各字均稍泐，而“徒”字漫漶更甚。③

柔弱者生之徒

《彭》作“柔弱者生之徒也”。

《慶陽》“生之徒”三字署泐，餘均漫滅。④

是以兵強則不勝⑤

《慶陽》“是以”二字隱約可辨，餘均泐。

木強則兵

木強則兵

《易龍》作“木強則共”。

《易玄》《邢玄》《易福》《樓古》《磻溪》《趙》《羅卷》《柰卷》《河上》《顧》《范》《彭》同上。

《樓正》同上。（惟“強”作“彊”。）

《慶陽》此句缺泐。⑥

《唐石拓》“木強”二字稍泐。⑦

---

①②③④⑤⑥⑦ 編者按：此條據手稿本增補。

強大處下

強大處下

《易龍》作“故堅強處下”。

《趙》作“堅強處下”。

《羅卷》作“故堅強居下”。

《彭》同上。

《范》作“故強大取下”。

《慶陽》惟“大”“下”二字可辨。①

柔弱處上

柔弱處上②

《慶陽》“柔弱”二字漫滅過半,然隱約可辨。“處上”二字稍泐。

【附】

《易龍》止“柔弱處上”句爲一章。

《邢玄》《易福》《慶陽》《樓古》《趙》《樓正》《柰卷》《集唐》同上。

《羅卷》同上。名“人之章”。

《河上》同上。名“戒強第七十六”。

《范》同上。名“人之生章第七十六”。

《彭》同上。名“人之生章第七十六”。

《易玄》至此不分章。

《杭州》至此分章否,因磨滅不明。

【七十七章】

天之道其猶張弓與高者抑之下者舉之有餘者損之不足者補之天之道損有餘而補不足人之道則不然

天之道③

《慶陽》“道”字稍泐。

---

①②③ 編者按:此條據手稿本增補。

其猶張弓與

《易龍》作“其猶張弓”。

《羅卷》同上。

《易玄》作“其猶張弓乎”。

《邢玄》《易福》《慶陽》《樓古》《磻溪》《趙》《樓正》《柰卷》《河上》《顧》《彭》同上。

《范》作“其猶張弓者歟”。

高者抑之①

《慶陽》“之”字稍泐。

下者舉之②

《慶陽》“舉之”二字稍泐。

《唐石拓》“之”字半泐。

有餘者損之

《易福》作“有餘損之”。

《慶陽》“有餘”二字半泐。③

不足者補之

《易龍》作“不足者與之”。

《易玄》《邢玄》《慶陽》《磻溪》《樓正》《河上》《顧》同上。

《易福》作“不足與之”。

《柰卷》同上。

《羅卷》作“不足者与之”。

天之道損有餘而補不足

《易玄》作“天之道損有餘補不足”。

《邢玄》《易福》《慶陽》《樓古》《磻溪》《顧》《彭》同上。

《趙》作“天之道損有餘以補不足”。

《羅卷》作“天之道損有餘捕不足”。

---

①②③ 編者按：此條據手稿本增補。

《柰卷》作“天之道損有餘而補不足也”。

《范》同上。

《樓正》“道損”二字大半缺泐。[①]

人之道則不然

《易龍》作“人道則不然”。

《羅卷》同上。

《樓古》作“人之道不然”。

《焦山》“之道”二字漫滅難識。[②]

《慶陽》“則”“然”二字半泐。[③]

《樓正》“人之道則”四字全缺泐。[④]

損不足以奉有餘孰能有餘以奉天下唯有道者是以聖人爲而不恃功成而不處其不欲見賢

損不足以奉有餘

《易龍》作“損不足奉有餘”。[⑤]

《易福》《羅卷》《顧》同上。

《彭》作“損不足而奉有餘”。

《慶陽》“餘”字全泐,餘皆隱約可辨。[⑥]

孰能有餘以奉天下

《易龍》作“熟能有餘以奉天下”。

《羅卷》同上。

《易玄》作“孰能以有餘奉天下”。

《易福》《慶陽》《樓古》《磻溪》《樓正》《柰卷》同上。

《焦山》同上。(案《焦山》自“有”字以下缺泐。)

《邢玄》作“孰能以有餘以奉天下”。

《趙》作“孰能損有餘以奉不足於天下”。

---

①②③④⑥ 編者按:此條據手稿本增補。

⑤ 編者按:此條據手稿本修改。

《范》作“孰能損有餘以奉天下”。

《彭》作“孰能損有餘而奉不足於天下者”。

《慶陽》惟“以有”“下”三字隱約可辨，餘皆缺泐。[1]

是以聖人爲而不恃

《易玄》作“是以聖人爲不恃”。（案《易玄》注文仍作“是以聖人爲而不恃”。）

《柰卷》同上。

唯有道者

《易龍》作“其唯有道者”。

《柰卷》作“唯有道者乎”。

《彭》作“其唯道乎”。

《慶陽》自“唯 ”字起，至“功成而不處”“而”字止，皆缺泐。[2]

功成而不處

《易龍》作“功成不處”。

《易玄》《邢玄》《樓古》《磻溪》《趙》《樓正》《顧》同上。

《羅[卷]》作“成功不處”。

《彭》作“功成不居”。

其不欲見賢

《易龍》作“斯不見賢”。

《樓古》作“其不欲見賢邪”。

《范》同上。

《趙》作“其不欲見賢耶”。

《彭》同上。

《羅卷》作“其欲退賢”。

《顧》作“其不欲示賢”。

《慶陽》各字均畧漫滅，“見”字更甚。[3]

①②③ 編者按：此條據手稿本增補。

【附】

《易龍》止"斯不見賢"句爲一章。

《易玄》《慶陽》《樓古》《趙》《樓正》《柰卷》《集唐》同上。

《羅卷》同上。名"天之道章"。

《河上》同上。名"天道第七十七"。

《范》同上。名"天之道章第七十七"。

《彭》同上。名"天之道章第七十七"。

《邢玄》似亦同上。惟稍泐,不敢全定。

《易福》至此不分章。

《杭州》至此分章否,因缺泐不明。

【七十八章】

天下莫柔弱於水而攻堅強者莫之能勝其無以易之

天下莫柔弱於水

《易龍》作"天下柔弱莫過於水"。

《易玄》《邢玄》《易福》《慶陽》《樓古》《磻溪》《樓正》《羅卷》《柰卷》《河上》《顧》同上。

《范》作"天下莫不柔弱於水"。

《慶陽》"天""柔""於"三字稍泐。①

而攻堅強者

《易龍》作"而攻堅強"。

《樓正》作"而攻堅彊者"。

《羅卷》作"而功堅強"。

《柰卷》作"而攻堅旜者"。

《范》作"而攻剛強者"。

① 編者按:此條據手稿本增補。

莫之能勝

《易龍》作“莫之□先”。

《羅卷》作“莫之能先”。

《范》《彭》同上。

《河上》作“莫知能勝”。

其無以易之

《易龍》作“其无以易之”。

《易福》作“以其无能易之”。

《趙》作“以其無以易之”。

《范》作“其无以易之也”。

《彭》作“以其無以易之也”。

弱之勝強柔之勝剛天下莫不知莫能行是以聖人云受國之垢是謂社稷主受國不祥是爲天下王正言若反

弱之勝強柔之勝剛

《易龍》作“故弱勝強柔勝对”。

《易玄》作“故柔勝剛弱勝強”。

《邢玄》《慶陽》《樓古》《磻溪》《趙》《羅卷》《顧》同上。

《樓正》同上。（惟“強”作“彊”。）

《柰卷》作“蒻之勝鹽柔之勝对”。

《范》作“柔之勝剛弱之勝強”。

《彭》同上。

《慶陽》二“勝”字稍泐。①

天下莫不知

《易龍》作“天下莫能知”。

《羅卷》《顧》同上。

《慶陽》“知”字稍泐。②

①② 編者按：此條據手稿本增補。

莫能行

《趙》作“而莫能行”。

《范》作“而莫之能行”。

《彭》同上。

《慶陽》“莫能”二字大半泐,“行”字稍泐。①

是以聖人云

《易龍》作“故聖人云”。

《柰卷》《河上》同上。

《易玄》作“是以聖人言”。

《邢玄》《慶陽》《樓古》《磻溪》《樓正》《范》《彭》同上。

《易福》作“故聖人言云”。

《羅卷》作“是以聖人”。

《顧》作“故聖人言”。

《慶陽》各字均稍泐,以“聖人言”三字爲更甚。②

受國之垢③

《慶陽》自“受”字起,至“正言若反”“反”字止,皆缺泐。

是謂社稷主

《柰卷》作“是謂社稷之主”。

《范》同上。

受國不祥

《樓古》作“受國之不祥”。

《河上》《彭》同上。

《焦山》“祥”字隱約可識。④

是爲天下王

《易龍》作“是謂天下王”。

《易玄》《邢玄》《易福》《樓古》《磻溪》《趙》《樓正》《羅卷》《柰卷》

①②③④ 編者按:此條據手稿本增補。

《河上》《顧》同上。

《范》作“是謂天下之王也”。

《唐石拓》“天”字稍泐。[①]

【附】

《易玄》止“正言若反”句爲一章。

《邢玄》《易福》《樓古》《趙》《樓正》《柰卷》《集唐》同上。

《羅卷》同上。名“天下柔弱章”。

《河上》同上。名“任言第七十八”。

《范》同上。名“天下莫不柔弱於水章第七十八”。

《彭》同上。名“天下柔弱章第七十八”。

《易龍》至此不分章。

《慶陽》分章否,因缺泐不明。

《杭州》同上。

又《彭》自七十八章以下爲“道德真經集註卷之十八”。

【七十九章】

和大怨必有餘怨

和大怨

《焦山》作“知大怨”。

《彭》作“和大怨者”。

必有餘怨[②]

《慶陽》“有餘”二字漫滅過半,“怨”字亦稍泐。

安可以爲善是以聖人執左契

是以聖人執左契[③]

《羅卷》作“是以聖人執左粠”。

①②③ 編者按:此條據手稿本增補。

而不責於人有德司契

而不責於人

《易龍》作"不責於人"。

《羅卷》同上。

《易玄》作"而不責於民"。

《邢玄》同上。

有德司契

《易龍》作"故有德司契"。

《易玄》《邢玄》《慶陽》《樓古》《磻溪》《趙》《樓正》《顧》《范》《彭》同上。

《羅卷》作"故有德司帮"。①

無德司徹

無德司徹

《易龍》作"无德司徹"。

《易福》《范》同上。

《慶陽》"司"字稍泐。②

【附】

《易龍》止"无德司徹"句下空一格,似分章。

天道無親常與善人

天道無親

《易龍》作"天道无親"。

《易福》《范》同上。

《慶陽》各字均稍泐。③

常與善人

《樓正》作"常與譱人"。

《羅卷》作"常与善人"。

---

① 編者按:此條據手稿本修改。

②③ 編者按:此條據手稿本增補。

《慶陽》各字均稍泐,"與"字更甚。①

【附】

《易玄》止"常與善人"句爲一章。

《邢玄》《慶陽》《樓古》《趙》《樓正》《柰卷》《集唐》同上。

《羅卷》同上。名"和大怨章"。

《河上》同上。名"任契第七十九"。

《范》同上。名"和大怨章第七十九"。

《彭》同上。名"和大怨章第七十九"。

《易龍》至此不分章。

《易福》至此不分章。

《杭州》至此分章否,因缺泐不明。

【八十章】

小國寡民

小國寡民

《易龍》作"小國寡人"。

《柰卷》作"小國寮民"。

《慶陽》惟"民"字較可識,餘皆漫滅過半。②

使有什伯之器而不用

使有什伯之器而不用

《易福》作"使有什百人之器而不用"。

《樓古》作"使民有什伯之器而不用"。

《趙》《羅卷》同上。

《柰卷》作"使將有什伯人之器而不用"。

《河上》作"使有什伯人之器而不用"。

《顧》作"使有什伯民之器而不用"。

---

①② 編者按:此條據手稿本增補。

《范》作“使民有什伯之器而不用也”。

《彭》同上。

《慶陽》惟“使有什伯”“而”五字較可識，餘皆漫滅。[①]

使民重死而不遠徙

使民重死而不遠徙

《易龍》作“使人重死而不遠徙”。

《易玄》同上。

《易福》作“使民重死不遠徙”。

《羅卷》無此句。

《慶陽》此句全泐。[②]

【附】

《易玄》至“使人重死而不遠徙”句末空一格，似分章。

雖有舟輿無所乘之雖有甲兵無所陳之使人復結繩而用之甘其食美其服安其居樂其俗鄰國相望雞犬之聲相聞民至老死不相往來

雖有舟輿

《易龍》作“雖有舟轝”。

《羅卷》《柰卷》《河上》同上。

《趙》作“雖有舟車”。

《慶陽》自“雖”字起，至“雖有甲兵”“有”字止，皆缺泐。[③]

無所乘之

《易龍》作“无所乘之”。

《范》同上。

《易玄》作“無所乗之”。[④]

《邢玄》《顧》同上。[⑤]

無所陳之

《易龍》作“无所陳之”。

①②③④⑤ 編者按：此條據手稿本增補。

《易福》《范》同上。

《慶陽》"陳"字大半漫滅。[①]

使人復結繩而用之

《易龍》作"使民復結繩而用之"。

《易玄》《邢玄》《易福》《慶陽》《樓古》《磻溪》《趙》《樓正》《柰卷》《河上》《顧》《范》《彭》同上。

《羅卷》此句下尚有"雖有舟轝無所乘之"二句。

《慶陽》惟"結""而""之"三字較清晰可識,餘皆漫漶頗甚。[②]

甘其食

《范》作"民各甘其食"。又此句上尚有"至治之極"一句。

《慶陽》"甘"字漫滅。[③]

安其居

《范》作"安其俗"。

《彭》同上。

《焦山》"安"字隱約可辨。[④]

樂其俗

《范》作"樂其業"。

《彭》同上。

鄰國相望

《易龍》作"隣國相望"。

《焦山》《羅卷》《顧》同上。

雞犬之聲相聞

《易龍》作"鷄狗之聲相□"。

《易福》作"鷄狗之聲相聞"。

《羅卷》《顧》同上。

《易玄》作"雞犬之音相聞"。

---

①②③④ 編者按:此條據手稿本增補。

《邢玄》《慶陽》《樓古》《磻溪》《樓正》同上。

《柰卷》作“雞狗之聲相聞”。

《河上》同上。

《焦山》作“鷄猗之聲相聞”。(案《焦山》“之”字以下缺泐。)

民至老死不相往來

《易福》作“民至老至死不相往來”。

《磻溪》作“民之老死不相往來”。

《羅卷》作“使民至老不相往來”。

《河上》作“民至老不相往來”。

《顧》同上。

《范》作“使民至老死而不相往來”。

《彭》作“使民至老死不相與往來”。

《慶陽》“來”字稍泐。[①]

【附】

《易龍》止“民至老死不相往來”句爲一章。

《易玄》《邢玄》《易福》《慶陽》《樓古》《趙》《樓正》《柰卷》《集唐》同上。

《羅卷》同上。名“小國章”。

《河上》同上。名“獨立第八十”。

《范》同上。名“小國寡民章第八十”。

《彭》同上。名“小國寡民章第八十”。

《杭州》至此分章否,因缺泐不明。

【八十一章】

信言不美

信言不美[②]

《慶陽》各字均稍泐。

---

①② 編者按:此條據手稿本增補。

美言不信

美言不信①

《慶陽》"言""不"二字隱約可識,餘皆缺泐過半。

善者不辯辯者不善知者不博

善者不辯辯者不善

《樓正》作"善者不辨辨者不善"。

《羅卷》此二句在"知者不愽愽者不知"之後。

《顧》同上。(案《顧》"博"不作"愽"。)

《范》作"善者不辯辯言不善"。

《慶陽》惟"善者不辯""不"字,及"辯者不善""不善"二字隱約似之,餘皆缺泐。②

知者不博

《易龍》作"知者不愽"。

《易玄》《易福》《礵溪》《羅卷》《范》同上。

《慶陽》此句全泐。③

博者不知聖人不積

博者不知

《易龍》作"愽者不知"。

《易玄》《易福》《礵溪》《羅卷》《范》同上。

《慶陽》此二句缺泐。④

聖人不積

《樓古》作"聖人無積"。

《趙》《彭》同上。

《范》作"聖人无積"。

既以爲人己愈有

既以爲人

---

①②③④ 編者按:此條據手稿本增補。

《易玄》作“既以與人”。

《邢玄》《慶陽》《磻溪》《樓正》同上。

《慶陽》“人”字大半泐。[①]

己愈有

《邢玄》作“己逾有”。

《趙》作“己愈”。疑“有”字誤脱。

《范》作“己俞有”。

《慶陽》“愈有”二字全漫滅。[②]

既以與人己愈多

既以與人

《羅卷》作“既以与人”。

《慶陽》“既”字稍泐,“人”字半泐。[③]

己逾〈愈〉多

《邢玄》作“己逾多”。

《范》作“己俞多”。

《慶陽》“多”字稍泐,“愈”字大半漫滅。[④]

天之道利而不害

天之道[⑤]

《慶陽》“天之道”三字均半泐。

利而不害

《易玄》“不”“害”二字間,有空格,蓋因原石缺泐跳書所致。

聖人之道爲而不爭

聖人之道

《趙》作“人之道”。

《羅卷》作“聖人道”。

《樓正》“聖”字缺泐。[⑥]

---

①②③④⑤⑥ 編者按:此條據手稿本增補。

爲而不爭①

《唐石拓》"爭"字缺泐。

【附】

《易龍》止"爲而不爭"句爲最末一章。

《易玄》《邢玄》《易福》《慶陽》《樓古》《趙》《樓正》《柰卷》《集唐》同上。

《羅卷》同上。名"信言章"。

《河上》同上。名"顯質第八十一"。

《范》同上。名"信言不美章第八十一"。

《彭》同上。名"信言不美章第八十一"。

《杭州》因磨滅,雖知其爲末章,然不知其章名如何。(案《杭州》凡不磨滅者皆有章名,見上。)

老子道德經卷下終

《易龍》有"老子德經□□"等字。

《易玄》無任何字樣。

《邢玄》有"老子德□卷下"等字。

《焦山》因殘缺不知。

《易福》無任何字樣。

《慶陽》有"老子德經卷□"等字。

《杭州》因磨滅不明。

《樓古》無任何字樣。

《磻溪》有"老子道德經卷終"等字。

《趙》有"老子終"等字。

《樓正》無任何字樣。

《羅卷》有"老子道德經義疏卷第五"等字。

---

① 編者按:此條據手稿本增補。

《柰卷》無任何字樣。

《集唐》有“老子道德經下篇終”等字。

《河上》有“河上公老子德經終”等字。

《顧》有“道德真經注疏卷之八”等字。

《范》有“老子道德經古本集註下”等字。

《彭》有“道德真經集註卷之十八”等字。

（本文原载国立北平研究院史学研究会《考古专报》第1卷第2号。）

漢碑校讀（五種）

民國二十四年九月，本院史學研究會考古組主任徐旭生先生偕歷史組主任顧頡剛先生赴磁縣彭城鎮考察北齊石窟造像，歸途至邯鄲，考察趙都遺迹。縣長秦榮甲好古士也。前宰元氏，因談及元氏漢碑，乃以其所精拓之漢碑五種相贈。其《三公山神碑》及《白石神君碑》等碑陰，多爲市肆所不見，余乃據歐陽修《集古録》（以後釋文内簡稱歐）、趙明誠《金石録》（以後釋文内簡稱趙）、洪适《隸釋》（以後釋文内簡稱洪）、王昶《金石粹編》（以後釋文内簡稱王）、沈濤《常山貞石志》（以後釋文内簡稱沈）及《畿輔通志》（以後釋文内簡稱通志）、《元氏縣志》（以後釋文内簡稱志）等爲之校釋一過。其各家釋文與余有異同者，略加小註以資參證。竊謂諸家釋文以沈氏爲最精，《元氏縣志》爲最次。今餘所釋，一據現時拓本以昭核實，雖發明極少，而自沈書（書成於清道光二十二年）迄今未及百年，其風雨剥蝕、毁滅殘缺之跡，略可見矣。

二十四年十一月二十九日，於北平研究院

封龍君

三公之碑

靈山君

(是碑有額,有穿。案《集古錄》作《北嶽碑》,《金石錄》作《三公碑》,《隸釋》《畿輔通志》《元氏縣志》作《三公山碑》,《常山貞石志》作《三公之碑》。《金石粹編》未箸錄。)

□□□洪釋分。□洪、沈釋氣。□洪、沈釋建。□洪、沈釋立。□洪釋乾。□洪、沈釋𠧧。□洪、沈釋乾。□洪、沈釋爲。□洪釋物,沈小註物。□洪、沈釋父。□洪、沈釋𠧧。爲□洪、沈釋物。□洪、沈釋母。連洪、沈釋運。生六子□沈小註八。□沈小註卦。爲主洪、志缺。艮志釋因。主洪、志釋土。爲山□□沈釋造。□洪、沈釋風,志釋雲。雨天有九部地有八□洪釋極,沈小註柱。天地通精洪缺,沈小註精,志釋情。神明別沈釋列。□隱約似序字,洪、沈、志釋序。□隱約似州字,洪、沈釋州,志釋則。有九山北洪釋𡵂。□成志缺。主洪、沈釋𡈼。北□沈釋嶽,志釋條。之山連洪、志缺。□洪釋升,沈釋井,志缺。□沈釋陘,志釋陟。阻止爲□洪釋祈,志釋魁。首□隱約似舍字,洪、沈釋舍,志缺。□沈作時,志釋持。□隱約似陰字,洪、沈、志釋陰。寶南志缺。號三公厥□沈小註曲字,以爲當時寫一體字而未成者。體洪上二字僅釋一體字,志同。□洪、沈釋嵩,志釋崇。□洪、沈、志釋厚。峻極于天鼎足而洪釋帝。□二□洪、沈釋郡,志釋部。宗祀□志釋迺。奉□□志釋犃。

明洪缺,沈小註明。公嘉志釋喜。□洪、沈釋佑。□□洪、沈釋爲。形志缺。兆觸石出洪缺。雲不崇而雨除洪釋陰。□隱約似民字,沈、志釋民。氛志缺。□洪釋廓,沈釋厲,志釋癘。莫不□沈小註禎。□沈釋祉。德配五岳志釋嶽。王公所緒志釋續。四時珪辟志釋璧。月醮酒脯志釋輔。明洪、志缺。公降靈□沈小註惟。德洪、志缺。□□沈釋輔。□隱約似士字,沈釋士。宦洪、志缺。得志沈釋志,志釋走。列爲志缺。羣后或左洪、沈釋在,志缺。王室洪釋庭,志釋寗。輔□洪釋翼。聖志缺。主志缺。□洪釋颺。雨時降和其寒暑年豊志釋豐。歲稔不洪釋分,沈釋不,志釋介。我洪釋䄏,沈釋找。稷黍倉廩洪釋府。既沈小註既。□沈小註盈,洪釋盈。以沈小註以。谷士女毦洪缺,志釋珪。䍐又隱約似作儁,沈釋儁,洪、志缺。得進陳其鼎俎黃龍白□隱約似虎字。洪釋虎,沈小註虎。志釋鳩。伏在山所禽□洪、志釋獸,沈小註獸,細視隱約似

獸字。碩洪、志缺。大洪、志缺。億兩志釋而。爲耦草木暢茂巨仞不數而洪釋下。民知禁順時而取皆受德化非性志釋情。能者願

明公垂恩网志釋罔。極保□洪釋我。國君羣犁志釋黎。百姓□似永字，又似孔字。沈釋永，志釋孔。受元恩

光和四年歲在辛酉四月沈小註月。□志釋壬。□洪釋亥，孫小註亥，志缺。朔二日甲子元氏左尉上郡白土樊瑋字子□洪、志釋義。瑋以洪缺。□洪釋要，沈作𠥓。□隱約似荒字，沈釋荒。□沈釋戍。陵側陋出從幽谷僊于志釋作遷於。喬木得在志釋坐。中州尸素食禄當洪缺。志釋常。以□洪釋弱。沈小註弱。□沈釋劣。歸于邦洪缺，志釋鄉。族洪族下云缺，細視實無缺。

明□隱約似公字，沈小註公，志釋命。□洪、志無此字。讙得洪缺。吅□足□洪釋觀，沈小註姦。耶洪釋聽。志缺。□沈釋迸。□沈小註竄。道無拾遺消□隱約似幷字，又似扞字，洪、沈釋扞。□難路無怨讟沈云《隸釋》作讟。得應廉志釋簾。選貢名王志釋上。室志釋恩。靈祇福祚施之□隱約似典字，沈釋典。□洪、志釋册。於是沈小註是，志無於是二字。感恩念洪、沈缺。志釋食。□志釋德。立銘勒志釋刻。石乃作頌曰

□洪釋儼，沈僅書半儼字。儼志缺。志謂有□□□三字。明公民志釋褒。所□洪釋瞻。兮山谷洪缺。窈志缺。窕志缺。石巖巖兮□洪、沈釋高。□洪、沈釋倉，志釋登。□□矦志釋俟。羣神兮興雲致雨除民患兮□洪釋長。□隱約似吏字，沈釋吏。肅恭德洪缺，沈釋得。惟沈小註懽。洪、志缺。心志缺。兮四時奉祀黍稷□隱約似陳字，沈小註陳。□洪、沈、志釋兮。□沈釋犧。用□隱約似握字，沈、志釋握。尺洪缺。視洪缺。沈作哯。□□兮百姓家□隱約似給字，洪釋給。國富殷兮仁愛下下民□洪釋附。親兮遐邇携負志缺。來若志釋答。雲兮或有薪采投輻檀兮或有□□洪釋鬼。阻出志釋山。□兮或有□□□□耘兮或有隱志缺。遁志缺。辟志釋追。語志缺。言兮或有恬惔洪、志釋淡。養皓然兮或有呼吸求長志釋民。存志釋心。兮跂行喙志缺。息志釋是。皆洪釋𠮷。□恩兮□佑志釋俗。樊志釋禁。□洪、沈釋瑋。□洪釋出。□洪釋谷。□洪釋遷。兮□洪、沈釋封。□洪、沈釋矦。□洪、沈釋食。□洪、沈釋邑。傳子孫兮刻石紀德示後昆兮□洪、沈釋永。永不幣洪缺，志釋弊。億載年兮

舉將□洪、志釋南，沈小註南，細視隱約似南字。陽冠軍君姓馮諱巡字季祖□洪缺，沈作𠬝，志釋克。脩六經之要□隱約似析字，洪、沈、志釋析。□志釋甄。□□上三字洪

謂僅缺二字。之□隱約似歷字，實非。洪釋歷，沈釋阳。受命北征爲民父母攘去□洪釋寇，志釋四。殄我洪缺，沈釋戎，志釋戒。用志釋爾。无志釋元。□姦□志釋邪。越竟志釋境。民志釋風。移俗改恭肅神祇敬而不怠皇靈□□洪、沈釋佑，細視似佑字。□洪、沈、志釋風。雨時節農志釋麗。夫洪缺，志釋民。執耜沈釋粭。或耘或芓志釋耔。童妾壺饁敬而賓之志缺。細審之，隱約可辨。稼穡穰穰穀至□隱約似兩字，洪缺，沈、志釋兩。錢叔志釋菽。粟如火咸裹志釋懷。仁心志釋人。□洪、志無此空格，沈空格，但不言有字，今審視確有空格。君志釋尹。姿志缺。前隱約似前字，洪、沈、志俱釋前。喆沈釋嚞。喬志缺。杚志缺。季隱約似季字，洪、沈、志釋季。文隱約似文字，洪、沈、志釋文。馬洪釋蔦。饁洪缺。志釋饉。粮洪、志釋稂。秀不爲苛煩慤俗陵迟訓洪缺二字，細視實只一字。志釋訓。咨志缺。□□洪缺一字，細視實缺二字。山無隱士□隱約似藪字，洪、沈釋藪。無逸志缺。民裹志作懷。遠洪釋道。以德慕□洪釋此，沈釋化，志釋近。□沈小註如，志釋以。□沈小註雲。百姓□洪、沈釋歐。歌得志謂得上有一字，細視實無。我志釋致。惠志缺。君功參周邵受志釋愛。禄志釋行。于天長履景志釋最。福子子孫孫沈小註孫。

時洪缺，志釋將。□隱約似長字。洪、沈釋長。□洪釋史。甘陵甘陵夏方字伯陽□洪、志無此空格，沈空格，但無字。細視應爲無字之空格。令京□隱約似兆字，洪、沈、志釋兆。新豊志釋豐。王翊字元輔□洪、志無此空格，沈空格，但無字。細案應爲無字之空格。丞河志缺。□沈小註南。陽洪、志缺。武志缺。李邵洪缺，沈小註邵。字公興

石師原作帀，志釋沛。□隱約似劉字，洪釋劉，沈小註劉。□隱約似元字，洪、沈釋元。存

碑側 沈云："四行，行七字。隸書，在碑側中截。"案歐陽修、趙明誠、洪适等，皆所未見，而《畿輔通志》《元氏縣志》亦所未録，吾等所得拓本亦未曾有。今姑就沈本摹録如左。至詳細情形，俟之異日之實地調查也。

處 士 厉 子 孟 □ 非

處（沈原有） 士 □ □ 臥 君 舉

處 士 河 □ □ 元 士

□ □ □ □ □ □ □

右碑，諸家釋文，以沈氏（濤）《常山貞石志》爲最精，《元氏縣志》（民國二十年重修）爲最次。洪氏（适）《隸釋》雖頗有錯誤，然經沈氏是正，已可弗論。今余所釋，一據現時拓本，即沈氏本有而今缺泐者，亦一律從闕，僅加小註以資参證，俾免意度鈔襲之弊。至《元氏縣志》之誤，蓋有三端：有因鈔襲而致誤者，如碑文"厥曲體□□"，"體"上尚有一字，洪氏忽之，志亦不録；碑文"瑋字子□"，子下一字，實不可識，（余曾校以數種拓片，仍不能辨。）洪氏釋"義"，而志亦從之之類是也。（餘依洪氏而錯誤者尚多，細讀釋文即可知之。）有誤釋原文者，如"艮"之釋"因"，"主"之釋"土"，"精"之釋"情"，"嘉"之釋"喜"，"緒"之釋"續"，"脯"之釋"輔"，"志"之釋"走"，"室"之釋"甯"，"瓩"之釋"珪"，"兩"之釋"而"，"性"之釋"情"，"在"之釋"坐"，"當"之釋"常"，"邦"（案實即邦字，漢碑常見）之釋"鄉"，"廉"之釋"簾"，"王"之釋"上"，"室"之釋"恩"，"勒"之釋"刻"，"民"之釋"褒"，"侯"之釋"俟"，"若"之釋"荅"，"出"之釋"山"，"辟"之釋"追"，"長"之釋"民"，"存"之釋"心"，"息"之釋"是"，"佑"之釋"俗"，"樊"之釋"禁"，"用"之釋"爾"，"无"之釋"元"，"民"之釋"風"，"農"之釋"麗"，"夫"之釋"民"，"心"之釋"人"，"君"之釋"尹"，"饑"之釋"饉"，"詶"之釋"訓"，"我"之釋"致"，"受"之釋"愛"，"祿"之釋"行"，"景"之釋"最"，"時"之釋"將"，"師"之釋"沛"之類是也。有因字義而擅改字形者，如"岳"之改"嶽"，"辟"之改"璧"，"豊"之改"豐"，"网"之改"罔"，"犂"之改"黎"，"僊"之改"遷"，"于"之改"於"，"惔"之改"淡"，"幣"之改"弊"，"竟"之改"境"，"芋"之改"耔"，"叔"之改"菽"，"裏"之改"懷"，"粮"之改"稂"之類是也。他如"於是感恩念□"之脱落"於是"二字，"得我惠君"之"得"上增字，亦皆校讀不慎之所致也。竊謂一碑之釋，錯誤若此，志書之難於憑信，可以知矣！兹特揭之斯篇，以示其餘。

祀三公山碑

（是碑無額，無穿。歐、趙、洪諸家皆未箸録。《金石粹編》《常山貞石志》《畿輔通志》作《祀三公山碑》,《元氏縣志》作《祀三公碑》。)

□字已缺泐,翁方綱《兩漢金石記》以爲元字,沈氏(濤)是其説,然未知確否。志於首句"常"字上僅缺三字,未及此字,實誤。至沈氏謂拓本尚存元字之下半"儿",今拓本已不明。初志缺。四志缺。季志缺。常山相隴志作壠,非是。西馮君到官承饑衰之後□惟原字已缺泐,然隱約可辨。三公御王釋御,沈錄其原形。語志缺。山三志釋之,誤。條別志缺。神志"神"上多一字,誤。迥志缺。在領案即嶺之借,志釋縣,誤。西吏民禱祀興志缺。雲膚寸偏志作徧,非是。雨四志釋田,誤。維志缺。遭志缺。離志缺。羌志缺。寇志缺。蝗旱鬲并原字稍泐,細案當爲并字。沈氏云:"蝗旱鬲并,諸家皆釋鬲我,惟黄小松司馬釋鬲并。案碑并字甚明,不知諸家何以誤作我字。《後漢書·陳忠傳》隔并屢臻,章懷太子註云,隔并謂水旱不節也。并音必姓反。又《郎顗傳》則歲無隔并,太平可待。"竊謂沈説是也。案鬲本可作隔解,如《荀子·大略》"鬲如也",《漢書·五行志》"鬲閉門戶"皆是。民流志缺。道志缺。荒志缺。醮祠希翁(方綱)、王釋希,志釋帝,未知孰是。罕翁、王釋罕。未知確否。案上二字,若以文義讀之,"希罕"當是。□□字漫滅不可識,王、翁釋奠,未知確否。尒志缺。行志缺。由是之來和氣尒臻二字志缺。乃來志缺。道要王釋叟,沈釋要。沈云:"攷《隸續·斥彰長田君斷碑》有隔道要,《漢書·司馬相如傳·子虛賦》緝要裹,又《地理志》北地郡有大要縣,師古註曰,要即古要字。"案小篆作要,與要形亦略近。本志作本。祖翁作視。志缺。其□王釋原。志缺。以志釋弘,誤。三公惪志缺。廣其靈尤志缺。神處幽道志缺。艱志缺。□字已漫滅難識,王、沈釋存,不知確否。志缺。之者志缺。難志缺。卜擇吉土王釋與,誤。志缺。治志脱落此字。東就志缺。衡山□字已全滅。王、沈釋起,志釋建,未知確否。堂立壇雙闕夾門薦王、翁釋薦,是。志缺。牲納志釋獻,誤。禮以寧志改作甯,非是。其神神熹志改作喜,非是。其位甘雨屢降報如景志改作影,非是。饗國界志缺。大豐穀隱約可辨。斗三錢民無疾苦永保其季志改作年。長志缺。史志缺。魯志缺。國顔悁此字不識,沈作悁。王缺,志缺。五官掾閻祐志釋裕,誤。戶曹志釋蘭,誤。史記受將作掾王𠕋王、沈釋笧,志釋稱,未知孰是。元氏令茅王作茅,沈釋茅,志釋策,未知孰是。匡王作匡,沈釋匡,志釋匡。未知孰是。丞吳音廷掾郭王、沈釋郭,是。志釋乾,非。洪王、沈釋洪,未確。志缺。戶曹志釋蘭,誤。史翟福工志缺。宋王、沈釋宋,未確。志缺。高等志釋芰,誤。刊石紀焉

附志

《畿輔通志》卷一百四十五引趙魏《竹腌〈崦〉盦金石跋》(是書余未見)云:"考《通鑑》漢安帝永初二年先零羌寇河內,詔魏趙常山中山作塢堠六百所以禦寇,時連旱蝗饑荒。今碑中曰'饑衰之後',曰'遭離羌寇蝗旱',而元氏又隸常山,皆與《鑑》合,永初之後改元初,計馮君到官在四年,距羌寇後僅六年耳。"又引翁方綱《兩漢金石記》云:"杭人趙魏跋此,謂《通鑑》永初二年,先零羌寇河內云云,此是《後漢書·西羌傳》之文,在五年非二年也。碑首初字之上,隱然尚露其下半,諦視是元字,馮君到官乃安帝元初四年丁巳之歲。……趙又謂泰室石闕作於元初四年,此刻與同篆同時。案泰室石闕乃五年非四年,……不必以石闕爲徵。"驥案翁氏據《後漢書·西羌傳》以明先零羌寇河內,在永初五年非二年,據《泰室石闕銘》以明其作於元初五年非四年,是也。惟細思之,趙氏原文似不誤,其永初二年之說,僅爲轉寫或刊印時之訛。何則?趙氏所跋,先證碑記事實謂與《通鑑》永初年間先零羌寇河內之事相合,後乃順接其文曰:"永初之後改元初,計馮君到官在四年,距羌寇後僅六年耳。"則趙氏所云"到官在四年",明言其爲元初之四年也。況趙氏謂與泰室石闕同作於元初四年,固已自言之歟。彼既知其爲元初四年,又云"距羌寇後六年",而永初共七年,元初共六年,以元初四年上計至永初五年,相距確爲六年,而文乃云永初二年,自身矛盾,以是知趙本不誤,僅因轉寫或刊印而訛。(今案商務館印行百衲本《通鑑》,確在永初五年春,更可證明。)又翁文云:"碑以囚爲四,領爲嶺,[illegible]爲不,[illegible]爲薦,禮爲醴,熹爲喜,偏省其彳……"一節,亦應改作"碑以囚爲四,領爲嶺,[illegible]爲不,[illegible]爲薦,醴爲禮,熹爲喜,偏爲徧……",於文爲順。

元氏封龍山之頌

(頌字隱約可辨,是碑無額,無穿。歐、趙、洪、王、沈諸家皆未箸錄。《畿輔通志》作《封龍山頌》,《元氏縣志》作《封龍山碑》。茲錄首行七字爲目,以昭核實。)

惟封龍山稍泐。者北岳志改作嶽，非是。之英稍泐。援志作接，誤。三條之別神分體異處原作𠙚，志缺。在於原作𢅴，雖稍缺泐，然以下文𢅴字校之，當是。志缺。邦内磥硌原字雖稍缺泐，但細審之，確爲硌字，且於文亦順。志缺。(磥硌連詞，廣雅壯大貌。)吐稍泐，志缺。名與天同燿能烝志改作蒸，非是。雲興雨與稍泐。三公靈山協德齊稍泐。勳□志作因，案此字磨滅頗甚，未敢定。舊秩而祭□志作之，案字實磨滅不可識。以稍泐。爲三望□亡新之際失志作去，疑非。其典祀延熹七年歲□執徐原字似作徐。案《爾疋》太歲在辰曰執徐，今漢桓帝延熹七年歲次甲辰，故當以執徐爲是。志作涂，案碑文，字形亦極近，或涂爲徐之假借，亦未敢定。月紀豕韋常山相汝南富字雖稍泐，細審實係富字。《通志》引《求是齋藏碑目》云："汝南□波蔡𥌒者，考《郡國志》汝南郡有富波，侯國，永元中復。(原註，永元，和帝紀元也。)又《東觀記》，光武時外戚恩澤侯有富波侯周均，以皇考姊子侯。今碑波上闕字當係富字，蓋蔡𥌒係汝南富波人也。(原註，漢時富波，今安徽穎州府富陽縣。今案清安徽有阜陽縣即穎州府治，無富陽縣。原註富字當係阜字之誤。)"其說極是。以下文"國富年豐"富字校之，尤確實無疑。波蔡𥌒長史甘陵廣川沐乘敬天之休虔恭明祀上陳德潤加於百姓志於加字下多一"之"字，誤。宜蒙珪辟志改作璧，未妥。七志作匕，誤。牲原作拄，當係牲字，有下文"犧牲博碩"牲字可證。志作拄，誤。法食□□□□碑文實尚有此四字，惟磨滅不可識。志略而不錄，非是。又此下尚有後人刻"董自英□□九月六日"九小字，字跡草率惡劣可厭。

聖朝克明靡神不舉戊寅詔書應時聽許□志作允，未確。敕□志作文，未確。疑爲"大"字。吏郎巽等志作詩，誤。與義民脩志改作修，未妥。繕故祠遂采嘉石造立觀闕黍稷既馨犧牲博碩字稍泐，然隱約可辨。神歆感射三靈合化志作作，誤。物品□志作流，未確。□隱約似形字。志作行，非是。農志作歲，誤。寔志改作實，未妥。嘉穀粟□字已磨滅難識，志作斗，以文義讀之，當是。三錢天應玉燭於是紀功刊志作刻，誤。勒以炤令問其辭曰

天作高山寔惟封龍平地□字已磨滅，志作特，未確。起靈亮上志缺。通嵯峨崍峻高麗無雙神燿赫赫理物含光賛天□字已泐，志作休，以文義讀之，或是。命德合無疆惠此邦域以綏四方國富年豊志改作豐，未妥。□志作穡。民用□完全缺泐，志作章，或另有據。刻石紀銘令德不忘

□□□□□元字已稍泐。氏字已稍泐。郎□□字已大半缺泐。志作平。梾志作棘。

案漢原有平棘縣,即今河北趙縣,志釋平棘,當是。李音史九門張瑋志作瑾,誤。靈壽趙□志作穎,未確。縣令南陽□□□□□□□□□□□□縱立上二字,雖多磨滅,然細審之,隱約可識。石□□□□志作趙,未確。□張□□□□□

三公山神碑

(是從沈氏《常山貞石志》之名。碑有陰,有穿,有額。沈云額係篆書,今細審其筆迹,隱約似之。惟前後碑文,風雨剝蝕,漫漶已甚,每行字數,亦參差不一,而碑陰字體較大,其額上字沈氏以爲"疑即書碑者因碑文稍長,跨額書之"。歐、趙、洪、王諸家皆未箸錄。《元氏縣志》作《無極山碑》,《畿輔通志》作《三公山神碑》。《通志》又謂"《無極山碑》久亡,故諸家皆不箸錄"云。)

碑額(漫滅不明)

碑文

□□沈釋初。□沈釋元。年隱約可辨。□沈釋二。□沈釋月。□沈釋丁。巳隱約可辨。□沈釋朔。□沈釋八。日□沈釋甲。□沈釋子。□沈釋大。常隱約可辨。□沈釋臣。□丞隱約可辨。□沈釋臣。□頓首二字隱約可辨。□沈釋上。(自此至行末原空。)

此行首缺泐幾字不可辨。畤泐幾字不可辨。仲□沈釋白。□沈作𠮷。元氏三公山神主簿以上八字大略可辨。□沈釋使。仲自訵當比□山隱約可辨。□沈釋北。(自此至行末泐幾字不可辨。然亦有原空者。)

此行首泐幾字不可辨。□沈釋造。問□似尚字,沈釋索。三公山以上三字,隱約可辨。□沈釋御。□山當隱約可辨。□□上黨界以上三字,隱約可辨。中縣隱約可辨。□沈釋祭。塞言無輒㕡縣泐幾字不可辨。□沈釋三。公隱約可辨。山在□沈釋西。八十里泐幾字不可辨。有竪石如闕□沈釋狀。有泐幾字不可辨。三丈餘□三十隱約似"三十"二字。□□□□㕡泐幾字不可辨。祠□沈釋像。□民□起隱約可辨。□兩沈作𣎴。闕門間有泐幾字不可辨。餘□沈釋功。□□□北上泐幾字不可辨。大山□沈釋四。負□沈釋名。□東泐幾字不可辨。出穿孔無字。□□□北自出上二字隱約可辨。□□甘約泐五字。山北□沈釋入。□沈釋西。□沈釋去。□沈釋地。百□沈釋餘。□沈釋里。□□□沈釋國。□沈釋追。□守□□穿孔無字。□輒隱約可辨。□沈釋蒙。□沈釋報。□沈釋應。愽□沈釋問，隱約似之。自□沈作䒮。□沈釋䢅。□沈釋王。□孫釋安。□沈釋叚。□沈釋孫。王達□沈釋等。皆曰永□沈釋平。□□沈釋五。□三隱約似之。月穿孔無字。□沈釋甲。□沈釋申。□□□□沈釋中。□沈釋韶。問索隱約似之。三公□沈作洲，隱約似之。語□沈釋山。□沈釋時。□□□沈釋米。□沈釋遣。戶曹史□沈釋孫。□泐幾字不可辨。三公山泐幾字不可辨。□沈釋通。□沈作復。往來用功□隱約似去字。以下泐幾字不可辨。物故隱約可辨。□□沈小註建字。□沈釋初。四年□□□□聞知三公山神久隱約似之。以下泐幾字不可辨。甲申□□沈釋建。□□□沈釋山。□沈釋遣。□沈釋廷。□沈釋掾。以下泐幾字不可辨。□沈釋酒。□沈釋脯。詣山請雨計隱約似之。得雨泐幾字不可辨。圭泐幾字不可辨。之□於縣愁隱約似之。苦曰□隱約似"不"字。以下泐幾字不可辨。奉□典□沈釋曰。□沈釋後。□□沈釋令。旹泐幾字不可辨。山泐幾字不可辨。山審神言□□沈作徝。以下泐幾字不可辨。俱通利故道□字形作瘂。以下泐幾字不明。積塞隱約可辨。後相馮韺叺

碑陰

額文約三行，行約五字。

常山泐。

三公泐。　石

郘　曰

碑陰文

□□□尉髙吏臣上四字隱約可辨。以下泐幾字不明。祠山泐幾字不明。山下去縣廿区里泐幾字不可辨。遣吏泐幾字不可辨。郡縣轉□沈釋相。以下泐幾字不可辨。郘吏泐幾字不可辨。奉祠山□興隱約可辨。以下泐幾字不明。□沈釋曰。山川約泐二字。潤百里者上四字隱約可辨。以下泐幾字不明。壽泐幾字不可辨。四時祠泐幾字不可辨。經錢給直增以上五字隱約可辨。□沈釋設字。□□□下穿孔無字。孔外泐幾字不可辨。山□□□臣□沈釋防。□□□上三字，沈釋"頓首上"。□書隱約似之。下穿孔無字。□□□□□沈上五字釋二月十七日，未敢定。□沈釋癸。酉尚書□沈釋令。□□奏雒陽稍泐，略可辨識。□沈釋宮。以下泐幾字不可辨。曰隱約可辨。以下泐幾字不明。祠泐幾字不可辨。縣隱約可辨。□沈釋蒙。以下泐幾字不可辨。酉尚書令

道隱約似之。以下泐幾字不可辨。哂泐幾字不可辨。佐進泐幾字不可辨。書泐幾字不可辨。

附志

右碑陰末行字體較小,有“書”字等,恐係年月及書碑人姓名。

白石神君碑

(此爲篆額五字。碑有陰,無穿。歐未箸録,趙、洪、王、沈、《通志》《縣志》俱作《白石神君碑》。)

□字已缺泐。洪、王、志皆釋蓋。聞經國序字稍泐。民莫急於禮禮有五經莫重於祭祭有二義或祈或報洪作**歡**。下報字同。報以章德祈以弭志改作彌,非是。害古先稍泐。哲王類帝禋宗望稍泐。于山川徧于羣神建立兆域脩設壇屏所以昭孝息民輯寧志改作甯,非是。上下也白石神君居九山之稍泐。數條三條之壹兼稍泐。將軍之號稍泐。秉斧鉞之威體連封龍氣稍泐。通北嶽幽讚天地長育萬物觸稍泐。石而出膚寸二字已泐,隱約可辨。而合不終志釋崇,誤。朝日而澍雨沾洽前後國縣屢稍泐。有祈請稍泐。指日刻期二字稍泐。應時有驗猶自**抢**損不求禮秩二字稍泐。縣界稍泐。有六名稍泐。山三公封龍靈山先得法食去光和志此字脱落。四稍泐。年三公守民盖志改作蓋,非是。高等稍泐。始缺泐過半,但隱約可辨。爲無極山詣大志改作太,非是。常求法稍泐。食相縣稍泐。以白石神君道德灼然乃具載本末上尚書求依稍泐。無極爲稍泐。比即見聽稍泐。許於是稍泐。遂稍泐。開祐志釋拓,誤。舊稍泐。兆原作**兆**,稍泐,志釋作址,誤。改立殿堂營稍泐,上半較清晰。宇既定禮秩有常縣出經用備其犧牲奉其珪稍泐。璧志改作璧,未妥。絜志作潔,非是。其粢盛旨酒欣欣燔炙稍泐。芬芬敬恭明祀稍泐。降福稍泐。孔殷故天無伏陰地無鱻陽水無沉氣火無灾燀稍泐。時無逆即逆字。數物無害生用稍泐。能光遠稍泐。宣朗志釋郎,誤。顯融昭稍泐。明年穀歲熟百姓豊志改作豐,未妥。盈粟斗洪釋升,誤。五錢國界志釋泰,誤。安寧志改作甯,未妥。尒志改作爾,未妥。乃稍泐。陟已泐,隱約可辨。景山登崢嶒采玄志釋作元,誤。石勒已泐,隱約可辨。功名其辭曰巖巖白石稍泐。峻稍泐。極太清大半已泐。皓皓素質因體爲名惟山降神髦士挺生濟濟俊乂志作叉,非是。朝野充盈灾害不起五穀熟半泐。成乃依無極聖上半稍泐。朝見聽遂興靈宫于志改作於,未妥。山之陽營宇之制是度是量卜云已泐,隱約可辨。其已泐,隱約可辨。吉終然允臧志釋藏,誤。匪奢稍泐。匪半泐。儉率已泐,隱約可辨。由舊章華志釋畢,誤。殿清閑肅雍顯相玄圖稍泐。靈像穆穆上字稍泐,下字已不可辨。皇皇四時禋祀志釋祈,誤。不愆稍泐。不忘稍泐。擇其令辰進其馨香犧牲玉帛黍稷稻粮志改作粱,未妥。神降嘉祉稍泐。萬壽無畺志改作疆,未妥。子子孫孫永永番昌

光和六年常山相南稍泐。陽馮巡字季祖元氏令京兆原作北。新豊志改作豐,未妥。王翊字元輔長史穎志改作潁,未妥。川申屠熊丞河南李邵左尉上郡白土樊瑋志釋諱,誤。祠稍泐,隱約可辨。志缺。祀掾志釋椽,誤。吳宜史解稍泐。志缺。徹志釋徹。石師王明

燕元壐三年正志釋四,誤。月十日主簿程□隱約似疪字,然不敢定。王、沈皆釋疪。□字已缺泐難識。翁釋守,王、沈皆釋家。門志缺。傳志缺。白石將軍教□字已泐,隱約似吾字。王、沈皆釋吾。志缺。祠今日爲志缺。火志缺。所志缺。燒隱約可辨。志缺。

附志

右碑末燕元壐三年等共二十九字,文既不類,字亦醜惡,爲後人所刻無疑。(或即主簿程□所刻。)

碑陰

(碑陰題名,可分三列言之,以在碑額者爲第一列,額下爲第二列,再下爲第三列,字皆隸書,款式嚴正,與碑文合。至第三列下之《重修都翁記》一列,沈氏據其中"真定府石匠谷亮并檀卿記"一行考之,以爲"恒州之改爲真定府,始於唐建中三年王武俊之僭號爲王,……則此段題名,當是唐以後人手筆"云云。今案拓本雖不見此行記載,而其字體,忽改大爲小,易隸爲正,字數行款,皆參差不一,確非漢光和六年同時刻焉。碑陰趙、洪、王諸家皆未箸錄。《通志》《縣志》僅記其目,未錄其文。)

第一列(在碑額)

務城神君錢二萬

李女神義錢三萬

礵石神君義錢二萬

辪字稍漫滅。神君義錢一萬

第二列(在碑額下)

□字已缺泐。沈釋主。簿稍泐,尚可辨識。□音衬道

主簿□沈釋郝。現已泐。幼幼二字隱約可辨。高

主簿郝尚文休

主簿寂淵孔先

主簿王□缺泐,沈釋合,未知確否。元先

主簿□沈僅書其阝。□范僅書其尘。文業

祭酒□□字已泐,沈釋礼。□字已泐,沈釋孝。仁

祭酒□字已泐,沈釋范。□字已泐,沈作䀡。孔周

祭酒張廣德林

祭酒郭稚子碧

祭酒郭□字已漫滅,沈釋孥。仲業

都督趙略孔達

第三列(在第二列下)

主簿郝明孔休

主簿杜斐玄沈作园。達

主隱約似主字。□沈釋簿。現已缺泐。馬□字僅存半。沈釋靖。□字已泐,沈釋文。□

主簿韓隱約似韓字。□已泐,沈釋南。□已泐,沈釋儒。伯

主□已泐,沈作浦。□觀泰弘沈作國。

主隱約似主字。簿李斐衬宗稍泐。

主簿□當季元

主簿郤志元恪

主簿張斐休武

祭酒陳光長林

主簿隱約可辨。□由季儒

《重修都翁記》一列,與碑無關,從略。

(本文原载《国立北平研究院院务汇报》第6卷第6期。)

南北响堂寺及其附近石刻目录[①]

序言

是编为本组整理南北响堂寺及其附近石刻之总目，由何君士骥及刘君厚滋任编纂之责，余虽亦亲预斯役，而编校考订之工，实以何君为最勤。兹值本院七周纪念展览南北响堂拓片之会，特提前付印以饷读者。至罣误浅陋之处，还希读者教正，幸甚！

徐炳昶 二五，八，二五

目录例言

(甲) 本编目录，共分三类：

(一) 造像记及碑碣类

凡有年月者，皆依年月先后，顺次排列。并注以公历。其无年月者，则依实物性质而分为造像、刻像、背光、佛幔、佛龛、石桌、石香炉、石柱、门壁、石床、石座、题记及残石刻共十二类，再依地域而分别排列之。

① 编者按：本文为何士骥与刘蕙孙先生合撰。

（二）佛经类

凡有年月者，皆依年月先后排列。

（三）经幢类

编制法同上。

（乙）凡本编每一石刻之“所在”中，有言第△层者，皆由下而上数之。凡有言第△窟、第△龛者，皆由左（东）而右（西）数之。

（丙）凡石刻“所在”中之言“左”“右”“前”“后”者，皆依寺庙、石窟、佛龛等正面之方向而定。如正面向南，则东为左，西为右，南为前，北为后。正面向西，则南为左，北为右，西为前，东为后。余此类推。凡所谓正面，皆指主像所在之处而言。

（丁）凡某一造像记，其造像之存否，能确知者，则于“备考”中说明之；否则从略。

（戊）凡“备考”中引证前人著录时，其石刻名目，则用原文。（如“北齐武平三年唐邕写经记”条引《畿辅碑目》名“唐邕写经记”，是用其原名。）其名目下所谓“云‘……’”者，则多系编者综括原意为之词，（如上例《畿辅碑目》名“……”，云“武平三年，在磁州鼓山”，即取原书之意而为之，非原文也。）不尽原文也。

（己）凡每一石刻名目中之年月，皆用石刻之建立年月。无建立年月者，则酌用文中之年月。

（庚）凡石刻中文字之完全缺泐者，则画□以代之：凡文字之隐约可识或一部份缺泐者，则于字外加□以记之。

（辛）凡石刻之系碑或石柱等类者，均加注明；否则全为摩崖。

（附）是编所有材料，除《兰陵忠武王高肃碑》《禅门第一祖菩提达摩大师碑》两拓片系雇工拓，《武安龙山寺主比丘道瓒记》《重起武安县古嵷山寺铭记》两拓片系购置外，皆本院考古组实地调查时所拓得。

造像记及碑碣类上(有年月)

造像记及碑碣目录

南北朝

东魏天平三年(公历五三六)侍中黄钺太师文懿高公碑记(碑)

所在　磁县县政府内。

备考　碑已残,篆额十六字。立碑年月不明,题中年月即高公薨之年月。案《艺风堂金石文字目》(缪荃孙)卷二名"太师录尚书事高盛碑",不注年月地址。《校碑随笔》(方若)页一百一名"侍中黄钺太师录尚书事文懿公高盛残碑",云"在直隶磁州,年月泐"。又谓"是碑于清光绪二十五年出土,与《高翻碑》《北齐兰陵王高肃碑》,称为磁州三高"云。今碑末有近人题刻三行。

东魏元象二年(公历五三九)侍中黄钺太尉高公碑记(碑)

所在　磁县文庙东庑。现已移置民众教育馆。

备考　篆额十六字。是碑原有裂痕,现因移置已断为二。文字磨灭过甚,无年月可稽。案《金石录》(宋赵明诚)卷二十一名"东魏高翻碑",云"……碑后题建立岁月,文字残缺,惟有魏元字可辨"。又云"岁次己未……此碑盖元象二年建立也"。《宝刻丛编》(宋陈思)卷六磁州条,名"东魏太尉高翻碑",引《金石录》以为证。又引《访碑录》(此书已佚,赖陈书得存其名)以为即"临清王假黄钺高公碑"。《京畿金石考》(孙星衍)卷下名"东魏太尉高翻碑",云"在磁州,碑后题建立岁月,盖元象二年也"。《畿辅碑目》(樊彬)卷上名"太尉高翻碑",云"元象二年,在磁州"。《畿辅通志》(李鸿章等纂修)卷一四八《金石类》磁州条名“东魏太尉高翻碑”，亦谓立石于东魏元象二年。《广平府志》（胡中彦、吴景桂纂修）卷三十五《金石略上》，同。《艺风堂金石文字目》卷二名“太尉录尚书事高翻碑”，不注年月，云“在直隶”。《校碑随笔》页一百二名“侍中黄钺太尉录尚书事高翻碑”，又云“亦称高孝宣公碑”，云“在直隶磁州，年月泐”。案碑中所记事实，与《魏书·高翻传》（翻为湖子，附《高湖传》）《北史·齐清河王岳传》（岳为翻子）所载相符。复以《畿辅通志》《广平府志》考证诸说质之，此碑当为《高翻碑》无疑。惟诸书于《宝刻丛编》以“北齐临清王假黄钺高公碑”为即“高翻碑”，因其与碑文史传不合，斥其缪戾，是也。惟碑泐已甚，不见“临清王”字样，《宝刻丛编》不知何据。至《京畿金石考》《畿辅碑目》，“翻”皆作“翾”，亦误。又碑之最末行有磨灭难识之八、九小字，当为后人所刻。碑之重行出土，据《校碑随笔》谓在清光绪二十五年云。

东魏武定七年（公历五四九）龙山寺主比丘道瓚记（碑）

所在　武安县北罗峪。

备考　上有造像一躯，平刻。案《山右石刻丛编》（胡聘之）卷一名“龙山寺主比圣讳道瓚造象”，云“今在平定州”。《艺风堂金石文字目》卷二名“龙山寺主比丘道璸造象”，云“武定七年，在山西平定州”。《校碑随笔》页一百十一，名“比邱道宝造象碑”，云“武定七年，在山西潞安”。《再续寰宇访碑录》（罗振玉）卷上名“龙山寺主比丘道瓚记”，云“武定七年，不明地址”。《河朔金石目》（顾燮光）卷四，及《河朔访古新录》（顾燮光）卷五名“比丘道瓚造象碑”，云“武定七年，在武安县西南”。诸书所载地址，惟顾氏为是。又缪氏“瓚”误作“璸”，方氏误作“宝”。

北齐天保六年（公历五五五）残碑（碑）

所在　磁县县政府内。

备考　隶书。碑文大部份缺泐。

北齐武平元年(公历五七〇)左仆射暴公墓志铭(墓志)

所在　磁县民众教育馆东庑。

备考　篆盖。出土于民国十八年。地点为磁县田庄村东北。

北齐武平三年(公历五七二)唐邕写经记

所在　武安县北响堂寺南堂外右边前壁。

备考　记中述刻经年月自天统四年三月一日至武平三年五月二十八日竟。(石经全目。附见于后。)案《畿辅碑目》卷上名“唐邕写经记”,云“武平三年,在磁州鼓山”。《金石存》(吴玉搢)卷十一名“北齐唐邕经碑”,《畿辅通志》卷一百四十八《金石类》磁州条名“唐邕写经碑”,云“立于武平三年”。《八琼室金石补正》(陆增祥)卷二十二名“鼓山唐邕写经铭”,云“在磁州鼓山”。《广平府志》卷三十五《金石略上》,同。《艺风堂金石文字目》卷二名“晋昌郡开国公唐邕写经碑”,注云“武平三年,在直隶磁州”。《河朔金石目》卷四、《河朔访古新录》卷五名“北齐晋昌郡公唐邕刻经记”,云“武平三年,在武安县鼓山响堂寺”。诸书所载地址,惟顾氏为详。唐邕刻经造佛,事极重大,而史书不载;即其本传(见《北齐书》《北史》)亦仅言其“典执文帐”“善书计”等事,对此未及一字,然史实所在,响室写经而外,如《唐邕造佛文》(言造佛至三万二千躯之多)《唐邕造像碑》《唐邕造寺碑》等自《集古录目》(宋欧阳棐)《金石录》《宝刻从编》《宝刻类编》(宋佚名)等著录以来,金石之书,屡有记载,所关于佛教、文化、艺术及其个人行事者甚大,(如碑中衔职等多有史所未载。)实足以补史乘之阙。

北齐武平四年(公历五七三)造像及刻《法华经》等残记

所在　武安县薛村水浴寺东山上小窟。

备考　文字漫漶,多不可辨。

北齐武平四年(公历五七三)兰陵忠武王高肃碑(碑)

所在　磁县城南李家庄北。

备考　篆额十六字,隶书。立碑年月不明。文中有“天保八年”“乾明元年”等记事。案《广平府志》卷三十五《金石略上》名“兰陵忠武王肃碑”,仅云“北齐”,不注年月。又云“在今磁州西南刘家庄”。《补寰宇访碑录》(赵之谦)卷二名“兰陵武王高长恭残碑”,注云“年月阙,长恭卒以武平四年,故列此”。(案赵氏仅见拓本,不知地点。)《艺风堂金石文字目》卷二名“兰陵忠武王高长恭碑”,注云“赵㧑叔考为武平四年,不明地点”。《校碑随笔》名“兰陵忠武王高肃碑”,注云“武平六年,在直隶磁州”。惟据《广平府志》《艺风堂金石文字目》《校碑随笔》诸书,则知碑为两面刻,(与本院调查相同。)所谓“武平四年”“武平六年”云者,谓据碑阴而言,今已不可考,姑以四年之说而列于此。又据《校碑随笔》谓旧拓只半截,清光绪二十五年始全出土云。

隋

隋开皇四年(公历五八四)顺阳郡守□树造像

所在　磁县南响堂寺第二层第四窟外右边。

备考　像三躯,因记中有造阿弥陀像一尊,观世音像两尊语,疑中为阿弥陀像,两侧为观世音像。至下刻“大周圣历二年九月二十日造弥勒佛观世音”造像记一种,像已不见。案《畿辅碑目》卷上名“翊军将军顺阳郡守安□□造像记”,云“开皇四年,在磁州响堂寺”。《补寰宇访碑录》卷二名“翊军将军安□□造象”,云“开皇四年,在直隶磁州”。《畿辅通志》卷一百四十八《金石类》磁州条名“顺阳郡守安树□造阿弥陀佛像记”,云“开皇四年,在磁州响堂寺”。《广平府志》卷三十五《金石略上》,所记同。《艺风堂金石文字目》卷二名“翊军将军顺阳郡王□□造象”，云“开皇四年，在直隶磁州南响堂山”，日杂志《亚东》（第四卷第九号）所记与缪书同。诸书所云地址，虽详略稍异，然皆不误。

隋开皇八年（公历五八八）袁子才造像

所在　磁县南响堂寺下层第一窟左壁后。

备考　下方有“邢州沙河县范”等字，疑后刻。案《畿辅碑目》卷上名“袁子才造像记”，云“开皇八年，在磁州鼓山”。《补寰宇访碑录》卷二，名同，惟云“在直隶磁州”。《畿辅通志》卷一百四十八《金石类》磁州条名“袁子才造释迦象”，云“开皇八年”。《广平府志》卷三十五《金石略上》，名“袁子才造释迦像记”，云“开皇八年，在磁州响堂寺”。《艺风堂金石文字目》卷二名“袁子才造象”，云“开皇八年，在直隶磁州南响堂山”。诸书所记地址，虽详略稍异，然皆不误。

隋开皇八年（公历五八八）王辉儿造像

所在　磁县南响堂寺第二层第四窟外左边上。

备考　案《畿辅碑目》卷上名“王辉儿造像记”，云“开皇八年，在磁州”。《补寰宇访碑录》卷二名“鏖山王辉儿造像记”，云“开皇八年，在直隶磁州”。《畿辅通志》卷一百四十八《金石类》磁州条名“王辉儿造象记”，云“开皇八年，在直隶磁州”。《广平府志》卷三十五《金石略上》，名“王辉儿造阿弥陀像记”，云“开皇八年，在磁州响堂寺”。《艺风堂金石文字目》卷二名“王辉儿造象”，云“开皇八□，在直隶磁州南响堂山”。《校碑随笔》页一百五十五，名“王辉儿残造象”，云“开皇八□”，不注所在。诸书所记地址，除方氏不知外，以缪氏为最详。

隋开皇十二年（公历五九二）佛弟子□□□造阿弥陀佛等像

所在　磁县南响堂寺第二层第四窟门框外上面。

备考　像存，记略有漫灭。案《畿辅碑目》卷上名“佛弟子□□造残像记”，云“开皇十二年，在磁州响堂寺”。《补寰宇访碑录》卷二名“佛弟子□□□造象记”，云“开皇十二年，在直隶磁州”。《畿辅通志》卷一百四十八《金石类》磁州条名“残造象记”，云“开皇十二年，在磁州响堂寺”。《广平府志》卷三十五《金石略上》，名“佛弟子□□□造阿弥陀像记”，所记时地同。《艺风堂金石文字目》卷二名“佛弟子□□□造象”，亦云“开皇十二年，在直隶磁州南响堂山”。诸书所记皆是。

隋开皇十三年(公历五九三)残石刻

所在　磁县南响堂寺上层第三窟外右边。

备考　石刻已残，形似碑碣，实为摩崖，察其文义，似造像记，亦似述人功德之碑。案《畿辅通志》卷一百四十八《金石类》磁州条，名“重修滏山响堂寺”，引郑樵《通志·金石略》云，“滏山石窟碑，未详”。又引《金石分域编》云，“八分书，开皇十七年”。《广平府志》卷三十五《金石略上》名“重修滏山响堂寺”，亦同引《金石分域编》开皇十七年之语；惟云“今字多剥蚀，约计正面二十行，第十行有河东桑泉人也，开皇十三年十□月剖符此县字，第十四行又有开皇十□□字。在响堂寺洞门内”。与现存石刻合。惟“十三年十□月”“十”“月”间实无泐字。《攈古录》(吴式芬)(石文)卷六名“鼓山县□□刻经记残字”。《校碑随笔》页一百三十名“县人为河东桑泉人□令述德残碑”，云“开皇十□□”。又云“石不明所在”，则方氏未经调查之故也。至“开皇十七年”云者，盖指石刻第十四行“开皇十□□”而言，惜今已缺泐不可考矣。

隋大业七年(公历六一一)□□为亡妻造像

所在　武安县北响堂寺南堂外左窟内正壁。

备考　下有“窃以”等残字，年月磨灭不可考。案《畿辅碑目》卷上名“李君諲造像记”，云“仁寿七年，在磁州鼓山”。《畿辅通志》卷一百四十八《金石类》磁州条名“李君諲造象记”，引《金石分域编》云，“正书，大业七年正月二十四日”，又引《畿辅碑目》云，“大业七年，磁州鼓山”。《广平府志》卷三十五《金石略上》，名同，所引《金石分域编》语亦同；惟云“今字多剥蚀，在响堂寺”。《再续寰宇访碑录》卷上名“李君詈造像”，云“正书，大业七年九月”。《艺风堂金石文字目》卷二名“李君詈造像”，云“正书，大业七年岁在辛未九月癸未朔廿四日丙午。在南响堂山”。《河朔金石目》卷四、《河朔访古新录》卷五所记与罗书同，惟云“地址在武安鼓山响堂寺”，为罗书所无。今合以本院拓本，因“月”与“人名”已缺，同否不知，“年”“日”则确为大业七年与二十四日，（与缪氏所录年日干支等亦全合。）不知是否一物耳。至《亚东》名“李君誓造像”，虽亦云“正书，大业七年”，然谓在磁县南响堂山，则与缪氏同一谬误矣。

唐武周附

唐显庆四年（公历六五九）会福寺主□岚造释迦像记

所在　武安县北响堂寺中堂外左洞。

备考　像已残缺，文亦不全。案《畿辅碑目》卷上名“滏阳令会福寺主□岚造像记”，云“显庆五年，在磁州”。《畿辅通志》卷一百四十八《金石类》磁州条名“会福寺□岚造象记”，云“显庆四年。《畿辅碑目》作五年，误”。《广平府志》卷三十五《金石略上》名“会福寺主□岚造象记”，云“显庆四年七月十五日，在磁州鼓山”。《艺风堂金石文字目》卷三名“会福寺主近岚造象”，云“显庆一年岁次□未八月十五日，在河南安阳”。《河朔金石目》卷四，及《河朔访古新录》卷五名“唐显庆四年□月滏阳县会福寺主岚造象”，云“在武安县鼓山响堂寺”。《亚东》名“会福寺主□岚造象”，云“正书，显庆二年，在北响堂山”。诸书所载，凡云显庆“五年”“一年”“二年”者皆误。又缪氏以为“八月十五”，案石刻虽略漫灭，然“月”上决非“八”字。至谓在河南安阳，亦误也。

唐显庆五年(公历六六〇)郎元休造像

所在 武安县北响堂寺南堂外左壁。

备考 郎似名余庆,惟稍泐;字元休,清晰可辨。今记之上下,为一手二足相,足前锐,似妇人缠足状,当非郎氏所造。记与手相之左方有小佛像一,或此即郎氏原象所留之一部份也。旁有“陆成、陆陲”等题名,疑非同时刻,不另见。案《畿辅碑目》卷上名“郎余令造像记”,不注年月,云“在磁州鼓山”。《畿辅通志》卷一百四十八《金石类》磁州条名“郎余令造象题名”,云“显庆五年,在磁州鼓山”。《广平府志》卷三十五《金石略上》,与《畿辅通志》同。《再续寰宇访碑录》卷上名“郎楚路敬淯造像”,云“显庆五年,在河南武安”。《河朔金石目》卷四,及《河朔访古新录》卷五名“大理卿郎楚路敬淳造象”,云“正书,显庆五年□月,在武安县鼓山响堂寺”。今由碑中所记,知余令与余庆同为楚之之孙,与《旧唐书》卷一百八十九《儒学本传》(《新唐书》见卷一百九十九)合。且由史知余令为余庆之弟,而楚之且名颖也。(如《集古录目》《金石录》《宝刻丛编》等著录之“唐大理卿郎颖碑”,亦可为证。)至罗顾二氏将“郎楚之”作为“郎楚”,实系大谬。又路敬淳亦同见《唐书·儒学传》,惟未见有郎路二氏友善之事,今得石刻,亦可补史传之阙。至顾书所云“显庆五年□月”云云,今案石刻实为“显庆五年中山郎余庆”云云,并无“□月”字也。《攈古录》卷六(石文)作“鼓山中山郎□□字元休造象”,颇为近之。

唐龙朔元年(公历六六一)造像记

所在 磁县南响堂寺下层第二窟前壁右边。

备考 像记全泐,仅“龙朔元年”四字约略可辨。

唐龙朔二年(公历六六二)蒋□王内人安太清造像

所在 武安县北响堂寺南堂门框左边。

备考 案《畿辅通志》卷一百四十八《金石类》磁州条名“蒋王内人安

太清等造象记”，云“龙朔二年七月，在磁州响堂寺”。《广平府志》卷三十五《金石略上》名“蒋王内人安太清等造像记”，云“龙朔二年七月，在响堂寺”。《再续寰宇访碑录》卷上名“鼓山蒋王内人安太清造象”，云“龙朔二年七月，在河南武安”。《河朔金石目》卷四，及《河朔访古新录》卷五名“鼓山蒋王内人安太清造象”，云“龙朔二年九月，在武安县鼓山响堂寺”。《亚东》名“安太清造像”，云“龙朔二年，在北响堂山”。诸书惟顾氏“七月”误作“九月”，余皆不误。

唐龙朔二年（公历六六二）蒋□王内人刘媚儿崔磨吉等造像

所在　武安县北响堂寺南堂门框右边。

备考　《畿辅碑目》卷上名“薛王内人安太清刘媚儿造像记”，云“龙翔二年，在磁州”。《畿辅通志》卷一百四十八《金石类》磁州条名“蒋王内人刘媚儿等造象记”，云“龙朔二年七月，在磁州响堂寺”。《广平府志》卷三十五《金石略上》，所记与《畿辅通志》同。《再续寰宇访碑录》卷上名“鼓山蒋王内人刘媚儿造象”，云“龙朔二年七月，在河南武安”。《河朔金石目》卷四，及《河朔访古新录》卷五名“鼓山蒋王内人刘媚儿造象”，云“龙朔二年，在武安县鼓山响堂寺”。诸书所记，惟樊氏误将“安太清”“刘媚儿”两刻并为一事；又将“蒋”误作“薛”，“朔”误作“翔”。今审造像记下尚有“末”“天”等字似后人刻。

武周天授二年（公历六九一）重起古嵷山寺铭记（碑）

所在　武安县北丛井。

备考　寺始置于魏兴和二年，首末两行有“吴□像重起”等字，疑“吴□像”为人名。又末大周下年月磨泐太甚，可见者惟“𠀘挍二年”字样，疑“𠀘挍”即为“天授”二字而书体稍异者，姑定为“天授二年”。后案《河朔金石目》卷四，及《河朔访古新录》卷五于“嵷山寺重起为铭记”下亦云天授二年，始信前说之不诬。

武周长寿三年(公历六九四)故处士刘君墓志(墓志)

所在　磁县民众教育馆东庑。

备考　盖刻“刘君墓志”四篆字。出土于民国二十年，地址在磁县台子寨村北。

武周证圣元年(公历六九五)田神鉴妻崔造像

所在　磁县南响堂寺下层第二窟左壁后。

备考　同石别有“丘道安造像”等四种。案《畿辅碑目》卷上名“田神鉴造像记”，云“圣历元年，在磁州”。《补寰宇访碑录》卷三名“安阳县田□造象”，亦云“圣历元年，在直隶磁州”。《畿辅通志》卷一百四十八《金石类》磁州条名“田神鉴妻崔造象记”，引《金石分域编》“证圣元年”及《畿辅碑目》“圣历元年”两说而定为证圣元年。《广平府志》卷三十五《金石略上》名“田□□造像记”，引《续寰宇访碑录》云“圣历元年，在磁州响堂寺”；又云“圣历乃证圣之讹也”。《艺风堂金石文字目》卷四名“安阳县田神鉴造象”，云“正书，[illegible][illegible]元秊岁次乙未七(卍)丁未朔丁卯”；又云“在直隶磁州南响堂山”。诸书所载，凡作“圣历元年”者皆“证圣元年”之误。因武周改元虽多，岁次乙未者，仅证圣与天册万岁耳，今审石刻“证圣”二字虽略漫漶，然决非“天册万岁”四字，故定为证圣元年，当不致误。又缪书“七(卍)”为“九(卍)”之误，“丁卯”为“乙卯”之误。

武周证圣元年(公历六九五)比丘尼十一娘造像

所在　磁县南响堂寺下层第二窟左壁后。

备考　同石别有“丘道安等造像”四种。案《畿辅碑目》卷上名“比丘二娘造像记”，云“圣历元年，在磁州”。《补寰宇访碑录》卷三名“比邱二娘造象”，亦云“圣历元年，在直隶磁州”。《畿辅通志》卷一百四十八《金石类》磁州条名“比邱尼二娘造像记”，引《金石分域编》“证圣元年”及《畿辅碑目》“圣历元年”之说而定为证圣元年。《广平府志》卷三十五《金石略上》名“比邱尼二娘造阿弥菩萨像记”，云“证圣元年，在响堂寺”。《艺风堂金石文字目》卷四名“比丘尼二娘造象”，云“正书，[illegible]元年岁次乙未九缶⃝景午朔十乙⃝乙卯”；又云“在直隶磁州南响堂山”。窃谓诸书所载仍以“证圣元年”为是。至“二娘”当作“十一娘”也。

武周证圣元年(公历六九五)清信比丘尼佛弟子丘道安造像

所在　磁县南响堂寺下层第二窟左壁后。

备考　同石别有“比丘十一娘造像”等四种。案《畿辅碑目》卷上名“邱道安造象记”，引《金石分域编》“证圣元年”及《畿辅碑目》“圣历元年”之说而定为证圣元年。《广平府志》卷三十五《金石略上》名“邱道女造菩萨像记”，云“证圣元年，在响堂寺”。《艺风堂金石文字目》卷四名“丘进造象”，云“正书，[illegible]元秊岁次乙未九卍⃝景午朔十乙⃝乙卯”；又云“在直隶磁州南响堂山”。诸书惟《广平府志》“安”误作“女”，(安字虽上半漫漶，然隐约可辨。)《艺风堂金石文字目》“道”误作“进”。

武周万岁通天元年(公历六九六)□□万⃞道安等造像

所在　磁县南响堂寺下层第二窟左壁后。

备考　同石别有“丘道安造像”等四种。案《畿辅碑目》卷上名“□□道等造像记”，云“万岁通天元年，在磁州”。《畿辅通志》卷一百四十八《金石类》磁州条，与《广平府志》卷三十五《金石略上》，所记均与《碑目》同，且皆云在响堂寺。惟《艺风堂金石文字目》卷四名“黄□□造象”，云“万岁通穴元年拾卍⃝贰拾捌八乙⃝，在直隶磁州南响堂山”。今细审石刻，“黄”字似应释“万”，“万”下似为“道安”二字。至缪书“贰拾捌日”四字，今“贰”字尚隐约可辨，“捌”字实磨灭难识矣。

武周万岁通天二年(公历六九七)耿休等游智力寺题记

所在　武安县北响堂寺南堂外左面。

备考　外尚有“登智力寺十⃞方题诗”等三种。是等记之两侧，有花纹，上凿龙纹，作碑头形。案《河朔金石目》卷四及《河朔访古新录》卷五名“谢几综等北响堂佛洞摩崖题字”，时地均同。

武周万岁□□造像记

所在　磁县南响堂寺下层第二窟前壁右边。

备考　下有武周长安三年《玄恭母造像记》。此因有“大周万岁”四字，故列于此。惟“万岁”二字隐约可辨。

武周圣历元年(公历六九八)令狐胜像造〈造像〉

所在　磁县南响堂寺第一窟大佛龛左边。

备考　傍有“赵守讷等造像”等三种。案《畿辅碑目》卷上名“令狐胜造像记”，云“圣历元年，在磁州”。《补寰宇访碑录》卷三名“令狐胜造象”，亦云“圣历元年，在直隶磁州”。《八琼室金石补正》卷四十四所记，与《畿辅通志》卷一百四十八《金石类》磁州条，及《广平府志》卷三十五《金石略上》所记，均与《碑目》同。且《畿辅通志》《广平府志》皆云“在响堂寺”，更为详悉也。

武周圣历二年(公历六九九)王弘安妻吴造像

所在　磁县南响堂寺下层第二窟右壁。

备考　旁有“王□冲造像”。案《畿辅碑目》卷上名“王宏安妻吴造像记”，不注年月，云“在磁州”。《补寰宇访碑录》卷三名“宏安造象”，云“圣历二年，在直隶磁州”。《畿辅通志》卷一百四十八《金石类》磁州条，名“王宏安妻吴氏造象记”，云“圣历二年，在磁州响堂寺”。《广平府志》卷三十五《金石略上》，所记与《畿辅通志》同。《艺风堂金石文字目》卷四名“王弘安造象”，云“圣历二年，在直隶磁州南响堂山”。诸书“宏”字皆应依石刻改作“弘”字。

武周圣历二年(公历六九九)董智力母阳造像

所在　磁县南响堂寺第一窟方柱龛左边。

备考　旁有“令狐胜造像”等三种。案《畿辅碑目》卷上名“董智力母阳造像记”，云“圣历二年，在磁州”。《补寰宇访碑录》卷三名“董智力造象”，亦云“圣历二年，在直隶磁州”。《畿辅通志》卷一百四十八《金石类》磁州条名“董智力母阳造象记”，云“圣历二年，在磁州响堂寺”。《广平府志》卷三十五《金石略上》名“董智力造弥勒像记”，亦云“圣历二年，在磁州响堂寺”。《艺风堂金石文字目》卷四名“董智力母为亡儿智俨造象”，云“𡔈历二年，在直隶磁州南响堂山”。诸书所载，惟缪氏“亡儿”之说，审之石刻，实为“亡兄”之误。又《亚东》释“亡兄”为“巳兄”，疑“大周”为“后周”，亦误。

武周圣历二年（公历六九九）高冲子造像

所在　磁县南响堂寺下层第二窟右壁。

备考　旁有“王弘安造像”。案《畿辅碑目》卷上名“高冲子造像记”，云“圣历二年，在磁州”。《补寰宇访碑录》卷三名“高冲子造象”，亦云“圣历二年，在直隶磁州”。《畿辅通志》卷一百四十八《金石类》磁州条，及《广平府志》卷三十五《金石略上》，均名“高冲子造象记”，并同谓“圣历二年，在响堂寺”。《艺风堂金石文字目》卷四名“高冲子造象”，云“𡔈历二年，在直隶磁州南响堂山”。

武周圣历二年（公历六九九）王大贞等造观世音等像

所在　磁县南响堂寺第二层第四窟外右边。

备考　像已不见。上刻隋开皇四年九月二十一日《阿弥陀佛观世音等造像记》，下刻有“开皇造像”等字。案《畿辅碑目》卷上名“王大贞造像记”，云“圣历二年，在磁州”。《补寰宇访碑录》卷三名“王大贞造象”，亦云“圣历二年，在直隶磁州”。《畿辅通志》卷一百四十八《金石类》磁州条名“王大贞妻高造象记”，云“圣历二年，在磁州响堂寺”。《广平府志》卷三十五《金石略上》名“王大贞及妻高造弥勒像记”，云“圣历二年，在响堂寺”。《艺风堂金石文字目》卷四名“山主王大贞及妻高造象”，云“𩐋历二年，在直隶磁州南响堂山”。诸书惟缪氏“山主”二字似为“鼓山乡[垦]”四字摘录之误。

武周大足元年（公历七〇一）赵守讷妻造像

所在　磁县南响堂寺第一窟方柱龛左边。

备考　旁有“令狐胜造像”等三种。案《畿辅碑目》卷上名“赵守讷造像记”，云“大足元年，在磁州”。《补寰宇访碑录》卷三名“赵守讷造象”，亦云“大足元年，在直隶磁州”。《八琼室金石补正》卷四十五名“赵守讷妻陈造像记”，云“大足元年，（见卷二目录）在磁州”。《畿辅通志》卷一百四十八《金石类》磁州条名“赵守讷妻□造象记”，云“大足元年，在磁州”。《广平府志》卷三十五《金石略上》名“赵□□女三娘造像记”，云“大足元年，在响堂寺”。《艺风堂金石文字目》卷四名“赵守讷造象”，云“大足元年，在直隶磁州南响堂山”。诸书惟《广平府志》所录稍异，其案语谓“此与《赵守讷妻造象》当为一事”，但又云“今考此拓守讷二字磨灭，女三娘字显然可辨”，则实与石刻不符，（石刻有“陈四娘”等字。）恐为另一物也。

武周大足元年（公历七〇一）赵思玚造像

所在　磁县南响堂寺第一窟方柱龛左边。

备考　旁有“令狐胜造像”等三种。案《畿辅碑目》卷上名“赵思锡造像记”，云“长安四年，在磁州”。《补寰宇访碑录》卷三名“赵思现造象”，云“大足元年，在直隶磁州”。《畿辅通志》卷一百四十八《金石类》磁州条，名“赵思锡造象记”，引《金石分域编》“大足元年”，及《畿辅碑目》“长安四年”两说以为《金石分域编》较《畿辅碑目》为有据，而定为大足元年。《广平府志》卷三十五《金石略上》名“赵思锡造阿弥陀像记”，亦引《金石分域编》“大足元年”之说而以樊书“长安四年”之说为误。《艺风堂金石文字目》卷四名“赵思现造象”，云“大足元𠡦岁次辛丑四匝甲辰朔四日丁未。在直隶磁州南响堂山”。诸书所载除樊书外,凡作“锡”作“现”者,皆为“玚”字形近之误。至“长安四年”与“大足元年”,实相差太远,今查南响堂寺确尚有长安四年九月一日《赵思锡(或玚字)造像记》一,(详见后)盖即樊氏之所云也。至若《亚东》释为“大定元年”,且定为后梁宣帝时之年号,则甚误;惟其释造象人为“赵思玚”则甚当。

武周长安二年(公历七〇二)张玄静姊妹大娘造像

所在　磁县南响堂寺第二层第四窟外左边。

备考　像存。像记“大周”下“长安”二字缺泐已甚,但下有“岁次壬寅”(壬寅二字亦略漫漶)可证,故定为长安二年当是。《艺风堂金石文字目》卷四名“张玄静造象”,云“正书,垂拱二年岁次丙戌三匝□□朔十□㉃辛亥在直隶磁州南响堂山”。今审石刻确为“长安二年”,且“壬寅”二字虽稍漫漶,亦极不类“丙戌”也。至《亚东》名“张玄静造象”,亦云“正书,垂拱二年”,盖因抄袭缪氏而误。

武周长安三年(公历七〇三)玄恭母造像

所在　磁县南响堂寺下层第二窟前壁右边。

备考　旁尚有他种题记,其一隐约见“大周万岁”等字,磨灭已甚,年月人名均无可考。案《畿辅碑目》卷上名“元玄母造像记”,云“长安三年,在磁州”。《补寰宇访碑录》卷三名“元恭母造象”,云“正书,长安三年,在直隶磁州”。《畿辅通志》卷一百四十八《金石类》磁州条名“元恭母□造象记”,云“长安三年,在磁州”。《广平府志》卷三十五《金石略上》名“元恭母造阿弥陁像记”,云“长安三年,在响堂寺”。《艺风堂金石文字目》卷四名“佛弟子玄奘造象”,云“正书,长安三秊三匝一㉃,在直隶磁州南响堂山”。诸书“元”字均应依石刻作“玄”。至缪氏“奘”字乃因“恭”字形近之误。

武周长安三年(公历七〇三)郭方剛造像

所在　磁县南响堂寺第二层第四窟正面佛龛下。

备考　像尚完整,记多漫灭。又记下尚有"郭刚□十儿"等字题记一段,惟文字残缺,故不另见。案《畿辅碑目》卷上名"郭方固造像记",云"长安三年,在磁州"。《补寰宇访碑录》卷三名"郭方固造象",云"正书,长安三年,在直隶磁州"。《畿辅通志》卷一百四十八《金石类》磁州条名"郭方固造象记",亦云"长安三年,在直隶磁州"。《广平府志》卷三十五《金石略上》名"郭方固造像记",云"长安三年,在磁州响堂寺"。《艺风堂金石文字目》卷四名"郭方刚造象",云"正书,长安三埊九匨八日,在直隶磁州南响堂山"。诸书凡作"固"者皆"刚"字形近之误。

武周长安四年(公历七〇四)李子禽及诸至等造像

所在　磁县南响堂寺第二层第二窟内左壁佛龛下。

备考　"长安"二字中"长"字已泐,"安"字仅隐约可辨,惟据"日""月"等字书体,并考"岁次甲辰"适为长安四年,故知所定年月不误。又其旁偏上有文一段,似亦为造像记,惟因字均磨灭,仅"造""思"等三数字隐约可识,故不另见。案《畿辅碑目》卷上名"李子惠造像记",云"长安四年,在磁州"。《畿辅通志》卷一百四十八《金石类》磁州条与《广平府志》卷三十五《金石略上》,所记与樊书同。且《广平府志》云"在磁州鼓山石洞"。《艺风堂金石文字目》卷四名"李子翕等造像",云"长安四埊岁次甲辰三匨丙戌朔九㊁甲午,在直隶磁州南响堂山"。诸书作"惠"作"翕",皆为"禽"字之误。

武周长安四年(公历七〇四)赵思锡造像

所在　磁县南响堂寺第二层第二窟右壁前。

备考　案此刻为造观世音象记,惟漫漶颇甚。《艺风堂金石文字目》卷四名"赵田锡造像",年月地点皆同;惟"田"字为"思"字形近之误。且余谓此即樊彬《畿辅碑目》卷上之"赵思锡造像记”也。(参看上大足元年“赵思玚造像”条备考。)又此刻之上方偏左刻有“唐神龙元年四月邢义[振]及女大娘造地藏观世音像”记。

唐神龙元年(公历七〇五)王思道妻贺造观音像

所在　磁县南响堂寺第二层第二窟内右壁佛龛下。

备考　像间竖刻“维神龙元年岁次乙巳……佛弟子□□女燕造弥勒佛一铺”题记。上横刻“王思道妻……造观音菩萨”像题记。案此刻本无年月,因神龙元年九月有《王思道兄弟造阿弥陀佛像记》,又此刻适与神龙元年《弟子□□女燕造弥勒像》之记相依,而字体亦全同,故仍列于神龙元年也。《艺风堂金石文字目》卷四名“王惠道妻贺造象”,云“正书,不明年月,在直隶磁州南响堂山”。实即此刻。惟“思”误作“惠”耳。

唐神龙元年(公历七〇五)佛弟子□□妻燕造弥勒像

所在　磁县南响堂寺第二层第二窟内右壁佛龛下。

备考　其上有同年《王思道妻贺造观音像记》。案《畿辅碑目》卷上名“弟子妻燕造像记”,云“神龙元年,在磁州”。《补寰宇访碑录》卷三名“弟子妻燕造象”,亦云“神龙元年,在直隶磁州”。《畿辅通志》卷一百四十八《金石类》磁州条名“□□妻燕氏造象记”,云“神龙元年”。《广平府志》卷三十五《金石略上》名“弟子□□残造像记”,云“神龙元年,在磁州响堂寺”。诸书惟《广平府志》案语“次行首有燕鸟身登□厄等字,并无氏字,亦无妻字”一节,审之石刻,次行实作“妻燕为身登道尼”诸字。《广平府志》误释可笑。惟云无“氏”字则是。

唐神龙元年(公历七〇五)赵祖福造像

所在　磁县南响堂寺下层第二窟佛龛右边下。

备考　上有“定禅师造六十佛像”。又有“岁次辛丑”等字,不另见。案《畿辅碑目》卷上名“赵祖福造像记”,云“神龙元年,在磁州响堂寺”。《补寰宇访碑录》卷三名“赵祖福造象”,云“神龙元年，在直隶磁州”。《畿辅通志》卷一百四十八《金石类》磁州条，及《广平府志》卷三十五《金石略上》、《艺风堂金石文字目》卷四，所记皆同。惟缪氏于“廿七日”下谓为“景午”二字，今审之石刻，似为“景申”二字也。

唐神龙元年(公历七〇五)邢义振及女大娘造地藏观世音像

所在　磁县南响堂寺第二层第二窟右壁前。

备考　像下有“长安四年赵思锡造像”，上角有隶书“佛弟子”等字，疑非同时物。案《艺风堂金石文字目》卷四名“荆义振造象”，地点年月均同，惟“邢”字误释“荆”字。

唐神龙元年(公历七〇五)李义节造像

所在　磁县南响堂寺第二层第四窟右壁佛龛下。

备考　同石别有“郭方山造像”等两种。案《畿辅碑目》卷上名“李义节造像记”，云“神龙元年，在磁州响堂寺”。《畿辅通志》卷一百四十八《金石类》磁州条，所记与《畿辅碑目》同。《广平府志》卷三十五《金石略上》名“李义节造阿陀勒佛像记”，年月地点亦同。《艺风堂金石文字目》卷四名“天敬村李义节造象”，云“正书，神龙元年八月，在直隶磁州南响堂山”。惟《广平府志》云“造阿陀勒佛像”，当依石刻作“造弥陀像”。

唐神龙元年(公历七〇五)王思道兄弟造阿弥陀佛像

所在　磁县南响堂寺第二层第二窟正面佛龛下。

备考　案《畿辅碑目》卷上名“内玉师道造像记”，云“神龙元年，在磁州”。《补寰宇访碑录》卷三、《畿辅通志》卷一百四十八《金石类》磁州条，及《广平府志》卷三十五《金石略上》，所记皆同。且《广平府志》更注明其地点在响堂寺。《艺风堂金石文字目》卷四名“王思道兄弟等造象”，云“神龙元年岁次乙巳九月，在直隶磁州南响堂山”，则更为详确。惟除缪书外，皆名曰“内玉师道”，不知何故？今审视石刻，次行首为“内王思道……”，“思”字稍泐，“内”字当承上文，语意未断。诸书盖因是而误释也。抑或另有一石乎？

唐景龙二年(公历七〇八)傅大娘造像

所在　磁县南响堂寺下层第二窟前壁左边。

备考　象在北齐《文殊般若经》下。案《畿辅碑目》卷上名“□□大娘造像记”，云“景龙二年，在磁州”。《畿辅通志》卷一百四十八《金石类》磁州条名“□大娘造象记”，年月地点同。《广平府志》卷三十五《金石略上》名“佛弟子□大娘造观世音像记”，云“景龙二年，在响堂寺”。《艺风堂金石文字目》卷四名“程大娘造象”，云“景龙二年三月三日，在直隶磁州南响堂山”。今审石刻“程”字，似为“傅”字或“得”字，然不敢定。

唐景龙二年(公历七〇八)佛弟子黄□贞造像

所在　磁县南响堂寺下层第二窟前壁左边。

备考　像在北齐《文殊般若经》下。案《畿辅碑目》卷上名“□□处贞造像记”，云“景龙二年，在磁州”。《畿辅通志》卷一百四十八《金石类》磁州条，名“□处贞造象记”，年月地点同。《广平府志》卷三十五《金石略上》名“佛弟子□处贞造地藏菩萨观世音像记”，云“景龙二年，在磁州鼓山石洞”。《艺风堂金石文字目》卷四名“萧窔贞为男知诲造像”，云“景龙二年，在直隶磁州南响堂山”。诸书所释“处”“萧”“窔”三字，恐皆不确，然因漫漶，亦不敢确定为何字也。

唐景龙二年(公历七〇八)佛弟子傅忠造像

所在　磁县南响堂寺下层第二窟左壁后。

备考　同石别有“丘道安等造像”四种。案《畿辅碑目》卷上名“僧忠□□造像记”，云“景龙二年，在磁州”。《畿辅通志》卷一百四十八《金石类》磁州条名“僧忠□造像记”，时地同。《广平府志》卷三十五《金石略上》名“僧忠造阿弥像记”，时地亦同。《艺风堂金石文字目》卷四名“陈□忠造象”，云“景龙二年四月八日，在直隶磁州南响堂山”。诸书释“僧”释“陈”，及余释“傅”，究何字为确，因漫漶，未敢全定。

唐景龙四年(公历七一〇)吴如娘造像

所在　磁县南响堂寺下层第二窟后壁右边。

备考　像外题记，字多漫灭。查景龙四年即唐隆元年。案《畿辅碑目》卷上名“吴□□造像记”，云“景龙二年，在磁州”。《畿辅通志》卷一百四十八《金石类》磁州条名“吴□□造象记”，引《金石分域编》“景龙四年”及《畿辅碑目》“景龙二年”两说而疑二年之说为误。《广平府志》卷三十五《金石略上》名“吴□□造地藏菩萨观世音像记”，云“景龙四年，在响堂寺”。《艺风堂金石文字目》卷四名“吴如来造像”，年月同，并云“在直隶磁州南响堂山”。诸书中樊书作“景龙二年”，实“四年”之误。缪书释“吴”下为“如来”二字，则“来”字实为“娘”字之误，“如”字虽释与余同，然亦形似“四”字也。兹因漫漶，不敢全定。

唐开元三年(公历七一五)□□□造像

所在　磁县南响堂寺下层第二窟右壁前一。

备考　像记均存，惟年月而外，记文字多漫灭。

唐开元五年(公历七一七)薛宏道造像

所在　磁县南响堂寺下层第一窟左壁前。

备考　下方别有“拾肆娘造像”题字数行，年月无考。案《畿辅碑目》卷上名“薛宏道造像记”，云“开元五年，在磁州”。《补寰宇访碑录》卷三及《畿辅通志》卷一百四十八《金石类》磁州条，名与时地均同。《广平府志》卷三十五《金石略上》名与时地亦同，且云“在响堂寺”。《艺风堂金石文字目》卷四名“薛弘道造象”，云“开元五年岁次丁巳二月壬申朔廿日癸巳，在直隶磁州南响堂山”。诸书惟缪书“弘”应依石刻作“宏”。至“二月”“二”字，确否今已不能辨识矣。

唐开元五年(公历七一七)郭方山造像

所在　磁县南响堂寺第二层第四窟右壁佛龛下。

备考　同石别有“李义节造像”等两种。案《畿辅碑目》卷上名“郭方山造像记”,云“开元五年,在磁州”。《补寰宇访碑录》卷三、《畿辅通志》卷一百四十八《金石类》磁州条、《广平府志》卷三十五《金石略上》,名与时地皆同。《广平府志》且云“在磁州响堂寺”。《艺风堂金石文字目》卷四名“郭方山造像”,云“开元五年岁次丁巳正月壬寅朔廿三日甲子,在直隶磁州南响堂山”。诸书惟缪氏所云“岁次丁巳”,实为“癸巳”之误;(惟案《纪元编》,则开元五年确为丁巳。)且“甲子”二字,细审石刻及证之《亚东》所释,皆无。

唐开元五年(公历七一七)大卫国寺僧崇恽等造像记

所在　磁县南响堂寺下层第二窟前壁左边。

备考　记在北齐(?)《文殊般若经》左侧。观其文义,确为僧崇恽等造象记。末有同年同月西国胡僧题记二行,似为另一记事。案《畿辅碑目》卷上名“李希诞造像记”,云“开元五年,在磁州”。《补寰宇访碑录》卷三,同。《畿辅通志》卷一百四十八《金石类》磁州条名“李希诞等造象记”,又同列“李希诞等题名”一种,时地均同。《广平府志》卷三十五《金石略上》名“李希诞等造像题名”,云“开元五年二月,在磁州响堂寺”。《艺风堂金石文字目》卷四名“李希诞造象”,云“开元五年春二月,在直隶磁州南响堂山”。诸书中《畿辅通志》及《广平府志》,既云造像记,又云题名者,盖以记末有“弟子李希诞”五字,故分别言之也。窃谓此记叙三僧订交造象,文词虽不甚佳,然与普通造象记不同,(先为记事,后为愿词,且作韵文。)李希诞盖即作记之人,附入记中即可,不必另立一类也。又以上五书除缪书外,皆另录有“河南府大开国□□造象记”一种,时地均同,窃谓实即此刻,只因记中首行有“河南府大卫国寺僧崇恽……”之文而误释重出者,亦可不必另立一类也。至《亚东》则“李希诞”误作“李希记”。

唐开元五年(公历七一七)于阗僧承庆题记

所在　磁县南响堂寺下层第二窟前壁左边。

备考　刻于《文殊般若经》左侧,并同年同月《大卫国寺僧崇恽等题记》之后。案《畿辅碑目》卷上名“实际寺僧承庆造像记”,云“开元五年,在磁州”,又同年月地点录“僧永度题名”一种,云“刻齐经碑后”。《补寰宇访碑录》卷三亦录“僧永度题名”一种,时地亦同,惟云“在隋刻石经后”。《畿辅通志》卷一百四十八《金石类》磁州条,录“大实际寺僧承庆等造象记”“僧承庆等题名”“僧永庆题名”三种,时地皆同,惟于“僧永庆题名”一种,更加以案语云,“案此与前《僧承庆题名》,疑即一石。而永庆乃承庆之讹。以《碑目》两收之,今仍旧分列如右”。《广平府志》卷三十五《金石略上》,录“大实际寺僧承庆等造像记题名”一种,时地亦同,云“在响堂寺石经后”,而不录其他。《艺风堂金石文字目》卷四录“于阗三藏弟子僧承庆造像”一种,云“开元五年二月二十二日,(案石刻为十二日。)在直隶磁州南响堂山”,亦不录其他。窃谓诸书所载,审之石刻,与余等所录者实仅一物,同刻《文殊般若经》之左侧,(因为摩崖,无前后可言。)且仅为题名而非造像记也。至“永庆”“永度”皆“承庆”二字漫漶难识而误释者。且诸书作者,未必皆得墨拓,或身临调查,则其致误也亦宜。惟《亚东》释“西国胡僧于阗三藏弟子京大实际寺僧承庆开元五年……”为“西国胡僧中(?)国(?)吴藏弟子□大寺今(?)寺僧开元五年……”则不免妄为揣测矣。

唐开元二十三年(公历七三五)贾元贞妻皇甫五娘造观世音像

所在　磁县南响堂寺第二层第四窟门洞右边。

备考　像记均存。案《畿辅碑目》卷上名“□□贞妻皇甫五娘造象记”,云“开元二十三年,在磁州”。《畿辅通志》卷一百四十八《金石类》磁州条,同。《广平府志》卷三十五《金石略上》名“□贞妻□甫五娘造观世音像记”,云“开元二十三年,在响堂寺”。《艺风堂金石文字目》卷四名“肖五娘造象”,云“开元廿三年四月廿二日”。诸书惟《广平府志》案语谓“今考此刻,实无‘皇’字”,则实有“皇”字。又缪书谓“廿二日”,则实为“廿三日”,“肖五娘”,则实应连上“皇”字为“皇甫五娘”也。且“贞”上“贾元”二字亦约略可辨,诸书亦有未悉。

唐贞元十四年(公历七九八)“万古传芳”等字残刻

所在　武安县北响堂寺半山坡小龛上。

备考　文中有“开元二十六年”“贞元八年”“贞元十四年”等字,文左行,刻石当在贞元十四年后。

唐贞元十八年(公历八〇二)李[恒]题名(石柱)

所在　武安县北响堂寺南堂二门左面石柱。

备考　案《河朔金石目》卷四及《河朔访古新录》卷五名“唐贞元六年七月李恒题名”。然案“六年”似为“十八年”之误。

唐“元和三[年]”(公历八〇八)等字造像

所在　磁县南响堂寺第二层第四窟右壁佛龛下。

备考　同石别有“李义节造像”等两种。

唐元和八年(公历八一三)太子通事舍人博陵崔□题记

所在　武安县北响堂寺南堂外正面。

备考　字刻《无量寿经》下方。同列尚有“□□仲秋念六日张厚题”及“相州司马韦□与此寺□□□□匪廿三㉃□□”等题记。因年月不明,故不另见。

唐元和八年(公历八一三)夏侯□等题名

所在　武安县北响堂寺南堂外左面。

备考　同石有“耿休等题记”等三种。是等记之两侧有花纹,上凿龙纹,作碑头形。又“咸通”“李通”四刻字,亦在花纹内,惟无文义年月可考,故不另见。

唐元和十二年(公历八一七)禅门第一祖提菩〈菩提〉达摩大师碑(碑)

所在　磁县元符寺二祖塔。

备考　梁武帝御制文。篆额。唐元和中李朝正重建。观碑之末行题记,似辛秘书也。案《广平府志》卷三十五《金石略上》名“达摩大师碑”,云“元和十二年五月十一日,在今磁州东北二祖村元符寺”。今案《唐书·地理志》,磁州本昭义军节度所辖之地,永泰元年昭义节度薛嵩请于滏阳复置磁州,今碑末所记衔名,确与史合,则此碑之为唐物无疑。且此碑篆额碑文,所有字体结构,均圆润委宛,与唐人书法无异,故或疑为伪刻,非也。又案《中州金石目录》(杨铎)卷二亦录有“达摩大师碑”一,云“梁武帝撰,在河南登封,今佚”。则登封之碑或即梁武帝所撰原碑,而磁州元和重建之碑,乃其替代与?

唐“大唐”等字造像

所在　磁县南响堂寺第二层第四窟门洞左边。

备考　像记因有“大唐”二字,故列于此。至余所记尽皆磨灭不可考。下别有一“元”字,大约三寸见方,疑后刻。

唐天祐十五年(公历九一八)造像

所在　磁县南响堂寺下层第二窟佛龛右边。

备考　像记下方(即像侧)刻有魏州昌[乐]县人刘□礼佛题记。案唐亡于昭宗天祐四年四月,此天祐十五年,即梁贞明四年也。又此造像记,《广平府志》卷三十五《金石略上》名“摩诃般若波罗蜜佛题字”,云“天祐十五年(案列入五代)修造,在磁州响堂寺”。细审石刻“天祐十五年”字下有“补造故记”四字,则实为造像记也。又《广平府志》以“补”为“脩”亦误。

唐天祐十八年(公历九二一)苏□君韩昭等造像

所在　磁县南响堂寺下层第一窟门框。

备考　像在门框上,但所记年月人名,与造像距离稍远,且人名下无"造像"二字,故是否同时,不敢定。至天祐十八年,案即梁龙德元年也。案《艺风堂金石文字目》卷四名"韩昭等造象",云"天祐十八年八月十日,在直隶磁州南响堂山",是也。惟"昭"字又似"晖"字之稍泐者。

五代

后周显德三年(公历九五六)"敕中书门下牒"等字刻石

所在　武安县薛村水浴寺第二窟外左壁涅槃佛图西下。

备考　下刻有宋乾德元年三月《送弥勒佛记》。

宋

宋乾德元年(公历九六三)送弥勒佛记

所在　武安县薛村水浴寺第二窟外左壁涅槃佛图西下。

备考　上刻周显德三年八月敕中书门下牒等字。又末刻"天旱,至七月初一种粟,谷大收,僧发心"记一段,似非同时物,不另见。

宋乾德元年(公历九六三)赵殷妻梁氏等造像

所在　武安县薛村水浴寺西窟外左壁。

备考　记刻"佛双林相一铺"等字,据徐森玉先生谓即涅槃像。像、记均存,惟稍有缺泐。

宋太平兴国七年(公历九八二)磁州滏阳县崔相公人户綦珪等造弥勒像题名

所在　磁县南响堂寺寺后第七小龛。

备考　像已不见。案《广平府志》卷三十五《金石略上》名"崔相公人户綦珪等造像记",云"太平兴国七年四月廿一日修,在磁州响堂寺"。其"廿一日",实应依石刻作"二十一日"。

宋雍熙二年(公历九八五)造石堂石室并罗汉五百等记

所在 武安县第八区青烟寺村法华洞。

备考 文左行。又刻有明万历六年造石门供桌等题名。

宋康定二年(公历一〇四一)新修七佛记

所在 武安县北响堂寺北堂南窟门框内。

备考 案《河朔金石目》卷四名"观七佛题字",时地同。又案宋康定二年,即庆历元年;但庆历改元在十一月,此刻在四月,故谓之二年,不误。又下刻小字四行,漫灭难识,疑非同时物。

宋皇祐六年(公历一〇五四)修常乐寺砖塔第五级记(碑)

所在 武安县常乐寺塔上第五级内。

备考 案宋皇祐六年,即至和元年。

宋嘉祐元年(公历一〇五六)刘汝言杜顗题名(石柱)

所在 武安县北响堂寺天宫西宫门洞。

备考 上刻太清观道士等字。旁刻□二年滑州程崇礼题名,不另见。

宋政和八年(公历一一一八)旦党民题诗

所在 武安县北响堂寺中堂外右边立象旁。

备考 碑末有"居士张望之观"题名,不另见。

宋宣和二年(公历一一二〇)徐祖庆等记游题名

所在 武安县北响堂寺南堂门内北齐"无量义经"下。

备考 旁有"僧德增金装千佛题记"二种。

金

金正隆四年(公历一一五九)常乐寺重修三世佛殿记(碑)

所在 武安县常乐寺二殿。

备考 胡砺撰,郭源篆额,翟炳书丹。篆额系"重修三世佛殿之记"八字。碑阴额题"千人造像之碑"六正字,像、记皆已不见。案《中州金石记》(毕沅)卷五,名"常乐寺重修三世佛殿碑",

云"正隆四年四月,在武安"。《中州金石目录》卷六名"鼓山常乐寺重修三世佛殿记",亦云"正隆四年四月,在武安"。《艺风堂金石文字目》卷十四名"常乐寺重修三世佛殿记",云"……十三日丙申,在河南武安南四十里鼓山本寺"。《河朔金石目》卷四及《河朔访古新录》卷五名"'重修三世佛殿记','碑阴,千人造象碑记'",并同云"正隆四年四月,在武安县南四十五里鼓山麓常乐寺"。诸书惟顾氏记载为详。且缪云"十三日",亦"十二日"之误。至《武安县志》(蒋光祖等修)卷十六《艺文类》录其全文,惟谬误太多,不足为训。

金大定十年(公历一一七〇)陈氏盖殿题记

所在　磁县南响堂寺第七龛门框外左边。

备考　仅题"大定十年四月廿三日中彭城村陈氏盖殿壹座"等十九字。案《广平府志》卷三十五《金石略上》名"重建响堂寺殿题名",云"正书一行,在磁州响堂寺洞门柱上,大定十年四月廿三日□□彭城村陈氏盖殿壹座,凡二十字"。今审石刻"彭"上仅一"中"字,只十九字而已。

金大定十六年(公历一一七六)武安县下寺庄张氏舍身记并赵福刚造像

所在　武安县北响堂寺顶风门岭。

备考　摩崖。又记上有造像一,像旁刻有"赵福刚影""石匠黄福祥"等字,疑非同时物。案明成化四年十一月有《赵福刚舍身记》,地点相同,且记中亦有石匠黄福祥之名,则此像当即赵氏之像也。

金承安四年(公历一一九九)磁州节度副使等字刻石

所在　磁县南响堂寺第二层第四窟外门上。

备考　后半别有"大安已巳(案即元年)孟冬"等刻字。

金大安元年(公历一二〇九)滏阳丞威明仆□公题名

所在　磁县南响堂寺第二层第四窟外门上。

备考　前半有承安四年磁州节度副使等刻字。

元

元中统年“大元国广平路”施主题名

所在　武安县崔炉乡观音寺崖。

备考　记文仅数十字，余均题名。

元延祐三年（公历一三一六）峰泉和尚认法亲诗残石刻（碑）

所在　武安县常乐寺大殿前。

备考　诗后有刻石年月及劝缘僧等刻字。案《艺风堂金石文字目》卷十六名“峰泉和尚诗”，云“延祐三年三月十六日，在河南武安南四十里常乐寺”。今审视石刻“十六日”三字，似作“二十六日”，然因稍泐，不敢定。

元泰定四年（公历一三二七）化乐寺行愿碑（碑）

所在　磁县彭城镇下竹林寺内。

备考　冯宗衍撰，□祀篆额，史奕书丹。碑额题“化乐寺行愿碑”六篆字。碑阴为施主题名，无题额。

元至顺元年（公历一三三〇）萧处仁等题名

所在　磁县南响堂寺第二层第五窟门框。

备考　题名刻门框花纹边上。

明

明成化四年（公历一四六八）赵福刚舍身记

所在　武安县北响堂寺顶风门岭。

备考　此记当有像，见上“下寺庄张氏舍身记”条。

明成化二十三年（公历一四八七）武安县常乐寺施主题名（碑）

所在　武安县常乐寺大殿前。

备考　碑额“众僧发心”四正字。

明成化二十三年（公历一四八七）重修鼓山智力寺碑记（碑）

所在　武安县常乐寺大殿前。

备考　僧福全撰，刘浩书。碑额题“重修鼓山常乐寺碑记”九正字。

明弘治二年（公历一四八九）重修响堂寺金妆当阳佛一龛记

所在　武安县北响堂寺北堂南窟窟内前壁。

备考　像、记大部尚完整。像旁尚有“香花自在力王佛”等题字，不另见。

明弘治二年（公历一四八九）僧德增金装千佛题记

所在　武安县北响堂寺南堂门内北齐“无量义经”下。

备考　旁有“徐祖庆等记游题名”等二种。

明弘治二年（公历一四八九）曹福妻连氏妆修金当阳佛记

所在　武安县北响堂寺南堂门内。

备考　记刻北齐“无量义经”下。

明弘治三年（公历一四九〇）重修常乐寺祖师堂碑阴题名记（碑）

所在　武安县常乐寺西廊房南首。

备考　王愈撰，沙门可德书。碑额题“重修祖师堂记”六正字。碑阴为施主题名，首行题“重修常乐寺妆塑祖师题名记”，顶有观世音造像，平刻。

明弘治三年（公历一四九〇）化乐寺石柱记（石柱）

所在　磁县彭城镇下竹林寺。

备考　记刻柱上，共两方，余皆花纹。

明弘治三年（公历一四九〇）磁州留旺里泉子头妆修千佛题名记

所在　武安县北响堂寺南堂门内左边。

备考　记刻北齐“无量义经”下。

明弘治四年（公历一四九一）重修鼓山常乐寺住持明朗发心炮砌殿台记（碑）

所在　武安县常乐寺大殿前阶旁。

备考　文中自首至第八行“郝雷”字下落“磁州义井里程文胤……”文一段，横刻上边，以┘作引入符号。

明弘治四年(公历一四九一)赵安闫氏等修像题名记

所在　武安县北响堂寺南堂外东南角北壁。(即南堂左窟。)

备考　案“弘”字虽泐,然当为“弘治”无疑。上方刻有《董元绚等造像记》。

明弘治十年(公历一四九七)重修券石门记(碑)

所在　武安县北响堂寺北堂外左窟窟门上。

备考　记上横刻“南无阿弥陀佛”六正字。

明弘治十年(公历一四九七)重修化乐寺碑(碑)

所在　磁县彭城镇下竹林寺内。

备考　碑阴为本寺开山历代祖师题名。

明弘治十七年(公历一五〇四)创建北堂记(碑)

所在　武安县北响堂寺北堂左面。

备考　何铮书丹。额题“创建北堂碑记”六正字。

明正德十年(公历一五一五)李青及王氏造观世音像等记十种

所在　武安县北响堂寺中堂佛龛右边。

备考　本院因其像相同,仅拓其一种,记十种全拓,故尚有“磁州滏源里东南庄陈鉴与妻韩氏”等造像记。惟其中张志得等一记,亦有相同年月,兹不另见。

明正德十年(公历一五一五)至十三年鼓山响堂补修圣像遗记等残刻八种

所在　武安县北响堂寺中堂左边。

备考　石刻共八种,案其年月最早为正德十年,最晚为正德十三年,但有七种为施主题名,故从略,不另见。

明正德□年重修券石门记

所在　武安县北响堂寺天宫风门岭右边。

备考　上横刻“南无阿弥陀佛”六正字,字体较大。

明嘉靖元年(公历一五二二)创建伽蓝堂记

所在　武安县北响堂寺关帝窟内右壁。

备考　僧义得书。

明嘉靖二年(公历一五二三)启造三十五佛观音菩萨伽蓝金妆完备碑记

所在　武安县北响堂寺关帝窟内左壁。

备考　碑记无正文,仅一"武安县落阳里和村镇何家庄功德施主题名"。

明嘉靖三年(公历一五二四)敕鼓山常乐寺碑记(碑)

所在　武安县常乐寺大殿前。

备考　抱元道人(明宗室)撰,李洞清书。碑阴刻于同年十二月。额正书八字。

明嘉靖七年(公历一五二八)磁州阻雪诗(碑)

所在　磁县文庙后殿明伦堂内。

备考　夏言撰并书。

明嘉靖十年(公历一五三一)常乐寺创建钟楼记(碑)

所在　武安县常乐寺大殿前。

备考　高纬撰,李晟书。额题"钟楼碑记"四篆字。碑阴额题"南无阿弥陀佛"六正字,无记文,仅为施主题名。

明嘉靖二十四年(公历一五四五)登天宫题诗(碑)

所在　武安县北响堂寺北堂外鱼池内。

备考　龙坡山人撰并书。据栗永爵《游天宫题诗》,有次刘龙坡韵等语,可知山人姓刘。

明嘉靖三十一年(公历一五五二)重修水浴寺祖师殿记(碑)

所在　武安县薛村水浴寺内。

备考　张应中撰。

明嘉靖三十六年(公历一五五七)磁州科甲题名记(碑)

所在　磁县文庙后殿明伦堂外。

备考　□□□撰,李世清篆额并书。篆额九字。碑阴字几尽灭,惟首末两行有"东抵千户所南北直墙,西抵本学南北直墙"等字。下有"贺王李牛"等姓残字,疑本为题名,后经磨刻记学宫地界者。

明嘉靖四十三年(公历一五六四)智力寺重修地藏十王殿施主题名(碑)

所在　武安县常乐寺地藏殿右壁。

备考　记无正文,仅一施主题名。

明嘉靖四十三年(公历一五六四)来□鼓山常乐寺碑记(碑)

所在　武安县常乐寺大殿前。

备考　记无正文,仅一施主题名。

明嘉靖四十四年(公历一五六五)创建响堂寺石栏杆记(碑)

所在　磁县南响堂寺第二层第一窟外面左边。

备考　额题"创建石栏杆记"六篆字。

明嘉靖四十五年(公历一五六六)秋游响堂寺登危阁题诗(碑)

所在　磁县南响堂寺禅房。

备考　栗永爵撰并书。

明嘉靖四十五年(公历一五六六)游天宫题诗(碑)

所在　武安县北响堂寺北堂外北龙洞旁。

备考　栗永爵撰并书,李一廉等刻石,并有韩永淳跋。

明隆庆三年(公历一五六九)住持会中修造佛堂记(碑)

所在　武安县薛村水浴寺后殿内南壁左边。

明隆庆五年(公历一五七一)孙自新等施石供桌记(石供桌)

所在　武安县常乐寺地藏殿。

备考　记文外为全桌花纹。

明隆庆五年(公历一五七一)重修磁州武安县古刹鼓山水浴寺记(碑)

所在　武安县薛村水浴寺前殿。

备考　韩永淳撰,韩范书丹,韩魏篆。碑下角有"文翰传家"及"大宋元勋后裔武安韩氏之记"两篆印。

明隆庆五年(公历一五七一)常乐寺水陆大斋记(石香亭方柱)

所在　武安县常乐寺大殿前石香亭杜之四周。

备考　拓本共四纸。

明万历元年(公历一五七三)武安县和村里鼓山常乐寺重修佛殿碑记(碑)

所在　武安县常乐寺大殿外。

明万历三年(公历一五七五)大明赵藩内伴读宋公墓志铭(墓志)

所在　磁县民众教育馆。

备考　徐麟趾撰,赵应元书篆。疑有篆盖,今缺。

明万历六年(公历一五七八)石门供桌等题名

所在　武安县第八区青烟寺村法华洞。

备考　又刻有宋雍熙造石堂石室并罗汉五百等记。

明万历七年(公历一五七九)重修水浴寺前殿记(碑)

所在　武安县薛村水浴寺大殿前。

备考　张世杰撰,郑汝心篆额,张世儒书。篆额为"重修水浴寺记"六字。

明万历十五年(公历一五八七)张应登题诗

所在　武安县北响堂寺南堂左边立像旁。

备考　诗外尚刻有"住持玄[朋]……""左善安六十三"等小字,正书。非同时刻。不另见。

明万历十五年(公历一五八七)升明伦堂谕诸士子诗(碑)

所在　磁县文庙后殿明伦堂内壁。

备考　张应登撰并书。

明万历十五年(公历一五八七)登崑山明月阁观泉诗(碑)

所在　磁县彭城镇黑龙洞。

备考　张应登撰并书。

明万历十五年(公历一五八七)响堂寺题诗(碑)

所在　磁县南响堂寺三层廊外。

备考　张应登撰并书。后尚有督工人题名。"响堂寺"三字下有"寺创隋开皇时有石锣鼓声"十一字。

明万历十五年(公历一五八七)游滏水鼓山记(碑)

所在　武安县北响堂寺北堂外北龙洞旁。

备考　张应登撰,于承庆篆额,陈珙书。碑阴有管工官等题名,额不见。

明万历十五年(公历一五八七)游高欢避暑宫诗(碑)

所在　武安县常乐寺大殿前。

备考　张应登撰并书。

明万历二十六年(公历一五九八)南北响堂寺金圣像碑记(碑)

所在　武安县北响堂寺北堂右墙。

备考　李尚宾撰文,常登书额,李守贵书丹。额系"南北响堂金佛碑记"正书八字。

明万历四十二年(公历一六一四)王三奇施地记(碑)

所在　武安县北响堂寺北堂外北龙洞外。

备考　额题正书"佛"字。

明万历四十三年(公历一六一五)重修龙王殿碑记(碑)

所在　武安县北响堂寺北堂北龙洞旁。

备考　记无正文,全为施主题名。

清

清康熙五年(公历一六六六)重修祖师殿碑文(碑)

所在　武安县常乐寺西廊房北。

备考　李恒撰,韩体乾书。额为"祖师堂"三正字。

清康熙十九年(公历一六八〇)响堂寺香火地碑记(碑)

所在　磁县南响堂寺下层第一窟窟外右边。

备考　额题"碑记"二正字。据本院调查,谓碑面不能拓,此为碑阴云。

清康熙二十一年(公历一六八二)重修鼓山圣境碑记(碑)

所在　武安县北响堂寺北堂外北龙洞旁。

备考　碑阴为施主题名。

清康熙三十五年(公历一六九六)响堂山庄严佛像记(碑)

所在　武安县北响堂寺北堂外左边。

备考　碑额题“金妆佛像碑记”六正字。“康熙三十五年”一行前尚有“康熙三十七年重修建仝立”题记一行，疑立碑后重修时刻，盖碑末无隙地，故刻于前。

清康熙三十五年(公历一六九六)武安县鼓山常乐寺重建□□大殿记(碑)

所在　武安县常乐寺大佛殿前。

备考　任克浩撰，申飞鹏书。碑额为“重建碑记”四正字。

清康熙三十七年(公历一六九八)鼓山常乐寺金塑佛像记(碑)

所在　武安县常乐寺大殿前。

备考　任克浩撰，杜引年书。碑额题“碑记”二正字。

清康熙三十七年(公历一六九八)常乐寺金妆佛像记(碑)

所在　武安县常乐寺大殿前。

备考　万世新撰，李占科书。

清康熙三十八年(公历一六九九)常乐寺金妆西尊佛像及后海诸天记(碑)

所在　武安县常乐寺大殿前。

备考　任克浩撰，李德恭书。碑额题“万代流芳”四正字。

清康熙四十年(公历一七〇一)重金鼓山中堂佛像记(碑)

所在　武安县北响堂寺中堂外。

备考　申嘉勋撰。碑额题“碑记”二正字。碑阴为施主题名，其额题“重金佛像”四正字。

清康熙五十二年(公历一七一三)曲沟香社重金佛像并修门记(碑)

所在　武安县北响堂寺北堂外右边。

备考　赵相宗撰并书。

清康熙五十八年(公历一七一九)重修靠山阁碑记(碑)

所在　武安县北响堂寺中堂外。

备考　案立石时间在雍正十年六月。碑额题“阿弥陀佛”四正字。

清雍正二年(公历一七二四)重修三堂圣功记(碑)

所在　武安县北响堂寺北堂外。

备考　额题“三堂碑志”四正字。

清雍正四年(公历一七二六)重金佛像志(碑)

所在　武安县北响堂寺北堂外。

备考　霍□亟撰,僧圆昌书。额题“碑记”二正字。

清雍正八年(公历一七三〇)建修菩萨阁碑记(碑)

所在　武安县北响堂寺中堂外左边。

备考　吕绶撰文,李□恭书丹。额篆书“创建”二字。

清乾隆三年(公历一七三八)创建天王殿碑记(碑)

所在　武安县北响堂寺南天门外左边。

备考　傅万禨撰,傅金声书。额题“碑志”两正字。

清乾隆二十一年(公历一七五六)重金中堂佛像碑记(碑)

所在　武安县北响堂寺中堂外。

备考　董国栋撰,栗万春书。额题“碑记”二正字。碑阴为施主题名,其额题“碑阴”二正字。

清乾隆二十二年(公历一七五七)修葺大佛殿记(碑)

所在　武安县常乐寺大殿内。

备考　张作肱撰。

清乾隆三十年(公历一七六五)金妆关圣帝君碑记

所在　武安县北响堂寺关帝窟内。

备考　额题“碑记”二正字,实仅施主题名,无记文。

清乾隆五十年(公历一七八五)重修大佛序(碑)

所在　武安县常乐寺大殿外。

备考　李裕中撰,李迎春书。

清嘉庆二年(公历一七九七)补修响堂寺并建□楼纪事诗(碑)

所在　磁县南响堂寺三层钟楼上。

备考　胡印瑗撰并书。碑末跋语中有“与刘殿臣补修响堂之便,持建□楼以补景物之缺”云云。

清嘉庆二十二年(公历一八一七)贾德宣题名(碑)

所在　武安县北响堂寺南堂上。

清道光九年(公历一八二九)“随佛龙”题字(碑)

所在　武安县北响堂寺北堂外下层门框上。

备考　仅横刻“随佛龙”三大字,及旁题“道光九年重修立”七字。

清咸丰九年(公历一八五九)“孚佑帝君之位”石刻(石主)

所在　磁县南响堂寺第二层第一窟里间中。现存晋女祠东庑。

备考　篆书。

清同治八年(公历一八六九)重修三世佛殿灵官殿等记(碑)

所在　武安县北响堂寺北堂外左边。

备考　杜方润撰,杜延龄书。

清光绪二年(公历一八七六)重修响堂寺碑记(碑)

所在　磁县南响堂寺三层廊外。

备考　程光滢撰,王道隆书。额题“碑记”二正字。碑阴系题名,额题“碑记”二隶字。

清光绪九年(公历一八八三)李春和等施佛像记(碑)

所在　武安县薛村水浴寺地藏殿前。

备考　刘步青撰,成锡文书。

清光绪十二年(公历一八八六)重修北堂南楼灵官序(碑)

所在　武安县北响堂寺北堂下鱼池旁。

备考　武声骏撰,董泽之篆额。李继善、王印川书丹。碑额题“碑志”二篆字。碑阴为施主题名。

清光绪二十二年(公历一八九六)重修响堂寺碑记(碑)

所在　磁县南响堂寺三层廊外。

备考　阎庭榆撰,沈承烈书。碑额“重修”二正字。碑阴为施主题名,额为阳文“碑阴”二正字。

清光绪二十八年(公历一九〇二)“供奉柳仙之位”石刻(石主)

所在　磁县南响堂寺第二层第一窟里间中。现存晋女祠东庑。

备考　篆书。

清光绪三十四年(公历一九〇八)重修瘟神庙记(碑)

所在　磁县南响堂寺三层廊外。

备考　刘沅撰,李泽棠书,高尚德篆额。额题“重修”二正字,不见篆书,亦非经磨刻也。

民国

民国三年(公历一九一四)重证水浴寺乡和地记(碑)

所在　武安县薛村水浴寺内。

备考　杜月卿撰,张润身书丹并序。碑额题“水浴寺碑铭序”正书六字。碑阴有记文及地亩施主题名等。

民国八年(公历一九一九)重修响堂寺碑记(碑)

所在　武安县薛村水浴寺禅房东空地。

备考　张培德书。

民国九年(公历一九二〇)重修武安县鼓山响堂常乐寺碑记(碑)

所在　武安县常乐寺大殿内。

备考　刘坊撰,何凤楼书。

民国十四年(公历一九二五)补修常乐寺北堂石佛序(碑)

所在　武安县北响堂寺北堂外。

备考　何本善撰并书。

民国十四年(公历一九二五)补修佛像记(碑)

所在　武安县北响堂寺北堂外右边。

备考　何本善撰,何凤楼书丹。额题“志善”二正字。

民国二十二年(公历一九三三)补修佛殿记(碑)

所在　磁县南响堂寺第三层三大士殿内右壁。

备考　李泽棠撰,柴型书。

【附】

太□元年三月□□造像

所在　磁县南响堂寺第二层第四窟外右边。

备考　记文左行。字迹漫灭颇甚。“太”字下似“初”字，又似“和”字，究为何字不明，故年代不敢定，姑附列于此。记下有“许怀妻姬四海等造像”“郭□隆造像”两种。

造像记及碑碣类下（无年月）

造像

侯元亮等字造像

所在　武安县北响堂寺南堂外左窟内左壁。

备考　“侯元亮”等字疑后刻，原记殆已磨灭。案此地点（即“所在”）之造像共有三龛。以后每一地点之造像，最多者至十八龛，少则亦一龛以上。但不再列举。

董元绚等造像

所在　武安县北响堂寺南堂外左窟内右壁。

备考　尚有“□治四年五月武安县固以里茶口村施主信人”等题名记。案《河朔访古新录》卷五名“董元约兄弟为慈□造象”，云“无年月”，列入隋代。兹审视石刻“约”字为“绚”字之误，而《河朔金石目》卷四，且误落“元”字，但亦定为隋刻。

“仲邈生”等字造像

所在　武安县北响堂寺南堂外左窟内正壁。

备考　记之上方有隋大业七年《为亡妻造像记》。

造像

所在　武安县北响堂寺南堂门框外上左边。

造像

所在　武安县北响堂寺南堂门外左面经上。

备考　有隶书"或时于"三字在上侧,似刻经中字。

造像

所在　武安县北响堂寺南堂门外左面经上。

造像

所在　武安县北响堂寺南堂门外左面经上。

造像

所在　武安县北响堂寺南堂门外右面经上。

造像

所在　武安县北响堂寺南堂门外右面经上。

造像

所在　武安县北响堂寺南堂门外右面经上。

造像

所在　武安县北响堂寺南堂门外右面经上。

造像

所在　武安县北响堂寺中堂左面方柱龛下。

造像

所在　武安县北响堂寺中堂右边万花洞。

备考　有像,无题记。

造像

所在　武安县北响堂寺北堂内前壁右边下。

造像

所在　武安县北响堂寺北堂内左壁。

"赵福刚影"等字造像

所在　武安县北响堂寺顶风门岭。

备考　像之两侧有"赵福刚影""石匠黄福祥"两行题记。像下有"武安县下寺庄张氏舍身记"一。疑记与像非同时物。(详见上金大定十六年“张氏舍身记”条。）

造像

所在　武安县薛村水浴寺西窟内前壁左边。

造像

所在　武安县薛村水浴寺西窟内前壁左边。

备考　像共五层，上二层为佛像，下三层为造像人刻像。

韩贵妃等造像

所在　武安县薛村水浴寺西窟内前壁左边。

备考　像共九层，上四层为佛像，下五层为造像人刻像。再下为另一造像，共七尊。

昭玄大统定禅师等造像

所在　武安县薛村水浴寺西窟内前壁右边。

备考　像共九层，上四层为佛像，下五层为造像人刻像。

造像

所在　武安县薛村水浴寺西窟内右壁前。

备考　像共十八层，上十四层为佛像，下四层为造像人刻像。本院因佛像上下相同，故仅拓其一层。

造像

所在　武安县薛村水浴寺西窟内右壁后。

备考　像共七层，上三层为佛像，下四层为造像人刻像。本院因佛像上下相同，故仅拓其一层。

造像

所在　武安县薛村水浴寺西窟内右壁北后。

备考　像共五层，上二层为佛像，下三层为造像人刻像。

刘阿妃等造像

所在　武安县薛村水浴寺西窟左壁佛龛前边南首下。

备考　像共十一层，上九层为佛像，下二层为造像人刻像。本院因佛像上下相同，故仅拓其两层。又刘阿妃三字隐约可辨，余皆磨灭不可识。

造像

所在　武安县薛村水浴寺西窟内左边佛龛下。

造像

所在　武安县薛村水浴寺西窟内右边佛龛下。

邢曹村韩岩等造像

所在　武安县青烟寺村法华洞。

备考　像均罗汉像，共五百余尊，本院仅拓其一部。又法华洞右边有□享□村何建等造像记。

造像

所在　磁县南响堂寺下层第一窟前壁门框上部。

张思□等造观音像

所在　磁县南响堂寺下层第一窟正面佛龛幔下。

备考　无年月可考。

“敬造弥勒埊藏菩萨”等字造像

所在　磁县南响堂寺下层第一窟右佛龛。

备考　像记年月等磨灭无考。

“□敬造佛□□”等字造像

所在　磁县南响堂寺下层第一窟右佛龛。

备考　像记之右侧下方有“敬造弥勒埊藏菩萨”等字造像记。

造像

所在　磁县南响堂寺下层第一窟前壁右边。

拾肆娘造像

所在　磁县南响堂寺下层第一窟左壁前。

备考　案像记字体当为唐刻。上方右侧有唐开元五年□□造像记。

造像

所在　磁县南响堂寺下层第一窟右壁佛龛下。

造像

所在　磁县南响堂寺下层第二窟前壁左上。

造像

所在　磁县南响堂寺下层第二窟后壁右边上。

造像

所在　磁县南响堂寺下层第二窟后壁右边。

造像

所在　磁县南响堂寺下层第二窟左壁前下。

造像

所在　磁县南响堂寺下层第二窟左壁前二。

造像

所在　磁县南响堂寺下层第二窟左壁后面上。

造像

所在　磁县南响堂寺下层第二窟右壁前上。

造像

所在　磁县南响堂寺下层第二窟右壁前下。

造像

所在　磁县南响堂寺下层第二窟右壁后面上一。

造像

所在　磁县南响堂寺下层第二窟右壁后面上二。

造像

所在　磁县南响堂寺下层第二窟佛龛右边后。

造像

所在　磁县南响堂寺下层第二窟佛龛左边后。

统定禅师造六十佛像

所在　磁县南响堂寺下层第二窟佛龛右边下。

备考　稍下有“岁次辛丑……李为”等刻字。余尚刻有唐神龙元年三月《赵祖福造阿弥陁佛像一铺》题记。案《畿辅碑目》卷上有“定禅师佛号大字摩崖”，疑即此刻，因字体确较其他稍大也。至“统”字因缺泐过半，故碑目略之。

造像

所在　磁县南响堂寺第二层第一窟外间正面右边。

造像

所在　磁县南响堂寺第二层第一窟外间前壁右边上。

造像

所在　磁县南响堂寺第二层第一窟外间后壁左边。

备考　像之上方似有花纹，但已磨灭不明。

造像

所在　磁县南响堂寺第二层第一窟外间后壁右边。

造像

所在　磁县南响堂寺第二层第一窟外间右壁前。

造像

所在　磁县南响堂寺第二层第一窟外间右壁前上。

造像

所在　磁县南响堂寺第二层第一窟外间右壁中。

造像

所在　磁县南响堂寺第二层第一窟外间右壁后。

备考　像、记均不见，隐约尚存笔迹。

造像

所在　磁县南响堂寺第二层第一窟里间前壁左边。

造像

所在　磁县南响堂寺第二层第一窟里间后壁下。

造像

所在　磁县南响堂寺第二层第一窟里间左壁前。

造像

所在　磁县南响堂寺第二层第一窟里间右壁下。

造像

所在　磁县南响堂寺第二层第一窟外碑旁。

“堪颠珉□”等字造像

所在　磁县南响堂寺第二层第二窟外左边。

备考　刻有“堪颠珉□□属安乐……”及下方横刻“□□□六月……”等题记。

“恭妻姜”等字造像

所在　磁县南响堂寺第二层第二窟外左边。

备考　此像有记。其上方有“堪颠珉□”等字造像记。

菩萨主贵乡县人[康]法乐造像

所在　磁县南响堂寺第二层第二窟外左边上。

造像

所在　磁县南响堂寺第二层第二窟外左边。

造像

所在　磁县南响堂寺第二层第二窟外左边二。

造像

所在　磁县南响堂寺第二层第二窟外门头上。

□□造[弥][勒]像

所在　磁县南响堂寺第二层第二窟外门框右边。

备考　有“……造……⊘佛弟子……弥勒像一铺供……”等字，但漫漶已甚。

“东兰”等字造像

所在　磁县南响堂寺第二层第二窟门框左边。

备考　像上有“□东[兰]□□□□”七字，疑后人刻。

造像

所在　磁县南响堂寺第二层第二窟内右门洞侧。

造像

所在　磁县南响堂寺第二层第二窟门洞右侧。

造像

所在　磁县南响堂寺第二层第二窟前壁右边。

造像

所在　磁县南响堂寺第二层第二窟右壁前。

冯子昌造像

所在　磁县南响堂寺第二层第二窟右壁前。

“清信女”等字造象记

所在　磁县南响堂寺第二层第二窟内正面壁上左边。

备考　案“世主”“清信女”等称谓，似为造象记，但象已无存。《艺风堂金石文字目》卷二名“清信女爰公主造象”，云“正书”，不注年月。地点则谓在直隶磁州南响堂山。

李华晖造观世音像

所在　磁县南响堂寺第二层第二窟内正面右边。

备考　旁有曹子绪等刻字两行，疑非同时物。案《艺风堂金石文字目》卷二名地均同，云“正书，左行”。不注年月。定为隋刻。

陈□冯中仁等造像

所在　磁县南响堂寺第二层第二窟内左壁佛龛下。

备考　像有题记，年月不明，惟见“陈□”“冯中仁”等人名，位于武周长安四年三月“□子龠及诸□等”造像记之旁。

造像

所在　磁县南响堂寺第二层第三窟正面龛下。

造像

所在　磁县南响堂寺第二层第三窟左佛龛下。

造像

所在　磁县南响堂寺第二层第三窟右壁佛龛。

“杨元”“曹福”等字造像

所在　磁县南响堂寺第二层第四窟外左边。

备考　案“阳〈杨〉[元]”等刻字，似为造像时原刻，“曹福”等字，则为后人加刻。

造像

所在　磁县南响堂寺第二层第四窟外左边上一。

造像

所在　磁县南响堂寺第二层第四窟外右边上二。

造像

所在　磁县南响堂寺第二层第四窟外左边下一。

造像

所在　磁县南响堂寺第二层第四窟外左边下二。

造像

所在　磁县南响堂寺第二层第四窟外左边下三。

郭□隆造像

所在　磁县南响堂寺第二层第四窟外右边。

备考　记文左行，下有“许怀妻姬四海等造像”，上有“太[初]元年三月□□造像”。

许怀妻及姬四海等造像

所在　磁县南响堂寺第二层第四窟外右边。

备考　上有“太[初]元年三年□□造像”“郭□隆造像”两种。

郭方造像

所在　磁县南响堂寺第二层第四窟左壁佛龛下。

备考　像有记，在像之上方右角。

仲方妻造像

所在　磁县南响堂寺第二层第四窟左壁佛龛下。

备考　像有记，在郭五、郭方二种造像记之间偏下。（亦在造像之间。）

郭五造像

所在　磁县南响堂寺第二层第四窟左壁佛龛下。

备考　像外题记三处，字多漫灭，年月无考。

造像

所在　磁县南响堂寺第二层第五窟外门框左面一。

造像

所在　磁县南响堂寺第二层第五窟外门框左边二。

造像

所在　磁县南响堂寺第二层第五窟外门框左边三。

造像

所在　磁县南响堂寺第二层第五窟外门框右边。

造像

所在　磁县南响堂寺第二层第五窟正面佛龛下。

造像

所在　磁县南响堂寺第二层第五窟左佛龛下。

造像

所在　磁县南响堂寺第二层第五窟右佛龛下。

造像

所在　磁县南响堂寺石窟右边第七龛西北角。

造像

所在　磁县南响堂寺石窟右边第七龛外右边。

备考　无题记年月，因与《崔相公人户綦珪弥勒佛造像题名》同在一洞，恐为同时。

刻像

门壁刻画(一)

所在　武安县北响堂寺北堂窟内左边门旁。

备考　画只具轮廓，眉目不清，隐约有梳髻作丫角形，殆为故事画之类。

门壁刻画(二)

所在　武安县北响堂寺北堂窟内前壁右边。

备考　刻画与(一)同,隐约有冠服形。人像上刻有“好个非常化乐天”七律残诗一首,但无年月人名,当属后人刻。

飞天

所在　武安县北响堂寺南堂门框上。

门楣天女刻像

所在　武安县薛村水浴寺第二窟门头上。

备考　八部龙天中,有天女散花像,为佛说法时仪从。此像手执莲花,飞翔空中,又刻于佛龛门楣上,疑即“天女像”,或谓为“飞天像”,非。

佛龛门框刻像

所在　磁县南响堂寺下层第一窟大佛龛前面。

备考　形似佛幔,刻有花纹及造像等。

门框石柱飞天

所在　磁县南响堂寺第二层第三窟外门框。

涅槃像

所在　磁县南响堂寺第二层第三窟内前壁门框上。

备考　俗名《十僧哭佛图》。像与北响堂水浴寺赵殷妻造“双林相”同,但此石无记。

飞天

所在　磁县南响堂寺第二层第三窟顶上。

飞天

所在　磁县南响堂寺第二层第五窟外门框上。

乐部天女刻像

所在　磁县南响堂寺第二层第五窟中间顶上。

“太子贝多王□”等字刻像

所在　磁县民众教育馆东庑。

备考　此石刻佛坐菩提树下说法及众佛环坐并乘马等像,疑为“舍卫国太子布金给孤园”故事。

乐部天女残画像

所在　磁县彭城镇下竹林寺殿前右边。

备考　石为经幢残座，正面中间有似平刻佛像一躯，磨灭几不可见。

背光

背光

所在　武安县北响堂寺南堂正面佛龛。

背光

所在　武安县北响堂寺南堂左面佛龛内。

背光

所在　武安县北响堂寺中堂正面佛龛。

背光

所在　武安县北响堂寺中堂正面佛龛。

备考　门框侧，隐约似刻有“磁”字。

背光

所在　武安县北响堂寺中堂佛龛右佛光。

背光

所在　武安县北响堂寺北堂正面佛龛。

背光

所在　武安县薛村水浴寺东窟内左佛龛。

背光

所在　武安县薛村水浴寺东窟内正面佛光。

背光

所在　武安县薛村水浴寺东窟内右龛内。

背光

所在　武安县薛村水浴寺西窟内正面龛内。

背光

所在　武安县薛村水浴寺西窟右边龛内。

备考　像已失，仅余背刻三种。

背光

所在　武安县薛村水浴寺西窟内左壁龛内。

背光

所在　磁县南响堂寺第一窟正面佛龛内。

备考　上有天女像。

背光

所在　磁县南响堂寺下层第二窟大佛龛。

佛幔

佛幔

所在　武安县北响堂寺南堂正面。

佛幔

所在　武安县北响堂寺南堂左边佛龛。

佛幔

所在　武安县北响堂寺南堂右边佛龛。

佛幔

所在　武安县薛村水浴寺西窟内正面。

佛幔

所在　磁县南响堂寺第二层第三窟正面。

备考　花纹并造像。

佛幔

所在　磁县南响堂寺第二层第三窟左壁佛龛。

备考　上有佛像。

佛幔

所在　磁县南响堂寺第二层第三窟正面左右侧幔子。

佛幔

所在　磁县南响堂寺第二层第三窟右壁佛龛。

备考　花纹兼造像。

佛幔

所在　磁县南响堂寺第二层第五窟正面。

佛幔

所在　磁县南响堂寺第二层第五窟左壁佛龛。

备考　花纹兼佛像。

佛幔

所在　磁县南响堂寺第二层第五窟右壁佛龛帐幔。

备考　花纹并造像。

佛龛

佛龛雕刻

所在　武安县北响堂寺南堂上天宫下。

备考　像已缺泐不明。

佛龛雕刻

所在　武安县北响堂寺北堂左壁第二龛。

平雕

所在　武安县北响堂寺北堂右壁后壁龛下。

备考　刻有莲花人物等。

石桌

石供桌花纹

所在　磁县南响堂寺第二层第一窟外间。

石香炉

石香炉鸟形花纹

所在　磁县南响堂寺第二层第一窟里间正面。

石柱

“如来妙色身”等字石柱残刻

所在　武安县北响堂寺南堂外左边。

备考　石柱原有六面，一半为石墙所掩，（此墙系后人用石砌成，以保护窟门者。）故只有三面能拓，文字时代等未明。案《艺风堂金石文字目》卷二名“石柱佛名”，云“在直隶”，不注年月。定为隋刻。

“舍首陀”等字石柱残刻

所在　武安县北响堂寺南堂二门左面石柱。

备考　柱共四面。末刻有“贞元十八年七月一日李恒”（案恒字又似垣字）等字，与正文不类，恐系后刻。案《河朔金石目》卷四，及《河朔访古新录》卷五，名“石柱佛号刻字”，云“三面刻，无年月。又唐贞元六年七月李恒题名，正书”。以石柱佛号定为北齐刻，以李恒题名定为唐刻，（案唐代类顾氏另定专名曰“李恒题名”。）不与同时，是也。但云“六年”实为“十八年”之误。《艺风堂金石文字目》卷二名“石柱佛名”，云“在直隶”，不注年月。定为隋刻。

门壁

门框花纹

所在　武安县北响堂寺南堂门框。

门框花纹

所在　武安县北响堂寺中堂门框。

壁上平雕

所在　武安县北响堂寺北堂左壁龛下。

备考　刻有莲花人物等。

门框花纹

所在　磁县南响堂寺下层第一窟门框。

备考　下刻有“天祐十八年苏□君”等字与造像等。

门框花纹

所在　磁县南响堂寺下层第二窟门框。

门框花纹

所在　磁县南响堂寺第二层第三窟门框上。

门框花纹

所在　磁县南响堂寺第二层第三窟窟外门框上。

门框花纹

所在　磁县南响堂寺第二层第五窟门框。

备考　旁有元至顺萧处仁等题名。

门框花纹

所在　磁县南响堂寺第二层第五窟门框。

石门

所在　磁县民众教育馆。

备考　仅一门框，无花纹等。

石床

石床花纹

所在　磁县民众教育馆。

备考　有佛像及飞兽等。

石座

经幢石座雕刻

所在　磁县彭城镇下竹林寺内左边。

备考　有执乐器等造像。

经幢石座雕刻

所在　磁县彭城镇下竹林寺内右边。

备考　有造像、花纹、宝塔等。

残石刻及题记

“琳书”等字残石刻

所在　武安县北响堂寺半山坡小龛上一。

“大空王佛”题字

所在　武安县北响堂寺南堂上。

备考　大空佛三字皆用双钩。

“宝火佛”题字

所在　武安县北响堂寺南堂上。

“无垢佛”题字

所在　武安县北响堂寺南堂上。

备考　字皆双钩。

十二部经名等刻石

所在　武安县北响堂寺南堂上。

备考　案《河朔金石目》卷四及《河朔访古新录》卷五名“十二部经名刻石”,又将石上方所刻弥勒佛、师子佛、明炎佛三佛名名为“弥勒佛师子佛明炎佛名刻石”,谓均无年月,北齐刻,在北响堂寺。《艺风堂金石文字目》卷二(隋)名“十二部经名”,无年月地点。又有“三佛名大字”一目,似亦指同石上方所刻之弥勒、师子、明炎等三佛名而言,虽无年月,然尚有地点云“在直隶磁州鼓山”。不知缪氏何以一石而地点有知有不知也?岂缪氏仅据分割之拓本为之,抑所谓“三佛名大字”,乃“大空王佛”“宝火佛”“无垢佛”三佛名耶?姑志之以存疑。

赵氏王氏等字残石刻

所在　武安县北响堂寺南堂上。

备考　题名下刻莲花,似为造像残石。

“二千成”等字残刻

所在　武安县北响堂寺南堂窟前地上。

大圣十号残字

所在　武安县北响堂寺南堂上边左边。

备考　案《河朔金石目》卷四及《河朔访古新录卷五》，名“大圣十号残刻”，云“分书，无年月”，定为北齐刻。

曹礼造塔记

所在　武安县北响堂寺南堂外右壁前边。

备考　文似造塔记，但系摩崖，位于《唐邕写经记》旁，又记上有佛龛一座，只因文多磨灭，所记究系何事不明。案《河朔金石目》卷四名“曹礼摩崖塔记”，《河朔访古新录》卷五名“曹礼残塔记”，同云“正书，年月泐”，列入隋代。

登智力寺十方题诗

所在　武安县北响堂寺南堂外左面。

备考　郑迴撰，外有耿休等题记三种。又是等题记两侧有花纹，上凿龙纹，作碑头形。不另录。案石刻有昭义军节度参军、磁州刺史等官秩，又证之其旁所刻之唐代题记，虽年月不明，当为唐刻。案《河朔金石目》卷四，及《河朔访古新录》卷五，名“登智力寺十方题诗并题名”，云“郑迴撰，无年月”。亦列入唐代，是也。惟释“迴”当为“迴”之误。

僧智照等题名

所在　武安县北响堂寺南堂外左面。

备考　外有耿休等题记三种。

“好个非常化乐天”残律诗

所在　武安县北响堂寺北堂窟内前壁右边。

备考　为七律残诗一首。在刻画下方。

太清观道士等残石刻(石柱)

所在　武安县北响堂寺天宫南宫门洞。

备考　下刻宋嘉祐元年刘汝言等题名。又有“□和二年滑州程崇礼题名”，不另见。

补修佛像记残石刻(碑)

所在 武安县水浴寺。

备考 孔泗滨书。

磁州昭德县鼓山水谷寺题名

所在 武安县薛村水浴寺第一窟外门框上。

游智力寺题诗(碑)

所在 武安县常乐寺禅房内。

游智力寺题名残石刻(碑)

所在 武安县常乐寺大殿前。

备考 仅存十余字,撰书人名、时代,皆不可考。

“住持牒”等字残石刻(石塔)

所在 武安县常乐寺二门外。

备考 有“□□三年十月”等字。

《太上感应篇》石刻(碑)

所在 武安县第九区徘徊镇老爷庙内。

备考 末刻李徵麟敬刊。字体似木锓书板,碑版中似不多见。

游鼓山响堂寺题诗(碑)

所在 磁县南响堂寺山门内墙上。

备考 高世实撰。闻系民国磁县县长。

“邢州沙河县范”等字题记

所在 磁县南响堂寺下层第一窟左壁后。

备考 记之上方有隋开皇八年《袁子才造像记》。案《畿辅碑目》卷上名“沙河县范六题名”,无年月,云在磁州。惟“范”下是否“六”字,不敢定。

“因观草创”等字残石刻

所在 磁县南响堂寺下层第二窟外柱旁。

备考 隶书。疑为记佛事之类。现因为石墙所掩,故不敢定。

阿閦等十六佛号残刻

所在　磁县南响堂寺下层第二窟左壁右壁后壁。

备考　案《艺风堂金石文字目》卷二名“十六佛名号”，不注年月地点。定为隋刻。

“善”字等造像记

所在　磁县南响堂寺下层第二窟前壁右边。

备考　右侧有武周□□造像记。

郭□题记

所在　磁县南响堂寺下层第二窟前壁右边。

备考　左侧有武周长安三年《玄恭母造像记》。

“师僧父母”等字造像记

所在　磁县南响堂寺下层第二窟南边东首。

备考　记在北齐《文殊般若经》旁下角。

“李为”等字造像记

所在　磁县南响堂寺下层第二窟方柱龛左边下。

备考　上刻“统定禅师敬造六十佛”记。

魏州昌乐县人刘□礼佛记

所在　磁县堂〈南〉响堂寺下层第二窟正面方柱龛右边。

备考　记之右侧偏上，有唐天祐十五年造像记。

“中岳嵩山九龙尊神之位”石刻

所在　磁县南响堂寺第二层第一窟里间中。现存晋女祠东庑。

备考　有横刻隶书“□□□年六月弟子郝伯雨王承桐”等字。案石刻为正书，其形制与“供奉柳仙”“孚佑帝君”等石主全同，当为清代之物。

“佛弟子”等字造像记

所在　磁县南响堂寺第二层第二窟右壁前。

备考　下方有唐神龙元年四月《邢义及女大娘造地藏观世音像记》。

曹子绪侍佛记

所在　磁县南响堂寺第二层第二窟内北壁右边。

备考　记之右方有《李华晖造观世音像记》。

石堂之碑

所在　磁县南响堂寺石窟右边第七龛外右边。

备考　额题“石堂之碑”四篆字。字几尽灭，隐约可见“曾祖讳□□□令祖□□”及“特进节度使”等字，疑为唐人墓碑。

董应芳题明月阁诗

所在　磁县彭城镇黑龙洞。

备考　董应芳撰并书。

雪后游黑龙洞诗

所在　磁县彭城镇黑龙洞。

备考　高世实撰，撰书人闻系民国磁县县长。

“宋程井”题字

所在　磁县文庙东庑。

备考　北平博尔多重修，析津蒋立石，字体双钩。

龟蛇图刻

所在　磁县彭城镇神麢山（俗名老爷山）老爷庙内真武像座子。

佛经类

佛经目录

涅槃经

所在　北响堂寺半山坡柏树下。

备考　北齐天统四年（公历五六八）刻。

维摩诘所说经(全)

所在　北响堂寺南堂门洞左右壁。

备考　隶书，凡六石，无年月。《畿辅通志》引《金石分域编》云：“凡六石，无年月。案《唐邕写经碑》，载所写之经有《维摩诘经》

一部，当即此。”今案《唐邕写经记》，知是经之刻，实在天统四年与武平三年之间。又案《维摩诘经》与《维摩诘所说经》不同，响堂所刻经，实为《维摩诘所说经》。

孛经(全)

所在　北响堂寺南堂外右壁。

备考　隶书，石与《维摩诘所说经》衔接。余详《唐邕写经记》。与上经为同时物。

胜鬘经(全)

所在　北响堂寺南堂外右壁。

备考　隶书，石与《孛经》衔接。余详《唐邕写经记》。与上经为同时物。

弥勒下生经

所在　北响堂寺南堂外。

备考　凡一石，字方二寸许。《唐邕写经记》有《弥勒成佛经》。按《弥勒下生经》或称《弥勒下生成佛经》，唐邕所刻或即此名耶。未见著录。

无量义经

所在　北响堂寺南堂窟内。

备考　《畿辅碑目》(卷上)、《艺风堂金石文字目》(卷二)皆谓共六石。《八琼室金石补正》(卷二十二)云：“二纸各高四尺，广三尺三寸，共三十五行，行三句，每句七字，字径一寸五分，首行较大，正书。”今只两石而已。

无量寿经

所在　北响堂寺南堂外左壁。

备考　凡一石，字方寸许。未见著录。

华严经

所在　南响堂寺下层第一窟内。

备考　此为《四谛品》(不全)《光明觉品》《菩萨明难品》《净行品》四

种。隶书，凡三石。《畿辅碑目》《畿辅通志》《艺风堂金石文字目》皆定为北齐刻。书法行款与《维摩诘所说经》颇相同，为北齐时物，当不误也。

文殊般若经

所在　南响堂寺下层第二窟内。

备考　凡二石，字方五寸许。《畿辅通志》《艺风堂金石文字目》等书皆著录，谓为《般若经》。但第二石实非《般若经》也。胡适之先生疑为《修行道地经》。

妙法莲华经普门品

所在　南响堂寺上层第二窟内。

备考　石凡三段，字方三寸许。《畿辅通志》云："谨案此亦在滏山响堂寺，摩崖，八分书。《续寰宇访碑录》与后大字佛经皆以为隋开皇年刻，而并无确据。北齐既有唐邕写经，此碑当亦同时所造。仁和龚橙言山西风峪有石刻佛经数种，系北齐时人题款，与此出入一手。此经品凡六石，尚完好，无泐字。字径寸，瘦劲，类《太公吕望表》，而整齐过之。隋朝刻石无其侈也。"（卷一四八）《畿辅碑目》亦定为隋刻，而体殊不类。惟石刻中"愍"作"**愍**"，民字缺末笔，又似初唐物也。

佛经残字

所在　磁县南响堂寺第二层第一窟至第四窟窟上。

备考　共存佛经残字五十余字，究属何经，未明。

经幢类

经幢目录

五代汉乾祐二年（公历九四九）弥勒上生经经幢

所在　武安县东万年村龙掩寺外大树下。

备考　经全，惟字多漫漶不明。

宋建隆二年（公历九六一）佛说上生兜率陁天经幢

所在　磁县彭城镇下竹林寺。

备考　幢全，惟文字磨灭太甚。

宋建隆三年（公历九六二）佛顶尊胜陁罗尼经幢

所在　武安县常乐寺院内右偏。

备考　幢全，并刻佛像、花纹等。惟文字漫灭太甚。案《河朔访古新录》卷五页三注以为"建德三年"刻，实为"建隆三年"之误，且宋无"建德"年号也。《河朔金石目》卷四亦录此幢，注"建隆三年"，不误。

宋乾德三年（公历九六五）佛顶尊胜陁罗尼经幢

所在　武安县常乐寺院内左偏。

备考　幢全，并刻佛像、花纹等。惟文字漫灭太甚。案《河朔金石目》卷四，及《河朔访古新录》卷五亦均著录。

宋太平兴国三年（公历九七八）佛顶尊胜陁罗尼经幢

所在　武安县水浴寺。

备考　幢全，惟文字漫灭太甚。

宋太平兴国七年（公历九八二）佛顶尊胜陁罗尼经幢

所在　磁县南响堂寺地藏殿侧。

备考　此幢上半八面刻十方施主成办功德题名，下半八面刻《陁罗尼经》本文。此外尚刻佛像及花纹等。

宋端拱二年（公历九八九）佛顶尊胜陁罗尼经幢

所在　武安县水浴寺右边。

备考　幢全。

宋端拱二年（公历九八九）佛顶尊胜陁罗尼经幢

所在　武安县水浴寺左边。

备考　幢全，并刻佛像、花纹等。

武德威武德元等造佛顶尊胜陀罗尼咒残幢

所在　磁县彭城镇下竹林寺内。

备考　文字漫灭,几不可识。

(本文于1936年9月由国立北平研究院总办事处出版课印行。)

城固县石刻目录

城固县石刻目录　第一区

名称	时代	地点	备考
重修惠香院碑记	正德十年	第一区(下同) 邯留联保宝山	碑记院自元至正至明成化、弘治、正德历次建修,及住持僧众经管经过情形。
敬一箴(有序)	嘉靖五年	城关联保城内文庙	碑额有"御制"二字。年月上似盖有"钦文之玺"四字印。
汉留侯辟谷处碑记	嘉靖三十七年	城关联保城大东关	碑无叙跋,除刊立石人姓名外,仅"汉留侯辟谷处"六正字。
子夏山人题诗碑	隆庆二年	邯留联保宝山	碑刻七言律诗一首,草书。
敕谕碑记	万历六年	城关联保城内文庙	碑记"敕谕陕西案察副使李维桢往陕西巡视提督各府州县儒学"事。
文林郎韩鹏过留侯辟谷处题诗碑记	万历十二年	城关联保城大东关	碑刻韩鹏等五言一律,正书。
重修文庙学碑记	万历十四年	城关联保城内文庙	碑为黄九成撰文。记文庙自明景泰元年以后至万历时由礼门等先后修建等事。

名称	时代	地点	备考
进士由礼门再过留侯祠题诗碑记	万历十六年	城关联保城大东关	碑刻七律诗一首,正书。
学田碑记	万历廿三年	城关联保城内文庙	碑记承种学田人姓名、亩数、租谷、银两等事。
重修观音堂净乐庵碑记	万历四十一年	关车联保王家庄	碑记修建及诵经等事。黄九成撰文。
党公赈饥碑记	万历四十八年	城关联保城大西关东岳庙	
□□和尚党灵墓碑记	天启四年	关车联保王家庄净乐庵	
重建宝山碑记	顺治十一年	邯留联保宝山	碑记涉讼等事。惟文云“唐开禧……”云云,案开禧系宋宁宗年号,唐实无开禧也。
重建乡贤祠碑记	康熙三十四年	城关联保城内文庙	碑记乡贤为汉之邓先、张骞,明之党杰等人。
御制训饬士子碑文	康熙四十一年	仝前	
重修城固县庙学碑记	康熙四十七年	仝前	碑记城邑学宫始自宋崇宁二年,以后历有修建等事。
留侯碑记	康熙五十二年	邯留联保留村	碑记留侯庙置田产以供香火等事。
重修大东关段桥碑记	康熙五十四年	城关联保城大东关	碑记桥系邑人段友海所建,故名。今俗云断桥或断魂桥者,实误。
何老爷(霱)清理宝山寺德政碑记	雍正元年	邯留联保宝山	碑记宝山寺重建于宋开禧时,至嘉定间敕命为蕙香院。历元、明、清均有增修。后因乱为流亡杂居,何令为设法疏散,重加修建,作为政暇谈道感化之所。民感其德,为立是碑。

名称	时代	地点	备考
汉三侯祠碑记	雍正元年	城关联保城内县党部	碑记县署旁原有萧何祠，何令(霐)为之修建，增祀张良、诸葛亮为三侯祠。文系何氏自撰，颇雅驯可诵。
菩萨殿灯油会田亩丁粮碑记	雍正三年	邯留联保柳夹寨	
苏村义举堰田碑记	乾隆二年	邯留联保苏村三圣庙	碑记王玉等捐置堰田，以为苏村修堰人应役之资。
建立乐城书院碑记	乾隆五年	城关联保城内考院	碑记建立书院之缘起。但因文多剥蚀，故未明。(可参看后《重理乐城书院碑记》。)
重修东岳庙碑记	乾隆六年	城关联保城大西门	碑记庙始建于明嘉靖七年，清顺治间增修，历康熙、乾隆而重修。
东岳庙田亩碑记	仝前	仝前	碑记募化首事人姓名，并田地、银两、数目等。
秦御史墓碑记	乾隆七年	龙白联保秦家坝	秦名天锡，字子受，号东园，康熙辛酉举人。
野鹤观碑记	乾隆九年	关车联保关王堡前	碑记野鹤系田宏善之号，又记观内田地亩数、粮石等事。
五堵寺置田碑记	乾隆十四年	五堵联保五堵镇	碑记首事置田人姓名及亩数等。
关帝庙碑记	乾隆二十年	城关联保城大东关	碑记庙始建于明万历，至清屡经修葺，并设置田产等事。
襄源渡建桥修庙碑记	乾隆廿六年	龙白联保龙王庙娘娘庙	碑记襄源渡在县治之南，汉水所经，故建桥以济行旅云。
三圣庙□田碑记	乾隆廿九年	邯留联保苏村	
关帝庙田产碑记	乾隆三十一年	城关联保城大东关	
沙洲渡施田碑记	乾隆三十五年	龙白联保龙王庙关帝庙	碑记襄源渡为县八景之一，地名沙洲。南抵巴蜀，北连云栈、秦关，为商旅交通要道，故设渡以济行旅。

名称	时代	地点	备考
汉舞阳侯樊将军墓碑	乾隆四十一年	五郎联保黄家村	清毕沅书立。
汉博望侯张公骞墓碑	仝前	关车联保饶家营	同上。
重修四郎庙碑记	乾隆四十六年	城关联保城南关平水王庙	
玉皇观碑记	乾隆四十九年	白露联保邱家河	碑记四牌会长姓名等。
文庙祭器碑记	乾隆五十一年	城关联保城内文庙	碑记祭品数目甚详。器均系锡制。
三官庙田土碑记	乾隆五十二年	五郎联保刘家村	
高峰观施舍田亩碑记	乾隆五十五年	五堵联保高峰观	
重修文昌宫奎星楼碑记	乾隆五十九年	城关联保城内文庙	碑记宫自明嘉靖、崇祯，至清康熙、乾隆，迭经迁移修建等事。
关帝庙碑记	仝前	龙白联保秦家填〈坝〉	碑记庙产亩数等事。
柳渡造桥碑记	乾隆六十年	龙白联保柳渡村明慧院	碑记桥在邑之西南三里，以渡汉水。
重修罗汉寺碑记	嘉庆五年	五堵联保孙家坪	碑记寺创于明，至清迭经重修，并置有田产等。
禁赌碑记	嘉庆七年	五堵联保孙家坪关帝庙	碑记因赌为盗、逼命，公议禁条等事。
禁杀耕牛碑记	嘉庆十年	五堵联保五堵镇	
施舍田碑记	嘉庆十一年	五堵联保孙家坪罗汉寺	
翻修季家庙暨增修西偏院碑记	嘉庆十二年	关车联保饶家营	碑记庙之始建不明，惟据镌梁铭谓“清康熙戊寅重建”。自后迭有修葺，并置田产等。
重修石井碑记	仝前	龙白联保龙王庙关帝庙	

名称	时代	地点	备考
三朝庵施舍田地碑记	嘉庆十五年	白露联保左坝河	
重修五堵寺两廊妆塑神像功德人名碑记	嘉庆十六年	五堵联保五堵镇	
一心桥碑记	嘉庆十七年	白露联保盐井坝	
野鹤观宋道长添置恒产碑记	嘉庆二十年	关车联保关王堡前	
关帝庙田亩船会碑记	仝前	龙白联保龙王庙	
重修西流堰碑记	嘉庆廿一年	龙白联保龙首山	碑记沙河北至山口,有东西两堰,故名。
玉皇观碑记	仝前	白露联保邱家河	碑记观之创建不明,据镌梁铭有“清康熙庚子重修”字椽,自后迭有修建等事。
向四门建修祠堂碑记	嘉庆廿三年	龙白联保龙王庙	
明伦堂教条碑记	仝前	城关联保城内文庙	碑记清顺治九年题准刊立卧碑,置于明伦堂。
御暴碑记	嘉庆廿四年	白露联保左坝河	碑记置田集会,以为御暴之用等事。
野鹤观祖师天〈田〉真人传记	嘉庆廿五年	关车联保关王堡前	碑记真人即田野鹤,习诗书兵法,生于明天启间,有武功,弃而学道,能感化非类。李闯之乱,曾投康某部下平之,复归道观,苦行教世以终。卒时清康熙丁丑七月日也。
临池臆说碑记	嘉庆廿五年	关车联保关王堡前野鹤观	碑刻张柳堂(绳直)《临池臆说》,并各家题跋。案张之书法,颇得松雪、右军神似,闻坊间多有购拓以相售赠者。石两面刻。

名称	时代	地点	备考
四班置祭田碑记	道光二年	邯留联保柳夹寨菩萨庙	
移建丰乐庵碑记	道光三年	城关联保城内盐店巷口	碑记叙文及施主题名并钱数。
邑侯黄明府重理乐城书院碑记	仝前	城关联保城内考院	碑记书院始建于清乾隆五年邑令王邦光，至道光三年邑令黄某集资重修。有周之域撰文为记。
严禁拾条碑记	道光四年	五堵联保五堵镇财神庙	碑记黄县令禁止匪类窝赌等事。
平水明王庙碑记	道光五年	城关联保城南关	
季家庙施舍功德碑记	仝前	关车联保饶家营季家庙	碑记何腾飞度心经理施钱，积聚置田等事。
平水明王庙碑记	仝前	城关联保城南关	
乐城书院延请山长碑记	道光六年	城关联保城内考院	碑记延聘山长及学师并众执事等规程十二则。
五堵寺碑记	仝前	五堵联保五堵镇	
仝前	仝前	仝前	
渠堰碑记	道光七年	五郎联保五郎庙	碑记五门堰黄家溉有沙渠为溉田之用，后因使水人户放行木材，致两岸多被撞毁，因而渠塞，乃公议禁止等事。
关帝庙碑记	仝前	五堵联保孙家坪	
财神庙碑记	道光八年	五堵联保五堵镇	
刘家祠堂碑记	仝前	五堵联保延观沟	碑记刘自亮独资建祠，并述刘氏先世自江西吉安，迁湖南衡阳等世代来历颇详。
重修文武祠碑记	道光九年	关车联保张家坎	碑记清嘉庆时地方患匪，有张某等向空叩首求免，许为建祠。其愚可笑，而祠经多年始成，精神可佩。

名称	时代	地点	备考
重修魁星楼碑记	仝前	邯留联保柳夹寨	
城固县创建王母宫碑记	道光十年	城关联保城内南大街	碑记西王母即《穆天子传》周穆王会于瑶池之神。
重建王母宫碑记	仝前	仝前	
五圣山碑记	仝前	白露联保五圣山	
重修五圣山两廊碑记	仝前	仝前	
重修沙渡河西堤碑记	道光十年	龙白联保柳渡村明慧院	碑记柳渡之东，有南沙河，清道光四年崩溃，农田苦之，乃由演某等陈请黄令为之建修。
恭赠颜会长功德碑记	道光十一年	白露联保五圣山	碑记颜某修路建桥之功。
东岳庙募化人名碑记	仝前	五堵联保延观沟东岳庙	
马家祠堂碑记	仝前	龙白联保龙王庙	
重修小河石桥碑记	仝前	城关联保城南关平水王庙	
重修关帝庙碑记	道光十二年	城关联保城大东关	
三朝庵碑记	仝前	白露联保左坝河	
北村新丧善会田亩碑记	道光十三年	邯留联保苏村	碑记置田立会等事。
通慧祠田亩碑文	仝前	五郎联保五郎庙	
娘娘庙碑记	道光十四年	龙白联保龙王庙	
青山会碑记	道光十四年	五堵联保高峰观	碑记集资置田立会，以防盗伐山林等事。
重置田地山坡碑记	仝前	仝前	
严禁擅拉民马碑记	仝前	城关联保城内集灵观	

名称	时代	地点	备考
三圣殿碑记	道光十五年	邯留联保武侯村	
三朝庵碑记	仝前	白露联保左坝河	碑记清嘉庆十五年，因庙基涉讼，后经判决，立明四界等事。
财神庙碑记	道光十八年	五堵联保五堵镇	
东岳庙碑记	道光十九年	五堵联延观沟	
东岳庙碑记	仝前	仝前	
阖修胡家祠堂碑记	道光二十年	龙白联保龙王庙	碑记胡氏自明成化由楚孝感迁陕南来此等来历颇详。
胡家祠堂创修祖庙序	仝前	仝前	
重立孙家坪禁止匪类碑记	道光廿一年	五堵联保孙家坪罗汉寺	
三圣庵碑记	仝前	白露联保左坝河	
城固县创修考院碑记	道光廿二年	城关联保城内考院	碑记县旧无考院，每年考试学童，于署之堂下编棚席为之，考生苦之。乃于清道光二十年起修，至二十二年而工成。复于院东隙地修箭道，设厅事为武童校射之地等事。
一诚和尚塔碑记	仝前	五堵联保孙家坪罗汉寺	
三圣庵碑记	道光廿三年	白露联保左填〈坝〉河	
三圣庵香火田地基界丘碑记	仝前	仝前	
创修鄐侯陵园碑记	道光廿五年	邯留联保杜家槽	
火星圣母庙碑记	仝前	关车联保北崖村	

名称	时代	地点	备考
重建丰乐桥碑记	仝前	城关联保城内盐店巷	碑记桥居县治之中，汇雨水其下，注泮而达于隍，可溉附郭田数顷，上有阁，明嘉靖时毁于火。清道光廿四年至二十五年重修。
重修关帝庙碑序	仝前	白露联保狮子坝长龙寺	
文武祠田地粮银碑记	道光廿六年	五郎联保五郎庙	
文武祠罚规碑记	仝前	仝前	碑记禁止游方僧道及社人占住，并收纳禾稼，寄存私物等罚规九条。
重修关帝庙戏楼碑记	道光廿七年	龙白联保奏〈秦〉家坝	碑记自清道光初年高某捐资经理，至二十三年以后，始克置田产及修建等事。
重修关帝庙碑志	仝前	仝前	碑记庙之始建不明，清乾隆时御史秦东园始行翻修。至道光十五年被汉水冲泛，至二十七年始重修竣工。
紫云宫碑记	仝前	白露联保巨家庙	碑记宫之始建不明，但知清乾隆五十二年已有重修云。
五堵寺碑记	仝前	五堵联保五堵镇	
重修南沙河堤坎碑记	道光廿八年	龙白联保柳渡村明慧院	碑记堤坎在柳渡村东南，自清道光初年后，或被水溢，或被盗掘，遂由县令查禁，并植柳树等以防水患云云。
补修庙宇碑记	道光三十年	邯留联保宝山村菩萨庙	
从禄和尚塔碑记	咸丰元年	五堵联保孙家坪罗汉寺	碑记和尚为临济宗。
潘公案断原演水湃田碑记	仝前	五郎联保五郎庙	碑记五门堰黄家湃北沙渠支渠及方家洞一渠，年久滋弊情事。

名称	时代	地点	备考
菩萨庙三班会碑记	咸丰二年	邯留联保柳夹寨	
圆明和尚塔碑记	咸丰二年	五堵联保孙家坪罗汉寺	碑记和尚亦为临济正宗。
土地祠碑记	仝前	城关联保城南关平水王庙	
柳渡口重理桥会碑记	咸丰三年	龙白联保柳渡村明慧院	
翻修关帝庙并山门火房碑记	仝前	五堵联保黄沙铺	
龙台观田亩界畔碑记	咸丰四年	白露联保高水田	
龙台观创修重修始末序	仝前	仝前	碑记观之建，因旱求雨得应之故。创建于清乾隆时，重修于道光、咸丰时。
娘娘庙碑记	咸丰五年	龙白联保龙王庙	
财神庙碑记	仝前	五堵联保五堵镇	
创修西堤碑记	咸丰六年	龙白联保柳渡村明慧院	碑记柳渡村西有中渠，水可溉田，堤可保障庄舍。至清道光、咸丰年间，屡经水患，故迭为修建。
一心桥碑记	仝前	白露联保盐井坝	
龙王庙碑记	仝前	仝前	
重修文武祠碑记	咸丰七年	关车联保张家坎	
重修永宁寺碑记	仝前	龙白联保胡广营	碑记据庙中遗钟载“明万历元年寺名永宁”，后名兴龙庵云。
财神庙碑记	咸丰八年	五堵联保元山子	
桥会碑记	仝前	邯留联保柳夹寨菩萨庙	

名称	时代	地点	备考
八蜡尊神碑记	咸丰九年	仝前	
野鹤观翻修殿宇装演神像碑记	咸丰十年	关车联保关王堡前	
祝诞会碑记	仝前	邯留联保苏村关帝庙	
向家祠堂建修奉祀庭碑记	仝前	龙白联保龙王庙	
五堵镇石桥碑记	仝前	五堵联保五堵寺下	碑记五堵门北达城洋，南通巴蜀，为交通要冲，故建桥以利行旅云。
西井会田地碑记	咸丰十一年	五郎联保五郎庙	
西社庙会田亩碑记	仝前	仝前	
高峰观翻修庙宇碑记	仝前	五堵联保高峰观	
清溪道人古嘉澄行状略碑记	咸丰　年	城关联保城内集灵观	
三圣殿碑记	咸丰　年	邯留联保武侯村	
重修关帝庙碑记	同治五年	龙白联保龙王庙	
刘家祠堂碑记	同治七年	五堵联保延观沟	
子房庙碑记	同治八年	邯留联保留村	碑记相传留侯辟谷于留村之北，说出无稽。
柳渡口重理船桥会募化碑记	仝前	龙白联保柳渡村明慧院	
吏房经书摊收款项碑记	仝前	城关联保城内县党部	
重修梓潼庙碑记	同治九年	邯留联保留村	碑记庙建于明末，至清发匪之乱而毁，故乃重修。
创修襄源卜渡碑记	仝前	龙白联保秦家坝关帝庙	碑记襄源之名，起于地为荆襄之源云。

名称	时代	地点	备考
补修长龙寺碑记	仝前	白露联保狮子坝	碑记寺建于嘉庆初年，经道光、同治迭次重修等事。
建修龙王堂碑序	同治十年	邯留联保苏村	
禁赌碑记	仝前	龙白联保秦家坝关帝庙	碑记禁赌宜先禁老者与新年正月，然后壮幼及终岁皆禁云。
财神会建立碑记	同治十一年	五堵联保孙家坪关帝庙	
重修观音堂碑记	同治十二年	关车联保司家村	
重建武侯祠欢〈劝〉募捐赀碑记	仝前	城关联保城内炭集街	碑记祠创建于明代，至清同治重修。
文庙学舍重修碑记	仝前	城关联保城内文庙	碑记县学系宋崇宁中改建，直至清同治发匪之乱，中间屡经修建云。
重修东岳庙碑记	光绪元年	五堵联保延观沟	
东岳庙碑记	光绪元年	五堵联保延观沟	
严禁砍伐护坎草木碑记	光绪二年	龙白联保龙王庙关帝庙	碑记龙王庙坝方离河有护河坎，公禀县令严禁砍伐草木等事。
公禀充当皂快民壮不得应考碑记	光绪四年	城关联保城内考院	碑记举人罗彦芳等公禀令准凡充当皂快民壮，不得违律应考诸事。
五堵寺公议章程田地界畔碑记	光绪五年	五堵联保五堵镇五堵寺	
五堵寺碑记	仝前	仝前	
汉博望侯墓碑记	仝前	关车联保饶家营	碑记博望侯通西域事。但不甚详。文云猛为骞子，实为骞孙之误。至云织女支机石，则即墓前之石兽也。

名称	时代	地点	备考
博望侯后裔碑记	仝前	仝前	碑记张氏后裔立石名字,当与前碑为一文而刻为两石者。
文武祠碑记	仝前	五郎联保五郎庙东边	
贤孝王孺人碑记	光绪七年	五堵联保张家坝	碑记孺人遭清洪杨之乱,历尽艰险,卒保家安。乱后教养子孙,终成家业,蒙官赐旌表云云。
重修罗汉寺碑记	仝前	五堵联保孙家坪	
重修向家祠堂碑记	仝前	龙白联保龙王庙	碑记向氏自楚迁汉,立石者为十六、十七、十八、十九世孙云。
创修五祖会碑记	仝前	龙白联保秦家坝关帝庙	
禁赌碑记	仝前	五堵联保五堵镇财神庙	碑记五堵门自清发匪乱后,五方杂处,良莠不齐,至有窝赌害民之事,故公议严禁云。
鄼侯郧侯祠田地数目座落佃户姓名碑记	仝前	城关联保城内县党部	
重修堡东门城楼石桥碑记	光绪八年	关车联保关王堡	碑记清同治元年三月发贼自东来汉,各县相继失陷,府城围困七月,人皆相食,百金不得升米,八月府城陷,城固城亦陷,至三年贼始去,至光绪六年始克修建云。
李家祠堂碑记	仝前	邯留联保留村	碑记李氏始祖自岐迁汉,四世祖必达官至四川重庆府兵备道、云南布政司云。
柳渡东堤坎置田碑记	仝前	龙白联保柳渡村明慧院	碑记柳渡东南沙河东堤坎,清道光四年被山洪冲毁,后重修并植树木以御水患云。

名称	时代	地点	备考
重修娘娘食碑记	仝前	五堵联保孙家坪关帝庙	
乐城书院捐存书籍碑记	仝前	城关联保城内考院	碑记乐城书院自清道光中邑令徐秋士、李悝夫各捐经史子集数十种，后经发匪之乱散失，至光绪八年邑人田秀栗复由蜀购捐锦江、尊经两书院及坊间刻本书五十余种。后附刻有书目。
乐城书院田子实都转购书籍序	仝前	仝前	碑记邑令胡瀛涛序田秀栗(字子实)捐书事。末附宾兴局章程九条。
石桥碑记	光绪八年	白露联保巨家庙	
重修净乐庵碑记	光绪九年	关车联保王家庄	
城洋界牌桥碑记	仝前	城关联保城大东关砖瓦垚	碑记水流北自湑水南入汉江，适处洋城两县之交，建桥以便行旅云。
明慧院翻修上下大殿等碑记	仝前	龙白联保柳渡村	碑记院始建于明。
重修三圣殿碑记	仝前	龙白联保沙岗领	碑记殿毁于发匪之乱。及匪退，邑人粒食维艰，即兴募修建，足见信神之笃。
五堵寺议建奎星楼碑记	仝前	五堵联保五堵镇	
车户争讼碑记	仝前	城关联保城南关平水王庙	碑记例定距城五里，搬运货物，均由大车夫担任，而小车户不得混狡，但大车夫等脚价，均有木牌注明，散车夫等亦不得任意勒索等事。
重修梓潼庙戏楼碑记	光绪十年	邯留联保留村东庙	
重修觉皇等殿碑记	仝前	邯留联保宝山	

名称	时代	地点	备考
重修菩萨庙碑记	仝前	龙白联保胡家湾	
孙家坪置公田碑记	光绪二十年	五堵联保孙家坪关帝庙	碑记公买骡马以为运输国家军粮，后遂改为牛马王会，置田值事等事。
创修白雪庵殿宇碑记	仝前	邯留联保留村	
重修圣母宫碑记	仝前	邯留联保党家台	
重修东岳庙碑记	仝前	城关联保城大西关东岳庙	
恭志寨会义学两善其后碑序	仝前	龙白联保秦家坝关帝庙	碑记筑寨以避贼，兴学以培材云。
恭志造船兼行修路碑序	光绪廿一年	仝前	
禁赌碑记	光绪廿二年	五堵联保黄沙铺关帝庙	
重修文武殿等碑记	仝前	邯留联保宝山	
建立柴山胜会碑记	仝前	五堵联保孙家坪关帝庙	碑记护蓄山林等事，并记禁止偷窃柴炭、树木、粮食、柴草、蔬菜等条规。
重修圣帝财神会房碑记	仝前	仝前	
新建创修圣庙彰善碑序	光绪廿三年	仝前	
翻修菩萨庙及创造奎星楼等碑记	仝前	龙白联保秦家坝	
新四班会碑记	光绪廿五年	邯留联保柳夹寨菩萨庙	
重修山门碑序	光绪廿六年	五堵联保板凳垭黑虎庙	碑记庙始建于清康熙间，因发匪毁而重修。

名称	时代	地点	备考
重修堤坎碑记	仝前	龙白联保柳渡村明慧院	碑记柳渡东西北有堤坎以防汉水之患，后因山洪崩溃，遂行重修。
三铺火神会条规碑记	仝前	城关联保城内民教馆	
三铺创集火神会碑记	仝前	仝前	
博望祠碑记	光绪廿八年	关车联保北崖村	碑记由庙田□入博望侯祠以作祭祀之资。
义学寨会碑记	仝前	龙白联保秦家坝关帝庙	
翻修关帝庙装颜神像碑记	仝前	五堵联保孙家坪	
新立孤魂会碑记	光绪廿九年	仝前	碑记会中每年中元下元，讽经建醮，超度孤魂等事。
帝王祠碑记	仝前	邯留联保留村西庙	碑记帝王之名不详。
五圣山碑记(1)	仝前	白露联保五圣山	碑记庙自何老和尚(名广含)主持以后，日渐兴盛等事。
丰乐庵碑记	仝前	城关联保城内盐店巷	
许三义坟会碑记	仝前	五堵联保元山子	
重修许家祠本源碑记	光绪三十年	仝前	碑记许氏始祖自楚经蜀迁汉来历及世系甚详。
菩萨庙碑记	仝前	邯留联保宝山村	
重修天王殿碑记	仝前	邯留联保留村	
三朝庵碑记	光绪三十一年	白露联保左坝河	
霸王庙山内牛马驴骡收税碑记	光绪三十二年	五堵联保黄沙铺关帝庙	碑记税吏敲诈勒索，公禀令准禁止等事。
畜税碑记	光绪三十二年	五堵联保孙家坪土地庙	

名称	时代	地点	备考
重修西堤坎碑记	仝前	龙白联保柳渡村明慧院	碑记道光二十三年汉水猛发，城固大灾，以柳渡村为最，乃由许日章为任建修西堤坎等事。
关帝庙会议立条规碑记	光绪三十四年	邯留联保程家村	
公议条规碑记	仝前	仝前	碑记选举会首等事。
公议新提每年祭神款项碑记	宣统元年	邯留联保宝山	
惠香院碑记	仝前	仝前	碑云邑之东北有宝山寺，一名蕙香院，谓自唐、宋、元、明、清历代修建已久云。
银杏寺学校碑记	宣统二年	龙白联保李家营	碑记设立学校经过。
三圣寺庙会章程置田界畔碑记	仝前	五堵联保张家坝	
三圣寺碑记	仝前	仝前	
紫云宫碑记	仝前	白露联保巨家庙	
重修梓潼庙献殿碑记	宣统三年	邯留联保留村东庙	
邑令禁止偷窃粮稻等事碑记	民国二年	白露联保邱家河	碑记乡自治会转呈县令禁止窝贼偷窃禾麦稻粮等事。
新立羊头会碑记	民国三年	白露联保左坝河三圣庵	碑记左坝河及西沟岭，恶丐恃穷勒讨，公请由县令禁止等事。
重修关帝庙碑记	民国五年	城关联保城大东关	
翻修关帝庙奎楼碑记	仝前	关车联保关王堡	
柳夹寨前贤姓名碑考	仝前	邯留联保柳夹寨菩萨庙	碑记刘家寨系柳夹寨之讹传，谓相传唐柳员外居此。且云于柳花园（今蔡家窑场）时有古物之发见云。又于碑末列记明、清乡贤姓名。

名称	时代	地点	备考
重修柳夹寨奎星魁楼碑记	仝前	邯留联保柳夹寨	
遇仙宫碑记	仝前	白露联保子午山	
长龙寺碑记	民国七年	白露联保师子坝	
重修龙首山庙碑记	仝前	龙白联保龙首山	
广含和尚塔碑记	仝前	白露联保五圣山	碑记何老和尚(广含)为临济正宗,历任方丈、汉中城洋两县佛教会分部副长等职。
天池观历来事迹碑记	民国十年	龙白联保龙王山	碑记观在兴龙山。
三郎庙田地碑记	仝前	邯留联保平木村	
学校碑记	仝前	白露联保盐井坝	碑记盐井坝初等小学系旧义学所改云。
天池观会内规则碑记	民国十二年	龙白联保龙王山	
新修学校碑记	仝前	邯留联保柳夹寨菩萨庙	碑记内述樊氏曾渡台湾、琉球,劝令入贡,清帝钦赐蟒衣。其他科甲均盛一时,有小江南之称云。
孙寨村分修堉水河堤碑记	仝前	仝前	碑记堉水河乾隆时,水不扬波。嘉庆初,老林开伐,致泥沙下淤。同光间,河高田低丈余,坟田庐舍,被害者垂四十八年。至民十二始修堤竣功云。
苏家祠堂碑记	民国十四年	龙白联保龙王庙	碑记苏氏自明代湖北麻城来此,清发匪之乱,至失家谱,遂更定文字排行,以重尊卑之别云。
丰盛桥碑记	民国十五年	五堵联保关田坝	

名称	时代	地点	备考
大东关绅民为修路补桥建坊装神募工程碑记	仝前	城关联保城大东关	
河堤会碑记	民国十六年	邯留联保苏村关帝庙	碑记河堤会禁止砍伐河岸树草等事。
重修三郎庙碑记	民国十七年	邯留联保平木村	
城洋柳夹寨先贤合志碑考	民国十八年	邯留联保柳夹寨菩萨庙	碑记清康熙、乾、道间科名极盛，而文化亦颇可观。（可参看《前贤姓名碑考》。）
设立初级小学碑记	仝前	白露联保左坝河三圣庵	碑记清光绪末年就三圣庵改设初级小学校，及至民国继续办理等事。
创立女子小学碑记	民国十九年	仝前	碑记以龙王殿后房四间为女子小学校舍。
新塑鲁班圣像碑记	仝前	白露联保五圣山	碑记称鲁班为先师，盖立祠像者均为木工？
翻修长龙寺暨学校碑记	民国廿一年	白露联保狮子坝	碑记寺毁于民国十九年冬之大股川匪，至民国二十年始修复而兴办学校。
长龙寺公立国民小学校碑记	民国廿二年	仝前	碑记小学由清光绪时之德善义学改设而成。
公议设立条规碑记	民国廿三年	邯留联保苏村关帝庙	碑记会首条规等事。
三圣庵碑记	民国廿四年	白露联保左坝河	
豁免水冲田亩银良〈粮〉碑记	民国廿五年	邯留联保苏村关帝庙	
重修法龙寺殿宇碑记	民国廿六年	龙白联保秦家坝	
新修矜式楼碑记	仝前	白露联保盐井坝	
五郎庙碑记		城关联保城大东关	

名称	时代	地点	备考
五圣山碑记(2)		白露联保五圣山	
寺图碑记		城关联保城内民教馆	
东岳庙图碑记		城关联保城大西关	
三朝庵碑记		白露联保左坝河	

城固县石刻目录　第二区

名称	时代	地点	备考
明珠院碑记	乾隆十九年	第二区(下同)沈黄联保明珠院	碑记院系明瑞王所建修。至杨辅长等重修。
德裕庵碑记	乾隆四十年	南乐联保刘家营	碑记庵系康熙八九年谢作周等施地基重立。雍正五年陈永礼独力翻修。
翻修玉皇殿碑记	乾隆四十年	南乐联保上元观	碑记明万历十一年建,清康熙、乾隆朝重修。
嵩山古刹禅林碑文	乾隆四十四年	南乐联保嵩山寺	碑记寺系唐代建,清康熙、乾隆朝重修。
禁铁厂碑记	乾隆四十五年	南乐联保嵩山寺	碑记彭廷彪等设立铁矿厂,开掘时,致伤南沙河水源,被县令禁止等事。
明珠院碑记	乾隆五十二年	沈黄联保明珠院	碑记院创于唐,修于宋、明。清乾隆时再修。
莲花寺碑记	乾隆五十二年	南乐联保莲花寺	碑记寺建于明,清乾隆时重修。
观音寺碑记	乾隆五十八年	沈黄联保八角山	碑记寺建于明代,清乾隆时重修。
观音寺碑记	乾隆五十九年	沈黄联保八角山	碑记寺创于明,清乾隆时重修。
三官庙碑记	嘉庆九年	天明联保三官庙	碑记郭某等为庙置田三十四亩等事。

名称	时代	地点	备考
文昌宫碑记	嘉庆九年	南沓联保范树柳	碑记范与仁等捐水田，及记地界事。
回龙寺碑记	嘉庆十年	南沓联保回龙寺	碑记舍田及地界等事。
松树庵规则十条碑记	嘉庆十年	天明联保松树庵	
明珠院碑记	嘉庆十一年	沈黄联保明珠院	碑记创建时代与前同，至清乾隆、嘉庆时重修。
尖山寺碑记	嘉庆十三年	沈黄联保尖山寺	
重修沙河双板桥并桥房碑记	嘉庆十五年	南乐联保汪家营青龙寺	碑记桥之由来已久，至清嘉庆间桥毁，王作新等重修。
重修五郎关碑记	嘉庆十五年	南乐联保五郎关	碑谓“唐通慧王行宫在焉”。清乾隆、嘉庆时重修。
山场常署田地碑记	嘉庆十六年	南乐联保五郎关	碑记田地亩数及四界事。
木瓜院碑记	嘉庆十六年	二里联保小盘坝	碑记院之由来不明，及置田地修建等事。
重修上盘堰碑序	嘉庆二十年	南沓联保三合寺	碑记堰开于明弘治十八年，清嘉庆时砌修。
明珠院碑记	嘉庆廿二年	沈黄联保明珠院	碑记修殿塑像等事。
尖山寺创修菩萨灵官殿碑序	嘉庆廿三年	沈黄联保尖山寺	碑记寺之创建时代不明，清嘉庆时重修。
重修导流堰碑记	嘉庆廿三年	南乐联保梁家庙	碑记堰之涉讼及后官宪判案经过等事。
新置田地碑记	道光五年	南沓联保高庙山	碑记李某等施田修建等事。
三鹤观碑记	道光五年	南乐联保三鹤观	碑记观建于明弘治时，清道光时重修。
菩提寺碑记	道光五年	南乐联保唐家营	碑记寺之创建年代不明，清道光时重修。
培补阁营护堤碑记	道光六年	南乐联保汪家营青龙寺	碑记汪某等舍地，并建修、植树等事。

名称	时代	地点	备考
三合寺碑记	道光六年	南昝联保三合寺	碑在三合寺内，记清嘉庆、道光时重修事。
松树庵碑记	道光七年	天明联保松树庵	碑记置地等事。
重修天明寺锅椿桥碑记	道光八年	天明联保天明寺王爷庙	碑记段某等修桥及置地等事。
大角寨天明寺桥会公田及瓦子坝街房地基序	道光八年	天明联保天明寺王爷庙	碑记桥会公田涉讼断案等事。
天明寺创修石桥碑记	道光八年	天明联保王爷庙	碑记天明寺地方为蜀汉通道，及修桥经过等事。
新修白云庵碑记	道光八年	天明联保白云庵	碑记庵之创建年代不明，清道光时重修。
白云庵新置田产碑记	道光十年	天明联保白云庵	碑记置田、重修、塑像等事。
泰山桥功德碑序	道光十年	天明联保天明寺天王庙	碑记修桥经过等事。
平沙堰碑记	道光十年	南乐联保街上关帝庙	碑记堰建自明弘治十八年，至清道光时重修，并灌地若干亩等事。
翻修五佛殿并妆颜神像背光碑记	道光十一年	南乐联保嵩山寺	
导流堰筑堤置业碑记	道光十二年	南乐联保梁家庙	碑记徐良宰等经理筑堤置产等事。
公禀碑记	道光十二年	南乐联保街上关帝庙	碑记杨某为修堰公事被谤，士绅合力公禀得白等事。
圣母会碑记	道光十四年	南乐联保上元观	碑记清嘉庆时，因天旱祈雨得应，故修建是庙等事。
创修长生桥暨普渡佛神碑记	道光十四年	沈黄联保江家河	
天明寺建修戏楼移翻前殿碑记	道光十五年	天明联保天明寺	碑记清乾隆、道光时修翻等事。

名称	时代	地点	备考
佛耳岩碑记	道光十六年	二里联保佛耳岩	碑记清道光以后，修建时，曾掘出石像古迹等，并陆续修理等事。
高峰观碑记	道光十七年	南昝联保高庙山	碑记清道光五年以后陆续修建等事。
关圣帝君明虔碑记	道光十八年	南昝联保大安寺	碑记大安寺之由来，及清嘉庆以后，置田续修等事。
观音寺碑记	道光十九年	沈黄联保观音寺	碑记清乾隆间，由沙界寺僧普亮等创建置业，及道光时涉讼判结等事。
重修石桥碑记	道光廿一年	南乐联保汪家营青龙寺	碑记清道光时桥圮重修，并置田产等事。
重修上盘堰碑记	道光廿二年	南昝联保三合寺	碑记南沙河西上盘堰之创建已久，至清道光时堰塞重修等事。
刘老夫子神道碑记	道光廿三年	沈黄联保明珠院	碑记刘氏为濂洛学派中人，能修廉节以教化乡人子弟等事。
重修江家河石桥碑记	道光廿四年	沈黄联保江家河	碑记江家河为汉水、巴山津梁之地，原有石桥久圮，自清道光十四年起重修等事。
重修关帝庙暨添塑神像碑记	道光廿五年	天明联保关帝庙	碑记自清乾隆四年置地修建，历嘉庆、道光重修等事。
重建铜钱山上下殿宇碑记	道光廿五年	天明联保铜钱山	碑记铜钱山有旧迹，至清道光时重修等事。
观音寺碑记	道光廿七年	沈黄联保观音寺	碑记寺为古刹，置有田地，至清道光时涉讼判案等事。
沙界寺碑记	道光廿八年	二里联保寡妇桥沙界寺	碑记寺之创建年代不知，至清乾隆、嘉庆、道光历有置田地修建等事。
重修梁家庙碑记	道光廿八年	南乐联保梁家庙	碑记庙之始建不明，至清嘉庆、道光历次重修等事。

名称	时代	地点	备考
重修松树庵碑记	道光廿八年	天明联保松树庵	碑记庵始建于明万历,至清乾隆、道光历经重修等事。
五郎关碑记	道光廿九年	南乐联保五郎关	碑记五郎关自清乾隆以后,历经修建等事。
白云庵自始至终建造置田翻修碑记	道光三十年	天明联保白云庵	碑记始建自明,至清道光时置田及修建等事。
县令严禁碑记	咸丰元年	二里联保寡妇桥沙界寺	碑记潘知县严禁啯匪,及窝盗、窝赌等事禁令。
青龙寺碑记	咸丰二年	南乐联保汪家营	碑记清嘉庆以后置田地修建等事。
铜钱山自始至终修庙买田碑记	咸丰三年	天明联保铜钱山	碑记清乾隆时庙毁,道光时重修并置田地等事。
高峰观碑记	咸丰三年	南昝联保高庙山	碑记清道光以后历经重修等事。
重修泉水寺殿宇碑记	咸丰四年	南乐联保泉水寺	碑记寺之始建不明,有明弘治铁钟,知明代已有。至清乾隆、嘉庆、道光、咸丰历次重修等事。
回龙寺碑记	咸丰五年	南昝联保回龙寺	碑记寺在清初倾圮,至嘉庆、道光以后,历次重修等事。
重修三鹤观碑记	咸丰五年	南乐联保三鹤观	碑记观修于明弘治十五年,至清乾隆以后历次重修等事。
明珠寺碑记	咸丰六年	沈黄联保明珠寺	碑记寺始建于唐,经宋、元、明、清历次重修等事。
重修万小堰新开石洞碑记	咸丰七年	南乐联保刘家营德裕庵	碑记南沙河万小堰灌田百余亩,至清咸丰时堰塞重修等事。
刘小堰碑记	咸丰七年	南乐联保刘家营德裕庵	碑记南沙河刘小堰始建于明万历十一年,至清乾隆以后始置地,设堰长,并修建等事。

名称	时代	地点	备考
土地祠立会始末碑记	咸丰七年	南乐联保上元观	
补修文昌宫并火神殿碑记	咸丰七年	南乐联保街上关帝庙	碑记清嘉庆、道光、咸丰历次修建等事。
重修沙界寺碑记	咸丰九年	二里联保寡妇桥	碑记寺创修于清雍正时，历乾隆、嘉庆、道光、咸丰重行修建等事。
修路补桥碑记	咸丰十年	天明联保天明寺	碑谓天明寺为西通巴蜀，南达汉沔之要冲，故有修桥铺路以便行旅等事。
李草坝创修上殿并两廊碑记	咸丰十年	南乐联保李草坝	碑记庙建于清乾隆卅三年，历嘉庆、道光、咸丰重修等事。
重修五福桥碑记	咸丰十一年	天明联保文昌庙	碑记清乾隆时创建，以后重修等事。
圣母会碑记	同治四年	南乐联保上元观	碑记上元观始建时代不明，至清道光时始有置田重修等事。
沙界寺施主舍田功德碑记	同治八年	二里联保寡妇桥	
文武宫碑记	同治十年	沈黄联保文武宫	
五郎关碑记	同治十一年	南乐联保五郎关	碑记关为南山之要口，至清道光初知县富某有置田设义学等事。
补修天明寺庙宇暨泰山砑戏楼功竣碑记	同治十二年	天明联保天明寺	碑记相传天明寺有庙为公输子建，至清咸丰时始重修桥庙等事。
重修沙河桥碑记	同治十二年	南乐联保唐家营菩提寺	碑记唐家营西有南沙河，地势西连略凤，东接巴蜀，至清同治时始修桥置田以便行旅等事。

名称	时代	地点	备考
王爷庙碑记	光绪元年	天明联保天明寺王爷庙	是碑在王爷庙。碑记南山铁行,经同治匪乱后,行头借公勒索。控县后,判箸定例等事。
回龙寺碑记	光绪二年	南昝联保	碑记清同治元年匪乱寺毁,后又置田、修建、塑像等事。
翻修泉水寺碑记	光绪三年	南乐联保泉水寺	碑记清咸丰以后,寺曾重修。同治元年因发匪毁败,复屡经修葺诸事。
胡知县告示碑记	光绪五年	南乐联保梁家庙	碑记导流堰涉讼,由县令判明灌溉田亩及规定章程等事。
月起寺田亩事迹记	光绪六年	天明联保月起寺	碑记住持等自清康熙、雍正、乾隆、嘉庆、道光、咸丰、同治、光绪各代经过等事。
月起寺碑记	光绪六年	天明联保	碑记寺相传与鸡鸣、天明二寺,同为公输子建。自明嘉靖八年后,逐渐增建,始成今状云云。
川主庙碑记	光绪六年	沈黄联保八角山	案是碑所在地,土人名川主庙,故以名碑。
移修三官庙碑记	光绪七年	南昝联保龚家堡文昌宫	碑记清同治以后置田地修建等事。
重修文昌宫碑记	光绪七年	南昝联保龚家堡	碑记清咸丰八年以后,修建置田等事。
下元寺碑记	光绪八年	南乐联保下元寺	碑记清咸丰以后置田修建等事。
三水寺碑记	光绪八年	南乐联保何家营	碑记何家堂(亦名何家营)三水寺之修建,及置田、立义学等事。
二郎庙碑记	光绪九年	二里联保二里坝	碑记二郎伏孽除患于蜀,民感其威德,故立庙祀之等事。

名称	时代	地点	备考
沙河桥会重理易单成双碑记	光绪十年	南乐联保梁家庙	碑记南沙河自五郎口出山十余里达汉江，中造桥七处，至梁家庙为第五渡，故有造桥、建房、置田等举，以便行旅等事。
二郎庙碑记	光绪十二年	二里联保二里坝	碑在二郎庙。案记谓二郎坝安沟小河，为东达西平，西通褒沔，南接巴蜀，北走城洋之要道，故自清咸丰以来，建桥以便行旅云。
重修铁佛寺碑记	光绪十二年	南咎联保	碑记明弘治时铸铁佛修庙宇，至清同治时被发匪毁坏，以后继续置田修理等事。
重修佛耳岩碑记	光绪十四年	二里联保	碑记清同治以后重行修理等事。
重修天主堂碑记	光绪十四年	南乐联保酆家营	碑记丰家营天主堂因发匪毁坏，魏氏重修，以为荐亡之举。
三元宫碑记	光绪十四年	南乐联保	碑记三元宫处有田地，至清嘉庆间产业益增，后至涉讼，由县判处等事。
明珠寺碑记	光绪十七年	沈黄联保	碑记寺创于明，至清同治以后，屡经修建等事。
回龙寺碑记	光绪十八年	南咎联保	碑记寺创于明，至清乾隆、嘉庆、道光、咸丰各代，迭有修葺等事。
复建周公堤碑记	光绪十九年	南乐联保香水寺	碑记太平村西南沙河周公堤重建等事。
重修太平村街后北堤碑记	光绪十九年	南乐联保香水寺	碑记太平村至清代历遭水患，至光绪十四年而益甚，乃重修旧堤以为防堵等事。
关帝庙碑记	光绪二十年	南乐联保上元观街中	碑记住持僧菩庆创置坟山祭田等事。

名称	时代	地点	备考
莲花寺碑记	光绪二十年	南乐联保莲花寺	碑记寺创于明万历，至清道光以后历次修建，并置酆家营水田等事。
重修三合寺碑记	光绪二十二年	南昝联保三合寺	碑记清同治间兵灾寺废，后复重修，并置田地等事。
新立青苗会碑记	光绪二十三年	南乐联保泉水寺	碑记清光绪十七年李某等立会以禁盗窃五谷、青苗、树木，并置田以垂永久等事。
重修铁佛寺碑记	光绪二十四年	南昝联保铁佛寺	碑记铁佛寺创于明，至清同治以后历次修建并置田产等事。
关帝庙碑记	光绪二十五年	南乐联保上元观街中	碑记为张爷会演戏祀神，向屠行筹费，致生弊端，由县署出示，永定例规等事。
唐家营义学碑记	光绪二十五年	南乐联保唐家营普体〈提〉寺	碑记吴某等捐产兴办义塾等事。
重修三鹤观碑记	光绪二十五年	南乐联保三鹤观	碑记观创于明弘治十五年，至清道光以后历经翻修等事。
五郎关设立义学碑记	光绪二十六年	南乐联保五郎关	碑记胥品三等创办义学及前后置田三十余亩等事。
新修石佛庙碑记	光绪二十七年	天明联保石佛庙	碑记建修石佛庙及置田产等事。
题名及捐钱碑记	光绪二十七年	天明联保石佛庙	
翻修德裕庵碑序	光绪二十八年	南乐联保德裕庵	碑记庵创建于明，至清光绪间重修置田产等事。
哑姑庙碑记	光绪三十年	沈黄联保江家河	碑记建修哑姑庙事。
县主断示沙界寺文契碑记	光绪三十一年	二里联保寡妇桥	
太平村设立蒙养学堂碑记	光绪三十一年	南乐联保香水寺	碑记置田兴学及议定条规等事。

名称	时代	地点	备考
复兴寺复新桥碑记	光绪三十二年	沈黄联保月亮坝复兴寺	
重修善庆庵碑记	光绪三十二年	南昝联保善庆庵	碑记庵建自明,至清同治五年以后修建演戏等事。
新积圣母会碑记	光绪三十三年	南乐联保上元观	碑记清道光五年以后,会中置买田产等事。
天主堂义学碑记	宣统元年	南乐联保小寨村	碑记小寨村某牧师为传教事,于清光绪卅三年设立义学,并立规程等事。
沙平堰水例〈利〉碑记	宣统元年	南乐联保香水寺	碑记沙平堰砌修、灌田、涉讼,并订立条规等事。
张爷胜会碑记	宣统二年	二里联保二里坝二郎庙	
高峰观碑记	宣统二年	南昝联保高庙山	碑记观自清同治以后修建,并置地、演剧等事。
三山寺碑记	宣统三年	二里联保十王庙沟	碑记寺创于明,至清康熙、乾隆而极盛。至发匪之乱,寺毁而复兴等事。
三山寺碑记	宣统三年	二里联保十王庙沟	
龙神会碑记	宣统三年	南乐联保上元观	碑记龙神会成立于清道光十七年,以后历次修殿置产等事。
重修玉皇庙碑记	民国二年	二里联保街边玉皇庙	
盐帮财神会碑记	民国二年	二里联保玉皇庙	碑记蜀人贩卖川盐成帮,为立财神庙塑像等事。
重修天主堂碑记	民国三年	南乐联保酆家营	碑记天主堂兴于清初,自发匪后毁败,魏氏重修,至光绪廿五年再行重修等事。
重修文昌庙碑记	民国六年	南昝联保范树柳文昌宫	碑记翻修及置田植树等事。

名称	时代	地点	备考
翻修回龙寺碑记	民国八年	南昝联保回龙寺	
创修铜钱山济汉桥碑记	民国八年	天明联保铜钱山	碑记铜钱山为蜀汉捷径，南接通江，北达秦川，故造桥以济行旅等事。
创修铜钱山济汉桥碑序	民国八年	天明联保铜钱山	
大安寺碑记	民国九年	南昝联［保］大安寺	碑记大安寺田产六十七亩五分，因或拟设立高等小学，因与善庆庵所立国民小学，及大安寺涉讼经过等事。
重修泉水寺殿宇碑记	民国十年	南乐联保泉水寺	碑记清光绪三十二［年］以后，修建、置田等事。
徐家堡义学会碑记	民国十一年	南乐联保徐家堡三元宫	碑记国民小学自民国二年起积置水田等事。
汪家营创积桥会碑序	民国十二年	南乐联保汪家营青龙寺	碑记汪家河口南沙河之下流，上通汉中，下达兴安，造桥以济行旅。自清道光、光绪以后，历年置田而成桥会云。
青龙寺公立初级小学校碑记	民国十二年	南乐联保汪家营青龙寺	碑记清光绪六年创义学，至三十二年改立初小，以后历年积置田产等事。
导流堰置业碑记	民国十四年	南乐联保梁家庙	碑记是堰灌田四千八百余亩，并历次修筑等事。
五郎关庙会出资为留学生津贴碑记	民国十五年	南乐联保五郎关	碑记庙会出水田二十亩以［为］留学津贴事。
文昌庙设立初级小学校碑记	民国十七年	南昝联保范树柳文昌宫	碑记清末始立义学，及后改立初小，并为校产致涉讼等事。
疏筑上盘堰碑记	民国十七年	南昝联保范树柳文昌宫	碑记堰创自弘治十八年，直至民国历经修筑等事。

名称	时代	地点	备考
重添神像四尊募化众姓人等碑记	民国廿年	二里联保谭家岩	
沙平堰碑记	民国廿六年	南乐联保泉水寺	碑记堰自修建至民国十七年以后,屡经修筑及灌田多寡等事。
莲华寺碑记		南乐联保莲华寺	
五郎关留学津贴简章碑记		南乐联保五郎关	碑记阖村公议出资津贴贫困子弟,得受普通教育,为高小、中学、师范、大学,均得请款津贴等简章。
方神父墓碑记(此碑因无年月,故列此。)		南乐联保小寨	碑记方"系欧罗巴洲法浪匝〈西〉国人",明崇祯庚午年(公元一六三〇)来华,至清顺治丁酉年(公元一六五七)卒。为耶稣教士。

城固县石刻目录　第三区

名称	时代	地点	备考
修理藏经殿碑记	万历七年	第三区(下同)沙杜联保藏经殿	碑记城固西普恩寺,明万历元年僧德一取佛经六百三十八函六千三百七十三卷藏于寺,遂为建藏经殿庋之。殿自二年至六年始成。有黄九成记。
鼎建永宁堡城垣池減碑记	崇祯十六年	沙杜联保叶家堡关帝庙	碑文剥蚀不明。
叶氏家佛堂碑记	顺治十八年	沙杜联保集庆庵	碑记叶氏曾自铸铜佛三尊。日中所行,夜以告佛云。
重修念佛桥碑记	康熙五十五年	沙杜联保集庆庵	碑记桥建于康熙乙酉(四十四),至五十五年重修。

名称	时代	地点	备考
关帝庙斗母殿碑记	雍正九年	周公联保谢家营	
重修关帝庙碑记	乾隆四年	周公联保谢家营	
瓦滓庙圣母碑记	乾隆五年	周公联保田家村	碑记或云圣母为文王之妃，或云为文昌之母，皆不可信。
猫儿山题名碑记	仝前	周公联保猫儿山	碑记磨灭，似云其地为兴元旧域。
普济桥碑记	乾隆九年	沙杜联保苟家渡普济庵	碑记云地为汉江古渡，与南山接壤，故建桥以便行旅云。
普济庵碑记	乾隆九年	沙杜联保苟家渡	
上道院念佛会碑记	乾隆十年	沙杜联保上道院	碑记院创建于唐大顺元年，迄明重修三次，至清再修。
周公堡平水桥碑记	乾隆十一年	周公联保田家村瓦渣庙	碑记文川河北发天台，南通汉江，津渡不一：如李家店、李家河、彭家河均有桥梁。故周公堡亦建桥以济行旅云。
重修望江寺碑记	乾隆十一年	新柳联保周家湾	碑记清康熙、乾隆迭经重修。
观音堂碑记	乾隆十七年	周公联保杨家营	
七星寺碑记	乾隆十七年	龙头联保草坝村	碑记七星寺即县志所载梵教院，为古名刹云。
西小上官二堰水利碑记	乾隆廿五年	周公联保熊家营高田寺	碑记堰属文川，因用水成讼，经县定例，以田之多寡，定夫额及用水之多寡。且栽大石为界云。
重修两廊神庙碑记	乾隆廿六年	周公联保观沟村朝天观	
醇庵叶贤弟妇徐氏贞节碑序	乾隆四十二年	沙杜联保集庆庵	

名称	时代	地点	备考
叶氏族谱碑序	乾隆四十二年	沙杜联保叶家堡叶家祠堂	碑记叶氏自明洪武中由湖广孝感避水患来此。家教有五法、四戒。五法为孝、弟、勤、安、和。四戒为奸、淫、游惰、凶暴。
刘氏永盛庵并祖先堂碑记	乾隆四十三年	沙杜联保刘家乡刘氏祠堂	
独邱山种柏修祠碑记	乾隆四十四年	龙头联保独邱山	
酆都庙碑记	乾隆四十六年	龙头联保龙头寺	
重修羊吼院碑记	乾隆五十一年	周公联保羊吼院	碑记羊吼院或系杨侯院之误。杨侯或如宋杨从仪之类？至云创自唐代，恐不可信。
三锋宫碑记	乾隆五十四年	龙头联保龙头寺	
曾氏庵碑记	嘉庆二年	龙头联保曾氏庵	
重修毗卢殿碑记	嘉庆五年	沙杜联保安乐堂(即惠安院)	碑记惠安院创自明弘治间，历清乾隆、嘉庆而重修。
杨侯院重立边界碑记	嘉庆　年	周公联保羊吼院	碑记院始建于清乾隆间。嘉庆时为边界致涉讼。
重修圣母等殿碑记	嘉庆十三年	龙头联保独邱山	
七星寺整修佛宇并创立善会碑序	嘉庆二十三年	龙头联保草坝村	
曾氏庵碑记	嘉庆廿四年	龙头联保曾氏庵	
军卫五屯课税杂费碑记	嘉庆廿五年	沙杜联保镇江寺	碑记军卫五屯因有卫房书吏浮取侵渔之弊，乃为重定条款，恢复旧章云。
严禁碑记	道光二年	周公联保西文川关帝庙	碑记禁止每年麦豆收割之季，一般妇孺，不得借名拾遗，剪窃稻粮等事。

名称	时代	地点	备考
惠安院众善油灯会碑记	道光二年	沙杜联[保]安乐堂	
陈洪祖师碑记	道光三年	新柳联保周家湾望江寺	
惠安院众善油灯会碑记	道光三年	沙杜联保安乐堂	碑记会内购置水田等事。
朝叩太白山碑记	道光五年	沙杜联保安乐堂惠安院	
界碑式碑记	道光七年	周公联保熊家营高田寺	碑记上官、西小二堰,各水户引文川河水灌田至涉讼,由邑令重立界碑等事。
司家铺重翻修三元宫碑记	道光八年	沙杜联保司家铺	碑记三元宫在城西,前通汉水,北依秦山,自清雍正时创建,乾嘉以后,迭有重修,并置寺产等事。
朝叩峨眉山碑记	道光九年	沙杜联保安乐堂惠安院	
枣儿堰买地土碑记	道光十年	周公联保陈家营关帝庙	碑记文川河枣儿堰买地土五十余亩等事。
关圣帝君会碑记	道光十年	沙杜联保巨家湾	
压檐面殿碑记	道光十二年	周公联保熊家营高田寺	
朝叩武当太华山碑序	道光十二年	龙头联保龙头寺三锋宫	
严禁碑记	道光十三年	新柳联保乌梅寺	碑记公议禁止聚赌欺财、偷窃稻粮等事。
巨家湾李吴二姓合同碑记	道光十三年	沙杜联保巨家湾	碑记为李恒心、吴德玉合同碑文。
关帝庙碑记	道光十四年	周公联保西文川	
三坝堰碑记	道光十四年	龙头联保龙头寺文武祠	碑记为堰事涉讼,公定条规,不得违犯等事。

名称	时代	地点	备考
严禁碑记	道光十八年	周公联保双井村慈华院	碑记偷伐树木，乞丐强讨，公议禁止，如有再犯，拿罚送官等事。
严禁碑记	道光廿二年	新柳联保乌梅寺	碑记与前略同。
重修五圣庵碑记	道光廿三年	沙杜联保袁家营五圣庵	
朝叩太白山碑记	道光廿六年	龙头联保龙头寺酆都庙	
观音堂碑记	道光廿八年	周公联保杨家营	
朝叩峨眉山碑记	咸丰元年	龙头联保龙头寺酆都庙	
佛会功德碑序	咸丰二年	周公联保丁家湾二郎庙	
歇马庙碑记	咸丰三年	周公联保虎头寨	
重修护堤碑记	咸丰四年	沙杜联保江湾村三官殿	碑记苟家渡大漕口，自清道光庚子年起，修堤以护庄舍等事。
田粮碑记	咸丰五年	周公联保双井村慈华院	
龚家堡修理城垣城池堤岸地亩钱粮诸款碑记	咸丰五年	沙杜联保上道院文武祠	碑记堡四门街道，马道宽狭，城垣高低，均有一定尺度。(如几竿)并量尺度地亩比例纳粮，不得任何侵占及偷漏等事。
重立佛会碑记	咸丰六年	周公联保丁家湾二郎庙	
农业会公议禁规碑记	咸丰七年	沙杜联保潘家庵	碑记禁止偷窃稻、麦、豆、菜、芝麻、棉花、树木、柴草等项，并立条规六则。
严禁碑记	咸丰七年	沙杜联保安乐堂	碑记禁止穷户老幼、乞丐等成群强讨、搔扰等事。

名称	时代	地点	备考
瓦渣庙碑记	咸丰九年	周公联保田家村	
严禁碑记	咸丰十年	沙杜联保杜家营	碑记禁止偷窃五谷、树木、柴草等事。
文武庙井会渠会并置田碑记	咸丰十年	沙杜联保上道院文武庙	
城固县军卫中西垛新建口业会碑记	咸丰十一年	沙杜联保清凉寺	
酆都庙碑记	同治元年	龙头联保龙头寺	
酆都庙田地碑记	同治元年	龙头联保龙头寺	
高氏阖门殉难建修忠义节烈总坊碑记	同治九年	龙头联保龙头寺	碑记高氏于清同治元、二年间,因发匪之乱,阖门殉难,清廷除幼丁外,均赐旌表。有翰林院庶吉士高万鹏记。
高氏阖门殉难忠义总坊	同治九年	龙头联保龙头寺	碑记殉难男子姓名。
高氏阖门殉难忠义总坊	同治九年	龙头联保龙头寺	碑记殉难妇女姓氏。
严禁碑记	同治九年	龙头联保郑家营菩萨庙	碑记禁止窝赌窝贼,偷窃五谷、棉花、芝麻、萝卜、花生,砍伐树木,扰害良民等事。
中西垛提出赔粮碑记	同治十年	龙头联保郑家营菩萨庙	碑记经清嘉庆二年教匪与同治三年发匪乱后,至有死丁绝户,完课赔粮等事,经邑令更定杜弊云云。
上官堰碑记	同治十一年	周公联保广家巷华严庵	碑记上官堰居文川之上,三坝所官修也。创自明初,接水灌田,均有定规云。
重建苟家渡普济桥碑记	同治十一年	沙杜联保普济庵	碑记地为汉江古渡。创修于雍正九年,以后续有重修云。

名称	时代	地点	备考
重脩藏经寺碑记	同治十二年	沙杜联保藏经寺	碑记清同治发匪之乱,寺毁,仅存铜像数尊,暴露于野,乃为重修云。
重脩高田院序	光绪元年	周公联保熊家营	碑记院居上官堰之中,地脉自珍珠山来,前屏独邱,后枕洞阳,以文水为襟带,东西岭为护卫云。
歇马庙碑记	光绪三年	周公联保虎头寨	
雷祖殿碑记	光绪三年	龙头联保龙头寺	
酆都庙碑记	光绪五年	龙头联保龙头寺	
水利碑记	光绪五年	沙杜联保藏经寺	碑记五门堰油浮、水车二湃引水灌田,县定永杜争端等事。
石羊寺世代流源碑记	光绪七年	周公联保兴仁村	碑记寺始建于唐宪宗朝丈雪和尚。明洪武间重修庙百余间,田地数百余亩。自后住持和尚均迭有修建置产云。
告示碑记	光绪八年	周公联保西汶川关帝庙	碑记遵令征纳畜税等事。
重修茅堰碑记	光绪八年	沙杜联保袁家营关帝庙	碑记茅堰系创自明万历年间,二岸树以横木,用竹以编其外,用茅以塞等内,故名。至清嘉庆时补修,始易竹为木。以后迭有补修,并至涉讼等事。
重修镇江寺碑记	光绪八年	沙杜联保沙河营	碑记寺创于明万历年间,至清代迭有修建云。
银粮碑记	光绪十年	沙杜联保江湾村三官殿	碑记江湾村前所五甲花户,征收粮银条规等十则。
复修护堤碑记	光绪十年	沙杜联保江湾村三官殿	碑记江湾村南河边筑堤以防水患,始自清道光年间。以后每遇水泛冲毁,迭经修建云。

名称	时代	地点	备考
关帝庙碑记	光绪十年	沙杜联保袁家营	
告示碑记	光绪十一年	周公联保熊家营高田寺	碑记文川河之西小堰、上官堰二渠，引水争讼，公令永远分明，不得争执等事。
苟家渡造船碑记	光绪十二年	沙杜联保苟家渡普济庵	
杨侯院碑记	光绪十二年	周公联保羊吼院	
杨侯院碑记	光绪十三年	周公联保羊吼院	
朝叩武当山碑记	光绪十三年	龙头联保龙头寺酆都庙	
曾氏庵碑记	光绪十三年	龙头联保曾氏庵	
枣儿堰买地修坎兴讼碑记	光绪十六年	周公联保陈家营关帝庙	
刘氏祠重修祠堂述先励后碑记	光绪十六年	沙杜联保刘家乡	碑记刘氏原籍湖广黄州府麻城县人，自明洪武初迁居南郑古城。后为建祠，并置祀田等事。
慈华院碑记	光绪十九年	周公联保双井村	
续修七星寺碑记	光绪廿三年	龙头联保草坝村	
雷祖殿碑记	光绪廿三年	龙头联保龙头寺	
武阳将军墓碑记	光绪廿三年	沙杜联保叶家堡	碑记李氏原籍湖北孝感县人，明洪武初避水患以儒医居乐城西乡。碑文多剥蚀不明。中题“明武阳将军二世祖考讳明字光天……之神墓”云。
重修七星寺佛殿山门碑记	光绪廿四年	龙头联保草坝村	
二郎庙碑记	光绪廿四年	周公联保丁家湾	
关帝庙遵批重立碑文序	光绪廿五年	沙杜联保巨家庙	

名称	时代	地点	备考
严禁斩伐树木碑记	光绪廿五年	龙头联保草坝村七星寺	碑记大小鸳鸯湃为灌田计，两岸树木、杂草所以护堰，禁止斩伐放牧等事。
荀家渡船桥账项碑记	光绪廿七年	沙杜联保普济庵	
独邱山碑记	光绪廿八年	龙头联保独邱山	
五圣庙碑记	光绪三十年	沙杜联保梁家庙	
严禁碑记	光绪三十年	龙头联保独邱山	碑记严禁盗窃禾谷，及乞丐恶讨横行等事。
重修集庆庵碑记	光绪卅三年	沙杜联保	
沙河营梁家庵南通济渡碑记	光绪卅三年	沙杜联保兴隆寺	碑记沙河营梁家庵南本有小流，至清道光十五年因河水暴涨，竟成大江，遂建船桥以济行人，名曰通济渡云。
乌梅寺碑记	光绪己酉年（即宣统元年）	新柳联保乌梅寺	碑记不明寺建何代，只云历年已久云。
创修龙华院碑记	宣统二年	周公联保朱家坎	碑记脉发自天台，俗传为古双井镇东首关锁云。
龙华院碑记	宣统二年	周公联保朱家坎	
重修华严庵碑记	宣统二年	周公联保广家庵	
为重修油浮水车湃口碑记	宣统二年	龙头联保龙头寺文武祠	
独邱山碑记	宣统三年	龙头联保独邱山	
建修奎楼原序	宣统三年	周公联保西文川关帝庙	
重修朝天观碑记	民国五年	周公联保观沟村	碑记观始创于明万历二十一年云。
创修玉皇楼兼修街房碑记	民国五年	龙头联保龙头寺雷祖殿	碑[记]龙头寺为集市，因三街房屋参差不齐，乃公议翻修，并修玉皇楼及凿井以利饮料云。

名称	时代	地点	备考
争讼沙地碑记	民国六年	沙杜联保巨家湾弥陀庵	碑记西区巨家湾中沙地，自清乾隆后，因遭水患，至地界坍塌，至生讼事，现由公令重行规定云。
曾氏庵碑记	民国七年	龙头联保曾氏庵	
翻修兴龙寺碑记	民国八年	沙杜联保梁家庵	碑记寺本名回龙寺，清道光十五年水灾冲毁，后改建易名曰兴龙寺云。
重修二郎桥碑记	民国八年	周公联保丁家湾二郎庙	
油灯会碑记	民国八年	沙杜联保安乐堂	
独邱山碑记	民国九年	龙头联保独邱山	
重修永宁堡城垣碑记	民国十一年	沙杜联保叶家堡关帝庙	碑记堡始建于明崇祯十一年叶某，以防匪患云。
惠安院娘娘会碑记	民国十一年	沙杜联保安乐堂	
惠安院寒衣会血盆会碑记	民国十一年	沙杜联保安乐堂	
创修灵集寺碑记	民国十三年	沙杜联保叶家堡	
天师符碑记		沙杜联保清凉寺旁	

城固县石刻目录　第四区

名称	时代	地点	备考
唐公昉碑记	汉王莽时	第四区（下同）斗后联保唐仙观	碑记昉实作“房”。前人著录多作“昉”，误。汉居摄时成固人。成道仙去。额“仙人唐君之碑”六字。有晕，有穿。碑文十七行，碑阴题名十五行，字多漫灭难认。
石造像	北周建德二年	原公联保原公寺	全石大体完整，铭文剥蚀，多不可辨。

名称	时代	地点	备考
又一	疑北朝或隋唐	原公联保原公寺	
又一	同上	原公联保原公寺	
又一	同上	原公联保原公寺	以上三石，均移置今寺前之照壁间。视其作风，疑亦北朝或稍后之物？闻背阴尚有铭文云。
又一		原公联保肖家沟青龙寺	造像有二。内一有铭文者，伪。但均无年月，恐亦为北朝或稍后之物？
经幢	唐乾符六年	原公联保原公寺	
杨从仪墓志铭	宋乾道五年	斗前联保丁村杨填堰	杨从仪，字子和，凤翔天兴人。应原州之募，从吴玠、吴璘兄弟，抗金屡立战功，官和州防御史，封安康郡开国侯。知洋州时，复开杨填堰以利城固、洋县两邑之民。民到于今称之。
重修杨侯院碑记	明永乐五年	升木联保杨侯院	碑记谓觇其碑，历来久远，至宋末遭兵燹之乱，成为焦土。至明永乐四年，遂行重修。
天公庙碑记	明弘治七年	原公联保西原公	碑记李某发心喜立碑石，磊砌庙台，祈天神保佑等语。
重修杜阳院碑记	弘治九年	升木联保杜阳院	碑记院自唐历宋、金，被兵燹之乱，殿宇荒废，至明弘治时复行修建云。末记“赐进士第中宪大夫知汉中府事、前户部郎中袁弘”，余字殊缺，不知是否吴县人，字元室，工画山水其人也？
斗山诗碑	弘治十三年	斗前联保斗山	碑记已殊缺，似为七律一首。
重修三官庙碑记	嘉靖二年	原公联保西原公三官庙	
天公庙碑记	嘉靖六年	原公联保西原公	

名称	时代	地点	备考
塑妆睡佛碑记	嘉靖四十一年	原公联保原公寺	
仝前	仝前	仝前	
重修五门堰碑记	万历十年	升木联保五门堰	碑记县令乔起凤以五门堰上流旧工苟且，乃改用石叠砌以建悠久之基；下流渠道浅狭，修为活堰以泄横涛之势。石硖用石固堤以弭冲决之患。又于堰西创立禹稷庙，以为堰夫、理事栖息之所，并沿渠植树以固堤根。及其他种种建修，而堰下五万亩之田，得尽灌溉之利云。
□建杨填堰碑记	万历廿六年	斗前联保丁村	碑记邑令张某修建渠道梁闸以防暴洪冲毁事。
重修六堰碑记	万历廿七年	仝前	碑记城固西北四十里有高堰，西四十里有上官堰，西北三十三里有百丈堰，三十里有五门堰，二十里有石硖堰，县北十五里有杨填堰，凡此六堰溉田七万余亩，均由万历时乔高二邑令修建始臻完备云。
百丈堰新建高公桥碑记	万历廿七年	原公联保百丈堰	碑记建石桥所以闸暴水，以免渠道之淤塞横决，而疏凿浚挖之患亦可免云。桥分三洞，洞宽四尺许，高八尺许。
创建普济庵碑引	清康熙廿一年	升木联保小北河	碑记小北河口建庵始于清顺治六年，其初不过结茅以为施茶之所，至康熙时始建为庵。
创修石堰碑记	康熙三十一年	原公联保东原公土地庙	碑记堰水下流，疾若竹箭，非石堰截堵之，则民田仅有其害而无其利云。
鱼盆石刻	康熙四十五年	原公联保东原公东祠堂	

名称	时代	地点	备考
原兴庵碑记	康熙五十年	原公联保原兴庵	碑记庵始创于清康熙二十二年之李登隆。李氏自宝鸡县迁此居住。庵以后续有增修,并买水田等。
重修洪沟桥碑记	雍正十三年	原公联保东原公东祠堂	
水车渡碑记	乾隆四年	斗前联保水车村	
重修镇北庵碑记	乾隆九年	升木联保升仙村	
建修洞阳宫碑记	乾隆九年	水硙联保洞阳宫	碑记已磨泐难识。
洞阳宫暨下院扁鹊观来历碑记	乾隆九年	仝前	碑记洞阳宫为张三丰所自建。原无洞阳之名。洞阳二字,为明永乐封张三丰为洞阳真仙之称。至扁鹊观并书明其来历。
重修杜阳院碑记	乾隆十四年	升木联保杜阳院	
重修三官庙新建献殿碑记	乾隆十六年	斗前联保原山	
唐仙渡建立船桥碑记	乾隆二十年	斗后联保唐仙观	碑记谓夏季水涨用船,冬季水涸用桥。
唐仙观碑记	仝前	仝前	碑记住持废弃观务,乃由邑绅陈请更换及查明地田、树木、观基多少等事。
三义庙补修碑记	乾隆廿四年	斗前联保马家沟三义庙	
重修五郎庙碑记	乾隆廿五年	原公联保中原公	
重修斗母宫五瘟灵官铁瓦殿施主题名碑记	仝前	水硙联保洞阳宫	
船桥会所置田地数亩碑记	乾隆廿六年	斗后联保唐仙观	

名称	时代	地点	备考
施舍地亩碑记	乾隆廿八年	原公联保肖家沟青龙寺	
重修百丈堰逼水桥退水渠碑记	乾隆三十一年	原公联保百丈堰	碑记百丈堰之水源自北而下，直抵庆山，西流欲转，百丈堰横截其际，堰旁一桥，驾渠之首，名逼水桥。桥西南有逼水堤，渠流里许则有退水口。又堰上有三公祠，祀吴大夫伍公、杨公，创于元至正初，至明天顺间重修。逼水桥万历间邑今乔公所修，今并祀庙庭云。
重修伍公庙碑记	乾隆三十一年	原公联保百丈堰	碑记百丈堰旧有忠孝威惠显圣王祠，以祀春秋吴大夫伍公，俗称子胥庙。
修堰碑记	乾隆三十四年	升木联保杜阳院	碑记堰长头目以后均从有田有夫之田户中公选，并定例规，不得违犯，滋生弊端。
广利院重修佛殿山门两廊碑记	乾隆三十八年	斗后联保广利院	碑记乐城北二十里有汉唐以来之广利院，斗庆对峙，ム水环绕，为一邑胜景。清初即已重修，至乾隆时更为增建殿宇等。
广利院新旧常住田地粮数碑记	仝前	仝前	
重修井泉碑记	仝前（又似五十八年）	原公联保新马院	碑记纱严院有古井，创始于元代，至清康熙十四年水涸重修，乾隆三十二年井忽崩，故再修建云。
施舍地亩粮数碑记	乾隆三十九年	斗前联［保］太伯庙	
重修上下井沟桥碑记	乾隆四十年	原公联保东原公东祠堂	碑记淯涯之北，洪谿以东，有井沟，造桥以济川涉。

名称	时代	地点	备考
宋安康郡开国侯杨从义墓碑记	乾隆四十一年	斗前联保丁村	碑系清毕沅立。
土地庙碑记	乾隆四十二年	小河联保庙梁子	
杜阳寺碑记	乾隆四十三年	升木联保杜阳院	碑记杜阳寺前横斗峰，后据直岭，右伏牛，左湑水，为乐城北之胜景。创建于唐，历宋、元、明、清，迭经重修云。
永护庆山碑记	乾隆四十五年	原公联保庆山	碑记湑水自升仙口奔流而下，直贯西原公村之项背，赖庆山以当其冲，故山为村之保障。故山石自清康熙、乾隆各代均禁开采。
仝前	仝前	仝前	碑记原公村旧名李氏村，今查遗迹在骆驼山侧。明初郧阳督抚原杰(字子英)奉命安民驾临其地，徙民聚族于斯，故以原公名村以志遗爱云。然以庆山为村之保障，故禁止开采山石也。
慈云庵碑记	乾隆四十六年	水硙联保松树湾	碑系住持尽福尽禄所作，云“我始祖扎失领沾汉时自西域至汉中城固西原公，创修原公寺，亦名慈恩院，复修罗黄寺，亦名重发院，又修高山佛爷洞，亦名普济院。至唐乾符六年普济院乏人，复请原公寺僧住持，为庙内置产业甚多，仍在汤家沟修关帝庙一座”云。
圆山村改渠碑记	仝前	斗前联保太伯庙	
船桥碑记	乾隆四十七年	斗后联保唐仙观	
尚树庙碑记	乾隆四十八年	小河联保北溪河	
记卖地铭碑志	乾隆四十九年	小河联保石槽河回龙观	

名称	时代	地点	备考
新庙岭众善功德碑记	乾隆五十年	斗后联保新庙岭酆都庙	
公议禁止私卖田地常住碑记	仝前	原公联保禅定院	碑记禁止禅定院常住私卖田地等事。
洞阳宫碑记	仝前	水硙联保洞阳宫	碑记洞阳宫旧传为张三丰行道处。后有道人募化修逼火城一园,约百数十丈,又植松杉三千有奇云。
回龙观碑记	乾隆五十一年	小河联保石槽河	
青龙庵新建魁楼碑记	乾隆五十三年	原公联保堰岔子	碑记庵为明末党某退休之所,原有地十二亩,至清后历有增加,并有进士李孟硕、知府李叔度等游息其间,遂为辟地修楼云。
唐仙渡碑记	乾隆五十四年	斗后联保唐仙观	碑记唐仙渡上下流有荒草河坝一段,方圆数里,向为公众牧畜之地,由县令不准私人擅自耕种云。
恩垂万古碑记	乾隆五十六年	小河联保小河口火神庙	碑记县令免除新税事。
没世不忘碑记	仝前	仝前	
三官庙碑记	仝前	升木联保张家垚	
五锋庵碑记	乾隆五十七年	斗前联保马家沟	碑记谓佛像创立之初,背光极为奇丽云。
三官庙碑记	乾隆五十九年	升木联保张家垚	
重修庙碑记	乾隆六十年	水硙联保龙头寺	碑记重修龙头寺庙,始于清乾隆丁酉(四十二)年,至己酉大殿落成,以后渐次增修云。
重修土地庙碑记	嘉庆二年	小河联保庙梁子土地庙	
天真院地土粮石碑记	嘉庆三年	原公联保东原公	碑记清初佛殿多地,乾隆十九年、四十二年均有重修。田产多至卅九亩余,山场亦有两处。

名称	时代	地点	备考
天公庙碑记	嘉庆四年	原公联保东原公	碑记恐县主与里书有挟盆索财等事。
重修太伯庙碑记	嘉庆五年	斗前联保太伯庙	碑记庙重修于清康熙四十四年,以后历有重修等事。
尚树庙碑记	嘉庆六年	小河联保北溪河	
徐氏舍地碑记	嘉庆七年	原公联保堰岔子青龙庵	碑记徐氏施马鞍山旱地四亩以修庵云。
杨填堰开渠筑堤碑记	嘉庆九年	斗前联保丁村	碑记杨填堰系宋开国侯杨从仪所开。至清嘉庆时,由城固丁龙章、洋县张重华等重修堰闸,增筑堤坎,并植树以固堤基云。
太伯庙碑记	仝前	斗前联保马家沟	碑记太伯庙成于明景泰年间,至清雍、乾以后迭有重修。
五门堰碑记	嘉庆十年	升木联保五门堰	碑记五门堰中唐公溉,始于汉。堰至宋,鲁、薛两公,元明蒲、郝两公,万历时乔、高两公,清滕、聂、顾诸公,或修建,或保护培补,利民甚多云。
重修药王洞碑记	仝前	升木联保药王洞	
回龙观碑记	仝前	小河联保石槽河	
重修帮河鹅儿两堰规例碑记	嘉庆十一年	斗前联保丁村	碑记重修帮河、鹅儿两堰,并为经守闸板人新置田地,规定粮石,植柳砍梢,禁止偷伐等事。
禅定院碑记	嘉庆十二年	原公联保庆山寺	碑记庆山寺常住地方有铁佛庵山场一所,并庆山寺僧于明嘉靖二年买水田六亩等,至清嘉庆年间,忽有士绅图谋侵占,至涉讼等事。

名称	时代	地点	备考
贩盐收课碑记	仝前	小河联保小河口观音庙	碑记盐贩过小河口一带，商店发给路票与过斗等事，帮课钱多少，均有定例，不得无故兴衅云云。
施舍天真院山坡碑记	嘉庆十三年	原公联保天真院	
各洞漖田亩税数碑记	嘉庆十五年	升木联保五门堰	碑记九辆车唐公漖、九洞、萧家漖、演家漖、黄家漖、中沙渠、南沙渠、大鸳鸯漖、小鸳鸯漖、油浮漖、水车漖、西高渠等共田四万乙千〇卅亩五分四厘。
清查五门堰田亩碑记	仝前	仝前	碑记城固水利惟五门堰为最钜。水自北山湑水河出升仙口，高堰下有百丈堰，由百丈堰越二里许为五门堰。自元迄明，灌田四万九百七十余亩。后田户为免课，乃共报田三万余亩，遂复清查，实为四万乙千〇卅亩五分四厘云。
重修观音等殿碑记	仝前	原公联保原公寺	
五峰庵碑记	嘉庆十六年	斗前联保五峰庵	
尚树庙碑记	嘉庆十八年	小河联保北溪河	
广利院铁佛庵碑记	嘉庆十九年	斗后联保广利院	碑记双溪河有龙车院，俗名铁佛庵。
重修杨填堰堤坎五洞工程碑记	仝前	斗前联保丁村	碑记堰自嘉庆十五年堰被冲淤，宝山上下，淤石堆沙，几与渠平，而农田尽毁，遂由城洋两县士绅合修堤坎洞门等事。
文武祠碑记	嘉庆十九年	斗前联保吕家村	

名称	时代	地点	备考
严禁碑记	仝前	斗前联保青山院	碑记严禁砍伐墓木、割取田禾、偷窃果物等事。
重修新渠桥梁碑记	嘉庆二十年	仝前	
重修园树庙功德碑记	嘉庆廿二年	斗前联保园树庙	碑记庙始建于清康熙年间，至嘉庆时重修。
修堤碑记	嘉庆廿三年	斗后联保广利院	碑记小龙门下之唐公湃，其堤决则下游之三十六洞湃均成涸辙。
建修四桥功德碑记	嘉庆廿四年	斗后联保白马庙	
嘉庆十二年改修堰堤碑记	嘉庆廿五年	升木联保五门堰	碑记嘉庆十一二年以后河水过大，冲毁堤岸，乃改变堰堤，创置田地以便使用云。
五门堰创置田地暨合工碑记	仝前	仝前	
杨填堰创修新水口碑记	仝前	斗前联保丁村	碑记甑笆堰开掘新水口一处，并置田合粮银若干云。为清金石学家吴荣光任陕安兵备道兼管水利时立焉。
唐公车湃水利碑记	道光三年	斗后联保广利院	碑记五门堰五门之名始于元，而五门之渠实创于汉之唐公房。宋绍兴间薛可光买民地，易渠道，水始下流。元至正间蒲庸改创石渠。明弘治间郝晟，万历间乔起凤、高登明，清康熙间毛际可、胡一俊，自后均历有修浚云。
善明院碑记	道光三年	斗前联保郭家寺	
善明院新置田亩碑记	仝前	仝前	

名称	时代	地点	备考
洞阳宫碑记	道光四年	水硙联保洞阳宫	
天真院修井碑记	道光五年	原公联保东原公天真院	
五门堰清查田亩碑记	仝前	升木联保五门堰	碑记五门堰原灌田四万八百四十余亩，后田户避匿不报，仅二万九千余亩，至清[道]光三年邑令查出田四千九百七十余亩，故立石以示后。至五门堰之水共分九洞八澈，自此而下，则沟渠纵横数十里云。
重修太白楼碑记	仝前	仝前	
僧人海龙嘱后碑记	道光六年	原公联保原公寺	碑记海龙以出资建房招租，以租金为寺置地，自身后款归入公有，僧俗均不得占为私有云。
重修青龙寺碑记	仝前	原公联保肖家沟青龙寺	
五门堰堤岸碑记	仝前	升木联保五门堰	碑记西高渠因被河水冲坍，致涉讼复建等事。
马家沟本村人施舍地碑记	仝前	斗前联保五峰庵	
重修杨填堰鹅儿堰长岭沟碑记	道光七年	斗前联保丁村	碑记长岭沟为官渠之大患，鹅儿堰为杨堰之咽喉，重事修治，所以兴利除弊云。
杜阳院重为凿井碑记	道光九年	升木联保杜阳院	碑记杜阳院有唐宋胜迹，如大雄宝殿之残匾断碑，均有记事可证。凿井不仅为院僧之便，实亦南北行旅之所需也。
札照并山场条规碑记	仝前	水硙联保洞阳宫	碑记邑令文川扁鹊观道人即赴洞阳宫住持事。并定条规，不得有犯清规事。

名称	时代	地点	备考
重修三义庙碑记	仝前	斗前联保马家沟	
三官庙西杜重修井碑序	道光十年	原公联保西原公	碑记井腰外东北角砌石中有黑白间半之大石,夜能发光,系韩履泰所移置云。
复修文昌宫前水渠碑记	仝前	仝前	
关帝庙碑记	仝前	小河联保老荒林	
重修娘娘殿碑记	道光十一年	原公联保东原公天真院	
五峰庵碑记	仝前	斗前联保马家沟	
尚树庙碑记	仝前	小河联保北溪河	
诚一禅师功课赞兼遗嘱清规碑记	道光十三年	升木联保杨侯院	碑记杨侯院创于宋,重修于明、清。至诚一禅师而置产、修房、收徒,而大盛。末记遗规五条。
唐公溉水碑记	道光十四年	斗后联保广利院	碑记未注水册,强放唐公溉水事,因而公议禁止。
朝谒峨眉山胜景碑记	仝前	斗后联保东高寺	
补修庙宇碑记	道光十五年	小河联保老荒林关帝庙	
东祠堂碑记	道光十六年	原公联保东原公东祠堂	
二郎庙碑记	道光十六年	斗前联保水车村	
抢捞猴柴碑记	仝前	小河联保光荒林关帝庙	碑记老荒林众姓呈准禁止抢捞猴柴事。
重修五洞添设庙宇碑记	道光十七年	升木联保五门堰	
杨填堰碑记	仝前	斗前联保丁村	
重修三圣祠小石碑记	仝前	斗前联保垚坎	

名称	时代	地点	备考
五峰庵碑记	道光十八年	斗前联保马家沟	
姜黄庄争讼碑记	仝前	原公联保原公寺	碑记姜黄、烟叶由于耕种而得,故素来由民便卖便买,不如笋耳药材之自长山地,必入山货行而始得买卖。后因商人有收归行家之举,遂合众请邑令出示禁止,仍照旧规云。
仝前	仝前	原公联保东原公	
姜黄庄碑记	仝前	仝前	
五门堰碑记	道光十九年	升木联保五门堰	碑记五门堰首事经理人,原由公举,但因积久弊生,正人视为畏途,狡者趋为利薮,故由邑令指派公正殷实之户任之。并定例规十六条云。
园树庙碑文	道光二十年	斗前联保园树庙	碑记庙创自清康熙年间,历乾隆、嘉庆、道光而迭加重修。
修路碑记	道光廿一年	小河联保小河口火神庙	
五门堰碑记	道光廿二年	升木联保五门堰	
重修小龙门碑记	仝前	仝前	碑记五门堰下一里许有龙门一道,所以泄暴水而护渠岸,创自清嘉庆年间,以后迭有重修云。
百丈堰碑记	道光廿三年	原公联保百丈堰	碑记堰之两岸植树,不准私伐,若系挡水公用,树主不得吝惜。若由公议准许,则可截梢,不得砍椿掘根以损堤防等事。
文诞师兄功果赞并遗嘱条规碑记	道光廿三年	水硙联保洞阳宫	

名称	时代	地点	备考
小车夫争讼碑记	仝前	原公联保原公寺	碑记凡非脚骡驮运者皆不征税，如小车夫即是。后因行户有强令车夫帮柜之事，经邑令查禁，仍依旧规无税等事。
东祠堂碑记	仝前	原公联保东原公	
翻修唐仙观妆颜神像碑记	仝前	斗后联保唐仙观	碑记观起汉唐，历代重修，清嘉庆、道光再修。
唐仙渡重造船只碑记	仝前	仝前	碑记唐仙渡由来已久，至是重行修造云。
重修三官庙及献殿碑记	仝前	斗前联保原山	
车户争讼碑记	道光廿四年	原公联保东原公	碑记脚柜之行，不得向车户取税。成讼后，邑令断处，准依旧规。
妙严船桥会碑记	道光廿五年	原公联保原公寺	碑记新马院村南有湑水东下，南北行旅不便，乃有田某施资，始造于清雍正六年，至乾隆以后复有加修云。
崇道观碑记(2)	仝前	斗前联保丁村	碑记观之由来已久，至清康熙四十四年重修，以后迭有修建云。又一碑云道光重修时，见古瓦上刻有明“万历四十一年”字样云。
重修新水口碑记	道光廿六年	斗前联保丁村杨填堰	
关帝庙碑记	仝前	小河联保老荒林	
昭忠祠碑记	道光廿八年	原公联保庆山	碑记太原处士孙承志、孝廉方正尚彬等名。
告示碑记	仝前	仝前	碑记木料放至高堰，有堰长杨某等借故勒索，邑令禁止等事。

名称	时代	地点	备考
严禁碑记	仝前	原公联保原公寺	碑记严禁偷窃田禾、姜片、烟叶、姜黄、菜苗、树木，并恶丐强讨等事。
尚树庙碑记	道光廿九年	小河联保北溪河	
建中寺碑记	仝前	原公联保西原公	碑记谓新马村妙严院始自汉、唐、宋、明，至清道光迁至东原公草坝。今土人名建中寺。
重修文武祠碑记	道光三十年	升木联保许家庙	
保安寺碑记	仝前	水硙联保水硙河街	碑记寺始建于乾隆五十五年，成于道光二十六年。
东垚庙会公务始终碑序	仝前	斗前联保文武祠	
施舍木料碑记	仝前	斗后联保唐仙观	
重修伍公庙碑记	咸丰元年	原公联保百丈堰	碑记百丈堰之东南有忠孝威惠王伍庙址之所在。
东西两工堰利归公碑记	咸丰元年	原公联保百丈堰	
文武祠碑记	仝前	斗前联保吕家村	
创建斗蟾公桥暨修龙门寺旁十路碑记	咸丰三年	升木联保五门堰	
太阳会面殿内地碑记	咸丰四年	升木联保升仙村镇北庵	
重修五峰庵太伯庙三义庙碑记	仝前	斗前联保元山五峰庵	
天公庙叙事碑记	咸丰六年	原公联保东原公	
严禁碑记	仝前	升木联保许家庙文武祠	碑记木槽口因有游匪恶丐，剪绺，索讨，剪窃五谷、棉花、树木、六畜等等不法之事，遂呈准县令严行禁止云。

名称	时代	地点	备考
重立护持洞阳宫扁鹊观碑记	仝前	水硙联保洞阳宫	
百丈堰田地银粮常住源流碑序	仝前	原公联保百丈堰	碑记清嘉庆以后,旧碑半失,所有堰之田地银粮均须重刊碑记以示遵守。
新捐堰庙常住钱粮碑记	咸丰七年	仝前	
重修杜阳院碑记	咸丰七年	升木联保杜阳院	
遵示议勒章程碑文	仝前	原公联保原公寺	碑记出易仓谷,较历年过多,并令仍减至三千石以示民众遵办云。
圣母宫碑记	仝前	斗前联保斗山后	
重修娘娘殿碑记	咸丰八年	水硙联保水硙河保安寺	
严禁碑记	仝前	升木联保升仙村镇北庵	碑记严禁偷窃五谷、果蔬等事,公立规条八则。内一则,凡接留无籍之人,久后生事,惟主人是罚云。
关帝庙碑记	仝前	水硙联保北栈河	
重修关帝庙碑记	仝前	仝前	
重修祠堂凿井修火房碑序	咸丰九年	斗前联保党家村	
重修镇北庵并创建火房碑记	仝前	升木联保升仙村	
文武祠碑志	仝前	斗前联保吕家村	
三官庙碑记	咸丰十年	斗前联保原山	
重修青山院碑记	仝前	斗前联保青山院	院在元山之麓。
创修药王洞碑记	咸丰十一年	升木联保药王洞	
创塑罗汉圣像碑记	仝前	升木联保杜阳院	

名称	时代	地点	备考
施舍地亩碑记	仝前	原公联保东原公东祠堂	
青龙庵碑记	仝前	原公联保堰岔子	
关帝庙碑记	仝前	水硙联保北栈河	
创立圣会暨穿井碑记	同治元年	升木联保药王洞	
编夫格式碑序	同治四年	斗前联保丁村杨填堰	碑记杨填堰田亩屡减，遭清同治兵乱之后，册簿尽失，复呈准邑令重行编夫章程，梓为格式等事。
告示碑记	同治五年	仝前	碑记杨填堰设局管理，首事人数十年不换，至生弊端而另定新规等事。
重修新水口西南磡岸堤坎并新置田亩碑记	仝前	仝前	碑记新水口为杨填堰蓄泄水量第一要处。因清同治元年时发匪据宝山，借渠水为壕以拒官军，掘西渠堤口数十丈，由是堰水旁注，能泄而不能蓄。至同治三年匪去，始渐行修理，并置田亩等事。
重修杨公庙暨堤坎公局诸务碑记	仝前	仝前	碑记杨公庙因同治元年发匪据宝山时毁，仅存像与上殿三间。至三年正月匪去，始重修理并整理堤坎及公局等事。时何丙勋任陕安兵备道兼管水利事。
补修娘娘殿碑记	同治八年	原公联保东原公天真院	
天真院碑记	同治九年	仝前	
告示碑记	仝前	斗前联保丁村杨填堰	碑记杨填堰引水灌田，城三，洋七。同治匪后，因旧规废弛，遂至涉讼，故立碑以示众云。

名称	时代	地点	备考
重修东祠堂并新塑药王火神碑记	同治十年	原公联保东原公	
杨填堰碑记	同治十一年	斗前联保丁村	碑记杨填堰开于汉,修于宋。又谓修堰之竹椿与堰坎之圈笼,可爱惜而不可损毁。近有工头明取暗窃,故立章程数条以资遵守。
重修孤魂庙碑记	仝前	原公联保西原公	
三分局修房碑记	仝前	斗前联保丁村杨填堰	碑记城固杨堰三分局修房,及规定首事、工人、一切用物等事。
天公庙碑记	仝前	原公联保天公庙	
告示碑记	同治十三年	仝前	碑记丁家村等处有护村堤坎,被人故意践踏掘挖,故邑令出示禁止。
重修社井暨庙宇神像戏楼集厂碑序	仝前	原公联保西原公天公庙	
镇水符碑记	同治十三年	斗后联保斗山后	碑记符有“天师敕令”等字。
杨侯院碑记	同治十四年(即光绪元年)	升木联保杨侯院	
复查田亩碑记	光绪元年	升木联保五门堰	碑记五门堰灌田原有三万亩,至后田户逐渐隐匿,后经邑令查明,查出四千余亩以上,立碑以示永远云。
吴家庵重修上殿创建圣母殿碑记	仝前	升木联保吴家庵	
公议规条碑记	光绪三年	小河联保老荒林关帝庙	碑记老荒林因有包揽酒税、指官挟势、苛派勒索、扰事害民等事,乃公议条规,立石以示后云。

名称	时代	地点	备考
杨填堰碑记	仝前	斗前联保丁村	碑记杨填堰五洞下官河，为城洋引水灌溉咽喉要地，例不得任意截拦杜流，后因滋弊生窦，遂公议立碑禁止。
斗山前湾义学碑记	光绪五年	斗前联保斗山	碑记清同治中有田户互讼，经邑绅劝解，田设义学，仍另给田价了事。并规定粮石，与童稚初学免纳三年束脩云。
公议天平官称记	仝前	升木联保冲虚观	碑记称烟叶、姜黄，有三分称，每斤二十两十九铢，有五分秤，每斤廿四两，如此有乱权衡法制，乃公议一律用天平十六两云。
重修杜阳院后殿碑记	光绪六年	升木联保杜阳院	碑记杜阳院后殿创修于清康熙年间，以后迭经重修。
天公庙西利渡船桥会碑记	仝前	原公联保西坝村	碑记何某等组织桥会等事。
二郎庙碑记	仝前	斗前联保水车村	
变通寨仓会为义学会俚说	光绪七年	升木联保冲虚观	碑记将寨仓会钱银为义学会费用。
翻修关帝庙碑记	仝前	小河联保老荒林	
重修圣母行宫并高堰本庙碑序	光绪八年	升木联保杜阳院	
重修普济庵碑记	仝前	升木联保小北河	碑记庵始建于清顺治六年，以后迭经增修。
唐仙观补葺碑序	仝前	斗后联保唐仙观	碑记谓碑文十七行，是；行廿九字，非。又谓额勒仙人唐公昉碑六字，及汉宣帝、元帝等记事，均不确。
吕村北井会碑序	仝前	斗前联保吕村	

名称	时代	地点	备考
重修太伯庙殿宇戏楼火房碑记	仝前	斗前联保马家沟	
惜字会重建花墙碑记	光绪九年	斗前联保斗山	
重修大佛殿观音殿暨两廊山门碑记	仝前	原公联保禅定院	
翻修东高寺碑记	光绪九年	斗后联保东高寺	碑记东高寺始建于唐，至清屡经修葺。同治时又毁于发匪，后又重修云。
东高寺碑记	仝前	仝前	
中原公青苗碑记	仝前	原公联保中原公五郎庙	碑记禁止禾稼、瓜果、烟、桑、姜黄、豆菜等偷窃等事例规十条。
土地庙碑记	光绪十年	原公联保西原公	
杨填堰碑记	仝前	斗前联保丁村	
严禁碑记	仝前	原公联保东原公土地庙	碑记禁止偷窃五谷、姜、菜、瓜果等事。定有罚规十三条。
告示碑记	仝前	原公联保百丈堰	碑记南郑县属三皇川民情刁悍，争水滋事尤多，特示禁止。
重修青山院庙宇碑记	仝前	斗前联保青山院	
补培杨家井重修庙碑记	光绪十二年	原公联保中原公菩萨庙	
施舍埠地碑记	仝前	斗前联保园树庙	
防害碑记	光绪十三年	原公联保东原公土地庙	碑记非人办帖开行，抽取每百斤姜黄经纪钱三分之二，故公议请令禁止等事。
回龙观碑记	仝前	小河联保石槽河	

名称	时代	地点	备考
五峰庵碑记	光绪十四年	斗前联保马家沟	
重修文武祠娘娘庙碑记	光绪十五年	小河联保双溪镇	
老堰坎创修龙门新马院截改大河碑记	光绪十六年	升木联保五门堰	
重修内溉外溉碑记	仝前	斗前联保丁村杨填堰	
翻修张家庙碑记	光绪十七年	原公联保东原公关帝庙	
天真院碑记	光绪十八年	原公联保东原公	
告示碑记	仝前	原公联保百丈堰	碑记百丈堰二道湃口下淤有沙地,成田百余亩,及湃下田户截水等争执问题,遂由邑令定规晓众云。
回龙观碑记	光绪十八年	小河联保石槽河	
西圣祠犨楼迁药王座位重新上殿碑记	仝前	原公联保东原公	
历序三义庙碑记	光绪十九年	斗前联保李家湾	
重修崇道观碑记	光绪廿一年	斗前联保丁村	碑记观为宋开国侯杨从仪开杨填堰时休息之所,历宋、元、明以来,迭有改筑。清同治二年发匪毁,光绪时重修。
全然禅师功德碑记	光绪廿二年	升木联保杨侯院	
杨填堰碑记	仝前	斗前联保丁村	碑记柳林故址为淤沙旷地,栽种柳树所以护堰河堤坎。后遭放牧,遂至害堤,乃公议禁止。
告示碑记	光绪廿五年	仝前	碑记城固县田户任意开渠截水,至与洋县田户涉讼,官令依照旧章等事。

名称	时代	地点	备考
补修殿宇置买田地并禁偷水灌地碑记	仝前	斗前联保丁村杨填堰	碑记修葺杨公祠,并禁止车汲渠水,偷灌旱地等事。
重修井沟桥碑记	宣统二年	原公联保东原公东祠堂	
谕免内北区十四坝酒税碑记	民国三年	小河联保小河口街	碑记民国成立,免除一切弊政,遂将内北区十四坝酒税(即烧锅费)免除,故立石以志功云。
义学碑记	民国四年	斗后联保西高寺	碑记西高寺集资兴学之事。
补修三分堰工龙厦房碑记	仝前	斗前联保丁村杨填堰	
五门堰碑记	民国五年	升木联保五门堰	碑记五门堰、百丈堰间之沙地,虑其因耕种而浮动,至害堰堤水利,故均由公收买植树以固堰堤,禁止永远不准开掘种植云。
仝前	仝前	仝前	碑记邑令百丈堰与五门堰上流下接,互相依裨,不得因天旱之年,百丈堰据上流之势而使水不下泄,五门堰亦不得恃田户众多而故事争执,以全两益云。
水车渡船桥碑记	仝前	斗前联保水车村	
重修关帝庙碑记	民国六年	水硙联保北残〈栈〉河	
杨填堰创修乐楼暨补鸡心台南渡岸漏水碑记	仝前	斗前联保丁村	碑记修建房楼,并伐去杨侯墓前后古柏以筹款项,并禁拨堰桥充当捞柴云。
翻修龙门寺佛殿碑记	民国六年	升木联保五门堰	
翻修帝君祠殿宇碑记	民国七年	原公联保东原公东祠堂	

名称	时代	地点	备考
重修五郎庙碑记	仝前	原公联保中原公	
重修洞阳宫碑记	仝前	水硙联保洞阳宫	
重修斗山三清殿碑记	民国八年	斗前联保斗山	
杨填堰碑记	仝前	斗前联保丁村	碑记杨填堰创于萧曹，葺于杨侯。巩固堰堤，疏通渠道，全恃案亩派钱，计田出夫，恐后滋弊，为定章程以示永久云。
三义庙雕塑三郎像碑记	民国九年	斗前联保李家湾	
五门堰碑记	仝前	升木联保五门堰	碑记五门堰西河坎下植树多株，为杀水势以固河坎而护民田。后因树长成材，有被砍伐之事，故公议处罚以示后云。
杨填堰碑记	仝前	斗前联保丁村	碑记杨侯筑堰，仿萧曹山河堰之例。惟无水利局以理其事，乃公议将杨墓古柏易以新株，变值以为设局而立水利之基云。
重造斜滩渡庆山渡碑序	民国十年	升木联保升仙村镇北庵	碑记升仙口有斜滩渡、庆山渡，南通梁洋，北达秦陇，为中北栈出入之道，有船桥以利行旅云。
翻修圣母宫等殿碑记	民国十年	斗前联保斗山后	
县令布告碑记	仝前	原公联保百丈堰	碑记百丈堰田户擅启闸板等事，遂由邑令出示禁止以护水利云。
下五洞底及增修倒龙门碑记	仝前	升木联保五门堰	碑记湑水自太白山而来。

名称	时代	地点	备考
五门堰碑记	仝前	仝前	碑记百丈堰截流，致五门堰灌溉为难，至成旱灾，邑令遂出示晓谕禁止云。
河心夹地碑记	仝前	仝前	碑记五门堰上游河心夹地，由河道变更淤积而成，所有砂石树木本为备修堰之用，故令行禁止云。
建设学堂碑记	民国十一年	水硙联保北残〈栈〉河关帝庙	
东北民团保卫社社约碑记	仝前	仝前	碑记社之设立，全为捍灾御患，对于吉凶之事，家不能自举者，社为资助。并立有社约十三条，声明毫无弄党结派之意。
翻修洞阳宫暨诸像贴金碑记	仝前	水硙联保洞阳宫	
筒车田亩改造飞漕永远接用高堰退水碑记	民国十二年	升木联保五门堰	碑记五门堰官渠最上潡口旧有筒车九辆，系由官渠截坎提水，故下流田户，均受水缺之害。遂由邑令规定以后由高堰退水接灌。立有规约六条云。
癸亥年置田碑记	仝前	仝前	
重修五峰庵碑记	民国十二年	斗前联保马家沟	
洞阳宫碑记	民国十三年	水硙联保洞阳宫	
重修杜阳院碑记	民国十六年	升木联保杜阳院	
翻修天真院碑记	仝前	原公联保天真院	
杨填三分堰水利局碑记	仝前	斗前联保丁村	
查定五门堰水利局田亩租谷碑记	民国十七年	升木联保五门堰	

名称	时代	地点	备考
东西两工田户会议扩充森林碑记	仝前	原公联保百丈堰	碑记扩充森林,不仅可以护堤,而免雨水冲崩之患,而成林以后每年砍伐树枝衰草积资购地,可以为修堰之费及免收水钱之预备云。并立规则八条。
化严庵新修各祠宇简碑序	仝前	水硙联保化严庵	
重修观音殿暨山门碑记	民国十八年	原公联保原公寺	
高堰湃口碑记	民国十九年	升木联保杜阳院	碑记高堰居湑水上游,远近木商运放木料,经过湃口,旧定帮费,以后因各价突增,公议增加十倍,拉扯木料,每件亦另定帮费,而堰首亦不得故意留难云。
高堰增添新田碑记	仝前	仝前	碑记高堰向以水量与田亩多少之限制,不能扩充事务。自民十一、十七、十八,将五门堰之车田及万家营观坝村之新造田加入,逐渐增广,但每亩之入籍费为三元,以为木堰之用款,规定条款八则。
杨填堰碑记	民国二十年	斗前联保丁村	碑记百丈堰、杨填堰城洋两县为争水凶殴毙命,遂由陕西省政府令汉中区绥靖司令部会同洋城两县长依法办理,立碑以示永远云。
高堰置田亩建造房屋碑记	民国廿一年	升木联保杜阳院	碑记高堰因近年收入新入籍田、新造田、埠地接水等费,乃为购田产,修建房屋等事。
高堰入业碑记	民国廿二年	仝前	碑记湑水流域四大堰,惟高堰经费最少。其故因堰田少,工程钜,又无堰业以为补助之故。后因田户饶文培捐助十亩坪山林一处,始有堰业基础云。

名称	时代	地点	备考
五门堰合祀蒲公乔公高公碑叙	民国廿三年	升木联保五门堰	碑记五门堰水分九洞八㵐一渠,溉田几四万亩,均元至正间县令蒲庸,明万历三年县令乔起凤,万历二十三年县令高登明前后建修之功,故为设祠祭祀云。
重修二洞创修西河截堤碑记	仝前	仝前	碑记五门堰,因有五洞而名。重修二洞,创修西河截堤,均所以调剂水势,以兴利除弊云。
重修石桥码头并桥旁洞口碑记	仝前	斗前联保水车村	
重修药王洞开山碑序	民国廿四年	升木联保药王洞	
五坝天爷会成立碑序	仝前	升木联保杜阳院	
县长开议决定五门堰四里西高渠合同修堰摊款并查西高渠田亩碑记	仝前	升木联保五门堰	
百丈堰修复头道㵐口碑记	民国廿五年	原公联保百丈堰	碑记百丈堰内头道㵐口宣泄砂石,素得其利。自民二十年失修,渠道淤塞,故复加重修云。
重修洞阳宫碑记	仝前	水硙联保洞阳宫	
重修杨侯院碑记	民国廿六年	升木联保杨侯院	碑记重修经过,但不明院之由起。文用标点符号,为城邑碑记中所少见。总经理为杨永贵,协理为何铭勋等。
重修冲虚观碑记	□□□戊午年	升木联保冲虚观	碑记观在明盛时,殿宇整齐,后居民避乱,复建堡其地,后复由僧人重修云。

名称	时代	地点	备考
洋县政府训令		斗前联保丁村杨填堰	碑记百丈堰、杨填堰为开掘漕渠，至凶殴成讼，由省府令城洋两县长秉公法办等事。
重新补修回龙观碑序		小河联保石槽河	碑记回龙观亦为终南山仙居之室。又云清康熙时唐君升仙于斗山曲而作唐仙观，误。
县主面谕条规碑记		原公联保原公寺	碑记禁止偷窃农作物、捕鳝、挖堤、恶丐强讨、撒放牲畜、地中拾粪等有碍公益之事。条规共十一条。
捐赀士庶客商题名碑记		仝前	
重修五郎庙碑记		原公联保中原公	
药王洞碑记		原公联保庆山药王洞	碑记修护药王庙以外，凡庆山之石、草木，均不准开采，并不得耕种，以防大雨崩冲，至害村堡云。
重修药王洞碑记		升木联保药王洞	
修高堰下坝堤坎碑记		升木联保杜阳院	碑记高堰以下，渠水常不足用，均因堤坎不固，并砌石多缝，渗漏他去之故，故加以重修云。
和尚塔碑记		仝前	
城固县生员碑记		升木联保五门堰	
禁赌碑记		原公联保西原公	

（本文据作者手稿整理。）

石刻内容之研究

城固地方，气候得当，水旱适宜，土质肥沃。米麦大豆之丰饶，与城西白菜及西瓜之甘美，殊足使人欣羡。五六月之顷，瞻望城固郊外之麦浪，披靡于阡陌间，夹以野草黄花，芬芳四溢，尤为美观。秋冬之际，夕阳辉映于城北群山之上，杂以驱羊而歌之牧童，萧洒成趣，拾啄落穗之乌鸦成群交飞，似毫不惧行人之加害者。凡此种种，俱足表示太古纯朴之风，与蒸气似雾、煤烟如云、人声嚣杂、车水马龙之大都市迥然不同。

然城固四面环山，交通阻隔，以是文化落后，民性沉着，动作笨拙而欠活泼，然简单率直、布衣素食者，使人甚为感动。因民性简单朴直，争吵好斗之风甚盛。或因一言半语之不合，或为一文半钱之相差，乃撕打成团，血流满面，抱头号哭，叫骂不已，或沿街哭述其受冤被打之情，或告官成讼，此种现象亦可于城固各地，时时见之。

因上述之天然风景与地理环境两种关系，致生活较易，而民性怠惰，遂发生种种之恶习。如农不早起，至红日高升，则见茶馆中满坐竖发灰面、两眼流泪、似未睡足之阿芙蓉君子，午间则赌于一处，一日之时光皆用于饮茶、吸烟、打牌各项下流工作之间。因之身体衰弱，面黄肌瘦，无力为业，乃致生活日艰、衣服破烂、沿街乞讨者甚多，小偷盗窃尤为普遍之现象，此皆民众不知自拔之故也。

今复观诸历来碑文中所记，知昔日民生之状况与今无大差异。如禁赌之碑文，自清嘉庆以后历年皆有，足见彼时赌风之盛，而民生受极大之影响。至此等碑文之建立，除少数为政府设立者外，多为士绅公议而立，以示民众。此法虽系消极，然民众无知，不识法律，幸有此等碑文散立各乡村之间，民众得以随时为戒，较之未有此等碑文之设立为益多多矣。

他如历代社会之组织，教育之设施，地方之建设，以及外籍教士传教之各种情形，碑文中亦多有之。

兹按石刻之内容而分为：(一)政令方面之碑文，如禁赌、息讼等碑记属之；(二)社会方面之碑文，如公议、集会、设集、立市、建坊等碑记属之；(三)教育方面之碑文，如创建学校、兴办义学等碑记属之；(四)建设方面之碑文，如修堰造桥、建筑庙宇等碑记属之；(五)其他方面之碑文，如外人之墓碑，及建造天主堂并传教等碑记属之。兹为分别介绍于后，使观其碑文，即可知城固近数百年来社会状况之一班也。

(一) 政令方面之碑记

(1) 关于禁赌者

嘉庆七年立，现存五堵联保孙家坪关帝庙。内容：因赌为盗、逼命，公议禁条等事。

道光十三年立，现存新柳联保乌梅寺。内容：公议禁止聚赌、欺财、窃稻粮等事。

咸丰元年立，现存二里联保寡妇桥沙界寺。内容：潘知县严禁啯匪及窝赌等事禁令。

同治九年立，现存龙头联保郑家营菩萨庙。内容：禁止窝赌窝贼，偷窃五谷、棉花、芝麻、萝卜、花生，砍伐树木，扰害良民等事。

同治十年立，现存龙头联保秦家坝关帝庙。内容：禁赌宜先禁老者与新年正月，然后壮幼及终岁皆禁云。

光绪七年立，现存五堵联保五堵镇财神庙。内容：五堵门自清发匪乱后，五方杂处，良莠不齐，至有窝赌害民之事，故公议严禁云。

光绪二十二年立，现存五堵联保黄沙铺关帝庙。内容：大意与前同。

由以上碑文而知，于嘉庆年间，城固人民赌风已盛，至光绪二十二年，历代皆有禁赌之碑。因赌乃流为盗贼，东抢西劫为地方之害。民国以还，虽亦有禁赌之令，然今城固民众之聚赌仍为公开，政府尚无积极之严禁办法。

(2) 关于禁止砍伐树木、盗窃五谷及乞丐恶讨者

嘉庆九年立，现存斗前联保青山院。内容：严禁砍伐树木，割取田禾。

道光二十八年立，今存原公联保原公寺。内容：严禁偷窃田禾、姜片、烟叶、姜黄、菜苗、树木并恶丐强讨等事。

咸丰六年立，今存升木联保许家庙文武祠。内容：木槽口因有游匪恶丐，剪绺恶讨，剪窃五谷、棉花、树木等不法之事，遂呈准县令，严禁止云。

咸丰七年立，今存沙杜联保潘家庵。内容：禁止偷窃稻、麦、豆、菜、芝麻、棉花、树木、柴草等事，并立条规六则。

咸丰七年立，今存沙杜联保安乐堂。内容：禁止穷户老幼、乞丐等成群强讨搔扰等事。

咸丰八年立，今存升木联保升仙村镇北庵。内容：严禁偷窃五谷、果蔬等事，公立规八则。内一则，凡招留无籍之人，久后生事，惟主人是罚。

咸丰十年立，今存沙杜联保杜家营。内容：禁止偷窃五谷、树木、柴草等事。

光绪二年立，今存龙白联保龙王庙关帝庙。内容：龙王庙坝方离河有护河坎，公禀县立〈令〉严禁砍伐草木等事。

光绪十年立，现存原公联保东原公土地庙。内容：禁止偷窃五谷、姜、菜、瓜、果等事，定有罚规十三条。

光绪十七年立，今存五堵联保黄沙铺关帝庙。内容：霸王庙山内恶丐虽〈强〉讨民财，或遇红白事家，尤成群勒索酒食，公禀县令禁止，每丐只给一文一饭，青年不给，违者捆送，以匪论罪云。

光绪三十年立，今存龙头联保独邱山。内容：严禁盗窃禾谷及乞丐

恶讨横行等事。

由以上碑记而知，自嘉庆九年至光绪三十年，城固各乡贫苦之徒甚多，为生活计，乃有不道德之行为，各处偷窃五谷、砍伐树木等，并乞丐结群强讨民财、果蔬，使社会不安，尤以咸丰、光绪二代为甚。

（3）关于告示民众者

同治五年立，今存斗前联保丁村杨填堰。内容：杨填堰设局办理，首事人数十年不换，至生异端，而另定新规等事。

同治九年立，今存斗前联保丁村。内容：杨填堰引水灌田，城三洋七。同治匪后，因旧规废弛，遂至涉讼，故立碑以示众云。

同治十三年立，今存原公联保天公庙。内容：丁家村等处，有护村堤坎被人故意践踏、挨挖，故今出示禁止。

光绪八年立，今存周公联保西文川关帝庙。内容：尊令征纳畜税等事。

光绪十年立，今存原公联保熊家营高田寺。内容：文川河之西小堰、上官堰二渠引水争讼，公令永远分明，不得争执等事。

光绪十八年立，今存原公联保百丈堰。内容：百丈堰二道湃口下淤有沙地，成田百余亩，及湃下田户截水等争执问题，遂由邑令定规晓众云。

光绪十八年立，今存龙白联保秦家坝关帝庙。内容：东流堰上坝下坝需水之时，各宜接灌，不得任意存积，致妨公益农田等事。

由以上碑文观之，乃知城固地方，向对水利甚为重视，对堰堤之修筑与保护尤为注意，盖以民田灌溉所仰赖也。自同治五年至光绪十八年间，政府三令五申，多为禁止损坏堰堤及令疏水灌田等事，此对民生之关系甚为大矣。

（4）关于息讼者

道光二十三年立，今存原公联保原公寺。内容：凡非脚骡驮运者皆不征税，如小车夫即是。后因行户强令车夫帮柜之事，经邑令查禁，仍依旧规无税等事。

道光二十四年立，今存原公联保东原公。内容：脚柜之行，不得向车户取税。成讼后，邑令断处，准依旧规。

光绪九年立，今存城关联保平水王庙。内容：例定距城五里搬运货物，均由大车夫担任，而小车户不得混狡。但大车夫等脚价均有木牌注明，散夫等亦不得任意勒索等事。

由以上而知，自道光至光绪年间，城固对苦力及小车夫甚为优待，与以特权——不纳税，然行户仍从中剥削，使脚夫不堪其苦。今城固之花竿行仍榨取抬花竿者，如抬花竿者必须将所得之一小部与行户方可，不知县政府可得闻乎？

（二）社会方面之碑记

（1）关于公议者

《公议天平官称碑记》，光绪五年立，今存升木联保冲虚观。内容：称烟叶、姜黄，有三分称，每斤二十两十九钱，有五分秤，每斤二十四两，如此有乱权衡法则，乃公议一律用天秤十六两。

《公议立孔子会碑记》，光绪三十三年立，今存升木联保升仙村镇北庵。内容：清同治间，苏某设教于陈家巷，立孔圣会以示尊儒崇道、敬业乐群之意云。

《农业会公议禁规碑记》，咸丰七年立，现存沙杜联保潘家庵。内容：禁止偷窃稻、麦、豆、菜、芝麻、棉花、树木、柴草等项，并立条规六则。

由以上碑文乃知，光绪三、五年间，地方上仍有指官挟势之机关，以扰害人民；彼时之权衡制度，尚不一致。只就秤论，任制秤者定之，竟有二十两十九钱及二十四两之秤，权衡如此不一，可知小贩苦力者之苦矣。至光绪五年，城固方有官秤之规定为十六两。按今集市商贩所用之称，仍有新老称之别。

（2）关于集会者

《新立孤魂会碑记》，光绪二十九年立，现存五堵联保孙家坪。内容：会中每年中元、下元讽经建醮，超度孤魂等事。

《新立上九会碑记》，光绪三十二年立，今存斗前联保圆树庙。内容：

蜀人李凤山弃世修行事，死后世念其功德，于每年二月十九日观音诞日立会。

由上知，城固于光绪年间，佛会已甚多，此乃民众迷信神佛之表现也。至今仍常有男女老幼皆头披黑布，背插黄纸蝶，举香沿街诵经，或至某庙群跪拜祷，不知其会何名也。

（3）关于设立集市者

《城固县设立萝卜条集市碑记》，光绪十七年立，今存城关联保南大街王母宫。内容：萝卜条为城固安乐堂一带之土产，由县定天秤官称一杆，称则随时。集设南门内四郎庙王母宫，称交庙内住持，每担取称钱十数文为香火、食用之资云。

由上碑记乃知，城固集市之设，始于光绪十七年，今仍以此地为集市，但不仅限于发行萝卜条一物。城固至今民众及商贩等购物，仍得至集市购买，然过时间（午十二点后）或遇雨，集市则无。

（4）关于表彰忠义者

《高氏阖门殉难建修忠义节烈总坊碑记》，同治九年立，今存龙头联保龙头寺。内容：高氏于清同治元、二年间，因发匪之乱，阖门殉难，清庭〈廷〉除幼丁外，均赐旌表，有翰林院庶吉士高万鹏记。

《高氏阖门殉难忠义总坊》，同治九年立，今存龙头联保龙头寺。[内容]：殉难男子姓名。

《高氏阖门殉难忠义总坊》，同治九年立，今存龙头联保龙头寺。内容：殉难妇女姓名。

（三）教育方面之碑记

（1）关于设立学校者

《青龙寺公立初级小学校碑记》，民国十二年立，今存南乐联保王家营青龙寺。内容：光绪六年创义学，至三十二年改立初级小学，以后历年积置田产等事。

《文昌庙设立初级小学校碑记》，民国十七年立，今存南咎联保范树柳文昌宫。碑记：清末始立义学，及后改立初级小学，并为校产致涉讼等事。

《创立女子小学碑记》，民国十九年立，存白露联保左坝河三圣庵。内容：清光绪末年，就三圣庵改设初级小学校，及至民国继续办理等事。

（2）关于兴办义学者

《建修义学碑记》，光绪十七年立，今存五堵联保孙家坪罗汉寺。内容：孙家坪义学之设，始于同治十一年，碑末复记学规数则。

《唐家营义学碑记》，光绪二十五年立，今存南乐联保唐家营普[提]寺。内容：吴某等捐产兴办义塾等事。

《五郎关设立义学碑记》，光绪二十六年立，今存南乐联保五郎关。内容：胥品三等创办义学及前后置田三十余亩等事。

由以上而知，城固学校之设，皆始于民国，然无中学或师范之设立，仅小学而已。义学之设较学校为早，多始于同治、光绪年间，义学之设皆由庙产或捐款兴办。

（四）建设方面之碑记

（1）关于修堰造桥者

《重修五门堰碑记》，明万历十年立，今存升木联保五门堰。内容：县令乔起凤以五门堰上流旧工苟且，乃改用石叠砌，以建悠久之基。下流渠道浅狭，修为活堰，以泄横涛之势。石硖用石固堤，以弭冲决之患。又于堰西创立禹稷庙，以为堰夫、理事栖息之所，并沿渠植树，以固堤根，及其他种之建修，而堰下五万亩之田，得尽灌溉之利云。

《重修六堰碑记》，万历二十七年立，今存升木联保五门堰。内容：城固西北四十里有高堰，西四十里有上官堰，西北三十三里有百丈堰，三十里有五门堰，二十里有石硖堰，县北十五里有杨填堰。凡此六堰溉田七万余亩，均由万历乔高二邑令修建始臻完备云。

《百丈堰新建高公桥碑记》，万历二十七年立，今存原公联保百丈堰。内容：建石桥所以闸暴水，以免渠道之淤塞横决，而疏凿浚挖之患亦可免云。

《创修石堰碑记》，康熙三十一年立，今存原公联保东原公土地庙。

[内容]:堰水下流,疾若竹箭,非石堰截堵之,则民田仅有其害而无其利云。

《襄原渡建桥修庙碑记》,乾隆二十六年立,存龙白联保龙王庙。内容:襄原渡在县治之南,汉水所经,故建桥以济行旅云。

《重修百丈堰道〈逼〉水桥退水渠碑记》,乾隆三十一年立,今存原公联保百丈堰。内容:百丈堰之水源自北而下,直抵庆山,西流欲转,百丈堰横截其际,堰旁一桥,架渠之首,名逼水桥,桥西南有逼水堤,渠流里许,则有退水口。又堰上有三公祠,祀吴大夫伍公杨公,创于元至正初,至明天顺间重修。逼水桥万历间邑令乔公所修,今并祀庙庭云。

《杨填堰开渠筑堤碑记》,嘉庆九年立,今存斗前联保丁村。内容:杨填堰系宋开国侯杨从义所开,至清嘉庆时,由城固丁龙章、洋县张重华等重修堰闸,增筑堤坎,并植树以固堤基云。

《重修杨填堰堤坎五洞工程碑记》,嘉庆十九年立,今存斗前联保丁村。内容:自嘉庆十五年堰被冲淤,宝山上下,淤石堆沙,几与渠平,而农田尽毁,遂由城洋两县士绅合修堤坎洞门等事。

《唐公车湃水利碑记》,道光三年立,今存斗后联保广利院。内容:五门堰之名始于元,而五门之渠,实创于汉之唐公房。宋绍兴间,薛可光买民地易渠道,水始下流。元至正间,蒲庸改创石渠。明弘治间郝晟,万历间乔起凤、高登明,清康熙间毛阿〈际〉可、胡一俊,自后均历有修浚云。

《创修西堤坎碑记》,咸丰六年立,现存龙白联保柳渡村明慧院。内容:柳渡村西有中渠,水可溉田,堤可保障庄舍。至清道光、咸丰年间,屡经水患,故迭为修建。

《重修堡东门城楼石桥碑记》,光绪八年立,今存关车联保关王堡。[内容]:清同治元年三月发贼自东来汉,各县相继失陷。府城围困七月,人皆相食,百金不能升米。八月府城陷,城固城亦陷。至三年贼始去,至光绪六年始克修建云。

由以上得知,城固之堰桥自明万历十年至清光绪八年,历朝皆建修,不惟利于灌溉,且便于交通。

（2）关于建修庙宇者

《重修杨侯院碑记》，明永乐五年立，现存升木联保杨侯院。观其碑历来久远，至宋遭兵燹之乱，成为焦土，至明永乐四年，遂以重修。

《重修杜阳院碑记》，弘治九年立，现存升木联保杜阳院。内容：院自唐历宋，被金兵燹之乱，殿宇荒废，至明弘治时，复乃修建云。末记："赐进士第中宪代〈大〉夫知汉中府事、前户部郎中袁宏"，余字殊缺，不知是否吴县人字元室，工画山水其人也。

《重修惠香院碑记》，正德十年立，现存邯郸〈留〉联保宝山。内容：院自元至正至明成化、弘治、正德历次建修，及主持僧众经营情形。

《重修文庙学碑记》，万历十四年立，今存城关联保城内文庙。内容：为黄九成撰文，记文庙明景泰元年以后至万历时由礼门等先后建修等事。

《重建宝山碑记》，顺治十一年立，今存邯郸〈留〉联保宝山。内容：涉讼等事。惟文云"唐开禧……"云云，案开禧系宋宁宗年号，唐实无开禧也。

《重建乡贤祠碑记》，康熙三十四年立，今存城关联保城内文庙。内容：乡贤为汉之邓先、张骞，明之党杰等人。

《重建东岳庙碑记》，乾隆六年立，今存城关联保大西门外。内容：庙始建于明嘉靖七年，清顺治间增修，历康熙、乾隆而重修。

《重修罗汉寺碑记》，嘉庆五年立，今存五堵联保孙家坪。内容：清嘉庆时，地方患匪，有张某等向空叩首求免，许为建祠。其愚心可笑，而祠经多年始成，精神可佩。

《重修永宁寺碑记》，咸丰七年立，今存龙白联保胡广营。内容：据庙中遗钟载，明万历元年寺名永宁，后名兴龙庵云。

《重修滓〈梓〉潼庙碑记》，同治九年立，今存邯郸〈留〉联保留村。内容：庙建于明末，至清发匪之乱而毁，故乃重修。

由上知，城固庙宇之建修甚勤，盖因城固寺庙之多与人民迷信神佛之笃也。故历朝皆有建修，甚至邑人粒食维艰，亦兴募修建，足见信神之笃矣。

（五）其他碑记

《方神父墓碑记》，何时立不明，现存南乐联保小寨。内容：方“系欧罗巴洲法浪匝〈西〉国人”，明崇祯庚午年间（公元一六三〇）来华，至清顺治丁酉年（公元一六五七）卒，为耶稣教士。

《重修天主堂碑记》，光绪十四年立，今存南乐联保丰家营。内容：丰家营天主堂因发匪毁坏，魏氏重修以为荐亡之举。

《天主堂义学碑记》，宣统元年立，今存南乐联保小寨村。内容：小寨村某牧师为传教事，于清光绪三十三年设立义学，并立规程等事。

《城固县创修考院碑记》，道光二十二年立，今存城关联保城内考院，即今西北大学之礼堂内东墙壁。内容：县旧无考院，每年考试学童，于署之堂下编棚席为之。考生苦之，乃于清道光二十年起修，至二十二年而工成，复于院东隙地修箭道设厅事为武童校射之地。

自一八五八年中法《北京条约》，法国传教师得存在各省买田建室之规定后，外国教士深入我国内地传教而居留之。城固乃我内地之一小县，由以上碑文观之，已于清顺治年间有教士来此传教，光绪十四年乃有重修教堂之举。又知发匪以前，城固早已有天主堂之建立矣。教堂并设义学，就其目的不过为传教而已。

综观以上碑文，略知城固近三百年来之社会概况是如此，今日之城固除学校较昔日发达外，他无甚进步。

（本文据作者手稿整理。）

莽镜考

民国二十二年春，余考古陕西之宝鸡，有友购得一新出土之莽镜示余，见其为历来著家所未录，诚为珍品。及夏，余返北平，友复拓一纸相赠。民国二十九年，余又由城固赴西安，任教政治学院，友朋相传，谓二十八年岐山出土大批铜器，询余曾见及否？余答未见。后搜询之，得见一簠，有铭文数十字，为一伪器，盖欲冒新出土之名，而求售善价者也。又有某君赠余拓片三纸，谓亦出土于岐山者，而未肯使余一观其器，（内二器疑为簠盨之类：一器有铭五十字，一器有铭约四十八字。其他一器则为铜镜，铭文外层五十字，内层十二字。）余受而读之，簠铭一真一伪，镜铭乃余友二十二年在宝所购得之物也。旧物重逢，不胜欣慰。然而不亲见其物，其蒙混失实，有如此者。兹先作《莽镜考》，而簠铭则俟诸异日也。

案镜鑑为物，世皆同称，其始作不知起于何时。《博古图》云："黄帝液金以作神物，为鑑十五，采阴阳之精，以取乾坤五五之数，故能与日月合其明，与鬼神通其意……"《述异记》云："饶州旧传轩辕氏铸镜于湖边，今有轩辕磨镜石。"《西清古鑑》云："轩辕氏于王屋山铸镜十二。《天中记》云：'舜臣尹寿铸镜，周武王复有镜铭。'"是镜之来源甚远。然荒古难稽，语近神奇，不可尽信。惟《周礼·考工记》云："金锡半，谓之鑒燧之齐。”是《记》虽以补《冬官》之阙，犹不失为春秋战国时书，知东周时已有镜矣。然世所传，多为汉物，秦以前者，实未多见。至日敌所著《汉以前之古镜研究》，谓为战国时器，实出诬会。惟我潍县陈氏二百竟斋所藏，《博古图》《西清古鑑》（惟所录古鑑，说未可信）《奇觚室吉金文述》《陶斋吉金录》、罗振玉《古镜图录》诸书所存，搜罗既富，考鑑亦精，最可为信史取材也。窃谓镜鑑二物，世多不分。实则二者用同而物异，镜晚而鑑早。究其源，虽出一本；推其流，则为二枝。何以言之？许书金部云：“鑑，大盆也。从金监声。一曰鑑诸，可以取明水于月。”又卧部监下云：“临下也。从卧，衉省声。警，古文监，从言。”又目部瞷下云：“视也。从目，监声。”又金部镜下云：“景也。从金，竟声。”窃谓鑑、监、瞷实为一字，而监字最早，鑑（后变为鑒）字次之，瞷字又次之，警字又次之，至镜、竟字则更晚矣。盖监从卧从血，卧非寝卧之卧，血非从衉省声之血。（凡许君所谓省声，多不可通。）即或监由衉省而得声，血亦决非牲血之血也。

按金文监作[illegible]，作[illegible]，作[illegible]，上均象人瞋目（即今睁目之睁）俯视之状，下均象大盆盛水之形。按臣字金文作[illegible]，作[illegible]，作[illegible]，与甲骨文同，实象人之睁目，即《说文》训张目之瞋，亦即朱骏声所谓目下视之眈。故臣、瞋、眈，音通义同，当为一字而异体。人臣见上，则敬畏俯首而下视，故有屈伏之义。许君训“牵也，事君也，象屈服之形”，盖以人臣眼目一部分之俯伏，引申而为身体全部分之屈服矣。今[illegible]而加人作[illegible]，则俯首下视之义更明。如临，金文作[illegible]，亦象人在山岩之上而俯瞰深谷之形也。（其所从之品，即与嵒字所从之品，古文[illegible]字所从之[illegible]，[illegible]字所从之[illegible]同义。）望，金文作[illegible]，亦象人挺立土上而望月之形也。（朢，许君谓从臣从壬，从月。案壬即挺字，徐铉谓“人在土上，壬然而立”，是也。今[illegible]象睁目之形，则朢之义更显。）至监所从之盆水作[illegible]，或作[illegible]，作[illegible]，则以水本无色，近视则见，故作[illegible]；远视则不见，故作[illegible]；不如血色之明显而必作[illegible]也。又水本无形，器方则方，故作[illegible]，器圆则圆，故作[illegible]；犹如血为液体，故金文或作[illegible]，或作[illegible]，甲骨文或作[illegible]，或作[illegible]也。盖古者无金属之鑑，人临盆水之上，即所以照鑑面目，以当镜之用。所谓盆，亦尽陶器之属，《周礼 · 天官 · 凌人》注“鑑如甀，大口，以盛冰”，《集韵》“鑑，陶器，如甀，大口，以盛冰”，段注“盆者，盎也”，（案盎或从瓦作瓮。）是也。及后，人智渐进，由陶器而兼用铜器，字乃作从金之鑑，其体忍白且明，光可鑑人，用同于镜。然以形状犹存大盆之旧，而非如今日平圆之形，故仍可以盛水，但人感于普通之水之混浊不清，不适于鑑人，乃于月明之夜，云净露多，陈鑑以取之，其水无杂质，用以鑑貌，毫发悉辨，其用且过于金铸之鑑，是即许君所谓取明水于月也。及后时深月久，监字从臣（即瞋）之原形原义不明，而误谓从卧，（案卧，休也，伏也。亦象俯首之形。盖卧与寝不同，卧谓俯首屈身，略作休息之状，如孟子所谓“隐几而卧”是也。寝谓寝于床，不得屈身俯伏，如论语所谓“寝不尸”，[许于尸下云：“象卧之形。”]《曲礼》所谓“寝毋伏”是也。故谓监字从卧，说亦可通。但卧本作[illegible]，为象形字，[即象俯伏之形。]而必谓为从臣从人之会意字，则为后世臆测之说，而非本形本谊矣。）乃更加目以明之，而字作矙。及后人智益进，文明愈高，乃以古今善言法语，为己立身行事之鑑，而字遂从言作警，其时代更晚。至造镜字，纯用金属而仅以音符竟字名之，已完全入于铜器时代。且于字不见有照鑑之义，然何以必名为镜？又何以仍为照鑑之用？盖其语源仍出于鑑（鑑出于监）。因镜鑑为一声之转故也。故监字历见于古金文，鑑字则仅一见于春秋战国时器，（智君子鑑）而镜字则不见；且经典亦仅用监、鑑字，而不用镜字也。是可知镜字时代之更晚。至镜省作竟，或借竟为镜，则更为晚出矣。又《国语 · 吴语》曰：“王盍亦鑑于人，无鑑于水”，《书 · 君奭》曰：“人无于水鑑，当于民鑑”，亦可以明监字之造形造谊为鑑于水，而鉴于人言之警，为后起字矣。（监即鑑字，已见上。）世以镜鑑同用同音，而注释家遂彼此互训，不复分别。（如《左传》庄二十一年“鞶鑑”，下注云：“鑑，镜也。”《广韵》云：“鑑，镜也。”《玉篇》云：“镜，鑑也。”段氏镜下注云：“镜亦曰鑑。”）盖以昧于二字之源流本末已久，故互释如此；然其义固不诬也。世之文物制度，流传于世，有待吾人研究文字之力而阐明其历史沿变之迹者，皆此类也。兹复考释镜铭于左：

吾此次所见之镜拓，与余旧存者，完全相同。形大，直径为二公寸五公厘，西汉镜中实所少见。素鼻，八乳。花纹于图案纹外，似为朱雀、玄武、青龙、白虎，及各种祥禽异兽之属。精致生动，与汉代石画像作风相似。其作V形与T形者，即日敌所谓V字式与T字式者也。铭文分内外两层，外层为圆形，内层为方形。外层铭曰："王氏作竟，三夷服；多贺新家，人民息；胡虏殄灭，天下复；风雨时节，五谷孰；官位尊显，蒙禄食；千秋万年，受大福；传吉（?）后世，乐毋极兮。"内层铭曰："子、丑、寅、卯、辰、巳、午、未、申、酉、戌、亥"地支十二字。字体均为篆隶书。惟内铭字体似较外铭字体篆意为多。

"王氏作竟，四夷服"　言王莽或王莽家人作此镜也。竟即镜字之省借。"四夷服"者，按《汉书·王莽传》，莽在篡汉前后，欲夸耀自己威德，对于外国，利诱威胁，无所不为。自元始（平帝）元年，受封安汉公以后，"念中国已平，四夷未有异，乃遣使者赍黄金币帛，重赂匈奴单于，使上书慕从圣制而改二名"，"令塞外蛮夷献白雉"，"莽北化匈奴，东致海外，南怀黄支，惟西方未有加，乃遣中郎将平宪等，外持金币，诱塞外羌使献地，愿内属。羌豪良愿等曰，安汉公至仁，天下太平，臻麟、龙、龟、凤、神爵等瑞"。又富平侯张纯等九百二人颂莽功德曰："今万国和协。"又加莽九锡策曰："前公……是以万国慕义，蛮夷殊俗，不召自至。"莽自奏曰："绝域殊俗，靡不慕义。"莽白太后下诏曰："太保舜，大司空丰，皆为诱进单于筹策。"莽篡位后，又策命天下曰："普天之下，迄于四表，无所不至。"又令东南西北四夷，均改用汉印，去玺曰章。又遣使厚赂匈奴单于咸。如此屡书不一书，以表示四夷悦服，均与镜铭相合。至"四"，铭作"亖"，与古金文及《说文》所谓籀文合。盖莽固好改定古文者。

"多贺新家，人民息"　新即莽之国号。史籍所记，或称新室，或称新朝，或仅称新。此铭称新家，更足表示以天下为家，万民为子息之意。用一家字，自觉神情亲切，更为宛然。"新"铭作䜣，与古金文合。不用从木之小篆，盖复古以外，亦欲立异于汉者。（案汉代重要铭识，多用小篆。）至莽之所以称新，则以莽自永始（成帝）元年，袭父曼爵为新都侯，（国南阳新野之新乡。)故篡位时,曾自命曰:"新室之兴也,肇命于新都",即以其为发祥之地也。所谓"多贺",即以表示新朝之成功,多可庆贺也。所谓"人民息",即言人民从此得安养生息也。案诸《莽传》,亦多可证者:当莽元始元年,上书让安汉公曰:"愿使百姓家给人足。"又上书"愿出钱百万,献田三十顷付大司农,助给贫民,于是公卿皆慕焉"。又令太后下诏曰:"百姓家给。"张纯等九百二人颂莽曰:"今黎民时雍。"加莽九锡策曰:"前公……是以四海雍雍。"及居摄,刘嘉奏莽功德曰:"天下喁喁,引领而叹,颂声洋洋,满耳而入。"又刘歆等七十八人亦颂莽曰:"安汉公……安靖元元也。"及既篡位,又下诏曰:"百姓安土,岁以有年。"如此之类,亦屡书不一,均与镜铭相合。

"胡虏殄灭,天下复" 案"胡虏殄灭"一语,似与上文"四夷服"句重复,实则颇有不同。总观《莽传》,凡言胡虏,自指北匈奴及西域等国而言;若仅言虏,则亦有指国内反对之人而言者。兹为列举于下:居摄元年,西羌怨莽夺其地反,莽遣窦况击破之,乃上奏曰:"西海郡反虏流言,东郡逆贼惑众,所征殄灭。"篡位后,徐乡侯刘快举兵反莽,攻即墨败死,莽曰:"今即墨士大夫,复同心殄灭反虏,予甚嘉其忠者。"又莽发高句骊兵伐胡,不欲行,郡强迫之。又莽下诏曰:"详考始建国二年,胡虏猾夏以来……"又莽征攻匈奴技士,或言:"有奇士长丈,大十围,欲奋击胡虏,自谓巨毋霸。"又莽下诏曰:"虏知殄灭。"(案知为匈奴元名,莽所令改。)又莽更名匈奴单于曰降奴服于。又莽拜单于弟咸为孝单于,咸子登为顺单于。又莽令乌孙大小昆弥遣使贡献。又莽系狱故将军陈钦以悦匈奴。又莽遣使出西域诸国,皆郊迎贡献,并封为集胡男。又于出征诸人,或封定胡将军,或封伐虏侯。其所谓胡虏殄灭者,事实盖尽如此。至于"天下复"一语,则出一"复"字,更足以包举王莽一生奸诈险毒而无遗,实胜班史《汉书》三篇传也。(《莽传》分上中下三篇。)案汉镜前人著录,无虑数百,(见上述诸书)而新镜仅见一、二。汉镜虽有"天下强""天下阳"之铭文,而新镜则无。新镜而有"天下复"之铭文者,则为余今日所见一器,而汉镜则无。王氏此铭,实有极大之深意在,决非普通所谓"平复"之意已也。余今为之摘发于下,以诛王氏之心:莽之自述其本系也,曰:“黄帝姓姚氏,八世生虞舜,舜起妫汭,以妫为姓。至周武王封舜后妫满于陈,是为胡公。十三世生完……十一世田和有齐国,三世称王。……至王建……项羽封建孙安为济北王,至汉兴失国,齐人谓之王家,因以为氏。文景间,安孙遂……生贺,字翁孺,为武帝绣衣御史……翁孺皆纵不诛……以奉使不称免。叹曰:‘吾闻活千人,有封子孙;吾所活者万余人,后世其兴乎。’……终氏为怨,乃徙魏郡元城委粟里,为三老,魏郡人德之。元城建公曰:‘昔春秋沙麓崩,晋史卜之曰,阴为阳雄,土火相乘,(案注:阴为元后,即汉元帝之后,王莽之姑。阳为汉。王氏为舜后为土,汉为火,故曰土火相乘。阴盛则沙麓崩。)故有沙麓崩。后六百四十五年宜有圣女兴,其齐田乎。(案注:春秋僖十四年沙麓崩,岁在乙亥,至哀帝元寿二年,哀帝崩,元后始摄政,岁在庚申,沙麓崩后六百四十五岁。)今王翁孺徙,正值其地,日月当之。元城郭东有五鹿之虚,即沙鹿地也。后八十年当有贵女兴天下’”云。(全文见《汉书·元后传》)观莽此述,对于自身谱系,源出黄虞,在齐三世称王,及羽犹王济北;至汉一失国,再免官,翁孺活人,自炫必兴,元城避地,土德相乘,托语建公,谓必以女兴天下。其自命圣王之后,恩怨之间,五行生克,因果循环之报,至明且悉。至推崇贵女元后,即为自身立地步,以示王氏之应有天下,具有深长之历史与天意,非出偶然,实早已目无刘汉矣。观于始建国元年所班莽量铭,及《隋书·律历志》后魏景明中并州人王显达所献莽权铭,“黄帝初祖,德帀于虞;虞帝始祖,德帀于新。(权铭作辛,与前人著录‘辛有善铜出丹阳镜’铭同。)……龙集戊辰……天命有民。(权铭作人。)据土德受,正号即真……”云云,正与同出一手。其视篡夺为应得,到处自具其口供。至其着手方法,即定一尊于元后,(如上述外,哀帝祖母傅太后母丁姬称尊号,莽皆奏贬之。又建平中置酒未央宫,莽奏彻傅太后在太皇太后[即元后]坐旁之席,佞臣陈崇且以为莽能定大纲,明国体;又以傅太后等之称尊号为僭篡。又莽白太后以哀帝之尊丁傅为背恩义,贵外家,乱国家,危社稷。又惧平帝母卫姬之预国政,乃白太后令先明一统之义,使使拜卫姬为中山孝皇后，留中山，不得至京师。皆所以定一尊于元后。及元后崩，莽葬之于渭陵，与元帝合而沟绝之。及为立庙于长安，又令新室世世献祭，令元帝配食，坐于床下。则明明以太后为王氏有天下之始祖，非复刘氏之匹配矣。此即自述本系所谓以贵女兴天下之意也。）以为傀儡之用。非王者去，（如成帝为元后王氏出，以后哀平二帝均非王氏出，实为莽所不快，故莽即以女配平帝，及平帝无子，即立年仅二龄之孺子婴，以便弑夺，而不欲其子孙之再入他姓之手，时佞臣陈崇等即有维护王氏正统，诛灭造作二统势力之说。至其他臣吏，自五侯十侯以后，本已满朝王氏矣。及莽毁坏上林苑中建章、承光十余馆以起九庙，自黄帝、帝虞以至新都显王，无一刘氏，更为非王氏必去之决绝表示。）异己者戮，（如立哀帝而奏杀能谋之淳于长，忠谏之解光。立平帝而奏杀大司马董贤、诸父王立，内惮刚正之王仁。及立孺子婴，则已无复有敢言之人矣。）复以种种诳燿欺惑之手段，（如《王禁传》云："莽日诳燿太后，赂遗媚事于太后及上左右，日夜共称誉莽。"又平帝立，太后临朝称制，莽又风令太后惜养精神，稍事退休。又造作种种符命策书，以欺惑民吏使成迷信。故欲立女为后，使卜得金水王相，父母得位。欲立子婴为帝，使卜相最吉。及已居摄而谋即真，谓得新井、石牛、雍石、铜符、帛图等祥瑞多至十二。又谓得白石丹书，文曰"告安汉公莽为皇帝"。又谓得金匮策书，下策曰："予以不德，托于皇初祖考黄帝之后，皇始祖考虞帝之苗裔，而太皇太后之末属，符契图文，金匮策书，神明诏告，属予以天下兆民。"又下策曰："深惟汉氏三七之阸，赤德气尽，赤世计尽，黄德当兴，隆显大命，属予以天下。"又曰："皇天革汉而立新，废刘而兴王。"又下策曰："予以不德，袭于圣祖，为万国主。"及讨莽军已入长安，莽犹佩带符玺，持虞帝匕首，以示天命之所在。其自欺欺人，大都愚蠢可笑如此。）达成其目的，以消灭其篡窃之痕迹，以为天下后世庶知吾之得王，为出于天授与命定，特由刘氏之手恢复吾王氏旧有之物耳。故为镜铭曰"复"，岂普通虚文云尔哉。一字之力，足以网盖全身，古器物之有功史学，此其最著者也。

"风雨时节，五谷孰"　铭文五作㐅，与古金文鄦侯簋合，与小篆及

《说文》所谓古文并异。孰为熟之本字，熟字始见于梁顾野王之《玉篇》。此镜用孰字，不误。至《莽传》所记事实，与此铭亦多符合。如元始元年以后，莽由安汉公以至居摄，曾上疏太后曰："风雨时，甘露降。"又令太后下诏曰："五谷丰孰……"又太后遣使诏莽曰："闻公菜食，忧民深矣，今秋幸孰。"又莽诱西羌颂己功德曰："……五谷成孰。"及已即真，又策群臣曰："东岳太师，典致时雨，力来农事，以丰年谷。"又莽下书曰："……岁以有年。"如此所书，亦屡见不鲜。

"官位尊显，蒙禄食"　案王氏一门，自元成以还，居位辅政，凡十侯，五大司马。位极人臣，权侔天子。及莽篡汉，践祚即真，贵为天子，富有四海，岂特"官位尊显蒙禄食"而已哉。

"千秋万年，受大福"　案《说文》无万字。段氏于萬下注云："萬谓虫名，假借为十千数名。唐人十千作万，故《广韵》万与萬别。"今得此，知万字已见于西汉亡新之时，存古之功，亦可谓伟矣。至铭文所云，亦与《莽传》即真后所班符命"能立巍巍之功，传于子孙，永享无穷之祚"之文合。

"传吉后世，乐毋极兮"　案铭文吉字或为告字，不定。莽以奸险阴鸷之性，盗窃国柄，自以为子孙开帝王万世之业，其乐诚无极矣。然篡汉十六年而杀其身，与铭辞适得其反，诚如黄门待诏所谓"鸱目虎吻，豺狼之声，食人而即为人食"者也。（见《莽传》）昔嬴政席虎狼之余威，欲由一世而传之万世，卒不二世而亡秦室，千古暴戾，食报如同一辙，亦可为今之侵略者戒矣！

至于内层铭十二字，惟"[illegible]"与金文沇儿钟铭"子"，"[illegible]"与金文庚赢卣、同敦铭"丑"，"[illegible]"与《说文》古文"辰"，"[illegible]"与金文绅敦尊字之偏旁"酉"、《说文》古文酱字之偏旁"酉"相同。余均与小篆相似，无容再述。

顾此镜究作于亡新何年，铭无明文，似一问题。然考诸《莽传》，莽自天凤中叶以后，所下策书，多自谓"四夷侵略""胡虏未灭""阴阳未和""风雨不时""谷稼鲜耗"（案言既少且虚也）"百姓苦饥"云云，而臣吏亦多有以此为言而被戮者。足见此镜之作，方当莽及家人得意成功之日，盖在始建国、天凤之间也。

总观上述，证据确凿，纵起莽而质之，当亦无词以对。故此镜外铭五十字，若出他姓，犹得谓之普通颂扬之语，今作于王氏，实不啻为《汉书·莽传》三篇，及《元后传》《外戚传》诸篇之缩写也。此等史料之轻重、价值，最易为人所忽略，吾人取舍之间，实不可以不慎。否则失之毫釐，谬以千里矣。

昔《奇觚室吉金文述》，曾录一器，外层（圆形）铭曰："尚方御竟大毋伤，巧工刻娄（案即镂）成文章，左龙右虎辟不详（案即祥），朱雀玄武调阴阳，子孙备具居中央，长保二亲乐富昌，寿敝金石如侯王"，内层（亦圆形）铭曰："王氏作竟四夷服，多贺官家人民息，长保二亲得天力，传之后世乐毋极"。字体、花纹、形制、大小，均与此镜相同，或当为同时王氏家人所铸作者。惜今已不知器之所在矣。

附：本拟附图，因印刷不便，从略。

三十二年十二月于兰州十里店国立西北师范学院

（本文原载《西北学术月刊》1944 年第 1 期，又载《说文月刊》第 4 卷合刊本。）

考古一得

昔吴大澂于长安得古陶器，名曰“汉瓴”，喜而为之叙曰：“大澂得此于长安，陈寿卿丈极赏之，以为未见未闻。惜阮、刘、叶、张诸老之不得见也！旋又获一瓴，制与此同，有一杨字作‘楊’，亦残缺不完。是器下宽上杀，中空无底，有‘霸陵过氏瓴’五字。按《汉书·高帝纪》‘犹居高屋之上建瓴水也’，注引如淳曰：‘瓴，盛水瓶也。’《说文》：‘瓴，瓮似瓶也。’《管子·度地篇》‘瓴之尺有十分之三’，注云：‘瓴，谓瓴甋也。’《汉书·酷吏尹赏传》‘致令辟为郭’，注云：‘令辟，甂砖也。令辟即瓴甓之省。’今观是器，非盛水之瓶，其为屋上注水之具无疑。瓴甋当即零滴，甋即滴字，意今江东呼檐瓦为滴水，得此，可正《汉书注》之误，殊可宝贵。双瓴居士记。”

读吴氏此文，知因得是器而特名曰“双瓴居士”，其欣喜之情，可以想知。盖以为从此不仅“瓴”字得其造谊，即“高屋建瓴”一语之解说亦由是获一定论，可以发历来注家之覆矣。骥始亦深觉此□新颖可贵材料之发见为吴氏幸，顾以仅见其图录，（附图一，系吴氏原图。）未获睹其实物为憾！自是每出调查，必特加注意。一日赴市肆，见二器与吴氏所云者同，不禁大喜，以为奇遇。急购之归，欲作研究以补吴氏之缺，因吴氏对于古器物之研究，仅言其用，而未详其质（质地）色（颜色）制（形制）纹（纹饰）

之何如也。

既已稍加整理，即取吴氏之文校阅之，乃恍然于吴氏考鉴之未审，与予读书之粗疏也。按骥二器，(附图二、三)一器文曰“霸陵过氏瓴”五字，中一字稍泐。(附图二)又一器文同。惟首二字，仅存“陵”字下半之一部，而“过氏瓴”三字，则完好无缺。(附图三)取以与吴氏所录者(附图一)相校，则完全符合。且见吴氏所录之铭识为更明晰之“霸陵过氏瓴”五字也。至是始悉吴氏之所谓“瓴”者，乃一从瓦今声胡男切之“瓴”，而非从瓦令声郎丁切之“瓴”也。盖书本传说之有待于实物之证验者，如此。兹为订定其名称曰“汉瓴”，而略加考释附于后：

一、用途

《说文》：“瓴，治橐干也。从瓦，今声。”徐铉补音，胡男切。段注改治作冶。又云：“冶橐为排囊，排读普拜切，其字或作韛，或作橐。冶者以韦囊鼓火，《老子》之所谓橐也。其所执之柄曰瓴。干，犹柄也。引许者冶皆讹治，而其义湛薶终古矣。”段说极是。惟谓瓴为所执之柄，则非。按干，《说文》：“筑墙耑木也。”《玉篇》：“干，柄也。”《广韵》：“肣，排囊柄也。”(案《广韵》瓴从月，当为从瓦形近之讹，因篆文月瓦形极相似也。至谓“亦作𤭛”，当为后起之字。)段氏盖参用《玉篇》《广韵》之说而致误。而许君以干释瓴谊，亦非是。窃谓干即管字，《后汉书·窦宪传》注：“干，主也。或曰古管字。”《文选·洞箫赋》“原夫箫干之所生兮”，注谓“小竹”，实亦管也。竹管中空，吹之发声，古人用为乐器，故管籥文多连用，《孟子·梁惠王下》所谓“管籥之音”，是也。又籥亦管也，以竹为之，郑君于《诗·宾之初筵》“籥舞笙歌”下所笺是也。至范应元注《老子》于“天地之间其犹橐籥”下云：“冶炼之处，用籥以接囊橐之风炁，吹炉中之火”，明籥即管，管即冶橐之干，说最精确。盖冶橐以皮为之，则为古之韦囊，(今亦有用者。)以木为之，即为今之风箱；接冶橐之风而导入于炉令吹火炽盛者，则为干，犹乐人所吹之管籥也。是诚冶橐干之本谊，亦即瓴字之本谊矣。器古以瓦为之，故字从瓦；后以木为之，故集韵作橬从木。今予与吴氏所得，均为管状之瓦筒，且为汉代之器物，确合瓰字之造谊。清陈诗庭著《说文证疑》，谓："干当以瓦为之，故字从瓦，形如竹筒，故曰干曰柄。"陈氏虽未见是器，可谓卓识！

至瓰字从今，许谓今声，则予犹有说也：盖字之从今声者，无不含有今义，即无不含有交接连合之义也。按今，《说文》"是时也。从亼从乁。乁，古文及"，言及（逮也）时弗失则为今也。含，《说文》"嗛也。从口今声"，言口有所衔蓄也。金，《说文》"五色金也"，亦从今声，言集合众金而成五色也。吟，《说文》"呻也"，亦从今声，言口噤禽而声不舒出也。贪，《说文》"欲物也"，亦从今声，言敛聚贝货而不与人也。念，"常思也"，亦从今声，言时思而不释于心也。酓，《说文》"酒味苦也"，（《说文》此字，段补。）亦从今声，言饮酒而闭口，示味苦也。歓，《说文》"歠也"，亦从酓声，酓又从今声，（古文歓从今水。）言饮者必合其口而始不外遗也。衾，《说文》"大被也"，亦从今声，言被大能受人而掩覆之也。又衾与襟同，《释器》襟下郭注，"谓交领也"。《方言》，"衿谓之交"，是衿又有交接连合之义也。裣，《说文》"交衽也"，亦从金声，而金又从今声，是裣又有交接连合之义也。其他从今之字尚多，兹不悉举，盖凡从今声之字，无不含有今义与交合之义者。今瓰既从今声，《集韵》又作橣，从酓，自必含有今义而为交接之器或连合他物之器无疑。又《广韵》作肣，亦云作䃉，按肣为函之或体，（见《说文》）从含亦有空义，则是物之必为外实中空之器甚明。今以验诸实物，无不合者。则瓰之为排囊与炼炉间之通风管也，复何疑哉？抑亦可以知古人造字运思之精矣。

瓰字之造谊既悉，用途既明，则《说文系传》之改干作轮，《玉篇》之释瓰为似瓶有耳，许君之作冶橐为治橐，均可不辨而知其诬矣。

二、质地

器之质地为泥质（似胶泥）而含细砂，硬度极大。砂砾之大者，径约三公厘弱。泥砂之间，时见有闪光之极小石英片与砂金屑。若仅论其质地而不睹小篆之铭识，则几疑为仰韶期同时之物。

三、颜色

器之全体,表里均为灰红色,盖由烧制时激水而成。里面灰色程度较大。筒口较小之一端,两器虽均残毁,而细察图二之一器,尚留有烟火之痕迹,故颜色较黑,盖为当时衔接于炼炉者。

四、形制

器之形制,均为圆筒状,现长三公寸弱。(按原长似不止此。)系范制而兼轮制者。其较小一端为直口,(现口径五·八公分)虽已残缺,考其筒壁厚度,则渐小渐厚,(厚薄不一)(附图二、三、五)其较大一端,则筒壁厚度,渐大渐薄,至口缘而外敞。(亦厚薄不一,现口径九公分。)(附图二、四)表面满被粗绳纹,方向与筒身平行。惟较大一端,则有环绕口外之绳纹多道,方向与筒身平行之绳纹成钝角,(附图一、二、三)盖系烧制前用绳缠缚之所致也。

又小口表面之绳纹多磨灭,两器亦各残毁过半,颜色亦较他处为灰黑,足为此端接风时纳入炼炉气口内易于损毁之一证。大口口缘既外敞,表面绳纹及颜色亦完好,损毁亦仅极小之一部,足为此端接风时套在风箱或韦囊气口外不易损毁之一证。

五、纹饰

器之表面,全为粗绳纹,(已如上述)各有"霸陵过氏瓵"五字,篆文,阳识。外加长方廓。(附图一、二、三)字既精神,式亦美观。里面全部平滑,似曾经用器之打磨者。惟因质地过于粗硬,缺蚀之点甚多,且兼有裂纹也。

予写此文既毕,尚有不能已于言者:即吴氏清卿,治金文,多所发明,有功字学。著《字说》《说文古籀补》《愙斋集古录》,均称精审,成一家言。独于此器,误释若是,何也?又潍县陈寿卿氏,考鉴古器物文字,精审冠一代，而于此器竟不加是正，反极赏之，以为未见未闻，则又何也？吴氏以阮、刘、叶、张诸老之不及见为可惜，予亦以吴氏之不及见为可恨也！顾世之好古同志，当亦知斯学之不易矣！

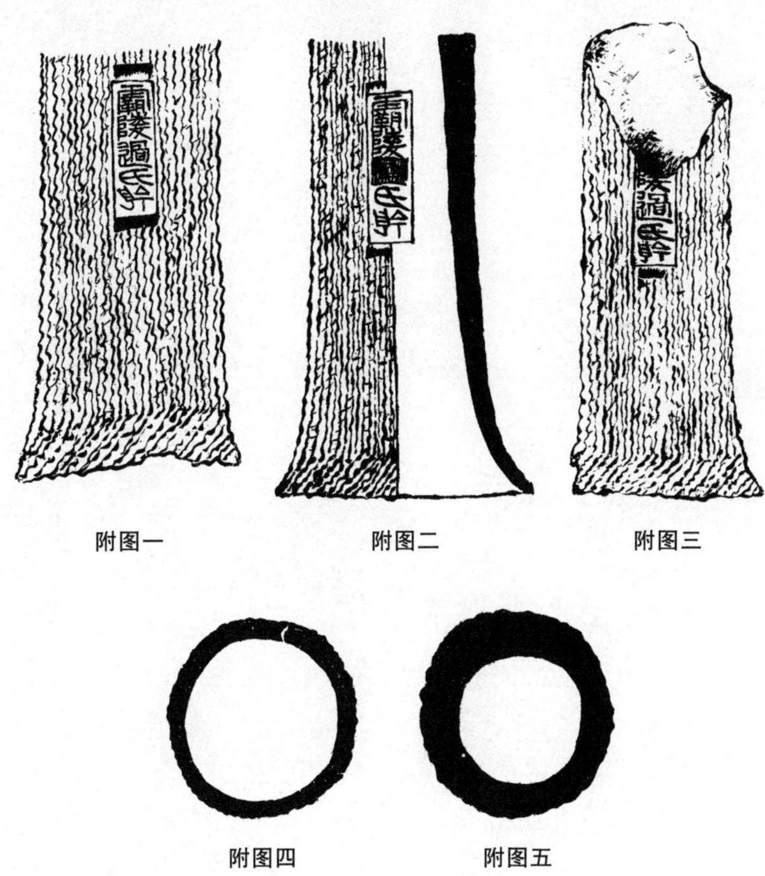

附图一 附图二 附图三

附图四 附图五

（本文原载《国立西北师范学院学术季刊》创刊号。）

文字学

半字文

释亝𪗉

《说文解字》:"亝,禾麦吐穗上平也。象形。""𪗉,等也。从亝,妻声。"许君立亝字为部首,而以𪗉字隶之,并各为说解,其为二字,显然分别。然予谓二者实一字也。案《说文》皿部齍字,金文作[illegible](仲[illegible]父鬲),作[illegible](仲自父鼎),又作[illegible](𤞞鼎),作[illegible](叔鼎)。夫齍为"黍稷在器以祀者"(《说文》),而鼎则兼任粢盛之用,是从皿从鼎,其谊一也。(马叔平先生《中国金石学讲义》云:"[illegible]盖齍字。《说文》(皿部):'齍,黍稷在器以祀者。'前人以齍盛非鼎实,遂不敢确定。今知鼎之为用,兼任粢盛,则'[illegible]'之为'齍',复何疑义。")至[illegible]之与[illegible],实即许书之𪗉。或释为妻,非也。案亝字殷虚文字作[illegible],作[illegible],亦作[illegible]。金文作[illegible](归父盘),作[illegible](齐癸姜敦),亦作[illegible](齐妇鬲)。今观[illegible][illegible]二字之形,其为亝妻二字之合文无疑。由是,知齍[illegible]为一字,则亦知许书之亝𪗉为一字矣。此相同之证一也。

又石鼓文"我以[illegible]于原",先师王静安先生《两周金石文韵读》,读[illegible]为隮,是也。案其文法,正与《诗》之"朝隮于西",《左传》之"隮于沟壑"相同。故隮即隮字,隮即跻字。(《商书·微子》"予颠跻",今《尚书》作颠隮。《诗·兼葭》《斯干》《长发》诸传,并云跻通作隮。又《春秋》文二年经云跻僖公,《周礼·大宗伯》注作隮僖公。)"我隮于原",即"我跻于原"也。

由是，又知许书齊𪗉之为一字矣。此相同之证二也。

又观许君于齊字注则云“禾麦吐穗上平也”，于𪗉字注则云“等也，妻声”。“平”“等”字别而义同，“妻”“齐”叠韵而同部。是齊𪗉音谊皆同，又可知其为一字矣。此相同之证三也。

至于既有齊字，何以又别出𪗉字？则予思之，盖亦有说：窃谓亝𪗉二字，亝字先出，𪗉字后起。𤞷鼎叔鼎之时代如何，虽不得知；而石鼓之为秦刻石，则已无可疑议。（马叔平先生《石鼓为秦刻石考》）盖齊本象形，（[illegible]象禾麦平穗，二象地之高下。全字象禾麦随地高下之形。）自有音读。特后人囿于浅见，以为妻齐音近，必加妻声于齊，而齊之音读方著，遂一变其象形而为形声，而造字之本谊反以晦矣。及段先生注《说文解字》，则复因汉儒“妻者齐也”之说，而附会之曰“此举形声包会意也”，（见本字注）则又失之失矣。

（附）按古字本为象形，而后人增加偏旁变作形声者甚多，兹不具举。

（本文原载《女师大学术季刊》第1卷第1期。）

释身

《说文解字》："身，躳也。象人之身。从人，厂声。"段先生改之云："身，躳也。从人，申省声。"今案金文，身字作身（叔向敦），作身（⿰木青伯敦），作身（邾公华钟）。皆从⊟，从千，无作身如小篆者。予因此疑身字所从之千，乃千字也；小篆作身，特形讹耳。至千字案诸甲骨金文，皆作千作千作千，与身字所从之千正合。虽甲骨文中亦有一字作千，下画稍斜，似与小篆身字所从之身略近，然仍为千字无疑。又千身古音同部。如是，则身字当为从⊟从千之字可知；而⊟则象人腹之形，千则为身字之声也。犹"信"之古文作"㐰"，从言而千声也。（千信古音同部。）故身当为形声字，然亦非如许君之所谓"从人，厂声"；亦非如段先生之所谓"从人，申省声"也。（案"厂""身"古音不同部。至"申""身"虽古音同部，然申字之形，甲骨金文皆作申申申申申诸形，无作申者。）

兹又案诸㐆字，亦可知前说之不谬：㐆，许君云，"从反身"。今按诸金文殷字偏旁作㐆作㐆，与金文身字之反文亦合。而甲骨文千字之反文亦作千，如是，则身之为从千之字，益可知矣。

（本文原载《女师大学术季刊》第1卷第2期。）

编纂《金文汇编》说明书

一、旨趣

自宋代钟鼎彝器时出商周故都，而考释金文之学始兴。如刘敞、欧阳修、杨南仲、吕大临、王黼、王俅、赵明诚、黄伯思等，或仅图形状，或兼摹款识，或考证文字，或记录名目，诠释虽不尽确当，然借实物以考文字及古史，夐非汉唐经生株守误本、伪书及师说者所能梦见，厥功甚伟！清代乾嘉以后，斯学益昌，阮元、吴式芬、吴荣光、吴大澂、徐同柏、朱善旂、潘祖荫、刘心源、端方诸家，摹录考释，精于宋贤。及至罗振玉、邹安诸氏，搜罗益富，传拓益精。孙诒让、罗振玉、王国维诸氏之考释，其审谛突过于前人，对于文字及古史，发明甚多。然诸家著作，往往一器而各书异名，一字而考释殊谊。又如摹写款识者，款式既有变更，字形亦多岐异，繙检不便，学者苦之。今拟购取诸家著述，剪贴为《金文汇编》，庶几可以展一卷而诸家之说毕陈，其定名之孰得孰失，拓片之孰优孰劣，考释之孰是孰非，皆可比较推勘，辨订然否，盖此等索引式之整理，实为治金文者初步之必要工具也。

二、材料

编纂是书,材料务求其广博,凡宋清两代及近时诸家之著述,当悉心网罗,务期少所遗漏,虽纰缪甚多者亦不可弃。兹姑举习见之书数十种以示例,此外当随时搜访也。

欧阳修《集古录跋尾》

赵明诚《金石录》

黄伯思《东观余论》

董逌《广川书跋》

张抡《绍兴内府古器评》

吕大临《考古图》

王黼等《宣和博古图》

无名氏《续考古图》

王俅《啸堂集古录》

薛尚功《历代钟鼎款识法帖》

王厚之《复斋钟鼎款识》

清乾隆敕编《西清古鉴》

又　　　　《宁寿鉴古》

又　　　　《西清续鉴》(甲乙编)

阮元《积古斋钟鼎彝器款识》

钱坫《十六长乐堂古器款识》

曹奎《怀米山房吉金图》

吴荣光《筠清馆金文》

刘喜海《长安获古编》

吴式芬《攈古录金文》

徐同柏《从古堂款识学》

朱善旂《敬吾心室彝器款识》

吴云《两罍轩彝器图释》

潘祖荫《攀古楼彝器款识》

吴大澂《愙斋集古录》

刘心源《奇觚室吉金文述》

端方《陶斋吉金录》

孙诒让《古籀拾遗》

又　　《古籀余论》

罗振玉《集古遗文》

又　　《集古遗文补遗》

又　　《秦金石刻辞》

又　　《历代符牌录》

又　　《梦郼草堂吉金图》及续编

又　　《殷文存》

又　　《矢彝考释》

王国维《古金文考释》

陈介祺《簠斋吉金录》

又　　《簠斋所辑金文》

邹安《周金文存》

盛昱《郁华阁金文》

方濬益《缀遗斋彝器款识考释》

周庆云《梦坡室获古丛编》

陈经《求古精舍金石图》

刘瀚《荆南萃古编》

吴云《二百兰亭斋金石记》

又　《二百兰亭斋金石文字》

冯承辉《金石萮》

张芑堂《金石契》

张廷济《金石文字》

陈宝琛《澂秋馆吉金图》

丁麟年《移林馆吉金图识》

吕调阳《商周彝器释铭》

罗士琳《周无专鼎铭考》

蒋鸿元《新郑出土古器图志》(初、续、附卷)

关百益《新郑古器图录》

马衡《戈戟之研究》

容庚《宝蕴楼彝器图录》

又 《秦汉金文》

郭沫若《殷周青铜器铭文研究》

又 《两周金文辞大系》

又 《金文丛考》

此外凡各家文集中,有考释彝器之材料者,(如孙诒让《籀膏述林》)或专释彝器文字者,(如吴大澂《字说》)皆宜采录。

三、剪贴编次

凡同一器物,而有数家摹录及考释者,将此器之名称、图形、款识、释文,及考证等,均依原书按器剪下,黏贴一处。其有无法剪裁者,则精意摹写之。并各注明其出自何书何卷何页,以便检查。

四、器名索引

为谋检查便利起见,拟编一器名索引。凡一器而诸家名称各殊者,取最习熟,或较妥当之一名,提行书写,而列举种种异名于其下。(初着手时暂以王国维之《宋代金文著录表》、容庚之《重编宋代金文著录表》、王国维之《国朝金文著录表》三书为依据。)并于每器名之下,注明其出自何书何卷何页。

至提行所书之各器名,其排列之次序,可依笔划之多少(或其他方法)为先后。

此目录为治金文者必要工具之一种,编成后,当即印行作为本所丛刊之一。

五、考订是正

此种工作,较前诸项为困难,然最后之目的亦即在此。如器物之名称、形制、真伪、年代之考定;铭文中之人名、地名、国名、历朔等之讨究;册命、训诰、祭祀、征伐、戍守、燕飨、礼制、风俗、生活状况等之研寻;以及改订经典之错误,考求古史之真相,辨正《说文》之臆说……皆是。

附　言

兹事体大,虽有本院导师钱玄同先生为之指导,仍恐非短期间所能告成。且事前计划,多属理想,每与实际情形不能尽相符合,将来工作进行之时,必有许多变更之处。

(本文据作者手稿整理。)

《金文汇编器铭索引》自叙

余于民国十五年，肄业北平清华研究院，从王静安先生治古文字之学，于金文一门，先生命余先读宋代诸家之书，然后迄于清代及近代人之作。余遂依据先生《宋清两代金文著录表》所采用之书，一一读之。并商承先生同意，冀譔《金文集释》一书，卒以工作烦重，及先生自沉之故，仅成初稿一部分而止。及后任教于北平各大学，并兼职于师范大学研究院，(时在民国二十年。研究院后改研究所。)而导师钱玄同、黎劭西两先生，知余有志于此而未遂也，乃以编纂《金文汇编》一事相嘱，其编纂之法，即以购得各家金文著录之书，(以善本为最。后以经费关系，未克如计实行。故有多数用书为余自备及借阅者。)按其器名、器形、铭文，考释原文，剪裁汇贴，以便研究。余亦欲借此以自勉，遂受命而从事焉。

窃谓金文之学，始兴于宋代，时以钟鼎彝器，时出商周故都，而刘敞、欧阳修、杨南仲、吕大临、王黼、王俅、赵明诚、李清照、黄伯思、董逌诸人，均先后搜集研讨，蔚成风气，于是或专图形状，或兼摹款识，或考证文字，或记录名目。诠释虽未尽当，然借实物以考订文字及古史，敻非汉唐经生株守误本伪书及师说者所能及，厥功甚伟。清代乾嘉以后，斯学益昌，阮元、吴式芬、吴荣光、吴大澂、徐同柏、朱善旂、潘祖荫、刘心源、陈介祺、端方诸家，摹录考释，精于宋贤。及罗振玉、邹安诸氏，采摭益富，传拓益精。孙诒让、罗振玉、王观堂(静安)、钱玄同、马衡、郭沫若、董作宾、容庚、徐中舒、丁山、唐兰、吴其昌、刘节、林义光、孙海波诸氏之考释,其审谛且突过于前人,对于文字及古史,发明尤多。然诸家之书,往往一器而各书异名,一字而考释殊谊,又于铭识之摹写,款式既有变更,字形亦多歧异,繙检不便,学者苦之。则《金文汇编》之作,诚有不可缓者。今是之作,庶几荟诸家众说于一编,展一卷而异同毕备;各家定名之孰得孰失,拓本之孰优孰劣,考诠之孰是孰非,皆可比校推勘,辨订然否,是诚为研治金文学者必不可少之工具也。

当余工作之进行也,乃先据王先生《宋清两代著录表》,及容氏西〈希〉白(庚)之《重编宋代金文著录表》《西清金文真伪存佚表》而成《器铭索引》一书,意欲谋诸书检查之方便,以利《汇编》全书剪贴工作之进行,并以备他日单独印行之用也,费时约三月有余。凡器名之不同者,取用最习熟或较妥之一名;若二者均不适宜时,则另制新名;提行书写,而列举各种异名于其下;并各注明其出书之卷页,及铭文字数之多寡。至于器物之时代、真伪、存佚,及沿用原表之器名而器名有与器形不符,器名有与铭文违牾,器名有用方□或摹写原文而难于称谓者,亦均略抒己见,参稽前人各家成说,而加诠正于其下。(如铭文字数,较易据实更正。时代先后及器之存佚问题,则均依王容两表而加以注明。真伪问题,则除王容两表分为"真""疑""伪"以外,如析子鼎、师鯀鼎、师旦鼎、伯彝、伯武史彝、伯庶父敦、虢姜敦、鬲尊、节钺卣、子执刀祖乙卣、父癸斝、中觯、八子孙觯、孙子觯、册丁爵、叔匠爵,原表虽分列于"真""疑""伪"三者之内,余则以为均伪器而注明于其下。器名之与器形有不符者,如敦之与敼、与彝、与簋,盨之与簋,尊之与壶、与罍,盂之与盘、与洗,觥之与匜,律管与卮之与杂器,亦均分别加以是正。器名之与铭文有违牾者,约可分为三说:有因器名与铭文本同,而立为异名似异器者;有因器名与铭文本不同,而立为同名似同器者;有因本非一器,因避器名原有篆文之繁复而另立简名,以至彼此混同者。亦均斟酌情形而为之厘订分合,以符实际。至于器名原文之艰于摹写而用方□以代之,或摹写原文而仍无以名之者，亦审释其原文之可能与近似者，以便称谓。）然仍多从王先生之说，（王表器名，本亦多从旧释。）不敢过于改窜，甚至纰缪特甚，而亦有未加一一更易者，非敢私阿所好，亦欲以便检索云尔。至藏器之家，出土之地，《考古》《博古》二图，记之于先，罗氏福颐（《三代秦汉金文著录表》），仿行于后，法美意善，自当奉为准则，然本书仍付阙如者，时与力有不逮焉。回忆每当编立一目之始，绎一器之铭，定一器之名，诸书堆积，往返比阅，检书少则逾十余种，（如宋代）多则逾四十余种，（如清及近人）而零星参稽，取征群籍与拓本者，尚不预焉。（如下列用书目中无简称之类均是。拓片从略。）故常终日兀兀，穷夙夜之力，仅能尽数十之器；意尚恨少，而头目已昏花欲陨矣。其于器名分类之序，则宋代首钟，次铎，次鼎，次鬲，次甗，次敦，次簠，次簋，次盦，次豆，次盉，次尊壶罍，次彝，次舟，次卣，次爵，次觚，次觯，次角，次斝，次卮，次不知名酒器，次盘盂洗，次匜，次觥，次镫锭盘炉，次度量衡，次兵器，次杂器；清及近人则首钟，次鼎，次甗，次鬲，次彝，次敦，次簠，次簋，次尊，次罍，次壶，次卣，次斝，次盉，次觚，次觯，次爵，次角，次杂酒器（觚、觥、卮、饮、举），次盘，次匜，次杂器，次兵器，次列国杂器，次兵符权量（秦），次鼎（汉），次壶（汉），次镫锭烛盘（汉），次权度量（汉，晋至唐附），次洗（汉），次钩（汉），次杂器（汉，魏晋至宋附），次兵器（汉，蜀魏附），次符（汉，□至宋金附）。总计凡用书七十有余，（零星稽查之书，约略在内。）得器见于宋代著录者凡六百零二，（疑、伪在内。）见于清及近人著录者凡四千七百二十有一，（亦疑、伪在内。）合得《索引》全编字数凡五十一万有奇。

当此稿之初成也，本不过《汇编》工作中首要之一部，急拟续就其他各部分，以期全书之早成。会沈变突起，日寇侵略，愤而辍业，及后抗战军兴，虽复还业教职，卒因衣食奔走，无复重理之机。且展转流徙，逾十数载，行箧匆遽，亦几濒散失矣！今来西北，虽获重整一过，缮写粗具，而原拟用书，仍有阙而未录；前后错误，亦在所难免，于心更觉慊然。兼以环境生活所限，辄思得一时人新著以为增订补益之助而不可能，则是稿之写定付梓，实尚有待；而全书（即《汇编》）之成，更不知底于何日矣！今

斯叙之作，非敢示劳，亦欲以当宿年读书之记，以为异日就正有道之资耳。

兹附录引用宋人著书目，并简称如左：

欧阳修《集古录跋尾》	集
吕大临《考古图》	考
《宣和博古图》	博
赵明诚《金石录》	录
黄伯思《东观余论》	论
董逌《广川书跋》	跋
王俅《啸堂集古录》	啸
薛尚功《钟鼎款识法帖》	帖
无名氏《续考古图》	续
张抡《绍兴内府古器评》	评
王厚之《复斋钟鼎款识》	复
(附)王国维《宋代金文著录表》	王表
容庚《重编宋代金文著录表》	容表
福开森《历代著录吉金目》	福

又附录引用清及近人著书目，并简称如左：

《西清古鉴》	古鉴
《西清续鉴》(甲乙编)	续鉴
《宁寿鉴古》	鉴古
张芑堂《金石契》	契
钱坫《十六长乐堂古器款识》	钱
阮元《积古斋钟鼎彝器款识》	阮
陈经《求古精舍金石图》	精
曹奎《怀米山房吉金图》	曹
吴荣光《筠清馆金文》	筠

吴云《二百兰亭斋金石记》	兰
刘喜海《长安获古编》	获
潘祖荫《攀古楼彝器款识》	潘
吴云《两罍轩彝器图释》	罍
吴云《二百兰亭斋金石文字》	亭
吴大澂《恒轩所见所藏吉金录》	恒
徐同柏《从古堂款识学》	徐
刘瀚《荆南萃古编》	荆
吴式芬《攈古录金文》	攈
吴大澂《愙斋集古录》	愙
刘心源《奇觚室吉金文述》	奇
朱善旂《敬吾心室彝器款识》	朱
端方《陶斋吉金录》	陶
罗振玉《秦金石刻辞》	秦
陈宝琛《澂秋馆吉金图》	澂
罗振玉《历代符牌图录》	符

孙诒让《古籀余论》

孙诒让《名原》

孙诒让《籀膏述林》

罗振玉《矢彝考释》

王国维《古史新证》(讲义)

《王忠悫公遗书》中有关金文各篇

王国维《两周金石文韵读》

吕调阳《商周彝器释铭》

罗士琳《周无专鼎铭考》

丁麟年《移林馆吉金图识》

蒋鸿元《新郑出土古器图志》(初续附卷)

马衡《戈戟之研究》

容庚《秦汉金文》

郭沫若《金文丛考》

(附)王国维《国朝金文著录表》　　王表

容庚《西清金文真伪存佚表》　　容表

福开森《历代著录吉金目》　　福

(附注)以上诸书,虽陋劣至甚者,亦在搜用之列,期少所遗漏也。至将来用于《汇编》剪贴之时,遇原著之不可剪裁者,则当精意摹写之;(如铭文)否则将删节其文而取其意云。(如考释)

再:《索引》全稿缮写,由乔敬众兄偏劳,敬此志谢。

三十七年夏于国立西北师范学院之教职员寓舍

(本文据作者手稿整理。)

整理《说文》之计画书

昔东汉许叔重，网罗古籀篆三体文字，包举形音义三种谊指，著《说文解字》一书，凡得文字九千三百五十三名，是为后世言小学者不祧之祖。自尔以来，迄于清季，若李阳冰、徐锴、徐铉、段玉裁、桂馥、王筠、朱骏声诸人，皆尝精心考求，加以注疏，实成文字之总汇，义训之渊海，蔚然一大观矣。然殷虚之卜辞，两周之款识，秦汉之石刻，其值则等于《诗》《书》，其形则久而不变，为考究文字者必须之材料。而许君当时于甲骨固非意想所及，即郡国所出鼎彝，亦未尝多见，而石刻亦收之而未尽焉。故后人于《说文》之字体字训，往往多可议者。况其书流传已久，时逢钞胥之误，不无褫落之嫌，则其有待于后人之补苴匡正以见古初文字之真面目者，宁容或缓。于是近百年来，学者鉴于历来注家之违失，古器之日出，别启径由，撰为新述。若庄葆琛之《说文古籀疏证》，吴大澂之《说文古籀补》《字说》，孙仲容之《契文举例》《名原》，罗叔言先生之《殷商贞卜文字考》《殷虚书契考释》，先师王静安先生之《戬寿堂殷虚文字考释》《古金文考释》《史籀篇疏证》《观堂集林·艺林》诸篇，丁佛言之《说文古籀补补》，林义光之《文源》，容庚之《金文编》，皆应运而作，云蒸霞蔚，所以补正许书者良多。第诸家之书，类各摅其奇意，非专从许书而加以具体之研究者也。故甲骨金石之所以优异于《说文》，与夫《说文》之断烂纰缪，犹未能尽见之也。今兹之作，拟由部次、篆文、说解三项，分类研究，期得其真而止。许叙所谓"解谬误，晓学者"，某虽未逮，然心向往之矣。谨条列绪目，述之左方，而各缀数言以说明之。

一、部次之异同

（甲）五百四十部首之排比

部首排列，本许君所自创；然亦体大思精，隐括有条理。惟许君当时，于字之本形，或有未悉，益以后世俗儒之随意改置，故往往觉其难合，今概依据古体，加以审正，参之《玉篇》部次，梦英所书，大小徐本之相违，及蒋王二氏之《部首表》，总期得其至当而后止。

（乙）各个部中篆文之出入

《说文》各部中字，亦有应在甲部而许君误入乙部者：如丧字今在哭部，然揆以全书之例，应在亡部。如此，则仅存一部首哭字，而哭字亦可并入于犬部而删去哭部。此即《说文》每部篆文应有移动之证也。今采前贤各家之说而融以己见，订其本真焉。

二、篆文之订正

（甲）并篆（此又可分三目）

(a) 异部重文

自王筠《说文释例》，列"异部重文"一科，共举四百四十三字，知篆文之宜合并者多。吾友刘盼遂君，又于章太炎先生《文始》所陈变易字凡近千名，亦古异部或同部重文，益足以证王说之不谬。（惟余意于音义相同以外，仍须顾及形体。）今依王、章之术，益参以甲骨金石文字之古体，（如"月夕"，"隹鸟"，"卿乡飨"，"弔迌蝌"，"行"之与"彳""亍"，各为一字之类。）辨其孰为正字，孰为或体；孰为初文，孰为后起。意当有丰富之获欤？

(b) 同部重文

此与王氏《释例》"同部重文"义异。王氏所甄者，本篆下之古籀或体，余所说者，同部中之两正篆，或有本一字而误岐者也。如彳部之彳之亍，止部之**止**之**㞢**，史部之史之事，本为一文之变化，此先师王（静安）先生所已证明者也。（王筠于"异部重文"科中亦附见此类。）今更搜其不及，如"齐""亝"之类，以期于完善也。（其他如在同部或异部而知为一字一物而变其形体者，如止、**𣥠**、步、**㞢**、夂、夊、舛、夆、夊、蹬、𢕕等字甚多，兹不悉举。）

（c）同部中古语辞类之连写

如鸟部"鷚""鶹"二字，其说解皆云"鷚鶹也"，而无他义，则二篆可以联写而注说解于其下。又如草部之"苿""莒"二篆亦然。若兼他义，则另附他义于其下。又如鸕，"鷀风也"，则鷀篆即可次于鸕篆之下；茨，"蒺藜也"，则藜篆亦当次于茨篆之后。如此之类，虽与甲骨金石文字无甚关系，要亦为整理许书之一事也。（吾友魏君建功曾主是说，兹采用之。）

（乙）补篆

甲骨金石所见之字，往往有形音义具备而不见于《说文》者。吾人试一检罗氏《殷虚书契考释》，吴氏《说文古籀补》，丁氏《说文古籀补补》，容氏《金文编》，随在皆有。此诚亟应补入，并注明其出处，略诠释其音义，则许书益为全璧矣。

（丙）正篆

《说文》篆书，时有不可解者，此系许君之失，抑出后人所改，虽未可定，然其为谬误则甚明。如"甲"《说文》作甲，下从丁。甲骨金文中甲字，则皆作**十**作**田**，而秦阳陵虎符则作**甲**，汉《袁敞残碑》、《天发神谶碑》、魏《三字石经》则皆作甲。由此可知从十不从丁。从丁乃《说文》之讹也。又如"由"《说文》误作侧词反之甾。甲骨金文则皆作**由**，与缶为同意。"天"之本谊为颠，故甲骨作天，金文作天，作□●形于**大**上以指示其颠，（甲骨作□形者，因刀笔之故。）而《说文》作**天**，与卜辞地名之天同形。"月"本象月阙，甲骨金文皆作**月**，象月上下弦时之形，《说文》作**月**，与胾肉之**肉**同形。本编于此类者，概加更正。

三、说解之订正

（甲）纠缪

《说文》篆文外，即说解亦往往有误。若张行孚著《发疑》一书，第就本书之例，及经典中之不合者为说，尚非确证。晚近若吴大澂《字说》，孙仲容《名原》，及王、罗两先生说，援据甲骨金石文字之用以证许书说解之失，甚彰彰也。兹于诸家之外，鄙见所及，有足确定说解之误者：如部首白字，形原作白，本为日光之谊，庄子所谓“虚室生白”，其例证也。乃许君释之云：“白西方色也。阴用事，物色白；从入合二；二，阴数。”不知作何解矣。又如“勿”为杂色物之意，而许君以为州里所建之旗。“米”为米粒琐碎纵横之形，而许君以为禾实之象。“多”为重肉，古者，初民惟有饮食观念，故以重肉表多，甲文宜字从多，象肉在俎中，《毛传》训肴，是也。许君猥云“从重夕；夕者相绎也”。此皆说解谬误之最著者也。今兹皆加以纠正，务使后人少所惑也。

（乙）补充

《说文》每字下一定义，亦有定义非误，而语意不显或不全者。如天“颠也，至高无上”，是许君明知天为顶之谊矣；然复云“从一大”，则又以苍苍之天为“天”之本义矣。此类语意函胡，亟宜辨之明晰。又如鬥下云“象门之形”，是矣；而复云“两士相对，兵杖在后”，则非。木下云“冒地而生，下象其根”，是矣；然上象枝干，而云“从中”，则非。臼下云“象形”，是矣；而中之臼齿谓为“米也”，则非。他如出之仅训草木之出，于义未全。按诸甲骨，犹有从止从一，作之，“象人出往”之一谊。是皆许君说解之不全，定义之未安，亟宜诠注补充者也。近人章太炎先生著《小学答问》，首明天义出于颠顶，洵为卓识。然以不信甲骨彝器，致未能远引博证以畅其说，亦贤者之过也。

（丙）新说

凡许书篆文、说解，皆有误谬，后儒已有订正者，与夫土地所出，闻见所及，有可以独辟径蹊者，统归此例。如吴清卿之释“不”“帝”，先师王先生之释“玨”“朋”等，皆有惊人之新意，而亦至精至确者，皆参以己见而取集焉。

（丁）语源

甲骨金石之字，恒为单体。至《说文》所收之字，则屡加以偏旁，多为形声字矣。实则古人简质字少，每借其声而义已在其中。如甲骨文冓字，其义为遇，《说文》则加辵作遘，而不复知有冓。（《说文》冓字别解。）甲文金文且字，其义为祖，而《说文》亦加示作祖。匕字在甲骨彝器，即为考妣之谊，而《说文》仍加偏旁而作妣。此皆时代渐后，迷其语源，故加偏旁以示分别。（然亦有有偏旁而为古字之或体，非后起者。）实则古字义存于声，声显于形。独体既亦足用，孳乳实出后人。今以甲骨金石文字与《说文》相较，庶几文字时代之先后，亦得多所判明欤。（然独体亦可明时代之先后：如马字字最古，字次之，字更次之。如鱼字字最古，字次之，字更次之。又已成之形声字，从其得声之文，亦可定其时代之先后：如旹从之得声，时从寺得声，则旹必古于时。如睹从者得声，《文选》等多作曙，因署亦者声也。而《说文》，则有睹无曙，是亦睹古于曙之明证也。兹不悉举。）

以上三科，于古文字之所以修正《说文》者，其术略尽于此。惟事实与理想，恒不见其必符；将来古代文字日渐发见，确有可以摧折许书者。则此事之增减损益，势必有所不免。尚望世之先觉，垂而教之，则幸甚矣！

十九年八月二十八日于北平

（本文于1931年7月由作者自刊。）

研究《说文》之意见

窃谓欲觇一民族之文化者，必自治其语言文字始；欲发挥光大一民族之文化者，亦必自广布其语言文字始。然语言主声，文字主形；声之变也繁，而研究之也难；形之变也简，故整理之也易。是以我国研究文字之书，往往胜于语言之作。且语言一科，迄今多未成立，而文字之学，则已多有成功之著述矣。推其首善之作，厥惟许氏《说文》一书。盖历来之撰字书者，类皆取习用之字，编纂章句，取便讽诵。上自《史篇》，下迄扬雄、班固之书，莫不皆然。惟许君撰《说文解字》，始叙篆文，合以古籀，博采通人之说，遍察万物之情；文为之说，字为之解；同条共贯，杂而不乱；分别部居，不相杂厕；而昔日字书之例为之一变。后之治文字学者，遂得窥见文字制作之原，与民族文化演变之迹。诚如许冲所谓"六艺群书之诂，皆训其意，而天地、鬼神、山川、草木、鸟兽、蚰虫、杂物、奇怪、王制、礼仪、世间人事，莫不略毕载"者矣。（吾人若以文化眼光研究许书时，最好依许冲及郑樵《六书略》之说，而加详其分类。说详见后附叙。）故虽谓许书为我国文字学界集大成之作，未为过也。

虽然，许君生当炎汉之季，所据惟书本之材料，所闻多口耳之传说，对于古器、实物，实未多见。所谓古文，仅指孔子壁中书；所谓籀文，惟《史籀》残篇而已。至于山川鼎彝，则言之而不详；殷虚甲骨，更非梦想所能及也。

故文字之遗漏，形体之讹误，说解之失当，证引之不确，往往随处皆是，稍检即得。而关于我国民族文化之所在，往往弃而不论，或竟臆度失实，足以贻误后之学者。窃谓今后之治学问，皆当于纸上材料之外，一归诸器物之实证，即研究吾国文字之学亦然。是以许书为吾人今日研究中国文字之津梁与文化之材料，则可。若谓研究文字文化，此书已告满足，则非也。

虽然，此亦时为之也。盖许君之目的，原在“小学”，故自叙云：“尉律，学僮十七已上，始试，讽籀书九千字乃得为吏。又以八体试之，郡移太史并课，最者以为尚书史。书或不正，辄举劾之。今虽有尉律，不课，小学不修，莫达其说久矣。”今许书所收，凡九千三百五十三字，其数适足为学僮讽书之用，盖所谓“解谬误，晓学者”，其意即在以“修小学”为己任乎？是则许君与吾人之目的既殊，方法自亦不同，无足异焉。然则吾人今日之目的如何？方法奚若？姑就拙见所及，条举如下：（一）目的：（甲）穷造字之本源，定文字之义指；（乙）究文字之演变，明人类之进化。（二）方法：（甲）证之甲骨、金石、陶器、货币、玺印文字，以明文字之源流与变迁；（乙）就许书及古器物文字而参之《诗》《书》典籍，以求造字之正例与变例；（丙）审之古代之语言与音变，以通文字之本谊与借谊；（丁）考之古代之史事与制度文物，以明某字发生时代之先民心理，与生活状况；（戊）旁求先民遗物之刻划、绘画、标识、符号，以究文字之初形与夫地方性、种族性、时间性，而求得其异同。

吾人之目的，既如上述，则对于许之体例与研究之态度，自亦不能与前人尽同，而必有所改进：（一）关于部次之改动问题：（甲）五百四十部，当重行排比，以求理论之适合，与事实之方便；（乙）各个部中之篆文，当有出入，以求其归并而免去重复，与节省其部首；（丙）每部中字之前后次第，或据形联，或依义次。其有未妥之字均须加以厘正。（二）篆文之订正：（甲）合并同部中之重文；（乙）合并异部中之重文；（丙）连写同部中之古语辞类；（丁）补入甲骨、金石、陶器、货币、玺印文之未收于许书者；（戊）是正许书篆文形体之伪〈讹〉误者。（三）说解之订正：（甲）订正说解全部之错误者。根据近人精审之著述如段玉裁、王筠、朱骏声、桂馥、张行孚、孙诒让、吴大澂、罗振玉、王国维、章文〈太〉炎、黎劭西、钱玄同、沈兼士、郭沫若、董作宾、容庚、商承祚、丁山、徐中舒、朱芳圃、卫聚贤、冯国瑞、高元白诸先生之所作，而订正许君之讹解与误说。(乙)补充说解部份之错误者。许君说解，往往有定义非误，而语意不显或不全者。此等是非错杂，真伪淆乱者，均应根据上法而加以诠正。(丙)加添新说。凡许书篆文、说解，皆有谬误，后儒已有订正者，自可据以补入。即吾人研究所得，别树新说，而于文字之形音义，人类之文化真谛，确有见地者，亦当尽量罗入，以补许君之不足，以备世人之参考。(丁)语源之探寻。甲骨金石……之字，恒为单体，至《说文》所收，则屡加偏旁，多为形声之字。实则古人性行质朴，思想简单，每借事物之声，或画事物之形，用义即在其中。且吾人而欲探求先民文野之分，往往可于此等字中求之。及后人事复杂，屡加偏旁以示区别，而语源遂迷，初形初谊，反为所晦矣。(四)字形先后之比较：(甲)以甲骨金石文字与《说文》相较，往往可求得文字时代之先后。如文与字较，则文自在字先；简单之合体与复杂之合体较，则简单之合体亦自早于复杂之合体。然文与文较，简单之合体与简单之合体较，复杂之合体与复杂之合体较，参诸《说文》，验诸器铭，亦可各明时代之先后也。

许书之违失，既如上述。兹复述其优点之最著者，以明许君存古之功之伟不可及也：

《说文》人部倗下云："辅也。从人朋声。"案贝五为朋，故友倗字从之。后世假朋贝字为友倗字，废专字而不用，世几莫之知者。今许君存之于《说文》中，而与甲骨金文合。存古之功，此其一也。弓部弹下云："行丸也。从弓单声。弹，或从弓持丸，作弜。"今案诸卜辞字形，正为弓持丸，与许书或说同。许君能博采众说，信而有征，至于如斯。存古之功，此又一也。受部爰下云："引也。从受从于。籀文以为车辕字。"又玉部瑗下云："大孔璧。人君上除陛以相引。从玉，爰声。"段(玉裁)桂(馥)两氏，于人君相引之说，均谓未闻。实则瑗为大孔璧，可容两人手，确有援引、牵引之义。案诸卜辞，实与爰为一字。且均作两手持丨，象君臣互相牵引之形。今许君于二字均训引义，洵为卓识。存古之功，此又一也。卜部贞下云："卜问也。从卜，贝以为贽。一曰鼎省声，京房所说。"又部首鼎下云："……古文以贞为鼎，籀文以鼎为贞。"今案诸卜辞，凡某日卜某事皆曰贞。其字与贝字相似而不同；或竟作鼎，则正与许君以鼎为贞之说合。又贞古经注皆训正，惟许君有卜问之训，亦与甲骨文例合。而古金文中，贞鼎二字尤多不分，合诸卜辞，更足为许书之证。存古之功，此又一也。有此诸证，已足明许书之价值矣。故吾人而不欲保存发扬中华民族之文化则已；苟欲保存而发扬之，则舍研究中华民族所遗留之文字，其道莫由。欲研究中华民族所遗留之文字，则舍研究许书为研究一切文字之基本，亦其道莫由。

兹附录高书叙文一篇于后，以补充骥此文之不足。

（本文原载《党言》第2卷第3、4期合刊。）

附：高元白《文字形体的源流》叙

窃尝谓吾人研究文字学之最终目的有二：一为狭义的，一为广义的。所谓狭义的，即就文字之形音义三者而加以探讨，仅求得文字本身之了解而止；换言之，亦可谓之分析的研究。此种研究，自东汉许叔重而后，已不下百数十辈；逮夫清代乾嘉以降，尤称极盛。及阮（元）吴（大澂）罗（振玉）王（国维）诸家出，能运用彝器甲骨文字以推广研究之领域，一变墨守许氏一家学说之风，实可谓文字学界之大革新与大幸运，迄今学者尚迈进于此途中而未知有已也。所谓广义的，即用文化、历史之眼光，从所有之文字中，探求我国民族之特殊性，与固有精神，使之发扬光大而贡献于世界；换言之，亦可谓之综合的研究。此种研究，除吴孙（诒让）罗王四家已略引其端绪外，尚未见有其他系统之著作也。（如郭沫若、董作宾、徐中舒、丁山、卫聚贤诸先生，间有及之。）

然此种工作，取材较广，头绪较繁，门类较多，其学必兼习夫历史、文化、考古、民族、社会、地理、生物各科之学，以明人类进化之原，与人事变迁之迹；其法可略取郑樵《六书略》分类之方而加详改善，解散许书五百四十部，综合九千三百五十三文并《说文》以后之字，而详析为天文、地理、人事、动、植、矿等若干类，（今岁黎先生劭西自兰返校，亦制有词类表以教及门，颇与余说相同。余深喜先生之法之益精且善，与余说之能与先生暗合也。故先生之表，亦至可取法。）每类复案文字发生之先后，联系之而分别为若干期。再冠甲骨、金文、古陶文字于每类之首，以为我国初形文字之暂守最高标准，旁以征诸世界各国之原始文字以为比较之资。如此类别系明，纲举目张，然后逐字考求其形音义三者，而究其造因与变化。既得其本义，则于余义，于引申义，于假借义，于形，于声，各指所之，罔不就理；而与人类进化之序，文化演变之道，关系若何，亦罔不灼知。是则不仅广义与狭义兼有，实综合与分析并包；岂徒为一部咬文嚼字、枯燥无味、字典式之文字书，实我黄帝子孙五千年来之一部真实可信之文化史也。（因历史记载，往往失实，不如文字发生自然，能代表民族文化之真实性。）

然熟思着手此业之第一步，厥在明我国文字之流变。骥滥竽斯科，亦颇有年，自北平以迄西北西大、师院，无不以此旨为同学言之。且亦编有《文字形体变迁史》与《文字学形义概要》讲义两种，以为试教之具。惟以自愧浅陋，未敢问世；而时事变幻，清稿无期。今得奉读契友高元白先生所著之《我国文字形体的源流》一书，晔然巨著。拜佩之余，尤幸元白之能安心著述，先我而成也。书分溯源、明形、辨体、顺流四大章，扼要而有条理。搜材既宏，取舍亦严。新知独见，读者时可于篇章中求得之，固无俟于骥之多述矣。惟元白有私于余，嘱必为之叙，余深愧佛顶之放粪也。然昔者江艮庭拟譔《说文解字注》，见段茂堂稿而辍作，骥虽不敢以江氏自比，而所知于元白者，实将驾段氏而上之，可无疑也。此则骥今日整装匆匆，勉书数语之意也。

时中华民国三十二年八月赴兰垣前何士骥乐夫谨叙于陕南城固寓舍

（本文原载《党言》第2卷第3、4期合刊，又载《读书通讯》1944年第91期。）

图象到形声演进之概况

历来研究文字之起源者，多泥于六书之说，各以臆测立论，相互斥驳，终于莫衷一是，徒费心血。盖中国之文字，乃历代逐渐创造之结果，非成于一时一地，更非出于一人之手。史籀之于大篆，李斯之于小篆，不过加之以整理删定而已。是以吾人欲研究文字，须历察其逐渐演变之过程，以求其创造发展及成立之原则。庶几乎纠正以往之错误，而得文字制作之真谛。今史料虽少，然古金文之历代不断出现，殷墟甲骨之大量发掘，尚使吾人得见其梗概矣。兹试为论述之。

最原始之中国文字，起于图象，此为历代人士之所公认，亦为甲骨金文之所证实者也。图象文字又可别为两种：一曰象形字。乃按实物之形，动作之象，体要描绘以成文字。产生之时期当属最早。如山川日月人鱼鸟兽之字莫不如是。特举例言之，则如：

贮，卜辞作[古文字]，象贝贮于[古文字]中之形。

仆，卜辞作[古文字]，象戴[古文字]饰尾之人，以手捧粪弃物之形。

彘，卜辞作[古文字]，彘野豕非射不可得，故象豕身著矢形。

宿，卜辞作[古文字]，象人宿于席上之形。

涉，格伯敦作[古文字]，象两足涉水形。

二曰象征字。改事物之原形而征象其义，较象形字为进一步。详言之，即错乱象形字原有之适当排列，或更施以省减作用，而仅取其足以代表原意之主要形象，堆砌于一起，以象征之手法表达其义，其各部之次序位置，均无意义及规律可言。例如：

贮，卜辞一作，本贮于内才合原意，而此以罗列以象征之。

仆，史壶作，静敦作，则破坏卜辞之原形，而取、、及数部形象，堆砌之以象征其义。

彘，卜辞一作，原著矢之豕，此却以矢豕并列以表之。

宿，卜辞一作，人在席上，始合宿形，而此却取并列以象征其义。

涉，效卣作，本为足涉水形，而此却取川与双足并列，以象征原义。

象形之进于象征也，使中国文字由单体进于合体。盖象形字虽亦常一字包括数形象，然其各形象均关连于一起，位置既不可更移，各部分亦不可分离。其浑浑然为一整体，了然于目，无可疑辩，故曰象形字皆为单体。而象征字则不然，其中各形象之关连丧失，位置无定，次序不拘，各部分俨然独立，是象征字乃由单体进为合体矣。

象征字既已进于合体，则形声字之基本形式成立，故图象文字继续演进，经番过渡之过程，即使形声字大批产生。然此种由图象文字进于形声字之过程，尚甚繁复，细察之，实有二途。为清晰起见，兹分述之于下：

（一）图象字演进到形声字之第一途径

段玉裁先生曰："假借者，古文初作而文不备，乃以同声为同义。"今以甲骨金文证之，此种论断，实无丝毫之误谬。盖图象文字之制作确有其内在之困难：具体有形者固易于征象，而抽象无形者将何以表达？且宇宙万物之形体类似、特征相同者，又极众多，而此相同类似者又何以区别？故其制作于量于质均受限制，因之当时文字之产量不丰，供不应求；于是不得不置却意义之不同于不顾，而转藉“同音相用”之法，以补救之。如此乃解脱形体之限制，转入主音方面。此现象，在当时甚为普遍。今就甲骨文举例言之，如：

正月之正字与征伐之征同。

德用为得失之得。

史与事字同。

贞与鼎不分。

爻用为学。

惟唯与隹不分。

雚用为观字。

凤用为风字，朋又用为凤字。

[illegible]用为语词。

丰用为醴字。

来麦用为往来字。

乡卿飨三字不分。

帚用为归字。

老考孝通用。

鱼用为渔字，鱼又与吾通用。

燕用为燕享字。

妹为地名，又用为昧爽字。

白用为伯仲字。

右祐有同字。

此种办法，诚予当时以极大便利，亦可能使已有之图象文字，渐趋简易化规律化，而走向纯粹主音之途径。且此主音简易化之趋向在卜辞中亦曾萌芽。如：

岁月之月本有专用字[illegible]，而[illegible]乃日月星之月之专用字，然卜辞中某月皆作[illegible],当为却繁用简之故也。

如是之例在《说文解字》中尚不难举出很多。斯趋势若果普通发展,则繁复之字渐次淘汰,简易之字因音之关系,广被应用,或将渐次产生极简易之拼音字母亦说不定。惟中国语言既系单音,同音字又异常繁多,常一音所包括不同意义之词字达于数十。若文字方面单主音而不顾形,则义自不免于混淆,以致不可辨认。于是因受语言特性之限制,文字主音之趋势亦随其一度之发展而归于失败。

主音之尝试,既告失败,则又不得不求诸形。于是将通用主音之字加注偏旁以区别之。然此种补救办法,亦非骤然产生,尚有其过渡之阶梯可寻。盖文字向主音方面尝试之际,图象文字仍在继续创造中,且逐渐克服其身上之困难,而产生两种新体制:一为标音图象字,一为标义图象字。标音图象字留待后面再述,先举标义图象文字言之。例如:

牡,卜辞作[illegible]、[illegible]、[illegible]、[illegible]、[illegible],此从士,“古者士与女对称,故畜之牡亦从士”。按所从之士,乃用以表明此畜为牡性也。可见丄之对于[illegible]、[illegible]、[illegible]、[illegible]等,为一表明某种意义之符号也。

牝,卜辞作[illegible]、[illegible]、[illegible]、[illegible]、[illegible],此从匕,“母对父称匕”,故畜之牝者从匕,可见匕亦为标著其性别之义符也。

麑,卜辞作[illegible]、[illegible]、[illegible]、[illegible],后二形之特标以鹿,亦无非欲显著[illegible]之义也,故所从之鹿亦为标添之义符。

龟,卜辞有作[illegible]者,龟之加水,亦表明其为水中之物也,故水亦为一义符。

鸣,卜辞作[illegible]、[illegible]、[illegible]、[illegible],图象文字中表示动作之字,多以动作之形表示之。此鸣字从鸡,亦象张嘴而鸣之形。惟鸡之嘴小,虽张而不显著,难以表达鸣意,故又标加[illegible]于其旁。[illegible],人之发音器官也,此借用以显著鸡嘴之动作。故[illegible]不过为一加强明度之义符而已。

到,金文作[illegible]、[illegible]、[illegible]、[illegible],鸟之至也。加[illegible]于其旁,则将鸟至之义

界改属"人之至"也。故[illegible]之于此,乃为一限定"至"之义符。

此等图象字与六书之所谓会意不同。会意字中之各部分,必相互发生作用,以象征形外意义。而此则仅单方面之作用,即仅义符对于原图象字附加一种意义,而原图象字对于所加之义符无任何反作用可言。其义符对于主体之作用,亦不外强调或限定其义界,以使免于混淆也。有此发明,则予主音字失败后之混淆一对症良药。故同音相用字发展到不得不求诸形时,此种标义符号便趁机于文字之改制中取得重要位置,而与各同音通用字相结合,使形声字正式产生。卜辞文字无标义部首者与有标义部首者并有,兹例举于下,以明此途演变之迹象:

祐,作[illegible]*[illegible]。

祀,作[illegible]*[illegible]。

犅,作[illegible]*[illegible]。

物,作[illegible]*[illegible]。

遘,作[illegible]*[illegible]。

学,作[illegible]*[illegible]。

亘,作[illegible]*[illegible]。

寮,作[illegible]*[illegible]。

媒,作[illegible]*[illegible]。

(二)图象字演进到形声字之第二途径

继续纯图象字者,除标义图象字外,尚有标音图象字。标音图象字之发明,其作用意义,与标义图象字完全相同,亦无非强调义界,区别混淆也。大抵用于区别形体类似事物之文字。例如:

狼,卜辞作[illegible]。狼与狗之形象,难于分辨,故加以音符良或亾。

鸡，卜辞作[古文字]、[古文字]、[古文字]、[古文字]、[古文字]。前二形象形，后三形则于象形之旁添加一音符矣，乃恐与别种家禽相混淆之故也。

麇，卜辞作[古文字]、[古文字]。禾，音符也。

麐，卜辞作[古文字]。文，音符也。

凤，卜辞有三形，从[古文字]作[古文字]、[古文字]、[古文字]。[古文字]，音符也。

荆，吴鼎作[古文字]，象荆棘之形，过伯敦作[古文字]，则加音符矣。

教，卜辞作[古文字]，郾侯敦作[古文字]。其中[古文字]象教子之形，[古文字]为音符。

以上所举之字乃于图象字之旁加标一音符，与形声字不同。形声字之形乃取一类之代表，而此则为其各自之本形。如[古文字]乃从狼形，非从犬也。[古文字]乃从鸡形，非从隹也。[古文字]似鹿而无角，[古文字]似麇而有角，其角又与鹿角不同，其图象各异，非从鹿也。凤亦非从鸟，[古文字]亦非从草，各象其本形也。斯乃初期标音图象字之概况，乃其继续发展，则如表动作之图形中，竟将动作之对象省却，全然代之以音符。如：

教，散盘即作[古文字]，把卜辞及郾侯敦所载之标音图象字省去[古文字]，而以标音之符号取领其地位。

烄，卜辞作[古文字]，《说文解字》曰："烄，交木然也。"而此形中，火所燃之物，不为交木之实物，系以音符"交"代之，与教之作[古文字]当属同例。

此外，攻金文作[古文字]，持金文作[古文字]，巩金文作[古文字]，均同其造法。标音图象字进展至此，俨然与形声无所分别。加之以人类意识之进步，要求整齐画一观念之明确，乃使各别之类似形象，渐归于一类，一类之中辄选一通形以代表之。于是原来附加音符之主体，即成为许氏之所谓部首，而形声字之机构亦随之告成矣。兹为观其演进之整个过程起见，特更举二例于下：

（一）裘，卜辞作，为纯象形，又卣作，于象形之上标以音符，为标音图象字，伯敦作，象形之裘变作代表裘类之衣，与音符合为正式形声字。

（二）《金文编》中载“铸”共三十五形，整理之，可得结果如下：

（1）大保鼎作，芮公鼎作，鄦子簠作，邾公华钟作，居簠作，相盂作，此外尚有类似者十形，均象铸炉之形。

（2）铸子鼎作，叔皮父敦作，铸子簠作，铸公簠作，取肤盘作，取肤匜作，楚公钟作，奢虎簠作，虢叔簋作，余义钟作。此于铸炉形上，标加音符和义符“金”，终于渐次去掉炉形，而留所加之音义符号，合为形声字“铸”。

（3）余盘作，守敦作，肇家鬲作，邬始鬲作，簠作，仲鏷簋作，王人甗作。此仅标加音符，逐渐留炉形之基部，以与音符配合成形声字。惟此所取之义符，对于“铸”较“金”为不恰当，故后日沦于淘汰。

（4）艾伯鬲作，此仅标加义符，逗留于标义图象字。

（尚有一形作，不知所象为何，故未列入。）

以上所述两条演进途径，既起于同源，亦归于同宿。及其归结，则形声之体制完成。此种体制，乃淘除多次不合语言特性之作，由尝试错误之方法逐渐演化而来。宜其成为中国文字之伟大源泉也！

总括我国文字进展之整个过程，可得一图表如下：

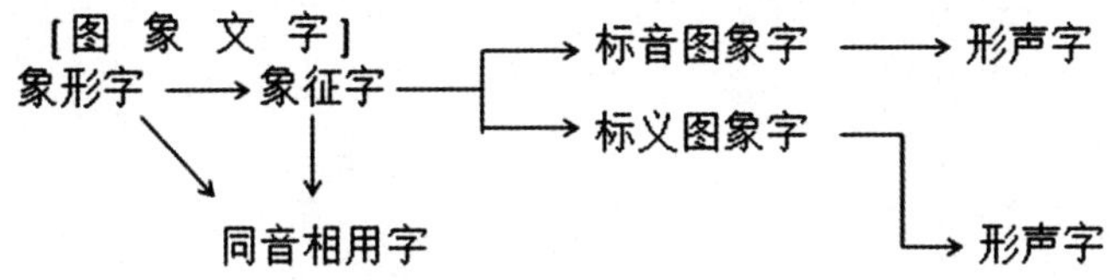

如以六书解说此表，则表中之象形包括六书之象形及指事，象征包括会意，同音相用即假借，表中之形声即六书之形声。而标音图象字及

标义图象字，则为六书所不包。六书之转注亦无法在此表中取得相当位置。此表固难免于错误，然而研究文字者不必拘泥于六书之说亦未为狂谬也。

（本文据作者手稿整理。）

历史考证

部曲考

引言

部曲二字，世多作士卒解，而《唐律》与奴婢联文，殊有考索之必要。今年秋，负笈来此，梁任公师以“部曲考”命题研究，予于是根据《唐律》，参稽群籍，起战国，讫唐末，录得百数十条，综核比观，列为三章：一曰部曲之意义；二曰部曲之起源及变迁；三曰部曲之身分。虽不无遗漏，而变迁之迹，可了然矣。

民国十四年云南起义纪念日书于北京清华研究院

部曲之意义

何谓部？

《说文》云：部，天水狄部也。本无部署之义。盖部署字，实宜为⿱𠂉干。《说文》云：⿱𠂉干，相比次也。即相次处曰⿱𠂉干；能次第之亦曰⿱𠂉干。言部署部曲者，盖本作⿱𠂉干署⿱𠂉干曲矣。作部者，以⿱𠂉干部同音，假借为之也。

《汉书·高帝纪上》：“部署诸将。”注云：“部署，分部而署置。”

《汉书·杨雄传上》:"浸淫蹴部。"注云:"部,军之部校也。"

《后汉书·桥原〈玄〉传》,注云:"部,犹领也。"

《文选·羽猎赋》:"浸淫蹴部。"注云:"部,军之部伍也。"

按上一、三两条,"能次第之亦曰丯"之义也。二、四两条,"相次处曰丯"之义也。

何谓曲?

《说文》云:曲,象器受物之形。或说,曲,蚕薄也。是曲本无部分之意。作部分者,实局之假字。《说文》,局博所以行棋也。棋局有方卦,如矩有尺寸,故得引伸为部局矣。后人以曲局同部,遂以曲为局耳。

《方言》五:"所以行棋谓之局,或谓之曲道。"

《释名·释言语》:"曲,局也。"

《广疋·释器》:"曲道,梮也。"

《国语·周语》:"少曲与焉。"注云:"曲,章也。"

按上曲字,皆有部分之义;而一、二、三三条,尤为曲局通转之明证。

何谓部曲?

部曲二字之分义,已见于前。而其合义,似仅于军制上用之。

《孙子·计篇》云:"法者,曲制官道主用也。"杜牧注云:"曲者,部曲队伍有分划也。"王晳注云:"曲者,卒伍之属。"

由是,已可略知曲部〈部曲〉之义矣;然犹未得明确之解释也。

《史记·李广传》云:"及出击胡,而广行无部伍行阵。"部伍字下,《索隐》云:"案《百官志》云,将军领军,皆有部曲。大将军营五部,部校尉一人。部下有曲,曲有军候一人也。"

(附)部伍"伍"字,疑"曲"字之误?

《前汉书·李广传》云:"及出击胡,而广行无部曲行阵。"师古云:"《续汉书·百官志》云,将军领军,皆有部曲。大将军营五部,部有校尉一人。部下有曲,曲有军候一人。今广尚于简易,故行道之中，而不立部曲也。”

《流沙坠简》卷二，四十二：“敦德步广尉曲平望塞有秩候长敦德。”（王静安先生谓王莽时物。）王静安先生考释云：“曲者，部曲。《续汉志》领军皆有部曲。大将军营五部，部校尉一人，比二千石。部下有曲，曲有军候一人，比六百石。曲下有屯。其余将军亦有部曲都尉秩视校尉，则其下亦有曲矣。”

《后汉书·光武帝纪》云：“五校檀乡五幡五楼富平获索等，各领部曲。”注云：“《续汉志》云，大将军营有五部，部三校尉。部下有曲，曲有军候一人。”

（附）部三校尉“三”字，疑“一”字之误？

总观以上，可知部曲二字之连文者，确为兵制上之一种专名词。而其一定之解说，则实始于《后汉书》之《百官志》。今复引《百官志》之原文如左：

《后汉书·百官志》云：“其领军皆有部曲。大将军营五部，部校尉一人，比二千石。军司马一人，比千石。部下有曲，曲有军候一人，比六百石。曲下有屯，屯长一人，比二百石。其不置校尉部，但军司马一人。又有军假司马假候，皆为副贰。其别营领属为别部司马，其兵多少，各随时宜。门有门候。其余将军，置以征伐，无员职，亦有部曲司马军候以领兵。”

此说直至《宋书·百官志》，犹沿用之。而《隋书·礼仪志》，于部曲将、部曲督，犹有礼制之规定，盖唐以前之部曲，大都可以此说解之也。然汉时亦稍有出入者：

《周礼·大司马》郑康成注云：“群吏既听誓，各复其部曲。”贾公彦疏云：“群吏既听誓命，各复其部曲者，军吏本各主其部分曲别，若伍长主五人，两司马主二十五人，卒长主百人之等，皆是部曲。……听誓讫，各复其部伍本处，故云复其部曲也。”

此汉时异说之一证也。惟要其归，则仍不外乎军队士卒而已。今复引《宋书·百官志》之原文于后，以明汉唐之间之多用此说也。（《隋书·礼义〈仪〉志》，止有部曲将、部曲督礼制之规定，故不引。）

> 《宋书·百官志上》云："大将军一人，……其领兵外讨，则营有五部。部有校尉一人，军司马一人。部下有曲，曲有军候一人。曲下有屯，屯有屯长一人。若不置校尉，则部但有军司马一人，又有军假司马、军假候。其别营者，则为别部司马。其余将军置以征伐者，府无员职，亦有部曲司马军候以领兵焉。……晋末以来，参军事行参军，又各有除板。板行参军，不则长兼行参军。参军督护江左置，本皆领营，有部曲，今则无矣。"

惟至唐代，则完全与此义不同。今试举《唐律疏议》所说部曲之义而论证之：

> 《唐律疏议》卷十七《贼盗一》，"祖父母父母夫为人杀"条，问答二云："奴婢部曲，身系于主。"
>
> 《唐律疏议》卷二十二《斗讼二》，"部曲奴婢过失杀主"条，《疏议》云："部曲奴婢，是为家仆。"
>
> 《唐律疏议》卷二十二《斗讼二》，释文云："时人多不辨此等之目。若依古制，即古者以赃没为奴婢，故有官私奴婢之限。荀子云，赃获即奴婢也。此等并同畜产，自幼无归，投身衣饭，其主以奴畜之。及其长成因娶妻。此等之人，随主属贯，又别无户籍，若此之类，各为部曲。"
>
> 《唐律疏议》卷二十三《斗讼三》，"部曲奴婢詈旧主"条，问答一云："至如奴婢部曲，唯系于主。"
>
> 《唐律疏议》卷二十四《斗讼四》，"部曲奴婢告主"条，《疏议》云："部曲奴婢，虽属于主……"

观是诸条，知唐时部曲，对于其管辖者，全为主仆关系，而无复从前兵士之意义矣。

兹复总括本章对于部曲意义研究所得之结果为四类如左：

一、部字之本义为丯。

二、曲字之本义为局。

三、部曲二字连文之本义，即军制上士卒队伍之义。

四、部曲在唐代，为仆众之义。——为一种变义。

部曲之起源及变迁

部曲何自起？曰起乎将帅之久典兵柄也。盖我国古时，兵由征调，将无私卒。国家既无军队之设，部曲自无由而生。及后征调之制渐废，而为将者，遂得久拥重兵，以为己有。而草泽英雄亦多私行招募，图谋非常。故每当天下大乱之际，辄赖之以成大业，是盖部曲之始也。然此犹普通之兵士也。至于相随日久，关系既切，不惟孑身壮丁相从，往往举家相附，以是迁徙不易，行动困难，久而久之，遂成一种永远不能脱离之因，而结果则为一姓一将之所有物矣。故凡一将之部曲，除特别情形为他人所击散或攘夺外，类皆父子袭领，世为主臣。而史传所书，亦往往与戚族连类，不同外人，尤可见其关系之密切也。此部曲起源及其变迁之大略情形也。兹就考究所得，起自战国，讫于唐末，按次（年次）论列于左。然予犹欲附带声明者，数事：

（一）历代史传中所见之部曲，其情形不如予说之简单而有规则。阅者舍其部分之小节，而重其全体之大观，则自知予说之不诬。

（二）凡特别重要而足以代表一时代之趋势者，即于当条说明，以示区别。否则合数条，而作一结论。

（三）凡意思重复者，权其轻重，或并录，或节录。（如一事见于前后二史者亦是。）

（四）无关紧要者，不录。即录，亦不加说明。

《孙子·计篇》云："法者，曲制官道主用也。"曹公注云："曲制者，部曲幡帜金鼓之制也。"李筌云："曲，部曲也。"

(附注)《孙子》一书,一说战国时人作,一说汉初时人作。

部曲之名,始见于此。然原文只一曲字,而注释亦不详其原委。故谓之影响于此时则可;若谓真正之部曲成立于此时,则不可。

《史记·李将军列传》云:"程不识故与李广俱[以]边太守将军屯。及出击胡,而广行无部伍行阵。……程不识正部曲行伍营陈。"

《前汉书·李广传》云:"程不识故与广俱以边太守将屯。及出击胡,而广行无部曲行阵。程不识正部曲行伍营陈。"

李程二将,皆为久屯边疆之人。由是可得二重要之观念也:一、部曲确起于将帅之久典兵柄;二、部曲起于久典兵柄之边将。可为此佐证者,复有下例:

《前汉书·赵充国传》云:"充国奏曰,……今留步卒万人屯田,地势平易,多高山远望之便,部曲相保为堑垒木樵,校联不绝,便兵弩,饰斗具,烽火幸通,势及并力,以逸待劳,兵之利者也。"

总观以上三例,是盖部曲真正之起源矣。

《后汉书·光武帝纪》云:"又别号诸贼,铜马大彤……富平获索等,各领部曲,众合数百万人,所在寇掠。"

夫铜马等,既为别号诸贼,则所领部曲,必为私党,而非国军矣。此盖草泽英雄私有部曲之起源也。兹复继续论证之如左:

《后汉书》卷四十六《邓禹传》云:"嘉相李宝,倨慢无礼,禹斩之。宝弟收宝部曲,击禹。"

此兄弟相继袭领之证也。

《后汉书》卷四十九《耿弇传》云:"诏弇进讨张步。弇悉收集降卒,结部曲,置将吏,率骑都尉刘歆、太山太守陈俊,引兵而东。"

《后汉书》卷五十一《任光传》云:"更始立,遣使降,拜子都徐州牧,为其部曲所杀。"

《后汉书》卷五十三《窦融传》云："诏报曰，吾与将军，如左右手耳，数执谦退，何不晓人意。勉循士民，无擅离部曲。"

《后汉书》卷六十一《陆康传》云："时袁术屯兵寿春，部曲饥饿，遣使求委输甲兵。"

《后汉书》卷九十下《蔡邕传》云："董卓宾客部曲，议欲尊卓比太公称尚父，卓谋之于邕。"

《后汉书》卷一百二《董卓传》云："遂等稍争权利，更相杀害，其诸部曲，并各分乖……寻而何进及弟苗先所领部曲，皆归于卓……傕〈傕〉随收兵，比至长安，已十余万，与卓故部曲樊稠、李蒙等合围长安城……安西将军杨定者，故卓部曲将也，惧傕忍害，乃与汜合谋迎天子……又以故牛辅部曲董承为安集将军……腾乃应召，而留其子超领其部曲。"

以上各条，所有部曲，皆私人之兵士而已。惟末条所云"留其子超领其部曲"，是父子相继袭领之证也。

《后汉书》卷一百三《刘虞传》云："初诏公孙瓒讨乌桓，受虞节度。瓒但务会徒众，以自强大，而纵任部曲，颇侵扰百姓……瓒时部曲放散在外，仓卒自惧不免。"

《后汉书》卷一百三《公孙瓒传》云："阎柔将部曲，从曹操击乌桓。"

《后汉书》卷一百五《刘焉传》云："鲁部曲多在巴土，故以义为巴郡太守。"

《后汉书》卷一百五《袁术传》云："孙坚死，子策复领其部曲。"

以上各条，亦无他义。惟末条，为父子相继袭领之证。

《魏志》卷[六]《袁术传》云："术前为吕布所破，后为太祖所败，奔其部曲雷薄、陈兰于灊山，复为所拒。"

《魏志》卷[十八]《李典传》云："时太祖与袁绍相拒官渡，典率宗族及部曲，输谷帛于军……典宗族部曲三千余家，居乘氏，自请愿徙诣魏郡。……遂徙部曲宗族万三千余口,居邺。"

《魏志》卷十八《李通传》云:"通亲戚部曲流涕曰,今孤危独守,以失大援,亡可立而待也,不如亟从。"

以上,后二条,部曲与戚族连文,是为关系密切之证。李典有部曲宗族三千余家,是为举家相附之证。典徙部曲于邺,是为随主将迁徙之证。

《魏志》卷十八《庞德传》云:"将军董衡,部曲将董超等欲降,德皆收斩之。"

部曲将,即部曲中之将校也。意与部曲督同。余仿此。

《魏志》卷二十一《卫觊传》云:"时四方大有,还民关中,诸将多引为部曲。……归者无以自业,诸将各竞招怀,以为部曲。郡县贫弱,不能与争。"

诸将竞招纳流亡,以为部曲,是私行招募之证也。

《魏志》卷二十三《杜袭传》云:"时将军许攸,拥部曲,不附太祖而有慢言,太祖大怒。……"

《魏志》卷[二十六]《满宠传》云:"时郡内李朔等,各拥部曲,害于平民。"

《魏志》卷二十八《钟会传》云:"怿兄子辉仪留建业,与其家内争讼,携其母,将部曲数十家渡江,自归文王。"

以上末条,亦为举家相附,随主将移徙之证。

《蜀志》卷六《关羽传》云:"先主为平原相,以羽飞为别部司马,分统部曲。"

《蜀志》卷六《马超传》云:"后腾与韩遂不和,求还京畿,于是征为卫尉。以超为偏将军,封都亭侯,领腾部曲。"

《蜀志》卷十《魏延传》云:"以部曲随先主入蜀,数有战功。"

《蜀志》卷十三《吕凯传》云:"及丞相亮南征讨闿,既发在道,而闿已为高定部曲所杀。"

上惟第二条为父子相继袭领之证，曾见《后汉书·董卓传》。余皆一将私下之部属而已。

《吴志》卷一《孙坚传》云："坚方行酒谈笑，敕部曲整顿行阵。"

《吴志·孙策传》云："兴平元年，从袁术。术甚奇之，以坚部曲还策。"

由上第二条，知部曲各有其主。虽经没收，犹可放还。盖主将与部曲之间，确有一种特别关系，非他人所得乱焉。

《吴志》卷[三]《孙皓传》云："熙部曲杀熙，送首建业。"

《吴志》卷[六]《孙奂传》云："奂亦爱乐儒生，复命部曲子弟就业。……壹知其攻己，率部曲千余口，过将胤妻奔魏。"

《吴志》卷七《孙韶传》云："明日见韶，甚器之，即拜承烈校尉，统河部曲。"

《吴志》卷七《张昭传》云："封都乡侯，领部曲五千人。"

《吴志》卷九《吕蒙传》云："常以部曲事，为江夏太守蔡遗所白，蒙无恨意。"

《吴志》卷十《韩当传》云："综内怀惧，载父丧，将母家属部曲男女数千人奔魏。"

《吴志》卷十一《朱桓传》云："桓左军进谏，刺杀左军，遂托狂发，……权惜其功能，……使子异摄领部曲。……部曲万口，妻子尽识之。"

《吴志》卷[十三]《陆逊传》云："讨治深险，所向皆服，部曲已有二千余人。"

《吴志》卷[十六]《陆凯传》云："凯陈何定不可任用，……遂卒，时年七十二。子祎……出领部曲，拜偏将军。"

观上，第二条为随主将移徙之证；第三第九两条为父子袭领之证；第六条为与家属连文，及随主将移徙之证。第七条则举家相附，又父子袭领之证也。

《晋书》卷三《武帝纪》云："泰始元年诏，复百姓徭役。罢部曲将吏长以下质任。"

《晋书》卷三《武帝纪》云："咸宁三年，大赦，降除部曲督以下质任。"

梁先生《中国文化史》云："质，即《周官》所谓质剂。任，保也。'质任'，盖如后世投靠卖身之甘结。"盖部曲至是，已浸假而为法律上之一种特殊阶级矣。罢除须有明诏，则其不易解除可知。是为变迁上所宜注意之第一条。

《晋书》卷七《成帝纪》云："癸酉，以车骑将军……征虏将军郭默为北中郎将，假节监淮北诸军。刘遐部曲将李龙、史迭，奉遐子肇，代遐位以距默。"

《晋书》卷[四十八]《段灼传》云："会受诛之后，艾参佐官属部曲将吏，愚戆相聚，自共追艾，破坏监车，解其囚执。"

上二条，一立遐子而距默；一破监车以救艾，亦可知其关系之切矣。

《晋书》卷六十二《祖逖传》云："帝乃以逖为奋威将军、豫州刺史，……使自招募，仍将本流徙部曲百余家渡江。"

《晋书》卷六十三《李矩传》云："时大饥……藩荟部曲，多为所啖。"

《晋书》卷六十三《魏浚传》云："马瞻率该余众降曜……部曲遣使呼该，该密赴之，其众杀瞻而纳该。"

《晋书》卷[七十三]《庾亮传》云："又以陶称为南中郎将、江夏相，率部曲五千人入沔中。"

《晋书》卷[七十七]《殷浩传》云："初降人魏脱卒，其弟憬代领部曲。"

《晋书》卷八十一《朱伺传》云："伺部曲等，以诸县附昌。"

《晋书》卷八十一《刘遐传》云："遐卒，……子肇年幼，成帝以郭默为北中郎将，领遐部曲。遐故将吏史迭、卞咸、李龙等，不乐他属，共立肇，袭退位以叛。”

《晋书》卷八十六《张轨传》云：“骏受诏，遣部曲督王丰等报谢。”

《晋书》卷八十八《庾衮传》云：“衮乃勒部曲，整行伍。”

《晋书》卷八十九《沈劲传》云：“众败而逃，为部曲将吴儒所杀。”

《晋书》卷九十六《张茂妻陆氏传》云：“陆氏倾家产，率茂部曲，为先登以讨充。”

《晋书》卷一百《王弥传》云：“弥将徐邈、高粱，辄率部曲数千人随嶷去，弥益衰弱。”

按上各条，第一为举家相附，随主将移徙者；第三迎立故主，意同第七之立故主之子。皆感情深切之证也。第四与第一相似。第五则兄弟袭领，第十一则夫死妻领，皆一家私有之证也。

《晋书》卷一百《苏峻传》云：“苏峻……少为书生。……永嘉之乱，百姓流亡，所在屯聚，峻纠合得数千家……推峻为主……峻惧，率其所部数百家，泛海南渡……至是有锐卒万人……抚纳亡命得罪之家，有逃死者，峻辄蔽匿之，众力日多……遂下优诏，征峻为大司农，加散骑常侍，位特进，以弟逸代领部曲。”

凡草泽崛起之徒，其部曲之来源，可以此为通例。末云：“以弟逸代领部曲”，即相继袭领之证也。

《晋书》卷一百十六《姚弋仲记》云：“弋仲部曲马何罗，博学有文才。”

《晋书》卷一百十六《姚苌记》云：“王统、符胤等皆有部曲，终为人害。”

《晋书》卷一百十七《姚兴记上》云：“公威名宿重，部曲最强。”

《晋书》卷一百十八《姚兴记下》云：“谦江左贵族，部曲遍于荆楚。”

《晋书》卷一百二十《李流记》云：“乃表庠为部曲督，使招合六郡壮勇至万余人。”

《晋书》卷一百二十一《李雄记》云："加范长生为天地太师，封西山侯，复其部曲，不豫军征，租税一入其家。"

《晋书》卷一百二十四《慕容宝记》云："段仪、段温，收部曲于内黄，众皆响会。"

第六条谓"复其部曲，不豫军征"，则部曲只供私人之用而已。可见当时已有此种家众仆丁之趋势。宜与晋武帝诏除"质任"二条同一重视。并宜视此为部曲变迁之一极大关键也。

《宋书》卷一《武帝纪上》云："王元德等，并率部曲，保据石头。"

《宋书》卷四十五《王镇恶传》云："时有一人邵平率部曲及并州乞活一千余户，屯城南。"

《宋书》卷四十五《刘粹传》云："赵广、张寻、梁显各率部曲归降。"

《宋书》卷五十《垣护之传》云："护之即率部曲，受车骑大将军沈庆之节度。"

《宋书》卷五十《张兴世传》云："每战，辄有禽获，玄谟旧部曲诸将不及也。"

《宋书》卷五十一《宗室传》云："载妇女尽室奔石头，部曲数百，赫弈满道。"

《宋书》卷五十七《蔡廓传》云："公威风先著，统戎累朝，诸旧部曲，布在宫省。……初玄谟旧部曲，犹有三千人。"

《宋书》卷七十一《徐湛之传》云："鲁爽兄弟，率部曲归顺。"

《宋书》卷七十四《鲁爽传》云："率部曲及愿从合千余家奔汝南。……爽北镇义阳，北来部曲凡六千八百八十三人……率部曲至襄阳。"

《宋书》卷七十六《宗悫传》云："蛮帅田彦生，率部曲反叛。"

《宋书》卷七十八《萧思话传》云："思话即率部曲还彭城。"

《宋书》卷八十三《吴喜传》云："其统军……无所裁检，故部曲为之致力。”

《宋书》卷八十三《黄回传》云:“遂率部曲辄还。”

《宋书》卷八十四《邓琬传》云:“陈绍……与其部曲,俱还鹊尾。”

《宋书》卷八十七《萧惠开传》云:“惠基率部曲,破其渠帅马兴怀等。”

《宋书》卷八十七《殷琰传》云:“琰素无部曲,门义不过数人。……郑墨率子弟部曲及淮右郡,起义于陈郡。……仲怀部曲,并欲退就叔宝。……”

《宋书》卷八十八《沈文秀传》云:“文秀将之镇,部曲出屯白下。……卿独何人,而能自立?便可速率部曲,同列军门。”

《宋书》卷八十九《袁粲传》云:“乃狼狈率部曲,向石头。”

《宋书》卷九十二《杜慧度传》云:“李脱等,奔窜石碕,盘结俚獠,各有部曲。”

《宋书》卷九十五《索虏传》云:“胡兰洛生等,部曲数千,拟击伪镇。”

《宋书》卷九十六《鲜卑吐谷浑传》云:“欲率部曲,入龙涸,越嶲门。”

《宋书》卷九十八《氐传》云:“难敌即位,与坚头分部曲。”

《宋书》卷九十八《氐传》云:“天水任愈之,率部曲归顺。”

《宋书》卷九十八《氐传》云:“蒙逊代父领部曲……蒙逊率部曲投业……将部曲走投晋昌太守唐瑶……蒙逊乃谓其部曲曰,段公无道,枉杀辅国……五月率部曲,至治城峡口渡河……杀唐契,部曲奔无讳。”

右例,惟第九条为举家相附,随主将移徙之证。第十六条,部曲与子弟连文,为关系密切之证。而末条蒙逊代领父部曲,又父子相继袭领之证也。至余诸条,皆不过表明私人部众,无甚他义,故不再分说。

《南齐书》卷三《武帝纪》云:“遂率部曲百余人,举义兵。”

《南齐书》卷二十二《豫章文献王传》云："部曲不得赍府州物出城。"

《南齐书》卷二十四《张瓌传》云："瓌宅中，常有父时旧部曲数百……瓌部曲顾宪子手斩之。"

《南齐书》卷二十五《垣崇祖传》云："率部曲归降。……崇祖因将部曲据之……执其母，使湛告部曲……太祖召崇祖领部曲还都。"

《南齐书》卷二十七《李安民传》云："父钦之殿中将军补薛令，安民随父之县。元嘉二十七年，没虏，率部曲自拔南归。……宋泰始以来，内外频有贼寇，将帅已下，各募部曲，屯聚京师。"

《南齐书》卷二十七《王玄载传》云："杲于彭城奔虏，部曲皆散。"

《南齐书》卷二十八《刘善明传》云："弥之出门，密谓部曲曰，始免祸[坑]矣。……收集门宗部曲，得三千人……僧副将部曲二千人，东依海岛……遣部曲健儿数十人随僧副。……"

《南齐书》卷二十八《桓荣祖传》云："因收集部曲，为安都将。……"

《南齐书》卷二十九《周山图传》云："太祖遣山图领部曲镇京城。"

《南齐书》卷二十九《王广之传》云："启上求招诱乡里部曲。"

《南齐书》卷三十《薛渊传》云："太祖使领部曲，备卫帐内。"

《南齐书》卷三十《桓康传》云："回时为南兖州，部曲数千。"

《南齐书》卷四十五《宗室传》云："遥光弟遥昌先卒，寿春、豫州部曲，皆归遥光。……八月十二日晡时，收集二州部曲于东府门。"

《南齐书》卷四十六《萧惠基传》云："惠基西使，千余部曲，并欲论功。"

《南齐书》卷四十七《王融传》云："特希私集部曲，豫加习校。……融被收，朋友部曲，参问北市〈寺〉，相继于道。"

《南齐书》卷五十一《裴叔业传》云："叔业率部曲，于城内起义。"

《南齐书》卷五十一《崔慧景传》云："刘山阳与部曲数百人，断后死战。”

《南齐书》卷五十七《魏虏传》云:“沈陵率部曲降。”

《南齐书》卷五十八《东南夷传》云:“部曲据交州叛……将部曲袭州,执法乘。”

《南齐书》卷五十九《河南氐羌传》云:“广香翻迷反正,可特量所授。部曲酋豪,随名酬赏……率厉部曲,树绩边城。……率部曲三万余人,举城归附。”

总观《南齐书》各条,所最宜注意者,为第三条;次之为第七、十三、十五三条。余如随主将移徙等等,则已概见于前史,姑不具论。第三条云:“瓌宅中,常有父时旧部曲数百。”由“父”字“旧”字,知为父子袭领之部曲。又由“宅”字,知当时瓌已不与部曲分居。今既为世世所有之部属,而又居于主将之家内,是几与仆人无异矣。故此条又当视为部曲变迁上之一极大关键也。(可与《晋书》诏罢质任,复部曲不预军征二条,先后比观。)至第七条之部曲与门宗(按门即门徒,宗即宗族)连文,第十五条之部曲与朋友连文,则皆为感情深切之证。而十三条,则又兄弟相继袭领之证也。

《梁书》卷十《邓元起传》云:“及书至,元起部曲,多劝其还郢。”

《梁书》卷十一《张弘策传》云:“弘策申勒部曲,秋毫无犯。”

《梁书》卷十八《冯道根传》云:“为将能检御部曲,……其部曲或怨非之。”

《梁书》卷二十八《夏侯亶传》云:“有部曲万人,……领其父部曲。”

《梁书》卷三十二《陈庆之传》云:“令昕收集部曲,将用之。”

《梁书》卷三十二《兰钦传》云:“率其部曲邀击景,兵败,死之。”

《梁书》卷三十九《王神念传》云:“乃率其部曲来降。”

《梁书》卷三十九《羊侃传》云:“侃辞不受,部曲千余人,并私加赏赉。”

(附)“侃辞不受”,按原文,谓不受朝廷之赏。

《梁书》卷三十九《羊鸦仁传》云:“三年,出奔江陵,其故部曲数百人迎之。”

《梁书》卷四十三《韦粲传》云:“收旧部曲,据豫章。”

《梁书》卷五十一《张孝秀传》云:“顷之,遂去职归山,居于东林寺,有田数十顷,部曲数百人,率以力田。”

右例,第四条为父子相继袭领之证。第八条云:“侃辞不受,部曲千余人,并私加赏赉。”可知当时侃之部曲,已完全为私人所有,而不与国家发生关系矣。至末条则尤为重要:盖既已去职归山,则部曲无用。今云“率以力田”,即明非部下兵士之确证。故此条所说之部曲,即张氏一人之仆众也。既当与“诏罢质任”,“复其部曲,不预军征”,“瓌宅中,常有父时旧部曲数百”诸条并重;尤当视为部曲变迁上之一极大关键也。

《陈书》卷一《高祖纪上》云:“高祖纳其部曲三千人而还。……其将士部曲,一无所问。”

观此条部曲与将士并立,则部曲决非将士之类矣。

《陈书》卷二《高祖纪下》云:“诏曰,罚不及嗣,自古通典;罪疑惟轻,布在方策。沈泰反复无行,……其部曲妻儿,各令复业。”

是盖以沈泰之罪,罪及部曲妻儿者也。可与《唐律疏议》“谋反大逆”条相证映。《唐律疏议·贼盗一》“谋反大逆”条云:“诸谋反及大逆者皆斩。父子年十六以上皆绞。十五以下及母女妻妾祖兄弟姊妹若部曲资财田宅并没官。”今将《陈书》所云,与此比观,彼此相合。是当时社会,对于部曲之处置,已渐如《唐律》所定矣。此又部曲变迁上之一极大证据也。(当与前“诏罢质任”,“复其部曲”,“瓌宅中常有旧部曲”,“率部曲力田”诸条连观。)

《陈书》卷三《世祖纪》云:“世祖尽收其部曲家累。”

此条亦主人获罪,收没其部曲家属之义也。例同前。

《陈书》卷八《周文育传》云:“以其部曲,分隶众军。”

《陈书》卷九《吴明彻传》云:“其旧部曲多在军中。”

《陈书》卷十三《荀朗传》云:“时京师大饥,百姓皆于江外就食,朗更招致部曲。……承圣二年,率部曲万余家,济江入宣城郡界立顿。”

《陈书》卷十八《沈众传》云:“众表于梁武帝,称家代所隶故义部曲,并在吴兴。”

《陈书》卷二十二《陆子隆传》云:“世祖义之,复使领其部曲。”

《陈书》卷二十九《蔡征传》云:“遣征收募兵士,自为部曲。”

《陈书》卷三十一《樊毅传》云:“毅率部曲,随叔父文皎援台城,……毅率子弟部曲还朝。”

《陈书》卷三十一《鲁广达传》云:“时江表将帅,各领部曲,动以千数。”

右列诸条,第三条既为收纳流亡,私行招募之证;又为举家相附,随主将移徙之证。第四条为世代相继袭领之证。第七条为与子弟连文,关系密切之证。末条则为将帅拥部曲以自重之证。然此皆屡见于前,无待详述矣。

《魏书》卷十《孝庄纪》云:“是夜仆射尔朱世隆、荣妻乡郡长公主,率荣部曲,焚西阳门,出屯河阴。”

是条与《晋书》卷九十六《张茂妻陆氏传》条同意。亦夫妻袭领,为一家私有之证。

《魏书》卷十四《神元平文诸帝子孙传》云:“拥率部曲,屯据鄚城。”

《魏书》卷三十《车伊洛传》云:“夺无讳子乾寿兵,规领部曲。”

《魏书》卷三十六《李顺传》云:“以在郡贪污,辄召部曲还京师,弃市。”

《魏书》卷四十七《卢玄传》云:“引为兼属,仍领部曲。”

《魏书》卷五十五《刘芳传》云:"兄廞死,粹招合部曲。"

《魏书》卷五十八《杨播传》云:"遂领其部曲千余人来降。……鸠率部曲,在于梁沛。"

《魏书》卷六十一《田益宗传》云:"又诏益宗,率其部曲。……拥率部曲三千余家,弃彼边荣,归投乐土。"

《魏书》卷七十一《傅竖眼传》云:"灵庆兄弟,并有雄材。兼其部曲,多是壮勇。"

《魏书》卷七十一《裴叔业传》云:"率合部曲,欲图领军。"

《魏书》卷七十一《江悦之传》云:"善待士,有部曲数百人……部曲稍众,……悦之率部曲及梁秦之众,讨灭之。"

《魏书》卷七十一《李苗传》云:"荣从弟世隆拥荣部曲,屯据河桥。"

《魏书》卷七十四《尔朱荣传》云:"荣遂严勒部曲,广召义勇。"

《魏书》卷八十《斛斯椿传》云:"收尔朱部曲,尽杀之。……劝出帝置閤内都督部曲……号令部曲,别为行陈。"

《魏书》卷八十《侯渊传》云:"渊率部曲,屯于郡南……渊争门不克,率骑出奔,妻儿部曲,为暹所虏……卿勿以部曲轻少,难于东迈。……渊乃复还,暹始归其部曲。……渊袭高阳郡克之,置部曲家累于城中,身率轻骑,游掠于外。"

《魏书》卷九十六《僭晋司马睿传》云:"令峻弟逸领峻部曲。"

《魏书》卷九十七《岛夷刘裕传》云:"今亲勒部曲,镇扞徐兖……遂广募义勇,置为部曲。"

《魏书》卷一百一《蛮传》云:"率部曲四千余户内属。……率部曲断之。……其部曲相率内附。"

《魏书》卷一百三《蠕蠕传》云:"其严勒部曲,勿相暴掠。"

观上诸例,第七、第十七两条,为举家相附,随主将移徙之证。第五、第十一、第十五三条,为兄弟相继袭领之证。余除第十四条外,无足述者。兹就第十四条而研究之:十四条云:“率骑出奔,妻儿部曲,为暹所虏。”又云:“置部曲家累于城中,身率轻骑,游掠于外。”凡两言率骑而不及部曲;再言部曲,皆与妻子连文。足见斯时之部曲,常与家人同处,而非时随左右之士卒也。是亦为部曲变迁上所极宜注意者。与“诏罢质任”,“复其部曲”,“瓖宅中常有父时旧部曲”,“率部曲力田”,“诏令沈泰部曲妻儿复业”诸条并重可也。至云“暹始归其部曲”,是又物各有主,不能相乱之证也。

《北齐书》卷三《文襄纪》云:“诵鲍明远诗曰,将军既下世,部曲亦罕存。”

《北齐书》卷十四《平秦王归彦传》云:“常听将私部曲三人,带刀入杖。”

《北齐书》卷二十一《高乾传》云:“及武帝置部曲……听慎以本乡部曲数千人自随……乃请还本乡,招集部曲……昂自领乡人部曲……敖曹所将部曲,练习已久……自领部曲千余人……所亲部曲,请季式曰,今日形势,大事去矣。”

《北齐书》卷二十一《封隆子〈之〉传》云:“仍听收集部曲一千人。”

《北齐书》卷二十二《李元忠传》云:“愍勒部曲数千人。”

《北齐书》卷二十三《崔㥄传》云:“寻除徐州刺史,给广宗部曲三百,清河部曲千人。”

《北齐书》卷三十二《陆法和传》云:“梁元帝以法和功业稍重,遂就加司徒,都督刺史如故。部曲数千人,通呼为弟子。”

《北齐书》卷三十二《王琳传》云:“令长史陆纳,率部曲前赴湘州。”

《北齐书》卷四十二《卢潜传》云:“敕潜与琳为南讨经略,琳部曲故义,多在扬州。”

君主以奴婢牛马杂物赐人,史中屡见。以部曲赐人,始见于此。(《北齐书》卷二十三《崔㥄传》[观上]。)盖当时部曲,已渐与奴婢等物相类似矣。此亦为部曲变迁上一极重要之证据也。当与前诸重要条并看。(如“诏罢质任”,“复其部曲”,“瓖宅中常有旧部曲”,“率部曲力田”,“诏沈泰部曲妻儿复业”,“侯渊率骑出奔”诸条是。)至陆法和之呼部曲为弟子,不过称谓上之特别,实际上仍与兵士无异。

《周书》卷一《文帝上纪〈纪上〉》云:“赵贵率部曲收岳尸还营。”

《周书》卷六《武帝纪下》云:“诏自永熙三年七月以来,去年十月已前,东土之民,被抄略在化内为奴婢者,及平江陵之后,良人没为奴婢者,并宜放免,所在附籍,一同民伍。若旧主人犹须共居,听留为部曲及客女。”

此条与《唐书·高宗纪》“显庆二年十二月敕放还奴婢为良及部曲客女者听[之]”条同意。又与《唐律》户令所谓“放奴婢为良,及部曲客女者,并听之”之说相吻合。可见尔时之部曲,已如《唐律》所定,为高于奴婢而贱于良民之人矣。是又部曲变迁上极显明之证据也。可与前述重要诸条连观之。(如“诏罢质任”……“给广宗部曲,清河部曲”诸条是。)

《周书》卷二十二《扬宽传》云:“尔朱荣被诛,其从弟世隆等,拥部曲,烧城门,出据河桥。”

《周书》卷二十八《权景宣传》云:“率其部曲,侵扰州境。”

《周书》卷三十六《令狐整传》云:“固之迁也,其部曲多愿留为整左右。整喻以朝制,勿之许也。”

由上第三条,知部曲既为一人所私有,即不得自由转事他人。故《唐律·贼盗二》问答,有“部曲既许转事,奴婢比之财货”之说。盖部曲欲转事人,必得主人之许可,并具一定之手续也。否则人未有敢受之者。此又部曲之所有权在主之一明证也。

《周书》卷四十三《陈忻传》云:“朝廷以忻雅得士心,还令万敌领其部曲。”

《周书》卷四十四《李迁哲传》云:“及其父为衡州,留迁哲本乡监统部曲事。”

《周书》卷四十六《杜叔毗传》云:“各领部曲数百人。”

右第一、第二两条,为父子相继袭领之证。

《隋书》卷十一《礼义〈仪〉志》云:“部曲督司马吏部曲将,铜印环钮,朱服武冠。司马吏假墨绶兽爪鞶。”

部曲至此时,已完全成为一姓一将之所有物。惟观此条,知前时遗制犹有存者。故予于首章中即提及之。

《隋书》卷三十九《窦荣定传》云:“赐马三百匹,部曲八千户而遣之。”

奴婢与杂物(如牛马等)赐人,史中屡见,予前已言及之。部曲赐人,则始见于《北齐书》(卷二十三)《崔㥄传》;再见于此传。盖此时部曲,已完全与奴婢相近似矣。是又为部曲变迁上之一极大证据也。(可与“诏罢质任”,“复其部曲”,……“给广宗、清河部曲”,“诏放奴婢,听为部曲客女”诸条连观。)

《隋书》卷六十四《陈棱传》云:“父岘少骁勇,事章大宝为帐内部曲。”

《隋书》卷六十五《周法尚传》云:“法尚遣部曲督韩明,诈为背己,奔于陈。”

此二条亦无他义,故不赘说。

《南史》卷一《宋本纪上第一》云:“王元德等,并率部曲,保据石头。”

《南史》卷四《齐本纪上第四》云:“上遂率部曲百余人起义。”

《南史》卷六《梁本纪上第六》云:“帝避时嫌,解遣部曲。”

《南史》卷十五《徐羡之传》云:“鲁爽兄弟,率部曲来奔。”

《南史》卷二十一《王弘传》云:“融被收,朋友部曲,参问北寺,相继于道。”

《南史》卷二十六《袁湛传》云:“今年事败矣,乃狼狈率部曲向石头。”

《南史》卷三十一《张裕传》云:“瓌宅中常有父时旧部曲数百。”

《南史》卷三十七《沈庆之传》云:“将之镇,部曲出次白下。”

《南史》卷三十九《殷孝祖传》云:“琰素无部曲,无以自立。”

以上诸条,或已见前史,或不甚重要。惟末条云:“琰素无部曲,无以自立。”足见当时部曲之重。

《南史》卷四十《黄回传》云:“遂率部曲辄还,改封安陆郡公。”

《南史》卷四十二《豫章文献王嶷传》云:“先是王蕴荐部曲六十人……部曲不得赍府州物出城。”

《南史》卷四十四《齐武帝诸子传》云:“以寅有部曲,大事皆委之。……又张欣泰尝为雍州,亦有部曲。……敕留西楚部曲,助镇襄阳。……殿下若不留部曲,便是大违敕旨。……子懋部曲,多雍土人。”

《南史》卷四十五《张敬儿传》云:“集部曲……以此诱说部曲。”

《南史》卷四十六《孝〈李〉安人传》云:“安人寻率部曲,自拔南归。”

《南史》卷四十九《刘怀珍传》云:“密谓部曲曰,始免祸坑矣。……收集门宗部曲,得三千人。……僧副将部曲二千人,东依海岛。”

《南史》卷五十《庾易传》云:“元起死于蜀郡,部曲皆散。”

《南史》卷五十五《曹景宗传》云:“部曲残横,部下厌之。”

由第三条,知部曲极为当时将主所重。由末条知部曲确与部下不同。末条云:“部曲残横,部下厌之。”推其文义,必部下为普通兵士,而部曲则为关系较切,感情较深之另一团体也。故此条亦可为当时部曲与部下不同之证。(至此,部曲与“士卒”“部下”之性质,相离渐远之证,已得数条。可参看“《陈书》卷一《高祖纪上》”条。)

《南史》卷五十五《夏侯详传》云："夔在州七年，……有部曲万人……子譔嗣，……领其父部曲。"

又云："弘率部曲数百，悉衣锦袍。"

《南史》卷五十五《冯道根传》云："为将能检御部曲，……每征伐，终不言功，其部曲或怨非之。"

《南史》卷五十七《沈约传》云："召募故义部曲以讨贼。"

《南史》卷五十七《范云传》云："又为始兴内史，旧郡界得亡奴婢，悉付作部曲。即货去，买银输官。"

首条为父子相继袭领之证。末条云："得亡奴婢，悉付作部曲。"是又同于《唐律》"放奴婢为良及部曲客女者听[之]"之意。故此条又足为当时奴婢部曲相差甚近之证。宜与"诏罢质任"，"复其部曲"，……"诏放奴婢，听为部曲客女"，"赐部曲八千户"诸条并重。

《南史》卷六十四《张彪传》云："颇有部曲……沈泰说陈文帝曰，彪部曲家口，并在香岩寺，可往收取。"

《南史》卷六十七《荀朗传》云："朗更招致部曲，众至数万。"

《南史》卷六十七《鲁悉达传》云："时江表将帅，各领部曲，动以千数。"

《南史》卷七十《郭祖深传》云："及被任用，皆募部曲……使募部曲二千。"

《南史》卷七十六《张孝秀传》云："因去职归山，居于东林寺，有田数十顷，部曲数百人，率以力田。"

《南史》卷七十七《司马申传》云："夺任忠部曲，以配蔡征、孔范。"

上惟第一、第五两条较重。然其义已分说于前，故兹不赘。

《北史》卷五《魏本纪第五》云："尔朱世隆、荣妻乡郡长公主，率荣部曲，自西阳门出屯河阴。"

《北史》卷六《齐本纪上第六》云："乃诈为书，言尔朱兆将以六镇人配契胡为部曲，众皆愁。”

《北史》卷十六《阳平王熙传》云：“有南戍主妻三月三日游戏沔水侧，均辄遣部曲掠取。”

《北史》卷二十四《封懿传》云：“仍听收集部曲一千人。”

《北史》卷三十一《高允传》云：“时禁园养部曲稍至千人……听慎以本乡部曲数千自随……乃请还本乡，招集部曲……昂自领乡人部曲……曰敖曹所领部曲练习已久。”

《北史》卷三十八《裴骏传》云：“朴特与部曲为表里声援。”

《北史》卷四十五《李元护传》云：“但多有部曲，时为侵扰。”

《北史》卷四十五《江悦之传》云：“有将略，善待士，有部曲数百人……部曲称众，千有余人。”

《北史》卷四十五《李苗传》云：“及杀尔朱荣，从弟世隆拥部曲，还逼都邑。”

《北史》卷五十四《斛律金传》云：“在州养马二千匹，部曲三千以备边。”

《北史》卷六十一《窦炽传》云：“赐马三百匹，部曲八十户遣之。”

《北史》卷六十六《陈欣传》云：“子万敌嗣……还令万敌领其部曲。”

《北史》卷九十三《北凉（沮渠氏）传》云：“蒙逊代父领部曲。”

《北史》卷九十六《氐传》云：“子难敌统位，与弟坚头分部曲。”

右列诸条，皆见前史。虽如第一（妻领夫部曲）、第九（弟领兄部曲）、第十一（以部曲赐人）、第十二、第十三、第十四（三条皆为子领父部曲）诸条，较为重要，然已说明于前，故不赘述。

《旧唐书》卷十五《宪宗纪下》云：“安南军乱，杀都护李象古，并家属部曲千余人皆遇害。”

《旧唐书》卷二十上《昭宗纪》云：“王行瑜与其妻子部曲五百余人，溃围出奔。”

《旧唐书》卷四十三《职官志》云:"凡决大辟罪,在京者,行决之司,皆五覆奏;在外者,刑部三覆奏;若犯恶逆已上,及部曲奴婢杀主者,一覆奏。"

第一、第二两条,皆与妻孥连文,是为关系密切之证。第三条既与奴婢连文;又杀主之罪,不分重轻,同为大辟,可知当时部曲,已与奴婢相等矣。《唐律·斗讼二》,"部曲奴婢过失杀主"条云:"部曲奴婢,过失杀主者绞。"则非过失杀主者,当然在于死例。(有《唐律》卷十七《贼盗一》"部曲奴婢杀主者斩"条可证。)故此处定杀主罪为大辟,完全与《唐律》相合,是部曲同于奴婢之疑案,至此已完全定谳矣。(当与前诸重要条并观。)

《旧唐书》卷八十九《狄仁杰传》云:"昔董[卓]之乱,神器播迁。及卓被诛,部曲无赦。"

《旧唐书》卷一百二十《郭子仪传》云:"及征还朝廷,部曲散去。……怀恩本臣偏将,其下皆臣之部曲。……彼皆吾之部曲,缓之自当携贰。"

《旧唐书》卷一百二十一《仆固怀恩传》云:"怀恩将士,皆子仪部曲……部曲以乡法焚而葬之。"

《旧唐书》卷一百二十七《源休传》云:"泚死,休走凤翔,为其部曲所杀。"

《旧唐书》卷一百四十五《李忠臣传》云:"前湖南观察辛京杲,尝以忿怒杖杀部曲,有司劾奏京杲杀人,当死,从之。"

以上末条,主杀部曲罪至死,似与《唐律·斗讼二》,"殴部曲死决罚"条"诸主殴部曲,至死者,徒一年;故杀者加一等"之说不符。实则此以有司误奏京杲杀人故也。若奏主杀部曲,罪当决不至死。故《唐书》之说,仍与《唐律》无违。

《旧唐书》卷一百四十五《李希烈传》云:"各出家僮部曲一人及马令刘德信总之讨希烈。"

观此，部曲确与家僮不同，惟与家僮近似，则固显然无疑。（家僮，犹言僮奴。与奴婢为同类。）此亦变迁上极有关系者也。

《旧唐书》卷一百八十《李全忠传》云："匡威部曲刘仁恭归于河东。"

《旧唐书》卷一百八十七下《许远传》云："虢王巨受代之时，尽将部曲而行。"

《旧唐书》卷一百九十五《回纥传》云："遂并其部曲，奄有其地。"

《旧唐书》卷一百九十六《吐蕃传上》云："郭子仪领部曲数百人……各有部曲。"

诸条意义，已见于前，兹故不赘。

《新唐书》卷二十四《车服志》云："八品九品服用青，饰以鍮石。勋官之服随其品而加佩刀、砺、纷帨。流外官、庶人、部曲、奴婢则服䌷绢絁布，色用黄白，饰以铁铜。"

《新唐书》卷五十一《食货志》云："凡主户内有课口者为课户。若老及男废疾、笃疾、寡妻妾、部曲、客女、奴婢及视九品以上官不课。……浮民、部曲、客女、奴婢纵为良者附宽乡。……"

《新唐书》卷八十四《李密传》云："招抚故部曲，经略东都。"

《新唐书》卷九十二《苑君璋传》云："以君璋为大行台，统武周部曲。"

《新唐书》卷一百三十七《郭子仪传》云："部曲离散……子仪颐指进退，若部曲然。"

《新唐书》卷一百五十一《陆长源传》云："杀大将及部曲五百人乃定。"

《新唐书》卷一百七十《史敬奉传》云："甥侄部曲二百人，每出，辄分其队为四五。"

《新唐书》卷一百七十七《冯宿传》云："洛苑使姚文寿纵部曲，夺民田……府大集，部曲辄与文寿偕来，宿掩取，榜杀之。"

《新唐书》卷二百三《吴武陵传》云:"足下勿谓部曲勿我欺,人心与足下一也。"

《新唐书》卷二百二十五上《安禄山传》云:"禄山以〈从〉牙门部曲百余骑次城北,祭先冢而行。"

上除第一第二两条外,皆不甚重要。兹就第一第二两条而讨论之:

盖部曲之与奴婢连文者,自汉初(正真部曲之起源,前论已定《史记》。故此云汉初)以迄唐末,一见于《旧唐书·职官志》,(又《旧唐书·李希烈传》,有"家僮部曲"连文一条。因与奴婢相近,故附之于此。)再见于《新唐书·车服志》,三见于《新唐书·食货志》而已。原其变迁之迹,虽非一端,而见诸明文,显然无疑者,则实自《唐书》始之。故此诸条,尤为吾作本章最终之目的也。兹复就本章中变迁痕迹之较著者,以书为次,列为左表,以便省览:

部曲变迁之类别 引用书目	部曲名词之起源	作为军制上之专名用者	作为普通之兵士用者(逐渐减少)	作为私人之部属用者(以举家相附随主将移徙及父子兄弟夫妻相继袭领等为标准)(逐渐增多)	由私人之部属而渐变为奴婢者(逐渐增多)
《孙子》	始见于《计篇》	有(《计篇》注)	有		
《史记》	正式部曲成立始见于《李广传》	有(《李广传》索引)	有		
《前汉书》		有(《李广传》注)	有		
《流沙坠简》		有(卷二,四十二枚释)	有		
《后汉书》		有(《百官志》)(如《光武纪》《班彪传》等注亦有)	有	有(兹定以《光武纪》内铜马等部曲为始)	

部曲变迁之类别 引用书目	部曲名词之起源	作为军制上之专名用者	作为普通之兵士用者（逐渐减少）	作为私人之部属用者（以举家相附随主将移徙及父子兄弟夫妻相继袭领等为标准）（逐渐增多）	由私人之部属而渐变为奴婢者（逐渐增多）
郑注《周礼·大司马》		有（郑注贾疏）	有		
《魏志》			有	有	
《蜀志》			有	有	
《吴志》			有	有	
《晋书》			有	有	诏罢部曲质任（卷三《武帝纪》） 复部曲不预军征（卷一二一《李雄载记》）
《宋书》		有（《百官志》）	有	有	
《南齐书》			有	有	瓌宅中有父时旧部曲数百（卷二十四《张瓌传》）
《梁书》			有	有	部曲数百率以力田（卷五一《张孝秀传》）
《陈书》			有	有	部曲妻儿各令复业（卷二《高祖纪下》）
《魏书》			有	有	置部曲妻儿于城中（卷八〇《侯渊传》）

部曲变迁之类别 / 引用书目	部曲名词之起源	作为军制上之专名用者	作为普通之兵士用者（逐渐减少）	作为私人之部属用者（以举家相附随主将移徙及父子兄弟夫妻相继袭领等为标准）（逐渐增多）	由私人之部属而渐变为奴婢者（逐渐增多）
《北齐书》			有	有	给广宗清河部曲（卷二三《崔㥄传》）
《周书》			有	有	放奴婢为良及部曲客女（卷六《武帝纪》）
《隋书》		有（《礼义〈仪〉志》）	有	有	赐马匹及部曲（卷三九《窦荣定传》）
《南史》			有	有	得亡奴婢悉付作部曲（卷五七《范云传》）
《北史》			有	有	大致同《南史》
《旧唐书》			有	有	部曲奴婢杀主罪大辟（卷四三《职官志》）（附）家僮部曲连文（卷一四五《李希烈传》）
《新唐书》			有	有	部曲奴婢连文（卷二四《车服志》）部曲客女奴婢连文（卷五一《食货志》）
《唐律》					凡部曲奴婢连文者皆是

（附）予作本章既终，犹欲重言声明者，即相同诸条，本可汇萃一处，再加说明。特为时代所限，故不得不每书自为起讫，非重杂也。

部曲之身分

吾人观诸部曲之起源及变迁，已可得其身分之大概。盖在唐以前，虽已屡发见其与奴婢相近之证据，然犹不尽失其兵士之地位。至有唐一代，则竟成一人类之特殊阶级，而与奴婢同视矣。兹根据《唐律》而一究其身分也。然视奴婢亦有间。予今先言其相同者，次言其相异者。

其相同者：

一、由于形式上者：

《唐律》卷四《名例律》"略和诱人"条："略和诱部曲奴婢……及藏逃亡部曲奴婢。……"

《唐律》卷六《名例律》"同居相为隐"条："部曲奴婢为主。……"

《唐律》卷六《名例律》"称道士女冠"条："观寺部曲奴婢。……"

《唐律》卷十二《户婚律》"养杂户为子孙"条："若养部曲及奴为子孙者。……"

《唐律》卷十七《贼盗律[一]》"缘坐非同居"条："若部曲奴婢犯反逆者。……"

《唐律》卷十七《贼盗律一》"部曲奴婢杀主"条："诸部曲奴婢谋杀主者。……"

《唐律》卷十七《贼盗律一》"谋杀故夫父母"条："部曲奴婢谋杀旧主者。……"

《唐律》卷十八《贼盗律二》"杀人移乡"条："若妇人有犯及杀他人部曲奴婢。……"

《唐律》卷十八《贼盗律二》"残害死尸"条："即子孙于祖父母父母，部曲奴婢于主者。……"

《唐律》卷十八《贼盗律二》"穿地得死人"条："……部曲奴婢于主冢墓……"

《唐律》卷二十《贼盗律四》"知略和诱和同相卖"条："及略和诱

部曲奴婢而买之者。……”

《唐律》卷二十《贼盗律四》“共盗并赃论”条：“主遣部曲奴婢盗者。……”

《唐律》卷二十二《斗讼律二》“部曲奴婢良人相殴”条：“即部曲奴婢相殴伤杀者。……”

《唐律》卷二十二《斗讼律二》“部曲奴婢过失杀主”条：“诸部曲奴婢过失杀主者。……”

《唐律》卷二十二《斗讼律二》“殴缌麻亲部曲奴婢”条：“诸殴缌麻小功亲部曲奴婢……各减杀伤凡人部曲奴婢二等。……”

《唐律》卷二十三《斗讼律三》“部曲奴婢詈旧主”条：“诸部曲奴婢詈旧主者……即殴旧部曲奴婢折伤。……”

《唐律》卷二十四《斗讼律四》“部曲奴婢告主”条：“诸部曲奴婢告主非谋反逆叛者。……”

《唐律》卷二十四《斗讼律四》“教令人告事虚”条：“即教令人告缌麻以上亲及部曲奴婢告主者。……”

《唐律》卷二十五《诈伪律》“妄认良人为奴婢”条：“诸妄认良人为奴婢部曲妻妾子孙者。……”

《唐律》卷二十六《杂律上》“奴奸良人”条：“其部曲及奴奸主。……”

《唐律》卷二十八《捕亡律》“容止他界逃亡”条：“其官户部曲奴婢亦同。”

《唐律》卷二十九《断狱上》“与囚金刃解脱”条：“部曲奴婢与主者罪亦同。”

《唐律》卷二十九《断狱上》“死罪囚辞穷竟”条：“部曲奴婢于主者。……”

《唐律》卷三十《断狱下》“闻知恩赦故犯”条：“若部曲奴婢殴及谋杀。……”

总观以上各条,无不部曲奴婢联举。故吾人稍一展读《唐律》,即于脑海中发生一同类之印象。此即吾所谓形式上之相同者也。

二、由于权利义务上者:(由权利义务上,可求得部曲奴婢身分为相同相异两部份,相异部份详后。)

《唐律》卷二《名例二》"十恶反逆缘坐"条:问曰:"监守内略人,罪当除名之色,奴婢例非良人之限,若监守内略部曲,亦合除名以否?"答曰:"今略良人及奴婢,并合除名,……略部曲,……明知亦合除名。"

按此,知监守内略奴婢部曲,其罪相等。则部曲奴婢,必为同一身分也。

《唐律》卷三《名例三》"府号官称"条:"若奸监临内……部曲妻及婢者,免所居官。"

按卷十七《贼盗一》"谋反大逆"条《疏议》云:"部曲妻及客女,况〈并〉与部曲同。"又卷二十六《杂律上》"错认良人为奴婢"条《疏议》云:"部曲妻,虽取良人女为,亦依部曲之坐。"是部曲妻,可以代表部曲之身分也。本条以奸部曲妻之罪,同于奸婢之罪,是部曲妻与婢之身分相等,而复得推知部曲与奴婢之身分相等也。

《唐律》卷二《名例二》"十恶反逆缘坐"条:答问云:"据杀一家,非死罪三人,乃入不道。部曲奴婢,不同良人之例,强盗若伤财主部曲,即同良人。"

《唐律》卷四《名例四》"老小废疾"条:答问云:"例云,杀一家三人为不道。注云,杀部曲奴婢者非。即验奴婢不同良人之限。惟因盗伤杀,亦与良人同。"

按此二条,知部曲奴婢,若因盗杀伤,则皆同于良人。是亦部曲奴婢身分相同之证也。

《唐律》卷四《名例四》"略和诱人"条:"……略和诱部曲奴婢,若嫁卖之,即知情娶买。及藏逃亡部曲奴婢,……赦书到后百日,见在不首,故蔽匿者,复罪如初。”

按此,略和诱,及藏逃亡部曲奴婢,在赦书到后,百日内发者,虽不自首,同为无罪。是部曲奴婢,亦未有贵贱之分也。

《唐律》卷五《名例五》“犯罪未发自首”条:“其于人损伤”节下,《疏议》云:“虽部曲奴婢,损伤亦同良人例。”

按此,是损伤部曲,与损伤奴婢同于良人之法。又为部曲奴婢身分相同之证也。

《唐律》卷六《名例六》“同居相为隐”条:“部曲奴婢为主隐,皆勿论。”

按此,得知部曲奴婢,于主之关系相等,故为主隐,皆得无罪。此又身分相同之证也。

《唐律》卷六《名例六》“官户部曲”条:“诸官户部曲官私奴婢,有犯本条无正文者,各准良人。”

按此,所谓“各准良人”者,即各准良人之法。是又部曲奴婢无分重轻之证也。

《唐律》卷六《名例六》“官户部曲”条:“若老小及废疾不合加杖,无财者,放免”节下,《疏议》云:“其部曲奴婢,应征赃赎者,皆征部曲及奴婢,不合征主。”

按此,知部曲奴婢,遇有赃赎之事,主皆不任其责。是主于部曲奴婢,仍以同等关系相待,亦身分相同之证也。

《唐律》卷六《名例六》“官户部曲”条:“即同主奴婢自相杀,主求免者,听减死一等”节下,《疏议》云:“奴婢……相杀,虽合偿死,主求免者,听减。若部曲杀同主贱人,亦至死罪,主求免死,亦得同减法。”

按此，知部曲奴婢罪至死时，（限于同主贱人相杀者。）主求免死，皆得听减。是亦部曲奴婢身分相近之证也。

《唐律》卷六《名例六》“称道士女冠”条：“观寺部曲奴婢于三纲，与主之期亲同”节下，《疏议》云：“……其部曲奴婢，殴三纲者绞；詈者徒二年。”

按此，殴者同为绞罪；詈者同为徒二年。是亦可知部曲奴婢身分之相同也。

《唐律》卷十一《职志〈制〉下》“役使所监临”条：“诸监临之官私役使所监临，及借奴婢牛马……”节下，《疏议》云：“称奴婢者，部曲客女亦同。”

按此，是奴婢可以包括部曲也。（即部曲之权利义务同于奴婢之意。）其身分之相同，不言可知。

《唐律》卷十二《户婚上》“脱户”条：“其增减非免课役……即不满四口，杖六十。（部曲奴婢亦同。）”

按注云：“部曲奴婢亦同。”即部曲奴婢亦同正文所定之法，而不再立他法也。是亦部曲奴婢同等之证也。

《唐律》卷十四《户婚下》“杂户不得娶良人”条：“即奴婢私嫁女与良人为妻妾者，准盗论。知情娶者，与同罪。各还正之”节下，《疏议》云：“……其部曲奴婢，有犯本条无正文者，依律各准良人。……”

按此，“依律各准良人”者，即各准良人之法，而不另立部曲之法，与奴婢之法也。是亦部曲奴婢相同之证也。

《唐律》卷十七《贼盗一》“缘坐非同居”条：“若女许嫁已定……若部曲奴婢犯反逆者，止坐其身”节下，《疏议》曰：“若部曲奴婢……犯谋反大逆，并无缘坐，故云止坐其身。”

按此，部曲奴婢，犯反逆者，其罪相同，不分轻重。是亦部曲奴婢相等之证也。

《唐律》卷十七《贼盗一》“部曲奴婢杀主”条：“诸部曲奴婢谋杀主者，皆斩。谋杀主之期亲，及外祖父母者，绞；已伤者，皆斩。”

按此，知部曲奴婢杀主，其所处之罪相同。罪既相同，则其身分相等可知。

《唐律》卷十七《贼盗一》“谋杀故夫父母”条：“诸妻妾谋杀故夫……皆斩。部曲奴婢谋杀旧主者，罪亦同”节下，《疏议》云：“……部曲奴婢谋杀旧主，称罪亦同者，谓谋而未杀，流二千里；已伤者绞；已杀者皆斩。”

按此，知部曲奴婢，谋杀旧主，罪亦相同。是又部曲奴婢身分相等之证也。

《唐律》卷十八《贼盗二》“憎恶造厌魅”条：“以故致死者，各依本杀法。欲以疾苦人者，又减二等。（子孙于祖父母父母，部曲奴婢于主者，各不减。）”

按注云：“部曲奴婢于主者，各不减。”即部曲欲以疾苦主人者，不减二等之罪；奴婢欲以疾苦主人者，亦不减二等之罪。是又为部曲奴婢同一身分之证也。

《唐律》卷十八《贼盗二》“憎恶造厌魅”条：“即于祖父母父母及主，直求爱媚而厌咒者，流二千里……”节下，《疏议》云：“子孙于祖父母父母，部曲奴婢于主，造厌咒符书，直求爱媚者，流二千里。……”

按此，知部曲奴婢于主造厌咒符书直求爱媚者，并不以部曲而减轻其罪，奴婢而加重其罪。是又为部曲奴婢身分相同之证也。

《唐律》卷十八《贼盗二》“残害死尸”条：“弃而不失及髡发若伤

者,各又减一等。即子孙……部曲奴婢于主者,各不减"节下,《疏议》云:"……即子孙于祖父母父母,部曲奴婢于主者,各不减,并同斗杀之罪,子孙合入恶逆。……"

按此条,亦不以部曲奴婢,而分罪之重轻,是亦二者身分相同之证也。

《唐律》卷十八《贼盗二》"穿地得死人"条:"……部曲奴婢于主冢墓熏狐狸者,徒二年;烧棺椁者,流三千里;烧尸者绞。"

按此,亦不以部曲奴婢,而分罪之轻重。是又为部曲奴婢同视之证也。

《唐律》卷二十《贼盗四》"知略和诱和同相卖"条:"诸知略和诱和同相卖,及略和诱部曲奴婢而买之者,各减卖者罪一等。"

按此,知买"略和诱部曲奴婢"者,减卖者罪一等。是买部曲之罪,与买奴婢之罪相等。是亦足以知部曲奴婢身分之相同也。

《唐律》卷二十《贼盗四》"共盗并赃论"条:"主遣部曲奴婢盗者,虽不取物,仍为首"节下,《疏议》云:"主遣当家部曲奴婢行盗,虽不取所盗之物,主仍为行盗首,部曲奴婢为从。"

按此,知部曲奴婢奉主命而行盗,主为首罪,部曲奴婢同为从罪。是于部曲奴婢,并不歧视。是亦足为二者身分相同之证也。

《唐律》卷二十二《斗讼二》"部曲奴婢过失杀主"条:"诸部曲奴婢,过失杀主者,绞;伤及詈者,流。"

按此,知奴婢杀(伤詈在内)主之罪,并不重于部曲杀主之罪。是亦部曲奴婢身分相等之证也。

《唐律》卷二十二《斗讼二》"部曲奴婢过失杀主"条:"……即殴主之期亲及外祖父母者,绞;已伤者,皆斩;詈者,徒二年;过失杀者,减殴罪二等;伤者又减一等。殴主之缌麻亲,徒一年;伤重者,各加凡人一等;小功大功,递加一等;(加者,加入于死。)死者,皆斩。"

按此,知部曲奴婢,犯同样之罪,即受同等处罚。是亦二者身分相同之证也。

《唐律》卷二十三《斗讼三》"部曲奴婢詈旧主"条:"诸部曲奴婢詈旧主者,徒二年;殴者,流二千里;伤者,绞;杀者,皆斩;过失杀伤者,依凡论。"

按此条与前条同意。

《唐律》卷二十四《斗讼四》"部曲奴婢告主"条:"诸部曲奴婢告主,非谋反逆叛者,皆绞。告主之期亲及外祖父母者,流;大功以下亲,徒一年。诬告重者,缌麻加凡人一等;小功大功,递加一等。"

按此条亦与前条同意。

《唐律》卷二十四《斗讼四》"投匿名书告人罪"条:"诸投匿名书告人罪者,流二千里(谓绝匿姓名,及假人姓名,以避己作者,弃置悬之俱是)"节下,《疏议》云:"……匿名书告他人部曲奴,依凡人法。……"

按此,以匿名书告他人部曲奴,依凡人法论罪。是部曲奴之身分同于凡人也。其部曲与奴之身分相等可知。

《唐律》卷二十六《杂律上》"奸缌麻亲及妻"条:"诸奸缌麻以上亲及缌麻以上亲之妻……妾减一等"节下,《疏议》云:"……其奴及部曲奸主之妾,及主期亲之妾,亦从减一等之例。"

按此,知奴奸主妾与主期亲之妾之罪,同于部曲奸主妾与主期亲之妾之罪。是部曲奴婢之身分,亦无尊贱之分别也。

《唐律》卷二十六《杂律上》"奴奸良人"条:"其部曲及奴奸主及主之期亲,若期亲之妻者,绞;妇女减一等;强者斩。即奸主之缌麻以上亲及缌麻以上亲之妻者,流;强者绞。"

按此，亦即部曲奴婢同犯奸罪，受同等处罚，不分身分高下之证也。

《唐律》卷二十八《捕亡》"官户奴婢亡"条："诸官户官奴婢亡者，一日杖六十，三日加一等。（部曲私奴婢亦同。）"

按此，知部曲奴婢逃亡时，其罪相同。是亦身分相等之证也。

《唐律》卷二十八《捕亡》"容止他界逃亡"条："诸部曲〈内〉容止他界逃亡浮浪者一人，里正笞四十……各罪止徒二年。其官户部曲奴婢亦同。"

按此，知容止官户部曲奴婢，准同良人之法，无有彼此轩轾之分。是亦部曲奴婢身分相等之证也。

《唐律》卷二十八《捕亡》"知情藏匿罪人"条："诸知情藏匿罪人，若过致资给，令得隐避者，各减罪人罪一等（……部曲奴婢首匿，主后知者，与同罪。……）"节下，《疏议》云："……部曲奴婢作首隐匿罪人，主后知者，与同罪。谓同部曲奴婢各减罪人罪一等；以主不为部曲奴婢隐故也。"

按此，主以部曲奴婢而受罪，并不因部曲而重，奴婢而轻。是亦可知部曲奴婢身分之相等也。

《唐律》卷二十九《断狱上》"与囚金刃解脱"条："诸以金刃及他物可以自杀及解脱而与囚者，杖一百……即部曲奴婢与主者，罪亦同"节下，《疏议》云："……或部曲奴婢与主者，并与凡人罪同。"

按此，知部曲奴婢以可解脱之物与主者，与凡人罪同。既各同凡人，则部曲奴婢之身分自同。换言之，即"部曲奴婢各等凡人，则部曲奴婢互等"。譬如"甲丙各等于乙，则甲丙亦互相等"也。凡以前之同此例者，（如"依凡人法"，"准良人法"，"同良人法"等条是。）皆可以此式解之。

（附）余以《唐律》中之同此例者，止于本条。故明此式于此。

《唐律》卷三十《断狱下》"立春后不决死刑"：《疏议》云："依《狱

官令》,从立春至秋分,不得奏决死刑,违者徒一年。若犯恶逆以上,及奴婢部曲杀主者,不拘此令。"

按此,知部曲奴婢杀主,其受决罚,不因部曲而稍宽于奴婢。是亦二者身分无分差异之证也。

以上即吾所谓由权利义务上而求得部曲奴婢身分之相同者也。兹更进而求其异。

其相异者:

一、由于性质上者:

《唐律》卷四《名例四》"老小废疾"条:答问云:"奴婢贱隶,惟于被盗之家称人。……"

《唐律》卷二《名例二》"十恶反逆缘坐"条:答问云:"奴婢部曲,不同良人之例。强盗若伤财主部曲,即同良人。"

第一条云:"奴婢贱隶,惟于被盗之家称人。"按其语气,是奴婢于被盗之家称"人"外,其余不得称"人"也。第二条云:"奴婢部曲,不同良人之例。……"按其语气,并无此外不得称部曲为"人"之意。是由性质之不同,而得其身分之差异者也。

《唐律》卷六《名例六》"官户部曲"条:《疏议》云:"奴婢贱人,律此〈比〉畜产。"

《唐律》卷十三《户婚中》"以妻为妾"条:《疏议》云:"婢乃贱流,本非俦类。"

《唐律》卷十四《户婚下》"杂户不得娶良人"条:《疏议》云:"奴婢既同资财,即合由主处分。"

《唐律》卷十五《厩库》"监主借官奴畜"条:"诸监临主守以官奴婢及畜产私自借若借人及借之者,笞五十"节下,《疏议》云:"……之类,有私自借若借人及借之者,亦计庸赁,各与借奴婢畜产同律。"按此条云:"奴婢畜产同律",即奴婢同于畜产之意甚明。

《唐律》卷十七《贼盗一》"谋反大逆"条:《疏议》云:"部曲不同资

财,故特言之。……奴婢同资财,故不别言。”

《唐律》卷十八《贼盗二》“造畜蛊毒”条:答问云:“部曲既许转事,奴婢比之资财。”

《唐律》卷十八《贼盗二》“杀人移乡”条:《疏议》云:“注云,部曲及奴出卖,谓私奴出卖,部曲将转事人。”

《唐律》卷二十《贼盗四》“私财奴婢贸易官物”条:“诸以私财物奴婢畜产之类(余条不别言奴婢者,与畜产财物同)贸易官物者。”按本条注,知奴婢同于畜产财物。

又本条《疏议》云:“若验奴婢不实者,亦同验畜产之法。”

《唐律》卷二十二《斗讼二》“主杀有罪奴婢”条:《疏议》云:“奴婢贱隶。”

《唐律》卷二十五《诈伪》“诈除去官户奴婢”条:《疏议》云:“奴婢有价,部曲转事无估。”

《唐律》卷二十六《杂律上》,有“买卖奴婢牛马立券”条。

按上诸条,对于奴婢,则曰“有价”、“出卖”、“立券”、“本非俦类”、“比之财货”、“比之畜产”。而对于部曲,则曰“转事”、“转事无估”、“不同资财”。可见二者之性质绝对不同,而其身分亦判然悬殊也。

二、由于权利义务上者(此即吾前所谓相异部份也):

《唐律》卷十二《户婚上》“放部曲为良”条:“诸放部曲为良,已给放书,而压为贱者,徒二年。若压为部曲,及放奴婢为良而压为贱者,各减一等。即压为部曲及放为部曲而压为贱者,又各减一等,各还正之”节下,《疏议》云:“若放部曲客女为良,压为贱者,徒二年。若压为部曲者,谓放部曲客女为良,还压为部曲客女;及放奴婢为良,还压为贱,各减一等,合徒一年半。即压为部曲者,谓放奴婢为良,压为部曲客女;及放为部曲者,谓放奴婢为部曲客女,而压为贱者,又各减一等,合徒一年。仍并改正,从其本色。故云各还正之。”

按此条,《疏议》即可为正文说明之用,故不赘说。

《唐律》卷二十《贼盗四》"略人略卖人"条:"诸略人略卖人,为奴婢者绞;为部曲者流三千里。"又《疏议》云:"和诱,减略一等。为奴婢者流三千里,为部曲者徒三年。"

按此,知部曲所享之权利,为优于奴婢也。故略人为部曲,罪轻于略人为奴婢。

《唐律》卷二十二《斗讼二》"部曲奴婢良人相殴"条:"部曲殴良人者,加凡人一等;奴婢又加一等。……其良人殴伤杀他人部曲者,减凡人一等,奴婢又减一等。若故杀部曲者,绞;奴婢流三千里。"

《唐律》卷二十二《斗讼二》"殴部曲死决罚"条:答问云:"妾殴夫家部曲,亦减凡人二等。部曲殴主之妾,加凡人三等。若妾殴夫家奴婢,减部曲一等。奴婢殴主之妾,加部曲一等。"

《唐律》卷二十三《斗讼三》"部曲奴婢詈旧主"条:"即殴旧部曲奴婢,折伤以上,部曲减凡人二等;奴婢又减二等。"又《疏议》云:"主殴旧部曲奴婢,折伤以上,部曲减凡人二等,谓折齿合杖九十。奴婢又减二等,合杖七十之类。"

《唐律》卷二十四《斗讼四》"部曲奴婢告主"条:"即奴婢诉良妄称主压者,徒三年;部曲减一等。"

《唐律》卷二十六《杂律上》"错认良人为奴婢"条:"诸错认良人为奴婢者,徒二年;为部曲者,减一等。错认部曲为奴者,杖一百。"又《疏议》云:"良人之与奴婢,种类自殊。若错认者,徒二年;为部曲者,减一等,徒一年半。若错认部曲为奴者,杖一百。"

观上各条,由其权利义务之不等,自可知其身分之不同矣。此即吾前所谓由权利义务上而求得部曲奴婢身分之相异者也。

总以上相同相异二部份之大体上观之,知唐时部曲之身分,确为低于良民而稍高于奴婢者;故可统言之曰:"在于奴婢良民之间。"然不有具体之方法,作一确定之答案,则终不明其所处为当时社会中第几等阶级也。吾故复言之,以求得其结果,而作为本章之结论。

《唐书·职官志》云："都官郎中员外郎掌配役隶。凡公私良贱，必周知之。凡反逆相坐，没其家为官奴婢。一免为番户，再免为杂户，三免为良民。"

按此，知唐制别贱民于良民，而分贱民为三级，最下为"奴婢"，次为"番户"，次为"杂户"。

《唐会要》前文原注云："诸律令格式，有言官户者，是番户之总号，非谓别有一色。"

按此，知"番户"亦称"官户"。

《唐律》卷二十二《斗讼二》"部曲奴婢良人相殴"条，原注云："官户与部曲同。"

按此，知"部曲"之身分同于"官户"。

由上三条，可得结论如下：

奴婢一免为"番户"，再免为"杂户"，三免为"良民"。等于奴婢一免为"官户"，再免为"杂户"，三免为"良民"。等于奴婢一免为"部曲"，再免为"杂户"，三免为"良民"。

故当时社会上，由"良民"而至"奴婢"，其间共分四级：一良民，二杂户，三番户（官户、部曲同），四奴婢。"部曲"即处于第三阶级者也。

（本文原载《国学论丛》第1卷第1期。）

中国用铁起源考略

我国为一农业国，一切文明，均发生于农业。而农业文明之初盛，则当起于夏，至夏以前，虽见史籍记载，未敢尽信。案夏当新石器时代末期，陶器已极发达。此等陶器，为农业社会最需要、最适用之盛藏器具，故为农业社会之特征，以其生活已较安定，不如渔猎社会之行踪无定不便携带焉。且各种有利于农业之骨、角、石、蚌器，亦逐渐由发明而改革进步，日倾向于助长农业之途，以提高其生活方式：虽尚不能完全脱离于渔猎游牧之初民状况，仍有用石、角、骨器以为获禽兽捕鱼鸟之具者，然亦有用其一那〈部〉份以为农作之器矣。自此以后，历商而周，由石器而铜器、铁器，则农业因工具之便利而益臻发达，自不待言。顾炎武《日知录》云："夫子之称禹也，曰'尽力乎沟洫'；而禹自言，亦曰：'浚畎浍距川。'古圣人有天下之大事，而不遗其小如此！"孟子以"禹平水土"与"后稷教民稼穑"并举，亦足见禹之治水，为便于农事，而足与陶器发明之有关农业相互证也。

商继夏后，农业更见发达，文化亦日见提高，不仅陶器、铜器之益形进步可为明证，而甲骨刻辞且已有禾、年、穅、黍、米诸字之运用矣。惟时仍不能脱离行国，（史书所载之履〈屡〉迁都邑，即是。）与渔猎游牧之习风，（卜辞中屡见。）故尚未能完全称为农业土著之国。然者〈则〉农业历史之记载,已约略可言:《孟子·滕文公下》云:“汤居亳,与葛为邻,葛伯放而不祀。汤使人问之曰:‘何为不祀?’曰:‘无以供牺牲也。’汤使遗之牛羊,葛伯食之,又不以祀。汤又使人问之曰:‘何为不祀?’曰:‘无以供粢盛也。’汤使亳众,往为之耕,老弱馈饷,葛伯率其民,要其有酒食黍稻者,夺之;不授者,杀之。”则汤之能以耕种食黍稻,已无可疑。然此种耕植,除人力之外,尚有赖于何物以为之助乎?余则以为泆〈亦〉非仅恃人力所能济事,而必有待于牲畜之力也。王静安先生《卜辞中所见先公先王考》云:“观其祭日,其牲则五牛,三十牛,四十牛,乃至三百牛,乃祭祀之最隆者。”祭祀之牛多至如此,则服役之牛,其数可知。岂仅为割烹宰椎以供祖先之用,当亦为助人耕种之用也,故王亥(殷之先公先王)作服牛,历见于《竹书纪年》《山海经》《楚辞·天问》《吕氏春秋》《世本·作篇》诸书,而《管子》且有“殷人之王立帛牢(疑即百牢),服牛马以为民利,而天下化之”之文,则牛之有助于殷人之耕种,其事可谓信而有征矣。

兹就商代之农具言之,商代之为铜器时代,已有定论,其农具自当在铜制之列。然亦当有用铁制者。胡秋原氏云:“考埃及人在四千五百年以前,即开始用铁制之镰刀,在三千五百年以前,即有耕犁,欧洲人在三千年以前,即便〈使〉用铁制之锄与武器。中国盘庚以前,正为三千三年百〈百年〉,论理当已发明熔铁,已有铁制之耕器。”(见《对于中国社会史论战的贡献与批评》)以为中国在商代迁殷以前,即已盛用铁器。吕振羽与吴泽两氏,亦均主殷代确已用铁的农具与牛犁之说。即以今日考古所得之实物观之,如石器、玉器、骨、角器之穿孔,似亦有赖于用铁。至甲骨刻辞,以及各种饰物之雕琢,更恐非铁器不为功。故李济之先生于《发掘殷虚之经过及其重要发见》之一文中,亦有土深三·六米下发见铁钉之报告。则商代之用铁以助农业文明之发展,当亦为可信之事实矣。

至于周代,则诚为铜器之极盛时代。故不仅农业因之而发达,而文明亦渐趋于最高点。以言乎有助农业之牛,则自不成问题。以言乎铁，亦必为当时重要农具之原料也。盖铁器为农业生产之中心工具，自铁器发明以后，生产效率，即随之急增，而剩余劳力，即可为发展其他各种事业之用，而直接间接影响于整个社会机构之推进。周代文明之盛况，上为夏商所不及，下为数千年来所楷模，实均由于农业生活之发达与安定。而农业之所以能特殊发达者，则皆由于铁器之运用以为之基本故也。

然世多谓中国用铁之期甚晚，约在战国以后，秦汉之际。其说至误。案殷代之用铁，已如上述。若以周代言之，则证据更为确凿。郭沫若氏用《诗·公刘篇》上"取厉取锻"之语，谓周初实已用铁，其意以为非铁，何得云"锻"？何得云"厉"？又曰："铁之发现，论理应在周初。不然，则农业发达之原因即无从说明，中国历史上之一个重大的社会变革之时期，亦无从说明矣。"其言洵为不虚！又案《诗·周颂》各篇之言钱（即锄类）、镈（锹类）、铚（镰类）、芟（亦镰类），及耨（耘具）、耜诸器，均为农具之专名，而多半当由铁制者。次及春秋，明证更多：《左传》昭公二十九年云："晋赵鞅荀寅，帅师城汝滨，遂赋晋国，一鼓铁以铸刑鼎，著范宣子所为刑书焉。"《国语·齐语》云："美金（即铜）以铸戈戟，试诸狗马；恶金（即铁）以铸鉏（即犁）、夷（即锄类，用以除草）、斤（似锄而小，或云即刀）、欘（即锄之一种，所以掘土），试诸土壤。"均为记载周代之用铁之至明且确者。又如《管子》云："一女必有一针一刀，若其事立；耕者必有一耒，一耜，一铫，若其事立；行服连轺辇者，必有一斧，一锯，一锥，一凿，若其事立。"虽《管子》之书，非其所自著，然亦当为战国前后时人所作，而其记当时用铁之普遍，或尚可信。至他如《诗·驷铁》所云，"驷铁孔阜"，虽言铁为形容马毛颜色，亦可知铁之为物之早为周人所知。又《说文》云："铁，黑金也。銕，古文铁。"许君虽为汉人，然小篆宗于古籀，古籀出于殷周古文，则其字为周时所造，可知。（因甲骨文无此。）且《说文》古文为战国时书，而其字之发生，或当在其前，去周初盖亦不远也。下及战国，更无论矣。如孟子《滕文公上》云："许子以釜甑爨，以铁耕乎？"虽曰《孟子》亦战国时书，然其记用铁之事，决非自战国时始，其理亦至显且明。是皆铁器通用于周之明证也。

虽然，余犹将进而言之，西摩勒耳著《国民经济学纲要》云：“铁之制造，于纪元前二千三百年，已传入于中国。”案纪元前二千三百年，正当中国唐尧之中叶。（西氏言见《学术评论》一卷二期。）王宜昌氏于《中国经济月刊》三卷四期云：“犁与锄，为进步农业上之重要铁器，而在渤海沿岸使用的历史亦最早。《左传》昭公二九年，‘颛顼氏有子曰犁，为祝融’。《山海经》：‘后稷之孙叔均，作犁。’”《尚书·禹贡》云：“华阳黑水维梁州，……其土青骊，田下上，……贡璆铁银镂砮磬。”陶隐居《刀剑录》云：“夏孔甲在位四十年，以八年九月岁次甲辰，采牛首山之铁，铸剑一，名曰甲，止一字。”是皆由学人研究，或书本记载而知中国用铁之远在商代以前者也。然此犹得谓研究失实，书本难信，请复以实物证之：

辽宁高丽寨，发见石铜器时代之遗址，其所出之古物中，有铁器也。日人鸟居龙藏谓大石桥盘龙山石器时代之遗址中，曾发见铁滓。又谓石器与铁器伴出之遗址，发见于满洲各地者，不少。又谓如中国内地之河南省擂鼓台之古墓中，亦磨石斧、磨石小刀、石镞、瓦鬲、铁钉梃、斧镰等，同时出土。罗振玉云：“吾家藏古铜刀，观其形制，乃三代物。柄中空虚，中实以铁。又藏古矢镞，其刃锋以铜为之，而梃则用铁，惟完全用铁则不可得。”（见章鸿剑《石雅·附录》中引。）朱芳圃《甲骨学商史篇》载有二铜族（商或周物）之化验，谓铁占百分之一·一四及百分之二·一六。解之者曰：“一部分之铁，为在铜矿内者，因铜矿内常夹杂着铁矿。”又吾人在陕西宝鸡作考古发掘多年，确见铜刃而铁梃之矢镞颇多，且均为三代物。（似周）是皆可由实物而证明中国之用铁，或在石铜器并用时代，（或在石器时代，如日人所云。）或在商周时代，无可疑议者也。

总观上述，可知我国之用铁，始于商或商以前，而极盛于周。周实为我国农业文明最光耀灿烂之时代，以上结数百万年渔猎游牧之初民生活，下以开数千年来安居乐业之农业国基者也。故我民族之由野蛮而文明，由流浪而安定，由散漫无纪而集中统一，（周代阶层制度，最为完密，故维持最久，国祚最长。）周实为其转变中之维一最大关键。然详考此发动之总因何属？吾谓决惟“用铁”一事而已。迄今野心国家，犹欲恃铁血二字以妄图并吞世界，亦可知铁之功用与其威力矣！

三十二年四月乐夫于兰州十里店

（本文原载《党言》第2卷第3、4期合刊。）

耒耜说

《说文解字》部首"耒"字,许君说:"手耕曲木也。从木推丰。"又部中所属各字如"耕"字,许君说:"犁也。(案此字本当作𤰈,许说,耕也。)从耒,井声。一曰古者井田。"历来经传字书,对于耕字的解说很多,由我看来,耕是一个动词,(《说文》同部的字都是。)只是耕种的意思就是。无论从井是声也好,从井是井田也好,甚而至于从井是谐声兼义也好。总之我的主要目标是在"耒"字,因为不明白"耒",不知是用什么东西耕的。那么"耒"究竟是个什么呢?是否和今人耕田的犁一样呢?(附图三)我想当造字之初,或是在造字之先,先民的智识程度,还造不出这样的一个犁来耕地。所以我觉得"耒"这个器具,决不是现在的犁,而是许君所说的"手耕曲木"罢了。(或谓依旧本手作耒,耕作耜,当作"耒,耜曲木也"。说亦极是。)人类的进化过程中,当过着渔猎生活的时候,必有一个利用木器的时代。(因为最为方便。)就是随便取一根树枝,就可当作用具。(或作武器,或作类似掘地的农具。)以后逐渐进化,觉得木头很不结实,又不锐利,乃利用石头磨成一种类似后世斧子的东西,(那时有刃石器的种类很多,此种石犁头,就是其中之一。也就是后世铁犁头的祖始。)缚在木棍的头上,用来掘土,或是打人,或是猎兽,的确方便得多,这就是石器时代。以后又逐渐进化,由渔猎畜牧而进于耕种社会,用木石器掘土的机会更多，感觉到一人用一器不如两人用一器之省力而有效，用直木之不如用曲木的适宜于工作，遂变成由一人在后用曲形的木石器刺地，一人在前用绳或用其他的东西拉着，（木石器的形式，大约由形而变为形，又变而为今日的犁形。）好像今日用牛耕地的样子。这时许君所说的“耒”的形式已大体完成了。惟推想时代，尚在夏商之交，而耒耑所鍣的刃器，已不完全用石，或且多数用铜，而间有用铁的了。（窃谓我国先民的用铁，并不晚于用铜多少。）惟完全用牛代劳，则当在商之祖先王亥作服牛之后。（服牛不仅限于耕地，亦可用以挽车。）至于许君心目中之所谓“耒”，那是除上部用曲木以外，其刺地一耑，已是完全用铁，因为从商周而到秦汉，已由石铜器时代而进为铁器时代了。（然也不能说铁器时代绝对不用铜的。）

我现在再把耒与耜的意义，和耒与耜的关系说个详细：“耒”的意义，许君已经大略说过，（见上）“耒”的形状，我也在上面已经说过。现在再把许君的话来加点补充。许君说：“手耕曲木也。从木推丰。”或者说，“手耕”二字，须依旧本改作“耒耜”，其意就是“耒，耜曲木也。从木推丰”。我说这两个意思并不相反，可以并存。许君的意思，就是说耕地的耒，上耑一定是要用手扶着的。说了“耒”，其他附带的铁犁头，（或用铜。我想许君那时已不会想到用石，或用木尖头的情形。）和前面所拉的牲口（牛）或人，都已包括在里头了。至“从木推丰”的意思，就是说“耒”本来是木做的，耒的发土，是在鍣金的下耑，上面常常向前推动着，碰撞着的自然是些草了。（丰即草芥字。但不一定全是草，凡已经收获而须犁去的禾麦之类均是。至上古之世，更是在草莽中耕地的了。故许君于莱字下也说“耕多草”。至耒小篆作，意实甚为明显。）或说须改作“耒，耜曲木也”，其意就是说“耒为耜上之曲木”，意思确较许君更为明白，但亦无其他多大不同的地方。这里我接着须要加以说明的，就是“耜”字了。耜字本为《说文》所无。他的形体甚多，小篆作枱，或作梩，作枱，作鈶，籀文作辝，经传作耜，《广雅》做鉏。许君以枱、梩为一字，枱、鈶、辝又为一字，实则所从之㠯、里、台、辝（籀文辞），声音均同，而一训“臿”，一训“耒耑”，（耒耑即后世之犁头，亦所以臿地。）义亦相通，当为一字。至从金从木，特言其所制之质，本无若何之区别。就是再造一个石器时代的硆（或砬）字，亦未始不可。但至经传所作的耜，从耒从㠯，则不仅是谐声，而且是会意，确乎有点不同了。何以言之？案甲骨文㠯作作，金文作作。（金文又作，为同字。）实象耜之形。盖加于耒之下耑用以刺地而发土者。犹今之铁犁头也。故许说它是“臿也”，“耒耑也”，也就是这个意思。

现在我再来说一说这两个字的关系：这两个字的关系，从上面看来，大致也可明白。简括的说起来，“耒”就是现今犁上的犁把和犁底相连的一根木头，而耜就是铁做的一个犁头。（至现在犁上其他的东西，是后来因应用上的需要而附加上去的。）这两样东西，必须分工合作而始能见效的。这个说法，或者有所不信，我还可以引几处古人的话来作证明：《易·系辞》：“揉木为耒。”《一切经音义》四：“耒，耕田具，曲木也。”《考工记》：“车人为耒，庇长尺有一寸，中直者三尺有三寸，上句者二尺有二寸。自其庇，缘其外，以至于首，以弦其内，六尺有六寸，与步相中也。”注云：“庇读为棘刺之刺。刺，耒下前曲，接耜。缘外六尺有六寸，内弦六尺，应一步之尺数。”《月令》“亲载耒耜”，注云：“耒，耜之上曲也。”《周易释文》京云：“耒，耜上句木也。”《周语》“民无悬耜”，韦云：“入土曰耜，耜柄曰耒。”《后汉书·章帝纪》“致耒耜之勤”，注云：“耒耜，农器也。耒其柄，耜其刀〈刃〉。”看了这些话，自然更可明白了。然这些还可以说是书本相传的话，我可再来引用两种实物的证据作更确切的证明：殷虚甲骨文中有作、形一字，郭沫若、徐中舒两先生均释作“耤”字，我觉得很对。案此字金文作，（似从昔声。）确象人持耒耜刺土而耕作之形。而卜辞弟〈第〉二文尤足以表示手持曲木（即耒耜），举足，刺地，向前推耕之象。（又可参看附图一）又余前数年在城固汉王城下拾得汉砖一块，上有“服牛乘马”之图，又有绳纹及几何形纹。（附图二）其中一人执耒耜而耕，（后一人似荷锄而随。)形状与甲骨文所作完全相似。有此两证,吾人对于耒耜的形义,可以完全明白,丝毫无疑。而对于经传子史,何种之为实录,许君书中之多存古字古谊,亦可借此得以证明,诚属快事!

又据余浅陋所知,耒耜形状之见于实物者,当以甲骨文中的"耤"字为最早,而汉代图画,则余亦仅见此一砖。案殷商此种文字画之发生,当远在相土、王亥作服牛乘马之后,则其时的耕作已用牛马,(当然也有用人的。)亦可想而知。今余得此砖,抑且可以证明"服牛乘马"之"服牛",不尽如吾师王静安先生所说的仅用以挽车而已。(王先生说见《古史新证》讲义。)

然吾于此犹欲作一附带的说明者,就是"服牛乘马"的故事,何以到了汉朝还流行如此?我想这个总不外乎下面的两种原因:一种是古之有天下者,其先必定是有大功德于民的。如夏禹王的治洪水,后稷的教民稼穑是也。商朝的相土、王亥,大概是同样有大创作的圣人,所以观卜辞上所记,祀典极为隆重,(如相土祭牲用三少牢、九牛。王亥至用五牛、三十牛、四十牛、三百牛。)而周汉间著书的人也是时常道及的。(如相土之名及作乘马的事,见于《诗·商颂》《春秋左氏传》《荀子·解蔽》《吕览·勿躬》《世本》《周礼·校人》注。王亥的作服牛,见于《山海经》《楚辞·天问》《竹书纪年》《吕览》《世本》。尤为有名。)如此转展传说,遂影响到民间很深。一种是牛马之利,实在于人太大。每次用着,就容易想起相土、王亥之功。尤其王亥是一个"两手操鸟,方食其头","宾于有易而淫"的人,此种故事,更易传播民间。而汉朝又是一个好谈阴阳五行、神仙鬼怪的时代,故如武梁祠、南阳各地出土的汉画像,多半是《楚辞·天问》《山海经》一派的故事画,故民众很容易相信附会王亥的故事,也是很容易联想起相土、王亥发明服牛乘马的功绩,而民间造出此种砖花纹,自然是极平常的事。即使退一万步说,此砖画像,不是受商朝的历史影响而作,总也可以代表汉代的农作状况,与证明汉人所用的耒耜和商人所用的还是相同的了。

最后我对于许书还有一个改善的意见:就是在耒部之中,可以补上一个“耜”字，说解是“耜，耒耑也。从耒从㠯，㠯亦声”。而将木部中之梠、枱诸字连列于其下，作为异体，与“耒”字相对为文，则更觉得“分别部居，不相杂厕”了。

图一　商周时代用耒耜耕地的样子

图二　汉朝用耒耜耕地的样子(此图即汉砖上的服牛乘马图)

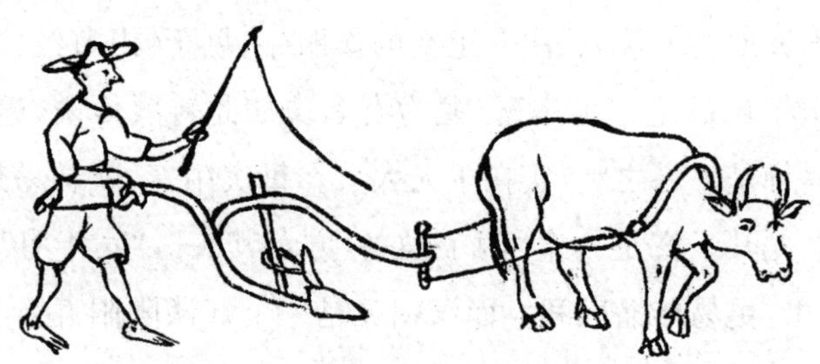

图三　现代用犂(即耒耜)耕地的样子

(本文原载《建国语文月刊》第1卷第1期。)

宋代西北抗战英雄杨从仪之史迹

"西北为中华民族复兴之根据地",此语已成为今日抗战中开发西北一致之口号,其重要可想而知。然西北二字,含义甚广。吾独以为最重要者,莫如川陕两省。盖川陕为西北之门户,而陕西尤四川与其他各省之咽喉也。近人已多论之。吾独有言者:即宋代在西北抗敌(金)之民族英雄吴(玠,与弟璘)杨(从仪)诸公之坚守川陕,与川陕在当时亦占有如何重要之一段史迹也。虽古今之战守不同,而山川之形势不改。今人所称为重要者,昔人亦无不知之。当宋高宗建炎四年,金虏长驱直入,两河、中原、四京,相继沦陷。昏君暗臣,无一不心向东南,以为乘桴浮海之计。然忠臣义士固无时不渴望其君之自南而北以兴复也。盖东南之不可往,犹中原与西北之决不可弃也。当留守杜充之将弃东京也,岳飞谏之曰:"中原地,尺寸不可弃。今一举足,此地非我有,他日取之非数十万众不可。"岳飞之还镇襄阳也,上疏高宗曰:"钱塘僻处海隅,非用武之地。愿速都上游,用汉光武故事,亲率六军,往来督战……"张浚之将经略关陕也,谓高宗曰:"中兴当自关陕始。虑金人或先入陕窥蜀,则东南不可保。请身任川蜀之事。……令吕颐浩扈跸来武昌,为趋陕之计。"浚之将行而未决也,汪若海[谓]之曰:"天下者,常山蛇势也:秦蜀为首,东南为尾,中原为脊。今以东南为首,安能起天下之脊哉。将图恢复,必在川陕。”张浚之败于富平也，或请徙治夔州。参军事刘子羽叱之曰：“孺子可斩也！四川全盛，敌欲入寇，久矣。直以川口有铁山栈道之险，未敢遽窥耳。今不坚守，纵使深入，而吾僻处夔峡，遂与关中声援不相闻，进退失据，悔将何及？今幸敌方肆掠，未逼近郡，宣使但当留驻兴州，外系关中之望，内安全蜀之心，……庶几可以补前愆耳。”吴玠之因张浚而败于富平也，收散卒，保和尚原，（是地处大散关之东，益门镇之东南，骥于民二十三前往调查，形势险要，扼散关之吭。吴玠祠，即在益门镇，因封涪王，俗号大王庙。）积粟缮兵，列栅为死守计。或谓玠宜退保汉中，扼蜀口，以安人心。玠曰：“我保此，敌决不敢越我而进，是所以保蜀也。”（案自高宗建炎三年张浚任川陕宣抚处置使以后，直至绍兴三十二年宋金和议成时止，大小争夺之战，其重要据点，多在和尚原、大散关一带。而吴、杨诸公，即据此以取胜也。可参看《宋史·高宗本纪》，张浚、曲端、吴玠、吴璘、杨政、胡世将诸传，并《宋史纪事本末》《金史》《杨从仪墓志铭》等。）赵鼎之都督川陕荆襄诸军事也，高宗命之曰：“四川全盛，半天下之地，尽以付卿……”虞允文之任川陕宣抚使也，上疏高宗曰：“恢复莫先于陕西。……一旦弃之，则窥蜀之路愈多。西和阶成，利害至重，不可不虑。”和州防御使马扩之上疏高宗也，亦曰：“今愿陛下西幸巴蜀，用陕右之兵，留重臣使镇江南，抚淮甸，破金贼之计，回天下之心，是为上策……”金人之初取太原与真定也，种师道亦上疏钦宗曰：“请幸长安，以避其锋。”甚至昏庸如钦宗，其将去东京也，亦谓诸臣曰：“朕将往西起兵，以复都城。”是川陕之重要，当时君臣上下，无论智愚贤不肖，无不知之，而卒[至]于播迁东南，一去不返，以亡其国。无怪泾原经略使曲端之深恶而痛绝之曰：“不向关中兴帝业，却来江上泛渔舟。”曲公虽以二语杀身，而切中当时昏君庸臣之昧于地理大势，固无待言也。虽然，“天时不如地理，地理不如人和”。金城千里，揭竿可以亡秦。长江天堑，投鞭终能断流。所谓徒险不能自固，而终必有赖于人事也。及宋高两河既陷，四京尽失，关陕大震，危在旦夕。然犹能撑柱残局以维全蜀而保西北至数十年之久者，虽散关、仙人，形势足守，要皆吴杨诸公抗战得力之所致也。且得因此以牵制东南，使兀术失其兼顾之优，韩（世忠）岳（飞）收其夹攻之利，江淮半壁，犹得开南朝百数十年之天下者，亦未始非吴杨诸公攻守西北为之犄角以成之也。骥自民二十三，调查和尚原、大散关，谒益门镇吴公（玠）祠，读《宝鸡县志》，已深慕杨公（从仪）之为人。迄去年来城固，时阅五载，续修《城固县志》，（骥担任古迹部分。）始知公之墓在此，为之欣慰不置。然因工作繁剧，未暇调查。迄于前周，始克与同人徐君峨艇、钟君德昌、子乐乐、女春春往访，并谒其祠像。窃谓吾人此次自宝鸡西南来，于辛苦万难中，过益门镇得谒民族抗战英雄吴忠烈公之祠，于城固得谒民族抗战英雄张博望侯、杨开国侯之祠与墓，亦可以发吾人深省矣！然张、吴诸公，名载青史，功垂不朽，凡我国人，多能言之。（张公墓，今岁西北联大当局且特为修葺表彰。）而杨公起身应募，追随吴公兄弟及杨公政，前后几四十年，战功之烈，世罕其匹。而《宋史》既不为之立传，即吴公兄弟传中，亦无一语及之。岂非裴岑纪功，前后同一沉抑哉。（《裴岑纪功碑》，价值同于《燕然山铭》。破北匈奴之功，居于窦宪、班勇之列，史传不载其事。）且杨侯以武人而善水利，修杨填堰，溉城洋二县田至二万余亩，民到于今称之。又以武人而娴文事，辑《兵要事类》至三十卷，世人多颂其学，而《宋史》诸志，亦未尝及之，诚何居哉？虽然，杨侯以不世之材，宁蕲一世之名，然已不求名，而名卒归之，亦可谓世间公理之不灭也。兹就调查所得，略叙一二，庶亦吾辈身居后方之人，促进抗战前途，提高民族意识之一举也。至宋辽金诸史，本成于托克托之手，时日迫促，遗误至多，吾人得此以补其失，亦考古学者目的之一也。

一、杨墓（附崇道观）

墓在城固县北约七公里之杨填堰开国侯祠之后。（与墓志铭“葬于生祠之侧”之语不符。盖祠已屡经废兴，有移动矣。）据墓志铭及城洋两县志，地名安乐乡，水北村。盖以湑水南有水南村，故以此居湑水北为水北村也。墓身为长圆形，南北长约七公尺，东西宽约五公尺，高约四公尺。大小颇似汉之萧何墓（萧墓伪）。墓门有清乾隆丙申年（即四十一年，公元一七七六年）毕沅题之“宋安康郡开国侯杨公从义墓”隶书碑额。墓周植树颇多，视其年代，盖系清乾隆时所植者。外周有围墙，前有木栅，扃以铁锁。因去夏久雨，墙已倾倒。东墙外有附冢〈冢〉二，较小，墓前有二小石兽，一似虎，一埋地中，不明。视其制作，非宋代物。据云二墓系杨公部曲。西墙外有近时僧墓数处，墓门多被去夏雨水冲毁，出一拱砖，有刘宋文帝“元嘉世年八月七日淮□”十字，正隶书。盖系后人利用旧砖所致。然案《水经注》云：“壻水东迳七女冢〈冢〉，夹水罗布，如七星，高十余丈，周围数亩。元嘉六年，大水破坟，出铜不可胜计。得砖，刻‘项氏伯无子，七女造椁’”云云。今得此砖，则宋代之建筑物，或尚多也。再由东墙外东行约百数公尺，即杨公生前任提举时之崇道观也。观内有二古柱，度其年代，当为明物。观之修建，据碑记所云，自宋、明、清（康熙、乾隆、嘉庆、道光）、民国以来，亦已屡矣。又谓清道光二十五年重修时，曾发见明万历四十一年之字纹瓦，并谓因筹费而将观内所有古柏，尽行伐卖云。

二、杨公祠

祠有二：一在上述之杨填堰水北村。一在洋县属之白杨湾。（去城固县城东约十三公里。亦名池南村。）两祠均额曰“开国侯祠”。祠内正殿各有塑雕二像。而杨填堰之祠，现已附设杨堰水利局。塑像后壁，且绘有堰之水利图也。又据《城固县志》与碑记，谓杨填堰之祠，即杨四将军庙，亦即杨公之生祠。今以墓地考之，则祠址已略有变迁矣。（见上）至修建之情形，则据碑记，谓自宋以来，至清同治三、四年间，增建侧房，至光绪三十四年，又加补修，至民国三年，始增建戏楼、门楼，及头门两旁之侧门。祠内共有碑三十七，所记多系水利之事。惟清嘉庆二十五年创修新水口一碑，则系清代著名金石学者南海吴荣光氏（字荷屋，广东南海人，官至湖广总督，著有《筠清馆金石录》《历代名人年谱》等）任陕安兵备道兼管水利时所立也。至白杨湾之祠，则据碑记，谓为行祠，有明弘治十三年（公元一五〇〇年）《重建开国侯祠碑记》。（在祠外左侧，有砖龛护之。)据此,则此祠之创建,亦颇有年所矣。惟今之庙貌整新者,乃系民国近年陆续所修补云。共有碑十七,所记亦以水利之事为多。或谓白杨湾西之留村,尚有杨公之行祠也。兹未及往。

三、杨公后裔及其祖墓

杨公后裔,闻现居洋县西之谢村镇。(在上述白杨湾之东南。)距城固县城东约十四公里。又据《洋县志》谓杨公之祖墓在洋县北数公里之牛首山东冈下。历年已久,墓志已出土云。

四、杨公堰

杨公堰,即杨填堰。骥以不谙水利,虽经往游而不知其详。今据土人所云,与碑记、志书所载者,约叙于后,以志杨侯之功。堰在城固县城北约七公里之水北村。距洋县城西约二十六公里。截湑水河中流累石为之。以杨公所填,故名。(案诸载记,则杨公以前,已有杨填之名。)然已迭经后人修筑矣。当河水入堰渠之处,有石门五洞。渠流东南为丁家营洞,又东南流为姚家洞,又东南流为青泥洞,又东南流绕宝山而东为鹅儿堰,又东南流至双庙子为孙家洞。以上各洞,专溉城固之田。又北,东南流至留村,为梁家洞,是洞分溉城洋二县之田。又东流入洋县界,首为新开洞,其北岸为倪家渠、魏家渠。又东南流为黄家洞,又东南流为汉龙洞,又东南流为水碓堰洞,又东南流为分水渠,其北岸为北高渠,引水经池南寺,北至白杨湾止。又下为野狐洞,又东南至谢村镇,入汉江。共溉城固田一千八百九十八亩,洋县田一万八千二百六十余亩云。

五、杨公墓志铭

石为碑式。立于杨填堰侯祠之第二殿前之左侧。疑原立墓前,今址系后人迁移所致也。质色青黑,高二·〇五公尺,(座在外)宽一公尺,厚〇·一九公尺。无额,方首,方趺,无螭龟之饰。边侧均素,无纹与字。

正文并前后题署，共计四十一行，行一百二十字，正书。立石年月，据志文，在宋孝宗乾道五年。兹分述之如左：

（1）墓志铭之原文

宋故和州防御使提举台州崇道观安康郡开国侯食邑一千七百户食实封一百户杨公墓志铭

左朝散大夫新通判成州军州事主管学事兼管内劝农事袁勃撰

右朝奉郎权知洋州军州事主管学事兼管内劝农事借紫李昌谔书

右朝散郎通判洋州军州事主管学事兼管内劝农事赐绯王椿篆

忠义立身之大节，知勇为将之要道，此古今不易之论也。使忠义立于内，而或料敌不明，临机不果，则亦[无]益于事功。知勇发于外，而或偷生以求安，避害以图利，则亦无取于名节。有一于此，则不足以安国家，卫社稷。乃若忠出天资，知称人杰，御大敌于扰攘，济中兴于艰棘，卓然在义勇万人中，而独成义勇之功者，其惟杨公乎。公讳从仪，字子和，凤翔天兴人，曾祖怀信，曾祖妣王氏，祖武晟，祖妣李氏，皆潜德不仕。父仲方，以公贵，累赠武功大夫，母高氏，累赠硕人。公幼慷慨，尝以功名自许。靖康丙午，金人犯顺，连破诸国，狃于常胜，侵轶中原，所过辄下，无敢撄其锋者。时太平久，兵备寖弛，乃诏陕西五路，募义勇万人勤王。诏词有"每闻边报，痛彻朕心"之言，公闻而叹曰："国家艰难，正忠臣义士效死之秋，岂可久安田里，为一身计哉！"即奋然而起，应原州之募。太守杜平见而奇之曰："汝志不群，首赴义勇，所谓以义伐不义，异日唾手富贵，居吾右矣。"建炎初三月，虏寇泾原，忠烈吴公玠破虏大将娄室于青豁岭，分遣公以奇兵邀击，斩首一百七十余级，补进武校尉，权天兴县尉。三年八月，忠烈遣公觇虏动息，公被围于同州圣山庙。公仰天誓曰："若出重围，当捐躯报国！"叱左右矢石交下，杀数百人，虏治云梯，公急取竹为笼，实之以土，号曰土牛。有顷，云梯大集，遂以土牛摧折之。敌乱，乘势大战而出。转承信郎，迁队将。四年九月，我师不利于富平，五路垂陷，忠烈会诸将于陇州八渡议战。公独进曰："虏人侵轶，无敢与争，惟公能挫其锋于青豁岭者，盖得形势之助也。今虏已陷泾原，将入熙河，计非半载未还。为今之计,莫若先据地利,扼其要害以制之。当为公先取凤翔,复为基本。”忠烈曰:“善!”即檄公领兵,进复凤翔。既入,悉降其众,不戮一人。得粟三十万斛。时忠烈公方营宝鸡西南曰和尚原,因贮公所得之粟以资馈饷,军不乏食,士卒感悦,遂移府事以治之。檄公知天兴县事,本府驻劄。转保义郎,升部将。绍兴改元三月,虏自熙河复围凤翔,势益炽。公告二亲曰:“为人之子,非敢陷于不孝。今城中兵寡,守死无益,不若溃围求援。”即泣别而行。公与子大勋,率戏下百余人,力战至夜半,突围得出。忠烈见而劳之曰:“尔忠有余矣!奈二亲何?”公泣曰:“昨在围中,势必俱死,万一天鉴其衷,戮力一战,取之易尔!”忠烈壮之。权选锋统领,守神岔。四月,忠烈遣公与敌战于渭南,以奇功转秉义郎,迁副将。五月,凤翔虏酋没立,会阶州虏酋折合,各统五万众,夹攻和尚原。忠烈遣公逆击没立一军于神岔,大破之,获敌酋泼察胡郎君,俘斩二百五十有一。转武略郎,兼閤门宣赞舍人,升正将。十月,虏元帅四太子会诸道兵十余万,必欲取和尚原,先犯神岔,以警我师。忠烈遣公击之。公贾勇先登,接战三日,虏又分兵寇龙门关,统制吴公璘掩击,败走,追及神岔,虏援兵大至,再合战,公潜以精兵横贯其腹,断其首尾,吴公引兵追及,虏大溃,俘斩千余人,夺铠甲牛马万计。转武德大夫,开州刺史,迁统领军马,兼秦凤路兵马都监。先是虏耻屡败,遂囚公二亲于青谿寨,公内不自安。二年正月,公乞兵以旌〈往〉,忠烈许公带本部出北山,断虏粮道。行数日,至麻家岭,遇敌接战,翌日至青谿,虏会诸寨兵为援,自辰合战,至暮,大破虏众,奉亲以归。忠烈喜曰:“公深入重地,能破强敌,迎还二亲,可谓忠孝两全!”转武功大夫。三年正月,虏寇石板谷,忠烈遣公御之,公先设伏以待敌至,以奇兵劫之,虏众败走,追袭十余里,斩首数百。转右武大夫,升钤辖。二月,伪元帅四太子,拥大军,由商于侵饶风关,犯梁洋,经褒斜道,出凤州,再攻和尚原。忠烈复遣公引本部,由间道应援和尚原。以功转拱卫大夫。公尝愤[虏]人侵暴不已,得其使命,即黥劓而归之。公至和尚原,都统郭浩厉声曰:“比虏使至,公辱而使归,是激敌怒。今拥众二十万来攻,请公当之!”公对曰:“虏据梁洋,遣人以书,见檄言很而色傲,欲恃势胁我,傥不辱之,诚为自弱!今日之事,决战而已!敌众百倍,何足虑也?”统制吴公,亲率公等。于是鼓行而前,径与虏战于柏村,一击破其三阵,敌众大败。追袭至渭,蹂践溺死者,不可胜计,水为之咽流。吴公因谓众曰:“此捷,杨钤之力也!”转亲卫大夫。四年二月,虏入寇杀金平,自元帅以下,尽室而来,示无返意,全蜀震恐。既战,我师初不利,公急据第二堡外预设鹿角之地,率强弩,并力迭射。一日三战,伤杀甚众,虏引兵稍却。翌日,来攻万人敌堡,统领姚仲重伤,公代之,率诸将戮力鏖战五日,所向皆靡,大破敌众,余党悉遁。自是虏不敢轻举。全蜀之民,各安其生者,虽吴氏之功,然于攻战之际,公有力焉。以奇功转中亮大夫,郢州防御使。五年,辟知洋州,兼管内安抚司公事。[公]尝从忠烈登杀金平,过第二堡门,忠烈顾瞻形势,指虏败处,以策击鞯,谓公曰:“此衿喉地,往岁一战,安危所系,非公出力,几败大事。”叹赏久之。九年正月,虏归我河南侵疆。十年五月,虏复背盟。伪元帅撒离喝,领大军侵犯陕右,宣抚胡公世将,擢公同统制,与诸军[会]于泾州回山原,大战三日,虏气未衰,议者欲潜师而还,留裨将以扞。公曰:“我辈蒙国厚恩,今日当以死战,奈何移祸它人?愿留本部兵以拒之。”公张盖示以闲暇。虏人竞进,公叱咤力战,纵我军数万众得出,遂下回山,转战十余里,全师而还。转协忠大夫。七月,虏据凤翔,胡公擢公知凤翔府,兼管内[安]抚使,就守和尚原。八月,与虏战于蒲坡河及汧阳,连败敌众,俘斩数百人,夺马千余匹。转履正大夫,升都钤辖,节制凤翔府忠义军马。九月,迁马步军副总管。十一年七月,都统杨政出凤翔,公隶焉。与敌人战于陈仓鱼龙川石鼻寨,屡战屡捷,生获虏酋珍珠孛堇,诸军凯还。后三日,伪元帅撒离喝整众再犯和尚原,公[才]千人,进据川金埈,敌众益盛,士有惧色。公厉声曰:“当各奋壮心,以气吞之!闻鼓毕入,敢后者斩!”公率众先登,鼓噪竞进,自卯至酉,殊死力战,虏众大败。转宣正大夫,迁统制军马。和尚原素号形胜,盖秦蜀必争之地,虏屡欲以奇取之。公扞守二年,竟无可乘之隙。及因粮于敌,馈运减省。胡公嘉之,敷奏于朝。敌既不得意,遂伸和好。是时将迎奉徽朝〈庙〉梓宫,请还太后鸾辂,遂许割和尚原。十二年春，诏宣谕使郑刚中分画其地，西〈而〉移公知凤州。既割和尚原，而杀金平复为要地，其傍则仙人原也。四川兵费边储，萃于鱼关，三者相距皆十许里。有司谓当得人以守。遴选诸帅无出公右者。十七年，命公以本部兵屯仙人原。公镇守其地，垂二十年，保固无虞，转宣州观察使。会朝廷诏大臣举智谋武略，可充将帅者，参政杨公椿首以[公]应诏，授正侍大夫。三十一年九月，虏主元颜亮，遽绝和好，南自江淮，西连秦陇，舟车器甲之盛，亘古未有。乃分遣伪帅合喜，统兵数十万，自凤翔至宝鸡，沿渭水，连营列栅，占据大散关。宣抚招讨吴公谓公曰："贼据散关，扼吾衿喉，当急图之！"遂擢公节制军马，知凤州。公引兵与敌对垒，且相视形势，难以力取。于是昼易旌旗，夜增火鼓，示不可测。虏益增备，转粮草为持久计。吴公亲提大兵，出泾秦，攻德顺军，以分其势。仍命公牵制散关。伪帅合喜，果分兵赴援。三十二年闰二月，公乘势遣兵，出御爱山，抵天池原，惊挠敌寨，及断其饷道。又密遣兵焚其东西两山楼橹，鼓噪从之，声震山谷，虏人惊骇，弃关而走。公乘胜进据和尚原，则虏亦宵遁矣。翌日，有骑数千，复来，入谷，公领兵逆击之，时天大雨雹，风雾昼晦，公选神臂弓射之，虏酋中流矢，引众败去，若神助焉。宝鸡贼帅，恐我师乘胜击之，尽焚大寨，退保凤翔。由是渭水以南，复归版籍。以功真拜和州防御使，赐爵安康郡开国侯，食邑一千七百户，食实封一百户。公自壮岁从事军旅，未尝一日在告。尽瘁王事，常若不及。每自叹曰："吾奋身畎亩，荷国恩宠，誓欲损躯，以效尺寸。今年逾七十，力所不逮，勉强而不可得矣！"会王师解严，遂丐归田里，其请甚确，吴公以公精力未衰，止听解兵职，遂辟知龙州。是〈实〉隆兴元年之七月也。明年，改知文州。又明年，吴公移镇汉中，梁洋接境，实为重地。乃辟公复知洋州，兼管内安抚使，节制军马。洋人闻公之来，举酒相贺曰："复得吾邦旧使君矣！"老稚欢迎，不绝于路。公暇日，尝读《汉留侯传》，[至]"愿弃人间事，欲从赤松子游"之言，公慨然慕之，锐意求退，上章力请归休。乾道二年九月，敕授提举台州崇道观。介梁洋间居焉。五年二月十八日，以疾终于所居之正寝。享年七十有八。娶韦氏卒，再娶苗氏卒，皆赠令人。又娶张氏，累封令人。子男八人：曰大勋，右武大夫，果州团练使，御前右军统领，权[统]制弹压军马，安康郡侯，食邑一千七百户。曰大亨，武经大夫，御前中军，同统制本管军马。曰大节，从义郎，御前前军第三将副将。曰大昌，秉义郎，御前右军第一将队将。曰大年，忠训郎，亡。曰大林，忠翊郎，御前前军第一将队将。曰大森，曰大有，皆成忠郎。女十人：长适武功大夫，左部正将丁立，亡。次适左武大夫，御前中军，同统制本管军马胡清。次适承信郎张祐，亡。次适承信郎郭良臣。次适承节郎彭宷。次适保义郎傅汝弼。次适右从事郎，城固县丞张湑。余在室。孙男十一人：曰祖庆，秉义郎，成都府路第二将队将。曰祖廉，承信郎，御前前军第三将队将。曰祖荣，成忠郎。曰祖显，曰祖仁，曰祖宁，曰祖椿，曰祖辉，曰祖贤，皆保义郎。曰祖诜，曰祖训，皆承节郎。孙女十七人：长适承信郎李雍。次适承信郎张师古。次适承节郎刘之义。次适保义郎侯诜。次适承信郎张实。余在室。曾孙男三人：曰世忠，保义郎。曰世辅，曰世杰，皆承节郎。曾孙女三人：在室。元孙男二人：曰绍先，曰绍光，皆成〈承〉信郎。诸子以其年三月甲申，举公之丧，葬于城固县安乐乡水北村，生祠之侧。维杨氏系绪远矣：自东汉太尉震，起于关西，以清白遗子孙，奕世载德，代不乏人。公奋乎千载之后，自致功名，有光于祖，可谓天下伟男子矣！朝廷雅闻公名，故[所]赐训词，有曰："知义之贵，以勇得名。益奋壮心，遂成伟绩。"搢绅诵之，以为美谈。公善射，发无不中。尝偕王人刘参赞子羽行饶风岭，有虎突出丛薄间，人皆辟易。公跃马而出，以一矢毙之。故射虎之名，喧达都下。方二亲之在虏也，而青谿之民，日赡其费，赖以保全。及公破青谿，既得二亲，并载其民以归。给田庐，家之于梁洋，至今赒给不绝。朝廷闻之，以孝义特赐旌表。公之行不特此也，为郡尤以爱民为本：初洋州有杨填等八堰，久废不治，公皆再葺之，溉田五千余顷，复税租五千余石，又增营田十四屯，公私以济，民为立祠。宣抚处置张公浚，闻于上，赐诏奖谕。初公至凤翔也，有流民数万在境内，或疑其反侧，悉拘于山谷间。公矜其无辜，皆纵之。后岐雍大歉，流民复入关就食。公复纳之，所活甚众。西边馈运，自昔颇艰，公至凤州，首创营田四十屯，民力减省，军食充足。又预筑凤之黄牛堡，以塞散关之冲，创文之高平原，以控西羌之路。尔后皆获成效。其先见之明，古之名将，所不能及。公性宽厚喜士，不以其贵骄人。接物逮下，喜愠不形于色。虽部曲偏裨，率皆待以恩礼。军旅之暇，采摭诸史兵家实效，分门成帙，厘而为三十卷，目之曰《兵要事类》。汉守张行成，大学博士李石，皆蜀名士，为之序引，其书遂行于世。初公预为送终之具，尝托门下士朱浒昆季，迹其行事，编为《升除录》。勃偶备员鱼梁总幕，得亲炙言公〈公言〉论。一日，公出示所录，委勃为志。勃窃骇愕，因问其故。公曰："仆以义自奋，以勇立节。每遇战事，许国以死。万一得酬素志，则区区之心，谁能表襮之？故欲先为之计。傥得名卿钜儒，特书其事，他日瞑目无憾矣！"勃叹曰："自中原俶扰，岂无忠臣谋士，力佐中兴？然于出处用舍之际，或有愧焉。公始以数百孤军，出重围不测之亲，从吴氏伯仲，挫乘胜方张之虏。填〈堰〉杨堰〈填〉以惠梁洋之民，复散关以壮川蜀之势。起匹夫之微，而爵通侯之贵。勤劳百战之余，而优游乎二千石之良。明哲保身，以功名始终，盖未有如公之全者也！使人人皆如公，徇国而不徇私，怀义而不怀利，则何患乎勋业之不立耶？异时，载在盟府，绘像作颂，血食一方，祀必百世，其谁曰不宜？"乃为之铭。铭曰：

"炎光晦曚，赫然而中。天佑生贤，龙飞云从。其贤伊何，翼翼杨公。公来自西，名达九重。惟天子明，喜得牙距。料敌制胜，允兼文武。肤公〈功〉上闻，天子曰嘻。利势安强，皆汝之为。忠以褆身，义而报国。智可周物，勇摧大敌。备德有四，孰与之京。风廓雾舒，伟绩用成。导利之功，惠泽无穷。粒食用乂，是敬是崇。气老愈壮，金汤是托。或云不吊，遐迩惊愕。梁山峨峨，汉水汤汤。公名与俱，德音不忘。"

西周王杰刊

（附）疏证

公之行事，虽不详于《宋史》，然有此志，已足补列传而有余。盖考古学之有功于历史者，如此。兹复参核《宋史·高宗本纪》，张俊、曲端、吴玠、吴璘、杨政、胡世将诸传，并《宋史纪事本末》《金史》《关中金石记》《金石萃编》《汉中府志》，宝鸡、城固、洋县各志，为之疏证如左：

公名从仪，字子和，凤翔天兴县人。以钦宗靖康元年（公元一一二六年）起应原州之募，隶吴忠烈公玠麾下。志云“建炎初八月，被围于同州圣山庙”者，案即建炎三年，金将娄室取下邽，九月破同州事也。志云“四年九月，我师不利于富平”者，谓金伪帅〈副〉元帅宗辅督师陕西，张俊不用诸将之言，率五路兵九月败绩于富平，是也。志云“绍兴改元十月，虏元帅四太子会诸道兵十余万，必欲取和尚原，忠烈遣公击之”者，谓是年十月，吴玠保和尚原，金将没立自凤翔，乌鲁折合自阶成，出散关，约日会和尚原，玠命诸将坚阵迭战，金虏溃退。兀术复会诸道兵十余万，跨梁渡渭，自宝鸡连营结寨，与玠兵相拒。玠复命诸将击溃之，是也。志云“三年二月，伪元帅四太子拥大军由商于侵饶风关，犯梁洋，经褒斜道，出凤州，再攻和尚原，玠遣公引本部兵以间道应援和尚原”者，谓虏帅撒离喝，分兵攻关，宋统制郭仲、经略使刘子羽均败走，玠亦退保仙人关，金兵复深入。玠、子羽与公追击之，是也。志云“四年二月，虏入杀金平，自伪元帅以下，尽室而来，示无返意”者，谓吴璘守和尚原，以饷馈不继，玠命退守仙人关右，筑垒杀金平以待之。而兀术、撒离喝及刘夔等果以三十万骑破和尚原，进攻仙人关，玠、璘及公转战七昼夜以击溃之，金敌自是不敢妄动，是也。志云“九年正月，虏归我河南侵疆”者，谓和议成，岳飞上言，金人不可恃。朝廷以玠功高，授开府仪同三司，四川宣抚使，是也。志云“十年五月，虏复背盟，伪元帅撒离喝领大军侵陕右，公与诸军会于泾州回山原，七月虏据凤翔，公就守和尚原，八月与虏战于蒲坂河及汧阳”者，谓是年金敌犯石壁砦，吴璘击破鹘眼郎君，胡世将遣公与王彦分道击败撒离喝于邠州，九月杨政复遣公夜袭金兵，至十一月又袭之宝鸡，是也。至是，公隶杨政军矣。志云“十一年七月，都统杨政与敌战于陈仓，撒离喝再犯和尚原，公又战却之”者，谓是年公与杨政，败金敌于宝鸡，并生获虏酋珍珠孛堇，是也。是时和议已成，朝廷召政还，以商秦之半畀金，公亦移守凤州，复退保仙人关，垂二十年无事者，皆公之力也。志云“三十一年，虏主完颜亮遽背盟好”者，谓是年八月，金敌徒军〈单〉合喜遣骑攻黄牛堡，为璘与诸将所败，是也。志云“三十二年二月，公乘势出兵，虏惊骇而走”者，谓璘遣公攻据大散关，分兵据和尚原，金人走宝鸡，是也。盖是时公始以功真拜和州防御使，赐爵安康郡开国侯。惟因是时弃三路之议起，璘于是乎班师，公于是乎乞归矣。（时秦凤、熙河、永兴三路十三州，复为金得。）志云“公修葺杨填堰，以利城洋之民”者，盖示〈亦〉承袭吴公兄弟之成规。吴玠于绍兴七年，治屯田，命梁洋守将治褒城废堰，民知灌溉，归旧业者数万家。乾道元年，璘诣阙还至汉中，修复褒城古堰，溉田数千顷。是知杨公之为人，一生以吴公兄弟为法，宜乎文武兼资，得以德业功名终也。公以乾道五年（公元一一六九年）二月十八日卒，享年七十有八。娶妻韦氏、苗氏，先后卒。复娶张氏。子八人，多立军功，并为郎官。女十人，各适名门，如志。余不复赘。

（2）墓志铭之背阴

案《关中金石记》《金石萃编》及诸志书，均未述及背阴刻文一事。盖均未见故也。且因石背切近二殿窗壁，不便观摩，余以勉强探视，始见有字隐然。及拓出之，果得模糊隐约之字迹若干。继费半日之力，始克释出：“旌功论勋之碑（四字较大，为标题）……四川……伪元帅率大军……大军犯……梁洋出褒斜由凤州再□和尚原连……出攻破……四月十四日……及从仪……敕□（二字较大）……敕（亦较大）……以昭示于□（五字亦较大）……烈……”诸字。（以上所录，不依原刻行格次序。）盖为一当时天子赐公之敕文无疑。案天子之诏敕文字之上石者，最初当始于秦二世元年之诏。次经汉、唐、宋、金、元、明、清，皆通行之。如宋之真宗有《加文宣王封号诏》，徽宗有《赐辟雍诏》，高宗有《赐籍田诏》。真宗又有《赐陈尧咨疏龙首渠敕》《赐□庆观□敕》《□□公之墓志铭》《□朝□□□□功□》，①诏敕至多，则是敕当为其中之一也。惟“昭示于□”一语，似为敕之末文。而此后直至碑末尚隐约满布文字者，岂一石而数诏并刻欤？至细察磨灭之迹，确似人工有意所为，非出自然。宁有妒功嫉能者于其间乎？

---

① 编者按：此句原文漫漶难辨。

(3) 墓志铭之体制

案通例,墓志铭多埋藏于墓圹中,与神道碑之立于墓前,与人以共见者,微有不同。然以文字言之,墓志铭固多有铭,而一切记事之碑,与神道碑,亦多有铭也。盖凡以文字、图画、谱系载刻于石者,均可名之曰碑,或可统名之曰石刻。如晋永康元年之《张朗碑》,实墓志铭也,而铭曰碑。如汉永和二年之《裴岑纪功碑》,吴天玺元年之《纪功碑》,晋义熙十年之《好大王碑》,实皆碣也,而世均名之曰碑。(唐章怀太子李贤谓方者谓之碑,员者谓之碣。见《后汉书・窦宪传》注。)西汉杜子夏临终刻石,义实墓志,然埋于墓前而不纳于圹中。盖此种冢〈冢〉墓碑碣之刻,其文自成一体,诚如《文心雕龙》所谓"其序则传,其文则铭"是也。分之固不压其严,合之亦无伤于同也。今杨公此刻,以墓志铭而出以碑式,竖于墓前,(今址疑后人移动所致。)盖亦取义乎上,不拘拘于后世一定之体例也。或谓杨公事绩过繁,非通常数尺见方之墓志所能尽,故以碑刻之,亦权宜执中之举也。

(4) 墓志铭之疑问

骥初见是刻,觉有可疑之点四:一、石色太新,字不近古;二、题署王椿篆,而不见篆书与额;三、不著立石年月;四、早修之《城固县志》(清康熙五十六年王穆修)不录,(仅于"寺观类"云杨公有祠记,绍兴从事郎袁渤[案石刻作勃,诸志同]撰。见《兴元集》。)而晚出之《洋县志》(清光绪二十三年张鹏翼修)有之。然细心思之,实不尽然。所谓石色太新,字不近古者,本无一定之标准。据吾人近年所见,与发掘所得,汉代之带釉匋,几同于近时之琉璃瓦;唐时之《颜勤礼碑》,几全异于颜公(真卿)晚年所书。题云有篆,盖指篆额言之,碑既移动,(说见上)则额亦遗失,而不可复知矣。至立碑不著年月,古碑如此甚多。即以城固而论,汉之《唐公房碑》,其一例也。又与杨公同前后,煊赫一时之《韩蕲王(名世忠,绍兴二十一年卒)碑》,(案碑文,立于孝宗淳熙四年。)亦未有立石年月之刻。至早出之《城固县志》不载,而晚修之《洋县志》有之,此说似较成理由。且视志中王穆诸作,亦颇似一好古之士,故凡宝山、斗山、萧何、樊哙、张骞、李固诸古迹，均有游观与题咏。而《唐公房碑》，则复为之考订诠释，独于杨公之碑不及，似确成一疑问也。然据吾人今日调查所知，于原公祠则有北朝之造像大小四石，(大者系北周建德二年，铭记颇长。较小三石，则因嵌入祠之照壁，记文不明。视其作风，亦当为同时之物。)唐时(僖宗乾符六年)之经幢一石。(是石矗于秽土乱石中寻得之。)于原公祠东北之青龙寺，则又有相似之造像两石，(疑亦北朝时物。但现有铭记之一石，已为伪物，闻系近数年中被人易置者。)不仅制作精工，而铭文亦极有价值，王(穆)志均不著录。且也杨公之墓，万无近人伪筑之理，而王志"陵墓类"中，亦竟未之提及。则王氏虽好古，盖亦玩古而非考古者也。

(5) 杨公之名字

案墓志铭，及《宋史》《宋史纪事本末》《宝鸡县志》，公名"从仪"，字"子和"。《关中金石记》《金石萃编》、毕沅题墓额，及洋城二县志，"仪"均作"义"，字"子和"同。《说文》："仪，度也"，(段注，度，法制也。)"义，己之威仪也"，"和，相应也"。若据此以言，则杨公之名与字，可谓无关。然古人之取名与字，义必联系。如王引之《春秋名字解诂》，俞樾《春秋名字解诂补义》，其著例也。然窃谓杨公之取名与字，不必定用古谊。当以经训后之谊释之：盖"义"为"仁义""礼义"，"仪"为"仪容""仪表"，"和"为"和顺""柔和"。言杨公仪表和蔼可亲，犹墓志所谓"宽厚喜士，不以富贵骄人"也。则公之名"从仪"，字"子和"，当以正史与墓志为得其实矣。

(附言)

(一) 此文本有照片多幅，因印刷困难，从省略。

(二) 此文本重调查，但因各种关系，未克完全实行，至深遗憾。

(三) 此文本拟附绘一宋代在西北之抗战地图，关于攻守地点、山川形势，及军行路线，详加说明，以资参证。但以参考需时，调查有待，故暂从阙。

民国二十八年六月乐夫作于城固大东关寓舍

(本文原题《宋代抗金民族英雄杨公从仪之史迹》，后改题今名，发表于《西北论衡》第 7 卷第 16、17 期。)

西北文化

中国文化起源于西北

作者此处所谓文化，仅指吾先民所遗留之实物古迹而言，至于历史记载部分，则暂置勿论，故为狭义的而非广义的。余于民国二十一年秋，随徐先生旭生（炳昶）至陕西，与省府及士绅组织陕西考古会，从事考古工作，直至抗战事起，始停。故对于陕西各县，及渭水流域南北岸，汧水流域沿岸各地，调查与发掘所得之新石器时代末朝〈期〉遗址颇多，且颇稔其实状。凡与河南渑池县标准仰韶期（即纪元前三千年，当中国黄帝以前）所出之红陶、彩陶、石、骨、角、蚌诸器，居住诺〈诸〉遗址；以及山西夏县、万泉县，东北各地，所出之同期器物，无不大同小异。已认为中国古代文化之有统一性，而又推测中华民族之为一元。后返北平，继游归德（商丘），均于其附近各地，采获同期之器物。及后再返西安，又偕平研史所同人迁住城固，仍继续工作，凡沔水汉水流域各地，如沔县、褒城、南郑、城固、洋县、西乡各地，无不亲往调查，而所得亦大致相同。然尚为零星发见，证据较为薄弱。及在汉中（南郑）汉水濂水间之龙岗寺史前遗址，发见大量新石器，（有打制石器、打琢磨石器、磨光石器三种，第一种较早，第二种次之，第三种最晚。而第一种颇与旧石器相似。然此三种石器，在华西、四川、西康，以及云、贵、安南等省亦多有发见，均当为同一系统之物。）及同期或稍后之残破陶片等，（红陶、彩陶均有。）亦无不与其他各地所出之仰韶遗物，大体相同。去岁随西北师院来兰，乃一路留神注意，但以车行甚速，停留不多，无所发见。及寒假遂偕同人赵海峰、友人凌会五两先生，学生七、八人，作洮兰公路两岸古迹之调查，卒发见大批史前之遗物，如石器（有石凿、石刀、石镰、石锥、石斧、石锛、石钻、石纺轮、石弹等）、陶片（有含沙砾之粗红陶、细泥质之彩陶等）、骨器（残，似骨料）、陶环（形状有圆形、多角形之不同，颜色亦有灰、红、黑之各别。惟均为残件）、石环（残）、陶纺轮、陶弹、石钏（残）、兽骨、猪牙等，大致亦与其他各地所出者不甚相异。（而石器则以打制、打琢磨两种为多，磨光者较少。）余益信我国古代文化统一性之大，与民族一元说之当可成立也。且更推想及于我国古代文化与民族之起源于西北而渐及于东南之一问题也。

然此问题，情形至为复杂，并牵连及于自然界地理之变迁。兹姑约略述之如次：

我国西北地盘，在远古时代，曾为大海，其区域即在今新疆、青海、蒙古以迄于西伯利亚、中亚细亚一带，而帕米尔高原，及阿尔泰山、天山、崐仑、喜马拉亚诸山脉，则因先后高出海面，范围大海而成海滨。而是时我国之中部南部，则尚沦入于海中。及后海水外退，陆地渐露，而新疆、蒙古、甘肃一带之沙漠遂以造成。嗣后复经数度变动，（如由沙漠而大海，由大海而复为沙漠、陆地。）而中国全境，始现水外，所有北部、中部、南部之地形，乃逐渐确定而略成今日之状态。吾人始一展地形全图，即见新疆、甘肃、蒙古，戈壁沙漠，连绵相望；湖沼水泊，残留交错。其为当年干涸后之海底遗迹，一望可知。反视其他各省，未有能若斯之形迹显明者也。至于东流之黄河，以及蒙古新疆周围北行、西北行、西行、西南行之诸水，虽有赖于诸高山冰河之冲刷，然亦不能谓全与古大海干涸后所留存之遗泽无关焉。迄今葱岭诸山之间，每当炎夏之际，犹然碧草清流，游鱼飞鸟，富饶佳趣。而戈壁沙漠周边之泉地、塔里木盆地、吐鲁番低地、天山山脉东西北各洼地，无不土壤肥美，物产丰富，农业森林，均系极盛。若在百数万年以前之昔日，（假定在新生代初有人类之前后。）气候适宜，雨水充足，黄土遍覆，沙风未起之时，则山环水抱，沃野千里，草木畅茂，鸟兽众多，鱼蛤之所繁息，蛇虫之所聚处，其为人类(如夏民族之祖先)生存之乐园，无可疑也。

今之学者，或谓世界人类，发生于东半球；东半球人类，发生于亚洲；亚洲人类，起源于帕米尔高原。其说诚无以易矣。盖自此分道四下：其西下者，为埃及，为巴比伦，为土耳其，为波斯；其南下者，为印度，为印度支那(即至缅甸等地)；其北下者，为中亚细亚，为西伯利亚；其东下者，为中国，均各沿河流而直下，顺山川形势以前进者也。故日人桥本贞吉之言曰："根据地质学者之意见，当太古时代，在亚细亚大陆之中部，有大内海名台提斯，直达地中海，分亚细亚为南北两大陆。至地质年代之第三纪时，此大内海渐次干涸，变为陆地，遂将南北两大陆，成为整个之亚细亚大陆。此大内海之痕迹，尚留存于今之里海、咸海、黑海，与其他各湖泊与沙漠之上也。当大内海存在之时，西藏与蒙古高原接近海岸，对于人类的生存，为具备有利的条件。居住于南面陆地之人类，成为亚细亚南方系民族之祖先；居住于北面陆地之人类，成为亚细亚北方系民族之祖先，各自开拓发展之途径。但随地形之变迁，以后西藏高原在地理条件上对于人类之生存，渐感不利，故前者渐向黄河长江流域间之平原地带及印度支那半岛方面移动；后者由蒙古高原地带向黄河流域之平原地带移动。"俄国沙发洛夫亦云："吾人切莫忘记里海与现今之中国，其间一带之土地，在当时之气候条件下，实较现在优良为多。故中国人种之发源地，实在于中央亚细亚。"美国多数人类学家亦云："数百万年以前，北极一带，天气和暖，哺乳动物，均生于此。其后地气渐冷，南〈动〉物南下，当止于中亚细亚一带。是时已有猿类，大概栖于树上，其后又因中亚细亚地形改变，天气渐冷，林木枯死，于是猿类由树上生活改为地上生活，是为世界有人类之始。"英人斯密斯亦云："根据《魏书·于阗传》'自高昌以西，诸国人等，深目高鼻，此国人貌不似胡，颇类华夏'之记载，可为中国民族发源于东土耳斯坦西南和阗(于阗?)地方之明证。"美人安德留斯及奥斯朋两氏，则谓"世界人类，实发生于中国之蒙古"云。窃谓以上诸说,有是,有非。非者亦大致不误。案我国新疆,本在中亚细亚范围之列,而蒙古即接近于中亚细亚者。故凡言新疆者,其言固确;言中亚或蒙古者,特外人心有所私,不愿明言世界人类发源于我新疆帕米尔高原之故耳。

盖我国民族既发源于西北之新疆,后乃依山川形劳〈势〉而分布于东南各省,而文化亦随民族而广播于各地,自不能不有其统一性。(证之埃及、土耳其、波斯、里海、印度支那、西伯利亚南部各地,亦多有与中国文化相同之器物之发见。)至于各地略有不同之故,则以地理环境各异使之然也。

窃谓吾先民当在新疆一带之时,犹为纯粹之渔猎游牧民族,及至青海、甘肃之黄河肥谷,始渐入于农业时代,而尤于甘肃丰美陶器为其最显明之特征。盖河流沃壤,往往为文明发祥之地,犹埃及之于尼罗河,巴比伦之于幼发拉底河、底格里斯河,印度之于冈底斯河也。及既于甘肃以后,遂又以河流东向之关系,复利用之,以为古代交通之捷径,逐〈遂〉一支沿黄河而传布其文化于宁夏、河套、陕西、山西、河南各省,最东而至于山东各地以达于海。一支沿渭水传布其文化于陕西中部,复由北洛水、洛水而入河南,以及其他各地。一支沿西汉水而传布其文化于汉水而入陕南及其他各地;并由西汉水、洮河、白龙江而入四川、西康之嘉陵、大渡河、鸦砻江、岷江诸流域之地。而长江流域各省相同之文化,则亦不能谓与江源之青海无关也。

余既作上列之推断,复可得下列各说以为西北古代文化早于东南之证明:

(1) 甘肃彩陶数量既多,形制之伟大,彩绘之富丽,几为东亚古代文明之冠,及于河南、陕西,则渐为退步,再次及于东南,则更为减色,足见后来各种器物已次第发达,而非如甘肃初民生活之陶业为中心矣。

(2) 甘肃(内有一部份出青海者)齐家、仰韶、马厂前三期陶器中之鬲,惟得残足一件,(据外人安特生之调查。)至辛店、寺洼、沙井后三期,则鬲已增多,及至河南、陕西,则已大量增加,而且继续增加鼎、甗(此为鼎鬲二种之配合物）、簋、敦、簠、盦、爵、斝之类，而下及商周，则大〈各〉种著名之铜器，即演陶器之形制而产生，是亦甘肃陶器种类简单，文化居先之一证。（甘肃虽有铜器，然不如豫、陕远甚。）

（3）甘肃陶器之质料，虽颇精良，然较之河南、陕西各省，则尚嫌逊色，亦足见后来之居上也。

（4）石镰为农业时代必需之品，河南、陕西各省，发见较多，亦足见甘肃为初期农业，而渐东渐后则农业渐盛矣。

（5）甘肃有嵌镶石片以为刃口之骨刀，而河南、陕西各省无之，亦足见人智渐开，不再用此拙劣而不耐用之器具故也。

（6）甘肃各古代遗址，多发见于悬崖高坡之上，至河南、陕西各省，则多发见于平原之地，亦足见人类文野之分，与古代西北东南，水陆山川形势之变，而时代先后之不同也。

至于北平周口店之老人文化（旧石器时代），则仍由西北而前往；粤江流域诸文化，亦由西北而西南也。

由上所述，虽甚简单，而且为一种推测未定之辞，然吾以为中国文化之由西北而东南，盖无可多疑者。故瑞典考古学家安特生博士之言曰："（上略）见甘肃陶器之丰富，因联想李希霍芬氏之意见，谓中国人民乃迁自中国土耳斯坦（即新疆），此即为中国文化之发源地。"又曰："中国民族，当仰韶文化时期，自新疆迁入黄河河谷。"又曰："由地理环境之分析，确示新疆为吾人最后决定仰韶文化问题之地。因吾人于此，可以识别一种蒙古利亚民族（即黄色人类），当新石器时代……生息繁衍，渐至务农，文明因而大进，是为中国历史上文化之始。然此种文化确实之发源地，非于新疆详加研究，不能判定。但就河南采集所得，颇觉此种文化之行程，实可由中亚细亚经南山及北山间之孔道，东南而达于黄河河谷，以至现代甘肃之兰州。"又曰："数种事实，如遗址所示，（案指在甘肃发见者而言。）为农业民族所居，文化层中有豕骨之发见及雕镂之法，与仰韶村（案指河南渑池县所发见者而言）及中国历史上者相符，凡此皆所以示该文化（即在甘肃者）之主人翁，为中国历史以前之中国人种也。此种文化于中国本部之西北隅，特为发达。……即中国人种最早之进化，当在亚细亚之里部，略如中国之新疆，或其邻近之处。”案安氏此种见解，实特具卓识。盖吾国文化之基础，确始于先民奠居新疆之时，及入甘肃则更为隆盛，再东而至于河南、陕西、山西各省，则吾国之中心文化已完全建立矣。但安氏文中，必谓我国西北之文化来自西方（近东），则仍不免外人轻视中国之私见，不仅不可置信，亦徒损失其为学者之风度而已。

（附）关于洮兰公路沿岸所发见之古物，已承计主任法周之约，将为专文论之，仍发表于《新西北》杂志，以求正于考古之同志。此处惟简单述之，还请计先生原谅为辛〈幸〉！

乐夫于兰州十里店

（本文原载《新西北》第7卷第12期。）

我国民族起源于西北与一元说

种族问题，复杂万分，欲求解决，几乎为一极不可能之事。况吾国对于一切学术，如神学、哲学、生物学、古生物学、地质学、人类学、进化论等，甚而至于史前文明，及历史黎明时期之文化等等，均注意甚晚，研究甚少，即拟躐等而作此种问题之讨究，而期获得𢣉心之结论，诚如《淮南鸿烈》所谓"卵"与"晨夜"，"弹"与"鹗炙"，不知相距之为几何里也？

然吾人生为中华民族之子孙，而对于自身祖上之来源，似不可不加以注意与探索，以期全体学人共同之努力，而得一相当之阶段，以免如此文明大国，四百兆同袍，为一无根之人，则亦责无旁贷，义不容辞之事也。

窃谓人类之生，决有所始，其始即可谓之种。此种固自何来？约而言之，不外两说，一曰特创，二曰演化。特创之说，谓为地面生物，均由上帝所创造，说近神秘。演化之说，较为合理，以为地面生物，（分动物、植物两大类。人即生物中之一种。）均由古代不同之种类产生而出；而在地面最初有生物之时，则仅有一种极简单之生物，以后逐渐分化，遂成为极复杂之种类，以至如今日地面所有之状况。换言之，即今日之 A、B、C、D……等等生物，均由古代不同种之生物变化而成；而古代之生物种类，均由最初之一个公共始祖 X 演变而成也。若然，则不仅中国人民为一种，即全世界人类亦为一种；不仅全世界人类为一种，即地面所有之生物，在古代亦均有血统之关系也。然此等问题，乃属于生物学之范围，吾人姑可弗论，而论吾中华民族之起源，与是否一元之一问题也。

案人种与民族不同。人种以生物学上之条件为依断，民族则多半由于社会条件而构成。（如种族、文化、语言、思想、习惯、观念、传统等是。）故民族可包括种族，而种族不能包括民族。吾国人种，虽通名之曰黄种，实为一不甚确切之名辞。若必究其种之原始，则仍为一极复杂之问题，亦犹世界人类之难于分别也。然以言乎我国最早最主要之民族，则吾必以为夏族无疑。而此夏族之构成，始尚简单，及后则仍含有不可分析之分子与极难考究之历史过程。顾现在通称之“中华民族”或“汉族”，即可专指此“夏族”而言。至后世称谓之各殊，则随其进展迁徙之时地有不同耳。（详后）

夏族何以名夏？案诸许书，夏作[illegible]，说解云：“中国之人也。从页，从臼，从夊，臼象两手，夊两足也。”（案页有首义。）盖此字始造，全象人体头手足具备之形。言既有能活动能工作之手足，且有能思考能理解之头脑，为其他各族所不及，惟中国人始堪称此名耳。迄今甘省各地犹有“夏家”之称，以示人不可轻视之意，则夏之名族，其始谊固可知矣。昔朱丰芑之释夏为四季之一也，曰“象人当暑手足表露之形”，亦可见其表示动作活跃，生气蓬勃之象。而《说文》古文作[illegible]，（案为战国时字。）其谊虽不甚明，以骥意推之，约可分为二说：一、为象人首加物，如《说文》所谓头衣之类；（案上所从之亼，实为象形，而非许君所谓从入一之亼也。如仓之古文作[illegible]，上象房屋之有覆顶之形；食之甲骨文作[illegible]，金文作[illegible]，上象食具之有覆盖之形，均与人首之有头衣同义。）二、为集中目光，并力以赴之义。（案上所从之亼，许君谓读若集，则实有集义，今字既从集从罒（即目）从足，即为集中目光于一点，用全力以赴之谓。）时至战国，人文进化已极，固宜有此理矣。至夏字所从之夊，本为行路和缓安闲之意，更足象此字为昂首申腰，高视阔步，具有大国民风度之中国人也。至何以读音为夏？则亦有说：盖最初即取此民族发语之声，犹今人大声号叫之嗄嗄、(亦犹《老子》“终日号而嗌不嗄”之嗄。)呀呀、呱呱、哇哇、啊啊、哈哈(古音与夏均通转)也。夏既为夏族之专名,则其他各族,(中国以外之族。)或其后各族,(由夏族分化而出之族。)自不能再用此为雷同之名矣。且推考此字之形、音、义三者,无不含有“大”谊,故吾民族之号称“夏族”(实可谓之大夏民族。然非如后世以大夏为外国之意)一秉天赋,实至当且确者也。

然则夏族之起源,固在于何地乎?吾则以为当在我国新疆帕米尔高原一带也。当我国太古时代,西北地盘,曾为一大海,其区域即在今新疆、蒙古、青海,(又甘肃沿边。)以迄于西伯利亚、中亚细亚一带,而帕米尔高原,及阿尔泰山、天山、崐仑山、喜马拉亚山诸山峰,则为其高出海面,范围大海之海滨。而是时我国之中南部,尚沦入于海中,及后海水外退,陆地渐露,而新疆、蒙古、甘肃一带之沙漠遂以造成,嗣后复经数度之变动,(如由沙漠而大海,由大海而沙漠,而陆地。)而中国全境始现水外,所有北部、中部、南部之地形,乃逐渐确定而略成今日之状态。吾人始一展地形全图,即见新疆、甘肃、蒙古,戈壁沙漠,连绵相望,湖沼河泊,残留交错,其为当年干涸后之海底遗迹,一望而知。反视其他各省,未有若斯之形迹显明者也。至于东流之黄河,以及蒙古、新疆周围北行、西北行、西行、西南行之诸水,虽有赖于诸高山冰河之冲刷及地壳之变迁,然亦不能谓全与古大海干涸后所留存之遗泽无关焉。迄今葱岭诸山之间,每当炎夏之季,犹碧草清流,游鱼飞禽,富饶佳趣。而戈壁沙漠周边之泉地,塔里木盆地,吐鲁番低地,天山山脉东西北各洼地,无不土壤肥美,物产丰富,农业森林,均称极盛。若在百十万年以前之昔日,(假定新生代初有人类之前后。)气候适宜,雨水充足,黄土遍覆,沙风未起之时,则山环水抱,沃野千里;草木畅茂,鸟兽众多:鱼蛤之所蕃息,蛇虫之所聚处,其为人类(如夏民族之祖先)生存之乐国,为何如乎?

今之学者,多谓世界人类,发生于东半球;东半球人类,始于亚洲;亚洲人类,起源于帕米尔高原。其说诚无可易矣。自此分道四下:其西下者为埃及,为巴比伦,为土耳其,为波斯各地;其南下者,为印度,为印度支那，为缅甸，为安南，为暹罗各地；其北下者，为中亚细亚、西伯利亚各地；其东下者，为中国：其主要民族，即所谓夏族也。均各沿河流而直下，顺山川形势而渐进者也。故日人桥本增吉之言曰："根据地质学者之意见，当太古时代，在亚细亚大陆之中部，有大内海，名台提斯，直达地中海，分亚细亚为南北两大陆。至地质年代之第三纪时，此大内海渐次干涸，变为陆地，遂将南北两大陆，成为整个之亚细亚大陆，此大内海之痕迹，尚留存于今之里海、咸海、黑海，与其他各湖泊及沙漠之上也。当大内海存在之时，西藏与蒙古高原，接近海岸，对于人类之生存，为具备有利的条件，居住于南面陆地之人类，成为亚细亚南方系民族之祖先；居住于北面陆地之人类，成为亚细亚北方系民族之祖先；各自开拓发展之途径。但随地形之变迁，以后西藏高原在地理条件上对于人类之生存，渐感不利，故前者渐向黄河长江流域间之平原地带，及印度支那半岛方面移动；后者由蒙古高原地带向黄河流[域]之平原地带移动。"俄国沙发洛夫亦云："吾人切莫忘记里海与现今之中国，其间一带之土地，在当时之气候条件下，实较现在较良为多，故中国人种之发源地，实在于中央亚细亚云。"美国多数人类学家亦云："数百万年以前，北极一带，天气和暖，哺乳动物，均生于此。其后地气渐冷，动物南下，当止于中亚细亚一带。是时已有猿类，大概栖于树上，其后又因中亚细亚地形改变，天气渐冷，林木枯死，于是猿类由树上生活改为地上生活，是为世界有人类之始。"英人斯密斯亦云："人类由于中国新疆之猿猴变成。"德人李希霍芬亦云："根据《魏书·于阗传》'自高昌以西，诸国人等，深目高鼻，此国人貌不似胡，颇类华夏'之记载，可为中国民族发源于东土耳其斯坦西南和阗地方之明证。"美人安德留斯及奥斯朋两氏则谓"世界人类实发生于中国之蒙古"云云。窃谓以上诸说，有是有非；非者亦大致不误。案我国新疆本在中亚细亚范围之列，而蒙古即接近于中亚细亚者。故凡言新疆者，其言固确；其言中亚或其他者，特外人心有所私，不愿明言世界人类之发源于我国新疆帕米尔高原故耳。至于在中国最早之为夏族，则彼辈外人，固有所不知矣。

盖夏族之为我国原始民族，而发源于我新疆，或新疆之帕米尔高原也，虽尚无化石人骨之发现，然不能决定以后永远无发现之可能，与断定其非原始人类之住所也。况年来由国内外学者之考查，确于新疆及戈壁沙漠中已获有旧石器时代之遗物，则将来原人遗骸之发见，正方兴而未有艾也。且"夏"字之称，即以见于我国古籍记载者言之，亦为时甚早，如《尚书·尧典》所云"蛮夷猾夏"（今见《舜典》）是矣。又案古西北有大夏国，《史记正义》谓在妫水之南，（见《大宛传》）其说良是。按妫本即《禹贡》之弱水，亦即今之阿姆河也。西方学者，则谓大夏即拔什德，其地在波斯东北，说亦至确。盖上古大夏民族，自我新疆帕米尔高原出发以后，一部由本国东行为东支；一部西行入西域为西支，足迹所至，势雄力厚，即以族名名其地，故《淮南子·地形训》有"西北方曰大夏，曰海泽"之文，盖亦以大夏民族环居古时海滨，而有此称也。（所有地名物名，均起于有人类以后。）不仅此也。盖夏民族之由新疆而东徙也，仍为未甚开化之渔猎民族，自当逐水草而居，但支派繁衍，或北，或东，或南，方向不定，行止进展，迟速亦各不一。要必各据一地以为生活之所，而各种部族之名称以起。遂如后人所分之汉人、满人、回人、安南人、西藏人、缅甸人、暹人、印度支那人、蒙古利亚人、朝鲜人、台湾人、马来人，均以地域而为名，夷人、戎人、狄人、蛮人、闽人、羌人、巴人、蜀人、苗人，均以文野不同或他种含义而为名。虽因生活习惯、地理气候之关系而有各种不同之特征，然均为吾大夏民族，则一也。至其中最强盛之一支，则仍为原始之夏族，出自新疆以后，即入于青海盆地。休养生息，历有年所，观诸吾国古籍，关于崐仑墟之故事与传说甚多，即其明证。及出青海而入于黄河流域，则土地肥沃，生活益易。而夏族蕃殖，遂以日多。昔之原始人群，无首领文化之可言者，至是因受黄土之惠，已有初步之文化，简单之组织，遂共推其智慧杰出者以为首长而名之曰黄帝，如唐司马贞《史记索隐》所谓"有土德之瑞，土色黄，故称黄帝"，是也。（案帝者，蒂也，即总司其族之人也。）而当日文化，除日用新旧石器而外，迄今尚可见者，又有骨、角、蚌、牙诸器，与适用于农业而极其灿烂光辉之彩陶文化，尤以甘肃一省为最著，时后东西两支族复互相往还，而又与内地其他各支族互相往还，故各地之彩陶文化，无不受其影响而承其绪余，如小亚细亚、巴比伦、地中海、亚诺（里海西岸）、苏萨（波斯湾西岸）、西西里、脱里波留，以及我国河南、陕西、山西、辽宁、渭水流域、粤江流域之所出，无不出于同一之系统。（据近人考查，无论华西、华北、华南、华东、新疆、满洲、广西、安南、华宾、巴宋、马来、苏门答腊，及长江、泯江、大渡河、鸦砻江诸流域，均有史前同系统之文化史料发见，惟戈壁之幺石器，则发见尚有待焉。）（又案此等彩陶文化，据瑞典安特生、阿尔纳等所定之年代，约当中国黄帝之时或其前后。）是皆中国民族一元之所致焉。（至于略有不同，以及所有器物，间有差异，则因散居已久，为地方性所限之故。）

盖当此之时，夏族势力已达极盛，而居于甘肃陕西之区者，即为黄帝之一支，（后乃进于河北、山西各省。）且因久居之故，而地名之以夏名者，如大夏河、大夏县（均在甘肃，县虽汉置，名当早有）等，疑均起于此时矣。至于其他各支族之发展于各地者，自亦可以不言而知，特不如黄帝统率一支之进步之速，与势力之盛耳。（案徐旭生先生著《中国古史的传说》云："炎黄集团，发祥于陕西之黄土原上，在有史以前，沿黄河两岸，散布于中国北方及中部之一部地方，风偃集团之领域，为山东、河北、河南、安徽，东抵于海，江苏运河以东，则未敢定，苗蛮集团之领域，以湖北、湖南两省为中心，西及南两方，界限未明，东及江西，再东是否及于吴越未定，北边疆域，东部以豫鄂连境之大别山脉为界，西部则北越南阳一带，侵入伏牛、外方各山脉之间。"[非原文]亦足证明吾夏族在黄帝之时，至少已分三大集团，与分布区域之广，但均不及炎黄集团势力之盛。）是则黄帝不仅为吾夏族树立文化系统之第一人，实亦后来建设国家基础之第一人也。特其生活方式，犹不脱渔猎游牧之习，故史称其"披山通道，未尝宁居。……迁徙往来无当〈常〉处，以师兵为营卫"，"东至于海，登丸山及岱宗；西至空桐，登鸡头；南至于江，登熊湘；北逐荤粥，合符釜山"。则当时黄帝行止之不定，踪迹之所至，范围之大，声教传播之广，固非任何支族之首长所能及矣！后世但知中华民族之为黄帝之子孙，而不知黄帝亦夏民族子孙之一，则以黄帝以前，无如此伟大之人格故也。史公撰《五帝本纪》，首叙黄帝，殆得之矣。（又案黄帝仅生二子及二十五子，见《五帝本纪》，其生殖能力有限，如以死亡绝嗣，迄今不过五千余年，若谓全国人民均为其子孙，于理亦似不合。）

兹复就黄帝之玄孙禹言之：孟子云："禹生石纽，西夷之人也。"《史记·六国表序》云："禹兴于西羌。"《帝王世纪》云："禹本西夷人也。"（见《史记正义》引）既云禹为西夷西羌之人，（案今青海、新疆、西藏等边界，犹多有羌族。）则其祖上之为西北民族可知矣。故禹之王天下也，自称其国号曰夏，正以见其袭用本生民族之旧号而已。（按《礼记·缁衣》引《尚书·尹告篇》曰："尹躬先见于西邑夏"；而宋代李元昊据有内蒙鄂尔多斯、甘肃西北部，而国号大夏，史称西夏等等，亦皆足为夏处西北之旁证。）惟禹时民族势力亦甚发达，而其重要地盘，则仍在黄河流域一带。盖黄河流域之为夏族之大本营已久，而复加禹之新兴势力于陕西、山西、河南一带，是以文化亦由此而播达于四方，如新石器文化、彩陶文化，一秉黄帝之余业而未有已，（案彩陶文化，国人亦有定为黄帝以后，至于夏朝中叶者。）迄今发见于各地者甚多，而山西所出，（为李济之、卫聚贤诸先生所发见。）尤其最明显者也。惟以夏族原有势力之钜，合以禹治洪水一事声威远播之故，世遂以史书所载之有夏（见《尚书·君奭》）、区夏（见《尚书·康诰》）、诸夏（见《论语·八佾》），及见于山西之夏县，陕北之夏州，陕西韩城之夏阳，河南之夏邑，湖北之夏水、夏州，山东之夏津诸地名，（其他名夏之地尚多。）均疑为与夏族有关，而不知禹亦仅用夏族之旧名，而此诸名之宿源于散布各地之诸夏族也。是亦可知吾中国全境之为夏族之领域矣。

然则我国民族，既全为夏族，史籍所载，何以复有"华族"或"华夏"之称呼？曰，是仍由于迁居之地点不同所致。盖周初通用夏名，（然东周孔子仍有诸夏之称。）迄乎东周，始见华称。《左传》襄四年魏绛之谏悼公曰："诸华必叛"；十四年戎子驹支曰："我诸戎饮食衣服，不与华同"；昭十三年子西曰："吴，周之胄裔也，……今而始大，比于诸华。"此华名之见于古书者也。然书本记载，往往远在事实之后，非谓华名之即始于东周也。窃尝溯其起源，盖与华山有关：

当夏民族东支之人〈入〉于山陕之境也，其一部曾择居于华山之下，(即后世所称民族之一部之祖先。)视山之华美犹如花然，故遂以华(即花字)名其山曰华山。(案华山字后又另造专字曰华，实则均同有美义与大义，可谓形、音、义三者皆同。)又以久居华下之故，遂复以华自名其族(或由其他支族名之)曰华族，曰华夏。冠夏以华者，所以示地方性，以别于原来之夏族也。《周书》曰："华夏蛮貊，罔不率俾"，(见《武成》)亦可见其名称相传之古矣。(然无论其为华为华夏，甚而至于如后世之名汉，亦由地名而为朝名与族名。)均仍为夏族之子孙，而无丝毫根本之差别也。

即以周民族之祖先论之，亦均西夷之人也。及后史称"肇兴西歧"，不过言其始盛，非谓源即起与〈于〉陕西，而为突起之另一民族也。特以夏族别支之入泾渭流域者已久，不为世人所知故耳。

至商民族之起源，世多谓由东北而山东，而河南，实则东北一族，亦早由西北高原，经蒙古海边，(即今之沙漠，已见上。)沿南北大山而移徙于白山黑水之间者。且更经朝鲜而播种于扶桑三岛者也。

近世学者，又谓因夏殷周三民族之会合于中原，而始发生中国新兴之正统文化，此亦不过自其异者而观之；若就其同者而言之，则直一家兄弟重逢于异乡已耳，何曾有夏殷周之可分乎？故吾中华民族，历百数万年以至于今，实惟一元，不仅同居于国内者为然，即域外四周之所聚居，亦何莫非吾大夏民族之流裔欤。

或谓汝必以夏民族为中国之原始民族，何也？曰，是非吾强为之说也，事实如此，不敢不然耳。且吾于上述之理由以外，复有一事，可以作吾说之佐证者：昔汉许叔重之撰《说文解字》也，为吾中国言文字源流最早最备之书，故古形古谊，往往而在。其释种族也，约可分为三类：一、为人类，曰夏，曰夷，而夷则犹分别释之曰"东方之人也"。二、为半人类，曰僰人，曰焦侥，则总释之为颇有人性之人。三、为非人类，曰狄，曰貉，曰蛮，曰闽，曰羌，则各释之为兽畜蛇虫之人。而独于夏族则释为"中国之人”也，是可知中国之人惟夏族矣。（至于说其他各族为异类，则因古人根本不知民族一元与中国疆域之大之故。）许君譔《说文》，宗小篆；而小篆出于古籀，古籀出于殷周古文，是必为三古旧说，非许君之所自造，而必有历史之传授者也。左氏闵公元年传曰："戎狄豺狼，不可厌也，诸夏亲昵，不可弃也。"是吾夏族之独立于世界之上，树基于亚洲大陆者，已具有百数万年光明奋斗之历史，其人格道德、文明阅历之足为人敬，岂偶然哉！今之不孝子孙，如日虏者，竟敢忘本而谋食其母，尚何人心之足道哉！

（附）此稿成于暑假以前，后因病未克修正，兹承张字哲"展"先生，嘱为《党言》撰稿，乃略加改动以应之，自知不妥之处甚多，还希读者谅之，并赐以教正，幸甚。

乐夫于西北师院三十三年十月八日

（本文据作者手稿整理。）

研究中国之古外国语文与研究西北

我国文化，发源何地，尚□□□。然国□□□，必有其本位文化，可不待言。我国自周口店化石□发现以后，已知有四十五万年至百万年之悠久文化历史，去爪哇人甚近，□可推为世界人类文化之鼻祖。然人种与人种之间，部族与部族之间，国家与国家之间，□□在最初与最近，或将来，决不能无彼此相互之关系。故我国民族最初之在西北，或西，或北，或西南，或东北，或东南，其与域外人□文化之息息相□，证之近代发现之古器物（如石、陶器之类）□□纹饰，无可疑也。兹姑不论其他各地，而论西北；不论有史以前之西北，而论有史以后之西北与域外文化之关系也。

夫我国境内所居之古外族甚多，如匈奴、鲜卑、突厥、回纥、契丹、西夏、女真、蒙古诸国，均立国于我国边陲之北或西北，（王静安先生《西胡考》谓，有史以来，侵入西域者，惟古之希腊、大食，今之俄罗斯，来自西土。余若乌孙、塞种、大夏、大月氏、匈奴、嚈哒、九姓昭武、突厥、回鹘、蒙古之徙，莫不自东而西。）其遗物遗籍，往往多有存者，后世罕知之，故不之重。如突厥一族，本居阿尔泰以东及阿尔泰一带，而其别支，后□入小亚细亚，灭东罗马而统有西亚、东欧、北非之地，而成后日之土耳其。其文字语言史料之多，遗留区域之广，可以想知。直至清末光绪十五年，俄人拉特禄夫,访古于蒙古元和林古城北,得突厥《阙特勤碑》《苾伽可汗碑》、回纥《九姓可汗碑》三碑。突厥二碑,皆有中国突厥二国文字;回纥碑,除中国突厥二国文字以外,并有粟特文字。(粟特即康居西北及康居一带之地。)及光绪之季,英法德俄四国探险队入我新疆(西人名为中国土耳其斯坦),所得外族文字写本尤多,其中除梵文、佉卢文、回纥文外,更有粟特语、吐火罗语(吐火罗国名,见于中国及印度典籍,并希腊地理学者之所称)、东伊兰语三种,与《大唐玄奘西域记》所记三国语言相合。(粟特语即玄奘之所谓窣利,吐火罗即玄奘之所谓睹货逻,东伊兰语即其所谓葱岭以东诸国语也。)足证当时突厥、回纥、粟特、吐火罗诸族之盘据往来于我国北部,及西北新疆,新疆以西迄于□□□□,甚或影响及于伊兰高原波斯诸国,故始有此种实迹之遗留也。惜均为欧□学者所□□,而我国学者迄今尚未有完全翻译之,与整个研究之者。(闻韩儒林、王靖〈静〉如诸先生,已多有述作,但未获见其全部。)然其为东西亚交通之枢纽,文化之介绍□者,厥惟新疆。而新疆之所以成为东西交通之大□,则汉博望侯张骞之使大宛、康居、大夏、大月氏诸国而使汉人明悉妫水(即阿母河)流域情势一事与有力也。此道既开,彼此往来自便,种族文化,语言文字,遂交流□杂沿数千年而成今日西北文化复杂之现象,(而以新疆为尤甚,故有人类陈列馆之称,其文化可想而知。)亦自然之势也。故研究西北文化,地下之实物材料,固居□要,而此等古外国以新疆为中心区之语文书籍与碑记,实亦未可轻忽视之也。否则研究所至,往往扞格难通,所得结果,充其量,亦不过全体之一面而已。

次当以蒙古和林城(案即喀喇和林,在外蒙库伦西南为元旧都,亦为突厥以来酋长设牙帐之所)为发源地之元代文字所记载之史料为最要也。元代崛起漠北,俗尚简朴,立国之初,本无文字,仅用畏吾儿文,以为贸易之助。(畏吾儿为回纥之转音。亦作畏兀儿、委兀儿、委吾、畏午儿、畏孤儿诸称。)至世祖忽必烈,始命番僧八思巴创制新字,是为国书,然畏吾儿文终元之世,亦未能尽废。推究国书之形体与音读,皆源本于梵、藏文字。(可参看《元史·八思巴传》《释老传》《佛祖通载》《佛祖统纪》、王磐《八思巴行状》、柳贯集《帝师殿碑》、《书史□要》《蒙古字韵》[据《四库总目提要]《心史》等。)大率以谐声为主。然其与畏吾儿字、蒙古本音、近代蒙古文,皆有渊源之关系。究其本末,是在专门学者,非骥之所及也。至当□蒙人为易于研究汉学,及为帝王□览起见,译书事业,亦颇发达。其译法大抵有"对音""译义"两种:如《通鉴节文》《孝经》《尚书译〈节〉文》《大学衍义节文》《贞观政要》《帝范》《皇图大训》,则均为译义,《蒙古百家姓》,则为对音。然《通鉴节文》,原尚有畏吾儿文译本。观《元世祖本纪》,则又有畏吾儿文所译之他□书籍也。至金石刻文,足为吾人研究之史料者,国书碑(较著名者),则有居庸关刻石、韩城《建极宫圣旨碑》、龙门《禹庙圣旨碑》、《蠲免江淮等处秀才差役诏》、曲阳《加封孔子手诏碑》、华亭《加封孔子手诏碑》、曲阜《崇奉孔子诏》、曲阜《加封孔子制》、定州《加封孔子制》、曲阜《中书省榜》、曹县《中书省榜》、盩厔《重阳宫圣旨碑》、河南安阳《储善宫碑》、《加封孟子父母制》《中岳庙圣旨碑》《灵岩寺执照碑》、郃阳《光国寺圣旨碑》、《东岳庙圣旨碑》、邹县《加封孟子制》、《加封启圣王及王夫人制》《加封文宣王夫人复圣等四公制》、易州《皇太后懿旨碑》、曲阜《加封颜子父母制》、《大相国寺圣旨碑》、□□《常宁宫□制碑》、昌平《□街塔五体经咒》、敦煌《莫高窟六体六字真言碑》。其刻文之法,有蒙汉分刻上下者,有分刻碑□碑□者,(如上《大相国寺碑》,上国书,中畏吾儿字,下汉字。)有译音者,有译义者。金刻如官私印章、钱币、符牌等,则稽诸《元史·食货志》、叶昌炽《语石》、罗振玉《唐宋以来官印集存》《历代符牌录》、《西清古鉴·钱录》、戴熙《古泉丛话》,(罗氏《四朝钞币图录》,亦可参考。)均有详细著录,可资参考。然此犹据世祖迁都燕京以后散见于内地之遗物言之。至于旧都和林,最为元代名都,并为突厥旧地。万国衣冠,辐□□□。远如意大利传教之士,柏朗加宾、维廉诸人,均不远万里,来集和林。其他□族,亦环居杂处。因之,名震寰宇。惟自迁都以后,元祚不长,故声□顿息。然其当时凌轹欧亚,混合一切民族,版图之广,为历代所未有。其与他族文化之融合,文字语言之演化,所以留遗于当地之碑碣,固自有其特殊之价值。惟国人治学,每昧于对外，故从不为人所称道。直至明初李文忠、常遇春，始一至其地。而永乐以后，直以丁零北海视之，绝不为朝士大夫所齿及。清初收入版图，学者如齐召南、徐松，均治西北地理之学，始搜集其碑碣史料文字。同光间，治边疆史学之风尤盛，若何秋涛、洪钧，于东北西北边疆史地，均有著名之述作。而洪氏之《元史译文证补》，尤能启迪后学不少。当时并有李文田据俄总署影印传拓和林碑，著为《和林金石考》。李氏本为治西北史学之专家，著有《元圣武亲征录校》等书；此则校辑和林自唐以来金石文字约十五六种，考核甚勤，发明至多。盖研治古史古□，必有赖于异族文字，而尤非假力于金石碑碣，不足以知其究竟也，均可于上述中外学者治学之□功证之。据骥所知，和林碑拓之藏于北平图书馆者，自唐以来，有唐《苾伽可汗碑》、唐《阙特勤碑》、元《和林兵马刘公去思碑》、元《兵马司达鲁赤亦思马因等题名》、元《三灵侯庙碑》、元《岭北省右丞郎中收粮记》、元《□字藏文碑》、《蒙古图书碑》《沙喇乌苏碑》《卓索伦碑》《图鲁克圪奢碑》、番书石柱、番书碑额、番书残石、梵文钟款等二十余种，（闻清人三多亦多有藏者，但未获见。）实足为治唐以后边疆史地最可宝贵之材料。（□元史关系，尤为直接。）倘能加以西安碑林之叙里亚文（见《大秦景教流行中国碑》），开封出土之金国书《进士题名记》，热河出土之辽陵石刻，及热河大名城河南小榆树林子出土之《大辽静安寺碑铭》，（以上有契丹文及汉文。）热河赤峰县乌丹城出土之《元蓟国公碑》《张氏先德碑》《竹温台碑》《儒学记碑》，甘州古塔所出之西夏文字书，北平新出之元时所刻之河西文《大藏经》等，不论其为任何国书或汉文，集国人而僇力研究之，使各通其读，明其义，以供献于学术界，则吾人不仅于辽金元三史不忧其难读，即正史中各外国传之有关部份，亦可迎刃而解矣。然于研究元代语言之际，犹有一事须注意者，即如法国伯希和氏所谓当时和林五方杂处，必有一种通用之语言，所谓波斯语是也。观《马哥勃罗游记》中记北平之芦沟桥为“保尔珊琴”，呼云南人为“察唐唐”（即金齿之义），均波斯语也。又山东曲阜有波斯文之石刻二柱，西藏有元代所刻汉、藏、波斯三体文碑碣。又北平之青铜制天文仪器，在蒙古史中，器械各部之名称，均以波斯语记之。明代会同馆所编之四夷语，其中所列之回回语一目，实亦波斯语也。又今日回胞中所称之阿浑，蒙古史中呼之为达尼休曼，伯希和氏谓亦波斯语也。是则元代语文之复杂，更足令吾人以注意。然问题愈复杂，在学术上研究之价值愈大，最为学人所欢迎而不遑者也。

骥以不谙上述诸类外国语文，而有志研究西北，每见载籍所记，金石所刻，土地之所出，深知其为研究西北边疆及文化上最可珍爱之史料，但以不学之故，辄为汗颜不止。尝思中国立国已五千余年，古外族之殖居于边境者至夥，不论其在北，在西，在西北，在东北，在西南，或再西自中亚细亚而小亚细亚，由阿母河流域而土耳其、波斯、阿剌伯，以迄印度，其文字语言，实彼此相演相成，互为因果，而为人类间之一种不可分离体也。今后徜得国内专门学者，或分工，或合作，将各外族之已成语文，譔为专集，（原文与汉文对照。）明其类别，究其沿变，而疏释其异同之所在，征明其创制施用之所极，秩然有序，井然有条，使吾人一读而得明确之概念，使□昏然而不知其所指，则其为益为何如乎？意当为学术界之所同愿，非仅骥一人之私幸也。彼时再以研究中国史地，与西北文化，其成绩当必有更伟大光明于今日者。骥兹所举，自觉浅陋，粗疏可笑。然苟因此而能引起一般青年学人之注意，急起而直追之，无使国外学者专美于前，则诚骥年来区区之私愿也！

（本文原载《西北学报》第2卷第1、2合期。）

国语运动在大西北上的重要性

“语言”是团结民族、建设国家的利器；帝国主义的国家常常拿它作为侵略的工具。譬如抗战期间三十一年日本侵略缅甸，能够“马到成功”，就是“语言侵略”的明证。日本在侵略缅甸的前三年，训练了五百个假和尚，学会了缅甸语言，散布到整个的缅甸，联络了土司、僧人和民众，结果，就有三万僧民，供其驱使，作日本军队的向导；并作种种宣传，使老百姓不再反对日本。所以日军很迅速的就经过缅甸，进犯了我们的云南。其他像利用语言文字，来灭亡人家国家的例子，在古今中外的历史上很多，姑且不提。现在让我们来谈一谈语言对于国家民族的重要性，究竟如何？总理在生前早经明明白白的告诉过我们，他说：“如果外来民族得了我们的语言，便容易被我们感化，久而久之，遂同化成一个民族；再反过来，若是我们知道外国语言，也容易被外国人同化。如果人民的血统相同，语言也同，那么同化的效力，便更容易；所以语言也是世界上造成民族很大的力量。”(《三民主义·民族主义第一讲》)

中国不是侵略国家，不须要来学日本训练假和尚；中国地大物博人众，也没有同化其他国家人民的野心。正因为中国地大人众，所以本身的语言却就相当的纷歧，除了汉语而外，境内更有蒙、藏、回、苗等民族种种不同的语言。(尤以新疆为特甚。)即以汉语而论，因地理环境的关系，却又随地而异。各族的语言未能统一,彼此间自然存在着一种隔阂,以致彼此的长处不能互取,彼此的生活不能了解,彼此的情感不能融洽,因而对于民族团结上便发生了很大的障碍;同时政府对于一切政治、经济、文化、教育等等的建设工作,都感觉到棘手。如胜利后的台湾,因台人与政府官吏语言的隔阂,(事实虽不如此简单,但此实为重要原因之一。)以致政令不能迅速推行,官民不能互相合作,因而酿成"二二八"的事变,这便是极显著的例证。

我们的语言学家和政府,早已见到语言力量的伟大,以及统一语言的重要性;所以已经作了数十年的"国语运动"。这数十年的"国语运动"和数十年的国民革命,精神相同,宗旨一贯。它有它的时代需要和历史背景,它绝不是一件独立的事业,和不切实际的空洞理论。"国语运动"是站在学术、文化、教育的立场,来讨论国内现实社会里的迫切问题,使它得到合理的解决;并且能够合乎现代世界共同的学理,适合全国民族文化的需要。所以"国语运动"和三民主义的精神相同,宗旨一贯。国语运动的目标,第一在谋"教育的普及",第二在谋"民族的团结"。普及教育,其内容当然是三民主义的教育;团结民族,其目的也当然是要建设三民主义的国家。但是不用统一国语来作基础,这是等于欲渡江河而无舟楫也。等到教育普及了,民智提高了,各种生产和建设,一日千里的进步,人民自然能够康乐。民族团结了,国家统一了,一切政令和军令便可以达到全国任何一个角落,国家自然能够富强。

国语运动的推行,在全国各地,都有它普遍的重要性,而在我们的"大西北"却尤其重要。第一,西北虽是中国古代文化的发祥地,而后来却因为政治中心的转移,地理环境的限制,交通情形的阻塞,人民生活的困难,而民智确有落后的地方。因此,西北的教育,便须要加速的普及。第二,西北远处边疆,境内住有各种不同的民族,各民族各有其特殊的语言,因语言不同而对国家的政策,政府的设施,不能得到真正的了解,以致一切政治、经济、文化、教育等等的建设,都发生了很大障碍,甚而至于产生了种种不利于国家民族的思想。因此,西北各民族的语言,便须要加速的统一。教育部早见及此，于是在三十三年便指定国立西北师范学院在兰州创办国语专修科，请国语大师(也就是本院院长，并且是教育部国语推行委员会常务委员)黎锦熙先生亲自主持，来训练培养研究国语、推行国语、宣传国语的专门人才。

现在“国语运动”的目标既已明白，可是“普及”必须有犀利的工具，“团结”也必须有确实的媒介，什么是犀利的工具，和确实的媒介呢？我们的党国元勋吴稚晖先生告诉我们说：“讲国语教育，而舍去注音符号，没有什么可办。”又说：“讲注音符号，首先要高等人帮助。”所以我们知识分子、政教人员，应当竭力提倡鼓吹，帮助“国语运动”的推行。国语的推行工具，和团结民族的媒介，就是简单的“注音符号”。我们要利用这简单的东西，迅速而确实的扫除文盲，以完成教育普及的工作；迅速而确实的推行国语，远及边胞，而奠定民族团结的基础。

我国国民文化水准太低，不能与东西列强并立，以致影响我们的国际地位。所以我们的蒋主席说：“国家之强弱，系乎一般国民文化水准之高下，我们国民智识程度，与并世列强相差实远，知识青年必须自动奋起，一致参加扫除文盲工作，……务使在极短期间，加强一般国民之政治认识，而提高文化水准，庶几可以走上现代国家平等自由之大道。”(《告青年书》)我们国民文化的水准，为什么这样低落？就因为中国的国字(汉字)凝滞于古代，字的形体难识、难记、难写，弄得普及教育的工作，感受到障碍，老百姓便与他绝了缘，文盲遂不易扫除。国字既是如此的难识、难记、难写，是不是可以取消呢？总理告诉我们国字是中国的国宝，是造成五千年文明古国的重要因素，是不容取消的。他说：“夫自庖羲画卦以迄于今，文字递进，逾五千年。今日中国人口四万万众，其间虽不尽能读能书，而率受中国文字直接间接之陶冶。外至日本、高丽、安南、交趾之族，亦皆号曰同文。以文字实用久远言，则远胜于巴比伦、埃及、希腊、罗马之死语。以文字传布流用言，则虽今日之英语，号称流布最广，而用之者不过二万万人，曾不及用中国文字者之半也。盖一民族之进化，至能有文字，良非易事；而其文字之势力，能旁及邻国，吸收而同化之,所以五千年前,不过黄河流域之小区,今乃进展成为世界无两之钜国,虽以积弱,屡遭异族之吞灭,而侵入之族,不特不能同化中华民族,反为中国所同化,则文字之功为伟矣。”(《孙文学说》)

国字既是中国的国宝,是奠定国家基础的基石,当然不容取消。可是它却难识、难记、难写,不利于普及教育的工作。如果我们让文盲慢慢的来识,慢慢的来记,慢慢的来写,又不能解决当前迫切的需要,而使国家“走上现代国家平等自由之大道”,又怎么办呢?我想只有采用一种最科学最富有革命性创造性的简单办法来扫除中国文盲。使文盲暂且对于国字不识、不记、不写,而仍然可以提高他们的文化水准。这就是在国字旁边用“注音符号”,字字注出国音来,印成种种读物,使一般的文盲习读,声入心通,读惯了,不能写字,也能写音,对于国字虽不识、不记、不写,也就等于能识、能记、能写了。时间久了,因为生活环境的需要,对于国字也自然能识、能记、能写。“注音符号”只有四十个,十天的工夫便可以学会,最笨的人也不过一月便能应用。“注音符号”学会了,对于一切注音国字的书报都能够阅读。我们用这种犀利的工具,“闪电式”的扫除文盲的方法,在极短的时间内,便可以提高国民文化的水准。

内地文盲既然是这样的容易扫除,现在我们再来谈谈边疆民族的团结:阻碍民族团结的第一件事,就是各民族有各民族的特殊语文,弄得风俗、习惯、生活理想都不一样,因此,大家精神上的交通就隔绝了,随之而产生的便是“民族隔阂”。要想打通民族隔阂,就要从语言文字着手。这种工作,本有两种方法可用:第一单靠国语及国字的传习,用普通各级学校的教科书以及通俗读物,强作边疆教育的工具,勉强边胞来学习;这种办法,未免“俟河之清”。第二是沿用边疆的特殊语文,编印各种教科书及通俗读物,使学习各称〈种〉边语的专门人才,来作推行边疆教育的工作人员,讲授时逐句翻译作国语;这种办法,既失同文统一之旨,而又“谈何容易”?现在团结民族,形成国族;集中意志,建设三民主义的新中国,是刻不容缓的工作。如果语言隔阂不能立时打通,则边疆各种政治、经济、教育、文化的建设工作,都要停顿或动而无效。所以语文隔阂必须打通,而且打通的方法还要迅速、简单、确实。要想达到这迅速、简单、确实的目的，就只有利用“四行课本”来推行边教。“四行课本”也就是国语大师黎锦熙先生领导着国立西北师范学院几位对于国语边语有专门研究的先生正在编印的一种推行边教的利器。现在先从藏语开始，将来续作各种边语的书籍。这种四行课本的编法，是边字国字对译并列，更利用注音符号在国字旁边标注国音，在边字旁边标注边语的读音，共成四行。四行课本的妙用，就在边胞只要学会了简单的注音符号，便可以读国语的书籍。同时有边语的对照，国语的意义，就可以一望而知。有了这种沟通精神的法宝，推行边教的利器，民族自然可以团结，政令自然可以统一，国家不久自然可以强盛了。

最后我虔诚的盼望西北政教诸首长，以及一般教育同人，和知识青年，都来热烈的提倡，或参加大西北上最迫切需要的“国语运动”，借以早日普及三民主义的教育，建设三民主义的国家。

（本文原载《西北论坛》创刊号。）

国语运动与西北文化建设

“建国的基础在西北”，这是任何关心国事的同胞所不能否认的事实。而且我们贤明的中枢和地方当局，也早见及此。如月来报载由财、经、交、农四部和水利委员会等机关的会拟第一期西北五年经济建设方案，送请国防最高委员会审核通过，进行实施计划准备工作，西北行辕张主任及于右任、张继、邵力子、麦斯武德诸先生并西北各省军政首长暨文化界人士的发起西北文化建设协会，随在都表示着军政首长和文化界人士对于西北建设的重视和关心。但是建设事业，千头万绪，究竟从何处着手？有人说“建设西北，交通第一”，这是颠扑不破的真理。不过所谓“交通”，也该包括物质和精神两方面来说：崇山峻岭，戈壁瀚海，这是物质上交通的障碍，但是公路铁路发达以后，这种障碍就可铲除。至于西北境内同胞尤其是新疆同胞，因为宗教的不同，地理环境的差异，语言文字亦随之纷歧，这在施政设教上，也是一层莫大的障碍，正和物质上交通的隔绝一样。这种精神上的交通隔绝，实在是边疆各种建设工作上一个最基本而最切要的问题。这个问题倘若没有合理的有效办法来解决，那各民族彼此间以及政府和人民间便永远会存着一种隔阂，因而彼此的心理，不能了解，彼此的感情，不能融洽，彼此的精神，不能默契。这在民族的团结上，可说是惟一的“致命伤”。而且政治、经济、文化、教育等等建设工作，也必然感受到棘手。比方出一个布告，必须几种文字并列，否则一般边胞就不能了解，不但会生出种种隔膜，种种误会，还会生出种种意想不到不利于国家民族的错误观念。从这样看来，由沟通语言文字，进而统一国语，殆为今日开发西北刻不容缓的第一件事。因此，教育部于三十三年指定国立西北师范学院在兰州创办国语专修科，请国语大师黎锦熙先生亲自主持，（黎先生即师院院长。）借以训练培养研究国语、推行国语的专门人才，可以说是开发西北的急先锋。

这次抗战期间，我们还记得日寇进攻缅甸的一个教训吗？他们在进攻缅甸以前三年，便训练好了五百个假和尚，学会了缅甸语文，散布到整个的缅甸，联络土司、僧人和民众。结果竟有三万僧民，为虎作伥，替日寇做向导，做宣传，所以，他们就很快的通过腊戌，进犯滇边。其实我们仔细想想，凡是别有用心，企图分化我们的边胞，割裂我们的国土，以求实现其侵略阴谋的国家，又那一个不是利用语言文字的工具呢？所以我们痛定思痛，必须猛着先鞭，利用一种最简单精锐的"注音符号"来推行国语的统一，迅速而确实的扫除文盲，提高国民文化水准，完成普及教育的工作。尤其需要利用这种工具，根除各宗〈民〉族彼此间和政府与人民间精神的交通障碍，加强我们同胞的国家意识，奠定我们民族的团结基础。

"注音符号"，说起来，实在很容易学，字母不个〈过〉四十个，连同"声介合母"，也不到八十个，至多费一个月的工夫，就可以学会。同胞们无论怎样的忙，我想每天也不会绝对抽不出一个或半个钟头的工夫。那末至多一年半载，也就可以把全套识字、读书、阅报的自学工具，完全学会了。即使不再进一步学习"国语"（汉字），凡是用"注音国字"排成的通俗书报，也就可以望文悉义了。所谓"注音国字"，就是"注音符号"附着在"国字"右旁或上方，彼此不分家的"国字"。现在教育部正在积极推行这种"注音国字"，其在《促进注音国字推行办法》中，规定自抗战结束后一年起，凡编辑儿童读物及民众读物者，一律用"注音国字"。而且要由教育部及各省市教育行政机关，劝令各新闻纸、各杂志，在可能范围内，尽量用“注音国字”。在《各省市县推行注音符号办法》中,又规定各省市县各机关、团体、学校等,编印通俗书报、民众用丛书,及补充读物,一律用语体文,旁加“注音符号”。各省市县之报纸,供民众阅读之部分,应尽量用语体文,旁加“注音符号”。各省市县各机关、团体、学校、街道、车站等名称,商店、工厂等招牌,其新制成或重修者,应一律于字旁加“注音符号”。各省市县各机关、团体、学校等,对于民众布告,应用语体文,在可能范围内,字旁加“注音符号”。各省市县翻印国父遗教、长官训示,及通俗旧书,应一律加“注音符号”。至于本地“方言”与国语相差甚远之省市县,除国字右旁加注国音以外,并可将与国音不同之方音注于左旁。我想不久的将来,定可造成一般民众普遍的利用这套精良美备的利器,自行识字、读书、阅书的好环境。如果这种扫除文盲、普及教育的良法,推行开来以后,无论就通行汉语的内地说,文化水准当然格外提高,即以具有特殊语文之边疆区域或西北地方,也可以收畅通无阻之效了。

至推行国语,必须注重边疆各省,此说亦不自我发之,案三十三年三月中央扩大国语宣传周发布的《国语运动纲领》中第五条,已有“推行注音符号以沟通边疆语文”的规定;三十四年十月教育部颁发《各省市县推行注音符号办法》第十九条,亦有“有特殊方言之边疆省分及地方,以注音国字为正文,而用边文逐行对照,列于左边,同样用注音符号注出‘边音’,以便对照学习,互相沟通”的规定。足征当局对此特具先见。至于依照这种计划,创造出来的具体实行办法,就是西北师范学院已在编印之“四行课本”。这种课本的编排,是国语国字为第一行;国字用“注音符号”,则“注音符号”排在国字的右旁为第二行;边语边字翻译出来的为第三行;边语的音,也要用“注音符号”拼注出来,排在边字的左边,为第四行。因为排列四行,所以叫做“四行课本”。四行课本的妙用,就在边胞学会了“注音符号”,便可以读国语的书报,同时有翻译的边语字对照,国语的意义,也可一望而知。现在主持人黎锦熙先生虽然赴平,而仍然遥领着几位对于国语边语有专门研究的先生们在积极进行。现在先从藏语开始,(已印第一册。)将来还打算继续编印其他各种边疆语文的课本。

我想这种课本,实是无师自通的宝筏,也是推行边疆国语、建设西北文化的新武器。

以上所说,不过就目前最迫切最需要者而言。若更进一步的话,待语文沟通以后,我们还要让一般国民能够普遍的接受并发扬我们固有的文化遗产,俾载在典籍中民族先哲的懿言美行,不致在我们手里衰微或丧失。这种工作的具体准备,就是用国语来努力繙译我们三千年来的典籍。其目标大约可分三种:(一)促成语文统一,奠定创造所谓"国语的文学,文学的国语"的基础,完成国语的统一与文学的革新;(二)阐明五千年来中华国族演进的直象,不至使同居中国而有化外的缺憾;(三)宣扬中华民族真正的文化,振起民族精神优越的特点,树立全民族坚强团结的组织。这种工作可用外人来做个比方,实在也很容易办到:当十六世纪的时候,德国马丁路德把基督教的《圣经》,译成当代的日耳曼语,让民众不通习拉丁文的,也能阅读,因此奠定了四百年来新教的基础。又当十四世纪的时候,英国的威克里夫把《圣经》原文译成当代的英语,以后英国才有国语,英语才有文学。现在我们亦已逐渐推动,将来成功,刊布到边疆各地去,关于语文沟通、民族团结、文化建设、政教统一各点上的伟大贡献,恐怕不仅仅表演在西北一隅罢。

最后,我要作一个特别声明:所谓语文统一,并非有轻视或消灭各地边胞固有的特殊语文的意思,不过要使同为中华民国的国民,必须有一种共同遵守的标准语文,即所谓"国语""国字"是也。至于边疆原有的特殊语文,其优点不仅不作消极的废弃,还要作积极的提倡和发展,而使之各尽其用。

(本文据作者手稿整理。)

杂　论

元曲“兀”字释义

曩年读王觥骏先生《西厢记注》，观其于（下阙）①瀻曲书，一二选集中，间有注释俗语者，然于“兀的”一词，或置于不注之列，或注，亦证据阙如，仅曰“当解作这个”而已。以其解释，用之于臧氏元曲百种，又多有扞格之处。爰念考释元曲俗语，自应搜辑综比，上探语源，此所谓“俗语不失其方”也。（见郭注《尔雅》）次宜“各就专书，分别归纳，随时旁证”，（见黎劭西师《近代国语文学之训诂研究示例》）冀以得其确诂。下稽殊方俗语，以今证古，是所谓“礼失而求诸野”也。本此三则，以释元曲俗语，故于“兀”字之义，有不同于前此诸说者。惟以搜罗有限，未敢必是。谨述于次，冀就正于方家。

王觥骏先生《西厢记注》（第四十页）引宋马永卿《懒真子录》卷二云：

古今之语，大都相同，但其字各别耳。古所谓“阿堵”者，乃今所谓“兀的”也。

王注又引清汪琬《说铃·天禄食余》下曰：

《晋书》云王衍口不言钱，晨起，钱堆床前，曰“阿堵”。近世不解

① 编者按：此处原稿残破，阙十余字。

此，遂谓钱曰阿堵。晋人云“阿堵”，犹唐曰“若个”，今曰“这个”也。

最后，王先生案语云：

> 案“阿堵”训“这个”，“兀的”亦当训“这个”。“兀的不引了人魂灵”，犹云“这岂不引了人魂灵吗”？

宋洪迈《容斋随笔》卷四，于“阿堵”一辞，解说如次：

> 宁馨、阿堵，晋宋间人语助耳。后人但见王衍指钱云“举阿堵物却”，遂以阿堵为钱……殊不然也。前辈诗“语言少味无阿堵，冰雪相看有此君”，又“家无阿堵物，门有宁馨儿”，其意亦如此……顾长康画人物，不点目睛，曰“传神写照，正在阿堵中”。犹言“此处”也。[①]

凡此诸说，归纳之，其要有三：一曰“阿堵”即“兀的”，（下阙）[②]个”，三曰“若个”即“这个”也。此三点中，一二两点，姑置不论，惟第三点确有难以令人同意之处。因为：

第一，“若个”本作“那个”解，而不作“这个”解。例如：

《方言藻》云：“唐鹿门（唐人）诗‘若个伤春向路傍’，犹云‘那个’也。”

清吴镇诗云：“当年满朝士，若个在林泉。”此“若个”亦当作“那个”解。

章氏《新方言・释词一》：“今人言若，如古人言彼哉彼哉。又指示者或曰‘那个’。‘那’与‘若’亦一音之转。”又曰：“唐人犹有‘若柯’‘若为’等语，今语亦作那，（若作诺音，故转如那。）不知其人，则问曰‘那个’。”

今汉中方言，指示彼物曰“若块”，（若读如卧。）亦曰“兀块”；指示彼处曰“若里”，亦曰“兀里”，当仍为古音之遗留。是则“若个”之为“那个”也至为明显。汪琬所云“唐曰若个，今曰这个”一语，以原文甚简，究竟有何根据，不得而知。但据旧籍所载，今曰“这个”，在唐宋正多作“遮个”或“者个”。例如：

---

① 编者按：本段文字原稿残缺，据所引《容斋随笔》补。

② 编者按：此处原稿残破，阙数字。

唐僧希贤语录云："有些外道人，见人做工夫，便冷笑犹有遮个在。"

蜀王衍《醉妆词》云："者边走，那边走，只是寻花柳。"

朱子语录云："者个，谓《说文》：者，别事辞也。"

毛晃《礼部韵略》云："凡称此个为者个，俗多改作这字。"

岂在同时代中，同指一事一物，而"若个""者个"并行而不悖欤？

第二，"阿堵"系指"那个"而言，非指"这个"而言。

章氏《新方言·释词一》云：

都之训于，亦有不属上下，而单言之者……或收〈将〉发语，先言都以指示之。都训为是，与者字通。（都从者声。）今通言此处为者里……淮西蕲州言此物在是则指曰于，于读如好恶之恶，直隶音转如阿。陕西言彼亦曰于，音亦如阿。彼人曰于人，彼事曰于事。彼此同言，犹"之""其"通互也。于音引长，则晋代言阿堵。江南运河而东，至于浙江，谓"所在"曰"于党"。于读如恶（好恶之恶），党读如堂，于者是也，党者所也，犹言上党矣。于党、阿堵音转。①

章氏谓"陕西言彼曰于，音亦如阿"，按之今日陕西方言，音义均甚相符。"于党"一辞，在今日汉中方言中，仍有存留，读音与章氏所说者相同，惟其义则不仅指"此处"而言。如谓"这所在"曰"这个阿党"，"那所在"曰"那个阿党"。音转亦曰"榻榻"。又元曲中谓"所在"曰"埚儿里"，然亦不仅指"此处"而言。例如：

《元曲选·看钱奴》第三折兴儿云：

我与你这一个银子，借"这埚儿田地"，等俺歇息咱！（犹云借这个住的地方，让俺歇息吧。）

贾仲名《金安寿》第三折《凤鸾吟》：

（铁拐云）金安寿，你怎生到俺这里？（正末唱）"这埚里"云水林

---

① 编者按：本段文字原稿残缺，据所引《新方言》补。

峦,甚么去处?(犹云这所在云水林峦,是甚么地方?)

《元曲选·冤家债主》第三折《醉春风》:

老业人,你畅好是苦苦,则俺这小的个孩儿倘有些好歹,可着我“那埚儿”发付!(犹云向何处交代也。)

此为汉中方言,和元曲俗语,与章氏之说,微有出入者。今若依章氏所说(彼此同言),则“于”字(同阿)将有两义:既可指“这”,又可指“那”。而“阿堵”“兀的”“若个”,均既可以指“那个”,又可以指“这个”。如此,则元曲中“兀那”“兀自”等辞,亦将解作“这那”“这自”,是诚不足以为训矣。

虽然,章氏所云,亦自有原因在也。按《广韵》:“若,人者切”;“者,章也切。”“者”属“照”母,“若”属“泥”母,同为舌音。“古无(下阙)[①],故“若”“者”易于混淆。又古韵“阿”属“歌”部,“者”属(下阙)[②]相转,音亦不易分辨。类似此种情形,在今日汉中方言中,仍可(下阙)[③]汉中方言,或读“这”如“债”(ㄓㄞ),读“那”如“赖”(ㄌㄞ);谓“这个”“那个”曰“债个”“赖个”。(个读如过,今四川语亦如之。)亦或读“这”如“证”(ㄓㄥ),读“那”如“愣”(ㄌㄥ);谓“这阿”(读如亚)“那阿”曰“证哩”“愣哩”。债、证,赖、愣,均系双声。债、赖,证、愣,同属叠韵。此等字音,非但异时异地之人,难以分辨,即本地人,亦往往分辨不清。然而,语各有属,究不能谓为无别。章氏“彼此同言”之说,其由于此欤?

另就“阿堵”二字而论:《容斋随笔》既谓“宁馨、阿堵,为晋宋间人语助”,复举例作证,谓为“犹言此处”。今就所举前辈诗看来,“语言少味无阿堵,冰雪相看有此君”,“阿堵”对“此君”,则“阿”字正宜作“彼”字解。“家无阿堵物,门有宁馨儿”,系对称语,解作“彼物”与“此儿”,庶觉工稳。是所谓“互文见义”也。“传神写照,正在阿堵中”,是顾长康答问之语。指画以示人,自以谓“传神写照,正在彼中”为贴切。今汉中谓物之杂聚一处曰“橐”(ㄊㄨㄛ),“某处”曰“某橐”,墨滴污纸曰“墨橐”,指彼橐以示

①②③ 编者按:此处原稿残破,阙数字。

人则曰“阿一橐”。是长康之所谓“阿堵”,犹汉中之所谓“阿橐”,通语之所谓“那一块”也,安得作“此处”解耶?

至所谓“王衍指钱云:举阿堵物却”一节,就人类心理而言,爱之欲其近,恶之欲其远。王衍既口不言钱,则“举阿堵物却”一语,译作“把那堆东西搬去”,当较译作“把这堆东西搬去”为更有力,更能表出其烦憎口吻。然而,容斋谓“阿堵”为“此处”,汪琬谓“阿堵”为“这个”,其均为审音之误欤?

观此二端,则知阿堵与若个,实均宜作“那个”解,而不宜作“这个”解也。至“兀的”之于“阿堵”“若个”,则正如宋人所谓“古今之语,大都相同,但其字各别耳”。本此声义,以求解元曲之“兀”字,盖得六义焉。

(一) 兀:彼也,今曰那。

用“兀”为“那”字之义,虽见于元曲,然语源甚古。《广韵》:“那:何也,都也,于也,诺何切。”“那”有“诺”音,故声与“若”(音如诺)相近。《说文》:“𩴾,见鬼惊词,从[鬼],难省声。”𩴾含警敕之义,声近若。“今之警人,则不必见鬼也……今人言若,如古人言彼哉彼哉。又指示者或曰那个。”(详见章氏《新方言·释词一》)是“那”可以训“若”也。“若”字《广韵》属“麻”部,“那”与“阿”均属“歌”部。歌麻音转,故“那”又可以训“阿”。今汉中方言,问询彼处曰“阿里”,“阿”读如“啊”(ㄚ),殆亦由“若”转“阿”也。又《广韵》“阿”,“乌何切”;“于”,“音乌,音五”,双声。“兀”音“五忽切”,与“于”为双声。“那”既可以训“阿”,故亦可以训“于”训“兀”也。元曲中,凡隶附于“兀”下之复合词,皆由“那”衍成声义。至属于“那”之本义者,其词有二:

(1) 兀那,犹那也。

“兀”音引长,即为“兀那”。元曲中,凡云“兀那”者,均含有指示远处之义。今汉中方言,指示远处,亦曰“兀那”(那,读国音ㄋㄚ)或“兀儿那里”。

马致远《汉宫秋》第三折《鸳鸯煞》:

猛听的塞雁南翔，呀呀的声嘹喨，却原来满目牛羊，是兀那载离恨的毡车半坡里响。

武汉臣《老生儿》第三折《紫花序》：

兀那上坟的潇洒，和俺这祭祖的也凄凉。

张寿卿《红梨花》第一折《金盏儿》：

妾身住处：兀那东直下，深村旷野不堪夸。

施耐庵《水浒传》第三十五回：

燕顺听了，那里忍耐的住，便说道："兀那汉子，你也鸟强，不换便罢，莫可得鸟赫他！"

(2) 兀的，犹言彼物或彼处也。通语曰那个或那里。

(下阙)①彼人曰"兀个""兀块"，或"阿个""阿块"。谓彼处曰"兀里""阿里"，亦(下阙)② 搭""阿搭"，(此犹元曲之所谓"那搭"也。例见第[三]条例一。)均与"兀的"同意。

马致远《汉宫秋》第四折旦云：

妾身王嫱，和番到北地，私自逃回。"兀的"不是我主人陛下，妾身来了也！(犹云那个不是我主人陛下吗?)

《元曲选·杀狗劝夫》第一折旦云：

我员外好是执迷也，将亲兄弟教他另住着受饥寒，今日上坟也不等他一等，被这两个光棍搬弄，连祖宗在地下也是不安的。"兀的"不又吃醉了也?！我这里看波，可怎生不见孙二来?(犹云那个不是又吃醉了吗?)

张国宾《合汗衫》第二折邦老云：

①② 编者按：此处原稿残破，阙数字。

你觑！“兀的”不火起了也？早些开船去！（犹云那里不是火起来了吗？）

《元曲选・赚蒯通》第三折正末云：

碧天如水，“兀的”天河里星，天河外星，月色射天，不免外〈作〉歌一首。（犹云那儿天河里的星星，天河外的星星。）

（二）兀：何也，犹言奈何或怎么。

《尔雅・释诂一》：“那，于也。”郝懿行疏：“……那又训何者，左氏宣二年传云：弃甲则那。杜预注：那，犹何也。按何犹言奈何。奈何即那之反音。”是“那”既可以训“兀”，则“何”亦可训“兀”也。章氏《新方言・释词一》：“苏州问何如曰那能。那即若字，能即态字，犹通语言曾（俗作怎）么样矣。”同书又曰：“通语不审人言，问之曰瑕，或侈如夸。湖南湘潭问何事则曰夸的。”夸、那、若、兀声转，是为以“何”训“兀”之又一证矣。

马致远《任风子》第三折煞尾：

我准备麻绳拽辘轳，提挈荆筐担粪土，锄了田苗，种了菜蔬，老做庄家小做屠。（带云）我“兀的”到这中年做你一个徒弟。（犹云我[下阙][1]年来给你做个徒弟。）（唱）哎，师父，我可也打的你那勤劳受的你那苦！

《元曲选・鸳鸯被》第二折《滚绣球》：

我和你初相逢，君子，今番罢！从此后，我将这庵门儿再不踏，“兀的”不羞杀人那！（犹云怎的不羞杀人那。）

关汉卿《谢天香》第四折钱大尹云：

贤弟峥嵘有日，奋发有时，“兀的”不壮哉！（犹云岂不壮哉。）

---

① 编者按：此处原稿残破，阙数字。

（三）兀：多也，犹云多半及很可能也。

《尔雅·释诂一》："那，多也。"郝懿行疏："那者，《诗》：'受福不那'，'猗与那与'，传并云'那，多也'。'有那其居'，释文引王肃亦云'那，多也'。"此以"多"训"兀"者，仍以"那"转"阿"转"兀"也。

王子一《误入桃源》第一折《赚煞》：

望青山那搭，红轮直下，"兀的是"白云深处有人家。（犹云那儿白云深处，多半是有人家的。）

关汉卿《玉镜台》第四折《驻马听》：

汉相如偏不肯好头好面到成都，懒的我没牙没口题桥柱。谁跟前敢告诉，"兀的是"自招自揽风流苦。（犹云多多是由于自招自揽的风流苦。）

（四）兀：尚然也，今曰"还"（ㄏㄞ）。

"兀"之训"还"，盖自衍声而来，原无关于意趣。古韵"还"属"元"部，"兀"属"月"部，阴阳相转，故"兀""还"互通。又按《广韵》"还"，"似宣切"；"尚"，"时亮切"，"还"属"邪"母，"尚"属"禅"母，声近故义同。今汉中语"还"如"虾"（ㄏㄚ），通语"你还（ㄏㄞ）不回来啊"，汉中则曰"你虾不回来啊"！"虾"衍"那"音，盖亦由"歌"转"麻"也。

马致远《汉宫秋》第二折《二煞》：

情知他怎收那膘满的紫华骝，往常时翠轿香兜，"兀自"倦朱帘揭绣，上下处要成就，（犹云往常乘花轿时，还要人替她卷帘揭绣，上下时要扶持她。）谁承望月自空明水自流，恨思悠悠！①

王实甫《丽春堂》第二折《满庭芳》：

饶先递，（李圭云）我怎么要你饶?!（正末唱）则你那赤瓦不剌强嘴，"兀自"说兵机。（犹云只你那张很厉害的嘴，还自说兵机呢。）

---

① 编者按：本段文字原稿残缺，据所引《汉宫秋》补。

施耐庵《水浒传》第三十四回：

秦明只得回避，看见遍野处火焰，“尚兀自”未灭。（犹云尚未灭息也。“尚兀自”连用，盖同意连语，如“宽阔”“广大”是。）

（五）兀：温也，犹通语云“不冷不热”。

“兀”之训“温”，语源甚古。《说文》：“安㬮，温也。从日，难声。”《集韵》：“㬮，尼鳏切，音𡅏。暍㬮，暖状也。”朱骏声云：“《广雅·释诂三》，𣋫，烟也。按字亦作暾，今苏俗谓物不冷不寒（疑误，当作热）曰温暾，语之转，又曰暍忒，皆即安㬮也。安㬮，叠韵连语。”今按《广韵》“㬮”，“奴案切”；“那，“诺何切”，同属“泥”母，双声。“那”“阿”叠韵，“阿”声转为“兀”。故《说文》言“安㬮”，犹元曲曰“兀秃”也。“兀秃”“温暾”“暍忒”，均系叠韵连语。今汉中谓物之“不冷不热”曰“兀秃”或“兀秃子”，殆亦古声之遗留也。元曲中曰“兀秃秃”，意同此。例如：

武汉臣《生金阁》第三折店小二云：

我如今可酾些不冷不热，兀兀秃秃的酒与他吃。

（六）兀：语助词。

《尔雅·释诂一》：“那，于也。”郝懿行疏：“那者，越语云：吴人之那不谷。韦昭注：那，于也。”朱骏声云：“那，助语之辞。”“那”为语助，则“兀”亦可为语助。元曲中，“兀”字或缀于单字上，或间于复合词中，凡有声无义，（下阙）①可以语助视之。例如“兀良”“兀剌”等词是也。

张寿卿《红梨花》第一折《金盏儿》：

俺那里遮藏红杏树，掩映碧桃花。“兀良”，山前五六里，林外两三家。

郑廷玉《后庭花》第二折《斗虾蟆》：

不由我滴羞跌屑怕怖，“乞留兀良”口絮。

---

① 编者按：此处原稿残破，阙数字。

《元曲选·渔樵记》第二折旦儿云：

直等的那蛇叫三声狗拽车，蚊子穿着“兀剌靴”，蚁子戴着烟毡帽。（案此所谓“兀剌靴”者，兀剌二字，或系外来语。以系当时名物，且仅抄得一条，无由比参，故不得其语源，姑且以语助视之可耳。）

施耐庵《水浒传》三十四回：

李俊大笑道：“你道他是兀谁？”

《警世通言·癞道人除邪》：

干娘道：“却教孩儿嫁兀谁？”（后两例与古诗“家中有阿谁”句，兀、阿均属语助。故虽不出于元曲，然亦可旁证元曲之“兀”字也。）

上述六义，系自臧晋叔《元曲选》中，归纳而来。就搜辑所得，凡“兀”之复词，皆见于此矣。

三十七年四月于陕南

（本文据作者手稿整理。）

近四十年来国人治学之新途径

自来学术上之有新建设，大都由于材料上之有新发见。我国学术上新材料之出现，盖无代无之。汉唐以前，出于郡国山川者，往往见于载籍。然以识之者少，记之不详，保藏不得其方，流传不易，而获益未著。然自汉以来，其最大之发现，可得而言：有孔子壁中书出，而后有汉以来古文家之学；有晋时汲冢竹书出，而后有历史上禹、益、伊尹之新事实；有赵宋古器物出，而后有宋以来古器物、古文字之学；有清代殷虚卜辞出，而后有殷商史学，及甲骨文字之学。盖纸上学问之有赖于地下学问者，已成为历史上及事实上不可磨灭之定律矣。

然壁经之出，结果仅为成立古今文派别之名，校字句之异同，论篇章之多寡，互斥优劣，各诋真伪，树家法，张门户，炫师承，闹意气而已，甚且借周孔之名，争学官之尊，以冀进身禄位，而图谋非常，所补于实益者，实甚微至微！至汲冢竹书之出，虽继以永嘉之乱，而结果杜元凯之注《左传》，郭璞之注《山海经》，已多用其说。而《纪年》所记，“夏年多殷”，“益干启位，启杀之”，“大甲杀伊尹”，“文丁杀季历”诸事，尤与经传大异，至成为历史上之问题。然原物不见，书本流传既久，窜改难免。虽有新获，多属枝节，所得仍微。惟赵宋古器物出，于是秘阁太常既富收藏，学士大夫如刘敞、欧阳修、杨南仲、吕大临、王黼、王俅、赵明诚、黄伯思、董逌、薛尚功、张抡、王厚之辈，亦复广为搜罗，著为成书。或仅图形状，或兼摹款识，或考证文字，或辨别真伪，或著为法帖，或记录名目。立说虽不尽当，而藉实物以考验文字与古制，已远出汉唐经生之上。然仍限于金石一门，文字一科，谓为学术之一部，考古之一隅则可。且宋自南渡中叶以后，迄于元明两代，学尚虚玄，人谈哲理，致此考古求真之一线光明，卒以消沉灭迹。直至清末光绪之季(即光绪二十五年，公元一八九九年)，殷虚卜辞出土，而此学始重振旂鼓，更立生命，不惟为文字学上之新幸运，直为中国整个学术上，与全部古代文化史上增其新认识与新光辉。推而至于研究史实、世系、古地、古国、外族、历朔、礼制、风俗、生活状况、社会组织、改订经典、辨正名物、征发史料、普及考古各方面，无不由此提起新注意，树立新目标，以获得实证之效。上承乾嘉朴学之绪，推而益进；下启后人研求之门，学有遵循；致力最先，用心最勤，成功最著，卒以奠定近四十年来国人治学新途径之基础者，厥惟瑞安之孙诒让(仲容)，海宁之王国维(静安)两先生及上虞之罗振玉(叔言)氏而已。(闻罗振玉近在伪满，日敌利其收藏之富，奉之甚敬。彼既系失节之人，本不足齿。但此论学术，不论其他，所谓“不以人废言”也。希读者谅之!)

甲骨学之有考释与研究，始于孙先生。先生初得刘鹗《跌〈铁〉云藏龟》，因无释文，苦难詟读，赖平生四十余年攻治古文篆籀，与研读彝器款识之力，乃前后参互宷释，穷两月之力，始克略通，著《契文举例》二卷，内分日月、贞卜、卜事、鬼神、卜人、官氏、方国、典礼、文字、杂例十类。其所发明，概有五种：一为文字之考释，二为卜法之探究，三为礼制之考论，四为地名之检讨，五为契龟之新证。而先生之自叙略云：“四十年所见彝器款识逾二千种，大抵皆出周后，未获见真商文字为憾。顷得此册，不意衰年睹兹奇迹。远古契刻遗文，更三四千年，竟未漫灭，为足宝耳。今就所通者，略事甄述，用补有商一代书名之佚，兼以寻究仓后籀前文字流变之迹。”然先生对于斯学，所见不过《藏龟》一书，用力不过两月之久，已能得如许创获，其用心之深，目光之远，实不仅有补商书佚〈佚〉名，与文字流变，而于全部中国古代文化史与整个中国考古学界，亦独著开山之功也。

今之学者，无不知读史求真，治学求征之新途径者，亦均由先生当日树之的而启其风也。甲骨学之专释文字之书，亦始于孙先生。先生欲据甲骨文字而寻讨古文大小篆沿革之迹，故博采甲骨全〈金〉文，与红崖刻石（会稽赵之谦疑为苗民古书，殆是）、石鼓文（鄞县马叔平先生考为秦刻石，是）等，字各详考，以求文字之源流与变迁，著为《名原》一书，内分《原始数名》《古章原象》《象形原始》《古籀撰异》《转注揭櫫》《奇字发微》《说文补阙》七篇。自先生此书出，而文字学由甲骨学开一新局面，得一新价值。今之言文字学而能突破墨守许君一家旧说者，当以先生为嚆矢矣！

至先生其他著作，如《古籀拾遗》《古籀余论》《宋政和礼器文字考》《籀膏述林》《周礼疏》《周礼政要》《九旂古通义》《墨子间话〈诂〉》《永嘉郡记》《温州古甓记》等十余种，对于文字、训话〈诂〉、制度、名物，无不运用史学家、考古学家之新脑筋，考求真切，精心独辟，为后世朴学之宗。

甲骨搜藏之富，与各种古史材料（如金、石、竹、木、玉、匋、瓦、砖等）著录传播之广，当以罗叔言氏为第一。罗氏于甲骨之学，著有重要之书十数种：其仅著录契刻文字者，有《殷虚书契前编》《殷虚书契菁华》《铁云藏龟之余》《殷虚书契后编》《殷虚书契续编》。其考释文字内容而作为学术之研究者，则有《殷商贞卜文字考》，能正史家之遗失，考小学之源流，求古代之卜法，其有所不足，乃著杂说以尽之。又与王静安先生著《殷虚书契考释》，最称钜作。内容分《都邑》《帝王》《人名》《地名》《文字》《卜辞》《礼制》《卜法》八篇，体例虽略近于孙先生之《契文举例》，而考证详密，论断精确，条理清晰，几乎为一部绝对现代科学化之书。不惟远出孙书价值之上，实亦为早期甲骨学中第一部成功之作也。甲骨学之能崛然兴起，确乎不拔，唤醒一世，改变风气，而使人人知运用二重证据法（即王静安先生所创之纸上材料与地下材料二者互证），以为治学之新精神者，实自此书始之。今之致力于斯学者，犹未能多出其范围也。又有《增订殷虚书契考释》，体例一仍前旧，惟增损略有异同而已。又有《殷虚书契待问编》，用古人"多闻阙疑"之例，录不可识之字，合以重文，约千四百余名，以待商国人，亦为引起学者发问起疑，共同注意之一新方案也。又有

《集殷虚文字楹帖》两种，虽曰小品，无关鸿旨，然除供人临池之外，亦极足使人感生兴极，推广斯学，亦一种极好方法也。

至罗氏关于其他新发现之古代史料之箴录，凡金石、钱币、玺印、玉、匋、竹木、地理各种，无不分门别类，撰为目标、图象、文字、考释、题跋、杂著、传记之作，多至百数十种，印刷既精，内容俱优，可谓盛矣！

然孙氏之功，在于开创；罗氏之功，在于保存流传；至真能运用新方式、新眼光，对于古史材料，作总合分析之比较，参互错综之贯通，使甲骨学、古器物学、古文字学，以及历史、地理、制度、社会、文化、历法、卜法、古文辞例有关各端，均能深入浅出，着手成章，以极冷静之头脑，极科学之论证，极锐敏之见解，撰为著述，使近四十年来国人治学之新方法，有进无已，日就正确者，实为王静安先生之功为多也。先生之从事著述也，每遇一新材料，立一新学说，必有问题，有解说，有答案；是则还是，非则还非，决不模糊影响，以自蔽蔽人。先生既与罗氏成《殷虚书契考释》，(并由王先生手写付印，其规模体例，大致均出王手。)复著《殷卜辞中所见先公先王考》，继复作《续考》，均能论断精确，补正史阙，为从来未有之新贡献。又著《戬寿堂殷虚文字考释》，致力于殷先公先王之考证，殷礼之论征，文字之考定三者，无不有惊人之创获。又著《殷周制度论》，与《殷礼征文》。我国学者，历来对于殷商礼制，无不恪守孔子"文献不足"之说，而不敢有所论列。及先生据甲骨文字以详考殷周两代文化制度之异同，于是孔子所不得而知者，今人皆得知之，世无不叹其为"探赜索隐"之成功。又著《说殷》，考论殷为地名，与洹水南岸属于殷虚之各问题。又著《说亳》，论证亳即《汉书·地理志》山阳郡之薄县。又著《说商》，考证商为国名，本于宋地。又著《殷虚卜辞中所见地名考》，论地名多至二百余，可得而考定者有八。(如龚、盂、雝、亳、曹、杞、截、雇是。)夫我国古代地理，素鲜为国人所注意，及先生创获既多，钩稽既深，于是黯淡冷落之境界中，始克大放光明也。又著《古史新证》，考证夏禹、殷之先公先王、商之诸臣、商之都邑及邑侯五事，均能独标新旨，摧破臆说，明古史某部之为实录，百家某说之为事实。又著《高宗肜〈彤〉日说》《说珏朋》《释昱》《释旬》《释西》《释物》《释牡》诸作，无不于史事、祭日、币制、名物，各抒创见，一新耳目，为后人作分论别考之示范。至仅著录甲骨文字之书，则有代英人哈同所作之《戬寿堂殷虚文字》一书，因先生素贫，无力购取实物故也。

至先生关于其他各种史料之董理，以求新贡献于学术界者，于金石类则有《隋唐兵符图录附说》《齐鲁封泥集存》(与罗氏同辑)《宋代金文著录表》《国朝金文著录表》、《流沙坠简》中之《屯戍丛残》，及《补遗》《附录》，《不期敦盖铭考释》《古礼器略说》《毛公鼎铭考释》《两周金石文韵读》《盂鼎铭考释》《克鼎铭考释》《散氏盘铭考释》《莽量考》，及《魏石经考》《续魏石经考》等等；于宗庙制度类，则有《明堂寝庙通考》；于外族类，则有《鬼方昆夷猃狁考》；于历朔类，则有《生霸死霸考》；于简书类，则有《简牍检署考》；于文字类，则有《汉代古文考》，及《史籀篇疏证》与《叙录》；于度量类，则有《中国历代之尺度》，及《王复斋款识中晋前尺跋》《日本奈良正仓院所藏六唐尺摹本跋》《宋钜鹿故城所出三木尺拓本跋》等。其他考释金文、碑刻，研治西北地理及辽金元三史等名作，不下百数种，具见于《观堂集林》及《王忠悫公遗书》中。兹不赘焉。

(本文原载《读书通讯》1941 年第 19 期。)

西北学者刘焕唐先生之学说

> 骥于民国二十年冬，随徐炳昶先生，奉国立北平研究院之命，至西安，与陕西省主席邵力子先生、士绅张扶万（鹏一）先生等组织陕西考古会，遂得识张先生之学问道德为当代学者而师事之。先生尝述其先师刘焕唐先生之行学以告骥，骥犹能记忆其梗概，而先生则已于去岁十月归返道山矣。兹为兼考刘先生之著作而述其行学以告于世，而张先生之学术行事，则稍有待也。

刘先生，名光蕡，字焕唐，号古愚，陕西咸阳人。自幼天资沉毅，好学不倦。清同治间，避难于醴泉，年方弱冠，无以为生，昼则磨麦粉鬻饼以度日，夜仍篝灯读书不稍休。难平，入省垣为童子师。后获交于同县李编修寅，遂专攻阳[明]之学。贵〈长〉安柏孝廉景伟，闻其名往谒，一见定终身之交。柏李一皆〈皆一〉时豪俊，负经世才，刘先生既交两君，而学力愈弘。时贵筑黄彭年先生主讲关中书院，赏先生应课之文，为指示治学途径，而学益进。光绪初元，中乙亥恩科乡试。年方而立，一赴春官，绝意仕进，任教于省垣、三原各私塾，约十余载。后以柏先生之荐，主讲于泾干、味[经]各书院。味经为陕甘两省所合办，学政主持其事，学生众多，先生厘定学规，勤求启诲，凡十余年，造就独多。复以西北士子，读书较难，见闻较隘，乃与柏先生募赀立求友斋，兼□四部各书以奖励之。嗣武昌柯学使逢时至，为设味经刊书处而使先生总其成。五六年间，刊经史各书至十数种。清季海口通商，外交屡败，国内人士，不识世界大势。先生博访通人，遍阅报章，知各国立国之本，在于科学。遂取数理各书，苦思力索至于咯血，终通《四元玉鉴》之说，《九章》之术。陕士从之，风气为之一变。

先生又见于光绪甲午，中国见败日本，割地赔款，国势岌岌，无以善后。乃倡议在泾原诸县，集资设纺织机器公司，事业发达，即可杜塞鸦片漏卮。且自捐资派人赴南中各地调查。卒以规模宏大，又值戊戌政变而止。

先生亦曾经营实业蚕桑、白蜡各事，皆备尝艰辛，虽无大就，亦颇著成效。又独办咸阳义仓以振贫困，设义学于咸阳、醴泉、扶风各县，以期推广全省。复为奸人所阻而废。

先生之治学也，一宗阳明知行合一之说，以不欺其心为主。视理之所在，并力赴之，不独富贵贫贱不能易其守，即以之性命，勿顾也。尝曰："至诚无伪，至行不贰。"爱才如命，见人之善，誉之不去口；闻人之恶，必劝之改而后快。虽为人所□，而好善之心，终不因其人而稍阻。其论致良知，则曰："主敬不窥其源，则拘而难久；穷理不窥其源，则泛而无归。其浅尝者，又致饰于文貌，比附于语言，而大道乃日以隐矣。自阳明之说出，海内学人蜂起，名儒辈出，自周程创兴儒教以来，未有若斯之盛者也。"又曰："今日讲学，不必与禅家争性理，当与耶氏争事功。且不必与耶氏争事功，当使中国之农工商贾不识字之人，皆自命孔子之徒，为孔子之学。其有功吾教，辨明正学，不止百倍也。夫良知者何？即世俗所谓良心也。致良知者何？作事不昧良心也。此则蠢愚可晓，娼孺能谕者矣。欲尽收中国之民于学，舍'致良知'三字何以哉？"

先生之言教育方法也，以主讲味经书院前后十年为最著。其主旨在激励廉耻，发挥良心，使之修身自立。以守旧、腐败、坐食为最可耻。当其主味经也，适值戊戌政变，康(有为)梁(任公)得罪出亡，先生以赞同变法，加入自强学会，祸几不测。遂辞讲席，归隐于醴泉西北之烟霞洞。而陕甘人士之注意康梁新学，转变其学术思想、时代思潮，实自此始。嗣后四方从学者，不追不拒，凡四年，而甘肃大吏聘主甘肃大学堂总教，时光绪二十九年也。

先生之言教育制度也，以目睹甲午战败之局，中国积弊悉露，民愚力薄，虽有新法、美意，无从推行，乃欲谋根本之治，以为最简捷之方，莫如政教合一，兵农合一，仕学合一。其法谓当从治乡入手，注重教化、财赋、练兵，取义于汉之三老、啬夫、游徼之制。故曾著《改设学堂议》一文，其大纲以为"今日学堂办法，分县制、乡制、村制为三级：县学宜设经师一人，[术师一人]，武师一人，如古三老、啬夫、游徼之遗。但出身必延请高等学堂毕业者。经师掌一县礼俗教化，与士子讲论经史、圣贤、道德、中外政治得失之事。术师掌一县财货、农工商各乐〈业〉、仓库收发、工匠营造之事。武师掌一县兵刑、词讼、团练、追捕、监狱之事。乡学设乡师一人，乡正、乡副各一人。乡师掌一乡之教化，礼教隆污，风俗奢俭，皆时察其端而预劝戒之。收容村之成童与讲道德，研经史。有孝悌贞信者，为之表扬；词讼不息者，为之和解。朔望，汇各村近事以报于县。乡正掌一乡之食货，物产丰耗，人事勤隋，器用利纯〈钝〉，察其宜而告戒之。教成童算术，督促农工商各尽其业，鳏寡孤独者收恤之。乡副掌一乡刑禁，凡盗贼、凶暴、游手者，时巡察而警惩之。农隙集各村壮丁而操练之。凡蒙学内洒扫之事，幼童任之；报事用力之事，壮丁任之。凡乡学成童，无役不任；惟追捕盗贼，驱除敌害，则须视其才艺如何耳。村学设蒙师一人，村正、村副各一人。蒙师掌教村童，或再分延女师以教女生。除读书识字外，复教以冠昏丧祭之仪，孝弟忠信之行。朔望，则集乡人讲论经史、懿行、有益于村民风化者。村正须村本〈本村〉人，品学纯正，□习书算，主教幼童学算数及一村田产、租程、工商、生业、水利、社仓、户籍、地图之事；如古之啬夫，今之粮长者。村副亦用本村人，头脑明白，身体强健，教幼童体操、团练，察盗贼，拘罪犯，一切守望之事；如古之游徼，今之练长者。"

先生又言："是不过表示办法宗旨，其详细损益，仍视其地其时之所宜而已。"

至于兵与团练之义,先生尤再三丁宁言之曰:"团练之精修,孝弟忠信。故团练以乡学为本。孔子答子贡问政,曰:'足食足兵,民信之矣。'[仁],方可谓之团;义,方可谓之练。古者以仁育民,莫大于衣食;以义正民,莫大于刑兵。故兵食者,仁义之粗迹;仁义者,兵食之精华也。"又曰:"乡人子第〈弟〉十五以前,习人生必需之艺,十五以后,习人生必为之事,而讲明其理。故人人知学为兵吏农工商贾,即为有学问知道艺之兵吏农工商贾也。而富强莫与京矣。"又曰:"兵农分必贫,兵民分必弱,兵学分则国与民不能收兵之效而常受其害。"又曾著《壕堑私议》,以为陆战防御程工必需之用。盖先生固主实业、经济、文事、武备、政教、兵农、仕学合一,全国皆兵,科学救国者也。迄今国难严重,而先生之言益信。

先生卒于清光[绪]二十九年八月,年六十有一。著有《烟霞草堂文集》十卷,杂著若干卷,均已出版。其心传弟子即张扶万、李孟符、张季鸾诸先生也。

今先生弟子为建刘子祠于西安府学,以先生之学之行[之]识之功,固宜馨香俎豆于无穷矣!

(本文原载《新西北月刊》第7卷第2、3期合刊。)

屈原不但是一个大文学家并且是一个文字学历史学考古学上的大功臣

三闾大夫说他是一个中国的大文学家，这是人人所知，无待我说的。说他是一个文字学上、历史学上和考古学上的大功臣，不免令人有点怀疑。现在姑且把我所知道的说来：

当前清光绪二十五年（公元一八九九）的时候，在河南安阳县城西五里的小屯村，就是从前的殷墟地方，（见《史记·项羽本纪》）发现了大批的龟版，其中有许多块是写着：

贞尞于[illegible]	贞尞于[illegible]五牛
贞之于[illegible]牛辛亥用	癸卯卜□贞□□高祖[illegible]
贞于[illegible]求年	贞之于[illegible]
贞登[illegible]羊	贞[illegible]之于[illegible]
贞之于[illegible]□三百牛	贞[illegible]

的话。这里面的“[illegible]”“[illegible]”，据他的字形看来，实在就是“王亥”二字；“[illegible]”“[illegible]”，实在就是“王恒”二字。（亥字不必再说。[illegible]字就是《说文》[illegible]的古文[illegible]。甲骨文作从[illegible]，即月字，小篆作从舟，犹甲骨文[illegible]之作从[illegible]，而小篆作从舟作[illegible]也。又甲骨文作[illegible]者，即《说文》恒之古文[illegible]，

许君说解所谓“如月之恒”之恒。恒本《毛传》训弦，弦乃弓上之物，故加弓以表明之，作[illegible]正以象弓之张弦形。《说文》古文作亙，从亙者，即象弓之弛弦形。实则同为弓字。至[illegible]一在弦内，一在弦外，则古文位置，往往可以移动不拘也。）但是这王亥、王恒，究竟是个什么意思？照通常卜辞文例来看，当然就是商朝的两个人名，并且还是两个帝王的名字。（因为同称他们为王。）然而我们拿中国第一部的信史《史记》中的《殷本纪》和《三代世表》来看，商朝的帝王中，并无王亥、王恒其人，只有“冥卒子振立，振卒子微立”的记载，和《索隐》“振，《系本》作核”的注解而已。然由先师王静安先生的考证，知道核就是王亥（通假）。也就是《吕氏春秋》之所谓王冰（因冰字篆文作仌，与亥形似而讹），《初学记》引《世本》之所谓胲，《汉书·古今人表》之所谓垓（胲、垓亦通假字），《山海经·大荒东经》之所谓王亥，《古本竹书纪年》之所谓王子亥（见郭璞注《山海经》引），《今本竹书纪年》之所谓侯子亥。惟此等书籍，或者因为记载的不详，或者因为字体的误写，（如《殷本纪》《三代世表》《古今人表》《吕氏春秋》，书固可信，而记述太略。又亥作振作冰，文字传讹。《世本》文字通假可信，而叙事残缺。）或者因为内容的不够真实，（如《山海经》《竹书纪年》诸书。）仍然使我们感觉到不足为卜辞惟一的明证。这样我们要找一部比较更为完善可靠的书，在我心目中，实在只有三闾大夫所作的《天问》了。其中有这样的一段文章：

> 简狄在台喾何宜？……该秉季德……，……恒秉季德，昏微遵迹，……夫谁使挑之？……

这段文章，我们现在虽然不能完全解释明白，然而看他是记载商朝初年的事情，是很清楚的。其中的“该秉季德”，该就是王亥（该亦字〈亥〉之通假），“恒秉季德”，恒就是王恒；两次提到的季，就是《殷本纪》《三代世表》《古今人表》的冥，“昏微遵迹”的昏微，就是《殷本纪》的微，《国语·鲁语》的上甲微。（说见王静安师之《古史新证》讲义。）这段文章，记事较《殷本纪》《三代世表》《古今人表》《世本》为详尽，又较《山海经》《竹书》为可信，而该为亥之通假，又较其他各书和《殷本纪》《三代世表》《吕氏春秋》的讹写（即亥讹作振作冰）为近真。这样完全可以明白卜辞中的“□□”“□□”“□□”，决非其他字形相似的“王豕”或“王亘”，而为“王亥”及“王恒”无疑了。还有卜辞中记载商朝先朝先王的文字中，常有“一□”“□□”的几个字，本来也不明白他是什么意思，现在根据《天问》中的昏微，而知道他就是《殷本纪》振的儿子微，《鲁语》中的上甲微。也因此而知道卜辞中的“一□”“□□”，为上甲二字了。（二为古文上，省作一，□亦上字，曲其下笔，为别于“二，地之数也”之二。）这不是三闾大夫在文字学上的一个大功劳吗？不但如此：《史记》为中国第一部的信史，居然没有王亥、王恒两个人；《汉书·古今人表》，虽然有垓之一人，而无恒之一人，其他诸书之记亥者，或因为字体的错误，或因为记事的不可靠，而减少他的可信的程度。至于恒之一人，则除《天问》而外，根本就不见于任何一书。今据《天问》所说，不但可以知道他们同秉季德，为季的两个儿子；并且可以知道季就是冥。居然替史传所记的冥微之间，新加了两世。（若依据振即亥之说法，则为增加王恒一世。）又卜辞中所记的上甲，虽已见于《鲁语》（上甲微）《作〈竹〉书》（即主甲微；又见《山海经·大荒东经》郭璞注），但《殷本纪》只有“振卒子微立”的话，今证以《天问》“昏微遵迹”的记载，就可确知上甲微的身世为后于亥、恒一代，而同时得证明为亥的儿子无误，这不是三闾大夫又在历史学上的一个大功劳吗？

至于三闾大夫是一个考古学上的大功臣，那更容易说明了：王逸《天问章句》云：“《天问》者，屈原之所作也。……屈原放逐，忧心愁悴，仿徨山泽，经历陵陆，嗟号昊旻，仰天叹息，见楚有先生之庙，及公卿祠堂，图画天地山川神灵，琦玮僪佹，及古贤圣怪物行事，周流罢倦，休息其下，仰见图画，因书其壁，何（或作呵）而问之，以惵〈渫〉愤懑，舒泻愁思。……”据此，很明白的可以知道《天问》这一篇文章，完全是三闾大夫描写楚国祠堂里的壁画的。也就等于现在考古学家调查祠堂庙宇以后的一篇研究报告了。并且从这一篇文章里，还可以看出古代壁画的内容，是包括着宇宙现象一类，动植物一类，神异鬼怪一类，历史人物一类的几大项目。自此以后，由王延寿的《鲁灵光殿赋》，何宴的《景福殿赋》，均可看到汉魏宫殿壁画的壮丽伟大，无奇不有，也无非是受了《天问》一篇的影响。至于汉代鼎鼎大名的石壁画像，如山东嘉祥的武梁祠，肥城的孝堂山，济宁的两城山，河南登封的二阙，南阳的各种墓室，以及四川各地的陵墓石阙的画像，更是开天辟地，上下古今，众品万类，历史人物，山灵水怪，花样不穷了。推其原因，也无不是由于楚壁画经三闾大夫描写而成《天问》所宣传留下的结果。近几年来，鲁、豫、川、陕各省，画像陆续出土，竟被中外考古界人士尊为稀世之瓌宝，甚且称为希腊、罗马各国的古画古刻所不能及，这能不说是三闾大夫《天问》一文传播广大的大功劳吗？倘当年无三闾大夫的大手笔为之精心描写，那中国最古最好的壁画，恐怕早就毁灭于战国时代了。在考古学上、艺术史上说，是一个何等重大的损失！所以我要说三闾大夫实在也是一个考古学上的大功臣。

从上面所说的几点看来，我说三闾大夫不但是一个大文学家，而且是一个文字学上、历史学上、考古学上的大功臣，想来不至于有什么大错吧！

（本文原载《大夏月刊》第2卷第1期。）

从历史与实迹上检讨中倭文化之高下

吾国文化之高，倭族文化之低，人人皆知，似已为一不成问题之问题，无再讨论之必要。然余犹欲一言者，拟从历史与实迹上作一比较，切实之检讨，以明倭奴文化之实不能与吾中华民国之文化作比例也。

所谓文化者何？德语谓之 Kultur，英语谓之 Culture。德之学者，以文化为指学术、宗教等等之发达而言；英之学者，则谓指人类心智上道德上之一切开明而言。故不论其各种之解释如何，而文化为含有理想之意义无疑。换言之，即文化为以人力使自然界之一切，趋向于某种人为的理想而进行；但所加之人力，决非限于某一方面，而实为极广博、极自由者。故人类之一切活动，一切发展，均为使自然向理想进行而使之理想化。此种进行之总称，即可名之曰文化。

夫文化之范围既广，所含之内容亦多，兹若就其更具体者言之，即凡人类一切之建设事业，无论在政治与社会制度上，在工艺与文学上，在实业与经济上，在伦理与宗教上，在美术与哲学上，在科学与思想上，所有之创造与成就，均可名之曰文化。

然此种文化之表演方式，虽至多且繁，而实则均不外乎精种与物质两方面之活动而已。故复可简括言之曰“文化者，人类所有之精神的与物质的各种创造与各种成就是也”。

在原始人类，虽蠢蠢无知，一无所有，所表示者，无非为一身求生存之技能而已。然卒因求生之技能而创造发明，而改善变通，而持续进步，而成今日世界各国之状态者，则不能不归功于原始人类之低级文化以为之基也。此世界各国之所同，亦我国之所不能例外者也。然其所特异者，则在文化发达之早晚，与生命持续之久暂何如耳。埃及、巴比伦、印度诸国之开化非不早也，然已今昔殊观，可勿再论，迄今而能巍然屹立于世界，不仅为世界共推之古国，而且为世界共誉之前途远大之大国者，舍中国其谁哉？此非吾人自私自媚之言，顾一观吾国文化演进之史实，即可知世界各国之所以衡量于吾国者之不为虚矣。再以观诸倭虏虾夷之所为，欲以妄拟上国，诚如以管窥天，以蠡测海，多见其不知自量矣！

兹姑就吾中国文化之实迹言之：

任何国家、任何民族之文化，必自其最初之低级文化始，余上已曾言之。故言吾国文化，亦可分有史以前与有史以后两大期言之。吾国有史以后之文化，固极光明灿烂于世界，即在有史以前之文化，亦未尝不辉煌煊赫于一时也。（吾国有史时期，若以孔子作《春秋》绝笔起算，则迄今为二千四百二十五年。若自汉武帝征和二年公元前九十一年司马迁《史记》成稿时起算，则迄今为二千〇三十五年。案《春秋》实可谓之原史时期，故或以经名之。今从《史记》成稿时起为有史时期。）

以时代之悠久言之：则距今四十□万年以至百万年之前，已有旧石器时代初期之文化，次之则已有距今二万年以至一万二千余年以前之新石器时代文化，再次则已有距今四千数百年前之新石器时代之末期文化，再次则有距今三千七百二十余年至二千二百年以前之商周青铜器文化。（自汤即位元年至周亡时止。）

以文化领域之广博言之：则旧石器时代文化之发见地点，据中外学者历年考查之所知，有北平之周口店，陕北之榆林，甘肃之青〈庆〉阳，宁夏南之水洞沟，内蒙鄂尔多斯南之亚〈西〉拉乌苏河流域，东北各省之图们江、延吉、穆棱、海拉尔，满洲里附近之札赉诺尔，哈尔滨西南之顾乡屯、何家沟，及温泉河之□岸，热河赤峰附近及赤峰以北之朝阳沟，内外蒙古交界之冬库尔盆地，以及西伯利亚之叶尼塞河流域，阿尔泰附近之砾质沙漠地带，莫不有旧石器文化之发见。其他如四川、西康、云贵各省，亦均有类似旧石器文化之打制石器发见。而未发见者，尚不知其为几何也。

新石器时代及末期文化之发见地点，则为数更多，地域更广，且由其普遍性之形势观之，则几可谓全中国本部无地无之；而边疆周近之受吾文化影响者，亦几及于东亚全大陆以抵于欧亚交界之各地。如辽宁有大石桥、营城子、刁家屯、牧羊城、郭家屯、老铁山、貔子窝、单砣子、南山里、锦西县之沙锅屯；河南有渑池县之仰韶村，浚县之大赉店，安阳之后岗；甘肃有宁定县之齐家坪，乐都县之马厂沿，洮沙县之辛店镇，临洮县之寺洼山，民勤县之沙井村，兰州市之十里店，洮兰公路之□岸，天水、秦安各县以及各地之仰韶遗址；山西有夏县之西阴村，万泉县之荆村，文水县之尚贤村，榆次县之聂店村，祁县之梁村，平遥县之侯冀村，长子县之北高庙，太谷县之废河道堤岸，以及保德、荣河县之各地；陕西有长安城东之十里铺，西南之鱼化寨，宝鸡县之斗鸡台，渭水流域之南北岸，汧阳河之沿岸各地，汧水发源之陕甘交界各地，以及沔水流域、汉水流域之沔县、汉中、城固、洋县各地；山东有福山县，黄县之龙口，历城县之城子崖各地；热河有查不干庙、双井、陈家营子、林西县城南及赤峰县城北沙窝地带；察哈尔有锡林郭勒盟区域，张家口、宣化各地，绥远、包头、归化各地；四川有广汉、懋功、理蕃、珙县、高县各地；西康有雅安、理化、道孚各地，以及沿长江、岷江、大渡河、鸦砻江各地；湖北有宜都、宜昌各地；云南有元谋、腾冲、龙川河流域，及 Mouien 附近各地；广西有 Lin-bo 各地；（译音□外人调查。）广东有雷州半岛、海丰、香港之舶辽洲各地；福建有武平各地；浙江有平湖、海盐、杭州、绍兴各地；江苏有江宁、镇江、常州、苏州各地；北平有周围之四郊；内外蒙古有沿长城内外之各地。其他有流贯河北、热河之滦河流域，流贯热河、辽宁之大凌河流域，及黄河流域之各地。边疆周围，则北至外蒙以北之勒拿河、叶尼塞河、鄂毕河，以及西伯利亚以南全境；西及西北，则至波斯、阿剌伯、土耳其、非洲东北部、地中海、里海、黑海沿岸各地，以至中亚细亚全境；南至印度、孟加拉湾、缅甸、暹罗、安南、马来半岛、苏门答腊、婆罗洲、菲律宾群岛；东至台湾、琉球、朝鲜、日本、库页、勘察加、千岛群岛，无不直接或间接受吾国史前文化之影响，而时有同样文化之器物发见。可知吾先民拓殖势力之伟大，与传播文化领域之广博也。

以文化发达之实况言之：则无论在精神方面、物质方面，均有显著之创造与成功。如在旧石器时代，关于防御及狩猎之用具，则有河套各地所出之扁杏状武器，东北各地所出之剥皮类石器、柳叶状石器、枪头状骨器，周口店所出之尖形石器、薄刃刮削骨器、尖端骨器等。关于制造工艺用品之用具，则有河套及外蒙各地所出之尖锐石器、刮磨石器，东北各地所出之凿状骨器，周口店所出之刮削石器、平圆形石器、凿形石器等。关于饮食烹饪之用具，则有东北各地所出之碟状有柄骨器、厨刀状骨器、叉状骨器等。关于卫生熟食方面者，则有东北各地及周口店所发见之燃烧木炭，及用火遗迹等。关于艺术绘画方面者，则有东北各地所出之刻绘骨器，及周口店所出之多量刻划骨片等。关于美观装饰方面者，则有外蒙各地所出之鸵鸟卵壳所制之盘珠，介壳所制之饰物，以及周口店所出之穿孔蚌器等。关于言语动作方面者，则由周口店之化石人骨，已知有运用右手之习惯，及能发出明晰口语之神经机能矣。至于新石器以至新石器末期文化之事迹，则较旧石器时代更为进步，自不待言。如关于日用工具与武器方面者，则除各种之刀、戈、斧、锛、锥、镞、剑、弹、丸、针之石器骨器外，尚有角器、蚌器、牙器等。关于美观装饰方面者，则有骨簪、骨笄、骨环、石环、陶环、石珠，及陶器、骨器、石器上之各种极美观之雕刻彩绘等。（以甘肃彩陶为最美丽。）关于生活技艺方面者，则有缝纫衣服之骨针，纺织之骨梭、陶纺轮，养蚕缫丝之茧，（山西夏县西阴村所发见。）音乐之埙，（陶质）渔猎之石网锤、骨叉、骨钩，捶凿之石棒、石槌，研磨之磨棒、磨盘，（石质）舂捣之石杵、石臼，烹煮之炉灶等。而此□中文化之最特色者，犹有四事：即一、为陶器与农业之发明，如陶器有鼎、鬲、甗、簋、豆、尊、斝、壶、甑、瓮、罐、盆、碗等；农具有石镰、石锄、石耨、石铲、石犁头等;家畜有猪、牛、象、马、狗等。(曾发见此种骨骼。)均为居住有常,生活安□,入于农业社会之明证。二、为居住场所及工场之建筑,如河南仰韶村、山西荆村、陕西斗鸡台等均多住穴之遗址,而甘肃沙井村之住址,且建有围绕之土壁,以避风沙,而斗鸡台则更有极完整之制陶工场也。此实为后来形成□□型式之基础。三、为死丧埋葬之设备,如甘肃各古址中,多葬地之遗迹,可知已有生死存亡、家族宗法之观念。四、为文字之创制,此尤为人类理智之结晶,精神文明之最高点,如甘肃仰韶期骨板上之契刻纹形,(在距今四千九百四十余年以前,即黄帝以前。)辛店期彩绘陶器上之图画文字,(有人、马、犬、兽、鸟、蛇、齿轮诸形,在距今四千二百四十余年以前,即黄帝末年至唐尧中叶以前。)均为我国最早之原始文字;次之则为山东城子崖陶器上之刻字。(有七、十、十二、廿、卅、子、犬、"齐人网获六鱼一小龟"等字。较殷虚文字为早。为距今四千余年以前之文字。)夫黄史仓(颉)沮(诵)造字之说,本不可信,然以此等实物证之,亦非完全子虚之言矣。夫语言为人类文明开始之第一阶段,文字为人类文明开始之第二阶段。然人类自有文字以后,即得一传布文明之最大利器,而使人类渐进于最高文明之地步,其功用实有非语言所能及者。今考我国语言,发生于距今四五十万年以至百万年旧石器时代之北京人,文字发生于距今四千余年以前之新石器时代末期人类,而其他一切文物制度,均自旧石器期以至有史时止,无不日征月迈,而可得其显著进展之痕迹,为世界各国所不及,亦为世界各国所共晓。至于商周两代之青铜器期文化,则铜器品类之多,(如礼器、乐器、服御器等等。)制作之精,花纹之美,技艺之巧,为世界之冠,为我国所独有。而于文字一项,则有继甘肃、山东陶器文字而起之殷虚甲骨文字,为数已增至三千有余;继之以周代之铜器文字,质量既加,而功用益以灿然大备。至一切典章制度,治国经野之方,为人为己之道,经史艺文之作,无不尽美尽善,巍然礼义之邦,文明大国矣。而晚周诸子学说之隆,尤为古今中外所鲜见。今试俯视日本,有如此高度之文化乎?案诸日本自鸣为史学家或考古学家之著作,则不仅无石器时代之文化,并铜器时代之文化而无之。其所有者，非取诸中国，即为其所臆造。足见其立国根本之浅，与文化水准之低。盖其原始民族，实出于我先民顺山川形势而东达海外之所遗□，故史载秦时徐福率童男女各三千人渡海不返，殆即今倭族之始祖乎？如此，则亦我华夏之子孙，特子孙中之最不孝者耳。即或秦代以前，已有土著之民族而曾受吾文化影响者，亦当为进化最缓之蠢奴而已。

然以上所述，犹得谓之先进国史前遥远之事实，固不可以论诸一般浅化之民族。兹复就有史以来书籍所记载者言之，亦可见倭族低能可耻之至于极度矣。日之考古学者滨田耕作著《东亚文明之黎明》曾作总括坦白之自认云："日本当中国西汉时代，尚全为运用石器之时代；至东汉时代西部九州等处，因受中国文化输入之影响，始由石器时代转入金属器用时代，而东部日本，则仍为石器时代；而中国则早由铜器时代而进于铁器时代矣。"夫朝鲜本为我国属地，东邻倭族，在汉时尚为我国郡县，所有文化，全与我同，而日本因与交通，遂得输入文化以为一切进展之基础。三国时倭女主卑弥呼遣使来朝，受封为亲魏倭王，东晋南北朝时，又数遣使来朝，表文多自称倭王，且常以加安东将军之称号之为荣。东晋时之百济博士王仁，因受学于中国，又携中国之《论语》《千字文》以至日本，遂为倭国有文字之始。及隋代小野妹子来使，（公元六〇八年）乃率领学生僧人多名以来，以博学于中国。唐时更专置"遣唐使"，自公元六三〇年至八九四年之间，前后凡十九次。然在盛唐时倭族所作传世最古之《古事记》《日本书纪》两书，尚全用汉文，而其粗俗之语言，犹无法以记于书本之上也。直至留唐学生吉备真备与日僧空海等出，始取汉字偏旁作片假名，取草书（《急就篇》）作平假名，以为拼音文字标写语言之符号。然汉字仍迄今沿用如故。直至今日，犹用汉字"日本"以为国号，"昭和"以为年号。君臣上下所有之人名，遍布全国以供阅读之书报，亦无一不用汉字为之。且汉文中之典章制度、职官法律、仁义道德、阴阳性命等名词，在倭语中除去中国传入之汉读以外，几无一涵义相同之倭音训读可寻。又凡汉文中同义而异文之实字如"川""河"之类，虚字如"久""长"之属，倭奴皆同一训释，同一音读，若废汉文，即无以分别其字谊。足证倭奴虽有语言，而语言中实无高度文化之名词，与含有同谊异言之变化。夫语言文字，为人类文明最高之结晶，最大之利器，吾曾已言之于上，试问世界各国仅有简单之语言，而无精思之文字之民族，能有文化人类之资格乎？且吾谓唐代之于倭族，实为倭族国运命脉之所系，不仅如上所述而已。案唐武后长安三年，日使朝臣真人来贡方物，深好中国经史，博习中国文学以去。开元初，日使来朝，受教于四门助教赵元默，并广购文集，泛海而还。其偏使朝臣仲满，则慕中国之风，感中国之义，至改易姓名，愿为中国之氓。仪王友衡，尤好中国书籍，因留京师五十年，逗留不去。张荐早彗绝伦，日本使至，必出金宝以购其文。萧颖士擅名艺林，日使来朝，尊事以师。（均见《新旧唐书·日本传》，及张荐、萧颖士等传。）天宝末，扬州僧鉴真，东渡倭国，大演释教，而佛教始昌。（见李肇《国史补》。）盖当有唐一代，在倭史上实为倭族最著名之盛世，然详察其政治、国体、学术、制度、宗教、文物，凡衣食住行有关之品，不论其为精神或物质各方，无不由唐输入而成。故倭之学者木宫泰彦著《中日交通史》亦坦率自认云："日本中古之文化，全系由唐移植之文化，无论何人，决无异议。"可谓最确之论断矣。然自唐而后，历宋元明清以至于今，亦未尝不继续吸收我国之文化也。故倭国德川幕府时代（公元一六〇〇至一八六七）之著名学者，如物茂卿（公元一六六一至一七二八），如太宰纯（公元一六八〇至一七四七），均深识中国文化之优越无比，日本言文之浅陋不堪，乃大声疾呼以告国人曰："必去和训而后能为汉文，必习华言而后能去和训！"观其语意，不独主张彻底废除假名之文字，且积极主张仿效中华之语言。是诚可谓有真知灼见者矣。

或谓"日本往昔文化之低，固如君述；而近代之机械文明，则实远胜于中国"。窃谓此亦可以分两方面言之：一、近代之机械文明，均出自欧洲，日奴不过为一模仿之人而已。二、德川幕府时代，儒学大盛，由儒学之沾溉，始养成倭人吸收近代文明之能力，故井上哲次郎之《日本开国五十年史·儒教篇》云："在明治维新之际，处士活动，欲益于国家而致力于新文明之开拓者，以儒教之徒为最多。如藤田东湖、横井小楠、佐久间象山、吉田松荫、桥本左内等皆是。此等诸士，非朱子学派，则属于阳明学派。盖日本民族受西邦文化，领会西邦学术，不可无其素养。是素养在德川时代，儒教实成其地也。”由是言之，则倭族近代物质文化之由来，亦可知矣。盖倭族所有之文化，完全出于中国，吾中国实倭族文化之祖先与师保也。当倭族在中国有史之初，除原始人类之兽性及极低劣之生活技能与最粗恶之语言而外，可谓一无所有。迄今反欲尽量发挥其兽性，而埋灭其天良，以怨报德，以仇报恩，大兴寇兵以临我，演杀父灭师之暴举以为快，并孕育于我国已成之文化而尽去之，是不仅与吾人所言之文化含义相反，直欲甘外人类，而立即回复其野蛮时代禽兽之状态而已。尚何文化之可言哉！

总之：倭奴之无文化，证之地下实物，求诸史籍记载，尽上所述，无一当者。即有，亦不过窃诸他人以为己有已耳。今乃倒行逆施，犯上作乱，要知灭人者，人恒灭之；杀人者，人恒杀之；其去食报之日，已在不远。而吾国有如此数十万年以至百万年之悠久文化历史，艰苦奋斗精神，可谓根深柢固，牢不可破者也。日奴不自量力，而欲与吾为仇，真犹以卵敌石，覆灭可立而待。吾人自当益坚其胜利信念，以互相告慰。不见夫猛兽虽凶，终为人擒之公律乎！

虽然，若夫斤斤自恃于先人过去之繁荣，以傲于人而欺于己，一若今日之委靡不振为无关于国家民族之生死存亡者，则亦与故家中落，徒诩旧日金窟，何异！但必主于贵人贱己，抹杀吾百数万年之文化不谈者，则亦数典忘祖之类也。故式敬乔木，固骛旧者所必然。而张大门户，亦后来子孙所必须磨砺以赴，负起全责，丝毫不容苟且者也。故先总理对于本国文化问题，有最明确之两种训示：一欲恢复民族自信心，二欲迎头赶上西方之科学。所谓自信心，并非抱残守缺之谓，实欲自强不息，于恢复固有道德以外，深信中国有现代化之能力与素养之意。若能迎头赶上科学，则不仅可与欧美各国并驾齐驱，并可驾而上之。至总裁所积极提倡之精神总动员运动，亦正欲令吾全国民众尽量发挥此种自信力，并迅速科学化，是也。当此抗战已临胜利关头，尺土寸地，片草一木，均为吾历祖历宗汗血之所遗，吾人既为其子孙，能不尽子孙奋而益进之责，以保全吾固有之领土，与发扬吾悠久之文化乎？困志勉行，职在吾人！

于兰州十里店

（本文原载《军党月刊》1945年元旦专号。）

附录一

城固之汉代花纹砖[1]

在文化史上，两汉乃上承殷周以来之传统文化，孳育发达，至中叶以后，始渐接受西域与印度等异国趣味之渲染，下启六朝佛教昌盛之先声，此可谓吾国固有文化之首次开始转变之一重要时期。其建筑与装饰、雕刻，恐亦受同样之影响，不免接触许多外来之新资料、新题材与新表现方法。欲知两汉建筑装饰之真面目，必求诸与建筑有关系之直接遗物方可。所谓直接遗物者，即散存各处之汉砖瓦等是也。

最近数十年来，日人在朝鲜发掘汉乐浪郡之遗迹，与辽宁省南山里、营城子、牧城驿、熊岳城等处之汉墓，对于汉代建筑装饰获得不少证据。就中乐浪郡为前汉武帝时平朝鲜后所置四郡之一，其郡治遗址，在今平壤大同江左岸，附近有不少汉墓，今发掘出土之古物甚多，年代铭记，包括前汉昭帝始元二年（公元[前]八五年）至后汉明帝永平十二年（公元六九年），不独可供建筑装饰之参考，并可窥汉中叶文化之大概情形。

就发现之汉代纹样观之，可分为：自然物文样与人事文样两类。

自然物文样：汉代自然物文样中，有云气纹、云龙纹、藻纹，与动物文样中之龙、凤、虎、朱雀、玄武等。云龙文样，如武梁祠画像石所刻者，气

① 编者按：此标题为编者所加。

魄雄伟,强劲有力,为汉代艺术中极可珍贵之作品。乐浪出土汉漆器之云气纹与藻纹,则以画法纤丽与线条活跃见胜,然亦有构图描线近乎图案化者。又大同江出土之今〈金〉错筒,表面更点缀山岳云气,互相综错,成一幅很繁密之神秘画图。

汉代自然物文样中,属于动物一类者,以四神和龙、凤最为普遍。除见于石刻、明器、瓦当、地砖、墓砖和漆器等外,乐浪古墓之玄宫内,亦有四神壁画,皆是描线生动,如《西京杂记》云:"鳞甲分明,见者莫不兢栗。"此外,墓砖上之各动物,如鱼、鸟等种类甚多,大都构图较简单,而生动之特征,仍然如一。

汉代自然物文样中,尚有一特点,即是植物类之文样,已逐渐发达。除前述藻纹外,尚有莲华、葡萄、卷草、蕨纹与树木等等。莲华用于藻井,即王延寿《鲁灵光殿赋》所称之"圆渊方井,倒植莲华渠"。今虽无实例证明,但可以南北朝石窟内之藻井雕刻推之,相去当不甚远。希腊在公元前第七世纪时,莲华纹出现者甚多,埃及在古帝国时,已有莲华纹之出现。白怀德在洛阳发掘之周末韩君墓,其中已有类似卷草之纹样。卷草与葡萄花纹在汉前都未发见。其中葡萄一项,自西域输入,见诸记载,可说完全受西方之影响。蕨纹亦见于韩君墓出土之铜器,在汉代则多用于瓦当,后变体甚多,几乎成为一种图案式之花纹。

人事文样:汉代人事文样中,属于文字一类者,大多用于砖、瓦铭刻,在周代遗物中,很少见此法,似系蹈袭秦代遗习。

人事文样中,尤足注意者,即是秦汉以前盛行之雷文,至汉代渐渐归于淘汰,而代以各种简单线条所组成之几何花纹。此项花纹,种类甚多,且多相参合变化,愈演愈繁,不能一一列举。今姑就原则上,分为波纹、菱纹等十余种,菱纹、箭状纹、连线纹、S纹等,多用于墓砖。

欲观东京以前衣冠、文物、宫室、制度,惟有汉画。或以为遗物之幸传于今者,惟孝堂、武梁、朱鲔数刻,其能窥见古制者似有限。岂止是哉!孝堂诸刻,张于石室,且有题榜,人知爱护,自洪适著录以来,考订叠出,名乃益彰。至于为数甚富,雕镂弥精,而弃于田畦,人莫之惜者,则尤不知凡几。而圹砖亦其一也。盖圹砖筑于古墓,非崩圮不能见,即暴露矣,亦且为土人取实墙坦〈垣〉。而前人考古又皆从事款识,其无文字或文字不多者,皆在屏弃之列。因之圹砖花纹价值虽大,然未能悉数保存,良可惜也!

城固地方,花纹砖散布极广,穷乡僻壤,墙角道旁,触目皆是。城西三十里之胡城地方,纹砖甚多,且厚而宽大,自该城基至顶,砌砖层层,皆有花纹,其纹皆为几何图形,而繁简不一;赴长柳村李固墓之途中,亦屡见花纹汉砖出现于破壁颓垣中,其花纹皆甚精细,多为较繁之几何花纹;城固东关外,民房墙壁间,亦多杂以花纹砖,且有甚完整者;赴原公寺之途中,花纹砖亦多,其纹形不一,如字形、钱形、钱而带卷花形、几何图形、花形等皆有发见,其纹均极精细美妙;他如古庙内亦多有之。盖花纹砖之多,为他处所未曾有。

余将此等花纹砖之拓片数百块,选其精细不重复者,分而序之,曰动物,曰字形,曰货币,曰花草、树木,曰几何图案:

如图一至图五,皆为动物文样,其纹有简(图二)有繁(图四),疑皆为汉代之物。图四其上部视托〈拓〉片似为龙形,因不甚清晰,故依样绘之如此。

图六至图十三,皆为字形,除第八图确知为明宪宗时所制之砖外,余皆不详其年代。但除十一图之"杨昌"、十三图之"荣□□"两砖外,知均为汉物无疑。"杨昌"字砖系出于城北庆山旁之古墓,墓砖甚多,皆有"杨昌"二字及花纹,现西原公后所建之碉楼,即系此墓之砖云。

图十四至[图]二十三,皆为币文样,上制"五朱""五十"字纹者,多为两汉时物,因当时流行之货币有"五朱""五十"(为大泉五十之省)等纹故也。至用于砖,即以代雕刻装饰品之用也。

图二十四至图六十九,皆为花草形纹,如卷草花、游丝草(图二十九、三三)、水藻(图三六)、莲华(图三一、四三、六一、六七、六九)、树木纹样(图四九),疑皆为汉代遗物。莲华纹砖,盖汉唐两代皆用之。此当为汉代物也。其余各砖之时代虽不定,亦当为汉及稍后之品。

图七十至图二百十三，皆为几何图形，其纹虽有简有繁，然皆系直线条组成，或为菱形，或为方格形，（二种较多。）或为三角形（图百四十六）等等，疑皆为汉代之纹样。此等几何纹之砖，城固各处皆可发现，甚普遍也。

兹将砖之质、色、形、制、长度、厚度、年代及发现地点等立为简表于后，以便观览。

附注：砖后各图，本拟用拓片或照像以存本真，但因大小不一，编整不易，故一律改用画图，但宿〈缩〉小之，（宿〈缩〉小倍数见后表。）以便观瞻。

（本文据作者手稿整理。）

汉画像中的鸟像

我写这点东西的起因是因为看了这次秦安发现的唐墓里的武士俑所戴的冠上的鸟及汉墓上所画的鸟引动起来的。我又这次生了小病，检查、透视、脑电图，经过治疗好多方法，又治了久患的痔疾，如此在家服药医养，请假时间稍长，但不敢多事休息，遂将汉画像中的鸟类，都看了一遍又一遍，仍然搞不清楚，又记不住，怕时间久了，又完全忘了，遂拉杂地用笔记式的写了这点。但画像原形又没画下来，我也不会画，所以说得不但不够清楚，还是一个空的。可能还犯了主观唯心的错误不少，这是最不好的。不过我的本意是不要在小病中除学习外，把宝贵的时间放过去，好坏写出来，给同志们作参考。不对的地方，还希望同志中看到这点东西的，加以指正！

不过我有一点，脑鸣比过去更剧，无片刻停止，使我非常烦苦，因而脑经中收集一些东西（参考材料）以后，老是散漫着，拉拢不到一块，感觉到组织能力本来不好，现在更差了。所以写的里面是杂乱的，有时脑经发晕，思路不清，所以写的里面，有些连句子也是欠通的。还有因为旧学很差，新的更谈不上。所写的里面，谈到汉代阴阳者这些问题的时候，简直是看不懂，说不清，讲不通，这不能不使有些要解决的主要点交代不清，而是有些含胡了事了。从前有句老话，“学到用时方恨少”，如今以我的年龄，承党多年的培训，对同志时刻想多帮点忙，而结果力不从心，帮不上忙，实在感觉到“徒呼负负”了！

一九六五，十二月廿二日下午七时半记此。并以自勉。

我先讨论唐墓、汉墓中的问题：

我先说明一点：凤凰、朱雀二物，我从未见过，实不知其原形如何。以下我所说的，都是依据书本记载和大家相传的话或者是画的画来说的。

一、据我所看到的画像中的凤凰、孔雀、朱雀有相似不易辨认的。

二、孔雀较易辨认。

三、凤凰与朱雀，有许多记载及画像上看，不易辨认的地方更多。

在我写的正文（实际是杂乱的笔记，说不上正文）以及最后“附带的话”中，都已将上面的情形谈到了，但不够详细。

我前次在信内所看的那个鸟画像，我最近翻阅了许多汉画像，觉得那个画像确是凤凰。前已给您信谈过，这里不再说了。但是还有好多汉墓中的问题，我们再商量吧！

我前些时去看发掘来的唐墓，其中武士俑冠上的鸟（一大一小），我觉得鸟是鹖鸟，冠是鹖冠；冠是由鸟来决定的。我后来写了个小小的参考材料，也是这样说的。鹖鸟和鹖雀、鹖鸡，笼统点说，是一样的动物，至少也是同类的动物。鹖鸟这几个动物，从他们的性格看，都是勇猛好斗、至死不却、斗死乃止的东西。

朱雀、鹰、隼，和它们很相似，实在可以说它们都是一样的。我们那个武士俑头上带着那个鸟，和朱雀有些相像，但又和平日画像所见的不完全一样，可是它又带在武士的头上，我又想起古代的勇士都戴鹖冠，所以就说它这个鸟是鹖鸟，冠是鹖冠了。（前信中也已谈及。）

鹖冠的历史，在我国也不算短，是从周朝的一个楚国人好戴鹖冠的开始的。（是否还要更早一些，我尚未考。）（此人姓名不知，因好戴鹖冠，所以他著的书,也名《鹖冠子》了。)后来有许多勇士,都好戴鹖冠,以效鹖鸟的勇敢。

到了汉朝,两汉天子(古代如此称,下同此)的武骑卫等官,像虎贲中郎将之类,都戴鹖冠。这是那个时候国家制定的服章,不是私人的事了。

到了唐朝,也有戴这样的冠的,像《新唐书·仪卫志》,天子的衙内五卫,其第四卫,皆"服鹖冠,绯衫夹"云云,并且手持大刀。照这样看来,唐朝的武士卫一类的爪牙,戴鹖冠是很清楚的了。

今天我们发掘的唐墓中的武士俑的冠上的鸟,虽然我不明确认识它是鹖鸟,似乎说它是鹖鸟和鹖冠,仿佛还可以的。但毕竟还是一个推测,不能算是落实!

这几天我又找了好些个书,看了好些个画像,无论在建筑上或是墓葬的建筑上,总是汉代的居多。想找个唐朝的很不容易。甚至只要人家说过有这样的一个唐朝的鹖画像的名称,也找不到。还要说明:汉朝的许多画像,关于鸟类的,单自独立的,也没有人说那一个是鹖鸟画像,而都说的是朱雀画像。这样,没有实物例证,更使我感觉到我上面对武士俑所戴的冠的推测,真要完全落空了。

还有,《新唐书·仪卫志》所说的鹖冠武士,是那时候的天子用的,一般的墓主人,不论对统治头儿功劳怎么大,敢僭用天子的仪卫吗?我想那时真是戴鹖冠的武骑士,只是统治头儿的专利品,是没有人敢这样大胆使用的。所以我觉得我那样的推测和看法是落空无疑的了。或者说是封建皇帝,阶级虽严,但毕竟从这个唐墓的殉葬品看来,派头还是不小,是一个统治头儿的帮凶无疑。一种是无论什么制度规章,在他们同一阶级里,官官相护,糊里糊涂,时间长了,遵守也就不严格了,偷偷摸摸地用上些越规制度,也就不算事了。还有一种是旧社会里往往对生人严,对死者宽,人一到死了,百事也算完结,所以随随便便,弄个泥娃娃,就是仿戴着鹖冠,埋进土里,也就算完事大吉,不苛求了。

若照这样说来,那么我的推测和看法,还可留些时作参考吧!

我现在再来说一说我们这个唐墓中的武士俑的冠上之鸟,是否和朱雀有关呢?

我在最近的前几天,是觉得有关的,还觉得是一个新发现,颇高兴。但是想来想去,还是个不落实。我现在再说明一下如下:

我在这些日子里,一面翻书,一面看画像图片,一面想。总想找到一个唐朝武士戴朱雀帽子(冠)的例子,也可以证明我们的武士俑所戴的帽子(冠)不是鹖冠,是个雀冠,也差不多了。(因为朱雀与鹖鸟是一类的动物,已见上述。)忽然想起了有一年西安发现过一个唐墓,里边有个大朱雀画像的事情,我又找这个材料的记载如何。后来见到另外一篇文章里有说到它的情形的话:约莫的说是形相很伟岸,很凶悍,很勇猛好斗的样子。(我因此回忆了一下这些天我所看到的汉代朱雀画像,也的确有这样的情形。)我看了很高兴。我想这两个墓葬,都是唐朝的,时代相同,两个朱雀,一是画像,一是泥塑,都是墓葬的陪葬品一点也是相同的。而我们的武士俑明白是个武士,所以他的鸟帽(冠),我曾经说他是个鹖鸟和鹖冠。就是不敢完全肯定它是个鹖鸟,也只〈至〉少可以肯定它是个武鸟,不是个文鸟;再结合它一下〈一下它〉摆着的模型样儿,也可看出它是个武的,不是个文的。以这样的一个武鸟,(虽然比西安发现的,凶猛要差些。)戴在武士头上,很像个勇士头上戴着鹖冠。(当然包括鹖鸟在内。)

由上面西安唐墓所出的朱雀的性格凶猛好斗,再结合着我们这个朱雀的一切情形,可以看出朱雀与鹖鸟的性行的凶猛好斗,是完全相同的。那么既然可以用鹖鸟做成鹖冠以表示人的勇敢,也就可以用朱雀来做成朱雀冠以表示人的勇敢。这个理由是很浅明、很充分可以说通,而并不是什么牵强附会的话。所以我们现在如果给它起个新的名字,(指我馆的武士俑的鸟冠。)叫作朱雀冠,(或简称雀冠。)是没有什么不可的。就是退一步说,也可以认识到这个武士俑的鸟冠,是在鹖鸟和朱雀两种影响之下出现的。

还有,我的意思,到了唐朝时候的鸟冠,(如我馆武士俑的鸟冠。)可能已经是鹖冠的意味少,而是朱雀冠的意味多了。为什么呢?因为朱雀在汉朝的竭诚信奉下,努力提倡下,它的画像普遍应用,到处都是,直到南北朝隋唐，还是盛行不衰。我们所发掘的墓主人，当然不能例外，其子孙也不能例外，而是重视朱雀，信用朱雀的。再看这个墓主人的陪葬设备，确是一个不小的统治帮凶、官僚地主，而要用帝王的仪卫武士的冠服形式来殉葬，（若用像《新唐书·仪卫志》所说的鹖冠的话。）恐怕在当时犯"欺君侮法""犯上僭窃"之罪，毕竟是不敢做的。所以我说这个武士俑的鸟冠，当是受朱雀影响的成分为多，而受鹖鸟影响的成分很少，甚而至于无了。这样，自然以不名鹖冠而名朱雀冠为宜。

当我在进行这点编研工作（文见下）的时候，虽然又想出了上面这个理由和上面这个说法，而并且还有西安唐墓出土的朱雀画像作证——似乎是一个比较好的实物例证，但毕竟又是我的一种推想，于是我又去书本上和现代人的文章上找寻究竟有没有说过这个朱雀冠的名称来给我作个帮证。结果一无所得。（当然只要我们研究得的确正确的话，这种本本主义应该反对，这种匡匡思想应该打破的。但是我也的确不敢肯定我的说法是正确的。）只有在《新唐书·仪卫志》里，见到有朱雀幢、朱雀队、朱雀旗等等，而没有朱雀冠的说法。在《旧唐书·舆服志》里，关于天子（当时的称谓，我上面已经说过）侍臣服方面，虽有"爵弁"的冠名，（爵即雀字。弁，一般通称，就是冠、冕、帽。）这个名称，表面一看，似乎和我上面所说的朱雀冠可简称"雀冠"的名字相同，但实际上这个雀非朱雀的雀，而是冠的颜色像雀的毛色之意。又戴这个帽子（雀弁）的人，是些统治头儿的文职侍臣，而不是勇猛好斗的武士。近乎这样例子的，还有《仪礼·士冠礼》的爵弁服的"爵弁"，也是和我所说的朱雀冠，或简称"雀冠"的名称名同而实异的：雀也是形容帽子的颜色的。照它注解的意思，是帽子（弁）的颜色，赤色微黑，而像雀的头上的毛色的样子。戴这个爵弁的人是一童子任职居士位，年二十而冠，为士身加冠之士，则非武士、勇士甚明。还有和我所推测的武士俑（指我馆新发现的）可能戴朱雀冠（可简称雀冠）的说法更相近的一个例子：就是《尚书·顾命》里有"二人雀弁执惠"的话，所谓"惠"，据汉孔安国注（实为伪托）及唐孔颖达疏，就是斜刃作芟刈用的三隅矛（原形仍未注明）。像这样的一个头戴雀冠（弁），手拿三隅戈矛的人，不是很像我所推想的那个头戴朱雀冠——或简称雀冠，手拿武器的武士了吗？（我说这个武士，就是我馆您和同志们发现回来的那个陶武士俑。不过他手拿的武器已丢失，只剩两手空空的样子。）但是再看他们的注解，那个执兵器的人，（指《尚书》所说的。）是个士大夫的士，仍是个文官而不是个武将；雀也不是凶猛好斗的朱雀，而是同上面所说比喻帽子（弁）颜色的意思。（就是上面所说，弁帽的颜色，赤色微黑，与雀头上的颜色一样的意思。）虽然这《唐书》（新旧《唐书》）《尚书》《仪礼》三书，对于雀都没有说明是什么样子、什么种类的雀。但据我推想，也的确不是我们所说的朱雀。还得总说一句，中国古代，凡是武官用皮弁，文官用雀弁；也就是说武冠为皮弁，文冠为爵弁也。（至于爵弁，再简单的说，就是雀色的弁。）这也很可以帮助我们对古代文武官吏的认识的。

这样，我仍然找不到一个朱雀冠（雀冠）名称的现成材料来作我的帮证，所以我的说法，依然是我个人的杜撰，势必又要落空了！

归根一句话，只要我们能认识清我馆武士俑冠上的是什么鸟，那就知道是什么冠了。岂不是可以省了我这样许多的废话吗？现在一起写出，请大家指教！

六五、十二、廿四晚

孔雀、凤凰、朱雀

以上三者，在汉画像中，孔雀较易认别。但有时亦与凤凰相似。孔雀我们大家都亲眼见过，形体似雉而大，头戴红青色（带鲜绿色）毛冠。雄者尾甚长，有金绿色的羽毛，（羽与毛有别，普通一点说，羽成片状，毛成细条。）端有金绿色的宝珠形纹。雌者体小，尾羽短，亦无宝珠形纹。故雄者似雄雉，而公鸡亦有相似之处。

孔雀本产印度，亦名孔鸟，如《山海经·海内经》所云："南方多孔鸟"，是。

孔雀传入中国,可能始于汉代,随佛教而俱来。(如东汉明帝遣蔡愔求佛教,当然史有明文而无问题。)故在汉末献帝建安中人有作诗(即乐府)记当时焦仲卿夫妇同殉之事的《孔雀东南飞》一文。(因首句名篇。)当时之人既能明言孔雀,则孔雀入中国盖已久,而且相当普遍可知。但予意可能还要稍早而始于西汉末哀帝之世。如魏收《魏书·释老志》所云:"汉哀帝元寿元年,博士弟子秦景宪从大月氏王使伊存口受《浮屠经》"之说可证。佛教入中国,或说由汉武帝时张骞通西域带来,或云东汉初年,或云秦时已有。均可供参考。

时佛教既入中国,则如孔雀明王等菩萨像(乘坐金色孔雀)亦可能同时或不久传入中国,(虽有新疆亦有之说,但地寒,当仍从佛教传入者。)而当时人因珍爱此种新异美丽之鸟而不易得,(如《汉书·西域传赞》所谓"翠羽之珍"即是。)遂将中国向来普遍传颂、共同尊视而富于神话性的凤凰、朱雀形相与之附会牵合而绘成如今在汉墓砖、石上所发现的朱雀形相了。朱雀遂成为一种似凤非凤,似孔雀而非孔雀的东西了。盖后世即转辗摹仿刻绘以此为依据。实际朱雀与凤凰究竟原形如何,予实不知。(后再补说。)

今日发现的东汉朱雀像,多系东汉墓葬所出,故与予上说佛入中国的时代不违。其形相又富于装饰性,头上戴胜,尾有时长羽带宝珠纹,而成为一种似孔雀非孔雀,似朱雀凤凰非朱雀凤凰,即我上面所说,盖与三种鸟形揉合杂凑而成的形状。若然,则此种混合构成的鸟形,确难认明其为何鸟了。

附注:凤凰与朱雀的原形问题:二者实在未见。一般以及我在内,都是依据相传的话来说的。凤凰,据东汉许慎所著的《说文解字》所说,它是:"凤,神鸟也。天老(黄帝臣)曰,凤之象也,鸿前麟后,蛇颈鱼尾,鹳颡鸳思,龙文龟背,燕颔鸡啄,五色备举。"现在其它不说,只据凤是鱼尾的话,与现在所见的画像长尾带宝珠纹的形相实在差别太大了。至于朱雀,所见者惟汉画像等,余则未知。

至于汉代建筑(可参看汉赋及其它文章上的记载)及墓葬上何以爱

刻绘此三种鸟像，又何以更多的喜刻绘此三种中的朱雀一种，其意义与目的，虽未确知，兹就予所推测者，说述如下：

一般常见的禽鸟类画像，(包括家禽野鸟。)不只以上三种，也不只朱雀一种。大约已有凤凰(凤凰中可能兼有鸾鸟一类，因似凤而不易识别)、朱雀、孔雀、鸿、雁(较鸿小。如雁行喻兄弟有序，又能任警报)、鸵鸟、鹭鸶(吞食鱼类)(家畜尚有鸬鹚，亦捕鱼、食鱼)、鸡(有的鸡能斗，如汉武帝有斗鸡台)、鹅、鸭(能作斗戏)、鹦鹉(古称鹦母，能效人言)、鸳鸯(喻夫妇之和。汉武帝有鸳鸯殿)、凫(野鸭，与鸭、鸳鸯相似。古赋谓凫趋雀跃，以表欢欣之意)、鹊(与雀不同，雀为小鸟)(相传鹊能报喜。又鹊能为桥渡织女、牵牛二星相会。又《庄子》谓鹊知巢折而急起，言能见机而作，顺时而动，故名鹊起)、鸱鸮(鸷鸟，凶猛)、大雀、鹰、乌(即鸦之黑者。古以为能反哺的孝鸟)、三足乌(真鸟未见。相传谓即日中之三足乌)、锦鸡(即金鸡)、鹤(古代如《韩非子》载师旷奏琴而鹤舞，故鹤可以舞。又古代有比作清高廉洁之意；又古代有喻长寿之意；又古代有杰出过人之意，如“鹤立鸡群”；又古代有出言动听之意，如“鹤鸣于九皋，声闻于天”。种种说法，在古代尚多)、雉(雄者羽美，可作装饰。殷高宗时有雊雉之祥，故商周用雉羽为服章，以示雉为祥物)、雕(即鹫)、鸢、隼、鹖(性凶猛好斗，至死乃止，形似雉)、鹖雀、鹖鸡、(上二者均似雉而大，勇猛善斗，斗死乃止。现二鸟已不分。)鸦、鹟(秃尾，好斗)及其它种种。在画像中尚见有似小鸟小雀之类，可能为古人喜爱的黄莺、黄鹂之能发好音者。又常见画像中有三足乌(当即上述三足乌)、三头鸟、四足鸟、比翼双头鸟。有的鸟还有人头的、兽头的、鸟头的。又有骑乘用之鸟，可能即后来骑鹤、乘鸾的先身。这些，有许多是神话、迷信，实无其物者，根本不能全信。(但汉代人与现代人思想不同，也应注意的。)而有些鸟的故事，还起于两汉以后，则当时刻绘鸟像时，是否完全有用运这些故事之意，实不可知。姑列之以备推考。

在以上这些鸟像之中，尤以凤凰、朱雀、孔雀为常见；更以朱雀为最多见。但如鹖鸟是否在上列群鸟中已有，则不能知，特因其同鹰、隼、朱雀一类，可能其中有之，故列入之。至于汉代的人为什么要把它们刻绘在建筑上和墓葬上呢？据我个人不正确的推测，可能有下列的几种原因：

一、因为是祥瑞的动物。（古代如此说。以下我均按照古代记载、传说来推断的。也有部分是我个人私意的想法。）（其实祥瑞及此处所推测的各种原因，都是按照古代迷信思想来说的，所以总的说是与迷信分不开的。）

二、因为是与刘汉“以火德王”有关的动物。

三、因为是能战斗的动物。

四、因为是能保卫的动物。

五、因为是能玩乐（赏）的动物。

六、因为是能食用的动物。

七、因为是能供狩猎的动物。

八、因为是传统迷信下神秘尊敬的动物。

九、因为是墓主人生前爱好的绘画中部分的动物。

十、其它如用语音以取吉祥之意，以及完全为的装饰美观，或受《楚辞·天问》《山海经》影响等等。

现在简单地把这些原因和上面所列的禽鸟分别结合起来说明一下。（但要说明一句，并不是每一种禽鸟，凡是被用作画像的，都具备着上面所说的八个原因或更多的原因的。）不过我在这儿主要的是要说明凤凰、孔雀、朱雀三种，而尤其是朱雀一种。因为它、它们在建筑上及汉墓画像中最常见到、最突出、似与汉代人关系最密切的原故。

例如鸳鸯（相传喻男女——夫妇和居不离。如汉武帝有鸳鸯殿）、凫（似鸳鸯）、鹦鹉（能学人言）、鹤（能舞）、黄莺（能发好音），以及其它小鸟，都可饲养在官僚地主的花园、池塘、庭院里供赏玩游观之乐，把它们刻绘在死后的墓葬里，也是继续玩乐之意。又如鸡、鹅、鸭、雁，除有时可供玩乐之外，（公鸡还有司辰的实用，又有斗鸡作玩乐之用。）主要可作食品之用；因为他们生前酒池肉林，大吃大喝，死后还要继续这种豪侈的生活。

又这些地主官僚好射猎取乐，除其中的鹰、雕、鸢、隼之类可作狩猎工具之外，其余所有禽鸟，都可作为他们射猎的对象。（古人有鹰犬之名，所以助人猎兽之用。）又这些地主官僚，平日游闲无事，好卖弄风雅，喜爱古代书画，而这些禽鸟，就是绘画中的组成部分，可能还有特别爱好某一种禽鸟的，（如当时茂陵富民养白鹦鹉、紫鸳鸯、江鸥、海鹤之类即是。）死后还要继续其爱好，遂把他们刻绘在墓葬中以维持其永久。又这些地主官僚，都是绝对迷信的人，最喜欢神奇鬼怪的东西。如朱雀、三足鸟、三头鸟、四足鸟、双头鸟、兽头鸟、人头鸟等等，传说中都是有不可思议的能力，能做到任何人所做不到的事情，能解决任何人所解决不了的困难的。它们（这些鸟类）被应用在大幅的墓葬画像中，在神鬼之使用里，统能起着非常重大的作用。（如函山之鸟为西王母服务，名“王母使者”之类。[见唐段成式撰《酉阳杂俎》]）这些墓主人认为自己也就是有生命灵异的神鬼，可以使用它们为自己得力的帮手的，所以就非常需要它们，重视它们，把它们刻绘在墓壁上以备永远缓急之用。尤其像朱雀一种，乃更是传说得神乎其神、不可想象的东西，当然更是奉之惟谨了。兹略举古书记载，即可得其梗概：《尚书·尧典》云：“日中星鸟”，传注谓“鸟，南方朱鸟，七宿”。（汉孔安国传注，实伪托。）意即朱鸟（按即朱雀）是南方井、鬼、柳、星、张、翼、轸七宿之总名。又《礼记·曲礼》云：“前朱雀而后玄武”，唐孔颖达疏谓“前，南；后，北；……”即知朱雀为南方星宿之名。又《三辅黄图》（不知作者。记汉代三辅[即汉的京兆、左冯翊、右扶风]古迹、文物、宫殿、苑囿等甚详）云：“苍龙、白虎、朱雀、玄武，天之四灵，以正四方。”意即朱雀为四灵之一，所以正四方中之南方者。（按四灵亦称四神。）又《史记·天官书》云：“南宫，朱鸟，权衡太微三光之廷”，唐司马贞索隐谓“南宫，赤帝，其精为朱鸟也。太微，天帝南宫也”。（《前汉书·天文志》同。）又《河图》（明孙瑴编《古微书》卅六卷，内有《河图》十部）云：“四灵，苍帝神名灵威仰，赤帝神名赤熛怒，……”意即此处之赤帝，即《史记·天官书》索隐所云之赤帝。赤帝之精既为朱鸟，而赤帝神名赤熛怒，则赤熛怒与朱鸟之关系密切可知。今案《周礼》“兆五帝于四郊”注，（郑玄注)以五帝中之赤帝(即赤熛怒)定位于五方中之南方,是知赤熛怒为南方之神,与南方之星宿(七宿总名)朱鸟(朱雀)可能为一神矣。又魏(三国)曹植《神龟赋》云:“嘉四灵之建德,各潜位乎一方,苍龙虬于东岳,白虎啸于西冈,玄武集于寒门,朱雀栖于南乡。”亦可说明朱雀为南方唯一之星神了。由上种种,知朱雀之为神灵与星宿,其中情况,虽神秘莫测,但当时人必深信其有无穷的威力,足以给人以吉凶祸福者,谁敢慢侮无礼,必早已成为人人心目中最畏敬崇拜之偶像,其权位当然更远远超出上述诸鸟之上。在当时汉武帝未央宫内,尚有朱鸟堂之建立,则终两汉之世之墓葬中的官僚地主视之,其奉承信仰之诚,自可不言而知了。焉有不雕刻之,绘画之,而依赖之之理。此即我上面所说的因在传统迷信之下,而把它(朱雀)、它们(三头鸟、三足鸟等)认作神秘莫名的动物而必画像于墓中以陪葬,不仅为自己死后谋安全,且欲为其世世子孙获福得保佑也。此就是我上面所说的第“八”个原因。

然上述诸鸟之中之带有神秘性者,恐不止此。即以凤凰、孔雀言之,似亦有之。许慎《说文》云:“凤,神鸟也。”《尚书·益稷》“箫韶九成,凤凰来仪”,伪孔(安国)传云:“雄曰凤,雌曰凰,灵鸟也。”《春秋纬·演孔图》谓凤为火精。《山海经》谓北极天柜有神,名曰九凤。佛典谓孔雀为孔雀明王乘坐之鸟。就此少数记载,已可见其大概。唯予谓汉人之所以重视凤凰,恐怕还有其它更主要的原因,予意就是相传凤凰是一种祥瑞之物的说法。兹复为说述其祥瑞之意如下:

许慎《说文》云:“凤凰见,则天下大安宁。”《礼记·礼运》云:“凤以为畜,故鸟不獝。”《大戴礼》(又名《大戴记》,汉戴德所记)云:“羽虫三百六十,凤凰为之长。”《尚书·益稷》云:“箫韶九成,凤凰来仪。”《论语·微子》云:“凤兮凤兮,何德之衰!”又《论语·子罕》云:“凤鸟不至,河不出图,吾已矣夫!”《左传》庄二十二年卜婚娶云:“凤凰于飞。”《尔雅·释鸟》郭璞注云:“凤瑞应鸟。”《演孔图》云:“凤有道则见,飞则群鸟从之。”《广雅》云:“凤凰,鸡头,……五色,首文曰德,翼文曰顺,背文义,腹文信,膺文仁。”《宋书·符瑞志》云:“凤,仁鸟也。”南朝宋刘义庆《世说新语》(或谓《世说》起于西汉刘向)云:“龙跃云津,凤鸣朝阳。”宋李昉诗云:“十年身到凤凰池。”又如世言“凤毛麟角”“龙舞凤翔”“伏龙凤雏”“凤凰衔书”“龙凤呈祥”,以及古代帝王还用凤以纪年,如西汉有元凤、五凤,新莽有天凤,唐有仪凤等等。都是说凤凰是好鸟,是祥瑞之鸟。虽然有些话出自两汉以后,但其表明凤凰为希世瑞鸟之意,则在旧社会中,大约古今是一致的。故汉代的广泛应用凤凰,其主要原因,自当在此而不在彼了。

我上面已经说了许多汉代重用禽鸟画像的原因,其实决不止此。我再举两个事例,恐怕也不是完全与原因无关的:(1)利用事物的名称以取吉祥之意:如画像中之鸡为“吉”,鱼为“余”,鹿、鹭为“禄”,羊为“祥”,雀为“爵”,(二字本一字。爵,当时用为爵位、爵禄、官爵之义。)蝠为“福”等等。以上所有的禽鸟中,用其名以取义者,恐还不在少数。至于当时人怎么能知道运用这种方法,这也有它一定的原因的。大概汉人自幼必习“小学”(即文字学),深受“六书”的影响,像这样的用音取义的方法,就是六书中的转注与假借的推广,也就是所谓音训,也就是所谓音近则义通的办法。这在文字的演变史上说,是从用形到用音,倒是一种进步的演变过程。也可以说明世界文字的演变发转〈展〉规律,必然是由形而到音的。还有是迷信使然的:因为汉代盛行迷信谶纬之说,到处要取得吉利、吉祥,以祈求多福,达到享福。所以连这些飞禽走兽的名字,也要给以好意美义,叫起来,听起来,顺耳悦心,觉得碰来碰去,满身是福,遍地是福了。这些墓葬中已死的官僚地主,把这些动物画像满布在穴壁上,自己躺在里面,就是觉得大家围绕着,欢呼着吉祥之名,为他们(墓主人)祝福呢。(如鸡鱼鸡鱼就是吉庆有余等等。)(2)就是要美观的意思:这些墓主人,都是官僚地主之流,生前住的金壁辉煌、画栋雕梁的房子,真和琼楼玉宇里的仙人一般。到了死后,还要继续这样舒服的生活,所以就在墓室上雕龙绘凤之外,还遍布着各式各样的画像以为美观,其内容的丰富,自然不止上面所说的几种禽鸟而已。

现在我要来谈一谈第“二”第“三”第“四”三个原因了。这三个原因,我是指的汉墓或其它建筑上的朱雀画像说的。也就是要说明朱雀画像为什么在汉代有这样的广泛应用，这样的重视和突出呢？究竟与汉代的人有什么特别的密切关系呢？这里先说第“二”个原因。就是“因为是与刘汉‘以火德王’有关的原因”的一个。

《礼记·曲礼上》云：“前朱鸟而后玄武，左青龙而右白虎。”唐孔颖达疏谓：“前，南；后，北；左，东；右，西。朱鸟，玄武，青龙，白虎，四方宿名也。”知朱鸟为南方的星宿。又《史记·天官书》云：“南方，火，主夏，日丙丁。”《汉书·天文志》同。又《史记·天官书》云：“南宫，朱鸟。”其下司马贞（唐人）索隐谓：“南宫，赤帝，其精为朱鸟。”按南宫即南方星宿之宫。清桂馥《札朴》云：“四象，朱雀居南方，（按四象为金、木、水、火。金为西，木为东，水为北，火为南。南为朱雀，故桂氏如此云。）即天文之朱鸟。”由此，知朱雀即朱鸟。朱雀居南方，南方为四象中之火。《天官书》亦云南方为火。朱雀又为天文上之朱鸟星。（即南方井、鬼、柳、星、张、翼、轸七宿之总名。）又《春秋纬·演孔图》云：“凤为火精，在天为朱雀。”桂馥释之云：“五方神鸟，南方焦明，凤属也。焦明即朱雀。南方色赤，故名朱雀。”由此，知朱雀是南方的神鸟，又知是在天的火精。又知南方是赤色，又知朱雀之得名，是所居的南方是赤色之故。总上，知南方为火星，南方之星宿又为朱鸟，亦即为赤帝了。赤帝为火德、火星、火神，其色赤。（因赤为朱色，南方曰赤，是朱赤为一色。又《晋书·天文志》谓南方之神曰赤帝。予意此犹“南方火德星君”一类的意思。）汉高祖（刘邦）以赤帝子斩蛇（白帝子）而取得天下，即所谓“以火德王”者。后来后汉光武（刘秀）亦仍以获得赤伏符而灭新莽（土德，黄帝）而恢复炎汉的天下，而称中兴，是仍旧以继火德而王者。这样，知汉朝自始至终是以火德赤帝而王天下的。亦即自始至终与朱雀这颗星神的关系是分不开的，则汉朝君臣上下与人民之必须尊礼朱雀，信奉朱雀，是很自然的事了。况且上行下效，必有甚者。此即我说明汉代社会所以特重朱雀的原因之一。（即上所列第“二”个原因。）

现在我再来说第“三”个原因：

《礼记·曲礼上》云：“兵车……行，前朱鸟而后玄武，左青龙而右白虎。招摇在上，急缮其怒。”注疏（汉郑玄注，唐孔颖达疏）谓，（兹节录其大意。）此明军行，象天文而作阵法也。以此四兽（统言之，禽鸟亦得称兽）为军阵，以招摇星指挥于上，使他们的举动坚（急）劲（缮）奋勇，如天帝之发怒也。而必以朱雀为先导以领阵者，以其能善于捷击也。以言乎战斗的进行，则又如猛兽之将攫搏也。从这些记载和说明看来，即可表明朱雀之能一马当先、充当前锋者，是由于威猛敏捷、超越过众、英勇善斗而取得的。但这四兽（即四星宿）及招摇星都是画在军旗之上的。还有只画鸟类的，如《周礼·春官》所说画鸟隼的旗就是。郑玄于此解说谓鸟隼是象其勇捷，且把鸟隼说定是鹰隼。还有像《云笈七签》（宋张君房撰）所说的黄帝与榆罔作战的军旗，也是只画着禽鸟——雕鹖。由此可知这种鹰隼、雕鹖、朱雀，同是勇捷凶猛、速飞善击、足以领阵前驱的动物。尤其是其中的鹖鸟，如《山海经·中山经》“鹖”下郭璞所说，（郭，东晋时人。）“鹖，似雉而大，有毛角，勇健，斗死乃止”。则与其相似（性质、功用均同）之朱雀，可能也是对敌死斗不屈的英物。今以验诸汉墓上的朱雀画像，确是形相威武、昂首翘尾、劲翮展翅、利喙健足而善斗的样子。尤其是西安枣园发现的唐墓棺床上所画的一只大朱雀像，更是锐目利爪，红羽蓬张，状貌凶猛，可能真正是代表着朱雀的真面目和真性格的。

汉墓中的这些主人，生前必须是统治阶级官僚地主之流，才能建筑起这样满布画像的宏伟的墓葬。他们生前把这种凶猛的朱雀刻绘在楼观之上，死后还要把这样的东西刻绘在墓阙门柱之间，就是为的象征他们时刻准备战争达到掠夺的目的。还要表示他们是死不回头，永永远远带着走狗、打手，不肯放下屠刀的。在一般人认为是最野蛮残忍的禽兽，而在他们却是最喜爱最重用的爪牙心腹之物。

现在我再来说第“四”个原因：

上面已经说过，这种朱雀是极其凶猛好斗、死不回头（上面说过如雕鹖之类）的禽兽。汉代的统治阶级官僚地主之流，正是喜欢它这一点来广泛应用，来象征他们的好战与侵略。而还要利用它们作为出行和家居时的保护与守卫的工具。最显明的证据，就是从古代的建筑（汉代最著）

和汉代墓葬的广泛的画像中可以知之。例如王嘉（苻秦时方士）《拾遗记》云："尧在位七十年，有衹支之国，献重明之鸟，一名双睛，状如鸡，鸣似凤，时解落羽毛，肉翮而飞，能搏逐猛兽虎狼，使妖灾辟〈群〉恶，不能为害。其未至之时，国人或刻木，或铸金，为此鸟之状，置于门户之间，则魑魅丑类，自然退伏。"又《汉书·百官公卿表》颜师古在执金吾下注云："金吾，鸟名，主辟不祥，天子出行，职主先导，以御非常，故执此鸟之象，因以名官。"此等说法，虽不以朱雀为名，但从其性格、神态、形貌看来，均是勇猛好斗的鸷鸟猛禽。今以验诸汉画像中的朱雀，确亦与鸡相似，亦与传说中的凤凰相似，（详见下附注。）则重明、金吾、朱雀不仅有密切之关系，可能还是同一种动物。再按诸汉代朱雀画像所在的位置和地点，往往在于建筑的门扇上或观阙上，（由汉赋文中亦可知之。可能此种设置在门头上与汉代《礼》注门神之意相同。）尤其在汉墓的建筑上，可更加明白而得到实证。推其原因，非为别的，完全是为保护守卫的目的而设置的。虽然对于死者的安全，古代另有方相氏以司其职，如《周礼·方相氏》所说，（兹节述其大意。）尸柩入墓之前，令方相氏装成凶恶可怖之状，执戈扬盾，率百隶以搜室殴疫，以辟除不祥而取得安全。然方相氏不能长期立于墓侧以资守御，于是遂用朱雀画像以作替代，此可于许多汉墓中证实之。朱雀既能胜任军行的先驱，（见上《礼记·曲礼上》所说。）吾谓担任保护守卫之职，自亦不成多大的问题，宜乎汉墓中的官僚地主，生前死后，都少不了它了。

附注：在汉代生人建筑上所用的鸟像，据汉赋及其它诗文中多指凤凰而言，如《三辅黄图》引《庙记》所云，建章宫有凤凰阙，古歌谓之双铜雀阙。又《拾遗记》有重明鸣似凤之说。又清代桂馥有"焦明，凤属也"之说。桂馥又谓"焦明即朱雀"。由此，知凤凰与朱雀似不分也。又《春秋纬·演孔图》谓"凤为火精，在天为朱雀"，亦其一证；且据此更可说明凤凰与朱雀为一物了。

又注：上文夹注有"汉代《礼》注门神之意相同"，所谓门神，见《礼记·丧服大记》"大夫之丧，将大敛，……君释菜，……"郑玄注云:“君释菜,礼门神。”

总观以上所说,和书史所记,(即赋文记观阙凤雀一类之事。)以及汉墓中神话故事画像的实例,完全可以看出两汉阴阳五行谶纬之说之盛了。甚至历来文史所称为“雄才大略”的汉武帝刘彻而言,也是信方士,访神仙,求长生不老之术,采永生不死之药,事无虚日。我对这些阴阳五行谶纬之说,根本不懂,而当时人以为知之深、行之验者,结果亦以失败而被杀者多有,(见《史》《汉》武帝纪传等。)可见这些神鬼迷信、妖魔鬼怪之说,在当时已经破产;但毕竟上好下甚,在统治头儿、达官显宦把它用作统治工具之一,争相提倡,久而久之,已深入人心,歪风所届,势难尽灭,至造成汉代前后四百余年的迷信社会,还影响到后世若干年,(当然迷信不自汉始,但因汉而益甚。迷信甚古,见诸行事,可能始于黄帝之神巫巫咸。)其害人之深,诚无法想像。而此种最明显最突出的证据,即上所说之汉代墓葬建筑上之砖石画像也。不论其为简单个别的故事画,或繁复长篇的故事画,无不以神异诡奇之内容和复杂热闹的场面表出之,真可说是极封建迷信之能事矣。至像我上面所说的几种鸟画像的事情,那真是其中的极小部分,很少的一点。但由我所推测的上列的当时墓主人或其子孙所以要用此种画像的几种原因而是正确的话,那也很可以说明迷信的一般了。一个人到死了之后,还有什么知觉,还有什么灵魂,还有什么动作,而当时人乃以为祥瑞而为之,(祥瑞本身本是一个迷信。)乃以为合于汉主火德王而为之,(汉以火德王之说也是一个迷信欺人之谈。)乃以为能战斗而为之,乃以为能保卫而为之,乃以为能玩乐而为之,乃以为能食用而为之,乃以为能供狩猎而为之,乃以为是神秘尊敬之物而为之,(此本身本是一个传统迷信之事。)乃以为是生前爱好的绘画而为之,试问已死之人,究竟知与不知?即或如其它为呼唤这些动物之名而取得吉利之意,或全为装饰美观之用,试问已死之人,亦何能知之!诚可谓愚妄荒谬到了极点。所以我说此种鸟类画像之事虽小,而其对迷信的代表性则颇深刻而全面也。此真是一个“以小见大”的极好例子。那些统治头儿直至一切官僚地主、豪商富户究竟为什么这样地喜欢搞这些乌烟瘴气的事呢？我们完全可以透过这个现象而认识他们是阶级本质使然的。然而这些资料，在现在的科学世界中还会起什么害人的作用不会，则我敢肯定地说是万万不会的了。所以我们把它当作历史文物、考古资料和劳动人民的雕刻绘画艺术看待，作为研究两汉时代统治阶级及其帮凶走狗、达官显宦、地主官僚、豪商富户辈的思想行动和整个社会的意识诸形态来说，则还是极其重要而有一定的价值的。我们应该好好处理它、研究它的。还有，在当时人之对此种画像信仰到生死与共、永世不离，亦可说明在封建统治王朝被统治阶级欺骗愚弄下的人生趣味，低级到如此，是多么的可悲又可怕呀！凡是我们搞这个文物考古工作的人，把它批而判之，廓而清之，自然是责无旁贷的事了！这样，也就可以把封建迷信很坏的东西，转变而为极好极生动的阶级教育的教材了。

附带的话：

凤凰（其实凤是雄的，凰是雌的，据说也是二鸟）、孔雀、朱雀三者，首末两种，我根本没有见过，都是按照相〈向〉来书本记载和绘画及口头传说来说的。孔雀则是大家都常见、都熟悉的。

我现在据我这些时所见到的，或是从书本上看来的，或是从画像上看来的，说几句附带话如下（可惜我不能把它们都画下来作个比较。倘有，不是更明白些吗）：

以上三者，头上都有戴“胜”的。所谓“胜”，样子很多，我也不能全写出来，因为写不明白，最好是把它们画下来。据一般样儿比较常见一点的，胜就是如剪彩或镂刻金薄而成花枝形如妇女头上戴的首饰样儿的毛冠。但实在样子很多，我的话太笼统太简单了。有时三者又都带着长尾，而尾端都有宝珠形纹的羽毛。因此，三者颇不易分辨。

凤凰与朱雀，有时都有口衔绶带或衔宝珠的。因此，二者有时亦不易分别。

雄孔雀比较易认，在真鸟当然不必说。但在画像上有时也有些难认。

根据书本记载，如《春秋纬·演孔图》云：“凤为火精，在天为朱雀。”

似二者为一物。如桂馥《札朴》朱雀条云:“五方神鸟,南方焦明,凤属也。焦明即朱雀。”据上,凤凰与朱雀似为一物。至少也有很相似之处。

凤凰在阙上的情形:凤阙之名甚多,如唐王维诗:“云里帝城双凤阙,雨中春树万人家”,只其一例。阙既名凤阙,则似乎阙上之鸟,都应当是凤。但在汉画像中,似不尽然。(还是相传说的朱雀很多。)又汉赋中记载的话,虽然在那里说凤凰,实际上颇与朱雀相似。例如东汉人张衡《西京赋》(本有《两京赋》)云:“圜阙竦以造天,若双碣之相望;凤骞翥于甍标,咸遡风而欲翔。”三国吴人薛综注云:“谓作铁凤凰,令张两翼,举头敷尾,以函屋上,……常向风如将飞者焉。”观此鸟的姿态,英武雄健,气宇轩昂,临风独立,欲作〈作欲〉飞状,似乎与相传及汉画像中的朱雀的气魄相似,不很像传说中的凤凰的样子了。(又朱雀本可设城阙上,如隋将韩擒虎破陈后主[叔宝],自朱雀门入,即其例。)在《三辅黄图》所记,汉建章宫的铜凤阙,古歌中亦作为铜雀阙,(我疑为朱雀。)则凤与雀似乎确实很相似的。又可说明有铁凤凰,也有铜凤凰也。

据我这些时所见画像中的一点概念:

凤凰、孔雀二鸟,在雕刻或绘画的线条、形貌、装饰上,似乎秀丽一些,圆润一些,文雅一些,纤软一些,美观一些。而孔雀还比较雄健、壮美一些。朱雀,则刻或绘的线条、形貌、体格、两足、两翅,整个姿态,都比较壮健、雄武、勇猛、凶悍、威风、粗犷、结实一些。所以我自已有个好笑的结语:凤凰、孔雀是文的,朱雀是武的。

(本文据作者手稿整理。)

对天神、人鬼等的信仰与迷信问题的探说

对于天神、上帝、人鬼等等的信仰与迷信的问题，盖因人类的进化与文化、科学水平的高低而有差别。吾意从原始社会到后代，直到现在以至于将来的人类当然不会再有这种信仰或迷信的事了。现在我要说明的是我国稍早时代的商周社会的人的对于天神、地祇、人鬼等等的崇拜、尊敬，实在是一种信仰而不是如后人所说的迷信。（可能在后世某种教会中的人对他所奉祀的，也有真正信仰的，但在吾人视之，则确实是迷信而已。）我现在只想在古代殷商时代的人类，从统治阶级的奴隶主到所有被统治的人，对天神、上帝、人鬼（祖先）等等的尊敬、崇拜，实在是绝对的信仰而不是迷信。不过这种信仰是有其来源的。就是时代愈早，信仰愈深。所以我也说到一些殷商前后的事情与传说在内。看我后面所引用关于天、上帝、神、鬼各方面的情事，有些是后人所说的话，不一定是殷商以前或殷商时代的人的话。但总可以看出古代人类对于天、神、上帝、人鬼（祖先）真实信仰的概况。兹分述之如左。不过我还要一再说明，（见另述）我不是为自己迷信神（天神）、鬼、妖、怪等等而写宣传文章。我是一个参加考古工作的人，虽无贡献，但也发掘过或参加过同志们所发掘的好些个古代墓葬，我并不相信有鬼神的事情。我现在写此不成样的文字，是为的想说明古代人、后代人、近代人对于天（神）、鬼（祖先）等等的

信仰和迷信的状况。但我能力不行，不能如计写作，只能侧重于殷商社会的来写一点，以表示我的看法，殷商人民的对于天神、人鬼等等的确是信仰而不是迷信。但我仍然惭愧的是连这一点都写不好！

兹分述之：

上(即“二”“一”字)　许《说文》：“上，高也。”又《尔雅·释亲》注：“高者，言最在上也。”余意，此说可以指上空最高之天而言，亦可以说如后世指皇上、君上之王帝、君主而言。

上天　此为天之通称。天在上，故称上天。《书·汤诰》：“上天孚佑下民”，即其一例。

格于上下　《尧典》文。其注谓上下指天地言。即上为天之义。实即上天之义。

钦若昊天　亦《尧典》文。此句之意，即“敬顺在上空广大之上天”之义。

帝　《史记正义》(谥法)：“德象天地曰帝。”可见帝有“天”“地”之义。

上帝为天，《易·鼎卦》，圣人亨以享上帝。又《书·舜典》：“肆类于上帝。”《论语》，孔子曰：“天有五行，金木水火土。分时化育，以成万物。其神谓之五帝。”可见“神”就是“帝”。

上、昊天、滔天　《尧典》“光被四表，格于上下”，“上”就是“天”。又“乃命羲和，钦若昊天”，谓敬顺昊天之命，意即天为天神，亦即上帝之义。又“象恭滔天”“浩浩滔天”，此两天字，虽指上空之大天言，然此大天亦即古人认为是“天神”“上帝”所在之天也。

《舜典》“肆类于上帝”，(见前)上帝即指天言。又谓：“上帝为太一神，在紫微宫，天之最尊者。”由此，可见大天为多神所组合而成之集体，尚有大小尊卑之分者。但各得名天神，亦即各得代表大天(天)也。

文祖　《虞书·舜典》：“正月上日，受终于文祖。”注文中说，谓“文祖，天也。天为文(万)物之祖，故曰文祖。”余谓一切万物，皆有它的文彩，而人之为物不但有本来的文彩，且有更进化的文化。故上述之天，即此文彩、文化之根原、基础。谓文祖为“天”，说确可信。

又同上文内，有“归格于艺祖”“舜格于文祖”之艺祖、(艺，文也。)文祖，同为尧之庙。因此时以尧之文德为同于天，故上文云：“文祖，天也。”

群神 同上书。“望于山川，遍于群神”，意即谓九州名山大川五岳四渎，皆群神所在，故皆尊祭之。余谓当时之人认为此种群神均天神上帝所派遣任命，亦有各代表天神之责权之意。亦即各有小天神之义也。是亦含有天之义也。故殷商统治阶级尊祭之，如同祭天神上帝一样。

神人以和 又同上文内见此。意谓人民必需之礼乐，能谐和合理而不错乱，则神安和，而人亦安和，则国治民安矣。可使为君王者知神与人之并重，失其一则亡国灭身。此亦可与“天聪明，自我民聪明；天明畏，自我民明威”之天、民并列之意联系来看，意似相同？

神、皇天 《虞书·大禹谟》：“帝德广运，乃圣乃神。皇天眷命，奄有四海，为天下君。”此处所说，虽是指唐尧一人而言，实则可以看出古代之君王、王帝、皇上之得为统治阶级之首席人物，是因为他的品德、言行、智能是无所不通，无所不能，神妙无方，与天神一样的能干，所以上天、上帝才命令他来做人民的皇帝，来统治一切的。这样，完全可以看明古代的王帝是与皇天、上帝、至上神是一样的东西了。也可以说明后代称王帝为“天子”之原因了。又在此处还可以看出封建社会专制时代一般所称的“圣人”的尊贵与地位，是与神、天神、大天(皇天)为同一类的货色了。

地平天成 同上书。“地平天成，六府三事允治”，意谓夏禹治水成功，使本来在地之金、木、水、火、土五行，得开展其用途而使人民能生活且能生活得好，虽然是禹之功，然仍靠着天神所派遣之五行之神为之主持辅助而成。若然，则五行之能顺叙前进，使出其所有之能力，以完成其上天所交付之任务，则在人目看，表面上似乎是夏禹、五行之成功，而实际上仍然是上天之成功也，故《书》文称之曰“天成”。其惟一理由，因古人只认识到自然界所发生的任何好事，都是天神所做的。故对于神、祇、天爷、上帝以及祖先、人鬼等等，不会作科学的解说、说明的时候，(这也就是人类文化发展阶段中必有的局限性。)对它们的尊敬、服从，完完全全、确确实实的信仰所致,而不是其他。

天之历数在汝躬……四海困穷,天禄永终。 同见上书。此处所说之“天之历数在汝躬”,意谓“历数”为“天道”,言禹有大功,天道已在禹之身上,已有担负得起的能力,可以替天行道,做天之子的“天子”了。(即可以由天提升为皇帝之意。)至“天禄永终”一语,可有两种说法(即有两种意义):(一)禹接受天命,做了皇帝以后,老能按照天心实行好事,则禹在天上之禄籍(即天神任命禹为天子的登记本)本上的名姓永远留着,直到他死去才取销。(二)倘使禹做了皇帝以后不能案〈按〉照天心办好事,使四海困穷,则立刻取销他在天上之禄籍,人虽活着,也永远不再使他有官位与禄食了。由上,可知天神权力之大,而其灵活运用,因事制宜,完全与现代生人之有灵性、智慧一样了。古代人之信仰天神之真诚,这不是又一个说明而何。

官占惟先蔽志,昆命于元龟……朕志先定,询谋佥同,鬼神其依,龟筮协从,卜不习吉。 同见上书。此段记载,是为了禹逊让舜之任命为君,而舜说明:“我之任命汝之为君,不是我个人私意,而是卜问过鬼神,得到它的同意的。又得到其他各方面的同意的。不过在卜问鬼神之是否同意之先,必先在领导者(最高权威者)自己要有决定要怎么做就怎么做,要把任何东西交给谁就交给谁的决心而再命卜官去进行占卜,而才能获得吉利如意的。至已经获得吉利的占卜,就是得到鬼神之许可以后,卜法是不能因前之吉而更复卜之的。所以我是预先自己决定要授君位于汝的,汝毋用再说‘枚卜功臣,惟吉之从’的逊让的话了!”

我写以上这许多的话,目的是要说明古代的最高统治者帝王(天子)以及统治阶级中的大官僚们(即当时的贵族卿士之类),的确是绝对信仰天神、人鬼之类,是自然界一切的主宰者而能决定一切的。从商殷甲骨卜辞之记载中所说,凡是国家政治和国王行动,不论大小,都要由占卜之官来请教神鬼之是否许可来进行与不进行的。看表面上似乎是卜官在代天神、人鬼说话,权力最大最高的。而实际上这些卜官如巫、史等等,都是从国王、贵族手里亲自培养训练出来的;而且在平日工作中仍然是不断的在指导着,注视着,而不使违反国王、贵族们的意志和国家的政治制度的。所以卜问时之能否得到神鬼之许可与否,仍然是要看国王对于某一事之决定必做与否的。所以在卜问以前,卜官是要从贵族身上早已探询得国王对于某一事之必做或有活动的意思和态度的。这样做,并不是卜官不信仰天神与人鬼,而是在那一个社会,那一个人类文明的发展阶段中,人类是没有不相信神鬼的,所以这些卜官巫史是不会有例外的。并且再经过国王、贵族们的深刻教育培养,随时熏陶,自然潜移默化,而与国王、贵族成为绝对信仰神鬼之人,甚至有过之而无不及也。可能在进行占卜中,其兆文有不合王帝之意时,(即不吉而凶之意。)也必有认为是龟、筮之错误而重作卜问者。这也不是为迎合王帝与贵族的心意而不信卜问中神鬼的指示,而是完完全全、的的确确相信帝王是天神之子的“天子”,信仰天子,当然更信仰天子之父亲——天神了。所以上文舜告知禹说:“官卜惟先蔽志……”(见上录原文)等等的话,即完全说明王帝要做什么,天神、人鬼就叫卜官告知完全同意的意思了。这样,还能疑心卜官不相信天子(王帝)就是天神、人鬼的化身,天神、人鬼的代表吗?更不能怀疑卜官的不信仰天神、人鬼了。

至于王帝(即天子)的信仰天神、人鬼,(此处人鬼是说古代只有王帝、天子的同族,才有天神、人鬼,如殷商王朝的只限于自己的同族,就是。其它的异族则视作与奴隶、俘虏一样,甚至视同禽畜一样,可以任意杀死,作为祭祖先的牺牲品用的。就是那么大的天,也是没有他们的份儿的。只知道他们活着不是人,死掉没有鬼,所以完全说不上他们里面有天神、人鬼、祖先的东西,自然更说不上有什么可信仰的了。)则在古代书史上到处都有明白的记载,还有说他们是天生的儿子“天子”,是同天一样掌有最高无上的权力,可以替天行道,只要天能做的,他们也都可以做的。但他们毕竟认为天的能力比他们更大,如天能使唤日月星辰雷电风霜雨雪等等为自然界的一切服务,可以生长万物,(包括人类在内。)可以养育万物,且可以对万物施行生杀予夺之权而为人类所做不到的事。

于是他们更觉得天是绝对神妙莫测、变化无穷的灵物而更信仰天神，更尊敬天神，更觉得天神是他们的父亲的光荣可爱。并且认为将来也可以由父亲的帮助指导而得到与天神（父亲）一样的最大能力来治理天下了。而自己的王位就可以传给子孙与贤者于无穷，与天地共长久了。这不是王帝（天子）与天神为一体了吗！如上文所述《大禹谟》中舜告禹的话，就可以看出舜是完全代天行事，而且是如何地努力的、认真的在“不辱其亲（即父亲，即天神）”的大道上做。这就是古代帝王（天子）极端信仰天神、人鬼非常明确的一证。

正月朔旦，受命于神宗。 同见上书。“受命于神宗”，意谓受命于舜神灵之宗庙。神宗当是舜之始祖，而称之曰“神”者，即尊敬之与天神一样之意。又此处所称神宗之宗，当不仅祖宗之称，而当为祖宗们神灵所在之宗庙也。亦犹天神所居住之天宫、天堂、天廷之意也。

天降之咎 同见上书。此句言当时有苗之国君，昏虐无道，不保人民，人民皆叛弃之，要受亡身灭国之罪责。但非他人所给，而是天神降给他的。这就是天对任何人任何物有生杀予夺之权之一证。而禹之受舜之命去征伐有苗之君，亦等于受天神之命而去的了。亦同时可说明舜、禹均能代天做事，舜、禹既为与天神一类之人，亦即古代帝王、天子之与天神为一而二、二而一之人之神矣。

益赞于禹曰：惟德动天，无远弗届…… 同见上书。此处“惟德动天”一语，即益劝禹，只要你自己能修德，谦虚行事，则能感动上天之心，来帮助你，使有苗之民，不论远近，都来服从你了。足见益之信仰天心之好善与天神对人感应之灵敏。

满招损，谦受益，时乃天道。 同上书。此数语，即益劝禹说，为人自满者必招损，谦虚者必受益，乃是天神对人之常理。此亦足见益之信仰天神之意。

又同上书：益赞于禹曰：“……帝（舜）初于历山，往于田，日号泣于旻天……至诚感神，矧兹有苗！”益引用此事以告禹，认为此事是可以作为禹征服有苗的任务中取法的，故对禹说了这些话。我现在此事中所要取用的，是要知道舜是否是一个绝对信仰天神的人的问题。舜在历山耕地(田)的时候，大声的向上天哭泣，用自己责备自己与和顺孝敬父母的心来感动天神，要天神帮助他把他的父母改造好。后来居然得到成功。益又劝禹说，只要像帝舜那样的至诚待人，天神都被感动，有苗之能接受感化，当然是更不成问题的。后来果然又得到成功。在现在我们当然是知道没有天神的，但能以至诚来待人、接物、干工作，是可信有好处的。按照上面这样说来，就可以明白古代帝王、天子、大臣如舜、益一类的人，确实是绝对信仰天神的了。

《虞书・皋陶谟》:“皋陶曰:‘宽而栗，柔而立……无旷庶官，天工人其代之。天叙有典……天秩有礼……天命有德……天讨有罪……天聪明……天明畏……’” 上文中皋陶对禹所说的“天工”，犹言天职，意谓天道当行之事，均要由天神所命立之君王(即天子)代理去做，但因事情太多，天子不能一人做完，故天子又命令大小百官去做。而大家所做的事，无一不是天职天事内天所要做的事情。而这些人，(君王、天子均在内。)就是上文所说“人其代之”之人也。

上文中又说“天叙有典”“天秩有礼”“天命有德”“天讨有罪”(即谓天用五刑讨五罪)的“典”“礼”“德”“刑”为君主(帝王、天子)施政、治国、理民最重要之事，亦皆出之自天的。主宰人之生死赏罚在天，即指天神天意也。

上文中又说:“天聪明，自我民聪明。天明畏，自我民明威。”我现在先来说明第一句:意即天是聪明的，天把聪明付予给人民，所以人民也聪明而知道那些事情好，那些事情不好。那些事情用什么方法去做就能成功，不用那些方法去做就要失败。皋陶劝禹的意思，就是要顺天意，则成，谓之聪明。成为人君、天子的人，不做好事而做坏事，对国家人民有害而无利，则人民一定要起来反对、打倒，而天(天神)本来是以这种聪明的道理教给人民的，故天也同时要消灭这种昏君、暴主而灭亡其国的。总的说来，就是皋陶劝禹一定要做成一个利民利国的明主圣君才好。然而还要知道人(包括君主、天子在内)的聪明毕竟不如天的聪明大，能力高,故王帝、天子也还要不断地向天(天神)学习才行。不断去学习探索明白宇宙之真谛。如上文所说的"谦受益,时乃天道"等等的话就是。这也是人民所希望于王帝、天子的聪明之道,即天意即民意之道。

(本文据作者手稿整理。)

字说六则[①]

说“贞”“鼎”(兼说“视”“申”“雷”诸字)

贞,许书小篆作貞。许谓:“卜问也。从卜,贝以为贽。一曰,鼎省声。京房所说。”余谓京房之说较好。不但是鼎省声,(声同往往义通。)惜京房未见甲骨文。案甲骨文字实用鼎为贞,可见贞、鼎不仅声同,实则音、义、形全相同而为一字也,故卜辞亦借鼎为贞。兹再详按甲骨文贞、鼎两字,字形既有相同而亦多有近似者。(可看《甲骨文编》原文。)至贝字甲骨文(同上书)所作之形,与贞字所从之贝字之形,全不相同,明显可以说明贞字之不从贝矣。

因此,又可用员字来作一证明:《说文》小篆员字,许说作从贝,口声。《说文》又收录员字籀文,作从鼎从口。案《甲骨文编》员字亦作从鼎从口,或作从鼎从○。这完全可以说明员字所从之贝与员字所从之鼎为一字;也完全可以证明贞字所从之贝,非货贝之贝而实与鼎为同一字也。

---

① 编者按:本文系何士骥晚年手稿中部分讨论文字构形与古代制度文章之汇编。其风格虽与早年有异,为求完整呈现先生之治学精神,今一并收入。各篇原题多作“某字说”,故此处沿用为名,惟下摄篇目标题则由编者依文章内容改订。

吾又谓贞、鼎两字之为一字，主要在于贝与鼎为同字，而且同为一种盛置物品之器具。至于贞字之作从卜，不过为表示贝、鼎两器之可以盛置卜甲、卜骨而已。当然亦可以盛置其它物品也。至员字之作从囗，或作从○，不过为表示鼎器之有作方口（□）为方鼎，圆口（○）为圆鼎之意。且有作方口（□）于鼎底者，亦以表示方底之鼎，即方形之鼎也。我还要说明员字所从之□与○，既为象鼎口、鼎底之方形与圆形，则许氏所说之“物数也，从贝，囗声”；“囗，回也，象回帀之形”；与徐锴所说货贝可数之说皆非也。是皆未见甲骨文字之故也。

我上面已经说明员、鼎之为一字，也已说明贝、鼎之为一字。但予犹欲举一许慎《说文》所收之實字，小篆作从雨从员，又收古文作从雨从鼎，此古文可能为春秋战国时古文，不及殷商甲骨文字之早，但亦可说明员字之即鼎字，亦即贝字之为鼎字之一证也。（理由说明在上，兹不赘述。）（甲骨文无實字。）

以上已说明贞、鼎为一字，实际上也就是说明贞字所从之贝字与鼎字为一字。（可看《甲骨文编》贞、鼎二字原文。）而贞字所从之贝与贝货之贝（即贝蚌、贝壳）完全不同。（看同上书。）又可看员字，许书与徐锴皆说为一个一个的货贝之意，亦即一员一员之意。实则为圆鼎方鼎之意。许、徐二说皆非。由上可知贞字所从之贝既与鼎为同字，而鼎为盛置东西之器具，（如食物、用具之类，又可作烧煮食物作锅之用。）由此，又可知贞字从卜，即为贝（即鼎字）内盛置着卜骨、卜甲之物也。或谓员字上半所作之囗形○形为象鼎之方口（为方鼎）圆口（为圆鼎）之形，而《甲骨文编》之员字中有一字将方口刻在鼎底，何故？吾意是因方鼎从底部看，其底为方形，则可知其鼎为方鼎之故。甲骨契文中，有许多字，要从各个方向去看，始能明白其造字之本形本义者尚多，兹不备举。

以上已知贞字之从贝从卜，即等于贞字之从鼎从卜；意即贝（即鼎字）中可以盛置卜甲、卜骨，鼎中亦可以盛置卜甲、卜骨也。龟甲虽有大者，鼎亦有大者，原不妨碍盛置之用。即大的卜骨（兽骨等）亦然。因当时甲骨、鼎彝，均为殷商重器，故可用鼎以盛甲骨占卜之物。

上面已说明贞字所从之贝之为盛置物品之器具，这是最直接了当的，但我还想说出一些可以帮助说明贞字所从之贝之为盛置物品之器具的话。案《甲骨文编》贞字有作、作者，形与槃字作、作者形相似，（见《殷虚书契考释》卷中页三十九，下简称《殷契》。）当象盛置物品之盘形。又《殷契》此槃字又作、作，与同书洗字下半作、作形相同，当同象盘（即槃字）形。以上《殷契》四个槃字，实即一个槃（即盘字）字，而洗濯如洗面等必有盛水之盘，故洗字下半所作之形，实象盘形，既与槃字同形，又与贞字下半所作之贝同形，（《甲骨文编》如上所述之、两形，虽为贞字之全形，实则从卜，不过为盛入贝［即鼎形］中之物，而此两形则实为象鼎形者。）则此贝非贝货之贝，既为象鼎形之贝，又为象盘形之贝，则此贝字之为盛置物品之器具，可更明白矣。再举数例如下：

如上所说之洗字之下半，又有作形者，与《甲骨文编》贞字亦有作形、形者，两方之形亦相似，当亦同为象盛置物品之器具之一证。又《殷契》中卷六十七页之前字作，其中部之舟作形，与上所述贞字、槃字所作之形相同或相似，亦可知贞字所从之贝，义与形之同于舟也。因舟为载人物之具，与贝（说详见上）之可盛置物品（如盛卜问用之甲骨之类）之用同也。（前字小篆作，许谓："不行而进谓之歬。从止在舟上。"许说是。此字从止，即象人之足。《殷契》作止在舟上，加从行，与许说全合。此亦足见许氏之说确多有根据也。）又《甲骨文编》卷八，页三五八，舟字作形、形、形、形，又般字所从之舟作形、形，与上述贞字所从之贝，槃字所从之舟，洗字下半所作之盘（即槃字，已见上说）形，均为同作盛置物品之器具形。而般字又有作从舟之形作成形、形者，更象一侧置之盘形；亦更可说明贞字为象盛置卜甲卜骨类似盘形之器具也。又案《甲骨文编》之用字作，其所作之形，与上所举述者同为盛置物品之器具形。此字所盛置之物品则明显摆着为卜甲卜骨，其造字之本形本义，似完全与贞字之造法相同，意即这些卜甲卜骨，盛置起来，保存着，是有用的。至《说文》许氏用卫宏说"从卜从中，可施行也"，与徐铉等所说

“卜中乃可用也”，说皆误。

我尚有一附带之说：此□字与甲骨文字“史”字作□之上半□形，似乎有些相像。不过用(□)字在盛置器具中所保存以备用者为卜甲卜骨；在□字之□形中所保存盛置着以备用者为记事之简策（即“|”形），犹簿书、案卷之类，两者有所不同耳。至一作从□形，一作从□形，实相似而相差甚微。

其它如《殷契》受字作从两手相授受之物作成□形者，亦即象承盘之形。虽有作□形者，亦非舟形，仍是盘形。（已见上述）且世无两人用手执舟(船)以相授受之事。许书说从舟省声，恐非。又《殷契》与字中间作□形，亦即象承盘之形。以上两字均从盘，均象盘中盛置物品以相授予(许说推予也)之形。又如皿、豆等字，观其造形，与上述般字所从之舟之作□形者，（此象盘侧置之形。）形、义均有相似相近之意。吾又谓般字当即槃字，般字可读作钵，即可说明般即鼓盆、鼓缶、击钵（如击铜钵以催成赋诗之类）之盆、缶、钵一类之器，可以作为盛置物品之器具用，亦可作为敲击以作发音之乐器用者。至般字甲骨文作□、□等形，实非常象用手执棒椎以击盘之形。因此我以为《诗》有《卫风》中《考槃》篇名，其考字即攷字，即敲击之义。盖言古代有隐居山谷中之人，有时敲盘（槃，亦即盆、缶、钵之类）以自击自歌以取乐者。

吾上面所说之各种盛置物品之器具，在殷商时代造成文字者，实不止此数字而已。兹不备举了。这种器具文字，分言之，则各有专名，各不相同。实则同为一种盛置物品之器具而已。现在我再回到贞、鼎二字上来说一下，以作结束：

贞、鼎二字，我在上面说过是一个字，就是不是一个字，也是同一类的盛置物品的器具。并且这两个字的相同或者是器相似，而主要还在于鼎字与贞字所从之贝字。（非贝货之贝，已见上说。）至于贞字之从卜，实在不过是表示在器具(即贝)中盛置着有卜甲卜骨而已。至鼎字中虽无从卜字者，但二字既为一字，或为用途相同之器，则鼎中当然可以盛放卜甲卜骨，也可以盛放其它东西了。或者是鼎器较高较大，盛放着卜甲卜骨而看不见耳。还有，用甲卜（即龟卜。龟卜者少，用此者不过十之一二而已）者少，鼎彝为当时重器可能用以盛置卜祀之龟甲者。甲形不会很长，盛置于鼎中，则自不易外见也。

至于盛置于贝（即贞字所从之贝字）鼎两器中之卜甲卜骨，（即用一个卜字以代表之。）我有两种推想：即（一）不是已经用过的卜甲卜骨，而是甲骨的原物，经过如下所说的从削治平滑，直至钻凿成孔为止以待用的甲骨；（二）也不是用过的甲骨，而是钻凿成孔以后，已经用火灼灸而有坼兆以待用的甲骨。（这两种推想，我可用下面说明举行一次占卜对甲骨准备手续的麻烦来证明。）我为什么要有上述的两种推想呢？因为要占卜一次的手续，是要经过将现在待用的甲骨，要经过酸性溶液的泡制，削治平滑；有凿成椭园形之孔者；有钻成正园形之孔者；又有钻成正园形之孔以后，再凿椭园形之孔于其内者；又遇甲骨薄者，或凿或钻；遇甲骨厚者，既钻而复凿；再用火灼灸于其钻凿之孔以致坼兆，且必看明甲骨之表里，灼灸于里以使坼兆见于外表这许多多的手续而才能使掌占卜龟甲兽骨之事之卜师（太卜之下之官），视兆纹而说明其吉凶。这样，才算此次占卜工作的完成。在我的推想，每次占卜时，临时不会经过这许多多的费时、费事的麻烦的，一定是早已做好相当的准备的。所谓准备，就是我这段说明文中所说的两种推想。（见上〔一〕〔二〕）

按照我的推想如有可能的话，则的确是比较方便的多了。例如要占卜某一事而需用临时新灼的兆纹的话，则由卜师在贝、鼎中取出一块未灼灸过而有孔的甲或骨来用火一烧（即灼），有了坼兆，再由卜师作一说明，就可以知道是吉是凶，而这次占卜就算完事了。这不是迅速简单的多吗！例如要另外占卜一事，而需要用已经灼成有坼兆的甲骨的话，那由卜师在贝、鼎中取出一块甲或骨来一看，再说明一下是吉是凶就完了，这当然是更简便的了。若遇到当时的奴隶主或贵族要占卜一事而必须经过如上述从削治平滑甲骨以后，直到卜知吉凶始完的许多麻烦手续，我想他们是受不住、等不了的。因此，我又想到过去旧社会中有到神庙里烧香叩头求神签问休咎(吉凶)的迷信之事,虽不敢说这种风俗习惯是从商朝传下来的,但与那时的用甲骨来占卜吉凶的迷信与做法,实在很是相似。尤其与我上面所说的第二种(即[二])推想更为相合。

我小时在神庙里所见到的求签的情况是:一座神庙(如雷神、火神等庙)或菩萨庙(地藏皇菩萨、土地菩萨等庙),房屋正中,向南,坐一神像或菩萨像,极大多数是泥塑的,很少是木雕的。像前摆一长木桌,桌上摆有像小铜鼎样为烧香用的香炉等类。另外又设有一个高约现一市尺相近的园竹筒或方木筒,内盛竖着许多写明第几签第几签号数而物体很窄薄的竹签,求签问吉凶的人,烧香跪拜神像或菩萨像以后,即起而去掣筒中之签,掣出一签看明其签上之号数以后,再请侍候神或菩萨的和尚,按照号数到木架上取下一张黄纸(小长方形的)上印刷着有同样号数与文字的纸签。求签的人,识字的,自己看纸签上的话是好意(即吉休),是坏意(即凶咎)。看得还有不明白的,请和尚再加以详细的说明。不识字的,则完全请和尚作说明,以知道这次问神或菩萨的事的吉凶与休咎。这样,才算这次问神(或菩萨)求签的事告了完毕。

我现在再把后世求签问休咎的方法与我上述第二种(即上[二])用甲骨卜吉凶所推想的方法来对比说明一下:这两件古今(指解放以前)求神问卜事情的迷信思想当然一样;所求的神,殷商可能主要是上帝、天神,后世是各种的神和各种的菩萨,其实也是一样的崇拜偶像。进行卜问时所举办的仪式古今虽或有繁简和隆重与否的分别,但都是为的尊敬神或菩萨的一套礼节是相同的。再说我上面所讲的第二种用甲骨卜吉凶所推想的方法是用盛竖在贝、鼎中已经经过准备手续而且灼灸出有兆纹的甲骨,由卜师听明了来卜问的人(如当时的君主或君主指派来的官僚贵族等等)所说明要卜的是什么事情以后,或者是来者自己从贝、鼎中取出一甲或一骨,由卜师来依兆纹说明所卜问之事之或吉或凶。或者是由卜师从贝、鼎中取出一甲或一骨来,直接由卜师来依兆纹说明所卜之事之或吉或凶。(这以上所说从贝、鼎中所取用之甲骨,是依据我上文说过的贞字从卜的卜字而来的。)如此,这卜问之事就算完成。至后世进庙问神或菩萨，求签问休咎之事，则是求签之人，向和尚们说明来意以后，即向神或菩萨行礼，毕，或由来人自己从竹、木筒中掣出一竹签来，交给和尚们按照签上第几签的号数取来一张放置在木架上平日准备好印有说明文字的黄纸签条来，或来人自己看明这次所问之事之是休（吉）是咎（凶）。或由和尚们代看明纸签上的文字，向来人说明这次所问之事之是休（吉）是咎（凶）。或者是来庙问神求签之人，行礼毕，即请和尚们代掣竹签，代取纸签，代为说明纸签上所说的这次所问之事之是休（吉）是咎（凶）。如此，这个求签问神或菩萨之事也算完成。我觉得这个盛置竹签的竹、木筒，就等于殷商时代盛置甲骨的贝、鼎。黄纸签上所印的文字，就等于甲骨上用火灼成的兆纹。说明兆纹的吉凶的卜师，就等于说明纸签上的文字的休咎（吉凶）的和尚。我还觉得后世印在纸签上的文字，可能在较早的时代还是一同写在竹签之上的，不过那时的竹签比后来稍大而已。如果确实如此，则与甲骨上之有兆纹真是极其相似了。这种迷信之事，虽古今时代不同，可能有其流传关系在内的。

我再来说一个与卜甲卜骨上的兆纹更为相似的迷信算卦的事情：我有一位方春雨同志，告知我说：他从前在北京及其它地方，曾亲眼见过街道空处有算卦先生摆着一张小方桌，桌的围披上放着一本《周易》，又在围披上写着“诚演周易”四字。有问卜者，算卦先生让他在放在桌上的竹筒（或是木筒，四方而高）内抽出一支签来，这些签比一般的签要宽大一些，每支签上都画着有卦，如☰（乾）、☷（坤）、☵（坎）、☲（离）、☶（艮）、☱（兑）、☴（巽）、☳（震）、䷋（否）、䷊（泰）等等之中之某一卦。遇到抽出的这支签上画的是䷊卦，那算卦先生一看，就告知说：“这卦叫作泰卦，它告知你说，你现在做事，小往大来，百事都成，是吉利的，是很好的。”倘遇到签上画的是䷋卦，那算卦先生就告知说：“这卦叫作否卦，它告知你说，你现在做事，大往小来，诸事不成，是不吉利的，是不好的。”抽着其它各签，算卦先生都依着签上所画的卦，按照《易》书所说的大意来说明它的或吉或凶。兹不备举了。

综上所述，贞、鼎二字同为盛置卜甲卜骨的字形字义相似相同之字，其它如《甲骨文编》所录之⿴囗卜字亦同为盛置卜甲卜骨于□形器具之中之字。但同书所录之⿶凵占(即占字之甲骨文)字,虽形体相似而义实有别。兹为说明我的看法如下:我的看法,先总说一下,是上面所说凡盛置在器具中的卜甲卜骨,都是准备好以待卜问用的,不是用过又盛置起来而留作历史资料用的。至于⿶凵占字,(甲骨文字数很多。)则我认为确是把卜问过的甲骨保盛起来以外,把当时进行卜问时的情形都保盛起来了。我再为说明如下:许慎《说文解字》一书,对文字的说解,有许多虽不可信,但有许多确实很正确而很可宝贵的。暂举这里这个⿶凵占字所从之占字来说:

卜　许慎《说文解字》部首卜字的说解是"卜,灼剥龟也,象灸龟之形。一曰象龟兆之纵横也"。意即卜字有两种解说:一种是象用火灼灸已经削治钻凿好的龟甲之形,一种是象龟甲经火灼灸出了兆纹的纵横之形。

卦、𠧞　至卜部所属之字,卦字,许说解是"筮也"。𠧞字,许说解是"《易》卦之上体也"。二字我无它意,姑不细说。

卟　许氏说解:"卜以问疑也。从口卜。"我推想许意是说用卜来问明白心中疑惑之事的吉凶的意思。

贞　许氏说解:"卜问也。从卜,贝以为贽。……"我推想许意是说用卜来问明吉凶的意思。

卲　许氏说解:"卜问也。从卜,召声。"我推想许意是说用卜来问明吉凶的意思。

𠁥　许氏说解:"灼龟坼也。从卜;兆,象形。"我推想许意是说用火灼灸龟甲而裂出坼兆纹之意。又说,兆是象坼兆纹之形的。

许氏对于上述诸字的说解,我看都是普通一般地说明了这些字是怎么讲而已,丝毫没有说到这些字的在举行卜问时有来卜问的人的具体的实际的行动如何,更没有说到来卜问的人的特殊行动如何。惟有在占字的说解中则是完全说明了的。兹为分别说明如下:

(一)许氏说明占字在举行卜问时来卜问的人的具体的实际的行动,

就是“视兆问也”。意思就是说，“来卜问的人，看着兆纹（坼兆），向掌卜的人问明是吉是凶”罢了。表面上看来，确实也很简单，似乎并没有多大的深意似的。然而总是说明了一个具体的实际的行动，是很清楚的。

（二）现在我们再来说一下许氏在占字的说解中，对于来卜问的人的行动上是否有说出特殊的地方呢？我说是有的。直捷的说，就是在“视兆问也”的视字上。下面再来说明这个视字的重要性和特殊性。其实只要说明这个视字的意义，也就可以看出它的重要性和特殊性了。不过这个视字许氏独用在这个占字的说解中，而不用于其他卜问之字的说解中，这可以看出占字之在卜问中的情况也是突出的，与众不同的。不知是否是卜问的人的身分与职位不同或其它关系？

视字，许氏说解云：“视，瞻也。从见示。”又云：“瞻，临视也。从目，詹声。”又云：“见，视也。从儿从目。”又云：“示，天垂象，见吉凶，所以示人也。……示神事也。”又云：“临，监临也。从卧，品声。”又云：“监，临下也。从卧，䘓省声。”现在我再把许氏对于视字的意义有关的解说，来分别说明之：

许说：“视，瞻也。”

又说：“瞻，临视也。”

又说：“临，监临也。”

又说：“监，临下也。”

由上排列的形式上看，似乎“视”字有四个解说，四个意义。实际上连系起来看，还是一个意义。就是说：一个人在低着头看下面的东西的意思。但这儿许氏所说的下面的东西，却不是一般普普通通、无关重要的东西，而是在古代迷信社会中视之为能知人类一切吉凶祸福，替天行道，代上帝施教的东西；尤其在殷商最迷信、尚鬼的奴隶制时代的社会中的最高权威者，（即天神、上帝之子的天子。也就是奴隶主。）尊奉为与天神、上帝、地祇、祖先（人鬼）一样有灵性，而且认为实即天神、上帝、地祇、祖先的本身一样的东西。这是什么东西呢？这就是龟甲兽骨上用火灼成的坼兆（兆纹）。许氏虽未能亲自见到，但他所说的话，我相信是有所承受的。因此,我推想殷代在进行占卜时问卜的人的态度,一定是小心翼翼、毕恭毕敬,视兆如视神,问兆如问神,不论兆纹的纵横斜直,粗细长短,丝毫不苟地要指出来向掌卜者问明是吉还是凶的态度。

这样,也可以明白我上面所说的一个人在低着头向下面看东西的看法不是一般粗枝大叶、一望而知的看法,(许氏解说看字是"睎也"。睎是"望也",与视字的解说完全不同。)而是非常用心、非常细致、非常尊敬的看法,也就是"视兆问也"的视字的看法。我现在再来比较详细的说明一下视字的意义,也更可明白它的重要性和特殊性了。

视字总合的大意,我已在上面说过,现在再来分别的说明视字本身的意义与解说视字的各字的本身的意义,再综合联贯起来说一下,更可明白许氏用视字的深意与许氏用作文字说解中的字是不随便用的了。

视:许氏说解说:"视,瞻也。从见示。"兹先说视字的造义。许氏已说明是从见示两字会意的。所谓示者,许说解为"示,天垂象,见吉凶,所以示人也。从二(上)。三垂,日月星也。观乎天文以察时变,示神事也"。又录古文示作[illegible]。意盖谓示字从二,即古文上字,也就指的是上天(即天神)、上帝之意。天神、上帝放出日月星三象,(即示字所从之小,亦即三垂。)能叫它们告知人以吉凶的。也就是三象能代表天神、上帝,把天神、上帝所运用的吉凶告知于人类者。这也就是许氏所谓"示神事也"。这样,就可以明白示为天神、上帝、日月星一体的东西,实际上示从二(上)从小(三垂)的造形本来也就是连结在一起的,很明显的可以看出都是神了。不过这些神都是高高在上,人类是可望而不可即的。这只要一看甲骨文中有一人目在仰观高空中上天(即天神)所垂放下来的日月星三垂神的[illegible]字(即视字)即可明白的。此字也很清楚地表示着"仰观象于天","观乎天文以察时变"的意思。(此处所说之天即代表天神。)并且还可以想到当时迷信社会中的人,看到这种高空上的神的形象时的思想情态,一定是一面尊敬,一面畏惧,细心地观察着它们对人作出什么样的吉凶祸福的。但因他们还不能了解事物的真相,只好名之为神妙莫测的神了。并且这个甲骨文的视字，是视字最早的原始文字，完全可以明白初造此字的本形本义是在描写一般人在举目仰望上空的天神的形象的。其人的特别注意与感想，一定与普通看见一种事物的心情是不同的。故许氏解说视字为从“见示”（神），是真实可信。而且他也看到人之见神会产生特殊情况而与看见一般事物的看法是不同的了。（可看我前后关于“视兆问也”视字的说法。）由上面许氏对示字与视字的说解，与甲骨文视（）字的形义对照起来看，很是相合，（即用许氏视字从“见示”会意之说。至许云“瞻也”之说，实亦同一意义。可看下面说明。）似乎许氏在看到古文示字以外，也已看见过甲骨文字似的。尤其是“观乎天文以察时变”之说，与甲骨文（视）字作一人目仰观天神之形义，更为相合。此亦许氏《说文解字》一书，对于研究中国古代文字，颇有参考价值之一证也。

现在我再来说明示与神两者的关系与古代造示字和神字是否同一意义？虽大致已见上述，我再举几个他例以说明之。神字许说：“神，天神。引出万物者也。从示，申声。”许书小篆作。吾人当然明白申声，但亦兼义。因申字即伸字之义。申字之义，为舒展、申展、申直、申开、申张、申束、申缩等等之义。如《论语·述而》“申申如也”“夭夭如也”，即申与夭为对文，亦即明显可知夭为弯屈，申为伸展、伸直、伸开、伸张等等之义。又如《韩非子·外储说》，有“申之束之”之语，以申、束为对文，大意亦与申、夭为对文相似。又如后人把文字之本义扩大来讲谓之引申（伸）之义，则申字之意义更为明显矣。正可说明许所云神从申声之声亦兼义，亦必如此，才可以说明许所云引出万物之说之有根据也。

现在已经说明了神字从申之义，我再来说明神字从示之义：神字构造本分从申从示两部分，从申部分就是“申”与“引出万物”为一义，亦即同为一部分；则剩下的一部分就是许所说神、天神、引出万物的神了，也就是上面所说的从示部分了。从示部分只有一个示字，则示字就是神与天神了。也就是说能引申出万物的神，就是这个示字了。但如上面所说,申字却是毫无神与天神的意义。不过在我看,申实在也就是神。许慎说:"申,神也。"后人有说神不可通,当为申字之误。我说是没有错。兹为说明之:因为神就是申,申也就是神。后人因未见甲骨文字,遂对于申字的本形本义未明,而说法各有不同。即许慎亦所不免。但许君所谓:"神,天神。引出万物者也。""申,神也。"虹之籀文下说:"申,电也。"这些说法,在那时的社会情况下,还是说得颇好的。我现在再来说明申字之作为引出、引伸之义,盖为后人未见到甲骨文字原始造申字之本形本义之故。实则申字之本形本义,当与"神"与"示"为一类之物,亦为同义之字。(非同为一字。)据甲骨文字而言,申与雷电,实为同物同字,亦即殷商人民同视为神者也。故许慎所说,"申,神也","申,电也",似乎已明白雷电(本为一物)之为申,与雷电之为神矣。(说申为神,许与殷商人民同犯不明科学之误。)我现在再加详说明申为雷电,申与神与示为同义同类之物如下:

申　甲骨文(据《甲骨文编》)申字作、作、作各形,(字形颇多,可看原文。)现在在我推想,是表示着天空之云,当雷电将要发生之前,各云各自带有多少之电,遇有两块带有多量异性电之云相接近时,其电冲破其中间空气之绝缘而放出长形电花、电光、雷火之形,是谓之电。其闪动极速。同时还发出霹雳轰隆之声,即所谓雷,是也。世多谓"阴阳激燿"所致,说亦不误。所谓电花、电光、雷火,此处所说,实为一物,有连结成直线形、曲线形或树枝形者。雷、电本为一物,雷指其声言,电指其光言,此由甲骨文之申字之结构即可说明之。申字作从之、等形,即象长条火花、电光、雷火之形,作从之、等形,即象带电之两云之形。由于两云所带之异性电之冲击而生火花,也同时发出了雷声,故雷、电既为一物,亦同为一字,甲骨文申字实已表明得非常清楚,因而不再造电字,即是此理。(《殷虚书契考释》则认为是电字,亦是。所录字形作、、诸形。)但《甲骨文编》所录还有雷字,殷商人民为何在雷电同字之申字以外又造雷字?其理亦甚易明白。因电为火花、火光,众所共见,故画出如上述之或直或曲的线条形即可表现之。然电之冲击时尚有很大响声之雷,能听到而不能看见,则将如何表达之？在吾思之,颇感困难。在当时劳动人民则因经常与劳动时所用之运输工具、交通工具为伍,一听到天空轰轰隆隆之声,即联想到车辆转动之声与之相似,遂用代表雷电之申字——、、等等,再加以车子旋转发声之轮作形于其上而造出、、等字,(为车轮之形,可看《甲骨文编》所录之车字作、诸形即易明白。至我国车辆创制之早,实始于距今四千六百余年黄帝轩辕氏时代,在商朝当然已习用之矣。)以表达云中发生雷电之时,既见闪烁之光,同时也表示出轰隆之声了。我先民在三千数百年前,能造出这样意义明显简洁,形态生动活泼的文字来,已足见他们的思想、意识、思维能力之相当发展。吾人在感觉光荣之余,自当更加努力学习,从实际中去工作了！至雷字之作从短划小长划者,当为云之变体;又有作从○、0、、之各形者,当为之变体,其作从小点小划者,可能亦有象零零星星的电花、电光、雷火之形者。吾犹欲言者,雷字之造制,已明知在车轮字之后。而雷字之读音,最早起于何时,实不敢知;其最早之读音,是否与现在之读音一样,亦不敢知。但我有一种推想,像现在这样的读音,可能是由于根据车轮字而造雷字,也由于读轮字的声音而读雷字了。因二字的发声相同,所谓双声字也。且双声叠韵之字,其意义往往可以通用。至轮、雷二字,不过用轮声以比方雷声,用轮子旋转之声音以比拟雷声旋转之声音而已。吾未敢知轮、雷二字之是否可以通用也。

吾还有想说明者一事:即上面已说明了的雷电之发生,是由于两块云(即正电荷区和负电荷区之意)各带有电,而[且]是不相同的两种异性电。这样,甲骨文之申字之作从两块云,可能本来就是表示两种异性电之意也。故甲骨文申字共四十三字,雷字共二十二字,各字均从两块(即两区)云,而无作更多或更少者。《殷虚书契考释》录一电字,(实即雷字。)亦复如此。又是书录一申字,虽解说不同,而作从两云则无异。又看《甲骨文编》录有云字,只作从一块云,似乎可疑。实则完全正确的。

因云字许书小篆作，从雨从云。意即下雨时高空、上空、天空中有云之意。（因字即甲骨文之云［雲］字，为上字，即上空、高空、天空之义；为象云回转之形。兹看甲骨文云［雲］字作、、诸形，即可知其为天空中有云之义也。）许书所录古文云字作，与甲骨文同。许书又录另一古文作。由上许书所录三个云字各作一块云，无作两块云者，意即云，谓雨时有云也；，谓上空、天空中有云也；，谓这个样子的就叫作云；甲骨文作诸形，亦完全与许书所录第一古文之形义相同。由此可知作从一块云之上述诸字，与作从两块云之上述申、雷二字，其造义是完全不相同的。作一块云者，主要之点，在于只讲云这样东西，而不讲其它的问题，只要画出云来能叫人看明白就行了。至于作两块云者，其主要之点，当时虽不知科学，但很像在于讲明两块云之分带着两种异性之电（即正电负电）而发生雷电的问题的样子。且雷电之发生于高空，必需由高空之两块云（即上说的正电荷区和负电荷区）之分带两种异性电始成，否则就不行的，（如同性则相拒斥。）好像殷商人民已注意到这一点似的。不过在殷商人民造制雷字申字时，毕竟尚无此种科学知识。但他们总是在长期劳动之中，对于雷电这样东西，从生动的直观，经过抽象的思维，才造出此种图画形、记事式的文字的行动是一定的。

殷商时代是奴隶主们对劳动人民最残酷剥削的时代，长年累月，一天到晚，或是整天整夜在田野山地中劳动着，当然是不止一次地会看到天空上云里面火光闪烁、巨响轰隆的东西，并且在头脑里一定是刺激很大、印象很深的。有时还在看到这样东西的能引出动植物的生长（如后人所说的惊蛰、蛰雷等等）和毁坏人畜与住宅的怕人的情况之下，更会引起思想上的震动不安，不免彼此互相传说，根据雷电客观实在的形象造成字，而加以可称呼的名称，（当时的字音如何，实不敢知。）以予人用起来方便的绘形绘声的两块云（亦即正电荷区、负电荷区的两区）相连结而发出闪光的、……各形的申字与表示两块云相连结而发出闪光以外又表示着如车轮旋转的形象与响声的[illegible]、[illegible]……各形的雷字。（实际上申、雷、电三字同为一字，亦同为一物。）在那时的人民，虽然限于历史的局限性，逃不出发展的自然规律而不懂得科学，不明白雷电发生的原因，不知道两块云与正电荷区、负电荷区、异性相吸、同性相拒的种种名目和说解，但总因他们亲眼看到天空中不止一次的这样可惊可怪的现象而推想到有什么神秘的问题在里面，遂画下如上所说的申、雷、电等字形来，而决不是毫无意识的。到了现在科学昌明的时代，在研究天文学、地文学、自然科学各门，雷电问题，还是占有相当的地位；在中华民族的历史文化的发展中，也是有着一定的贡献的。但结果总因他们不懂得科学的原故，遂只好把这种雷电的活动（即雷的惊人的鸣声，电的强烈的闪光）说成是当时最令人迷信的"神"之所为了。（如昔人尚有称司雷之神曰雷公、雷师，称司电之神曰电父、电母之类。）也就是说雷电都是神了。

我现在还想附带的说几句话：

（一）殷商人民造雷、电字时，因看到雷、电发生时有两块云相结合的情况，所以在雷、电字上，就实事求是的画出两块云。如看到天空中有云而无其它问题时，所以造云字时，就实事求是的只画出一块云。（两种字形已见上说明。）查甲骨文字两者是各没有多，各没有少的，分别是绝对严格的。这完全是当时人民能认识客观实在和用实事求是的精神做事的好榜样。

（二）殷商人民听到了雷声，要造出一个雷字，但雷的声音是画不出来的，就想把听惯了的车轮声音，因与雷声相似，把它画到雷字上去以表示出雷声。但车轮的声音也是画不出来的，又想到只好把发出轮声的车轮子画到雷字上去，就可以表示出轮声，也可以表示出雷声了。并且可以用轮声回旋转动的声音表示出雷声也是回旋转动的声音了。还有，轰隆轰隆的雷声，转动的次数，有时少，有时多，故造雷字时画车轮于雷字上的，也有少的，也有多的。（可看《甲骨文编》。又《说文》所录雷字之籀文、古文、小篆及古金文书籍所录之雷字等，虽时代晚于殷商，但多承殷商之旧，颇可参考。）这种做法，实在可以看出殷商人民的思维能力之相当高，分析能力之相当好，构思能力之相当强了。

我在上面已说明申之始造字，实即雷电字。又因殷商人民看到雷电发生时可惊可怕的现象，不懂科学，遂说它是神干出来的事情。故许慎说："申，电也"；（电与雷实为一物。）又说："申，神也"，可见雷电就是神了。许氏此说，当有所本，是确实说明了殷商人民的迷信思想与迷信事实的。

说"古""今"

"古"，一般人的解释，都说"十口相传为古"。对于这句话所含的真意，在我看来，并不是说一件新生事物，只要经过十个人的口的传说的时间，就算得古老、古旧了。而是把传说过这件新生事物的十个人的口子，又传给其他十个人的口子去传说，又传给其他十个人的口子去传说，又传给其他十个人的口子去传说；如此，十个口传给其他十个口，又传给其他十个口，这样十口传十口，一直传到无穷期的十个口，那才可算得真正的古老、古旧呀！我想这才是"十口相传为古"这句话的本义本意呵！然而用比较的说法来讲，十口相传，（如上述一件新生事物发生以后，经过十人之口的传说。）总是经过相当时候而比较的古的。并且十口的说，是继传的，而不是在一块儿同时说的。所以也可以说它古，不过不是很古就是了。并且就是照我上面所说，"古"字是经过许许多多的十口相传而说的，虽然比仅仅经过十个人之口所传说的时间古得多。然而也有比经过许许多多人口传说的时间古得多，甚而不知道有没有人传说过的事物到现在的时间古得惊人的，如生物从太古代发生到现在是有多少亿年的古，就是一例。就是从考古发现的古物来说，也不一定全是经过多少个十口相传而才成古而称它为古的。总之，古不古，是从时间上的比较而说的。也就是相对的。案《甲骨文编》卷三，九三页，"古"字作□、作□，不知何义。但由我的推想，可有下说：

许氏《说文》之"中"字，许说："和也。从口，|，上下通。"《甲骨文编》

此中字所从之口，作⬭、□、▭、○、ㅂ各形，以作方形者为多。所从之｜，多作中形、中形，也有作｜形者。再案《甲骨文编》“古”字作古、作古两形，上半所从之口，以作长方形者为多，也有作正方形的。可见作⬭、□、▭、○、ㅂ各形，同为一字，亦即同为一物。又甲骨文“中”字（即许说“和也”之中）中间所作之中、中、｜，与甲骨文“古”字上半中间所作之｜，实际上也同为一字，亦即同为一物。则“中，和也”之“中”，与甲骨文“古”字上半所作之“中”，实完全为同一字矣。不过两字作方形（及其它各形）之口，不是人口之口，而是象一块土地或一件器物之形。其所从之｜，是象一根竿子之形，用以插在这块土地或一件器物之中心点之形。这样，作成中形者，是象东、南、西、北、中五大方俱备之形。作成如许说“｜”象连通上下两方之形者，是在东、南、西、北四方之外，又加上、下两方而成六大方俱备之形。作成中形者，是象中心一处与大圆周上各处俱备，或与大圆球上各处俱备之形。此等各大方各大处，假定都有人存在着，今天有人创造出一件新生事物，若必须经过这么许多不知其数的人口的传说，（案甲骨文“古”字下半所从之口，与甲骨文口字，及《说文》人所以言食之口，完全一样，无作异体者。可见甲骨文“古”字下半所从之口确是人口；而且表明着一件新生事物必须经过许多人口的传说才可算古的意思。）则经过时间的长，真可说是古老之极了。不仅是比上所说的十人之口相传为古，和十个人之口，十个人之口，多少个十个人之口相传为古，而是说不出多少数目的古了。

许慎《说文》说“中”字是从“人所以言食之口”，（下简称人口。）又说：“中，和也。”其说盖是后世根据“至中和，天地位也，万物育也”之说而误解了初造中字之本形本义的。（后人之说，在文字的发展应用上说，当然是可以的。）试看甲骨文人口字与甲骨文“古”字下半所从之人口字，完全作ㅂ形而无作别体者，与许书所收之人口作ㅂ形完全相同。再看甲骨文中字（即许说中和之中）形体颇多，共三十三字，作从方形之□，与长方形之▭者，居极大多数，作从人口形者，仅四字，居极少数，可能此为契刻者以ㅂ与□、▭形近而误刻者。因此，可知许所说中和之中之作从人口

形者不可信,而当以甲骨文中字(即许书中和之中)之作从□形▭形者为可据。且与甲骨文"古"字上半之"中"形之作从方形(□)、长方形(▭)者,完全相同,而且同为象土地方块或各种器物之形。(包括甲骨文中和字之从□、▭形以及其它各形在内。)因此甲骨文中和字之作从□、▭等形而中插以竿子(|)形或带斿子形(𠁩、𠁩)之竿子形者,即表示插于土方块或器物之中心之形,而甲骨文"古"字之上半全作中形、中形,亦同此义。不过既表示出有中心点、中央方位之意,则与其□形、▭形联合观之,有东、南、西、北、中五方之义;与其○形联合观之,则有多方之义;若依许说中央插入之竿子或自上而下,或自下而上,则又有上、下两方,与□形、▭形而成六方矣。余已依私自推想之说,说明在上,兹不赘述了。

我现在对于甲骨文"古"字之造形造义,还有另两点想法来说一说:

(一)甲骨文"古"字全作古形、古形,上半所作之中形、中形,虽与中和之中(见上)稍有关系,但非中和之中字。下半作从ㅂ,确是假借人口之口(见上)来用的。上半在□形、▭形中画有一个"|"形,也有其实际的意义的。现在我再把它综合起来说一说:□与▭,是象一方土地或一种器物之形的;"|"是象一种东西穿通了这方土地或这种器物而成了一个洞穴或一道裂缝之形的;ㅂ是用来表明这个洞穴或裂缝就同破衣服之有了破洞、破缝、破口、裂口、开口之意的。(土地之洞有天然洞,裂缝有很早以前地震造成之裂缝等等。)这些土地或器物而有了洞口或裂缝,当然是经过了较长或很长的时间而可称之曰"古"了。文字之创造,极大多数是由劳动人民根据客观事实而造的。吾有此想,故再作此说云。

(二)再:《甲骨文编》"中"字,(即《说文》中和之中字。)作𠁩形者居极大多数,然亦有作中形与中形者。作中形者与《甲骨文编》之"古"字之上半作中形者相同,尤其▭形中所插入之"|",均为一器物之形,如一根竿子似的东西。(已见余上说。)既然《甲骨文编》所录之中和之中,作𠁩形外,又可作中形与中形,与甲骨文"古"字上半之作中形者相同,(甲骨文

“古”字上半无作中形者。)似同为一字矣。近人谓中非中正、中和字,而为象简册之形,此说颇是。不过予谓此据“中”字之全体而言则可,若将其结构分析言之,则ㄩ中之“丨”形,当象一片一条之简策之形。“ㄩ”则象盛简策之筒状之器形。积盛多策而满一筒,犹写文多而成一册,故可称“中”之全体为简册。此种简册,为旧时代官吏所掌管之簿书,犹今之档案、案卷之类,过时就成为历史性之文件,与甲骨文“史”(史)字上半作中字相同。下半从又,(即又,象右手之形。)即象执掌此历史性简册之官吏之手之形。历史之史字的造义就是如此。再案史字可作中字,又可作中字,而甲骨文古字作古,上半亦同作中形,则可知古字上半为历史性之简册,而下半从ㄩ,实为象人所以言食之口的口,以表示告人知道此上半是历史性的简册,是古的而不是新的之意。这样,昔人造“古”字的形义就明白了。至于许书所录“古”字,谓“古,故也。从十口,识前言者也”之解释,据篆文作“古”之形义而言,说自可通。然从“十口”二字,则甲骨初文无作此形者。许氏盖据周代金文(如盂鼎铭文)“古”字之作古形者而云然。(古文古、故二字同用,故许亦谓“古,故也”。由此亦可说明许氏著《说文》,确是“叙篆文,合以古籀,博采通人”之说者也。)姑就许意而推言之,以备一说(大意已见上说):许谓“十,数之具也”,盖言其多数之意;又谓十字“一为东西,丨为南北,则四方中央备矣”。综合许意言之,从十从口,已说明传说前言之人口之多,而又加以东、西、南、北、中央五方之人口之传说,则人口更多。经过如此之多的人口的传说,则经过的时间,当然很长,而成为古老、古旧(即许所谓“古,故也”)矣。许慎如此以说明“古”字的造义,确实也是很明白的了。文字的演变发展,本来是进步的事情,完全为的人类实用的需要。并且在某一个时候的演变,就表示着它某一个时候的历史意义、历史事实的。故后人的字说,仍为后人研究文字史的必要材料,不可贸然废之也。

“今”,从亼从乁。乁是及字,许谓:“及,逮也。”意即追着它,抓住它的意思。亼是三结合的意思,就是指时间上的过去、现在、将来三方面连接着的意思。其中间方面为今,也就是现在的意思。差一点时间就过去了，不是现在了，就不是今了，而是过去的时间了。虽然将来的时间正在接着来，但毕竟是新来的了。如此一过去，就是旧，一来到，就是新。我们做工作要在正在过去、正在来到的旧时间与新时间接替的中间的时候紧紧抓住它做，这就是把“今”没有放过，而是真正的“今”，真正的“现在”了。（见《说文》第五）许谓：“今，是时也。从亼，从乀。乀古文及。”余意做工作在时间上，不要放过，不要等待，而要抓住这个“是时也”做。

总结的说：“今”就是接着旧时间的过去，接着新时间的到来的这个“接着”的一点时间，就是“今”，也就是“现在”。许书小篆“今”字作“今”。兹来说明一下“今”字的初文甲骨文作“A”的造字本形、本义：

今字大家都知道是作时间上的现在讲的。可是有现在就有过去与将来，这三方面是连着行进，分割不开的，所以甲骨文作从亼，就是表示这三方面的三结合之意。但三结合不能说明这个字是“今”字，所以再作从“一”，来特别指出要人明白这“亼”字的三结合中的现在一方面，现在就是今。因此，这个“A”字只能作时间上的现在讲，而不能作其它意义讲；也就是说这个字就是“今”字而不是它字了。由是，可以知道今字要作从亼，从一，而成为“A”形；缺少其结构中的一部分就不可的。至于今字之形、义与原始之形不同，而又解释很多，乃是进展的势所必至。

我再加说一点，也再简化一点来说一说：“今”字大家都知道是作现在讲的，甲骨文作A，是怎样来表示出它作现在讲的呢？这仍然因为有现在，就有过去，就有将来。作从亼，就是表示上说的三方面的三结合的意思。再加从“一”，就是表示不要三结合中的过去与将来，而是表示只要它现在的一方面就行了。因为现在就是今呵！然而省去过去与将来而不画三结合的三角形（亼），则现在也就没有了，也就造不成这个今（A）字了。

案《甲骨文编》卷五，二三八——二三九页，今字作A。我推想有两种意义：

（一）从亼，也是指时间上的过去、现在、将来三结合之意，因这三方面的时间是联系着成一道线似的。虽然有今（即现在）的一个时间，然而是分割不出来的，所以造字的意义从三结合，而又从一以表示之。也就是象三合之形而仍归入于一也。但“今”是时间上的现在，是唯一的。要注意亼字下之“一”，这“一”就是指的现在，否则就无今义了。

（二）从亼。亼，读若集。也就是集合之义。从一，是表示上面说过的三方面时间中的现在，也就是今。这个今的方面的时间，是很快很快就要过去的，所以人必须集中全力来抓住这一个“今”（即现在）来工作，这个工作才算是现在的工作，今时的工作，而没有把现在（即今）的时间浪费过去，而是确实利用了“今”（即现在）的了。殷商文化水平是相当高的，所以所造的文字（其它如铜器等的质地、颜色、制法、铭辞、器形、花纹等，都有优越的地方。兹暂不说）的造法和用法，《周礼》保氏教国子的六书，几乎完全具备。这确实值得嘉许的。如上所说的从亼从一的“今”字，更是一个特例。

总括起来简要的说：篆文的“今”字，实在主要的还是要依据“今”字的初文即甲骨文字的[甲骨文]字来说。甲骨文“今”字有极少数一、二字作“亼”者，当系契刻时之缺误，不必论。甲骨文[甲骨文]字作从亼，从一。亼就是集义，就是我上面所说时间上的过去、现在（即今）、将来三方面的三结合的意思。从一，就是这三结合之中的现在，这个现在就是今，是最重要的一方面。

说“诲”字（附说“辛”“辛”“啇”“言”各字之关系）

《说文》第三上，“辛”小篆作[篆文]。“辛，辠也。从干二。二，古文上字。读若愆。”《甲骨文编》卷三，九八页、九九页，作[甲骨文]、[甲骨文]、[甲骨文]等形。所收录字颇多，中间一竖，无作直笔者。即从辛之字亦同形。

《说文》第十四下，“辛”小篆作[篆文]。“辛，秋时万物成而孰（熟），金刚味辛，辛痛即泣出。从一，从辛；辛（辠），罪也。”《甲骨文编》卷十四，五五三页，作[甲骨文]、[甲骨文]、[甲骨文]、[甲骨文]、[甲骨文]等形。所录之字颇多，中间一竖，无作曲笔者。但从辛之字，亦作曲笔而不作直笔。如：“辪”字甲骨文作[甲骨文]、[甲骨文]等形。与上辛字之作中间曲笔相同。又《甲骨文编》合文六〇二页，母辛作，又作，又作。又同上书合文六二七页，又辛作，可见与为一字。

《说文》第二上，“啇”小篆作。许云：“语相诃（诃，《说文》：‘大言而怒也。’）歫也。从口歫辛；辛，恶声也。读若櫱。”《甲骨文编》卷二，四四——四五页，作、、、等形。

现在将上面所说，总结起来说一说：

今据《甲骨文编》一书，附录下九六二页有字，其字从，从，从，当为一个会意兼象形之字。兹将此字分两种说明于下：

（一）从字看，当为一辛字，其形当为象一武器（兵器）如戈、戟、干等器之形。我意可用甲骨文字（见上字之左半）与甲骨文等字（此即《说文》小篆之啇字）连合起来来说明：

自来说辛与辛不同字，（如上所述。）即字之中间一竖之曲笔、直笔之分异。若拘此而言，则两字之横划，一为平笔，一为两端上向〈向上〉之曲笔亦不同，固似截然成为两字。（见上）兹按二字相同而说，则许于啇字下说……（见上）其意即谓从辛，辛，恶声也；亦即有一个人听到另一个人对他有胡说八道的恶言恶语，而听到的人即用口（因啇字从口）以诃（诃，《说文》：“大言而怒也。”）（呵）责之词抗拒他。今甲骨文有字，我意，字即啇字，其义全同。从女者，即用呵词以拒斥恶声之女人也。虽然造此字时，据甲骨文与小篆并无从人从女之意，但任何人（当然女人在内）碰到有恶声骂来时，可以诃斥抗拒，完全是可以的。如《甲骨文编》附录有字，象左右站立两人对责，或一人对出恶声之人诃斥抗拒之形。中从啇（实即言字），从二人，不从女，即不拘男女，只要碰到无理的恶声来侵犯，都可以对抗，当面诃责的。此字即是象此种场合之形、义的。是极好的一证。故咅（啇）与，我推想为一字。

至辛字中间一竖为曲笔，辛字中间一竖为直笔，甲骨文与许书似主张此分别。但甲骨文从辛之辟字，辛亦作辛，（见上）则可说明他们是一字了。又可说明古代劳动人民造字之时，多一笔，少一笔，曲笔作成直笔，直笔作成曲笔，笔划向上或向下或平划，方形或作圆形，圆形或作方形等等都可以的。但必要时，当然是一定抓住特征而有分别的。再，据字典，啇字有从辛从口作舌、作啐者，有从辛从口作音、作咔、作[illegible]者，亦可作从辛(𢆉)与否的参考。

至于象器物(包括工具、农具、兵器等)之形的象形字，自当按照器物随时为提高功效而改造的式样而制字，许氏所谓“画成其物，随体诘诎”者，是。故不能拘执于一字之点划之间而肯定其本来之含义也。

(二) 兹再依照前人辛、辛二字不同的说法来说明一下我的推想：

如若𢆉字不是辛字的同字，则就不能作辛为恶声的讲法。但𢆉为象武器(兵器)之形，则我认为不很错的。而此[illegible]字的构造，𢆉在女子面前竖立着，而口离开女子较远，有武器隔开着，口又在武器之下，被武器压制着，则可以看明武器是表示女子之斗争精神同防御武器、自卫武器一样的；而口是人家之口，是外来之口。但虽然是任何人所有之口，而此字之口，决非此女人之口，而是外来口出恶声之口，即对此女子造谣生事、污辱女性、恶言恶语、胡说八道的恶声的口。因在殷商奴隶社会中，奴隶主阶级的人们，对奴役的劳动人民，残酷虐待，随心所欲，而对女子为尤甚；甚至不予包括在一般人之内，而另造一个这样“[illegible]”可怜屈辱相的女字，以扫尽女子之人格。(字是劳动人民所造，是完完全全描写当时的现实的。)故[illegible]字所从之口，就是一般坏人，看不起女人而对女人随意乱说、口出恶声的口。但女子本性是明白的，故对任何坏人，以恶声相侵的时候，决不害怕强暴、高压，坚决起来反抗，表现出如同手执锋利坚强的武器(即字中所从之辛[𢆉]之兵器)一样的对敌百战百胜的态度。故劳动人民制造此字之竖立武器于女子之面前，就是为的表示女子的英勇不屈的斗争心和不怕牺牲的革命精神的。真值得我们在三千三百多年以后的人的学习！

(三) 现在我想再来说个第三种推想：

甲骨文言字作[illegible]、[illegible]、[illegible]、[illegible]。许《说文》谓直言曰言。从口，辛声。今观

甲骨文确似从辛不从辛，因二字形体不同。但若确是从辛，则中间一竖应作曲笔。(见上说明)但言字所从之辛，中间一竖均作直笔，则亦可以说明辛字中间一竖之并不一定要作曲笔之形也。再看言字所从之辛，形亦作[illegible]，则又与甲骨文辛字之形体相同，则又可以说明辛、辛为一字矣。因此，我又推想到[illegible]字(见上)所从之[illegible]，确为辛字。辛既同辛，则“[illegible]”似亦为言字矣。虽然言字所从之辛(即辛)正立口上，[illegible]字之[illegible]稍偏口旁，我觉此种结构上的差异，古代文字是通常有的。倘我在上面所说的话而对，则[illegible]即言字，似可无问题矣。

现在再来说一说“言”字之造义与“[illegible]”字是否相同。

我觉得二字是形同义同的。许《说文》谓：“直言曰言，……从口，辛声。”由我推测言之，直言曰言，非常正确，而从口，辛声，则声实亦兼义者也。因字从辛，辛即辛字，辛为武器(兵器)，有挺直刚强之义，口出直言，直截明快，意亦相同。若是，则[illegible]确即[illegible]字矣。再说[illegible]字从女：意即在殷商奴隶社会中，奴隶主以及所有同一阶级的人，统通轻侮女人，看不起女人，而此女人，则对之毫不留情，直斥不讳。被奴役的劳动人民，绝对同情此种反抗行动、革命精神，故特造此字以表出之，以备时人之起而效法也。然而此字之造作，形义虽已说明，但要使人可读可用，用起来方便，究有何字可以当之？在我推测，可能此字即“诲”字也。因此字从言，上已说明。从女之意，因甲骨文中，女、每、母为一字，每即诲字所从之每，而每又即母字。诲，许说为“晓教也。从言，每声”。实则声亦兼义。所谓晓教者，即明晓而教训不好的人，即晓之以理，教之以义，用刚强正直的言语教人，而使之提高觉悟，克制缺点，改正错误之意。至此字(诲)中负此教诲之责之人为谁？即所从之每字是也。每本母字，母之教训子女，都是苦口婆心、词严义正的，都合乎许氏所说“直言曰言”之义的。也都合于言字从辛从辛之义的。也很合于许在辛字下所说的“金刚味辛，(按即‘辛甚则辣’辣字所从之辛。)辛痛即泣出”之义的。(但我不同意含有阴阳五行的说法的。)但诲字后来引而申之，广义的讲，则不专限于父母之教子女，凡是犯了错误，而教训他改好的，都是用了这个诲字是正当的、正确的。至于诲字始造，为什么一定要用母字取义呢？则在我的推测：因母亲在旧社会里，认为是慈母，最疼爱儿女的，深怕儿女犯错误。所以有了错误，一定要严词责备，痛声呵斥，不是任何其他的人所能比得上这样的苦心孤诣的。这可能就是诲字从母的本意了！

附注：辛字形体，甲骨文、金文作、、、诸形。

近人分数说如左：

（一）谓为发掘土石之具，象形。上广以利铲，下锐以利凿，中突出以为持，金制。形制大约如铁铲、铁锨之类，虽用之于工业、农业，但亦可作为御敌的武器、兵器之用。我幼时在农村及中年在西北外县作考古调查，曾亲见邻村打架如此。

（二）谓辛之字形，象锲刻之器，与《周礼·考工记》所云“筑氏为削”之“削”，用途意义大致相同。总言之，即刀、凿一类的工具。工具不论大小，确实也都可当作武器和兵器用的。昔时有说辛、辛为古代兵器者，说甚精确。

说“騄”字

、、，我从上列的三个甲骨文的形义上，来推想殷商人民所看到月亮表面的形象是怎样？

我推想殷商劳动人民每日黑夜白天，在田野里工作，对于天文、地理各方面的自然情况见得很多，看到月球表面的状况，如同刻镂雕琢得花花绿绿的一块木头一样，所以才制造出这一个字来。但由于对各方面的事情非常关心，所以各种知识也就非常丰富，如对于历法的制定，就是因为看到天上星月的变动，遂以月之一园一缺为一月，定大月为三十日，小月为二十九日，一年为十二个月，几年加一闰月为十三个月，以便掌握生产节气，进行耕种。这正可以说明我们整个中华民族自古以来是伟大的。现在当然更不用说了！

许《说文》“录”下云：“刻木录录也。象形。”《说文》“剥”下云：“从刀从彔。彔，刻割也。裂也。”可知刻木彔彔时，有割裂下来的碎木片、木块也。又“裂”下云：“缯余也。”有衣服绽裂、破裂、分散、残碎之意。再看甲骨文从月从彔之字作、作。再看甲骨文“彔”字，作、作、作各形。古金文作、、各形。

由上所说及彔字之形，均象木工在进行工作时，做成一种剥割、刻裂、历历彔彔、丽廔嵌空，及带有撒出和落下的碎末、碎块、碎片之形。（这是指字旁的小点小竖说的。或者也可以说这些小点小竖是指刻镂在木头上的什么道道、纹纹说的。总的说起来，远看这块刻过的木头以及它的周围，就像一堆杂杂乱乱的东西，但也就可以看出有许许多多东西的意思。）

刻木彔彔然，象在雕刻的时候，所谓“刻木剥剥也”者，我推想就是在木头上刻成巉岩玲珑的样子，同时又掉下许多刻下来的碎末、块、片的样子。我觉得此字与《说文》的克字极相似。《说文》克字的字形，古文作，下半象刻的曲线；又作，下半象刻的花纹形，或是象在雕刻时落下来的碎块、碎片形。故彔、克二字可比看。

木表示月，木上刻的一道一道的纹也好，木上刻的一块一块洼下去的也好，凸出来的也好，木上刻成什么样的弯弯曲曲的、直直的、凸凸的、凹凹的、深深的、浅浅的、各种各样的花样也好，木上在刻的时候一定要掉下许多碎片、碎块、碎末渣子的。总的说，就可以表示这一块（根）木头外面成了一个历历彔彔、七高八低、乱七八糟的样子了。而这块木头我们从这个甲骨文字来看，它的形状是用这个彔字紧紧连结着月亮，又有把月亮夹在刻得彔彔然的木头里面的。则这块木头表面上的乱七八糟的样子，就是表示那月亮身上乱七八糟的样子了。现在据说月亮的表面是凹凸不平、明暗不一、杂七杂八的状况，彼此很是相似，可能距现在三千几百年前的殷商劳动人民造此字时，对于月球已观察得很仔细，足见对于天文自然科学已经是有相当的研究与颇有丰富的知识了。我们中国民族真伟大！

刻木彔彔然，不管他刻的些什么，或是掉下来些什么，合起来总是有许许多多、杂七杂八的东西是一定的。所以“彔彔”有多的意义，也就是“彔”字有多的意义。由从“彔”的碌字看，也可以说明“彔”有多的意义。“碌碌”现在都知道是作平庸无奇的意思讲的。比如说某某人是一个随众碌碌的人，就是说他是一个和大家一样平平常常的人。但是社会上平平常常的人的确是比较占着多数的，所以“碌碌”二字是有多的意义的。但碌字是从彔字得义，彔字得音的，所以“彔彔”与“碌碌”形体稍异而音、义是完全相同的。因彔字是“刻木彔彔也，象形”的字，因为在这块（根）木头上刻得很多的东西，而又掉下来许多木碎块、木碎片，总合起来，所以成了有很多的意义了。（详见上）其它从“彔”的字和与“彔”字声音相同的字，大概可作如此观也。

下面再举几个从彔之字，及音近义通之字加以说明，以帮助说明彔字的意义：

剥，《甲骨文编》卷四，二〇〇页。甲文作，与《说文》剥之或体同。《说文》谓：“从刀，从彔。彔，刻割也。裂也。”又《说文》“割”下云：“剥也。”可见刻割即刻剥，刻剥则木必分裂，分裂则可知“刻木彔彔”（《说文》“彔”下云：“彔，刻木彔彔也。象形。”）之时，必有割裂下来的碎木末、碎木片、碎木块等等。又以“裂”义证之：裂，《说文》谓：“缯余也。”则知有衣服绽裂、破败、分散、残碎之意。今剥字从彔从刀，则剥字之造义既明，而从彔不仅取声，而实有重要之意义也。以下再看从彔之字之取义，与彔字音近之字之取义。

彔，卢谷切，甲文有。《说文》说已见前。又昔人说：“彔彔，犹历历也，一一可数之皃。”可见其数量很多。

碌，卢谷切，甲文无。《说文》：“石皃。从石，彔声。”实有彔声，亦有彔义。即有一块石头一块石头的样子，亦即有石头多的意思。昔人谓：“碌磱，石地不平也。”按只一块石头，不能说地不平也。必有石头很多的地，才能说地不平也。故亦有高低不平和石头很多的意思。昔人说，俗谓事务繁杂曰忙碌。即忙忙碌碌，做了这个又那个，大大小小的事情做不完的意思，也就是事情很多的意思。又昔人谓，碌，石綵色也。綵，五色绸也。可见碌石之颜色很多。又昔人谓辘（音卢谷切）与碌同音、义。故“碌碌”与“辘辘”通，为车行之声。虽是车毂自己之声，亦有道路高低不平之声在内。

逯，甲文无，音同碌，同录。昔人谓混混洞洞、不清楚的意思。

逯逯，甲文无。同碌碌之义。昔人又谓，逯逯，众也。

娽，音同碌，同录。随从也。此处之意，谓即因人成事，无原则的随着大众而行。这样的人，就是一人代表了大众，也就是一人而有多人的意义了。实与碌音义全同。

睩，甲文无，音同录，同碌。《说文》谓：“目睐谨也。”又“睐”字《说文》谓：“目童子不正也。”如上所说，即因谨畏之故，不敢注目正视也。也就是有歪斜的意思。

覙，甲文无，音同录，同碌。《说文》：“笑视也。”昔人谓嬉笑之视，眼睛弯曲而视也。是有弯曲之义也。

禄，音同录，同碌。《说文》谓：“福也。”又《说文》谓：“福，备也。”备者，无所不有，则有多义甚明。昔人又谓，禄犹今之月俸也。这就是说一个月发一部分也。一个月发一部分，若经过几年，这也就是部分很多的意思。但合计起来看，是许多部分在一起，分开来看，还是一个部分一个部分的，摆成鱼鳞似的一大片了。

绿，音与上各字近。《说文》：“帛青黄色也。”故昔人谓绿为间色，意即为杂色，非一色也。甲骨文作。从系从录。现在用的一种化学非金属元素之一的氯气，氯字亦从录，可能是用的绿字的简化字，但他们的颜色，氯是黄绿色，绿是青黄色，也有些相似。以这点上看，可能从录字的本义上想，原有含着斑驳不纯的杂色的。现在把此录字配合到其他的字上去，不一定仍是用它青黄色、黄绿色的意思，而可能是用它不是一种颜色而是杂色的意思。

錄，甲骨文无，与绿同音。《说文》：“錄，金色也。”后人谓此种金色，是在青黄之间之色。这可知錄与绿，为音、义皆同之字。是錄亦非单纯之色，而为杂色且有“多”义也。后借为记錄字之用。如万方之事，记于錄籍；又如总錄众事；又如大錄万几之政；又如一部书将每篇的题目记錄于书前为总目錄；又如旧书中的历代言行錄、四库书目錄等等，都是将一件事情一件事情，一篇文章一篇文章，一本书一本书的名目记錄下来，分别成为各种的总錄。这种錄籍中所錄下来的事物，数量是很多很多的。不但数量很多，而且各式各样的种类也是不同的，很复杂的。

坴，甲骨文无，与錄、彔、碌等字音近义通。《说文》谓：“土凷坴坴也。”昔人谓：“坴坴，大凷之皃。”又谓：“高塏为坴。”“塏”下云：“高燥亢爽之地为塏。”又有谓，地上土凷坚硬强梁，一块一块的错杂高下谓之坴。又有谓，地上之土凷坴坴如人身上之长疮疣瘅子也。这些说法，都由于坴与彔音、义相近而可通用，故在说明坴字的形义，也就等于在说明彔字的形义也。

娄，甲骨文无，与上各字音近义通。《说文》谓：“空也。”又昔人谓空疏、离娄、玲珑、透光、繁琐之意。又谓一虚一实、层见叠出之意。又谓镂刻分明之皃。又谓暗昧迷离之意。又谓娄同塿，小土阜之意。又谓牵引连曳之意。又谓窗牖（穿壁用木交架成窗谓之牖）丽廔多孔之意。娄字与彔字，既知音近义通，则上所说，虽在说明娄字之形义，也就是在说明彔字之形义也。

我现在把从月从彔作[illegible]这个字的造义（即彔字与彔音近义通的字，其意义已如上说，则月与彔为合文，即有合义，盖月字取用彔字之义也）说罢以后，再根据现人的书，把月球表面上的情况再略说一点，以帮助上面的说明：

月球上面，有一个环形山的中央峰特别明亮，有气体喷出，有熔岩流出。其它一些环形山内也有发现。有时有些山峰突然不见了，有时它们的中央峰突然消失了，只留下一个发亮的小白斑。有时又突然有环形山发现在人的眼前。但这些是人从地球上看去较大规模的变化，其小的，还看不见的，当然很多。还有在月球正面肉眼看不见的有近百个的热斑。又如果用彩色底片对月亮拍照，还可以看到月亮上各地区的颜色是很不相同的。听说红色、黑色、灰色比较多。另外还有月震、山崩，流星体也不断地撞击月面，造成月面复杂的变化。这种现象，充分证明了月亮并不是一成不变的死球，它还在变化，过去在变化，将来还要变化。

据古史，唐尧时天官羲和已能制定天体日月运行之律，到了殷商当然更加知道。现在从月从录的字，像我上面所推想的说法，和这月球表面所说的状况相比，很有些相似，可能殷商人民多多少少有些是亲眼见过的。由这样而造出这个从月从录的字来，又把月字装在录字的里面，作成字形，很清楚就是把月亮的表面罩住，用“录”的形象来代表月亮表面的形象了。这样的思想，真不简单。正可说明我们整个中华民族自古以来的伟大！

现在我还要再说几句。用离娄嵌空、花花缕缕、结构错杂、形相繁复的木雕，如许书所说的“刻木录录”然的样子，再加上雕刻时纷纷落下来的碎木末、碎木片、碎木块等等的情景，与月亮表面上巉岩玲珑、高高低低、曲曲折折、凹凸不平、明暗不一的奇形怪状来对比一下，真可说是神非形似的了！至䏈字或体作，虽然月在录旁，或说录在月旁，但是这字的造义是用“录”的形象来表示月亮表面的形象的意义是很明显的。因为古人的造字，不拘执于形体的划一，吾人只求其本义之是否相同就是了。

现在再来说一个与䏈字造法相同的字，也可以作为我在上面说明䏈字的帮助。《甲骨文编》卷七，三三七页，有敝字作形，又作形，从敝从录。《说文》谓敝字所从之㡀，“败衣也。从巾，象衣败之形”。(㡀字上之小点、小长点象破洞破片之形。)又“敝”下云：“一曰败衣。从㡀从攴。㡀亦声。”吾意，许说败衣，象衣败之形，极是。衣败，则破烂零落，七洞八穿，与上所说的刻木录录的样子，很是相似。今衣已破，而再加以扑击，(即从攴之意。)则破败之意，与破片掉落之形更明，故与录字的形、义，完全一致。但只造败衣之“㡀”字与败衣被扑击而败得更破之“敝”字，而不加“录”的形象以表明之，则破衣究竟破成如何的形象仍然不明，故必加录字以表达之。意即只要看"录"的形象,就可知道败衣的形象了。也就是上面所说的䏧字,月亮表面的形象不知道,只要看"录"的形象就知道了。或者也可以说,只要知道制造录字的形、义是怎样的,也就可以知道月亮表面的形象是怎样的了。

说"辟雍"

辟雍,辟字见《甲骨文编》卷九,页三七九,只两字,一字作从口形之[古文字],又一字作从[古文字]形之[古文字]。另一字不从口、[古文字]形而只作[古文字]作[古文字]形,亦即辟字。(此字本为屖字,可能为与辟字形近而通用之故。)

[古文字],小篆,许《说文》如此作。又录籀文作[古文字]。

甲文邕作[古文字]、[古文字]、[古文字]、[古文字]、[古文字]等形,与许书大篆(籀文)相似,惟不从水(巛[川]之义),则可知从川(水)不从川,即有水无水可通用。即实际上亦不一定非有水不可者。可能有水是后加附属物。而邕、雝、廱、雍四字音同义通,或音近义通,可同用,则卜辞"邕""宫"等字并从此得声,则可知甲文邕字之形作[古文字]等等,与甲文宀部之宫字下半所作之[古文字]、[古文字]、[古文字]、[古文字]等形,相似或相同。从宫字看,实为一种宫殿形式之建筑物。又从《说文》小篆之邕字下之籀文(即大篆)作[古文字],其下半之[古文字]与甲骨文邕字、甲骨文宫字之下半,实为一同形之字,(甲骨文邕字之第四、五两字,宫字之第一、二、四三字最相合,其它各字亦基本相同。)则辟邕(雍,后世隶书字)之邕与宫室(《说文》谓"宫,室也")之宫之同为一建筑物之形之义,可无疑矣。且可说明辟雍制度之确起于殷商而同为学宫者也。又《甲骨文编》卷四,页一七七之雝字有作[古文字]形者,从口;有作[古文字]形者,从[古文字];有作[古文字]形者,从口。更可说明雝字所从之口、[古文字],邕字所作之[古文字]、[古文字],宫字所从之[古文字]、[古文字]、[古文字],实为同象宫室一类的建筑物之形也。

至辟雍(邕、雝为雍之本字)之邕字,既为一种宫室形之建筑物,则原形当不从水,(即不从巛,亦不从𡿨。)亦不从鸟,(即不从隹。)只象一座房屋之形而已。而这种房屋，建成的是一座宫室、宫殿形的房子，就名之曰宫室、宫殿；若建成一座宫室、宫殿形的辟雍与学宫，当然名之曰辟雍或学宫。今姑以建成者为辟雍而言，而辟雍为举礼、作乐、讲道、论学、提倡文化教育之处，遂加以装璜美化，以鸟鸣取其宾主之和谐，以流水象其政教之传布，遂附加上从鸟（隹）又从水（巛、巜、く，不论繁简，均是水义）了。至雝字之作⿱口己者，己本象环流辟雍之水形，而卜辞合文则作为雍己二字之用，正可证明此字所从之口，为象辟雍建筑物之形。而己因与己字形同，遂借用⿱口己字为雍己字矣。（古代借用字颇多。）

以上，吾意在说明甲骨文字之邕、雝两字，实为辟雍之雍的本字。至作为其他字用者，皆是从形上、音上、义上随便借用之所致也。此实为一以不造字为造字之进步方法也。

我现在再想把“辟雍”二字连合成一个名辞的意义来说一下：

辟字在这个名辞上作什么讲？此字前人说法颇多，兹就我觉得适用于这个名辞上的意义来说述于左：

昔人许慎《说文》谓：“辟，法也。”此法字，若在辟雍名称上讲，当为全国之人（古称天下之人）所取法、效法之礼法字讲的。

昔人韵书谓：“辟，君也。天子、诸侯，通称辟。”则辟雍当为天子诸侯共用之场所。

昔人谓：“正身敬法谓之辟。”

昔人谓：“辟，明也。雍，和也。名曰辟雍（雝）者，欲使天下之人皆明达和谐也。”

昔人谓：“辟，音璧，与璧义同。”案璧有作园形（环形）、方形者，（殷商确有宝玉，如《殷本纪》所载“汤伐三嵏，俘厥宝玉”，又载纣衣其宝玉衣，自焚死。可见殷商王朝之璧玉甚多，其形必有园、环、方各形者。）象辟雍建筑之形也。辟雍字亦有作连环形者，可知辟雍亦有象连环形之建筑样式者。但甲骨文字作园形少而方形多者，因刻方易而刻园难也。（上述用昔人之说，非原文，是节录其大意的。）

余谓欲说明“辟雍”之名义，以上之说皆可用也。

附说：甲骨文有辟字（见《甲骨文编》卷九，页三七九）作作，或同甲骨文屖字之形，作、、诸形。可能为不论从口不从口，实为同一意义之字。而由字之形、义来说，从辛为武器，为刑具，用以杀、打罪人者；从口为说明（宣布）罪人之罪状者；其人形，则象一跪地之犯罪之人。许慎《说文》谓：“辟，法也，从卩从辛，节制其罪也；从口，用法者也。”所说虽不完全合于甲骨文字之形、义，但亦大致有理。不过用于“辟雍”名称的意义上讲，是讲不通的。许所谓“辟，法也”，乃是专指刑法之法来讲了。吾上已说明之，故推想作为人民效法、取法、礼法之法来应用它。

现在我再来从我的讲法作一些补充参考如左：

（一）说明辟雍之历史及建置结构等等：

辟雍即辟廱，周大学（即太学）之名，有成均、辟雍、上庠、东序、瞽宗为五学，皆大学也。又谓中为辟雍，环之以水。水南为成均，水北为上庠，水东为东序，水西为瞽宗。以辟雍居中为最尊，以统五学，故可合称辟雍。环之以水象教化之流行也。（窃谓环之以水原可，而省之，作东西两流或作大部分环流等形亦可。如《甲骨文编》卷十一，四四五页之字，及《甲骨文编》卷四，一七七页之字［即雝字。此字之中部口形，当为居正中之辟雍，以代表整个辟雍者。古文字简笔繁笔常有］。）辟雍即辟廱。古代有在此举行大典礼之事，由天子所亲自主持者，名辟廱。（或即天子所经常临幸之处。）后人在《诗经·大雅》传疏（注解）谓辟雍（廱）始于殷，周文王继承其制，在此学舞，演习道艺，欲使天下之人悉皆明达谐和也。又有人说，辟廱者，天子之学，园为璧，壅之以水。《甲骨文编·附录上》页八八五，有形字，中心有作方形者，如字；有作○（园形）者，如字；吾意此即亚字。是亚即辟廱之建筑物形，而其中心之○形，即象上文所说“园如璧”之证也。是即辟廱者，天子之学之证也。亦可说明殷商时代已有辟雍之证也。又《附录上》页七八三，有从亚形之字作形者，其亚形中亦作○形，是亦一证也。总的说来，此辟雍之一建筑物之用，是用以讲道、论学、制礼、作乐，为建立全国文化教育事业之总模范处也。

又邕，甲文有，卷十一，页四四七。《说文》川部谓："邕，四方有水，自邕城池者。"意即邕为"拥"义，抱也。城为"成"字。

雝，甲文有，卷四，页一七七。与邕字通用。雝又作雍，和也。

廱，甲文无。《说文》谓："天子飨饮辟廱。"又有谓辟廱为天子之学。又谓春射秋飨，尊事三老五更之处。则辟雍可知为天子常临之处，最为尊敬之处，似与宫殿同尊者。

雍，甲文无。本作雝，音邕。雍、邕、雝、廱，均音同义通，或音近义通，故四字可通用。后隶书作雍。

辟，卷九，页三七九。甲骨文辟字只有两字，一作，作从口形；一作，作从凵形。又有屖字，《甲骨文编》说同辟字，不过不从口形，亦不从凵形。字形作，象罪人向形〈刑〉具或兵器跪泣之形。屖字只此一字作罪人向兵器作跪泣之形；其它各字，全作兵器在跪泣罪人之背后，可能象兵器从背后砍杀之形。

甲骨文辟、屖两字，从字形观之，与许慎《说文》所说作"法"字讲，且为刑法之法，与此字形体颇合。不过辟雍的意义上说，似不合。（大致已在上说明。）

再：如上辟字甲骨文作从口从凵，或如屖字全不从口，亦全不从凵等等问题，兹札述如下：

邑字之作从囗方形者，（即邑上半字。）许说从囗，象国形。说是。意即象一大块土地之形。下半从人，即人住于方形土地上之意。又邑字上半，有一字作○形，一字作长方形，一字作长园形者。（如长方形▭，长园形⬭。）

宫，《甲骨文编》上象一座大屋之形，内象室形。室形作方形、长方形者多，作○（园形）形者只一字，不过近似园形而已。但有两室作连接形者，只一字。

邕，《甲骨文编》均从方形、长方形，无园形者。但有作两方形相连接者，有作两长方形相连接者，有作一方形一长方形相连接者。

雝，《甲骨文编》全作从隹（鸟）形，只一字作[glyph]形，不从隹形，只从水形（[glyph]），从口（方块）形。但全部作从隹形者，也有作从水（く）形者，有作不从水（く）形者。

口，（即许说人所以言食之口。下简称“人口”。）《甲骨文编》，口（人口）之部首字，全数作𠙵形。至属于口部之字，绝对多数作从𠙵形，也有极少数作从口、凵、甘、廿各形者。又有命字不从口（人口）而只作令字者，盖借用之故，因形、义相近相通之故。又有召字，极多数从人口之口，也有一字省了人口之口字的。（看《甲骨文编》卷二，四一页）唯字极多数从隹从人口，也有一字只作隹（鸟形），不加人口字的。又如右字只用[glyph]字（即又字），省了人口字的。总的说，从人口之字很多，但只见人口之口作𠙵形，而未见有作长方形或园形者。至于单字，许说从二口（人口之口），实非。故单字上半作吅、[glyph]、[glyph]、[glyph]等形，无作从𠙵形者。只举数例如下：[glyph]、[glyph]、[glyph]、[glyph]诸形。此单字余意是一种武器之形，非从人口之口者。（吅，许亦说是两个人口，非。）

中和之中，许说亦非。许谓从口，为即人口之口，实非人口字，当象地面土方或器物之形。案甲骨文“中”字有作从口、𠙵、○及其它形者，盖当造字时，全象原物之形，物形不同，而字体自亦不同，即许所说“象形者，画成其物，随体诘诎”者是也。故“中”为象盛简策之形，所从之口与丨，非许氏之所说也。（见余另文说明。）

辟，《甲骨文编》只有二字，（已见上）一作从口，一作从𠙵，无作他形者。又，同一辟字者，有孱字，均不从𠙵、口，只作从尸、辛，合形。

邕，同上书，只作两方匡形相套结，及两长方匡形相套结。又有一小方匡形与长方匡形相套结者。无再作其它形者。

雝，甲文同上书，雝字绝对多数作从方匡形或两方匡形相套结。唯有一字作从[glyph]小长园形。又有一字作[glyph]形，象房屋（即口形）形与流水之形（即[glyph]形）。（口形，象房屋之形，实即象辟雝［邕］之形。）又此雝字甲文有作从口以外，总合看，有作从▭、田、日、𝟢等形，实为同义之字。

宫，甲文(同上书)所有字均象一大屋之内有分间之室形。(例如[古文字]、[古文字]各形等，可能房屋形有小异。)各字绝对多数作从两方匡形，有一字作从两方匡相套结形，又有一字作从方匡形之上作凵形。

邑，上半许说:“国也，从囗。”余意所从之囗，确象国形或象一地方之形。甲文(同上书)绝对多数上半作从方匡形及长方匡形。只有一字上半作从○形，只有一字上半作从⬭形。

啚，甲文(同上书)上半作从方匡形及长方匡形，与鄙字(甲文只一字)之从啚的上半作从方匡形同。惟甲文啚字(非鄙字之左半，乃《说文》㐭部所属之啚字)下半有作从凵者，非上半作从之口〈口之〉字，余意乃借用人口之口字以表示来麦、禾谷，及人出入之洞口之形与义。

囗，许说:“回也，象回帀之形。”说是。余意即一座周围有墙垣卫绕之房屋之形。甲文(同上书)无部首囗字，但有属于囗部作从囗之字。所从之囗，绝对多数作囗形、▯形，有三字作⌂形，又一字作[古文字]形，又一字作[古文字]形，又一字作[古文字]形者。

○，辟字说见上。但古金文辟字作[古文字]形，作从○(园圈形)形，象璧玉之园形。与邕、雝、雍(雍为后起字)字连合成辟雍之名，盖以辟字为形容邕之建筑形状者。意即辟邕之形，如园玉之○形也。但甲骨文不见，因刻方匡形易，而刻园圈形难故也。

又辟字所作之辛为武器，所以守卫辟邕者，犹师字甲骨文作[古文字]形，亚字甲骨文作[古文字]形也。可见邕(雝)、师、亚都是古代的重要机关，必须在大门口设置守卫武器者。

说“亚”字(兼说“阿”字)

“亚”字形与周代国学之关系:盖周天子立国学于辟邕之四门上。

(说在宫室之四门上立四个国学,而立天子亲临之国学于中央。若是,是宫室中央成为国学矣。说不可信。)又相传谓虞庠在宫室之北,(实当为辟邕之北。)瞽宗在西,东序在东,成均在南,而天子所欲亲临视察之国学居中,亦名学宫。此实与辟雍(邕)建筑形之甲骨文字相似,即此字中间之亚形,与殷器文之字作形,甲骨文作形,又甲骨文作形,(尚有其它之形。)殷周器文作、作等形亦相似。虽笔划有繁简之别,而形、义实相近相似,当初或即一辟邕之形与辟邕之义,亦即一字也。古人为省繁就简,故文字之形似义近、音近音同者,往往可通同用之。至从水(巛)与否,则为一附带之物,可省可不省也。(较详说明,见其它文中。)

至于或说四学为周代、殷代、夏代、虞代之学,则不可信。周学可能为继承殷商文化而来,而夏、虞两代之文化如何,在考古发掘中尚未确知,谓已有国学之设立,实出后世推想之言,不可信也。再,吾犹有一点说明,吾人看古代之象形文字,当有立体、平面之两种象形看法。如亚与(见上)两形,上一字为平面之象形,当以平面形看之,故不画出五个国学之屋顶。(即四个国学在四门上,一个在中央者。)下一字为立体之象形,当以立体形观之,故画出四门上四个国学之屋顶,而中央之国学不画出屋顶或屋形者,因为被四面四个国学所挡住之故。以余之推想,上述两形(即亚与两形)似两字,实则同为一字,同为一建筑物也。至古人造字,同一实物,往往造成数形而成几个字体者,则盖由于造字者在造字之时之注意点和重点有所不同之故。

《周礼》有"四阿重屋"之说,注谓:"四阿若今四柱。"余推想宫室有四阿者,皆可称阿房,象其旁广之形。又有说:"阿,栋也";今人称一座房子曰一栋房,则四阿犹今之四座房、四栋房也。不过是互相比连着的。又有说:"阿,音屋";则阿就可作屋义讲;则四阿为相毗连之四屋之义更明显矣。又阿,有人说为"比也",即比连之义也。则很清楚,所谓四阿房,实犹今人所称之四合房也。四合房中央当然可以建筑另一房屋,在帝王宫室之全体上讲,则正中央所造之房屋,即帝王所专用而最敬之宫殿也。

盖阿房之名,并不起于秦始皇,而是在秦以前就有的;其营造方式,也不是像秦时所建筑之形式也。殆有如上所说者。

再说几句:南方吾乡,有所谓“四檐齐”者,其形相大略是一座较大的房子,在东、南、西、北四面分造四座房子,以北房为正房(即主房),此四房之屋檐,整齐相对,但有正房比较高大者。其四房之正中央,多不造房子而成空院子者,最为常见。然吾意以为可能在过去也有造一座比较高出而比较尊敬的房子的,不过今时少见而已。盖空着可以便于放置车辆及一切常用粗笨之工具和器物也。此正中间的房子,若昔时果有建筑出比较突出的房子的话,用帝王的宫殿来比方,那就是最尊敬的王宫了。也就是吾所说的亚(即✣字。象四面有房屋,[要立体看此四面之房子。]中央为宫殿而有十字形之宫中道者。[中央之房子看不见,因被四面房子挡住之故。])字形中央之王宫建筑也。也就是古代帝王朝的太学正中央的学宫,也就是帝王所亲自主持礼典或常临幸之最尊之辟雍也。

(本文据作者手稿整理。)

附录二

何士骥先生年谱简编

1895 年(光绪二十一年)　1 岁

11 月 17 日,出生于浙江诸暨县北乡上山头村。

1908(光绪三十四年)　14 岁

进入私塾读书,因家贫而时断时续。

1912—1915 年(民国元年至民国四年)　18—21 岁

就读于养春初等小学和觉民高等小学。

1915 年(民国四年)　21 岁

年底,高小毕业,因家贫无力进学,遂任教于长澜镇达泉两等小学。

1916 年(民国五年)　22 岁

暑假赴杭州,考入浙江省立第一师范学校。

6 月,于《浙江省立第一师范学校校友会志》第 9 期发表《小学教员宜注意儿童之感情》《垦校园荒地记》。

1919年(民国八年)　25岁

于《浙江省立第一师范学校校友会志》第16期发表《范丹论》《哭亡友文》《萧何入咸阳收图籍论》。

1920年(民国九年)　26岁

通过经亨颐校长介绍,任浙江省教育会文牍干事。

1921—1925年(民国十年至民国十四年)　27—31岁

至上海,任澄衷学校国文教员。

后赴北京求学,经钱玄同介绍,到孔德学校任国文教员,同时在北京大学国文系旁听学习。

1925年(民国十四年)　31岁

7月,参加清华国学研究院招生考试,并被录取。

9月8日,至清华学校报到。

9月9日,参加清华国学院开学典礼。下午,国学院全体教授、职员及学生于后工字厅举行茶话会。同日,受马衡之托,将其洛阳考察所得汉魏石经残石拓本近七十种及卣文影印本一纸转呈王国维。

9月11日,与清华国学院全体学生于国学院第五研究室听梁启超关于如何选择研究题目与进行研究的谈话。

9月13日,与清华国学院学生听梁启超讲“指导之方针及选择研究题目之商榷”。

9月14日,清华国学院始业,听王国维讲“古史新证”课程。

9月28日,于清华后工字厅参加第二次国学院师生茶话会。

9月,选择梁启超为导师,并选定《部曲考》为研究题目。

10月3日,与清华国学院全体学生由事务员卫士生引导进城参观古物陈列所和京师图书馆。

12月25日,开始撰写《部曲考》。

1926 年(民国十五年)　32 岁

1 月 29 日,参加第五次国学院师生茶话会。

6 月 21 日,清华国学院举行第十一次教务会议,由梅贻琦主持,王国维、梁启超、赵元任、李济到会,评定本年学生成绩。何士骥等十六人因成绩较优,每人获得一百元奖学金。

6 月 22 日,何士骥等十五名毕业生申请留校继续研究,经教务处会议议决,准许继续研究一年。后有何士骥、刘盼遂、周传儒、姚名达、吴其昌、赵邦彦、黄淬伯等七人到校注册。

6 月 23 日,清华国学院办公室公布"毕业生名单及成绩等级表"和"毕业生成绩一览表",何士骥获得乙等第四名。

6 月 25 日,参加清华国学院第一届毕业典礼。

9 月 8 日,清华国学院举行新学年开学典礼,梁启超到场发表讲演。该学年何士骥选择的专修科目为小学,专研题目为古文字学,导师应该是王国维。此后,他一边在国学院继续从事研究,一边开始在北京各学校兼职授课。

1927 年(民国十六年)　33 岁

6 月 1 日,参加清华国学院师生暑期叙别会,同时带来沈兼士和马衡的口信,请王国维进城暂避,由北大同人保护,并劝王国维剪辫。

6 月,于清华学校研究院《国学论丛》第 1 卷第 1 号发表《部曲考》。

8 月 14 日,至清华园为王国维送葬。

同年,与中法大学法文系学生王春书结婚,婚后育有一子五女。

1928 年(民国十七年)　34 岁

9 月,长子何荦出生。

1929 年(民国十八年)　35 岁

6 月 8 日,至西长安街春园饭店赴范文澜之宴。

1930年(民国十九年)　36岁

3月30日,赴北大第三院参加单不庵追悼会,并受钱玄同、马裕藻等人之嘱,对追悼会内容进行记录与整理。

3月,于《女师大学术季刊》第1卷第1期发表《释[illegible][illegible]》。

4月21日,钱玄同在单不庵追悼会上述其治学经验的长篇悼词,经何士骥记录、整理,题为《亡友单不庵先生》,发表于《大公报・文学副刊》第119期。

5月23—26日,于《北大日刊》第2417—2419期发表《单不庵先生追悼会记事》。

6月,于《女师大学术季刊》第1卷第2期发表《释[illegible]》。

7月,长女何駇出生。

8月28日,撰成《整理说文之计划书》。后于次年7月5日印行。

11月22日,于魏建功处晤顾颉刚。

1931年(民国二十年)　37岁

1月18日,钱玄同来访,与何士骥谈女师大研究所购金文书剪贴及编目录索引事。

1月25日,钱玄同来访,将计划书交何士骥。

2月17日,钱玄同为何士骥书联:"访古正摩周鼎去,嗜奇曾盗汉碑来。"

5月27日,于北师大研究所与钱玄同商讨剪贴金文卡片体例。

"九一八"事变后,何士骥参加了北师大校长徐炳昶及各大学教授所组织的国防研究会,负责为东北抗日义勇军募捐衣物、大刀等。次年"一・二八"事变后,又为蔡廷锴的十九路军进行募捐。

1932年(民国二十一年)　38岁

1月4日,晤钱玄同。

1926—1933 年(民国十五年至民国二十二年)　32—39 岁

担任中法大学服尔德学院国文系讲师,北平女子师范大学、北平大学女子文理学院文字学讲师,北平师范大学文学院讲师,并兼任北师大研究所编辑、国语大辞典编纂处特约编辑等职。

1933 年(民国二十二年)　39 岁

1 月 16 日,晤钱玄同。

6 月,次女何鹏出生。

11 月,应徐炳昶之邀赴陕西,任北平研究院史学研究会助理员,协助徐炳昶与陕西省政府商议合组陕西考古会事宜。次年 2 月 1 日,陕西考古会正式成立,何士骥即在会中工作。

12 月,与徐炳昶、王忠义、张嘉懿等人在西安城内及附近杨家城等地进行考古调查。

1934 年(民国二十三年)　40 岁

1 月,与徐炳昶、张嘉懿等人对咸阳、鄠县、长安三县的新石器时代遗址,以及秦咸阳故都、周丰镐故都遗址等地进行考古调查。

2 月 21 至 3 月 19 日,受徐炳昶之托,于陕西民政厅前院主持考古发掘,出土唐大明、兴庆两宫图残石等古物。

3 月 5 日,与夏子欣于长安城南门内小湘子庙街道旁发现唐太极宫图残石。

4 月 7 日,与李希平代表陕西考古会同往陇海铁路潼西段工程局工务第二总段办公室点查接收基建工程中发现的古物。

4 月 17 日,随考古队乘汽车离开西安,次日抵达宝鸡。

4 月 26 日至 6 月 21 日,与徐炳昶、张嘉懿、白万玉等人对宝鸡斗鸡台进行第一次考古发掘,担任发掘工作组秘书,并负责“废堡区”的监工工作。6 月 29 日返回西安。

5 月 22 日,于宝鸡县斗鸡台陈宝祠考古会临时办公处撰成《唐大明兴庆及太极宫图残石发掘报告》。后于同年 7 月发表于《国立北平研究院院务汇报》第 5 卷第 4 期。

7 月 4 日，与徐炳昶、张鹏一、张嘉懿、顾鼎梅、翁柽等人至西北饭店，赴陇海铁路潼西段工程局第二总段段长李俨之宴。

7 月 16 日，与徐炳昶等人携发掘、采集所得部分古物离开西安，返回北平。

8 月 2 日，至北平大美番菜馆赴罗根泽之宴。

8 月 18 日，撰成《石刻唐太极宫暨府寺坊市残图大明宫残图兴庆宫图之研究》。后于次年 1 月发表于北平研究院史学研究会《考古专报》第 1 卷第 1 号。

9 月 1 日，考古学社于大美番菜馆举行成立大会，何士骥赴会参加，成为考古学社首期社员。

11 月 19 日，随考古队乘汽车离开西安，次日抵达宝鸡斗鸡台临时办公处。

11 月 23 日至次年 5 月 7 日，与徐炳昶、李至广、白万玉、龚元忠、苏秉琦等人对宝鸡斗鸡台进行第二次考古发掘，仍负责“废堡区”的监工工作。

1935 年(民国二十四年)　41 岁

1 月 28 日至 2 月 1 日，于斗鸡台发掘工作间隙，与龚元忠至凤翔县附近南古城、秦大郑宫遗址等处进行考古调查。2 日返回宝鸡斗鸡台。

2 月 7—16 日，与龚元忠、王忠义至宝鸡县东之陈村镇、虢镇、阳平镇附近进行考古调查，发现虢镇南门外及阳平镇西北秦家沟之周代遗址，阳平镇北原下及东古城村之汉代遗址，以及虢镇东南磻溪宫之元代道德经幢等。17 日返回斗鸡台。

2 月 18 日，撰《陕西考古会工作报告》。后发表于《国立北平研究院院务汇报》第 6 卷第 1 期。

4 月，三女何象出生。

5 月 8—11 日，与徐炳昶、苏秉琦同往大散关、诸葛山及鸡峰山等处调查。

5 月中旬，宝鸡斗鸡台发掘结束后，与龚元忠沿渭河北岸返回西安。途中调查凤翔、岐山、扶风、武功各县，在岐山县城西北周公庙附近发现新石器时代末期遗址。28 日抵达西安。

7 月 5 日，顾颉刚来访。

8 月 13 日，顾颉刚来访。

8 月 20 日，中午至大美番菜馆赴刘盼遂、张西堂之宴，晚至煤市街丰泽园赴李书华之宴。

8 月 28 日，至大美番菜馆赴罗根泽之宴。

8 月 30 日，访顾颉刚。

9 月 3 日，至中央公园来今雨轩赴顾颉刚之宴。

9 月 10 日，访顾颉刚。

10 月 15 日，赴李石曾、李书华招待北平研究院史学研究会会员之宴。

11 月 7 日，顾颉刚偕刘蕙孙来访。

11 月，于《国立北平研究院院务汇报》第 6 卷第 6 期发表《汉碑校读（五种）》。

12 月 24 日，至北平研究院赴李书华、徐炳昶、顾颉刚之宴。

12 月 31 日，于中南海怀仁堂与徐炳昶、顾颉刚一同布置张挂碑版拓片。

同年，主持西安东岳庙壁画修复工作。

1936 年（民国二十五年） 42 岁

1 月，担任北平研究院史学研究会《史学集刊》编辑委员会委员。

2 月 22 日，顾颉刚来访。

6 月 4 日，至忠信堂赴吴世昌之宴。

9 月 13 日，偕夫人同至中南海怀仁堂参观南北响堂寺及其附近石刻拓本展览会。

9 月 22 日，于北平研究院参加《南北响堂寺及其附近石刻目录》编辑委员会。

9 月，与刘蕙孙合编的《南北响堂寺及其附近石刻目录》由北平研究院史学研究会出版。

9 月，于北平研究院史学研究会《考古专报》第 1 卷第 2 号发表《古本道德经校刊》。

11 月 15 日，至西安火车站迎接前来参加陕西考古会第三届年会的李书华、徐炳昶、顾颉刚。

11 月 16 日，至南京大酒楼参加张鹏一、寇遐、王健、梁午峰招待李书华、徐炳昶、顾颉刚等人晚宴。

11 月 17 日，至陕西省政府参加邵力子招待李书华、徐炳昶、顾颉刚等人晚宴。

11 月 18 日，至车站为李书华、徐炳昶、顾颉刚西行考察送行。

11 月 21 日，至西京招待所参加洪观涛招待李书华、徐炳昶、顾颉刚等人晚宴。

11 月 22 日，赴李书华、徐炳昶、顾颉刚之宴。

11 月 23 日，至车站为李书华、顾颉刚返回北平送行。

12 月 27 日，张鹏一偕何士骥赴止园公馆拜访邵力子，询问张氏所著《吕刻唐宫城图考证》一书的出版情况。

1937 年(民国二十六年)　43 岁

6 月 10 日，于陕西考古会内参加第一次西北史地学会筹备会。

6 月 22 日，于陕西考古会内参加西北史地学会成立大会及第一次理事会，并被推举为西北史地学会秘书。

6 月 28 日，参加西北史地学会第二次理事会，并担任会议记录。

7 月 1 日，由于 6 月 28 日晚斗鸡台发掘工地发生聚众械斗，陕西考古会委派何士骥与李印唐赴斗鸡台戴家湾调查案情，并视察受伤人等。

7月25日，参加西北史地学会第一次全体专门委员会，并担任会议记录。

8月，赴长安城外鱼化寨新石器时代遗址进行考古调查。

9月15日，参加西北史地学会茶话会，欢迎西北论衡社白子瑜、刘熹亭等人由北平到陕，加入学会。会后又召开临时会议，由何士骥担任记录。

9月23日，于陕西考古会晤顾颉刚。

9月29日，于陕西考古会晤顾颉刚。

同年，北平师范大学迁至西安，与北平大学、北洋工学院合组为西安临时大学。何士骥应邀回校兼任教职，讲授考古学。

1938年(民国二十七年)　44岁

2月1日，参加西北史地学会第三次理事会，并担任会议记录。

2月15日，于《西北史地》第1卷第1期发表《长安城外鱼化寨新石器时代之遗址》。

2月18日，接待由陆懋德率领的西安临时大学历史系师生参观陕西考古会陈列室，并为学生做了讲解说明。

3月，西安临时大学迁至城固，改名为西北联合大学。何士骥随校迁居城固，担任西北联大国文系讲师。

5月20日，与李蒸、徐诵明、许寿裳、黎锦熙等西北联大校系领导及师生对城固张骞墓进行第一次调查。

5月，西北联大历史系成立考古委员会，何士骥任委员。

6月18日，至张骞墓考察，做发掘前之准备。

7月3日，与周国亭率领学生、工人发掘张骞墓前石兽。

8月15日，于《西北联大校刊》第1期发表《发掘张骞墓前石刻报告书》(与周国亭合撰)。

8月24—31日，主持张骞墓的发掘清理工作。

同年，撰《城固县石刻目录》。

同年,应黎锦熙之邀,参与续修《城固县志》,担任城固续修县志委员会调查委员会副主任,指导县志“文化”部门技术员进行碑拓及照相工作,并承担“古物古迹志”的部分编纂工作。

1939 年(民国二十八年) 45 岁

1 月 20 日,北平研究院开会商决史学研究所续办具体计划,何士骥、吴世昌、许道龄、苏秉琦等旧职员留任。

4 月 6 日,为纪念民族扫墓节,与西北联大全校师生赴张骞墓进行祭扫活动,并举行国民抗敌公约宣誓。

5 月 7 日,于城固县参加钱玄同追悼会,并挽之云:“呜呼先生,儒林所宗。学冠古今,道协中庸。世屯时难,遽损音容。而今而后,请益何从?”

6 月,与徐峨艇、钟德昌等人赴城固县北杨填堰调查杨从仪墓及杨公祠,发现杨从仪墓志铭石刻。

6 月,撰成《宋代抗金民族英雄杨公从仪之史迹》。后题为《宋代西北抗战英雄杨从仪之史迹》,发表于《西北论衡》第 7 卷第 16、17 期。

8 月 13—14 日,西北联大历史系考古室举办张骞墓出土古物校内展览,教育部次长顾毓琇,校常委李蒸、徐诵明、胡庶华及师生数百人前来参观。

1940 年(民国二十九年) 46 岁

2 月,四女何鲲出生。

3 月,与顾颉刚、钱穆、吕思勉、吴晗、谭其骧、韩儒林、萧一山、周予同、蒙文通、贺昌群、陆懋德、商承祚等人发起创办《史学季刊》。

8 月 1 日,于《读书通讯》第 7 期发表《今后之考古学》。

同年,至西安,经张鹏一等人推荐,担任陕西政治学院国文系教授,并兼任陕西考古会代理工作主任。

1941 年(民国三十年)　47 岁

2 月 1 日,于《读书通讯》第 19 期发表《近四十年来国人治学之新途径》。

2 月 14 日,教育部西北艺术文物考察团团长王子云、秘书何正璜等人来访,何士骥招待其参观陕西考古会。

5 月,与冯国瑞、吴作人等人考察天水麦积山石窟。

秋,应黎锦熙之邀,返回城固,担任西北师范学院国文系教授,后又兼任西北大学考古学讲师及考古室主任。

12 月 13 日,与高道天、龙文、袁敦礼、孙一青等人于西北师范学院参加新年金石书画展览筹备会,被聘为鉴定展览品委员会委员,并负责指导金石古物股。

1942 年(民国三十一年)　48 岁

1 月 1—3 日,参加西北师范学院新年金石书画展览会,携自己于城固调查所得的大批古物参展,并现场为参观者讲解。

2 月 27 日,携所拓城固花纹砖多种,与马师儒拜访宋联奎。

3 月 6 日,宋联奎、马师儒来访,观看何士骥所藏汉砖、瓦器等古物。何士骥还述及昔日宝鸡斗鸡台及城固张骞墓发掘情况。

3 月 15 日,于《国立西北师范学院学术季刊》创刊号发表《考古一得》。

5 月,于《建国语文月刊》第 1 卷第 1 期发表《耒耜说》。

8 月,撰《国立西北大学考古工作概况》。后改题《西北考古记略》,于 10 月 16 日发表于《读书通讯》第 52 期。后又以《陕南考古记》之名,于 1945 年 2 月 20、26 日发表于《西北文化》第 14、15 期,文字略有小异。

11 月 3 日,撰成《修理张骞墓工作报告》。后于次年 5 月 15 日发表于《说文月刊》第 3 卷第 10 期。

同年春,率领西北大学史学系及西北师院国文系、史地系学生调查城固县胡城遗址,于城外发现汉墓两区及古物若干。

同年,浙江遭受水旱病疫各灾,又受敌寇兵灾,在陕浙江同乡设赈济会救灾,何士骥参与其事。

1943年(民国三十二年) 49岁

2月2日,与宋联奎等人访黄文弼,观看其在新疆、甘肃等地考察所获汉晋木简及史可法家信手卷等古物。

3月29日,偕邹豹君、李玉涵及学生丁峥嵘赴南郑龙岗寺史前遗址进行考古调查。

4月,撰《中国用铁起源考略》,后发表于《党言》第2卷第3、4期合刊。

6月15日,于《西北学报》第2卷第1、2期合刊发表《研究中国之古外国语文与研究西北》。

7月4日,宋联奎、高元白等人来访,观看其在南郑龙岗寺遗址采集的旧石器及陶片、石斧等物。

8月,序高元白《文字形体的源流》,后发表于《党言》第2卷第3、4期合刊,又载《读书通讯》1944年第91期。

12月,撰成《莽镜考》。后于次年3月1日发表在《西北学术月刊》第1期,又刊载于1944年5月出版的《说文月刊》第4卷合刊。

12月,五女何麒出生。

冬,随西北师范学院迁居甘肃兰州十里店,并在甘肃学院史地系兼授考古学课程。

同年,与于右任、张继、徐炳昶、顾颉刚、翁文灏、傅斯年、李济、卫聚贤、徐中舒等人于重庆发起成立说文社古今文物馆。

1944年(民国三十三年) 50岁

3月15日,于《新西北月刊》第7卷第2、3期合刊发表《西北学者刘焕唐先生之学说》。

4月13日,于西北师范学院接待来访的向达、夏鼐,向其介绍此前在兰州附近考古调查的成果,并带领其参观学校东侧的史前遗址。

10 月 8 日,撰成《我国民族起源于西北与一元说》。

12 月 30 日,于《新西北月刊》第 7 卷第 12 期发表《中国文化起源于西北》。

12 月,于西北师范学院校庆期间组织历史文物展览。

1945 年(民国三十四年)　51 岁

1 月 16 日,于《西北文化》第 9 期发表《中国文明起源西北》。

1 月 21 日,至兰州科学教育馆观看夏鼐等人敦煌考察所得汉简及唐写经。

1 月,于《军党月刊》元旦专号发表《从历史与实迹上检讨中倭文化之高下》。

3 月 1 日,夏鼐来访,与其讨论历年考古发现的古物及遗址情况。

3 月 9 日,于《甘肃民国日报》发表《西北边疆上有关文化的几个问题》。

1946 年(民国三十五年)　52 岁

6 月 28 日,许寿裳致电何士骥,邀请其到台担任台湾编译馆编纂,并兼任台湾省立师范学院教职。

11 月 3 日,受西北师范学院院长易价委托,偕学生乔敬众拜访甫至兰州大学任教的张舜徽,邀请其兼任西北师院国文系教授,讲授校勘、目录之学。张舜徽见其辞意恳挚,勉应许之。双方相谈甚欢,遂共进午餐,又同至商行购物。

11 月 5 日,张舜徽前往十里店西北师范学院答访何士骥。何士骥介绍其与院中教授刘文炳、冯国瑞相识,又引导其参观西北师院图书馆及宿舍,并再申前请。张舜徽为西北师院艰苦办学的精神所打动,慨然允诺。

11 月 14 日,张舜徽至西北师院国文系首次授课,何士骥介绍其与诸生相见。

12 月 12 日，晤张舜徽，请其为国文系高年级学生加授一门训诂学课程。张舜徽应允。

同年，担任西北师范学院国文系主任，并短暂代理师院训导主任。

同年，兰州大学成立，兼任兰州大学中文系文字学与历史系考古学教授。

1947 年(民国三十六年)　53 岁

4 月 12 日，致书许寿裳，因听闻“二二八”事变而问候许寿裳平安，并邀请其暑假返回内地一游。

7 月 7 日，于《西北论坛》创刊号发表《国语运动在大西北上的重要性》。

8 月，于西北师范学院东北角发现明万历十年(1582)的“深沟儿墩军碑”。

9 月 8 日，于《和平日报》发表《十里店发现之墩军碑》。

9 月 12 日，于《甘肃民国日报》发表《兰州附近古物调查》。

1948 年(民国三十七年)　54 岁

2 月 14 日，于《甘肃民国日报》发表《临洮考古小记》。

4 月，撰《元曲“兀”字释义》。

夏，撰《金文汇编器铭索引自叙》。

同年，于《兰州和平日报周刊》第 3 期发表《博望侯张骞墓中之陶印》。

1949 年(民国三十八年)　55 岁

3 月 10 日，于《和平日报》发表《张骞墓中“陶印”》。

1950 年　56 岁

1 月 15 日，于《西北论坛》第 1 卷第 7 期发表《十里店新发现的屈肢葬与交肢葬》。

3 月，辞去西北师范学院国文系主任，专任教授。

8 月 12 日至 9 月 19 日，奉甘肃省政府文教厅之命，陪同西北军政委员会文化部文物处处长赵望云、副处长张明坦等人赴敦煌莫高窟，协助接管敦煌艺术研究所，参观千佛洞，并顺道考察酒泉东关外汉墓及山丹四坝滩之史前遗址等。

12 月，撰《敦煌千佛洞》。

1951 年　57 岁

9 月，加入中国民主同盟，任民盟西北师范学院分部负责人。后任民盟宣传委员、文教委员。

11 月，辞去西北师范学院教职。

1952 年　58 岁

3 月，甘肃省文物管理委员会在兰州成立，何士骥担任文管会委员兼保管组组长、办公室主任。

10 月 21 日，于《甘肃日报》发表《西北的彩陶文化》。

1953 年　59 岁

7—9 月，中央文化部文物局与西北军政委员会文化部组织吴作人、王朝闻、常任侠、常书鸿等人考察炳灵寺石窟与麦积山石窟，甘肃省文物管理委员会委派何士骥与冯国瑞、岳邦湖前往协助考察工作。

10 月 30 日，于《甘肃日报》发表《炳灵寺介绍》。

1955 年　61 岁

10 月 29 日至 12 月 29 日，主持甘肃兰州上西园明彭泽墓群的发掘清理工作。

11 月 12 日，撰成《兰州新石器时代的文化》。

1956 年　62 岁

2 月 21 日，赴北京饭店参加考古工作会议开幕式，并晤顾颉刚等人。

2 月 27 日，赴萃华楼参加考古工作会议闭幕晚宴。

1957 年　63 岁

7 月，拟订《甘肃省考古学研究工作十二年规划草案》。

同年，于《考古学报》第 1 期发表《兰州新石器时代的文化遗存》。

1958 年　64 岁

担任甘肃省博物馆馆长。

1965 年　71 岁

12 月 24 日，撰成《汉画像中的鸟像》。

1969 年　75 岁

年底，应政府备战疏散的要求，经批准赴山西长治农村投靠亲友。

1971 年　77 岁

年初，迁居陕西西安。

春，其妻王春书去世。

7 月，于甘肃省博物馆退职。

1972 年　78 岁

7 月，经甘肃省"革委会"政治部直属党委批准，由退职改为退休。

1974 年　80 岁

年初，迁居陕西汉中。

1984 年　90 岁

8 月，于汉中病逝，享年 90 岁。

启　事

20 世纪初短暂存在过的清华国学院，已成为令后学仰视与神往的佳话。而三年前，本院于文化浩劫之后浴火重生，继续秉承“独立之精神，自由之思想”，而更强调“中国主体”与“世界眼光”的平衡，亦广受海内外关注与首肯。

本院几乎从复建之日起，即致力于《清华国学书系》之“院史工程”，亟欲缀集早期院友之研究成果，以逼真展示昔年历程之艰辛与辉煌。现据手头之不完备资料，暂定在本套《书系》中，分册出版文存五十一种，以整理下述前贤之著述：

梁启超、王国维、陈寅恪、赵元任、李　济、吴　宓、梁漱溟、钢和泰、马　衡、林志钧、梁廷灿、赵万里、浦江清、杨时逢、蒋善国、王　力、姜亮夫、高　亨、徐中舒、陆侃如、刘盼遂、谢国桢、吴其昌、刘　节、罗根泽、蓝文徵、姚名达、朱芳圃、王静如、戴家祥、周传儒、蒋天枢、王　庸、冯永轩、徐景贤、卫聚贤、吴金鼎、杨筠如、冯国瑞、杨鸿烈、黄淬伯、裴学海、储皖峰、方壮猷、杜钢百、程　憬、王耘庄、何士骥、朱右白。

本《书系》打算另辟汇编本两册，收录章昭煌、余永梁、张昌圻、汪吟龙、黄绶、门启明、刘纪泽、颜虚心、闻惕生、王竞、赵邦彦、王镜第、陈守实等前贤之著述。

本《书系》已被列为国家十二五重点图书。为使其中收入的每部文存，皆成为有关该作者的“最佳一卷本”，除本院同仁将殚精竭虑外，亦深盼各界同好与贤达，不吝惠赐《书系》所涉之资料、线索，尤其是迄未付梓或散落民间的文字资料、照片、遗物等。此外，亦望有缘并有志之士，能够以各种灵活之形式，加入此项院史编集工程，主动承担某部文存的荟集与研究。如此，则不光是清华国学院之幸，更会是中国学术文化之幸。

惟望本《书系》能继前贤之绝学，传大师之火种，挽文明之颓势，为创造中国文化的现代形态，收到守先待后之功。

清华大学国学研究院

2012 年 8 月 11 日